KOKES (Hrsg.)

Praxisanleitung Erwachsenenschutzrecht (mit Mustern)

Praxisanleitung Erwachsenenschutzrecht
(mit Mustern)

Herausgegeben von der KOKES

KONFERENZ DER KANTONE FÜR KINDES- UND ERWACHSENENSCHUTZ
CONFÉRENCE DES CANTONS EN MATIÈRE DE PROTECTION DES MINEURS ET DES ADULTES
CONFERENZA DEI CANTONI PER LA PROTEZIONE DEI MINORI E DEGLI ADULTI

Autorin und Autoren

Kurt Affolter
Yvo Biderbost
Christoph Häfeli
Ernst Langenegger
Philippe Meier
Daniel Rosch
Urs Vogel
Diana Wider
Marco Zingaro

Zitiervorschlag:
KOKES-Praxisanleitung Erwachsenenschutzrecht, Rz. x.xx

Bibliografische Information der ‹Deutschen Bibliothek›.
Die Deutsche Bibliothek verzeichnet diese Publikation in der Deutschen Nationalbibliografie; detaillierte bibliografische Daten sind im Internet über ‹http://dnb.ddb.de› abrufbar.

Alle Rechte, auch des Nachdrucks von Auszügen, vorbehalten. Jede Verwertung ist ohne Zustimmung des Verlages unzulässig. Das gilt insbesondere für Vervielfältigungen, Übersetzungen, Mikroverfilmungen und die Einspeicherung und Verarbeitung in elektronische Systeme.

© Dike Verlag AG, Zürich/St. Gallen 2012
   ISBN 978-3-03751-430-6

www.dike.ch

Vorwort

Am 1. Januar 2013 wird das Vormundschaftsrecht aus dem Jahr 1907 durch ein *modernes Erwachsenenschutzrecht* abgelöst. Dieses bringt grundsätzliche Neuerungen: Der Vorsorgeauftrag und die Patientenverfügung fördern die Selbstbestimmung und ermöglichen urteilsfähigen Personen zu bestimmen, von wem sie im Fall ihrer eigenen Urteilsunfähigkeit welche Form der Unterstützung wünschen. Gesetzliche Vertretungsrechte für Angehörige von urteilsunfähigen Personen stärken die Familiensolidarität und erlauben, gewisse Vermögensverwaltungshandlungen zu tätigen oder Zustimmungen zu somatischen Behandlungen zu erteilen. Auch der Schutz von urteilsunfähigen Personen in Einrichtungen wird ausgebaut; so werden z.B. die Voraussetzungen für bewegungseinschränkende Massnahmen bundesrechtlich geregelt. Behördliche Massnahmen kommen erst in Betracht, wenn die private Vorsorge nicht getroffen wurde oder nicht ausreicht, und gleichzeitig kein gesetzliches Vertretungsrecht greift, um Personen mit bestimmten Schwächezuständen die nötige Hilfe und den erforderlichen Schutz zu gewähren. An die Stelle der starr geregelten Beistand-, Beirat- und Vormundschaften treten neu auf die individuellen Verhältnisse der schutzbedürftigen Person zugeschnittene massgeschneiderte Massnahmen, mit denen abgestufte, dem Grundsatz der Verhältnismässigkeit Rechnung tragende Hilfestellungen und differenzierte Unterstützung, nötigenfalls auch mit Eingriffen in die Rechtsstellung, möglich werden. Bei der fürsorgerischen Unterbringung, die die bisherige fürsorgerische Freiheitsentziehung ersetzt, werden neben den Unterbringungsvoraussetzungen und dem Verfahren insbesondere auch die Voraussetzungen für die Behandlung von Personen mit psychischen Störungen bundesrechtlich geregelt. Und schliesslich: Interdisziplinär zusammengesetzte spezialisierte Fachbehörden sorgen für eine fachlich fundierte Anwendung des neuen Rechts.

Als Folge der *Totalrevision* war eine blosse Erweiterung der im Jahr 1996 herausgegebenen «Mustersammlung Erwachsenenvormundschaftsrecht» nicht möglich; vielmehr drängte sich eine vollständige Neubearbeitung auf. Dabei wurde der bewährte Aufbau mit den Grundlagentexten und den Mustern beibehalten. Mit Rücksicht auf den grossen Informationsbedarf zu den neuen Rechtsgrundlagen wurden die Grundlagentexte ausgebaut und der Titel ergänzt: Aus der «Mustersammlung» ist eine «Praxisanleitung (mit Mustern)» geworden.

Die vorliegende Publikation ist als *praxisorientiertes Nachschlage- und Arbeitsbuch* konzipiert und bietet theoretisch fundierte Arbeitshilfen für die Umsetzung der neuen Rechtsgrundlagen. Gegenstand der Ausführungen

Vorwort

bilden die Aufgaben der Erwachsenenschutzbehörde, und – darauf aufbauend – die Aufgaben der Mandatsträger/innen. Die Grundlagen des neuen Erwachsenenschutzrechts werden in gut verständlicher Sprache dargelegt und zeigen auf, wo an Bewährtem angeknüpft werden kann und wie die neuen Instrumente umzusetzen sind.

Neben dem ausführlichen Grundlagenteil enthält die Praxisanleitung auch rund *70 Muster und Übersichten*, die auf formaler und inhaltlicher Ebene Hinweise für eine sachgerechte Umsetzung der neuen Rechtsgrundlagen enthalten und die – als besondere administrative Dienstleistung – auf einer CD mitgliefert werden. Die Muster sollen helfen, die abstrakten Normen des Gesetzes durch konkrete Anwendungsbeispiele in die Rechtswirklichkeit umzusetzen.

Mit dem Ziel, Standards für eine über die Sprachgrenzen hinaus schweizweit einheitliche Anwendung und Umsetzung der neuen Rechtsgrundlagen zu schaffen, erscheint die Praxisanleitung auf *Deutsch* und *Französisch* (die Muster erscheinen zusätzlich auf *Italienisch*). Ein dreisprachiges Glossar ist auf der Website der KOKES verfügbar (www.kokes.ch > Publikationen > Glossar).

Die Inhalte der Praxisanleitung wurden von einem *Autorenkollektiv* erarbeitet, deren Mitglieder sich durch umfassende Kenntnis des neuen Rechts sowie methodisches und didaktisches Fachwissen in der Praxis des Erwachsenenschutzes auszeichnen. Folgende Autoren haben mitgewirkt: Kurt Affolter, Yvo Biderbost, Christoph Häfeli, Ernst Langenegger, Philippe Meier, Daniel Rosch, Urs Vogel, Diana Wider und Marco Zingaro.

Die Herausgeberin *dankt* dem Autorenkollektiv für die engagierte Mitarbeit, dem Verlag für die angenehme Zusammenarbeit und Diana Wider für die umsichtige Projektleitung und Koordination der einzelnen Beiträge. Ein besonderer Dank gebührt Suzana Lukic und Philippe Meier, die für die Koordination der französischen Ausgabe verantwortlich waren.

Das wertvollste Mittel zur *Weiterentwicklung* und Verbesserung besteht in der Mitwirkung der Benutzerinnen und Benutzer. Anregungen und Kritik sind daher willkommen (bitte per E-Mail an info@kokes.ch), um in einer zweiten Auflage berücksichtigt werden zu können.

Luzern, im Juli 2012   Konferenz der Kantone für
Kindes- und Erwachsenenschutz KOKES

Guido Marbet, Präsident
Diana Wider, Generalsekretärin

Lesehinweise

Das neue Kindes- und Erwachsenenschutzrecht bringt hauptsächlich Neuerungen im Erwachsenenschutz, hat punktuell aber auch Auswirkungen im Kindesschutz. Die vorliegende Publikation setzt sich umfassend mit der Umsetzung der neuen Rechtsgrundlagen im *Erwachsenenschutz* auseinander.

Die Neuerungen im *Kindesschutz* werden nicht behandelt. Diese sind Gegenstand einer eigenen Mustersammlung, die als Neuauflage für Herbst 2014 geplant ist. Mit der Neuauflage der «Mustersammlung zum Adoptions- und Kindesrecht» wird zugewartet, bis die pendenten Revisionen betreffend gemeinsame elterliche Sorge und Unterhaltspflicht vom Parlament verabschiedet sind.

Dem Autorenkollektiv, dem Verlag und der Herausgeberin ist es ein Anliegen, die Praxisanleitung so benutzerfreundlich wie möglich auszugestalten. Folgende Hinweise sollen eine rasche Orientierung ermöglichen und die Benützung erleichtern:

- *Literatur- und Quellenhinweise*: Die verwendete Literatur wird jeweils zu Beginn der einzelnen Kapitel vollständig aufgeführt. Diese Literaturverzeichnisse dienen als Quellenhinweise und geben gleichzeitig Hinweise auf Vertiefungsliteratur. Im Fliesstext wird aus Gründen der besseren Lesbarkeit auf das zusätzliche Belegen von einzelnen Stellen verzichtet; genannt werden dort lediglich besonders wichtige Belegstellen und divergierende Lehrmeinungen sowie Hinweise auf Urteile des Bundesgerichts.
- *Schreibweise ZGB-Artikel:* Obwohl die Praxisanleitung vor dem Inkrafttreten des neuen Erwachsenenschutzrechts erscheint, werden die neuen Gesetzesartikel so zitiert, wie wenn sie bereits in Kraft wären:
  - aArt. ZGB = alter Artikel ZGB: (alte) Fassung bis 31. Dezember 2012 (z.B. aArt. 369 ZGB für die Vormundschaft infolge Geisteskrankheit oder Geistesschwäche);
  - Art. ZGB = Artikel ZGB: (neue) Fassung ab/seit 1. Januar 2013 (z.B. Art. 360 ZGB für den Vorsorgeauftrag) oder von der Revision nicht betroffene Artikel (z.B. Art. 12 ZGB zum Inhalt der Handlungsfähigkeit).
- *Verzeichnisse*: In den verschiedenen Verzeichnissen können Sie sich über die Struktur und den Inhalt des Buches informieren. Bei der Inhaltsübersicht und beim Inhaltsverzeichnis beziehen sich die Verweise auf *Seitenzahlen*, beim Musterverzeichnis und beim Stichwortverzeichnis auf die *Randziffern*.

Lesehinweise

- Die *Muster und Übersichten* sind im Textteil gelb hinterlegt und werden auf der mitgelieferten *CD* zusätzlich elektronisch zur Verfügung gestellt. Die Muster sind als bearbeitbare Word-Dokumente (.dot-Vorlage) verfügbar: Sie können damit ohne weiteres im Arbeitsalltag eingesetzt und – auf die Besonderheiten des konkreten Falls abgestimmt und mit der nötigen Begründung versehen – direkt genutzt werden. Die Übersichten sind als praktische PDF verfügbar – sie illustrieren zentrale Aussagen oder Zusammenhänge und können insb. auch bei Schulungen oder Besprechungen eingesetzt werden. Dank einem separaten Verzeichnis der Muster und Übersichten lässt sich das Gesuchte rasch finden.
- Im Vordergrund der Praxisanleitung steht die Darlegung und Erläuterung der neuen Rechtsgrundlagen. Wo sinnvoll, sind auch entsprechende Muster angebracht. Da das neue Recht in der Praxis noch nicht angewendet wird, hat sich das Autorenkollektiv auf die im jetzigen Zeitpunkt praktisch wichtigsten Situationen beschränkt. Die Mustersammlung ist entsprechend *nicht vollständig*. Eine Erweiterung der Muster soll erfolgen, sobald das neue Recht sich in der Praxis eingelebt hat und gestützt auf die gemachten Erfahrungen die bestehenden Muster weiterentwickelt und neue Muster geschaffen werden können.
- Bei den Mustern werden folgende Abkürzungen verwendet:
  - NN = betroffene Person,
  - XY = Beistand/Beiständin oder vorsorgebeauftragte Person,
  - AB = Wohn-/Pflegeheim/Klinik,
  - A = KESB am Ort A,
  - B = KESB am Ort B (zweite KESB).
- Die Muster sind grundsätzlich auf die Vorschriften des Zivilgesetzbuches ausgerichtet. Auf *kantonales Recht* wird nur vereinzelt eingegangen. Es obliegt daher dem Benutzer und der Benutzerin, die Muster in Bezug auf die besonderen Vorschriften des kantonalen Rechts anzupassen (insb. Kostenregelung, Rechtsmittelbelehrung, Mitteilungsdispositiv und dergleichen).
- Textstellen in den Mustern, die nicht wörtlich zu übernehmen, sondern als Hinweise an den Benutzer und die Benutzerin gedacht sind, sind *kursiv* gedruckt.
- Für «Erwachsenenschutzbehörde» oder «Kindes- und Erwachsenenschutzbehörde» wird im Text der besseren Lesbarkeit halber konsequent «KESB» verwendet.
- Die Konkordanztabelle am Schluss des Buchs ermöglicht es den mit den alten Gesetzesbestimmungen vertrauten Praktiker/innen, sich auf einen Blick mit den Neuerungen vertraut zu machen.

Inhaltsübersicht

Vorwort	V
Lesehinweise	VII
Inhaltsübersicht	IX
Inhaltsverzeichnis	XI
Verzeichnis der Muster und Übersichten	XVII
Verzeichnis der Autorin und Autoren	XXI

1.	**Allgemeiner Teil**	1
2.	**Eigene Vorsorge**	99
3.	**Gesetzliche Vertretungsrechte**	111
4.	**Alternativen zu Beistandschaften**	123
5.	**Beistandschaften**	135
6.	**Beistand/Beiständin**	179
7.	**Mitwirkung der KESB**	197
8.	**Ende des Amtes des Beistandes oder der Beiständin**	229
9.	**Ende der Beistandschaft**	239
10.	**Fürsorgerische Unterbringung**	245
11.	**Urteilsunfähige Personen in Einrichtungen**	269
12.	**Beschwerden**	283
13.	**Überführung altrechtlicher Massnahmen**	295
14.	**Statistik**	315

Abkürzungsverzeichnis	323
Literaturverzeichnis	327
Stichwortverzeichnis	339
Konkordanztabelle	**357**
Gesetzestext	**Anhang**

Inhaltsverzeichnis

Vorwort	V
Lesehinweise	VII
Inhaltsübersicht	IX
Inhaltsverzeichnis	XI
Verzeichnis der Muster und Übersichten	XVII
Verzeichnis der Autorin und Autoren	XXI

1. Allgemeiner Teil 1

- 1.1. Allgemeine Grundsätze 1
    - 1.1.1. Schutz und Selbstbestimmung 2
    - 1.1.2. Subsidiarität 5
    - 1.1.3. Verhältnismässigkeit 6
- 1.2. Rechts- und Handlungsfähigkeit 8
    - 1.2.1. Allgemeines 8
    - 1.2.2. Volle Handlungsfähigkeit 9
    - 1.2.3. Eingeschränkte Handlungsfähigkeit 10
    - 1.2.4. Eingeschränkte Handlungsunfähigkeit 12
    - 1.2.5. Volle Handlungsunfähigkeit 13
    - 1.2.6. Politische Rechte 14
- 1.3. Kindes- und Erwachsenenschutzbehörde (KESB) als Fachbehörde 16
    - 1.3.1. Vorbemerkungen 16
    - 1.3.2. Aufgaben der KESB 17
    - 1.3.3. Anforderungsprofil der KESB-Mitglieder 19
    - 1.3.4. Organisatorische Rahmenbedingungen 20
    - 1.3.5. Umsetzung in den Kantonen 24
- 1.4. Aufsichtsbehörde 25
    - 1.4.1. Allgemeines 25
    - 1.4.2. Administrative Aufsichtsbehörde 27
    - 1.4.3. Rechtsmittelinstanz 28
- 1.5. Örtliche Zuständigkeit 29
    - 1.5.1. Allgemeines 29
    - 1.5.2. Ordentliche Zuständigkeit am Wohnsitz 30
    - 1.5.3. Gefahr in Verzug 33
    - 1.5.4. Ort des Vermögens 33
    - 1.5.5. Heimatort 34
    - 1.5.6. Wechsel des Wohnsitzes 34
    - 1.5.7. Wohnsitzbegriff in anderen Gesetzen 36
    - 1.5.8. Andere örtliche Zuständigkeiten 37
    - 1.5.9. Im internationalen Bereich 37
    - 1.5.10. Übertragung der Massnahme 39

1.6.	Abklärung	42
	1.6.1. Wichtige Grundsätze	43
	1.6.2. Inhalt und Umfang	45
	1.6.3. Vorgehen	48
1.7.	Verfügungen	58
	1.7.1. Allgemeines	58
	1.7.2. Struktur und Aufbau	60
	1.7.3. Arten von Verfügungen	62
1.8.	Verfahren	64
	1.8.1. Allgemeine Verfahrensgrundsätze	65
	1.8.2. Anwendbares Recht	67
	1.8.3. Zuständigkeiten	67
	1.8.4. Verfahrensbeteiligte und Verfahrensvertretung	68
	1.8.5. Ausstand	69
	1.8.6. Unentgeltliche Rechtspflege	70
	1.8.7. Verfahrensleitung	73
	1.8.8. Vorsorgliche Massnahmen	74
	1.8.9. Beweismittel	75
	1.8.10. Mündliche und schriftliche Verfahrensschritte	76
	1.8.11. Rechtliches Gehör	77
	1.8.12. Entscheidfällung	78
	1.8.13. Eröffnung der Verfügung	79
	1.8.14. Vollstreckung	81
1.9.	Schweigepflicht und Mitteilungsrechte/-pflichten	84
	1.9.1. Allgemeines	85
	1.9.2. Melderechte und Meldepflichten	88
	1.9.3. Amtshilfe und Rechtshilfe	91
	1.9.4. Zusammenarbeitspflicht	92
1.10.	Verantwortlichkeit	93
	1.10.1. Staatshaftung (Kausalhaftung)	95
	1.10.2. Regress	96
	1.10.3. Verjährungsfristen	97
2.	**Eigene Vorsorge**	**99**
2.1.	Vorsorgeauftrag	99
	2.1.1. Allgemeines	99
	2.1.2. Voraussetzungen, Inhalt, Formvorschriften, Wirkungen	100
	2.1.3. Aufgaben der KESB	102
	2.1.4. Validierungsentscheid	104
2.2.	Patient(inn)enverfügung	106
	2.2.1. Allgemeines	107
	2.2.2. Voraussetzungen, Formvorschriften, Wirkungen	107
	2.2.3. Aufgaben der KESB	108

3.	**Gesetzliche Vertretungsrechte**	**111**
3.1.	Vertretungsrecht der Ehegatten, der eingetragenen Partner/innen	111
	3.1.1. Voraussetzungen und Wirkungen	111
	3.1.2 Einschreiten der KESB	114
3.2.	Vertretung bei medizinischen Massnahmen	116
	3.2.1. Voraussetzungen und Wirkungen	116
	3.2.2. Einschreiten der KESB	119
4.	**Alternativen zu Beistandschaften**	**123**
4.1.	Allgemeines	123
4.2.	Eigenes Handeln der KESB	125
4.3.	Auftrag der KESB an Dritte	129
4.4.	Bezeichnung einer Person oder Stelle für Einblick und Auskunft	132
5.	**Beistandschaften**	**135**
5.1.	Vorbemerkungen	135
5.2.	Voraussetzungen	136
5.3.	Arten von Beistandschaften	140
	5.3.1. Begleitbeistandschaft	143
	5.3.2. Vertretungsbeistandschaft	147
	5.3.3. Mitwirkungsbeistandschaft	152
	5.3.4. Umfassende Beistandschaft	154
5.4.	Überdies: Ersatzbeistand/Ersatzbeiständin	158
5.5.	Massschneiderung	161
	5.5.1. Auswahl der Massnahme	163
	5.5.2. Aufgabenbereiche	163
	5.5.3. Kombination von Beistandschaften	168
	5.5.4. Punktuelle Einschränkung der Handlungsfähigkeit	172
	5.5.5. Nötige Anpassungen	175
	5.5.6. Weiteres	175
5.6.	Wirkung gegenüber Dritten	176
	5.6.1. Allgemeines	176
	5.6.2. Auskunftsrecht	177
6.	**Beistand/Beiständin**	**179**
6.1.	Voraussetzungen und Anforderungen für die Ernennung	179
	6.1.1. Allgemein	179
	6.1.2. Persönliche und fachliche Anforderungen	180
	6.1.3. Zeitliche Anforderungen	182
6.2.	Wahl der geeigneten Person	186
	6.2.1. Vertrauensperson	186
	6.2.2. Angehörige als Beistand/Beiständin	187
	6.2.3. Mehrere Personen als Beistände/Beiständinnen	189
	6.2.4. Berufsbeistand, Fachbeistand, Privatbeistand	190

		6.2.5.	Privatbeistand/-beiständin im Besonderen	191
6.3.			Instruktion, Beratung und Unterstützung	191
6.4.			Entschädigung und Spesen	193
7.			**Mitwirkung der KESB**	**197**
7.1.			Steuerung der Mandatsführung allgemein	197
7.2.			Inventare	198
		7.2.1.	Arten von Inventaren	198
		7.2.2.	Vermögens- oder Besitzstandsinventar im Besonderen	199
7.3.			Bericht- und Rechnungsprüfung	209
		7.3.1.	Periodische Rechnungsablage	209
		7.3.2.	Periodische Berichterstattung	211
		7.3.3.	Prüfung von Rechnung und Bericht	213
7.4.			Vermögensverwaltung	213
		7.4.1.	Bestimmungen im ZGB	213
		7.4.2.	Verordnung des Bundesrates	214
7.5.			Zustimmung der KESB zu Handlungen des Beistandes	216
		7.5.1.	Allgemeines	216
		7.5.2.	Zustimmungsbedürftige Geschäfte (Art. 416 Abs. 1 ZGB)	218
		7.5.3.	Zustimmungsbedürftige Geschäfte (Art. 417 ZGB)	224
		7.5.4.	Zustimmungsbedürftige Geschäfte (Art. 416 Abs. 3 ZGB)	225
		7.5.5.	Gesetzliche Sonderbestimmungen	226
8.			**Ende des Amtes des Beistandes oder der Beiständin**	**229**
8.1.			Beendigung des Amtes von Gesetzes wegen	229
8.2.			Entlassung	231
		8.2.1.	Auf Begehren des Beistandes oder der Beiständin	231
		8.2.2.	Entlassung aus anderen Gründen	231
8.3.			Weiterführungspflicht	234
8.4.			Schlussbericht und Schlussrechnung	235
9.			**Ende der Beistandschaft**	**239**
9.1.			Ende von Gesetzes wegen (Tod der betroffenen Person)	239
9.2.			Aufhebung durch die KESB	241
10.			**Fürsorgerische Unterbringung**	**245**
10.1.			Unterbringung und Zurückbehaltung	246
10.2.			Periodische Überprüfung	255
10.3.			Medizinische Massnahmen bei einer psychischen Störung	257
		10.3.1.	Grundsätze und Anwendungsbereich	257
		10.3.2.	Behandlungsplan	259
		10.3.3.	Behandlung ohne Zustimmung	260
		10.3.4.	Nachbetreuung und ambulante Massnahmen	264

Inhaltsverzeichnis

11.	**Urteilsunfähige Personen in Wohn- oder Pflegeeinrichtungen**	**269**
11.1.	Allgemeines	269
11.2.	Betreuungsvertrag	270
	11.2.1. Inhalt	270
	11.2.2. Vertretung	271
11.3.	Einschränkung der Bewegungsfreiheit	272
	11.3.1. Voraussetzungen	272
	11.3.2. Protokoll und Information	276
	11.3.3. Aufgaben der KESB	278
	11.3.4. Musterkonzept für Institutionen	278
11.4.	Kontakte nach aussen	280
11.5.	Freie Arztwahl	281
11.6.	Aufsicht über Wohn- und Pflegeeinrichtungen	281
12.	**Beschwerden**	**283**
12.1.	Beschwerden gegen Beistand und beauftragte Dritte	283
12.2.	Beschwerden gegen fürsorgerische Unterbringung	285
12.3.	Beschwerden gegen Entscheide der KESB	290
12.4.	Beschwerden gegen bewegungseinschränkende Massnahmen	293
13.	**Überführung altrechtlicher Massnahmen**	**295**
13.1.	Übergangsrecht	295
	13.1.1. Allgemeines	295
	13.1.2. Am 1. Januar 2013 rechtskräftige Massnahmen	296
	13.1.3. Am 1. Januar 2013 hängige Verfahren	299
	13.1.4. «Vorgezogene» Überführung	300
	13.1.5. Sonderfälle	301
13.2.	Sachverhaltsabklärung: Anforderungen und Vorgehen	303
13.3.	Überführungsbeschlüsse	305
	13.3.1. Behördliche Überführung von altrechtlichen Beistandschaften und Beiratschaften in neurechtliche massgeschneiderte Beistandschaften	306
	13.3.2. Überführung von Gesetzes wegen von altrechtlichen Erwachsenenvormundschaften und erstreckter elterlicher Sorge in umfassende Beistandschaften des neuen Rechts	308
	13.3.3. Anpassung von überführten umfassenden Beistandschaften	311
	13.3.4. Exkurs: Überführung von Kindesschutzmassnahmen	313
14.	**Statistik**	**315**
14.1.	Vorbemerkungen	315
14.2.	Merkmale der neuen statistischen Erhebung	317
14.3.	Erhebung Erwachsenenschutz	320
14.4.	Erhebung Kindesschutz	321

Inhaltsverzeichnis

Abkürzungsverzeichnis	323
Literaturverzeichnis	327
Stichwortverzeichnis	339
Konkordanztabelle	**357**
Gesetzestext	**Anhang**

Verzeichnis der Muster und Übersichten (auch auf CD)

Kapitel 1: Allgemeiner Teil Rz.

ÜBERSICHT Verfahrensschritte Übertragung einer Beistandschaft 1.125
MUSTER Struktur eines Sozialberichts 1.139
ÜBERSICHT Verfahrensabläufe bei der Anordnung von Massnahmen 1.148
MUSTER Verfahrensleitende «dass-Verfügung» 1.149
MUSTER Verfügung betreffend vorsorgliche Massnahmen 1.150
MUSTER Neutrale Verfügung 1.154
MUSTER Vollstreckungsentscheid 1.214
ÜBERSICHT Schweigepflicht 1.215

Kapitel 2: Eigene Vorsorge

MUSTER Validierungsentscheid ohne ergänzende Massnahmen 2.18
MUSTER Validierungsentscheid mit Auslegung/Ergänzung/Weisungen 2.19

Kapitel 3: Gesetzliche Vertretungsrechte

MUSTER Feststellung des Vertretungsrechts des Ehegatten 3.11
MUSTER Bestimmung der vertretungsberechtigten Person bei
medizinischen Massnahmen 3.21

Kapitel 4: Alternativen zu Beistandschaften

MUSTER Eigenes Handeln der KESB namens einer handlungsunfähigen
Person gestützt auf Art. 392 Ziff. 1 ZGB 4.10
MUSTER Eigenes Handeln der KESB durch Erteilung einer Zustimmung
gestützt auf Art. 392 Ziff. 1 ZGB 4.11
MUSTER Eigenes Handeln der KESB durch Auftrag an Dritte gestützt
auf Art. 392 Ziff. 1 ZGB 4.12
MUSTER Eigenes Handeln der KESB/Beendigung eines Auftrags
an Dritte gestützt auf Art. 392 Ziff. 1 ZGB 4.13
MUSTER Auftrag der KESB an Dritte gestützt auf Art. 392 Ziff. 2 ZGB 4.18
MUSTER Bezeichnung einer Person oder Stelle gestützt auf Art. 392
Ziff. 3 ZGB 4.22

Kapitel 5: Beistandschaften

ÜBERSICHT Voraussetzungen einer Beistandschaft 5.15
ÜBERSICHT Beistandschaftsarten und deren Wirkungen 5.20
ÜBERSICHT Methodik der Musterbeschlüsse 5.21

Verzeichnis der Muster und Übersichten

Muster Begleitbeistandschaft mit genereller Umschreibung von
Aufgabenbereichen 5.29
Muster Begleitbeistandschaft mit spezifischer Umschreibung von
Aufgabenbereichen 5.31
Muster Vertretungsbeistandschaft mit spezifischer Umschreibung
einer Aufgabe 5.41
Muster Vertretungsbeistandschaft mit genereller Umschreibung von
Aufgabenbereichen inkl. Einkommens- und Vermögensverwaltung 5.42
Muster Standardfall «Altersbeistandschaft» (generelle Vertretungs-
beistandschaft mit Einkommens- und Vermögensverwaltung) 5.43
Muster Mitwirkungsbeistandschaft 5.48
Muster Umfassende Beistandschaft 5.54
Muster Ersatzbeistand/-beiständin zufolge Verhinderung 5.63
Muster Ersatzbeistand/-beiständin zufolge Interessenkollision 5.64
Übersicht Aufgabenbereiche 5.73–5.76
Muster Spezialanordnung Post/Wohnräume 5.80
Muster Kombination Begleit-/Mitwirkungsbeistandschaft 5.84
Muster Kombination Begleit-/Vertretungs-/Mitwirkungsbeistandschaft 5.85
Muster Kombination Begleit-/Vertretungs-/Mitwirkungsbeistandschaft
mit punktueller Einschränkung der Handlungsfähigkeit 5.86
Muster Vertretungsbeistandschaft inkl. Spezialanordnung punktueller
Einschränkung der Handlungsfähigkeit 5.94

Kapitel 6: Beistand/Beiständin

Übersicht Kennzifferberechnung Zeitbedarf Mandatsführung und
Modellrechnung Berufsbeistandschaft ....6.19 + 6.20
Muster Angehörige als Beistand/Beiständin (mit Entbindung von der
Rechenschaftspflicht) 6.28
Übersicht Rekrutierung, Schulung und Begleitung von privaten
Mandatsträger/innen 6.39–6.41
Muster Schätzung Stundenbudget 6.47
Muster Schätzung Entschädigungsbudget 6.48

Kapitel 7: Mitwirkung der KESB

Übersicht Vorgehen bei der Erstellung des Besitzstandinventars 7.16
Muster Brief an Beistand/Beiständin betreffend Besitzstandinventar 7.17
Muster Fragebogen zum Besitzstandinventar 7.18
Muster Abnahme des Inventars durch die KESB 7.19
Muster Angeordnete Zustimmungsbedürftigkeit nach Art. 417 ZGB 7.55

Kapitel 8: Ende des Amtes des Beistandes oder der Beiständin

Muster Entlassung Beistand/Beiständin (Art. 423 Abs. 1 Ziff. 1 ZGB).........8.12
Muster Genehmigung Schlussbericht/Schlussrechnung (Art. 425 ZGB).....8.19

Kapitel 9: Ende der Beistandschaft

Muster Aufhebung einer Beistandschaft (Art. 399 Abs. 2 ZGB)....................9.8

Kapitel 10: Fürsorgerische Unterbringung (FU)

Muster FU durch die KESB (Art. 428 ZGB) 10.21
Muster Zurückbehaltung durch die ärztliche Leitung (Art. 427 ZGB)......... 10.22
Muster FU durch einen Arzt/eine Ärztin (Art. 429 ZGB)............................. 10.23
Muster FU zur Begutachtung (Art. 449 ZGB).. 10.25
Muster Verlegung in eine andere Einrichtung... 10.26
Muster Periodische Überprüfung der FU (Art. 431 ZGB).......................... 10.30
Muster Anordnung einer ambulanten Massnahme................................... 10.55

Kapitel 11: Urteilsunfähige Personen in Wohn- oder Pflegeeinrichtungen

Übersicht Bewegungseinschränkende Massnahmen: Generelle
Übersicht 11.20
Übersicht Bewegungseinschränkende Massnahmen: Anordnung
und Protokollierung... 11.25
Übersicht Bewegungseinschränkende Massnahmen:
Musterkonzept 11.29–11.30

Kapitel 12: Beschwerden

(keine Muster oder Übersichten zu diesem Kapitel)

Kapitel 13: Überführung altrechtlicher Massnahmen

Muster Berichterstattung bezüglich altrechtlicher Massnahmen.............. 13.33
Muster Überführung einer altrechtlichen Beistandschaft oder
Beiratschaft in eine neurechtliche Massnahme (Grundmuster
eines Überführungsbeschlusses) 13.38
Muster Brief an bevormundete Person 13.42
Muster Brief an Eltern mit erstreckter elterlicher Sorge............................ 13.43
Muster Anpassung einer umfassenden Beistandschaft für eine
altrechtliche Vormundschaft in eine massgeschneiderte (mildere)
Beistandschaft.. 13.44

Muster Anpassung einer umfassenden Beistandschaft für eine altrechtliche erstreckte elterliche Sorge in eine massgeschneiderte (mildere) Beistandschaft 13.45

Muster Überführung einer Vormundschaft nach aArt. 368 ZGB in eine Minderjährigenvormundschaft nach Art. 327a–c ZGB 13.49

Kapitel 14: Statistik

Übersicht Entwicklung der Anzahl Schutzmassnahmen zwischen 1996 und 2010 in der Schweiz (alle Kantone) 14.3

Autorin und Autoren

Die Autorin und die Autoren arbeiteten im Kollektiv zusammen und haben sich bezüglich der einzelnen Beiträge ausgetauscht.

AFFOLTER KURT
lic. iur., Fürsprecher und Notar, Redaktor Zeitschrift für Kindes- und Erwachsenenschutz ZKE, Ligerz.
Kurt Affolter hat folgende Kapitel geschrieben: 1.6., 1.7., 1.8., 13.2.

BIDERBOST YVO
Dr. iur., Leiter Rechtsdienst KESB Stadt Zürich, Lehrbeauftragter an den Universitäten Luzern und Zürich, Mitglied Redaktionsrat ZKE.
Yvo Biderbost hat folgende Kapitel geschrieben: 5.1.–5.5.

HÄFELI CHRISTOPH
Prof. FH, lic. iur., dipl. Sozialarbeiter, dipl. Supervisor, Rechtskonsulent von Mandatsträger/innen und Behörden, Mitglied Arbeitsausschuss KOKES, Niederrohrdorf.
Christoph Häfeli hat folgende Kapitel geschrieben: 6., 7.1.–7.4., 13.3.

LANGENEGGER ERNST
lic. iur., Rechtsanwalt, ehemaliger Leiter der Amtsvormundschaft Stadt Zürich, Mitglied Arbeitsausschuss KOKES und Redaktionsrat ZKE.
Ernst Langenegger hat folgende Kapitel geschrieben: 1.5.10., 4., 8., 9., 10.3. sowie die Konkordanztabelle (Letztere gemeinsam mit Diana Wider).

MEIER PHILIPPE
Prof. Dr. iur., Rechtsanwalt, ordentlicher Professor an der Rechtswissenschaftlichen Fakultät der Universität Lausanne, Mitglied Arbeitsausschuss KOKES und Präsident Redaktionsrat ZKE.
Philippe Meier hat folgende Kapitel geschrieben: 1.2., 1.5.1.–1.5.9., 3., 7.5., 13.1.

ROSCH DANIEL
Prof. FH, lic. iur., dipl. Sozialarbeiter FH, MAS Nonprofit-Management, Dozent und Projektleiter im Kompetenzzentrum Kindes- und Erwachsenenschutz der Hochschule Luzern – Soziale Arbeit sowie an der Berner Fachhochschule – Soziale Arbeit.
Daniel Rosch hat folgende Kapitel geschrieben: 1.1., 1.9., 1.10., 5.6., 10.1.–10.2.

VOGEL URS
lic. iur., dipl. Sozialarbeiter FH, Master of Public Administration MPA idheap, Mitglied Redaktionsrat ZKE, Rechts- und Unternehmensberatung, Kulmerau.
Urs Vogel hat folgende Kapitel geschrieben: 6.1.3., 11.

Verzeichnis der Autorin und Autoren

WIDER DIANA
Prof. FH, lic. iur., dipl. Sozialarbeiterin FH, Verantwortliche Kompetenzzentrum Kindes- und Erwachsenenschutz der Hochschule Luzern – Soziale Arbeit, Generalsekretärin KOKES.
Diana Wider hat folgende Kapitel geschrieben: 1.3., 14. sowie die Konkordanztabelle (Letztere gemeinsam mit Ernst Langenegger). Ihr oblag überdies die Projektleitung und Koordination der vorliegenden Publikation.

ZINGARO MARCO
Prof. FH, Fürsprecher, Dozent und Projektleiter an der Berner Fachhochschule – Soziale Arbeit, Mitglied Arbeitsausschuss KOKES.
Marco Zingaro hat folgende Kapitel geschrieben: 1.4., 2., 12.

Übersetzung und Lektorat

LUKIC SUZANA
lic. iur., Rechtsanwältin, Juristin bei der Staatskanzlei Kanton Waadt.
Suzana Lukic war verantwortlich für die Koordination sowie das Lektorat/Korrektorat der französischen Ausgabe. Überdies hat sie das Stichwortregister erstellt sowie die Konkordanztabelle auf Französisch übersetzt.

MARUGG MICHAEL
Dr. iur., Geschäftsstellenleiter Netzwerk Kinderrechte Schweiz.
Michael Marugg hat die Kapitel 1.2., 1.5.1.–1.5.9., 3., 7.5. und 13.1. auf Deutsch übersetzt.

MEIER PHILIPPE
Prof. Dr. iur., Rechtsanwalt, ordentlicher Professor an der Rechtswissenschaftlichen Fakultät der Universität Lausanne, Mitglied Arbeitsausschuss KOKES und Präsident Redaktionsrat ZKE.
Philippe Meier hat die Kapitel 1.1., 1.3.–1.4., 1.5.10., 1.6.–1.10., 2., 4.–6., 7.1.–7.4., 8.–12., 13.2., 13.3. und 14 auf Französisch übersetzt.

DIKE VERLAG
Das Lektorat/Korrektorat der deutschen Ausgabe wurde vom DIKE Verlag wahrgenommen.

1. Allgemeiner Teil

1.1. Allgemeine Grundsätze

Literatur

Botschaft, 7042 f.
Allgemeine Literatur: BK-Bucher, Art. 16 ZGB N 52 ff.; BSK ESR-Henkel, Art. 388, 389, 390; CHK-Affolter/Steck/Vogel, aArt. 360 ZGB N 5; BSK ZGB I-Biderbost, aArt. 419 N 19; FamKomm ESR-Häfeli, Art. 388, 389; FamKomm ESR-Meier, Art. 390; Hausheer/Geiser/Aebi-Müller, 1.15 ff., 1.31 ff., 2.75 ff.; Häfelin/Haller/Keller, Rz. 346 ff.; Häfelin/Müller/Uhlmann, Rz. 587 ff.; KUKO ZGB-Rosch, Art. 388, 389; Meier/Lukic, 376 ff., 383 ff.; OFK ZGB-Fassbind, Art. 388, 389, 390; Rosch, in: Rosch et al., Einführung; Schmid, Art. 388, 389.
Spezifische Literatur: Affolter Kurt, Die Aufwertung der Selbstbestimmung im neuen Erwachsenenschutzrecht, in: AJP 2006, 1057 ff.; Breitschmid Peter, Ersatzlösungen anstelle der Errichtung einer Vormundschaft oder von vormundschaftlichen Massnahmen, in: ZVW 2003, 47 ff.; Biderbost Yvo, Beistandschaft nach Mass – revidierte Handwerkszeug des Erwachsenenschutzes, in: AJP 1/2010, 3 ff.; Biderbost Yvo, eine Beistandschaft ist eine Beistandschaft?!?, in: ZVW 2003, 299 ff.; Langenegger Ernst, Aspekte des Systems der amtsgebundenen behördlichen Massnahmen des neuen Erwachsenenschutzrechtes, in: ZVW 2003, 317 ff.; Meier Philippe, Le nouveau droit de protection de l'adulte – présentation générale, in: Jusletter 17. November 2008; Rosch Daniel, Die Begleitbeistandschaft – per aspera ad astra?, in: FamPra 2010, 268 ff.; Rosch Daniel, Die Bestimmung der Aufgabenbereiche des Beistandes nach Art. 391 nZGB, in: ZKE 2010, 184 ff.; Schmid Hermann, Einführung in die Beistandschaften (Art. 377–384 VE), in: ZSR 2003 I, 311 ff.

Das *Erwachsenenschutzrecht im weiteren Sinne* umfasst zunächst einmal die Bestimmungen des zivilrechtlichen Erwachsenenschutzrechts, die in den Art. 360–456 ZGB geregelt sind (*Erwachsenenschutzrecht im engeren Sinne*). Dazu gehören weitere Bestimmungen des Bundesprivatrechts ausserhalb dieser Artikel, insbesondere die Bestimmungen des Handlungsfähigkeitsrechts oder Einzelbestimmungen (z.B. Art. 260 Abs. 2 ZGB), aber auch Bestimmungen ausserhalb des Bundesprivatrechts wie solche des kantonalen Rechts.

1.1

Volljährige urteilsfähige Personen sind im Grundsatz eigen- und selbständige Rechtssubjekte. Die von ihnen getätigten Handlungen werden im Rahmen der Rechtsordnung ihnen zugerechnet. Diese Handlungsautonomie kann eingeschränkt sein. Dort, wo die Person infolge eines *Schwächezustandes* ihre eigenen Interessen bzw. ihr Wohl gefährdet, greifen die Instrumente des Erwachsenenschutzrechts ein. Dies kann der Fall sein, wo eine Person infolge einer Alzheimererkrankung nicht mehr ihre finanziellen Angelegenheiten erledigen kann oder wo eine psychische Störung dazu führt, dass eine Person zwanghaft Gegenstände bestellt, die sie gar nicht benötigt. Hier sieht der zivilrechtliche Erwachsenenschutz Instrumente vor für Personen, die aufgrund eines Schwächezustandes (z.B. psychische Störung, geistige Behinderung) *schutzbedürftig* werden. Damit steht der

1.2

1. Allgemeiner Teil

zivilrechtliche Erwachsenenschutz im steten *Spannungsverhältnis zum Recht auf Selbstbestimmung*. Es geht um eine *Interessenabwägung* im Einzelfall. Gerade aufgrund dieses Spannungsverhältnisses wurden im revidierten Recht zusätzliche Instrumente zum selbstbestimmten Umgang im Falle der eigenen Urteilsunfähigkeit geschaffen. Flankierend dazu sind auch Instrumente vorgesehen, welche in besonderen Konstellationen (z.B. Ehe bzw. eingetragene Partnerschaft) von Gesetzes wegen greifen.

1.3 Das neue Erwachsenenschutzrecht kennt damit folgende *Instrumente*:
- Instrumente, die von der betroffenen Person *selbst* getroffen werden können (Vorsorgeauftrag [Art. 360 ff. ZGB], Patientenverfügung [Art. 370 ff. ZGB]); das Gesetz spricht hier auch von «Massnahmen»; vielmehr geht es um Instrumente, mit denen das Selbstbestimmungsrecht auch über die Zeit der eigenen Urteilsunfähigkeit hinaus gewahrt werden können.
- Instrumente, die *von Gesetzes wegen* für urteilsunfähige Personen eintreten (Vertretung durch Ehegatten oder eingetragene Partner/innen [Art. 374 ZGB], Vertretung bei medizinischen Massnahmen [Art. 377 ZGB], Aufenthalt in Wohn- und Pflegeeinrichtungen [Art. 382 ZGB]); das Gesetz spricht hier auch von «Massnahmen»; vielmehr geht es um *gesetzliche Vertretungsberechtigungen* nahestehender Personen.
- *Behördliche* Massnahmen (Beistandschaften [Art. 388 ff. ZGB] und fürsorgerische Unterbringung [Art. 426 ff. ZGB]).

1.4 Mit diesen Instrumenten soll das Manko an persönlicher Betreuung und Beratung (Personensorge), an vermögensrechtlichen Hilfestellungen (Vermögenssorge) und der Vertretung im Rechtsverkehr ausgeglichen werden.

1.5 Dort, wo *behördliche* Massnahmen notwendig werden, finden sich im Gesetz explizit «Allgemeine Grundsätze» (vgl. Art. 388 f. ZGB). Dies sind die Schutz- und Selbstbestimmung, die Subsidiarität und die Verhältnismässigkeit.

1.1.1. Schutz und Selbstbestimmung

1.6 Die behördlichen Massnahmen des Erwachsenenschutzes stellen das Wohl und den Schutz hilfsbedürftiger Personen sicher (Art. 388 Abs. 1 ZGB). Sie sollen die Selbstbestimmung der betroffenen Person so weit wie möglich erhalten und fördern (Art. 388 Abs. 2 ZGB). Damit wird das *Doppelgesicht* der behördlichen Massnahmen aufgezeigt. Der schutzbedürftigen Person wird geholfen; diese Hilfe geschieht aber nötigenfalls ohne oder gegen ihren Willen. Dieses Doppelgesicht der behördlichen Massnahmen zeigt das Spannungsverhältnis von *selbstbestimmter Lebensführung* und deren

Grenzen zum Selbstschutz der betroffenen Person auf. Der Gesetzgeber hat mit den behördlichen Massnahmen eine Rahmenordnung geschaffen, bei der im Grundsatz ein Eingriff in die Persönlichkeitsrechte von hilfs- und schutzbedürftigen Personen zulässig ist (vgl. Art. 390 ZGB).

Zunächst muss ein *Schwächezustand* vorliegen, der dazu führt, dass bei der betroffenen Person die Fähigkeit zur Ausübung ihres Selbstbestimmungsrechtes in Bezug auf die zu erledigenden Aufgaben ausgeschlossen oder derart beeinträchtigt ist, dass eigenverantwortliches Entscheiden nicht mehr möglich oder zumindest erschwert ist. Es kann sich damit nur um wichtige und wesentliche Angelegenheiten im Einzelfall (vgl. Rz. 1.20) handeln; solche müssen aber auch durch eine behördliche Massnahme behoben oder zumindest gemildert werden können. 1.7

Betrachtet man die Schwächezustände, so werden diese nicht auf psychische Störungen und geistige Behinderungen begrenzt. Dazu gehören auch schwere Verwahrlosung, Unerfahrenheit, Misswirtschaft, Unwilligkeit, Starrsinn und die Unfähigkeit einer Person. Damit zeigt sich auch, dass der Schwächezustand mitunter ein wertendes Moment, das von den geltenden *gesellschaftlichen Wertmassstäben* abhängt, innehaben kann. So kann es zulässig sein, auch gegen den Willen einer urteilsfähigen verbeiständeten Person ihr Haus zu verkaufen. Dadurch besteht die Gefahr, dass Erwachsenenschutzrecht zur Umerziehung bzw. zum *Gesinnungsrecht* verkommen kann. Ebenfalls wertende Elemente kennt die Frage der Urteilsfähigkeit, die Prognosestellung (vgl. Rz. 1.16 ff.) und die Schutzbedürftigkeit. In einer pluralistischen Gesellschaft bieten auf gesellschaftlichen Werten beruhende (objektivierte) Einschätzungen und Entscheide per definitionem Schwierigkeiten. Das führt einerseits dazu, dass behördliche Massnahmen nur behutsam und nach sorgfältiger Prüfung angeordnet werden dürfen. Andererseits führt es dazu, dass die Selbstbestimmung ein zunehmend wichtigeres Gut wird. 1.8

Es ist mit anderen Worten zunächst von der Selbstbestimmung der betroffenen Person auszugehen. Behördliche Massnahmen kommen unter Berücksichtigung der Subsidiarität (vgl. Rz. 1.12 ff.) und des Verhältnismässigkeitsprinzips (vgl. Rz. 1.16 ff.) nur zum Tragen, wenn einerseits ein Schwächezustand gegeben ist, der dazu führt, dass eine Person sich in einer oder mehreren *wesentlichen und wichtigen Angelegenheiten* gefährdet. Der Eingriff in die Persönlichkeitsrechte soll sodann nur dort erfolgen, wo behördliche Massnahmen überhaupt eine Linderung der Situation ermöglichen. Die Beistandschaften mit ihren Vertretungsmöglichkeiten und die fürsorgerische Unterbringung müssen im Minimum die Situation verbessern können. Ferner soll nur dort eingegriffen werden, wo 1.9

ein Schutzbedarf besteht, und nur soweit eingegriffen werden, wie ein Zusammenhang zum Schutzbedarf überhaupt vorhanden ist (sog. *Komplementarität*, vgl. Art. 406 ZGB). Der Schutzbedarf ergibt sich primär aus den Angelegenheiten, bei denen sich die betroffene Person ohne Massnahme infolge ihres Schwächezustandes massgeblich gefährden würde. Berücksichtigt werden sollen aber die von der Person geäusserten oder aufgrund der bisherigen Lebensführung erkennbaren Wünsche und den Willen der schutzbedürftigen Person. Wird eine Massnahme angeordnet, so ist sie im Rahmen der Mandatsführung darauf auszurichten, dass die Selbstbestimmung gefördert und erhalten bleibt. Der/die Mandatsträger/in handelt *vertretungsweise* und immer im *wohlverstandenen Interesse* der schutzbedürftigen Person. Letzten Endes ist das Ziel der Massnahme, diese selbst wiederum entbehrlich zu machen, wobei der Schwächezustand dies verhindern kann. Es gilt jedoch im Rahmen der Mandatsführung, aber auch der Massnahmeanordnung eine Vermutung zugunsten der *Förderung der Selbstbestimmung* der schutzbedürftigen Person.

1.10   Diese Interessenabwägung zwischen Schutz und Selbstbestimmung wird durch die *grundrechtliche Eingriffssystematik* strukturiert und präzisiert. Erwachsenenschutzrecht gehört zum Eingriffssozialrecht. *Sozialrecht* umfasst als Querschnittsmaterie zwischen öffentlichem Recht und Privatrecht sämtliche rechtlichen Normen, «welche die für die Lebensbewältigung notwendige Teilhabe ermöglichen sollen und zugleich Ausdruck einer besonderen sozialstaatlichen Zielsetzung sind» (Rosch, in: Rosch et al., Einführung N 6). Sie sind somit auf soziale Absicherung, sozialen Ausgleich, Schutz, Teilhabe und Chancengleichheit ausgerichtet. Der *Eingriff in die Rechtsstellung* der betroffenen Personen ist das typische Element des Eingriffssozialrechts (wie auch im Jugendstrafrecht). Grundrechtlich wird der/die Einzelne im Grundsatz vor Eingriffen des Staates in seinen/ihren Freiheitsrechten geschützt. Im Erwachsenenschutzrecht ist regelmässig das Grundrecht auf persönliche Freiheit (Art. 10 BV) (mit)betroffen. Es schützt den/die Einzelne/n vor Eingriffen in seine/ihre körperliche Integrität, in die Bewegungsfreiheit und in die geistige Unversehrtheit. Dieser grundrechtliche Schutz gilt nicht absolut. Im Rahmen von Art. 36 BV kann unter bestimmten Voraussetzungen in die Grundrechte eingegriffen werden (BGE 106 Ia 33 E.3, BGE 126 I 112 E.3). Das ist dann erlaubt, wenn

- eine *gesetzliche Grundlage* dies vorsieht (hier: die behördlichen Massnahmen des Erwachsenenschutzrechtes i.e.S. im ZGB),
- der Eingriff durch ein *öffentliches Interesse* gerechtfertigt ist (hier: Schutz und Wohl der hilfsbedürftigen Person),
- der Eingriff *verhältnismässig* ist,

- der *absolute Kerngehalt* geschützt ist (z.B. Lügendetektoren, Narkoanalyse zum Zweck der Wahrheitsermittlung [BGE 109 Ia 273 E. 7]).

Durch diese grundrechtliche Eingriffssystematik wird das Spannungsverhältnis zwischen Schutz und Selbstbestimmung strukturiert. Diese rechtliche, formale Strukturierung ermöglicht eine *differenzierte Austarierung* zwischen den widersprüchlichen Interessen im Einzelfall (vgl. Rz. 1.16 ff.).

1.11

1.1.2. Subsidiarität

Massnahmen des Erwachsenenschutzes sollen nur angewendet werden, wenn nicht andere Mittel ebenso geeignet sind, die Schutzbedürftigkeit zu beheben. Damit wird insbesondere der *Vorrang der privaten Lebensgestaltung und von privaten Lösungen* im Gesetz ausdrücklich festgehalten. Eingriffssozialrecht soll nur dort Anwendung finden, wo diese privaten Lösungen nicht mehr dem Schutz der betroffenen Person nach ihrem (objektivierten) Bedarf entsprechen bzw. verantwortet werden können (vgl. Rz. 1.6 ff.). Die subsidiären Instrumente und Institute finden sich explizit in Art. 389 Abs. 1 ZGB. Es sind dies:

1.12

- Unterstützung durch die Familie,
- Unterstützung durch andere nahestehende Personen,
- Unterstützung durch private Dienste (z.B. Pro Infirmis, Pro Senectute) oder öffentliche Dienste (z.B. Sozialhilfe).

Nur wenn diese Instrumente bzw. Institute die Schutzbedürftigkeit nicht ausreichend auszugleichen vermögen oder von vornherein als ungenügend erscheinen, können behördliche Massnahmen (Art. 392, Art. 393 ff. ZGB) angeordnet werden.

1.13

Zusätzlich werden behördliche Massnahmen notwendig, wenn bei Urteilsunfähigkeit keine oder keine ausreichende eigene Vorsorge (Patientenverfügung, Vorsorgeauftrag) getroffen wurde bzw. die Massnahmen von Gesetzes wegen (Art. 374 ff. ZGB) nicht genügen.

1.14

Mit der so verstandenen Subsidiarität wird der Vorrang des privaten Handelns statuiert; staatliches Handeln ist immer nachrangig (vgl. Art. 6, 12, 41, 103 BV [sog. «subsidiarité de principe»]). Subsidiarität bezieht sich zusätzlich aber auch auf die Stufenfolge, also darauf, welche der behördlichen Massnahmen *erforderlich* ist (sog. «subsidiarité de mesure»). Dieser letzte Aspekt gehört als Teilbereich der Verhältnismässigkeitsprüfung dogmatisch zur «Erforderlichkeit». Sinnvollerweise sind beide Aspekte der Subsidiarität im Rahmen der Verhältnismässigkeitsprüfung zu prüfen (vgl. Rz. 1.16 ff.).

1.15

1.1.3. Verhältnismässigkeit

1.16 Wie bereits erwähnt strukturiert und präzisiert der Grundrechtseingriff die Abwägung zwischen Schutz und Selbstbestimmung im Einzelfall (vgl. Rz. 1.10 f.). Zentrales Element ist dabei die Verhältnismässigkeitsprüfung. Diese setzt voraus, dass der *Sachverhalt* (insbesondere der Schwächezustand und die Schutzbedürftigkeit) *ermittelt* und daraus eine *Prognose* abgeleitet wurde (BGE 120 II 384 E. 4d). Die Prognose klärt einerseits die Frage, was geschehen würde, wenn keine staatliche Hilfe angeordnet würde. Sie konkretisiert damit die *Gefährdungssituation*. Andererseits können aus der Prognose und der Gefährdungssituation auch die *Ziele* für eine behördliche Massnahme abgeleitet werden. Sie befinden sich im Rahmen der Ausgleichung bzw. Milderung der Hilfs- und Schutzbedürftigkeit.

1.17 Die Verhältnismässigkeitsprüfung beinhaltet *drei Elemente* (vgl. Art. 389 Abs. 2 ZGB):

1.18 Zunächst muss eine behördliche Massnahme *geeignet* sein, um das aufgrund der Prognose definierte Ziel zu erreichen. Geprüft wird mit anderen Worten die *Zwecktauglichkeit* der Massnahme. Nur wo z.B. Begleithandlungen in Form der Beratung in der Einkommensverwaltung es ermöglichen, dass eine Person mit bipolarer Störung sich nicht verschuldet, ist eine Begleitbeistandschaft gemäss Art. 393 ZGB eine zielführende bzw. zwecktaugliche Massnahme.

1.19 Zudem muss eine behördliche Massnahme *erforderlich* sein. Sie darf nur angeordnet werden, wenn nicht eine in sachlicher, zeitlicher, personeller und räumlicher Hinsicht gleich geeignete, aber mildere Massnahme für das angestrebte Ziel ausreichend ist. Hierzu gehören zunächst einmal alle subsidiären Massnahmen (vgl. Rz. 1.12), aber auch *gesetzliche Vertretungsrechte* (Art. 166, Art. 374 ff. ZGB), *Rechtsgeschäfte* (z.B. Aufträge [Art. 394 ff. OR], Massnahmen der eigenen Vorsorge [Art. 360 ff. ZGB]) und die *Geschäftsführung ohne Auftrag* (Art. 419 ff. OR). Wenn Familienangehörige eine an Alzheimer erkrankte Verwandte pflegen und ausreichende Vertretungsrechte aufgrund eines Vorsorgeauftrages haben, bedarf es in der Regel keiner zusätzlichen behördlichen Massnahme. Die milderen und somit weniger in die Rechtsstellung der betroffenen Person eingreifenden Massnahmen müssen aber geeignet bzw. zwecktauglich sein. Eine nicht geeignete mildere Massnahme ist auch unverhältnismässig.

1.20 Die Verhältnismässigkeitsprüfung umfasst zu guter Letzt auch die *Zumutbarkeit*. Auch wenn diese nicht ausdrücklich in Art. 389 Abs. 2 ZGB genannt wird, ist sie als unumstrittener Aspekt des Verhältnismässigkeitsprinzips in Lehre und Rechtssprechung auch im Erwachsenenschutzrecht anzuwenden. Die Zumutbarkeit prüft im Sinne einer *umfassenden wertenden Abwägung*, ob die behördliche Massnahme im *Verhältnis von Eingriffszweck und Eingriffswirkung* angemessen ist bzw. ob ein überwiegendes öffentliches Interesse (an der Anordnung der behördlichen Massnahme) im Vergleich zu den privaten Interessen (des Betroffenen) gegeben ist. Dieses Element kommt insbesondere als *Regulativ* dann zum Tragen, wenn ein schwerer Eingriff (z.B. umfassende Beistandschaft, fürsorgerische Unterbringung) geeignet ist und es keine alternativen erforderlichen Massnahmen gibt. Dann ist zu prüfen, ob der starke Eingriff in einem angemessenen Verhältnis von Eingriffszweck (Wohl der schutzbedürftigen Person durch Erwachsenenschutzrecht) und Eingriffswirkung (z.B. Entzug der Handlungsfähigkeit bei der umfassenden Beistandschaft oder der freien Bestimmung über den Aufenthalt bei der FU) steht. Es wird somit zwischen Eingriff und Nichteingriff sowie deren jeweiligen Folgen abgewogen. Mit der Zumutbarkeit wird – umgangssprachlich ausgedrückt – vermieden, dass mit Kanonen auf Spatzen geschossen wird.

Das Verhältnismässigkeitsprinzip bzw. die Systematik des Grundrechtseingriffs (Art. 36 BV) gibt den Rechtsanwendenden eine formale Struktur vor, was geprüft werden soll, damit der Eingriff zulässig ist. Diese *formale Struktur* muss inhaltlich gefüllt werden. Damit verweist das Recht im Bereich des Erwachsenenschutzes auf seine Referenzdisziplinen, insbesondere auf die Soziale Arbeit, aber auch auf die Medizin, Psychiatrie, Psychologie, Treuhand usw. Die Einschätzung, ob eine behördliche Massnahme geeignet, erforderlich oder zumutbar ist, wird inhaltlich massgeblich durch diese Referenzdisziplinen mitbestimmt. Bei einer Person, die an einer dementiellen Erkrankung leidet, bestimmt das psychiatrische Wissen die Zielsetzung der Massnahme, die Frage der Geeignetheit von behördlichen Massnahmen und die sozialarbeiterischen Interventionsmöglichkeiten massgebend mit. Damit ist im Kern schon hier eine *interdisziplinäre Herangehensweise* implementiert.

1.21

1.2. Rechts- und Handlungsfähigkeit

Literatur

Botschaft, 7094 f.

Allgemeine Literatur: BAUMANN MAX, Personenrecht des ZGB, 2. Aufl. Zürich/St. Gallen 2011, § 3; BK-BUCHER, Art. 11–19 ZGB; BSK ZGB I-BIGLER-EGGENBERGER, Art. 11–19; BUCHER ANDREAS, Natürliche Personen und Persönlichkeitsschutz, 4. Aufl. Basel 2009, § 2–3; CHK-BREITSCHMID, Art. 11–19 ZGB; CR CC I-MANAÏ, Art. 11–15; CR CC I-WERRO/SCHMIDLIN, Art. 16–19; DESCHENAUX HENRI/STEINAUER PAUL-HENRI, Personnes physiques et tutelle, 4. Aufl., Bern 2001, § 2, 3, 7–9; GUILLOD, 4.1–4.6; HAUSHEER HEINZ/AEBI-MÜLLER REGINA, Das Personenrecht des Schweizerischen Zivilgesetzbuches, 2. Aufl., Bern 2008, § 2, 6 et 7; HAUSHEER/GEISER/AEBI-MÜLLER, 1.43–1.45; HOFER SYBILLE/HRUBESCH-MILLAUER STEPHANIE/ROBERTO VITO, Einleitungsartikel und Personenrecht, Bern 2011, § 10–11; MEIER/LUKIC, 457–517, 564–569; SCHMID, Art. 407; OFK ZGB-FASSBIND, Art. 407; OFK ZGB-PETERMANN, Art. 16–19d; OFK ZGB-SCHWANDER, Art. 11–15; ROSCH, in: Rosch et al., Einführung, N 16–39; TUOR/SCHNYDER/SCHMID/RUMO-JUNGO, 78–92.

1.2.1. Allgemeines

1.22 Das Privatrecht räumt einer Person zwei grundlegende Fähigkeiten ein, nämlich die Fähigkeit, Träger von Rechten und Pflichten zu sein, und die Fähigkeit, mit Handlungen rechtliche Wirkungen zu erzeugen. Es handelt sich um die Rechtsfähigkeit und um die Handlungsfähigkeit.

1.23 Art. 11 ZGB verleiht die *Rechtsfähigkeit* jedem Menschen (natürliche Person) in gleicher Weise. Das Gesetz kann bisweilen von dieser Gleichheit abweichen, z.B. aus Gründen des Alters (das Recht zu heiraten oder ein Testament zu errichten wird erst mit zurückgelegtem 18. Lebensjahr zuerkannt, Art. 94 Abs. 1 ZGB und Art. 467 ZGB) oder der Urteilsfähigkeit (wem sie fehlt, kann absolut höchstpersönliche Rechte nicht ausüben und entbehrt somit deren Genuss, Art. 19c Abs. 2 ZGB). Mit der Rechtsfähigkeit geht die Fähigkeit einher, Partei eines Verfahrens zu sein.

1.24 Steht einer Person die *Handlungsfähigkeit* zu, kann sie Rechte erwerben, übertragen, ändern, aufheben oder veräussern. Die Handlungsfähigkeit umfasst: die Fähigkeit, Rechtshandlungen vorzunehmen (insbesondere Rechtsgeschäfte: Vertrag, Testament usw.), nämlich rechtmässige Handlungen einer Person, die (mittelbar oder unmittelbar) Rechtswirkungen erzeugen; die Deliktsfähigkeit, nämlich die Fähigkeit einer Person, rechtswidrige und schuldhafte Handlungen zu verantworten, sowie die Prozessfähigkeit als verfahrensrechtliche Verlängerung der Handlungsfähigkeit.

1.25 Die Handlungsfähigkeit besitzt, wer volljährig und urteilsfähig ist (Art. 13 ZGB). Zu diesen *zwei positiven Voraussetzungen* kommt eine *negative Voraussetzung*: das Fehlen einer umfassenden Beistandschaft (Art. 17 ZGB), einer anderen Massnahme mit einschränkender Wirkung für die Handlungsfähigkeit (Art. 19 Abs. 1 ZGB) oder einer gesetzlichen Sonderregel mit derselben Wirkung. Diese Voraussetzungen führen zu vier Kategorien von Personen: voll handlungsfähige Personen (vgl. Rz. 1.26 ff.), eingeschränkt handlungsfähige Personen (vgl. Rz. 1.33 ff.), eingeschränkt handlungsunfähige Personen (vgl. Rz. 1.40 ff.) und handlungsunfähige Personen (vgl. Rz. 1.43 ff.).

1.2.2. Volle Handlungsfähigkeit

Volle Handlungsfähigkeit besitzt eine volljährige und urteilsfähige Person, die weder einer ihre Handlungsfähigkeit einschränkenden Schutzmassnahme unterworfen ist noch einer anderen Einschränkung infolge ihres Status als verheiratete oder in anerkannter Partnerschaft lebende Person. Sie handelt selbständig (oder über einen gewillkürten Rechtsvertreter, Art. 32 ff. OR) und führt mit ihren Handlungen alle damit verbundenen Rechtswirkungen herbei. 1.26

Die Volljährigkeit ist bei 18 Jahren festgelegt (Art. 14 ZGB). Vorbehalten bleibt Art. 35 IPRG: Eine Person kann aufgrund des Rechts ihres ausländischen Wohnsitzes früher volljährig sein; ein späterer Wechsel des Wohnsitzes berührt ihre Handlungsfähigkeit nicht. 1.27

Art. 16 ZGB bestimmt die Urteilsfähigkeit negativ: Sie fehlt Personen, die aus einem gesetzlich aufgeführten Grund nicht fähig sind, vernunftgemäss zu handeln (BGE 124 III 5, BGE 134 II 235). Über diesen Rechtsbegriff darf nur der Richter (oder die Behörde) abschliessend entscheiden, auch wenn Diagnose und Analyse des pathologischen Zustandes einer Person im Allgemeinen des Beizugs einer Ärztin oder eines Psychiaters bedarf. 1.28

Die Fähigkeit zu vernunftgemässem Handeln umfasst zunächst ein kognitives oder *intellektuelles Merkmal*: die Fähigkeit, eine bestimmte Situation richtig zu verstehen und einzuschätzen, sowie Motivation und Willen zu entwickeln, die nicht völlig ausserhalb gesellschaftlich anerkannter Werte liegen. Hinzutreten muss ein *volitives Merkmal*: die Fähigkeit einer Person gemäss dem Willen zu handeln, den sie sich aufgrund der Lageeinschätzung eigenständig gebildet hat, wozu die Fähigkeit gehören muss, versuchten Einflussnahmen auf den Willen angemessen zu widerstehen. 1.29

Die im Gesetz aufgeführten Gründe fehlender Urteilsfähigkeit sind: 1.30
- das *Alter* eines Kindes oder Heranwachsenden. Das Gesetz legt keine Altersgrenze fest. Es hängt vom konkreten Rechtsgeschäft ab, ob die Urteilsfähigkeit anzunehmen ist oder nicht (BGE 134 II 235);

- die *geistige Behinderung* (Geistesschwäche gemäss aArt. 16 ZGB), ein Begriff quantitativer Natur;
- die *psychische Störung* (Geisteskrankheit gemäss aArt. 16 ZGB), ein Begriff qualitativer Natur, der auch Abhängigkeiten umfasst (Drogensucht, Alkoholismus);
- der *Rausch*, der per definitionem vorübergehender Natur ist, im Gegensatz zum Alkoholismus, dem begrifflich ein Element der Dauer eigen ist;
- andere *ähnliche Zustände* (physiologische Zustände mit gleichen Wirkungen bei allen Menschen: Bewusstlosigkeit, Hypnose, Vergiftung durch Medikamente oder Drogen, was auch als «Rausch» im weiten Sinn gelten kann).

1.31 Die Urteilsfähigkeit besteht oder sie besteht nicht: Das Zivilrecht kennt keine verminderte Urteilsfähigkeit. Die Urteilsfähigkeit wird zudem *vermutet*. Wer daraus ein Recht herleiten will, muss das Fehlen der Urteilsfähigkeit beweisen (Art. 8 ZGB); wenn aber aufgrund der allgemeinen Lebenserfahrung die Urteilsunfähigkeit zu vermuten ist (Kleinkind; anerkannte Geisteskrankheit; betagte Person, die an Altersdemenz leidet, BGE 124 III 8), wird dann die Beweislast umgekehrt.

1.32 Schliesslich muss die Urteilsfähigkeit *in concreto* beurteilt werden, in Abhängigkeit einer bestimmten Handlung, des Zeitpunktes ihrer Vornahme und der konkreten Situation der betroffenen Person (sachliche und zeitliche Relativität der Urteilsfähigkeit). Selbst wenn einer Person die Urteilsfähigkeit im Allgemeinen fehlen sollte, kann sie diese doch für kürzere oder längere Momente wiederfinden (Phase geistiger Klarheit), für die sie ihre volle Fähigkeit erlangt, wenn kein anderer Grund sie einschränkt. Aus einer objektiv unvernünftigen Handlung darf nicht auf das Fehlen der Urteilsfähigkeit geschlossen werden (es wird ein Indiz sein). Für eng an die Person ihres Trägers gebundene Rechte (medizinische Massnahmen, familienrechtliche Bindungen) wird die Fähigkeit zu vernunftgemässem Handeln unter Berücksichtigung des Schutzbedarfs der betroffenen Person beurteilt: Das kann dazu führen, dass mehr Grosszügigkeit gezeigt wird (Ehe, BGE 109 II 273; Verweigerung einer medizinischen Behandlung, BGE 134 II 235) oder im Gegenteil mehr Strenge (BGE 124 II 5 für ein Testament; Zustimmung zu einer medizinischen Behandlung).

1.2.3. Eingeschränkte Handlungsfähigkeit

1.33 Auch eine volljährige und urteilsfähige Person (vgl. Rz. 1.26 ff.) kann in ihrer Handlungsfähigkeit *eingeschränkt* sein.

1.2. Rechts- und Handlungsfähigkeit

Die Einschränkung kann zunächst im Status als verheiratete oder in anerkannter Partnerschaft lebende Person begründet sein. Zum Schutz des Ehegatten/Partners (oder der Familie/Partnerschaft) unterstellt das Gesetz gewisse Rechtsgeschäfte der Zustimmung des Ehegatten, des Partners oder der Partnerin: Rechtsgeschäfte über die Familienwohnung (Art. 169 ZGB, Art. 266m OR) oder über die gemeinsame Wohnung (Art. 14 PartG, Art. 266m Abs. 3 OR), Abschluss eines Bürgschaftsvertrages (Art. 494 OR), Auszahlung einer Freizügigkeitsleistung (Art. 5 Abs. 2 Bundesgesetz über die Freizügigkeit in der beruflichen Alters-, Hinterlassenen- und Invalidenvorsorge, SR 831.42). 1.34

Die Handlungsfähigkeit einer Person kann auch aufgrund einer *anderen Massnahme des Erwachsenenschutzes als die umfassende Beistandschaft* teilweise eingeschränkt sein (Art. 19d ZGB). 1.35

Eine Person unter *Mitwirkungsbeistandschaft* (Art. 396 ZGB) kann selber handeln (soweit sie urteilsfähig ist), bedarf aber der Zustimmung des Beistandes oder der Beiständin für Geschäfte, die von der Behörde im Errichtungsakt der Beistandschaft aufgeführt werden (Art. 391 Abs. 1 ZGB). Diese Einschränkung tritt als Wirkung der Massnahme ex lege ein. Die Zustimmung des Beistandes oder der Beiständin ist Voraussetzung für die Rechtsverbindlichkeit der Handlung. 1.36

Eine *Vertretungsbeistandschaft* (mit oder ohne Vermögensverwaltung, Art. 394/395 ZGB) wirkt sich grundsätzlich nicht auf die Fähigkeit einer Person aus, neben dem Beistand oder der Beiständin weiterhin selbständig zu handeln. Die Behörde kann dieser Person aber die Handlungsfähigkeit für einzelne oder alle Geschäfte entziehen, die dem Beistand oder der Beiständin anvertraut wurden (Art. 394 Abs. 2 ZGB). Zu erwähnen bleibt, dass die Behörde auch ohne förmliche Einschränkung der Handlungsfähigkeit diese insofern de facto einschränken kann, als sie der Person den Zugriff auf einzelne Vermögenswerte verwehrt (Art. 395 Abs. 3 ZGB). 1.37

Unter Vorbehalt von Art. 452 Abs. 2 ZGB kann das Bestehen einer Schutzmassnahme Dritten ohne Veröffentlichung entgegengehalten werden, auch wenn sie guten Glaubens sind (Art. 452 Abs. 1 ZGB). 1.38

Selbst wenn einer Person die Handlungsfähigkeit aufgrund einer Mitwirkungs- oder Vertretungs-/Verwaltungsbeistandschaft (teilweise) fehlt, kann sie sich mit eigenen Handlungen in den Schranken von Art. 19 bis 19c ZGB verpflichten, soweit sie für diese Handlungen urteilsfähig ist (vgl. Rz. 1.40 ff.). 1.39

1.2.4. Eingeschränkte Handlungsunfähigkeit

1.40 Einer volljährigen Person unter umfassender Beistandschaft (Art. 398 ZGB) fehlt die Handlungsfähigkeit von Gesetzes wegen (Art. 398 Abs. 2 ZGB; vgl. auch Art. 17 ZGB). Unter Vorbehalt von Art. 452 Abs. 2 ZGB kann das Bestehen einer Schutzmassnahme Dritten ohne Veröffentlichung entgegengehalten werden, auch wenn sie guten Glaubens sind (Art. 452 Abs. 1 ZGB).

1.41 Vorbehalten sind indessen Fälle, wo die betroffene Person urteilsfähig ist. Sie kann sich dann gleichwohl in den Schranken von Art. 19 bis 19c ZGB verpflichten (Art. 407 ZGB), so dass zwar von Handlungsunfähigkeit gesprochen werden kann, die aber eingeschränkt ist.

1.42 Eine volljährige Person, der die Handlungsfähigkeit (ganz oder teilweise) fehlt, kann sich nach den Regeln des Personenrechts verpflichten. Dazu muss sie aber bezüglich der beabsichtigten Handlung *urteilsfähig* sein.

- Obschon eine ihre Handlungsfähigkeit einschränkende Vertretungs-/ Verwaltungsbeistandschaft oder eine umfassende Beistandschaft für sie besteht, kann eine urteilsfähige Person selbständig Rechtsgeschäfte vornehmen, deren Gültigkeit aber der Zustimmung ihres Beistandes oder ihrer Beiständin bedarf («zustimmende» Vertretung anstatt «handelnde» Vertretung). Die Zustimmung kann vor der Handlung (Bewilligung), mit ihr (Mitwirkung) oder danach (Genehmigung) erteilt werden; die Zustimmung unterliegt grundsätzlich keinem Formerfordernis (Art. 19a Abs. 1 ZGB). Mangels Zustimmung ist nur die handlungsfähige Partei rechtlich verpflichtet (hinkendes Rechtsgeschäft). Sie wird frei, wenn die Genehmigung nicht innerhalb angemessener Frist eintrifft, die sie selber setzt oder gerichtlich setzen lässt (Art. 249 lit. b ZPO). Wird das Rechtsgeschäft von der gesetzlichen Vertretung nicht genehmigt, kann jede Partei ihre Leistungen zurückfordern. Die handlungsunfähige Person haftet jedoch nur in dem Umfang, wie sie von der Leistung Nutzen gezogen hat, im Zeitpunkt der Rückgabe noch bereichert ist oder die Bereicherung bösgläubig entäussert hat. Eine handlungsunfähige Person, die sich fälschlicherweise als handlungsfähig ausgegeben hat, haftet Dritten gegenüber für von ihr verursachten Schaden (Art. 19b ZGB);
- Keiner Zustimmung des Beistandes oder der Beiständin bedarf es, um unentgeltliche Vorteile zu erlangen, d.h. bei allen Handlungen, die ihrer Natur nach keine Verpflichtungen des Betroffenen nach sich ziehen (Schenkungen, Vermächtnisse, Annahme von Schuldenerlassen, Unterbrechung der Verjährung usw.). Der Vorteil gilt im Rechtssinn als unentgeltlich erworben, selbst wenn Folgekosten entstehen (z.B. Instandstellungs- oder Unerhaltskosten einer erhaltenen Sache);

1.2. Rechts- und Handlungsfähigkeit

- Die betroffene Person bedarf auch keiner Zustimmung für die Besorgung geringfügiger Angelegenheiten des täglichen Lebens (Barkauf von Sachen mit geringem Wert zum sofortigen oder nahen Verbrauch, Kosmetika, Zigaretten, Kleidung usw.);
- Die urteilsfähige verbeiständete Person übt höchstpersönliche Rechte selbständig aus, vorbehältlich der Fälle, für die das Gesetz die Zustimmung der gesetzlichen Vertretung vorsieht. In diesem Rahmen räumt ihr das Gesetz auch die Prozessfähigkeit ein (Art. 67 Abs. 3 lit. a ZPO). Höchstpersönliche Rechte sind subjektive Privatrechte, die wesentliche Eigenschaften der Person betreffen, wie die Rechtsgüter des Persönlichkeitsschutzes, familienrechtliche Bindungen (Begründung und Beendigung des Verlöbnis, der Ehe, der eingetragenen Partnerschaft oder des Kindesverhältnisses), die Ausübung von Grundrechten oder andere Rechte (etwa der Strafantrag, Art. 30 Abs. 3 StGB oder die Interessensvertretung in Erwachsenenschutzverfahren, Art. 399 Abs. 2, Art. 419, Art. 450 ZGB). Die Ausübung dieser Rechte kann nicht dem Beistand oder der Beiständin anvertraut werden, wenn die Person urteilsfähig ist (für Urteilsunfähige: vgl. Rz. 1.43 ff.). Das Recht will, dass urteilsfähige Personen diese Rechte selbständig ausüben (höchstpersönliche Rechte im eigentlichen Sinn). In einzelnen Fällen bedarf es jedoch zusätzlich der Zustimmung des Beistandes oder der Beiständin (höchstpersönliche Rechte im uneigentlichen Sinn). Zu erwähnen sind hier die Art. 260 Abs. 2 ZGB (Anerkennung eines Kindes) und Art. 468 Abs. 2 ZGB (Abschluss eines Erbvertrags als Erblasser). Dies trifft dagegen auf das Eingehen einer Ehe nicht mehr zu (vgl. aArt. 94 Abs. 2 ZGB).
- Schliesslich haftet die urteilsfähige Person für schuldhaft verursachten Schaden (Art. 19 Abs. 3 ZGB): *Haftung aus unerlaubter Handlung*, vertragliche und vorvertragliche Haftung. Ein Anwendungsfall ist die Haftung der Person, die sich fälschlicherweise für handlungsfähig ausgibt (Art. 19b Abs. 2 ZGB und Art. 452 Abs. 3 ZGB).

1.2.5. Volle Handlungsunfähigkeit

Wer *urteilsunfähig* ist, kann mit seinen Rechtshandlungen grundsätzlich keine Rechtswirkungen erzeugen (Art. 18 ZGB). Unerheblich ist, ob diese Person einer Massnahme des Erwachsenenschutzes untersteht. Die vorgenommene Handlung ist nichtig, mit Rückwirkung auf den Zeitpunkt ihrer Vornahme. Die Handlungsunfähigkeit ist hier vollständig.

Das Gesetz sieht seltene Ausnahmen vor. In erster Linie betrifft das gewisse Handlungen, die Rechtswirkungen entfalten, solange kein *Gericht* ihre Ungültigkeit ausspricht. Das trifft z.B. für das Testament einer urteilsunfähigen Person zu, wenn die Ungültigkeit nicht eingeklagt (Art. 519 Abs. 1 Ziff. 1 ZGB) oder Verwirkungsfristen der Klage nicht eingehalten wurden (Art. 521 ZGB), oder für die von einer dauerhaft (Art. 105 Ziff. 2 ZGB) oder vorübergehend urteilsunfähigen (Art. 107 Ziff. 1 ZGB) Person eingegangene Ehe, solange eine Ungültigkeitsklage nicht gutgeheissen wird.

1.45 Eine urteilsunfähige Person, die für schuldhaftes Verhalten grundsätzlich nicht einstehen muss, soweit sie nicht eine vorübergehende Urteilsunfähigkeit schuldhaft herbeigeführt hat (Art. 54 Abs. 2 OR), haftet dennoch für anderen zugefügten Schaden (Art. 54 Abs. 1 OR), wenn es die *Billigkeit* erfordert (Art. 4 ZGB). Das ist namentlich der Fall, wenn zwischen dem Vermögen der schadenverursachenden und der geschädigten Person ein offensichtliches Missverhältnis besteht (BGE 103 II 330, BGE 115 Ia 111; vgl. auch BGE 122 III 262).

1.46 Schliesslich treten gewisse Rechtswirkungen *unabhängig vom Willen der betroffenen Person* ein (und deshalb von ihrer allfälligen Urteilsunfähigkeit). Dies trifft insbesondere für den Erwerb einer Erbschaft zu (Art. 560 Abs. 1 ZGB), der kraft Gesetzes eintritt (die Handlungsfähigkeit ist dagegen erforderlich, um die Erbschaft auszuschlagen, Art. 566 ff. ZGB).

1.47 *Höchstpersönliche Rechte* werden von der Beiständin oder vom Beistand der betroffenen Person ausgeübt (vertretungsfähige oder *relativ höchstpersönliche Rechte*), ausser es handle sich um höchstpersönliche Rechte, die derart eng mit der Persönlichkeit verbunden sind, dass jede Vertretung ausgeschlossen ist (vertretungsfeindliche oder *absolut höchstpersönliche Rechte*, Art. 19c Abs. 2 ZGB). Dazu gehören das Recht, die Ehe (Art. 94 Abs. 1 ZGB) oder eine eingetragene Partnerschaft einzugehen (Art. 3 PartG), ein Kind anzuerkennen (Art. 260 ZGB), ein Testament zu errichten (Art. 467 ZGB), einer medizinischen Massnahme ohne therapeutischen Zweck zuzustimmen (Versuche, BGE 114 Ia 350) oder – nach aktuellem Stand der Rechtsprechung – die Scheidung zu verlangen, wenn die Urteilsfähigkeit schon im Zeitpunkt der Klageeinreichung besteht (BGE 78 II 99; tritt Urteilsunfähigkeit während des Verfahrens ein: BGE 116 II 392).

1.2.6. Politische Rechte

1.48 Die zivilrechtliche Rechts- und Handlungsfähigkeit und die Fähigkeit, politische Rechte wahrzunehmen (Stimmrecht, aktives und passives Wahlrecht, Ausübung der Volksrechte: Initiative, Referendum), sind zwei zu unterscheidende Bereiche, selbst wenn seit 1996 für beide dasselbe Volljährigkeitsalter gilt (18 Jahre).

1.2. Rechts- und Handlungsfähigkeit

Art. 136 Abs. 1 BV setzt die beiden Bereiche jedoch in Beziehung zueinander, indem bestimmt wird, dass Personen, die wegen Geisteskrankheit oder Geistesschwäche entmündigt sind (aArt. 369 ZGB), die politischen Rechte in Bundessachen nicht zustehen. Die kantonalen Verfassungen und Gesetze haben im Allgemeinen entsprechende Bestimmungen übernommen.

1.49

Weil die Änderung eines Verfassungsartikels schwerfällig ist, entschied sich der Gesetzgeber, Art. 136 Abs. 1 BV dem neuen Erwachsenenschutzrecht «anzupassen», indem er das Bundesgesetz über die politischen Rechte (SR 161.1) um einen neuen Artikel 2 ergänzte; diese Bestimmung sieht vor, dass «als vom Stimmrecht ausgeschlossene Entmündigte im Sinne von Artikel 136 Absatz 1 der Bundesverfassung gelten Personen, die wegen dauernder Urteilsunfähigkeit unter umfassender Beistandschaft stehen oder durch eine vorsorgebeauftragte Person vertreten werden».

1.50

In beiden Fällen wird die Urteilsunfähigkeit grundsätzlich von einer Behörde amtlich festgestellt (vgl. Art. 363 Abs. 2 Ziff. 2 ZGB für den Vorsorgeauftrag). Es ist nun in der Tat nicht ausgeschlossen, dass eine umfassende Beistandschaft für eine Person errichtet wird, die zumindest bezüglich der politischen Rechte urteilsfähig ist. Art. 449c Ziff. 1 ZGB verpflichtet die KESB im Hinblick einer Einschränkung der politischen Rechte zur Mitteilung an das Zivilstandsamt, nur wenn eine umfassende Beistandschaft wegen *dauernder Urteilsunfähigkeit* errichtet wurde. Was den Vorsorgeauftrag betrifft, kann er sich auf Bereiche erstrecken, für die eine betroffene Person urteilsunfähig ist, während sie für andere Handlungen urteilsfähig bleibt, etwa für die Ausübung der politischen Rechte. Das Bundesgesetz scheint aus Gründen der Rechtssicherheit offensichtlich keine Ausnahmen zuzulassen. Den konkreten Verhältnissen einer betroffenen Person lässt sich aber mit einer teleologischen und systematischen Auslegung von Art. 449c Ziff. 2 ZGB Rechnung tragen: Dem Zivilstandsamt werden nur Situationen mitgeteilt, wenn ohne den Vorsorgeauftrag eine umfassende Beistandschaft errichtet worden wäre.

1.51

Art. 4 lit. a des Bundesgesetzes über die politischen Rechte der Auslandschweizer (SR 161.5) sieht dasselbe System vor; Art. 4 lit. b fügt den Personen, die aufgrund einer Massnahme nach schweizerischem Recht von der Ausübung der politischen Rechte ausgeschlossen sind, noch Personen hinzu, für die nach ausländischem Recht wegen dauernder Urteilsunfähigkeit eine Massnahme des Erwachsenenschutzes besteht, welche die Handlungsfähigkeit entfallen lässt.

1.52

1.53   Dem kantonalen Recht steht es frei, gleiche Regeln zu übernehmen oder sie an die Ausübung der politischen Rechte auf Kantons- und Gemeindeebene anzupassen.

1.3. Kindes- und Erwachsenenschutzbehörde (KESB) als Fachbehörde

Literatur

Botschaft, 7020 f., 7073 f. und 7120 f.

Allgemeine Literatur: BK-SCHNYDER/MURER, aArt. 361 ZGB N 24, 76 ff., 48 ff., 117 ff.; BSK ESR-VOGEL, Art. 440; CHK-AFFOLTER/STECK/VOGEL, aArt. 361 ZGB N 3; FamKomm ESR-WIDER, Art. 440; HÄFELI, Wegleitung, 248 f.; HAUSHEER/GEISER/AEBI-MÜLLER, 1.47–1.53; KUKO ZGB-WIDER, Art. 440; MEIER/LUKIC, 50–52, 67–72 und 79–88; OFK ZGB-FASSBIND, Art. 440; SCHMID, Art. 440.

Spezifische Literatur: AFFOLTER KURT, Mit der Totalrevision des Vormundschaftsrechts zu einer neuen Qualität des Erwachsenenschutzes?, in: ZVW 2003, 393 ff.; DÖRFLINGER PETER, Interdisziplinarität gestalten, in: ZKE 2010, 177 ff.; DÖRFLINGER PETER, «Der Berg wird steiler, wenn du näher kommst», in: ZKE 2011, 447 ff.; FASSBIND PATRICK, Die Organisation des Kindes- und Erwachsenenschutzes nach neuem Erwachsenenschutzrecht, in: FamPra 2011, 553 ff.; HÄFELI CHRISTOPH, Familiengerichte in der Schweiz – eine ungeliebte Institution mit Zukunft, in: FamPra 2010, 34 ff.; HECK CHRISTOPH, Wirkungsvolle Zusammenarbeit – der Beitrag der Sozialarbeit in der Fachbehörde, in: ZKE 2011, 17 ff.; MEIER PHILIPPE, Compétences matérielles du juge matrimonial et des autorités de tutelle, in: ZVW 2007, 109 ff.; ROSCH DANIEL, Neue Aufgaben, Rollen, Disziplinen, Schnitt- und Nahtstellen: Herausforderungen des neuen Kindes- und Erwachsenenschutzrechts, in: ZKE 2011, 31 ff.; KONFERENZ DER KANTONALEN VORMUNDSCHAFTSBEHÖRDEN VBK (heute: KOKES), Kindes- und Erwachsenenschutzbehörde als Fachbehörde (Analyse und Modellvorschläge), in: ZVW 2008, 63 ff.; VOGEL URS, Modelle und Kennzahlen KESB, Kulmerau 2011 (unveröffentlicht); VOGEL URS/WIDER DIANA, Kindes- und Erwachsenenschutzbehörde als Fachbehörde – Personelle Ressourcen, Ausstattung und Trägerschaftsformen, in: ZKE 2010, 5 ff.; WIDER DIANA, Interdisziplinäre Zusammenarbeit in der Kindes- und Erwachsenenschutzbehörde, Rahmenbedingungen und Folgerungen für die Sozialarbeit, Luzern 2011; ZOBRIST PATRICK, Fachpersonen der Sozialen Arbeit als Mitglieder der interdisziplinären Kindes- und Erwachsenenschutzbehörde, in: ZVW 2009, 223 ff.; vgl. zum Ganzen auch Dokumentation auf <http://www.kokes.ch/de/04-dokumentation/06-umsetzung-in-den-kantonen.php?navid=17> (8.1.2012).

1.3.1. Vorbemerkungen

1.54   Im alten Recht waren die Vormundschaftsbehörden in der *Deutschschweiz* meistens politisch gewählte kommunale Miliz-/Laien-Verwaltungsbehörden (Gemeinderat oder Spezialkommissionen, vereinzelt kantonal und/oder professionell), im *Tessin* regionale Verwaltungsbehörden und in der *Westschweiz* meistens regionale Gerichte (Friedensgericht oder Bezirksgericht, vereinzelt kantonales Spezialgericht). Von Experten und Expertinnen wurde seit längerer Zeit eine Professionalisierung und interdisziplinäre Zusammensetzung gefordert.

Dieser Forderung ist der Bund nachgekommen und schreibt den Kantonen in Art. 440 Abs. 1 ZGB eine «Fachbehörde» (franz. «autorité interdisciplinaire» und ital. «autorità specializzata») vor. Das im Vorentwurf 2003 vorgeschlagene interdisziplinär zusammengesetzte «Fach*gericht*» wurde in der Vernehmlassung kritisiert und fallengelassen; übrig geblieben ist die abgeschwächte Form «Fach*behörde*». Die Professionalisierung der KESB war ein zentrales Revisionsanliegen, denn ein Gesetz steht und fällt mit den Organen, die es anwenden.

1.55

1.3.2. Aufgaben der KESB

Die KESB hat einerseits dieselben Aufgaben wie die bisherige Vormundschaftsbehörde. Die Hauptaufgaben können in sechs Kategorien zusammengefasst werden:

1.56

- die *Verfahrensleitung und Anordnung von Massnahmen* (hierzu gehört u.a. die Entgegennahme von Gefährdungsmeldungen, die Einleitung des Verfahrens, die Leitung der Abklärung, die Situationsanalyse und -diagnose, die Beurteilung der Schutzbedürftigkeit, die Wahl der geeigneten Mandatsträger/innen),
- die *Instruktion/Begleitung von und Zusammenarbeit mit Mandatsträger/innen* (hierzu gehört die Beurteilung der Eignung, die Unterstützung bei Fragen usw.),
- die *Mitwirkung bei ausgewählten Rechtsgeschäften* (hierzu gehören insb. die Inventaraufnahme, vermögensrechtliche Anordnungen sowie die Zustimmung zu bestimmten Rechtsgeschäften),
- die *nicht massnahmengebundenen Aufgaben* (hierzu gehören Regelungen bezüglich Unterhalt und/oder persönlicher Verkehr, Kindesvermögensfragen usw.),
- die *Aufsicht und Steuerung bei laufenden Massnahmen* (hierzu gehören z.B. die Genehmigung von Rechenschaftsberichten, Geschäftskontrolle, Fallführung),
- die *Managementaufgaben* (hierzu gehört die Personalführung, Organisationsentwicklung, Qualitätssicherung, Vernetzung mit anderen Akteuren usw.).

Andererseits werden die Aufgaben der KESB im Vergleich zum alten Recht sowohl *in qualitativer wie quantitativer Hinsicht erweitert*:

1.57

- Qualitativ anspruchsvoller werden die Aufgaben insbesondere in Bezug auf die Abklärung und Anordnung von auf den Einzelfall massgeschneiderten Massnahmen (vgl. Rz. 1.131 ff., Rz. 5.6 ff. und Rz. 5.65 ff.). Die Aufträge an die Mandatsträger/innen müssen entsprechend den Bedürfnissen der betroffenen Person individuell ausdifferenziert, die zu verwal-

1. Allgemeiner Teil

tenden Einkommen oder Vermögenswerte detailliert aufgeführt und der Katalog der mitwirkungsbedürftigen Geschäfte im Einzelfall festgelegt werden. Massgeschneiderte Massnahmen bedingen ein *höheres Mass an analytischer und diagnostischer Arbeit,* als dies die früheren starren Massnahmen mit den im Gesetz umschriebenen Rechten und Pflichten verlangt haben.
- Quantitativ erweitert wird die Behördenarbeit zum einen durch die *Vereinheitlichung der erstinstanzlichen Zuständigkeit bei der KESB.* Die KESB ist für die Anordnung von sämtlichen Kindes- und Erwachsenenschutzmassnahmen zuständig (einzige Ausnahme: Art. 429 ZGB). Die im alten Recht bestehende Spruchkompetenz der Aufsichtsbehörde wurde aufgehoben und der KESB zugewiesen (Bsp.: Entziehung der elterlichen Sorge nach aArt. 311 ZGB, Zustimmung zur Adoption eines bevormundeten Kindes nach aArt. 265 Abs. 3 ZGB, Zustimmung zur Sterilisation nach aArt. 6 und 8 Sterilisationsgesetz sowie – je nach kantonalem Recht – die Entmündigung nach aArt. 373 ZGB und die FFE nach aArt. 397 ZGB).
- Zum anderen hat die KESB überdies zahlreiche *neu geschaffene Aufgaben* zu bewältigen. In Bezug auf privatautonome Bereiche ist die KESB z.B. neu zuständig für die Validierung oder Auslegung eines Vorsorgeauftrags (vgl. Art. 363–369 ZGB) oder die Weisung bezüglich einer Patientenverfügung (Art. 373 ZGB). Ausserdem muss die fürsorgerische Unterbringung in periodischen Abständen überprüft werden (Art. 431 ZGB). Ein völlig neuer Aufgabenbereich wird der KESB mit der Beurteilung von Beschwerden gegen bewegungseinschränkende Massnahmen übertragen (Art. 385 ZGB). Die im alten Recht noch vorgesehene Publikation von gewissen Erwachsenenschutzmassnahmen (aArt. 375, 387 Abs. 2 und 397 Abs. 2 ZGB) entfällt; stattdessen muss die KESB im Einzelfall prüfen, ob eine anfragende Stelle oder Person ein berechtigtes Interesse glaubhaft macht und über das Vorliegen und die Wirkungen einer Massnahme orientiert werden darf (Art. 451 Abs. 2 ZGB). Die im Gesetz neu explizit verankerte Pflicht der KESB, die Beistände und Beiständinnen zu instruieren, zu beraten und zu unterstützen (Art. 400 Abs. 3 ZGB), verstärkt die Aufsichts- und Steuerungsfunktion der KESB.
- Hinzu kommt die seit Jahren *zunehmende Anzahl von Massnahmen* sowohl für Kinder wie für Erwachsene (zwischen 1996 und 2010 haben die bestehenden Kindesschutzmassnahmen von 23'290 auf 43'613 um 87 % zugenommen, die Erwachsenenschutzmassnahmen haben innert derselben Zeitspanne von 50'926 auf 82'116 um 61 % zugenommen, vgl. Übersicht in Rz. 14.3).

1.3. Kindes- und Erwachsenenschutzbehörde

Die Verfahrensleitung bei Abklärungen, die Steuerung und Kontrolle von laufenden Massnahmen sowie i.d.R. auch die Anhörungen (BGE 133 III 553) sind zwingend von der KESB selber zu übernehmen. Die Abklärung und in Einzelfällen auch die Anhörung (vgl. aber Art. 447 ZGB) kann an interne Stellen delegiert oder externen Dritten in Auftrag gegeben werden. Je schwerer jedoch ein Grundrechtseingriff wiegt, umso mehr muss sich die KESB mit der Abklärung und Anhörung selber befassen (Unmittelbarkeitsprinzip).

1.58

Für die Belange des Kindesschutzes und des Erwachsenenschutzes ist dieselbe Behörde zuständig (Art. 440 Abs. 3 ZGB). Zwischen Erwachsenenschutzbehörde und Kindesschutzbehörde besteht Personalunion. Bei genügend grossem Einzugsgebiet (ab ca. 100'000 Einwohner/innen) kann je eine separate Kammer für Kindesschutz und Erwachsenenschutz eingesetzt werden, was angesichts der unterschiedlichen Anforderungen ideal wäre.

1.59

Eine Systematisierung ergibt eine Liste mit insgesamt 110 verschiedenen Aufgaben (vgl. detaillierte Übersicht: VBK, in: ZVW 2008, 117 ff.).

1.60

1.3.3. Anforderungsprofil der KESB-Mitglieder

Um die komplexen Aufgaben im Kindes- und Erwachsenenschutz wahrnehmen zu können, benötigen die Mitglieder der KESB insbesondere folgende Kompetenzen:

1.61

Fachkompetenz

- Kenntnis der formellen und materiellen Rechtsgrundlagen aus dem Kindes- und Erwachsenenschutzrecht, dem Ehe- und Kindesrecht sowie die Fähigkeit, diesbezügliche Literatur und Rechtsprechung zu erschliessen,
- Kenntnis der organisatorischen und institutionellen Rahmenbedingungen,
- Kenntnisse betreffend den vielfältigen Erscheinungsformen der Probleme der verschiedenen Zielgruppen und Schwächezustände,
- Kenntnisse aus Medizin, Sozialarbeit, Psychologie, Pädagogik, Finanzwesen,
- Fähigkeit, von Experten/Expertinnen vermitteltes Fachwissen zu verstehen und zu würdigen,
- Kenntnisse über Beziehungs-/Familiendynamiken sowie Entwicklungspsychologie,
- Kenntnisse der Personalrekrutierung und -beurteilung, Führungskompetenzen.

1. Allgemeiner Teil

Methodenkompetenz

- Gesprächsführungskompetenz und Verhandlungskompetenz,
- Kriseninterventionskompetenz,
- Vermittlungsfähigkeiten und Fähigkeit zu politischer Kommunikation,
- Fähigkeit, verständlich informieren zu können,
- Fähigkeit, konzeptionell und analytisch zu denken,
- Fähigkeit, mit Menschen in schwierigen Situationen umgehen zu können,
- Fähigkeit, Anhörungen zielgruppengerecht durchführen zu können,
- Fähigkeit, Beschlüsse korrekt zu redigieren,
- Kenntnis von unterschiedlichen Verfahren und Problemlösungsmethoden und Fähigkeit, in der jeweiligen Situation die tauglichen Methoden und Verfahren anzuwenden (von besonderer Bedeutung sind Methoden der Beratung, Verhandlung, Ressourcenerschliessung und Sozialmanagement).

Sozialkompetenz

- Beziehungsfähigkeit,
- Fähigkeit zum interdisziplinären Fachdiskurs,
- Rollenflexibilität und Rollenkompetenz (z.B. Fähigkeit, zwischen der Rolle der KESB und der Rolle der Mandatsträger/innen differenzieren zu können),
- Teamfähigkeit, Kritikfähigkeit und Konfliktfähigkeit.

Selbstkompetenz

- adäquates Engagement für die zu schützenden Kinder und Erwachsenen,
- Achtung und Respekt vor dem Individuum,
- Bereitschaft und Fähigkeit, die eigenen Wertvorstellungen zu reflektieren und die eigene Machtausübung zu kontrollieren.

1.3.4. Organisatorische Rahmenbedingungen

1.62   Die Arbeit der KESB ist nicht nur von persönlichen Kompetenzen der Mitglieder (vgl. Rz. 1.61) geprägt, sondern insbesondere auch durch die organisatorischen Rahmenbedingungen.

1.63   Die Ausgestaltung der Organe hat sich an der zielgerichteten Erfüllung der zugeteilten Aufgaben zu orientieren. Um die qualitativ anspruchsvolleren und quantitativ erweiterten Aufgaben (vgl. Rz. 1.57) adäquat erfüllen zu können, fordert der Bund eine *Professionalisierung* der Behördenorganisation, denn die Umsetzung des materiellen Rechts steht in direktem Zusammenhang mit der Ausgestaltung der rechtsanwendenden Organe. Die

1.3. Kindes- und Erwachsenenschutzbehörde

Ausgestaltung der KESB als fachlich kompetente Entscheidungsträger/in dient der *Wiederherstellung der Hierarchie* zwischen auftraggebender KESB und auftragnehmenden Mandatsträger/innen oder Abklärer/innen.

Der *Bund* greift in die Organisationsfreiheit der Kantone ein und definiert *Minimalanforderungen* an die Organisation der KESB, die zwingend zu erfüllen sind:

1.64

- Die KESB ist eine professionelle *Fachbehörde*. Laienbehörden sind nicht mehr möglich, gesunder Menschenverstand allein reicht nicht. Zwecks Wiederherstellung der Hierarchie (vgl. Rz. 1.63) muss der Sachverstand im Spruchkörper selber vorhanden sein.
- Die Mitglieder der KESB werden nach dem *Sachverstand*, den sie für ihre Aufgabe mitbringen müssen, ausgewählt. Sachverstand wird i.d.R. durch *Ausbildung* erlangt; ausnahmsweise kann er auch durch Weiterbildung und Praxis angeeignet werden. Rein politische Wahlen nach Parteienproporz oder Wahlen ohne fachliches Anforderungsprofil sind nicht mehr möglich.
- Die KESB ist eine *Spezialbehörde* (vgl. italienischer Wortlaut von Art. 440 Abs. 1 ZGB: «autorità specializzata»): Die Wahl erfolgt spezifisch für diese Aufgabe; eine Personalunion zwischen Sozialhilfebehörde und KESB ist nicht möglich.
- Die KESB ist *interdisziplinär zusammengesetzt* (vgl. französischer Wortlaut von Art. 440 Abs. 1 ZGB: «autorité interdisciplinaire»): Für die Analyse und Perspektivenentwicklung einer individuellen Schutzbedürftigkeit ist das Zusammenwirken unterschiedlicher Fachkompetenzen erforderlich. Neben einem Juristen oder einer Juristin, der/die für die korrekte Rechtsanwendung verantwortlich ist, sollen je nach zu beurteilender Situation Personen mit einer psychologischen, sozialen, pädagogischen, treuhänderischen, versicherungsrechtlichen oder medizinischen Ausbildung mitwirken. An die Umsetzung der Interdisziplinarität sind hohe Anforderungen geknüpft.
- Die KESB umfasst *mindestens drei Mitglieder* und entscheidet i.d.R. im Kollegium. Der Kanton kann festlegen, in welchen Bereichen Entscheide in Einzelkompetenz gefällt werden können.

Unter Berücksichtigung dieser bundesrechtlichen Vorgaben (interdisziplinär zusammengesetzte, professionelle, spezialisierte Fachbehörde mit mindestens drei nach fachlichen Kriterien ausgewählten Mitgliedern) haben die *Kantone* bei der Bestimmung der KESB einen *grossen Gestaltungsspielraum*. Sie können eine Verwaltungsbehörde oder ein Gericht einsetzen und bestimmen, ob die KESB auf Gemeinde-, Bezirks-, Kreis- oder Kantonsebene organisiert ist. Die Kantone definieren auch das Pensum und die Anzahl Mitglieder sowie die Zusammensetzung des Spruchkör-

1.65

pers. Die entsprechenden Ausführungsbestimmungen sind zu finden in den EG ZGB, in Gerichtsorganisationsgesetzen oder in Spezialgesetzen/-verordnungen. Als Folge der direkten Staatshaftung (Art. 454 ZGB) hat der Kanton ein unmittelbares Interesse, die Qualität der Tätigkeit der KESB durch fachliche Vorgaben zu steuern.

1.66 Die *KOKES* hat die Aufgaben der KESB analysiert und auf dieser Grundlage *Standards* hergeleitet, wie die bundesrechtlichen Vorgaben aus fachlicher Sicht umgesetzt werden können. Diese Empfehlungen erwiesen sich als wichtige Hilfe bei der Konkretisierung der Bundesvorgaben. Es handelt sich dabei nicht um eine Umschreibung der Bundesvorgaben, sondern darum, wie die Bundesvorgaben im Rahmen des Gesamtzusammenhangs (adäquate Erfüllung der übertragenen Aufgaben) durch kantonale Ausführungsbestimmungen konkretisiert werden können:

- Die Behördenmitglieder stammen aus den Bereichen *Recht*, *Sozialarbeit* und *Pädagogik/(Kinder-)Psychologie*; den diesbezüglichen Sachverstand haben sie durch *Ausbildung* (ausnahmsweise durch Weiterbildung und Praxis) erworben. Die verschiedenen Disziplinen ergänzen sich gegenseitig und stellen sicher, dass bei der Entscheidfindung die relevanten Fragen gestellt werden.
- Das Fachwissen aus den Bereichen Medizin, Psychiatrie, Treuhand und Sozialversicherungen ist intern oder extern jederzeit abrufbar. Die externen Dienstleistungen werden mittels Leistungsvereinbarung oder Auftragsrecht bezogen.
- Die Behördenmitglieder werden von einem *professionellen Sekretariat* mit administrativem, juristischem und sozialarbeiterischem Sachverstand unterstützt. Das Sekretariat umfasst einen Rechtsdienst (juristische Spezialabklärungen), einen Abklärungsdienst (vertiefte Sachverhaltsabklärungen), ein Revisorat (Inventarisation, Rechnungsprüfung) sowie eine Kanzlei (Geschäftskontrolle, Register-/Protokollführung, Administration). Je nach Organisation kann die Abklärung auch ausgelagert und von dezentralen professionellen Stellen wahrgenommen werden.
- Der Spruchkörper ist ein 3er-Kollegium in *konstanter Besetzung*; nach Möglichkeit sind beide Geschlechter vertreten. Die Mitglieder haben den gleichen Status.
- Das Behördenamt wird *hauptberuflich* ausgeübt. Eine ausreichende Praxis ist unabdingbar, damit Entscheide gefällt werden können, ohne von internen oder externen Stellen abhängig zu sein.
- Grundsätzlich fällt die KESB ihre Entscheide als *Kollegialbehörde*, Einzelentscheide sind die Ausnahme.
- Das *Einzugsgebiet* umfasst *mindestens 50'000–100'000 Einwohner/innen*, was einem Mengengerüst von ca. 1'000 laufenden und ca. 250

1.3. Kindes- und Erwachsenenschutzbehörde

jährlich neu angeordneten Massnahmen entspricht (dieses Einzugsgebiet ist nötig, damit drei Personen das Behördenamt hauptberuflich ausüben können).

Die berufliche Herkunft der Behördenmitglieder bestimmt, welche Aspekte bei der Fallbearbeitung fokussiert werden und welche Bedeutung ihnen verliehen wird. Entsprechend ist die *interdisziplinäre Zusammensetzung* der KESB von zentraler Bedeutung. Die Professionalität der KESB hängt aber nicht nur von ihrer Zusammensetzung ab, sondern insbesondere auch vom *Mengengerüst* der zu bewältigenden Aufgaben. Dass die Fachlichkeit des Spruchkörpers allein nicht ausreicht, bestätigen die Erfahrungen der kantonalen Vormundschaftsbehörde Glarus, die seit 2008 mit Fachpersonen besetzt ist: Durch die *nebenamtliche Fachbehörde* wird die Abhängigkeit von internen und externen Diensten nicht vollständig kompensiert. Die Fachbehörde kann die Arbeit der Abklärungsdienste zwar fachlich beurteilen, infolge des tatsächlichen Wissensvorsprungs dieser Stellen verbleibt ihr bei ihren Entscheidungen aber bloss eine Plausibilitätsprüfung der gestellten Anträge. Um die rechtlichen und tatsächlichen Aufgaben, Kompetenzen und Verantwortungen bei der KESB zu vereinen, wird im Kanton Glarus neu vorgeschrieben, dass die ständigen Mitglieder der KESB ihre Tätigkeit hauptamtlich ausüben (Art. 63^{ba} EG ZGB GL).

1.67

Von zentraler Bedeutung sind überdies *genügend zeitliche Ressourcen*, die der KESB zur Verfügung stehen: Ausgehend von Stellenwerten von professionalisierten Behörden und unter Berücksichtigung der zahlreichen neuen Aufgaben gehen Experten auf der Basis von 1'000 laufenden und 200–250 jährlich neu angeordneten Massnahmen von 2 bis 3 Vollzeitstellen für die Behördenmitglieder und 11 bis 13 Vollzeitstellen für die unterstützenden Dienste aus.

1.68

Das Bundesrecht schreibt im Interesse einer gewissen Interdisziplinarität vor, dass die KESB *grundsätzlich als Kollegialbehörde* mit mindestens drei Mitgliedern entscheidet (Art. 440 Abs. 2 ZGB). Bei Verfahren betreffend Anordnung von Massnahmen und Entscheiden, die in schwerer Weise in die persönliche Freiheit eingreifen, ist die kollegiale Zuständigkeit unentbehrlich. Im Sinne von Ausnahmen können die *Kantone* bestimmte Geschäfte der *Zuständigkeit eines einzelnen Behördenmitglieds* zuweisen. Dabei darf der mit der geforderten Interdisziplinarität verfolgte Zweck nicht vereitelt werden. In Frage kommen Geschäfte, welche nicht zwingend einer interdisziplinären Beurteilung bedürfen, wo kein oder ein geringer Ermessensspielraum besteht oder wo eine rasche Entscheidung nötig ist.

1.69

An die Umsetzung der *interdisziplinären Zusammenarbeit* sind hohe Anforderungen geknüpft. Damit die interdisziplinäre Zusammenarbeit in der

1.70

1. Allgemeiner Teil

KESB gelingt, sind – neben dem Fachwissen in der eigenen Disziplin – eine Vielzahl von weiteren Bedingungen erforderlich: genügend zeitliche Ressourcen, eine kompetente Leitung, eine Kooperationsvereinbarung, klare Aufgaben und Rollen, gemeinsame Ziele, gemeinsame Sprache, gemeinsame Standards, Kenntnis der eigenen Kernkompetenzen, Kenntnis der Kernkompetenzen der anderen Mitglieder, gleicher Status, respektvoller Dialog, Kommunikation auf Augenhöhe, gegenseitige Wertschätzung, geklärte Erwartungen usw.

1.3.5. Umsetzung in den Kantonen

1.71 Unter Nutzung der kantonalen Organisationsfreiheit haben die Standards der KOKES (vgl. Rz. 1.66) grossmehrheitlich Beachtung gefunden bei den Umsetzungsarbeiten in den Kantonen. Es lassen sich folgende Eckwerte festhalten:

- Die meisten Kantone haben die frühere Organisationsform beibehalten: In 18 deutschschweizer Kantonen sowie TI und JU bestehen nach wie vor Verwaltungsbehörden, in der Romandie Gerichte (GE: Spezialgericht, NE: Bezirksgericht, FR und VD: Friedensgericht). Zwei Kantone wechselten vom Verwaltungs- zum Gerichtsmodell (AG: Familiengericht, SH: Spezialgericht). Vom Gerichtsmodell zum Verwaltungsmodell wechselte kein Kanton. Der Kanton TI plant, künftig eventuell ebenfalls auf das Gerichtsmodell zu wechseln.
- Die Hälfte der Kantone hat die bisher kommunalen Strukturen kantonalisiert (AR, AG, BE, GR, JU, NW, OW, SH, SO, SZ, TG, UR, ZG). (Inter-)kommunale Behörden gibt es nur noch in fünf Kantonen (BL, LU, SG, VS, ZH); die restlichen Kantone haben die regionale Behörden (FR, NE, TI, VD) oder kantonale Behörden (AI, BS, GE, GL) beibehalten.
- Da es in kleineren Gemeinden nicht möglich ist, geeignete Fachpersonen genügend auszulasten, ist es zu Regionalisierungen gekommen. Die unter altem Recht tätigen ca. 1'400 Vormundschaftsbehörden werden per 1.1.2013 von ca. 150 Fachbehörden abgelöst. Kantone mit weniger als 100'000 Einwohner/innen bilden eine einzige kantonale KESB. Die anderen Kantone haben Spruchkörper mit Einzugsgebieten von i.d.R. mindestens 50'000 Einwohner/innen (Ausnahmen: VS, TI).
- Die Kernkompetenzen Recht und Sozialarbeit sind in den meisten Spruchkörpern vertreten. Vereinzelt wird – neben dem Hochschulabschluss – auch eine mehrjährige Berufserfahrung vorausgesetzt. Die weiteren im Spruchkörper vorhandenen Disziplinen variieren je nach Kanton (Psychologie, Pädagogik, Medizin, Wirtschaftswissenschaft usw.).

- Die hauptamtliche Behördenarbeit (mindestens 50 %-Pensum) setzt sich weitgehend durch. Ausnahmen bestehen in kleinen Kantonen (z.B. AI), bei den Beisitzer/innen der gerichtlichen Organe der Westschweiz sowie den Kantonen VS und TI mit interkommunalen Verwaltungsbehörden mit kleinem Einzugsgebiet.

Die Umsetzungsergebnisse zeigen, dass sich die Kantone fachlich differenziert mit den Anforderungen im Kindes- und Erwachsenenschutz auseinandergesetzt und für eine Qualitätssteigerung ausgesprochen haben. Bei ihren Überlegungen haben sie sich nicht primär von den höheren Kosten, sondern vom Wohl der schutzbedürftigen Kinder und Erwachsenen leiten lassen.

1.72

1.4. Aufsichtsbehörde

Literatur

Botschaft, 7074.

Allgemeine Literatur: BSK ESR-Vogel, Art. 441; FamKomm ESR-Wider, Art. 441; Hausheer/Geiser/Aebi-Müller, 1.54 ff.; Meier/Lukic, 89 ff.; OFK ZGB-Fassbind, Art. 441; KUKO ZGB-Wider, Art. 441; Schmid, Art. 441.
Spezifische Literatur: Affolter Kurt, Mit der Totalrevision des Vormundschaftsrechts zu einer neuen Qualität des Erwachsenenschutzes, in: ZVW 2003, 393 ff.; Auer Christoph, Bundeskompetenzen in Verfahren vor Vormundschaftsbehörden, in: ZVW 2003, 188 ff.; Häfeli Christoph, Der Entwurf für die Totalrevision des Vormundschaftsrechts – Mehr Selbstbestimmung und ein rhetorisches (?) Bekenntnis zu mehr Professionalität, in: FamPra 2007, 1 ff.; Häfeli Christoph, Die Organe des neuen Erwachsenenschutzrechtes und ihre Aufgaben im Rahmen der Beistandschaften, in: ZSR 2003 I, 337 ff.; Geiser Thomas, Die Aufsicht im Vormundschaftswesen, in: ZVW 1993, 201 ff.; Hegnauer Cyril, Struktur der vormundschaftlichen Aufsicht, in: ZVW 2003, 361 ff.; Langenegger Ernst, Amtsvormunde, ihre Vorgesetzten und ihre unterstellten Mitarbeiterinnen und Mitarbeiter, in: ZVW 2004, 51 ff.; Konferenz der kantonalen Vormundschaftsbehörden VBK (heute: KOKES), Kindes- und Erwachsenenschutzbehörde als Fachbehörde (Analyse und Modellvorschläge), in: ZVW 2008, 63 ff.

1.4.1. Allgemeines

Die grundlegende Funktion behördlicher Aufsicht besteht in der Sicherstellung korrekter und einheitlicher Rechtsanwendung. Vom Begriff «Aufsicht» werden dabei zwei verschiedene Aspekte erfasst: In einem engeren Sinn wird darunter die allgemeine, sog. administrative Aufsicht verstanden, welche von Amtes wegen wahrzunehmen ist. In einem weiteren Sinn erfasst der Begriff *zusätzlich* das Rechtsmittelverfahren, somit die Überprüfung einzelfallbezogener Entscheidungen der KESB auf Beschwerde hin. Da gemäss revidiertem Recht Beschwerden *zwingend* von einem Gericht beurteilt werden müssen (Art. 450 Abs. 1 ZGB), kann die Aufsichtsbehör-

1.73

de (Art. 441 ZGB) nur noch die *administrative Aufsichtsfunktion* ausüben, sofern die kantonale Gesetzgebung diese Aufgabe nicht der gerichtlichen Beschwerdeinstanz zuweist (vgl. Rz. 1.77 ff.). Im Vergleich zum vorrevidierten Recht ist es zudem so, dass die Aufsichtsbehörde über *keine erstinstanzlichen Spruchkompetenzen* (beispielsweise beim Entzug der elterlichen Sorge, vgl. aArt. 311 ZGB) mehr verfügt und auch *keine formellen Mitwirkungsaufgaben* (vgl. aArt. 422 ZGB) mehr wahrzunehmen hat.

1.74 Durch eine gut organisierte und fachlich fundierte administrative Aufsicht kann die Arbeit der KESB gleichzeitig unterstützt und überwacht werden. Beide Elemente sind als Teil der Qualitätssicherung bedeutsam, weil Personen mit Schwächezuständen häufig nicht in der Lage sind, ihre Rechte wirkungsvoll geltend zu machen, somit darauf angewiesen sind, dass eine Instanz die ordentliche Rechtsanwendung auch ausserhalb eines Beschwerdeverfahrens kontrolliert.

1.75 Die Aufsichtsfunktion beschränkt sich nicht auf Interventionen bei fehlerhaftem Tun oder Unterlassen der KESB bzw. der Mandatsträger/innen; sie soll auch *präventiv* ausgerichtet sein, indem die Aufsichtsbehörde beispielsweise zu relevanten Praxisfragen klärende und verbindliche *Weisungen* (Kreisschreiben) erlässt. Einzelfallberatungen und fachliche Auskünfte sind ebenfalls geeignet, bei den KESB eine korrekte sowie rechtsgleiche Praxis sicherzustellen bzw. zu erwirken. Mit Blick auf die neu eingeführte *Staatshaftung* (Art. 454 Abs. 3 ZGB) liegt es sodann im eigenen Interesse der Kantone, dem Aspekt der Schulung die nötige Beachtung zu schenken, indem sie für eine kontinuierliche *Aus- und Weiterbildung* der Behördenmitglieder und Mandatsträger/innen sorgen. Zu den klassischen Mitteln der Aufsicht gehören schliesslich das Einholen von *Rechenschaftsberichten* und die Durchführung regelmässiger *Inspektionen*.

1.76 Gestützt auf Art. 441 Abs. 2 ZGB steht dem Bundesrat die Kompetenz zu, die Aufsicht durch Verordnung näher zu regeln. Zu denken ist an eine Konkretisierung einzelner Aspekte, um in den Kantonen eine gewisse Einheit in der administrativen Aufsicht anzustreben. Vorderhand gibt es allerdings keine Anzeichen dafür, dass der Bundesrat zur Unterstützung einer kohärenten Qualitätsentwicklung von seiner Kompetenz Gebrauch machen wird. Erschwerend kommt hinzu, dass es im neuen Erwachsenenschutzrecht nach wie vor *keine Oberaufsicht des Bundes* gibt, obwohl eine solche aus Sicht der Praxis durchaus angezeigt wäre. Im Gegensatz zum Zivilstands-, Grundbuch- oder Handelsregisterwesen nimmt der Bund damit insgesamt seine Verantwortung für eine einheitliche Anwendung des Bundesrechts im Kindes- und Erwachsenenschutz nicht wahr (HÄFELI, FamPra 2007, 16).

1.4.2. Administrative Aufsichtsbehörde

Die Kantone bestimmen die Aufsichtsbehörden grundsätzlich frei, sind aber von Bundesrechts wegen *verpflichtet*, eine entsprechende Organisation vorzusehen (Art. 441 Abs. 1 ZGB). In Frage kommen Verwaltungsbehörden oder Gerichte. Zudem kann die Aufsicht *ein- oder zweistufig* ausgestaltet sein. Eine zweistufige Organisation mit einer unteren und einer oberen Aufsichtsinstanz lässt sich im revidierten System allerdings kaum sachlich begründen, zielen doch die gesetzlichen Vorgaben für die neue Fachbehörde (Art. 440 ZGB, vgl. Rz. 1.54 ff.) auf eine qualitative Verbesserung der erstinstanzlichen Behördenarbeit ab. Entsprechend ist grundsätzlich von einem sinkenden aufsichtsrechtlichen Handlungsbedarf auszugehen. Mit der Neuorganisation reduziert sich in den Kantonen zudem die Anzahl erstinstanzlicher Behörden, die es zu beaufsichtigen gilt.

1.77

Das Bundesrecht macht keine Vorgaben bezüglich *Zusammensetzung* der administrativen Aufsichtsbehörde. In Anbetracht der Tatsache, dass es sich bei der KESB um ein *interdisziplinär zusammengesetztes Fachgremium* handelt, kann für die Aufsichtsfunktion aber nur eine Instanz in Frage kommen, die nebst Expertise in Organisations- und Administrationsfragen über fundierte Kenntnisse im Kindes- und Erwachsenenschutzrecht verfügt. Legitimation und Akzeptanz der administrativen Aufsicht hangen damit in hohem Masse davon ab, wen der kantonale Gesetzgeber mit der Funktion betraut und welches Gewicht er der Aufsichtsthematik in der Einführungsgesetzgebung beimisst.

1.78

Erfahrungsgemäss lassen sich aus Rechtsmittelverfahren wichtige Erkenntnisse für die Qualitätssicherung gewinnen. Unter diesem Blickwinkel bietet sich an, die administrative Aufsicht der *gerichtlichen Beschwerdeinstanz* zu übertragen, dort ein *Inspektorat* einzurichten und die interne Aufgabenteilung zur Gewährleistung der richterlichen Unabhängigkeit in einem *Organisationsreglement* festzulegen. Da eine entsprechende Empfehlung der KOKES bei den Kantonen nur wenig Beachtung fand und sich diese mehrheitlich für eine getrennte Organisation entschieden haben, ist ein kontinuierlicher fachlicher Austausch zwischen den beiden Systemen umso wichtiger.

1.79

Wenig sinnvoll erscheint die Ansiedlung der administrativen Aufsicht bei einem *anderen* Gericht als der gerichtlichen Beschwerdeinstanz, weil nur Letztere den nötigen Bezug zur Materie aufweist und in der Lage ist, aus den Beschwerdefällen Rückschlüsse für aufsichtsrechtlichen Handlungsbedarf zu ziehen.

1.80

1.81 Grundsätzlich wird administrative Aufsicht *von Amtes wegen* wahrgenommen, so beispielsweise durch Erlass von Weisungen oder durch Einschreiten bei fehlerhafter Geschäftsführung durch die KESB. Zu den Aufgaben der Aufsichtsbehörde gehört sodann die Prüfung von *Aufsichtsbeschwerden*. Mit diesem Rechtsbehelf können sich Betroffene jederzeit an die Aufsichtsbehörde wenden, ohne allerdings Anspruch auf einen formellen Entscheid zu haben. Es gilt auch zu beachten, dass die administrative Aufsichtsbehörde nicht über die Kompetenz verfügt, Entscheide der KESB aufzuheben. Korrekturen im Sinne von Neubeurteilungen können vielmehr nur durch die gerichtliche Beschwerdeinstanz im Rechtsmittelverfahren (Art. 450 ZGB) vorgenommen werden.

1.4.3. Rechtsmittelinstanz

1.82 Im Gegensatz zur Organisation der administrativen Aufsicht sind die Kantone bei der Definition der Rechtsmittelinstanz in ihrer Autonomie eingeschränkt, denn das Bundesrecht schreibt ihnen zwingend vor, für die Beurteilung von Einzelfallbeschwerden eine *gerichtliche Instanz* zu bezeichnen. Grund für diese Vorgabe ist der Umstand, dass die Entscheidungen der KESB regelmässig in Grundrechtspositionen eingreifen und deshalb aus Gründen der Rechtsstaatlichkeit einer gerichtlichen Beurteilung zugänglich sein müssen. Dabei ist es nicht mehr zulässig, die Beschwerden zuerst durch eine Verwaltungsbehörde beurteilen und erst letztinstanzlich durch ein Gericht überprüfen zu lassen. Beschwerden sind im Rechtsmittelverfahren also immer *direkt* von einem Gericht zu beurteilen, wobei den Kantonen unbenommen bleibt, *zwei* gerichtliche Instanzen vorzusehen. Die bundesrechtlichen Organisationsvorschriften zur Rechtsmittelbehörde dienen insgesamt der Realisierung verbesserter Rechtsstaatlichkeit und sind nicht zuletzt darauf abgestimmt, dass es sich bei der erstinstanzlichen KESB um ein *qualifiziertes Fachgremium* handelt.

1.83 Unter dem Begriff «*Gericht*» ist nicht zwingend ein Gericht im formellen Sinn zu verstehen. Damit ein Organ für sich in Anspruch nehmen kann, ein Gericht zu sein, muss es allerdings den Anforderungen von Art. 6 Abs. 1 EMRK entsprechen, somit *unabhängig und unparteiisch* sein. Zum Wesen eines Gerichts gehört ferner, dass es die rechtserheblichen Tatsachen selber ermittelt, die einschlägigen Rechtsnormen auf diesen Sachverhalt anwendet und einen verbindlichen Entscheid fällt. Nicht verlangt wird dagegen, dass das Gericht nur aus Berufsrichterinnen und Berufsrichtern besteht.

1.84 Die Kantone können die Aufgabe der gerichtlichen Beschwerdeinstanz einer bestehenden Gerichtsbehörde zuteilen oder dafür ein spezielles (Fach-)

Gericht schaffen. Zudem können sie der gerichtlichen Beschwerdeinstanz in Ergänzung der sachlichen Zuständigkeit, welche dieser nach Art. 450 Abs. 1 ZGB zukommt, *zusätzlich* die Kompetenz zur Beurteilung von Begehren zuweisen, welche im Kontext der fürsorgerischen Unterbringung nach den speziellen Vorschriften von Art. 439 ZGB ihrerseits zwingend von einem Gericht beurteilt werden müssen (vgl. Rz. 12.10 ff.). Naheliegend dürfte diese organisatorische Option für Kantone sein, in denen die KESB kein Gericht ist und deshalb für die Beurteilung der Fälle von Art. 439 ZGB von vornherein ausser Betracht fällt.

1.5. Örtliche Zuständigkeit

Literatur

Botschaft, 7075.

Allgemeine Literatur: BAUMANN MAX, Personenrecht des ZGB, 2. Aufl., Zürich/St. Gallen 2011, § 6; BK-BUCHER, Art. 23–26 ZGB; BSK ESR-VOGEL, Art. 442; ZGB I-STAEHLIN, Art. 23–26 ZGB; BUCHER ANDREAS, Natürliche Personen und Persönlichkeitsschutz, 4. Aufl., Basel 2009, § 13; CHK-BREITSCHMID, Art. 23–26 ZGB; CR CC I-EIGENMANN, Art. 23–26; DESCHENAUX HENRI/STEINAUER PAUL-HENRI, Personnes physiques et tutelle, 4. Aufl., Bern 2001, § 14; FamKomm ESR-WIDER, Art. 442; GUILLOD, 3.5; HAUSHEER HEINZ/AEBI-MÜLLER REGINA, Das Personenrecht des Schweizerischen Zivilgesetzbuches, 2. Aufl., Bern, 2008, § 9; HAUSHEER/GEISER/AEBI-MÜLLER, 1.71–1.77; HOFER SYBILLE/HRUBESCH-MILLAUER STEPHANIE/ROBERTO VITO, Einleitungsartikel und Personenrecht, Bern 2011, § 12.14–12.20; KUKO ZGB-WIDER, Art. 442; MEIER/LUKIC, 680–694; OFK ZGB-FASSBIND, Art. 442; OFK ZGB-SCHWANDER, Art. 23–26; SCHMID, Art. 442; TUOR/SCHNYDER/SCHMID/RUMO-JUNGO, 95–98.

Spezifische Literatur: BSK-IPRG/SCHWANDER, Art. 85, N 141 ff., 4. Aufl., Basel 2007; BUCHER ANDREAS, La Convention de La Haye sur la protection internationale des adultes, SZIER 2000, 37 ff.; BUCHER ANDREAS, La protection internationale des adultes, in: Journée de droit civil 2006, Genf/Zürich 2007, 63 ff; CR-LDIP/BUCHER, Art. 85, N 316–369; DUTOIT, Commentaire de la LDIP, 4. Aufl., Basel/Genf 2005 mit Supplement 2011; FÜLLEMANN DANIEL, Das internationale Privat- und Zivilprozessrecht des Erwachsenenschutzes, St. Gallen/Zürich 2008; FÜLLEMANN DANIEL, Das Haager Erwachsenenschutzübereinkommen, in: ZVW 2009, 30 ff.; KONFERENZ DER KANTONALEN VORMUNDSCHAFTSBEHÖRDEN, VBK (heute: KOKES), Übertragung vormundschaftlicher Massnahmen – Empfehlungen, in: ZVW 2002, 205 ff.

1.5.1. Allgemeines

Die *ordentliche örtliche Zuständigkeit* (Gerichtsstand des Erwachsenenschutzes) richtet sich nach dem *Wohnsitz* der betroffenen Person (Art. 442 Abs. 1 ZGB; vgl. aArt. 376 Abs. 1 ZGB). Das Gesetz sieht zudem gewisse ausserordentliche Zuständigkeiten vor (Art. 442 Abs. 2 bis 4 ZGB).

1.85

Die Regeln über die örtliche Zuständigkeit gelten für den Erlass, die Änderung und die Aufhebung von Schutzmassnahmen, aber auch für verschiedene andere Handlungen der KESB (Art. 392 ZGB, Art. 368 ZGB, Art. 373

1.86

ZGB) sowie im Vollstreckungsverfahren. Die örtliche Zuständigkeit der Beschwerdeinstanz (Art. 450 ff. ZGB) oder der Aufsichtsbehörde (Art. 441 Abs. 1 ZGB) knüpft an die KESB an, über deren Handlungen zu befinden ist. Vorbehalten bleiben zudem in anderen Bestimmungen vorgesehene besondere Zuständigkeiten (vgl. Rz. 1.109 ff.).

1.87 Diese Regeln sind sowohl auf interkantonaler Ebene als auch innerkantonal anwendbar. Bei Sachverhalten mit Auslandsbezug gilt dagegen das internationale Privatrecht.

1.88 Kindesschutzmassnahmen bleiben eigenen Regeln unterworfen (für inländische Angelegenheiten Art. 275 und 315 ZGB; für Angelegenheiten mit Auslandsbezug Art. 85 Abs. 1 IPRG mit Verweis auf das Haager Übereinkommen vom 19. Oktober 1996 über die Zuständigkeit, das anzuwendende Recht, die Anerkennung, die Vollstreckung und Zusammenarbeit auf dem Gebiet der elterlichen Verantwortung und der Massnahmen zum Schutz der Kinder, SR 0.211.231.011).

1.89 Fragen der örtlichen Zuständigkeit prüft die Behörde von Amtes wegen (Art. 444 Abs. 1 ZGB). Hält sie sich für unzuständig, überweist sie die Sache unverzüglich der Behörde, die sie als zuständig erachtet (Art. 444 Abs. 2 ZGB) oder pflegt bei Zweifeln einen Meinungsaustausch mit dieser Behörde (Art. 444 Abs. 3 ZGB). Können sich die beiden Behörden nicht verständigen (*positiver oder – eher häufiger – negativer Kompetenzkonflikt),* unterbreitet die zuerst angerufene Behörde die Frage ihrer Zuständigkeit der gerichtlichen Beschwerdeinstanz. Diese Regel gilt sowohl auf interkantonaler Ebene als auch innerhalb der Kantone. Betrifft der Kompetenzkonflikt zwei Behörden unterschiedlicher Kantone, muss das Gericht des Kantons zuständig sein, das zuerst mit der Sache befasst war. Dem unterlegenen Kanton steht die Beschwerde in Zivilsachen ans Bundesgericht offen (Art. 72 Abs. 2 lit. b Ziff. 6 BGG; die Klage nach Art. 120 Abs. 1 lit. b BGG ist dagegen nicht mehr zulässig; vgl. zum alten Recht BGE 137 III 593).

1.5.2. Ordentliche Zuständigkeit am Wohnsitz

1.90 Es gibt mehrere Wohnsitzbegriffe (zivilrechtlicher Wohnsitz, öffentlich-rechtlicher Wohnsitz, politischer Wohnsitz, Steuerdomizil usw.), selbst wenn sich für spezifische Bereiche geltende Regeln oft auf den privatrechtlichen Wohnsitzbegriff beziehen (z.B. Art. 13 Abs. 1 ATSG). Im Bereich des Erwachsenenschutzes sind einzig die Art. 23–26 ZGB (zivilrechtlicher Wohnsitz) massgebend.

1.5. Örtliche Zuständigkeit

Jede Person hat einen Wohnsitz und kann nur einen zivilrechtlichen Wohnsitz haben (Notwendigkeit und Einheit des Wohnsitzes, vgl. Art. 24 ZGB und Art. 23 Abs. 2 ZGB). Er kann freiwillig begründet werden (Art. 23 ZGB) oder vom Gesetz bestimmt sein (Art. 25/26 ZGB).

1.91

Der freiwillige Wohnsitz befindet sich dort, wo sich eine Person mit der Absicht dauernden Verbleibens aufhält (Art. 23 Abs. 1 ZGB). Vorausgesetzt werden kumulativ ein territoriales, objektives Merkmal (der Aufenthalt) und ein persönliches, subjektives Merkmal (Absicht dauernden Verbleibens).

1.92

Der *Aufenthalt* setzt eine Anwesenheit von gewisser Dauer an einem bestimmten Ort und eine engere Bindung an diesen Ort voraus. Eine vorübergehende Anwesenheit (Wochenende, Ferien) genügt nicht; nicht verlangt wird dagegen ein ununterbrochenes Verweilen.

1.93

Die Person muss zudem beabsichtigen, sich am Aufenthaltsort niederzulassen, dort ihren Lebensmittelpunkt (der persönlichen und beruflichen Beziehungen) zu bilden, und das auf dauerhafte Weise. Falls der Aufenthalt an einen anderen Ort verlegt wird, ist die Absicht entscheidend, dort dauerhaft zu verweilen (nicht die tatsächliche Dauer der bisherigen Anwesenheit). Umgekehrt muss sich die Person nicht für immer an einem bestimmten Ort niederlassen wollen: Die Absicht genügt, dort für eine gewisse Zeit zu bleiben (bis ein Ereignis eintritt, das einen Wohnsitzwechsel nötig macht: Wechsel der Arbeitsstelle; Familienzuwachs), selbst wenn das Ende dieser Zeit im vornherein bekannt ist (Vereinbarung eines befristeten Arbeitsvertrages). Die Absicht, einen freiwilligen Wohnsitz zu begründen, setzt die Urteilsfähigkeit der betroffenen Person im Sinne von Art. 16 ZGB voraus. Diese Voraussetzung darf nicht streng beurteilt werden (BGE 127 V 237, BGE 134 V 236, BGE 137 III 593) und kann von einer Person mit geistiger Behinderung erfüllt werden, sofern es der Zustand ihr erlaubt, einen Willen zu bilden.

1.94

Die Absicht dauernden Verbleibens darf nicht innerlich verborgen bleiben: Sie muss sich an äusseren, objektiven und für Dritte erkennbaren Tatsachen zeigen (z.B. BGE 137 III 593; BGE 137 II 122; BGE 136 II 405; BGE 125 III 100; BGE 115 II 120). Massgebend ist ein Bündel von Indizien, die den Schluss auf eine Absicht dauernden Verbleibens erlauben, für sich allein aber nicht genügen: Hinterlegung von Papieren, Bezahlen von Steuern und Sozialversicherungsbeiträgen, Lebensort der übrigen Familie, Angabe des Wohnsitzes in amtlichen Veröffentlichungen, Abschluss eines Mietvertrages oder Kauf einer Wohnung, Telefonabonnement mit Festanschluss, Teilhabe am Gemeinwesen. Der Wohnsitzbegriff darf nicht zu streng ausgelegt werden, vielmehr ist die wesentliche Funktion des Wohnsitzes für die Sache zu berücksichtigen: Zweck ist, einer Behörde zu

1.95

ermöglichen, die für eine erwachsene Person gebotenen Schutzmassnahmen zu ergreifen.

1.96 Der Aufenthalt in einem Bildungsinstitut oder die Unterbringung in einer Erziehungs-, Heil- oder Haftanstalt begründen für sich allein keinen Wohnsitz (Art. 23 Abs. 1 in fine ZGB, aArt. 26 ZGB). Er begründet eine widerlegbare Vermutung (BGE 137 III 593, BGE 137 II 122, BGE 134 V 236, BGE 133 V 309, Urteil BGer 9C_946/2008 E. 4.1). Löst etwa eine betagte Person ihren Haushalt auf und zieht ins Wohn- und Pflegeheim, wird eine chronisch kranke Person im Pflegeheim betreut, weil sie ausserhalb nicht mehr leben kann, oder mieten Studierende eine Unterkunft am Studienort und verbringen dort den Grossteil ihrer Zeit (während der Vorlesungsperiode, aber auch während Ferien oder Wochenenden), so können sie dort durchaus einen Wohnsitz begründen. Sofern eine Person nicht unter umfassender Beistandschaft steht, kann sie am Ort der Einrichtung, in die sie freiwillig eingetreten ist, ihren neuen Wohnsitz begründen (selbst wenn der Wille unter äusserem Zwang gebildet wurde: Pflegebedürftigkeit, finanzielle Zwänge), indem die Vermutung von Art. 23 Abs. 1 in fine ZGB widerlegt wird (aArt. 26 ZGB; vgl. BGE 133 V 309, BGE 134 V 236 und BGE 137 III 593). Ist aber die Unterbringung auf den Willen Dritter zurückzuführen, kann gemäss der (fragwürdigen) Rechtsprechung so lange kein neuer Wohnsitz begründet werden, wie der Aufenthalt seinem ursprünglichen Zweck entspricht, und das obschon die betroffene Person ihre Zustimmung gab und/oder die Unterbringung mehrere Jahre gedauert hat (Urteil BGer 1P.867/2005; Fall mit Bejahung eines freiwilligen Wohnsitzes am Ort der Einrichtung und eingehender Prüfung der Umstände, die auf den Lebensmittelpunkt einer Person schliessen lassen: BGE 137 III 593).

1.97 Der einmal begründete Wohnsitz einer Person bleibt bis zum Erwerb eines neuen Wohnsitzes bestehen (Art. 24 Abs. 1 ZGB).

1.98 Die Massnahmen des Erwachsenenschutzes haben grundsätzlich keinen Einfluss auf den zivilrechtlichen Wohnsitz (zum alten Recht: Urteil BGer 8C_28/2007 betr. Beiratschaft; BGE 126 III 415 und BGE 137 III 593 betr. Beistandschaft). Einzige Ausnahme bildet die *umfassende Beistandschaft*: Der Wohnsitz der betroffenen Person befindet sich in diesem Fall am Sitz der KESB (Art. 26 ZGB). Wenn die KESB für mehrere Gemeinden zuständig ist – was die Regel ist –, legt die Praxis den Begriff des gesetzlichen Wohnsitzes «funktional» und pragmatisch (aber gegen den Wortlaut des Gesetzes) aus: Die betroffene Person hat ihren Wohnsitz in der Gemeinde, in der sich ihr Wohnsitz vor Erlass der Massnahme befand, und nicht in derjenigen des formellen Sitzes der Behörde (Hausheer/Geiser/Aebi-Müller, 1.72, und für das alte Recht: BK-Schnyder/Murer, aArt. 376 ZGB N 21; *contra*:

SCHMID, Art. 442 N 8; für das alte Recht: BSK ZGB I-STAEHLIN, aArt. 25 N 11; DESCHENAUX/STEINAUER, N 398a. KUKO ZGB-WIDER, Art. 442 N 2, geht davon aus, dass in solchen Fällen das kantonale Recht die Wohnsitzgemeinde bestimmen kann: das ist denn auch die Lösung mehrerer kantonaler Einführungsgesetze, welche die Gemeinde des früheren Wohnsitzes der betroffenen Person bestimmen).

Beim *Wechsel des Wohnsitzes* während eines laufenden Verfahrens (z.B. Errichtung oder Aufhebung einer Beistandschaft) bleibt die Zuständigkeit bis zum Abschluss des Verfahrens (Rechtskraft des Entscheides) erhalten (Art. 442 Abs. 1 Satz 2 ZGB: *perpetuatio fori*). Ein Verfahren ist eingeleitet, sobald eine Behörde von Amtes wegen, auf Antrag einer Behörde oder dazu berechtigten Person tätig wird oder auch aufgrund einer Privatmeldung (Art. 443 Abs. 1 ZGB), soweit sie nicht offensichtlich unbegründet erscheint.

1.99

1.5.3. Gefahr in Verzug

Liegt Gefahr in Verzug (Notfall), ist auch die Behörde am Aufenthaltsort zuständig (*konkurrierende* Zuständigkeit zu derjenigen am Wohnsitz). Trifft diese Behörde eine Massnahme, so benachrichtigt sie die Wohnsitzbehörde (Art. 442 Abs. 2 ZGB). Trifft die Behörde am Aufenthaltsort eine Massnahme dauerhafter Natur (wovon sie absehen sollte, wenn die Person in Kürze an ihren Wohnort zurückkehren wird), führt die Wohnsitzbehörde den Fall weiter, die prüft, ob die Massnahme begründet ist, um sie gegebenenfalls zu bestätigen, zu ändern oder aufzuheben.

1.100

Im Kindesschutz sieht Art. 315 Abs. 2 ZGB eine noch weitergehende Zuständigkeit der Behörde am Ort vor, wo sich das Kind aufhält (einfacher, nicht gewöhnlicher Aufenthalt). Für Erwachsene sollte der Aufenthaltsbegriff u.E. im gleichen Sinne «funktional» ausgelegt werden und auf denkbare Fälle anwendbar sein, wenn es wichtig wird, eine Person notfallmässig in einer Einrichtung am Ort unterzubringen, wo sie für ein paar Stunden anwesend ist.

1.101

1.5.4. Ort des Vermögens

Art. 442 Abs. 3 ZGB sieht eine weitere *konkurrierende* Zuständigkeit am Ort vor, wo das Vermögen in seinem Hauptbestandteil verwaltet wird oder der betroffenen Person zugefallen ist (vgl. aArt. 396 Abs. 2 ZGB für die Verwaltungsbeistandschaft; BGE 137 III 593 präzisiert, dass bei der kombinierten Beistandschaft aArt. 396 Abs. 2 ZGB von der ordentlichen Zustän-

1.102

1.103 digkeit verdrängt wird; dieser Rechtsprechung kann sinngemäss gefolgt werden, wenn die Massnahme sowohl Personensorge als auch Vermögensverwaltung umfasst).

1.103 Da er sich auf die Abwesenheit der betroffenen Person bezieht, scheint der Gesetzestext nur auf die Beistandschaft gemäss Art. 390 Abs. 1 Ziff. 2 ZGB zu zielen. Unseres Erachtens ist diese konkurrierende Zuständigkeit auch bei vorübergehender Urteilsunfähigkeit der Person sinnvoll (z.B. Koma).

1.5.5. Heimatort

1.104 Der Heimatort einer Person hat seine juristische Bedeutung praktisch verloren und ist vom Wohnsitz verdrängt worden. Er dient nicht mehr als Anknüpfungsbegriff für die örtliche Zuständigkeit (Art. 10 ZPO), ist nicht mehr massgebend für die Unterstützung von Schweizer Bürgern (Art. 115 BV und Art. 12 Abs. 1 ZUG) und spielt im Zivilstandswesen keine besondere Rolle mehr, seit es informatisiert wurde (Infostar). Im internationalen Bereich wurde er von wenigen Ausnahmen abgesehen vom Wohnsitz und vor allem vom gewöhnlichen Aufenthalt verdrängt.

1.105 Der Gesetzgeber hat dennoch den Vorbehalt des kantonalen Rechts gemäss aArt. 376 Abs. 2 ZGB übernommen (die Bestimmung zielte vor allem auf die KESB der Burgergemeinde der Stadt Bern): Die Kantone sind berechtigt, für ihre Bürger/innen mit Wohnsitz in ihrem Kanton die Behörde des Heimatortes (anstelle der Wohnsitzbehörde) zuständig zu erklären, sofern in diesem Kanton auch die Unterstützung bedürftiger Personen ganz oder teilweise der Heimatgemeinde obliegt. Es handelt sich um zwei kumulative Bedingungen (das kantonale Recht nutzt die Möglichkeit und das kantonale Recht knüpft die Unterstützung an den Heimatort). Die Zuständigkeit ist in diesem Fall *alternativ* (nicht konkurrierend) zu derjenigen gemäss Art. 442 Abs. 1 ZGB: Diese besondere Zuständigkeit ist zwingend, wenn der Kanton davon Gebrauch macht.

1.5.6. Wechsel des Wohnsitzes

1.106 Der Wohnsitzwechsel während eines laufenden Verfahrens wird von Art. 442 Abs. 1 Satz 2 ZGB geregelt, soweit es um die Wirkungen auf die Zuständigkeit der Behörden geht (vgl. Rz. 1.90 ff.). Ist die Massnahme einmal rechtskräftig, kann die betroffene Person den Wohnsitz grundsätzlich frei wechseln.

1.107 Wird für eine Person eine andere als die umfassende Beistandschaft angeordnet, wechselt sie ihren Wohnsitz, sobald die Voraussetzungen von Art. 23 Abs. 1 ZGB erfüllt sind. Die Behörde am neuen Wohnsitz ist grundsätzlich verpflichtet, den Fall zu übernehmen (Art. 442 Abs. 5 ZGB; für eine altrechtliche Beistandschaft: BGE 137 III 593). Sie kann die Übernahme nur aus wichtigen Gründen verweigern (z.b. wenn Angelegenheiten bei der vorherigen Behörde kurz vor dem Abschluss oder eine Beistandschaft vor der Aufhebung stehen). Bei Zweifeln pflegen die Behörden einen Meinungsaustausch. Danach sind die Behörden am neuen Wohnsitz zuständig, Massnahmen wie geboten zu ergreifen, auszuweiten oder aufzuheben. Die mit der Beistandschaft befasste Behörde kann noch selber eine Ersatzperson bei Interessenskollisionen ernennen (Art. 403 Abs. 1 ZGB) und den Beistand oder die Beiständin entlassen (Art. 423 ZGB), ohne dass sie die Übernahme der Massnahme durch die neue Behörde abwarten muss. Derartige Entscheidungen gehören zum Vollzug der ursprünglichen Massnahme und schränken die Rechte der betroffenen Person nicht zusätzlich ein (Urteil BGer 5C.200/2002 E. 2.3).

1.108 Steht eine Person unter umfassender Beistandschaft, hat sie ihren Wohnsitz von Gesetzes wegen am Sitz der KESB. Das formelle Verfahren nach aArt. 377 Abs. 2 und aArt. 421 Ziff. 14 ZGB für die Verlegung des Wohnsitzes wurde in dieser Form nicht übernommen. In solchen Fällen müssen jedoch beide Behörden (die alte und die neue) dem Wechsel förmlich zustimmen, damit der neue Wohnsitz rechtsgültig begründet wird. Wie unter dem alten Recht muss die Zustimmung zum Wohnsitzwechsel im Interesse der betroffenen Person erfolgen und darf beispielsweise nicht einfach den Zweck haben, sich Kosten oder einer mühseligen Aufgabe zu entledigen (BGE 131 I 266). Für die Übertragung der Massnahme legt das Gesetz keine Frist fest. Es darf wie unter dem alten Recht einige Wochen oder Monate zugewartet werden, bis die Verhältnisse gefestigt sind; oft werden die Verhältnisse aber von Anbeginn klar sein: Das wird namentlich der Fall sein, wenn die Berufstätigkeit gewechselt wird, die gesamte Familie mit der betroffenen Person umzieht oder wenn ein Wechsel der Einrichtung (Heim) sorgfältig vorbereitet wurde und die betroffene Person am neuen Ort sofort alle gebotene Hilfe benötigt. Auf jeden Fall entspricht eine «automatische» Wartefrist von 12 Monaten, wie bisweilen angewendet, den gesetzlichen Vorgaben nicht (vgl. bereits Empfehlungen VBK, ZVW 2002, 211 f.).

1.5.7. Wohnsitzbegriff in anderen Gesetzen

Unterstützungswohnsitz

1.109   Der Unterstützungswohnsitz gemäss Bundesgesetz vom 24. Juni 1977 über die Zuständigkeit für die Unterstützung Bedürftiger (ZUG, SR 851.1) kann unabhängig vom privatrechtlichen Wohnsitz (namentlich vom abhängigen) begründet werden, dies aufgrund von Art. 4 Abs. 1 ZUG (Aufenthalt und Absicht dauernden Verbleibens, beide Merkmale sind indessen von Art. 23 Abs. 1 ZGB übernommen). Weigert sich ein Kanton, eine umfassende Beistandschaft zu übernehmen, kann er sich damit nicht seinen Verpflichtungen entziehen.

1.110   Steht die Person unter einer anderen Form der Beistandschaft, verliert sie mit einem Wegzug aus dem Kanton oder der Gemeinde auch ihren Unterstützungswohnsitz; sie hat keinen mehr, solange sie keinen neuen Wohnsitz begründet (mit Aufenthalt und Absicht dauernden Verbleibens), kennt doch das ZUG keinen fiktiven (fortdauernden) Wohnsitz (keine analoge Anwendung von Art. 24 Abs. 1 ZGB; vgl. Urteil BGer 8C_223/2010 E. 3.1). Der frühere Kanton kann gegebenenfalls als Aufenthaltskanton unterstützungspflichtig sein (Art. 11 Abs. 1 und 12 Abs. 2 ZUG).

1.111   Der Aufenthalt in einem Heim, einem Spital oder anderen von der KESB bestimmten Einrichtungen begründet keinen Unterstützungswohnsitz (Art. 5 ZUG); der spätere Eintritt in eine solche Einrichtung auf Beschluss der Behörde beendet den bestehenden Unterstützungswohnsitz nicht (Art. 9 Abs. 3 ZUG). Damit soll vermieden werden, dass ausserkantonale Unterbringungen nur aus finanziellen Gründen angeordnet werden (Urteil BGer 2A.714/2006 E. 3; vgl. auch Urteil BGer 8C_223/2010 und BGE 136 V 346 unveröffentlichte E. 7).

Sozialversicherungsrechtlicher Wohnsitz

1.112   Im Bereich der Sozialversicherungen (unter Einschluss der Ergänzungsleistungen, Art. 4 Abs. 1 des Bundesgesetzes vom 6. Oktober 2006 über Ergänzungsleistungen zur Alters-, Hinterlassenen- und Invalidenversicherung [ELG, SR 831.1]) scheint Art. 13 Abs. 1 ATSG klar auf den Wohnsitz gemäss Zivilgesetzbuch zu verweisen. Entgegen dem Wortlaut des Gesetzes nimmt die Rechtsprechung jedoch den abhängigen Wohnsitz von Personen unter umfassender Beistandschaft von dieser Verweisung aus (Art. 26 ZGB; für aArt. 25 Abs. 2 ZGB: BGE 135 V 249, BGE 130 V 404): Damit soll verhindert werden, dass eine Person, die noch nie einen Wohnsitz in der Schweiz hatte und für eine spezielle Pflege hier anwesend ist, nur deshalb AHV- oder IV-Leistungen beanspruchen kann, weil ihr Zustand die Errichtung einer umfassenden Beistandschaft erforderte (oder einer Vormundschaft unter dem alten Recht).

Aufgrund von Art. 21 Abs. 1 ELG ist der Wohnsitzkanton der begünstigten Person zuständig, die Ergänzungsleistungen festzusetzen und auszuzahlen. Untersteht eine Person nicht einer umfassenden Beistandschaft, kann sie am Ort der Einrichtung, in die sie freiwillig eingetreten ist, einen neuen freiwilligen Wohnsitz begründen (selbst wenn der Wille unter äusserem Zwang gebildet wurde: Pflegebedarf, finanzielle Gründe), soweit die Vermutung gemäss Art. 23 Abs. 1 in fine ZGB widerlegt wird (vgl. Rz. 1.96). Wie beim Unterstützungswohnsitz vermag dagegen einzig der Aufenthalt in einem Heim, Spital oder einer anderen Anstalt für sich allein keine neue Zuständigkeit zu begründen. Trotz andauerndem Aufenthalt in derselben Einrichtung kann eine Person ihren Wohnsitz aber aus einem anderen Grund wechseln (unter dem alten Recht: Wechsel des Wohnsitzes der Eltern – aArt. 25 Abs. 1 ZGB – bei einer Entmündigung mit erstreckter elterlicher Sorge, oder Übertragung des Wohnsitzes einer bevormundeten Person – aArt. 25 Abs. 2 und aArt. 377 ZGB; unter dem neuen Recht: Übertragung des Wohnsitzes einer Person unter umfassender Beistandschaft), wobei in diesem Fall auch die Zuständigkeit ändert, Ergänzungsleistungen festzusetzen und auszuzahlen (BGE 138 V 23).

1.113

1.5.8. Andere örtliche Zuständigkeiten

Im Bereich bewegungseinschränkender Massnahmen in Wohn- und Pflegeheimen muss die KESB am Sitz der Einrichtung angerufen werden (Art. 385 Abs. 1 ZGB). Gleiches gilt bei Massnahmen im Rahmen einer fürsorgerischen Unterbringung (Art. 438 und Art. 439 Abs. 1 Ziff. 5 ZGB).

1.114

Die örtliche Zuständigkeit von Ärzten oder Ärztinnen, die eine Anstaltseinweisung anordnen können (Art. 429 ZGB), wird von den Kantonen bestimmt. Ausser bei bewegungseinschränkenden Massnahmen gilt das auch für die Zuständigkeit des Gerichts, das aufgrund von Art. 439 ZGB angerufen werden kann. Dabei sollte entweder eine einheitliche Zuständigkeit für den ganzen Kanton oder eine Zuständigkeit am Sitz der Anstalt geschaffen werden.

1.115

1.5.9. Im internationalen Bereich

Aufgrund von Art. 85 Abs. 2 IPRG richtet sich die internationale Zuständigkeit schweizerischer Behörden nach dem Haager Übereinkommen vom

1.116

1. Allgemeiner Teil

13. Januar 2000 über den internationalen Schutz von Erwachsenen (HEsÜ, SR 0.211.232.1).

1.117 Die Hauptzuständigkeit liegt bei den Behörden des Staates am Ort des gewöhnlichen Aufenthaltes der betroffenen Person (Art. 5/6 HEsÜ). Bei einer Verlegung des gewöhnlichen Aufenthaltes sind entgegen der innerstaatlichen Lösung gemäss Art. 442 Abs. 1 ZGB (vgl. Rz. 1.99) die Behörden am neuen gewöhnlichen Aufenthalt zuständig, was die Behörde am früheren Aufenthalt zwingt, den Fall abzutreten.

1.118 Das Übereinkommen sieht mehrere *subsidiäre Zuständigkeiten* vor:
- zugunsten der Behörden des Heimatstaates, wenn sie der Auffassung sind, das Wohl der betroffenen Person besser beurteilen zu können (Art. 7 Abs. 1). Vorher müssen sie die Behörden am gewöhnlichen Aufenthalt benachrichtigen, damit diese ihre prioritäre Zuständigkeit geltend machen können (Art. 7 Abs. 1). Von der Behörde des Heimatstaates getroffene Massnahmen treten ausser Kraft, sobald die Behörde am gewöhnlichen Aufenthalt die gebotenen Massnahmen erlässt oder entscheidet, dass sich Massnahmen erübrigen (Art. 7 Abs. 3). Diese Zuständigkeit darf nicht ausgeübt werden, wenn die normalerweise zuständigen Behörden mitgeteilt haben, dass sie die gebotenen Massnahmen schon getroffen oder entschieden haben, dass keine Massnahme nötig sei (Art. 7 Abs. 2);
- zugunsten der Behörden eines anderen Vertragsstaates (Staat, dem die Person angehört; Staat eines vorherigen gewöhnlichen Aufenthaltes; Staat, in dem sich der betroffenen Person gehörendes Vermögen befindet; Staat, der von der betroffenen Person gewählt wurde – im Einverständnis der Behörde am gewöhnlichen Aufenthalt oder des gewählten Staates –; Staat des gewöhnlichen Aufenthaltes einer Person, die der betroffenen nahesteht und bereit ist, deren Schutz zu übernehmen; Staat am Ort der Anwesenheit), soweit sie selber oder die Behörde am gewöhnlichen Aufenthalt darum ersucht (Art. 8). Die ersuchte Behörde muss der Übernahme zustimmen (Art. 8 Abs. 3);
- zugunsten der Behörde am Ort der gelegenen Sache, soweit die Massnahmen mit denjenigen zu vereinbaren sind, die von den nach Art. 5 bis 8 HEsÜ zuständigen Behörden getroffen wurden (was bedeutet, dass diese Zuständigkeit vom Einverständnis dieser Behörden abhängt) (Art. 9).

1.119 Die Behörden des Staates, auf dessen Hoheitsgebiet sich die Person oder ihr gehörendes Vermögen befindet, sind in allen dringenden Fällen zuständig (Art. 10 Abs. 1). Die Behörde am gewöhnlichen Aufenthalt muss über getroffene Massnahmen benachrichtigt werden (Art. 10 Abs. 4). Die Massnahmen treten ausser Kraft, sobald die normalerweise zuständige Behörde die durch die Umstände gebotenen Massnahmen getroffen hat (Art. 10 Abs. 2). Art. 11 HEsÜ erlaubt zudem ausnahmsweise vorläufige Massnahmen zu treffen, die auf das Hoheitsgebiet des Staates beschränkt sind, in dem sich die Person befindet, soweit diese Massnahmen mit denjenigen zu vereinbaren sind, die von der normalerweise zuständigen Behörde schon getroffen wurden, und soweit diese zuständige Behörde benachrichtigt wurde; solche Massnahmen treten ausser Kraft, sobald diese Behörde die durch die Umstände gebotenen Massnahmen getroffen hat.

Die gemäss diesen internationalen Normen zuständige Schweizer Behörde wendet ihr eigenes Recht an (Art. 13 Abs. 1 HEsÜ); in Ausnahmefällen und wenn es im Interesse der betroffenen Person nötig ist, kann das Recht eines anderen Staates angewendet oder berücksichtigt werden (Art. 13 Abs. 2). Die Bedingungen, unter denen eine Massnahme durchgeführt wird, richten sich nach dem Recht des Vertragsstaates, in dem die Massnahme vollzogen werden muss (Art. 14 HEsÜ).

1.120

Art. 85 Abs. 3 IPRG behält sodann die Zuständigkeit schweizerischer Gerichte oder Behörden vor, wenn es zum Schutz einer Person unerlässlich ist (Art. 85 Abs. 3 IPRG). Diese Auffangzuständigkeit ist für Massnahmen bedeutsam, die nicht dem Haager Übereinkommen unterstellt sind (dieses setzt voraus, dass die Person aufgrund einer Beeinträchtigung oder Unzulänglichkeit ihrer persönlichen Fähigkeiten nicht in der Lage ist, ihre Interessen zu schützen, Art. 1 Abs. 1 HEsÜ). Sie ist bei erwachsenen Personen anwendbar, die in Schwierigkeiten sind, ohne dass sie die Kontrolle über ihren geistigen oder psychischen Zustand verloren haben.

1.121

Massnahmen, die in einem Staat getroffen wurden, der dem HEsÜ nicht beigetreten ist, werden anerkannt, wenn sie im Staat des gewöhnlichen Aufenthaltes erlassen oder anerkannt wurden.

1.122

1.5.10. Übertragung der Massnahme

Wechselt eine verbeiständete Person ihren Wohnsitz in eine Gemeinde, die ausserhalb des Zuständigkeitsbereichs der KESB liegt, die die Beistandschaft führt, ist die Massnahme grundsätzlich «ohne Verzug» von der neu zuständigen KESB zu übernehmen (Art. 442 Abs. 5 ZGB). Der Übergang der Zuständigkeit erfolgt nicht von Gesetzes wegen, sondern es bedarf entsprechender Entscheidungen beider beteiligter Behörden (zu den Voraussetzungen der Pflicht zur Übertragung bzw. Übernahme einer Massnahme: vgl. Rz. 1.85 ff. und 1.106 ff.). Unter altem Recht wurde in der Praxis insb. bei Erwachsenenschutzmassnahmen oft eine gewisse Zeit

1.123

(verbreitet: ein Jahr) zugewartet mit der Übernahme. Diese Praxis ist unter neuem Recht durch die explizite Formulierung im Gesetz nicht mehr zulässig; neu sind nicht nur die Kindesschutz-, sondern auch die Erwachsenenschutzmassnahmen grundsätzlich «ohne Verzug» zu übertragen. Eine Publikation am neuen Wohnsitz, wie das aArt. 377 Abs. 3 ZGB noch verlangt hat, ist nicht mehr erforderlich.

1.124 Bezüglich der *Verfahrensschritte*, welche die Übertragung einer Beistandschaft an eine örtlich neu zuständige KESB herbeiführen, unterscheiden sich die beiden angeführten Fälle (vgl. Rz. 1.107 f.) des Wohnsitzwechsels einer nicht unter umfassender Beistandschaft stehenden Person einerseits und des Wechsels des Wohnsitzes einer unter umfassender Beistandschaft stehenden Person andererseits nicht grundlegend. In beiden Fällen sind die folgenden Schritte zu verzeichnen bzw. zu tätigen:

1.125 **Verfahrensschritte Übertragung einer Beistandschaft**

Lesehinweis: Die linksbündigen Verfahrensschritte sind von der bisherig zuständigen KESB A zu tätigen, die rechtsbündigen Verfahrensschritte sind von der neu zuständigen KESB B zu tätigen.

1. Die für die Führung der Massnahme zuständige KESB A gelangt im Zuge einer entsprechenden Sachverhaltsabklärung zum Schluss, dass a) eine betroffene, nicht unter umfassender Beistandschaft stehende Person ihren *Wohnsitz* an einen Ort im örtlichen Zuständigkeitsgebiet der KESB B *gewechselt* hat bzw. dass b) der auf Dauer angelegte Aufenthaltsort einer unter umfassender Beistandschaft stehenden Person an einen Ort im örtlichen Zuständigkeitsgebiet der KESB B verlegt worden ist und die Voraussetzungen für einen Wohnsitzwechsel erfüllt sind. Die KESB A klärt weiter, ob *keine wichtigen Gründe* im Sinne von *Art. 442 Ziff. 5 ZGB* gegen eine Übertragung an die örtlich neu zuständige KESB B sprechen und ob der Beistand oder die Beiständin bereit und geeignet ist, die Beistandschaft unter neuer Zuständigkeit weiterhin zu führen, und ob dies im Interesse der betroffenen Person liegt.

2. Die KESB A teilt der örtlich neu zuständigen KESB B den Sachverhalt mit und richtet eine *Anfrage* (in Briefform) an diese betr. Bereitschaft zur Übernahme der Massnahme, ggf. mit der bisherigen Beistandsperson, sowie zum möglichen Übernahmezeitpunkt.

3. Die KESB B prüft die Anfrage, klärt im Falle der Notwendigkeit eines Beistandswechsels, wer neu als Beistand oder Beiständin zu ernennen sein wird [Variante: diese Klärung kann ggf. auch erst später, spätestens vor Schritt 5 erfolgen] und teilt ihre *Antwort* (in Briefform) unter Nennung eines konkreten Datums für die Übernahme der KESB A mit.

1.5. Örtliche Zuständigkeit

Evtl. Zwischenschritte im Falle unterschiedlicher Auffassungen der beiden beteiligten KESB: *Meinungsaustausch* (Art. 444 Abs. 3 ZGB)/*Einschaltung der gerichtlichen Beschwerdeinstanz von KESB A* (Art. 444 Abs. 4 ZGB)/ *Weiterzug ans Bundesgericht* (Beschwerde in Zivilsachen gemäss Art. 72 Abs. 2 lit. b Ziff. 6 BGG).

4. *Übertragungsbeschluss der KESB A* (Übertragung der Massnahme an KESB B per [Datum]/Einladung an den Beistand oder die Beiständin, per [Datum] Bericht und Rechnung (im Falle der vorgesehenen Weiterführung der Massnahme durch die bisherige Beistandsperson) bzw. Schlussbericht und Schlussrechnung (im Falle des vorgesehenen Beistandswechsels) zu erstatten/Rechtsmittelbelehrung/ Eröffnung an betroffene Person, bisherige Beistandsperson, KESB B.

5. *Übernahmebeschluss der KESB B* (Übernahme der Massnahme per [Datum]/Bestätigung der bisherigen Beistandsperson [Variante: nur vorläufige Bestätigung und Vorbehalt eines definitiven Bestätigungsentscheides nach Kenntnisnahme des Berichtes und der Rechnung] bzw. Ernennung der neuen Beistandsperson/ Rechtsmittelbelehrung/Eröffnung an betroffene Person, bisherige Beistandsperson, ggf. neue Beistandsperson, KESB A, ggf. [bei Vermögensverwaltung] Mitteilung an Betreibungsamt B.

Erstellung von (Schluss-)Bericht und (Schluss-)Rechnung durch bisherige Beistandsperson.

ggf. *Amtsübergabe und -übernahme* an bzw. durch neue Beistandsperson.

6. *Prüfung* von (Schluss-)Bericht und (Schluss-)Rechnung durch KESB A/*Beschluss betr. Genehmigung* und Entlastung bzw. (evtl. teilweise) Verweigerung derselben/Rechtsmittelbelehrung/Eröffnung an betroffene Person, bisherige Beistandsperson, ggf. neue Beistandsperson, KESB B.

7. *Kenntnisnahme* von (Schluss-)Bericht und (Schluss-)Rechnung durch KESB B/ggf. definitiver Entscheid betr. Bestätigung der bisherigen Beistandsperson bzw. Ernennung einer neuen/ggf. Einladung zur Prüfung von *Verantwortlichkeitsansprüchen (Fristbeginn)*.

Wenn der Zeitpunkt der Übertragung im Übertragungs- und im Übernahmebeschluss nicht datumsmässig definiert ist, wird der massgebliche Zeitpunkt durch die Rechtskraft des Übernahmebeschlusses bestimmt. 1.126

Die dargestellten Verfahrensschritte können statt durch die KESB A auch durch ein Gesuch der übernahmewilligen KESB B auf Übertragung ausgelöst werden. Die *betroffene Person* oder ihr *nahestehende Personen* sind ebenfalls *antragsberechtigt*. 1.127

1. Allgemeiner Teil

1.128 Die beteiligten KESB haben ihre Entscheidungen an den Interessen der betroffenen Person auszurichten und insb. dann, wenn der Wechsel der zuständigen KESB auch einen Wechsel der Beistandsperson erfordert, die betroffene Person angemessen in das Verfahren einzubeziehen.

1.129 *Wichtige Gründe* nach Art. 442 Abs. 5 ZGB, die den (ggf. einstweiligen) *Verzicht auf eine Übertragung* bzw. Verweigerung der Übernahme rechtfertigen, sind nicht leichthin anzunehmen (Rz. 1.107 f.). Als wichtige Gründe kommen aufwändige hängige Verfahren betr. Aufhebung oder Anpassung der Massnahme oder betr. Mitwirkung nach Art. 416 oder Art. 419 ZGB in Betracht. Sodann kann im Falle, dass die Übertragung der Massnahme aus organisationsrechtlichen Gründen zwingend mit einem Beistandswechsel verbunden ist, die Prognose, dass der Verlust der bisherigen Beistandsperson als Vertrauensperson bei der betroffenen Person schwerwiegende Destabilisierungsprozesse auslösen würde, einen Aufschub der Übertragung rechtfertigen.

1.130 Der Beistand oder die Beiständin hat gleichgültig, ob sein bzw. ihr Amt mit der Übertragung der Beistandschaft endet oder nicht, auf den Zeitpunkt der Übertragung der bis dahin zuständigen KESB einen Bericht mit Rechnung zu erstatten. Dies ergibt sich zwar nicht ausdrücklich aus den Bestimmungen von Art. 410, 411 oder 425 ZGB, muss und kann jedoch mit Blick auf die Verantwortlichkeit der bis zur Übertragung zuständigen KESB von dieser verlangt werden.

1.6. Abklärung

Literatur

Botschaft, 7062, 7078 f., 7081, 7088, 7108.
Allgemeine Literatur: BSK ESR-Auer/Marti, Art. 446; FamKomm ESR-Steck, Art. 446; Hausheer/Geiser/Aebi-Müller, 1.53, 1.79 ff.; KUKO ZGB-Steck, Art. 446; Meier/Lukic, 60, 103, 108 f., 403; OFK ZGB-Fassbind, Art. 446.
Spezifische Literatur: Affolter Kurt, Mit der Totalrevision des Vormundschaftsrechts zu einer neuen Qualität des Erwachsenenschutzes?, in: ZVW 2003, 393 ff.; Brack Ruth/Geiser Kaspar, Aktenführung in der Sozialarbeit, 4. Aufl., Bern/Stuttgart/Wien 2009; Dörflinger Peter, «Der Berg wird steiler, wenn du näher kommst», in: ZKE 2011, 447 ff.; Dörflinger Peter, Interdisziplinarität gestalten, in: ZKE 2010, 177 ff., 181 f.; Füllemann Daniel, Das Haager Erwachsenenschutzübereinkommen von 2000 (HEsÜ), in: ZVW 2009, 30 ff.; Hegnauer Cyril, Das Wohl des Mündels als Maxime der Vormundschaft, ZVW 1984, 81 ff.; Heck Christoph, Wirkungsvolle Zusammenarbeit – der Beitrag der Sozialarbeit in der Fachbehörde, in: ZKE 2011, 17 ff.; Meier Philippe, La position des personnes concernées dans les procédures de protection des mineurs et des adultes. Quelques enseignements de la jurisprudence fédérale récente, in: ZVW 2008, 399 ff.; Regierungsrat des Kt. Schwyz, Beschluss vom 17. Januar 2012 (Verfahrensvertretung des Kindes in Kindesschutzmassnahmeverfahren), in: ZKE 2012, 157 ff.; Rosch Daniel, Neue Aufgaben, Rollen, Disziplinen, Schnitt- und Nahtstellen: Herausforderungen des neuen Kindes- und Erwachsenenschutzrechts, in: ZKE, 2011, 31 ff.;

ZOBRIST PATRICK, Zehn Basisstrategien zur Förderung der Veränderungsmotivation und zum Umgang mit Widerstand im Kindes- und Erwachsenenschutz, in: ZVW 2010, 431 ff.; ZOBRIST PATRICK, Die psychosoziale Dimension der vormundschaftlichen Arbeit im Zwangskontext, in: ZVW 2008, 465 ff. 468.

1.6.1. Wichtige Grundsätze

Ausgangslage jeder Abklärung ist das mutmassliche oder offensichtliche Vorliegen eines *Schwächezustandes* und einer *Schutzbedürftigkeit* einer Person (vgl. Rz. 1.140 ff.). Um behördliches, vom Gesetz gefordertes oder ermöglichtes Handeln rechtsstaatlich zu legitimieren, muss sich die angerufene Behörde in den Stand versetzen, ihren Entscheid auf einer hinreichenden *Informationsgrundlage* treffen zu können. Dabei ist sie zuweilen auf reine Sachinformationen (Personenstatus, Vermögensstand, Rentenberechtigung usw.), oft aber auch auf Informationen aus dem engeren Bereich der Persönlichkeit (Art. 28 ZGB) angewiesen. Diesbezüglich wird in der Literatur und Rechtsprechung von einer Dreiteilung des gesamten Lebensbereichs eines Menschen in den Geheim-, den Privat- und den Gemeinbereich ausgegangen («Drei-Sphären-Theorie»; BGE 118 IV 41 E. 4):

1.131

- Der *Geheimbereich* umfasst diejenigen Lebensvorgänge, die eine Person der Wahrnehmung und dem Wissen aller Mitmenschen entziehen bzw. nur mit ganz bestimmten andern Menschen teilen will.
- Der *Privatbereich* umfasst diejenigen Lebensäusserungen, die der Einzelne gemeinhin mit nahe verbundenen Personen, aber nur mit diesen, teilen will, z.B. das Wohnen, das Arbeiten, das gemeinschaftliche Besprechen von Tagesereignissen, wobei der Kreis der nahe Verbundenen je nach der Art der Lebensbetätigung wechseln kann.
- Eine dritte Gruppe von Lebensbetätigungen liegt im *Gemeinbereich*. Durch sie ist der Mensch Lebens- und Zeitgenosse von jedermann; diesem Bereich gehören die Lebensbetätigungen an, durch die sich der Mensch wie jedermann in der Öffentlichkeit benimmt, durch unpersönliches Auftreten an allgemein zugänglichen Orten und Veranstaltungen oder durch sein öffentliches Auftreten als Künstler oder Redner.

Der in Art. 446 ZGB der KESB übertragene Auftrag, den Sachverhalt von Amtes wegen zu erforschen, stellt damit oft eine heikle Mission im Spannungsfeld von gewissenhafter Informationsbeschaffung und Persönlichkeitsschutz dar. Auch wenn letztlich jede Erwachsenenschutzmassnahme dem Schutz der Person und ihrer Würde dient und die KESB der Verschwiegenheitspflicht untersteht (Art. 451 ZGB), bedeutet dies keinen Freipass für die Beschaffung jedwelcher Informationen. Wie die Massnahmen selbst, unterliegt auch die Abklärung den Grundsätzen der *Verhältnismässigkeit*, *Subsidiarität*, *Komplementarität* und *Legalität*, d.h., dass

1.132

- sie dem Wohl des Schwachen dienen muss,
- sie geeignet und notwendig ist, um die erforderlichen Informationen über den Hilfs- und Schutzbedarf zu beschaffen,
- sie für die Betroffenen nicht mehr Belastungen auslösen, als aus ihnen Nutzen resultiert,
- zurückliegende Abklärungen (insbesondere auch anderer Behörden) ohne Vorliegen veränderter Verhältnisse nicht repetitiv wiederholt werden, sondern miteinbezogen und ausgewertet werden sollen (Aktenevaluation),
- *Dritte* nur so weit in die Abklärungen einzubeziehen sind, als sich die Situation mit der betroffenen Person selbst oder anhand greifbarer Daten und Akten nicht hinreichend abklären lässt,
- sie nur auf jene Lebensbereiche beschränkt bleiben, welche Gegenstand behördlicher Intervention sind,
- nur *Abklärungsmethoden* angewendet werden, welche gesetzlich zulässig sind (wobei nach der bundesgerichtlichen Praxis in Verfahren, in denen die uneingeschränkte Offizial- und Untersuchungsmaxime gilt, auch auf unübliche Art («de façon inhabituelle») Beweise erhoben und Berichte eingeholt werden können (Urteil BGer 5A_150/2011 E. 3.5.2).

1.133   Die KESB hat die Möglichkeit, als *Gremium* (z.B. mittels kollektiver Anhörung), über ihre *einzelnen Mitglieder*, über Hilfspersonen in ihrem Sekretariat (sozialjuristischer Abklärungsdienst) sowie über geeignete *Drittpersonen* oder *Stellen* diese Abklärungen vorzunehmen. Nötigenfalls ordnet sie das *Gutachten* einer sachverständigen Person an (Art. 446 Abs. 2 ZGB). Ihr Abklärungshandeln wird geprägt durch die *Untersuchungsmaxime* (vgl. Rz. 1.164). Das bedeutet, dass die Verantwortung für den Ablauf und die Ergebnisse der Abklärung bei der KESB liegt.

1.134   Wenn die KESB geeignete Personen oder Stellen (z.B. Sozialdienste) mit der Abklärung eines Sachverhalts beauftragt, muss sie sich zuvor vergewissern, ob deren erforderliche *Eignung* vorliegt. Sozialdienste sind besonders geeignet, Sozialberichte zu erstellen, d.h. die soziale Situation einer Person abzuklären, wenn sie über entsprechend ausgebildetes und erfahrenes Personal verfügen. Sie dürften in der Regel weniger geeignet sein, sich zu psychischen Störungsdiagnosen, zur Baufälligkeit einer verwalteten Immobilie, zu haftungsrechtlichen Ansprüchen eines vertretenen Unfall- oder Verbrechensopfers usw. zu äussern. Deshalb ist es auch nicht zulässig, bei der KESB eingehende Gefährdungsmeldungen standardmässig und unbesehen einem Sozialdienst «zur Abklärung und Antragstellung» zu überweisen, wie sich dies unter altem Recht weiterum eingebürgert hatte. Vielmehr müssen die Abklärungsaufträge an Drittstellen mit dem *Kompetenzprofil* dieser Stellen kompatibel sein. Fehlen in einem Sozialdienst die nötigen Fachkompetenzen, besteht aber aufgrund des kantonalen Rechts eine Leistungspflicht dieses Dienstes, so muss die KESB aufgrund der Untersuchungsmaxime auf Kosten dieses Dienstes eine geeignete andere Fachstelle mit den nötigen Abklärungen beauftragen.

Das Ausformulieren klarer Aufträge mit konkreten Fragestellungen sichert zudem, dass die Abklärungen der beauftragten Stellen nicht an den Erwartungen der KESB und den rechtlich erforderlichen Informationen und nötigen fachlichen Einschätzungen vorbeizielen. Konkrete Fragestellungen bilden darüber hinaus auch einen Filter, um sich zu vergegenwärtigen, ob die beauftragte Stelle zur Abklärung der gestellten Fragen auch geeignet sei.

1.135

1.6.2. Inhalt und Umfang

Inhalt und *Umfang* der Abklärungen werden durch den Interventionsgrund bestimmt. Ob beispielsweise gemäss Art. 363 ZGB die Wirksamkeit eines Vorsorgeauftrages zu prüfen und dem Bevollmächtigten eine Ernennungsurkunde auszustellen ist, ob eine Beistandschaft mit teilweisem Entzug der Handlungsfähigkeit anzuordnen oder eine fürsorgerische Unterbringung oder Entlassung zu verfügen ist, bedingt je unterschiedliche Informationen aus unterschiedlichen Sach-, Lebens- und Persönlichkeitsbereichen. Der Bedarf, aber auch die Grenzen der Informationsbeschaffung und Beweisführung richten sich nach der Begründungspflicht für einen Sachentscheid.

1.136

Die Verfahrensbestimmungen des ESR (Art. 443–449b, 450f, 450g, 453 ZGB) enthalten keine abschliessende Aufzählung von Beweismassnahmen. «Die KESB erforscht den Sachverhalt von Amtes wegen, zieht die erforderlichen Erkundigungen ein und erhebt die notwendigen Beweise» (Art. 446 ZGB). Ausser der Möglichkeit, ein *Gutachten* anzuordnen (Art. 446 Abs. 2 ZGB) und die betroffenen *Personen persönlich anzuhören* (Art. 447 ZGB), kann sie «die zur Wahrung schutzwürdiger Interessen erforderlichen Anordnungen treffen und nötigenfalls deren zwangsweise Durchsetzung anordnen» (Art. 448 Abs. 1 ZGB). Vgl. dazu im Übrigen Rz. 1.189 ff.

1.137

Wird geeigneten Personen oder Stellen (z.B. Sozialdienst) ein *Abklärungsbericht* in Auftrag gegeben, empfiehlt es sich, dazu gewisse Standards vorzugeben. Allerdings können die Abklärungsgründe derart unterschiedlich sein, dass sich insbesondere nach den Grundsätzen der Verhältnismässigkeit, der Subsidiarität und der Komplementarität Abweichungen von einem Grundraster aufdrängen. Für übliche Sozialberichte gelten folgende Leitlinien:

1.138

1. Allgemeiner Teil

- Grundlage jeder persönlichkeitsbezogenen Abklärung ist die korrekte Erfassung und Verifizierung sämtlicher *Stammdaten* der betroffenen Person(en): Name und Vorname, Geburtsdatum, Zivilstand, Name des allfälligen Ehegatten oder Partners, Bürgerort, Beruf, Wohnsitz, Aufenthalt (Heim, Klinik). Bei Kindern: Geburtsdaten Eltern und Kinder, Familienbeziehungen, Sorgerechts- und Obhutssituation, Stiefeltern- oder Pflegeverhältnisse, Beruf/Schule, Wohnadressen, Bürgerort, Vorliegen internationalprivatrechtlicher Verhältnisse
- Bezugnahme auf den *Auftrag* und die *Fragestellungen* (Datum, Auftraggeber, Inhalt)
- *Abklärungsgrundlagen* (Vorakten, Gesuche, andere schriftliche Eingaben, zusätzlich von der Abklärungsstelle eingeholte Berichte, Gesprächsnotizen und Protokolle, Augenschein usw.)
- Schilderung des gewählten *Abklärungsvorgehens* und der Art des Einbezugs Betroffener
- Darstellung der *persönlichen/familiären Situation*, der rechtlichen und sozialen Beziehungen, der beruflichen und finanziellen Verhältnisse soweit von Belang, Wohnsituation, Familienstatus, Gesundheit sowie bereits involvierte Fachpersonen und/oder Institutionen (Ärzte, Therapeuten, Beratungsstellen, öffentliche Sozialhilfe und Sozialdienste)
- *Faktensammlung* (chronologischer Sachverhalt), wenn Vorgänge zu untersuchen waren
- *Problemwahrnehmung* der Betroffenen
- *Fachliche Erklärung des Problembefunds* (soziale Diagnose, d.h. Hinweise auf mögliches psychisches Krankheitsbild, stark ausgeprägte, auffällige Charaktereigenschaften, Unerfahrenheit, Überforderung, Verwahrlosung, Sucht usw.). Keine Wertungen. Fakten müssen von Mutmassungen und Interpretationen klar getrennt werden
- Begründung eines allfälligen *Bedarfs nach fachspezifischen Zusatzabklärungen* (z.B. psychiatrisches Gutachten), welche die Abklärungsstelle nicht selbst vornehmen konnte, weil ihr dazu die Legitimation oder die Mittel fehlten
- Einschätzung der *Gefährdungssituation* (Dringlichkeit und Gefährdungsgrad)
- Einschätzung der *eigenen Ressourcen* der betroffenen Person(en) und/oder des Systems (Eignungen, Neigungen, Fähigkeiten, Fertigkeiten, Motivation, Zusammenhalt und Stabilität des sozialen Systems)
- Einschätzung des *Unterstützungs- und Förderungsbedarfs*
- *Lösungsoptionen* (privatautonome Lösungen oder behördliche Massnahmen)
- *Fazit* (Gesamtbeurteilung)
- *Empfehlung*

Struktur eines Sozialberichts

Angaben zur Person (Name und Vorname, Geburtsdatum, Zivilstand, Name des allfälligen Ehegatten oder Partners, Bürgerort, Beruf, Wohnsitz, Aufenthalt [Heim, Klinik]. Bei Kindern: Geburtsdaten Eltern und Kinder, Familienbeziehungen, Sorgerechts- und Obhutssituation, Stiefeltern- oder Pflegeverhältnisse, Beruf/Schule, Wohnadressen, Bürgerort, Vorliegen internationalprivatrechtlicher Verhältnisse)
Auftrag (Auftraggeberin, Datum des Auftrags, Auftragsformulierung und konkrete Fragestellungen)
Abklärungsgrundlagen (Vorakten, Gesuche, andere schriftliche Eingaben, zusätzlich von der Abklärungsstelle eingeholte Berichte, Befragungen, Gesprächsnotizen und Protokolle, Augenschein usw.)
Abklärungsvorgehen (Methodisches Vorgehen und Einbezug der Betroffenen)
Persönliche/familiäre Situation (Rechtliche und soziale Beziehungen, berufliche und finanzielle Verhältnisse soweit von Belang, Wohnsituation, Familienstatus, Gesundheit sowie bereits involvierte Fachpersonen und/oder Institutionen wie Ärzte, Therapeuten, Beratungsstellen, öffentliche Sozialhilfe und Sozialdienste)
Faktensammlung (Sachverhaltsschilderung, chronologischer Sachverhalt, wenn Vorgänge zu untersuchen waren)
Problemwahrnehmung der Betroffenen (Ergebnisse der Anhörung und des beobachteten Verhaltens)
Fachliche Erklärung des Problembefunds (soziale Diagnose, d.h. Hinweise auf mögliches psychisches Krankheitsbild, stark ausgeprägte, auffällige Charaktereigenschaften, Unerfahrenheit, Überforderung, Verwahrlosung, Sucht usw.). Keine Wertungen. Fakten von Mutmassungen und Interpretationen klar trennen
Bedarf nach fachspezifischen Zusatzabklärungen (Begründung, weshalb allfällige Zusatzabklärungen, z.B. psychiatrisches Gutachten, nötig sind, welche die Abklärungsstelle nicht selbst vornehmen konnte, weil ihr dazu die Legitimation oder die Mittel fehlten)
Einschätzung der Gefährdungssituation (Dringlichkeit und Gefährdungsgrad)
Einschätzung der eigenen Ressourcen der Person/des Systems (Eignungen, Neigungen, Fähigkeiten, Fertigkeiten, Motivation; Zusammenhalt und Stabilität des sozialen Systems)
Einschätzung des Unterstützungs- und Förderungsbedarfs (Lösungsoptionen mit und ohne behördliche Massnahmen)
Fazit (Gesamtbeurteilung)
Empfehlung (Anordnung von Betreuungsmassnahmen, Bezug auf gesetzliches Massnahmensystem oder Verzicht auf Massnahmen und privatautonome Lösungen)

1.6.3. Vorgehen

1.140 Ausgelöst durch *Handeln von Amtes wegen* (z.B. Art. 368 Abs. 1, 390 Abs. 3 ZGB), durch eine nicht offensichtlich unbegründete *Meldung* (z.B. Art. 443 ZGB), welche auf die Hilfs- und Schutzbedürftigkeit einer Person hinweisen, durch eine *Anrufung* einer dazu berechtigten Person (z.B. Art. 373), einen *Antrag* einer nach dem materiellen Recht legitimierten Person (z.B. Art. 368 ZGB) oder durch ein *Gesuch* (z.B. Art. 364 ZGB) wird bei der KESB ein Verfahren i.S.v. Art. 443 ZGB rechtshängig. Für den Eintritt der *Rechtshängigkeit* genügt auch, dass ein Angehöriger, welcher fürsorgerische Interessen einer schutzbedürftigen Person oder eigene rechtlich geschützte Interessen wahrnimmt, bei der KESB vorspricht (Urteil BGer 1P.670/2004 E. 2.2.1). Das Einreichen bei einer falschen Stelle schadet nicht, weil die unzuständige Stelle die Meldung, das Gesuch oder den Antrag der richtigen Stelle zuweisen muss (Art. 444 Abs. 2 ZGB; BGE 118 Ia 243 f.; Art. 8 VwVG; Art. 4 VRPG BE).

1.141 Mit dem Eintritt der Rechtshängigkeit entsteht ein sogenanntes *Verfahrens- bzw. Prozessrechtsverhältnis* zwischen der angerufenen oder tätig gewordenen KESB und den Beteiligten. Damit beginnt die Pflicht zur Beachtung der *Verfahrensgrundsätze* und zur *beförderlichen Erledigung* der Angelegenheit, welche Gegenstand des Verfahrens bildet (Art. 29 BV; vgl. Rz. 1.162 ff.). In dieser Zeit darf grundsätzlich die gleiche Angelegenheit nicht von einer andern Behörde beurteilt werden, auch wenn sich die Verhältnisse – zum Beispiel durch Begründung eines neuen Wohnsitzes der Beteiligten – nachträglich verändern (Prinzip der perpetuatio fori, Urteil BGer 5A_703/2009 E. 1; BGE 101 II 11, vgl. Rz. 1.99). Von diesem Zuständigkeitsprinzip kann bei Gefahr im Verzug abgewichen werden (Art. 442 Abs. 2 ZGB, vgl. Rz. 1.100 f.).

1.142 *Abklärungsverfahren* verlaufen von Beginn der Rechtshängigkeit bis zu deren Abschluss nicht immer linear und schematisch. Bedingt durch die das Verfahren beherrschende Offizial- und Untersuchungsmaxime (vgl. Rz. 1.162 ff.) hat die KESB den Ablauf aber weitgehend in der Hand und ist im Gegensatz zum klassischen Zivilprozess nicht von den Rechtsbegehren und Beweisanträgen der Verfahrensbeteiligten abhängig. Auch wenn ein Verfahren von der Natur der Sache her immer seine eigene Geschichte schreiben kann, lässt es sich doch grundsätzlich in vier Phasen einteilen: Die Einstiegsphase, die Abklärungsphase, die Auswertungsphase und die Entscheidfindungsphase. Im Einzelnen beinhalten diese folgende Teilschritte:

1.6. Abklärung

Phase 1: Die Einstiegsphase   1.143

- Örtliche, sachliche und funktionelle *Zuständigkeitsprüfung* (vgl. Rz. 1.85 ff. und Rz. 1.166 ff.).
- Die Prüfung der *Glaubwürdigkeit* der erhaltenen Informationen.
- Die Einschätzung des *Grads der Gefährdung*, welche für die Interventionsstrategie entscheidend ist.
- Klärung des Mitwirkungsbedarfs der *Strafjustiz*: Wenn einer Gefährdungssituation (auch) strafbare Handlungen zugrunde liegen wie ungetreue Geschäftsbesorgung oder Veruntreuung zum Nachteil einer schutzbedürftigen Person, persönliche Vernachlässigung, Misshandlung, häusliche Gewalt usw., muss vermieden werden, dass durch unbedachte zivile Abklärungen der KESB mögliche Beweise, welche für die Strafuntersuchung massgeblich sind, gefährdet oder beseitigt werden (Kollusions- beziehungsweise Verdunkelungsgefahr). Deshalb ist in solchen Situationen das Vorgehen der KESB immer mit den zuständigen Strafuntersuchungsbehörden (Staatsanwaltschaft) abzusprechen.
- Nach einer Prima-vista-Sichtung wird die *Instruktion* des Verfahrens KESB-intern einem Mitglied oder dem Präsidium *zugewiesen*. Auch wenn die KESB über einen sozialjuristischen Abklärungsdienst verfügt, obliegt die Verantwortung für die Verfahrensinstruktion von Gesetzes wegen einem KESB-Mitglied (Art. 446 ZGB, vgl. Rz. 1.181 ff.).
- Besteht besonders *dringlicher Handlungsbedarf* («Gefahr im Verzug»), so hat das instruierende Mitglied gestützt auf die jeweilige Geschäftsordnung der KESB und das kantonale Verfahrensrecht *vorsorgliche Massnahmen* anzuordnen (Art. 445 ZGB).
- Gemäss Art. 449a ZGB hat die KESB «wenn nötig» die *Vertretung* der betroffenen Person durch eine in fürsorgerischen und rechtlichen Fragen erfahrene Person anzuordnen (Meier/Lukic, 120, bezeichnen ihn als «Vertretungsbeistand ad hoc»). Die Aufgabe dieser Verfahrensvertretung besteht in der Sicherstellung des nötigen Schutzes der vertretenen Person und in der Abwehr unverhältnismässigen Eingriffs. Deshalb ist deren Beizug in einem frühest möglichen Stadium des Verfahrens anzuordnen, damit sie bereits bei der Sachverhaltsermittlung mitwirken, gegebenenfalls weitere Beweismassnahmen beantragen und die Interessen der betroffenen Person während des gesamten Verfahrens ins richtige Licht rücken kann (vgl. Rz. 1.170 f.).
- Wird der betroffenen Person nicht von Amtes wegen ein Verfahrensbeistand bestellt (Art. 449a ZGB), und stellt diese auch nicht selbst einen Antrag um eine Beistandsbestellung, sondern beauftragt sie einen Anwalt mit der Wahrung ihrer Interessen, so hat die KESB auf entsprechenden Antrag der Interessierten hin darüber zu befinden, ob ihr die *unentgeltliche Rechtspflege* bewilligt werden könne (vgl. Rz. 1.174 ff.; RRB des Kt. SZ v. 17.1.2012, in: ZKE 2012, 157 ff.).

1. Allgemeiner Teil

1.144
Phase 2: Die Abklärungsphase
- Die Verfahrensbestimmungen des ZGB äussern sich nicht abschliessend darüber, auf welche Weise der Sachverhalt abzuklären sei. Entsprechend dem in Art. 446 Abs. 1 ZGB verankerten *Untersuchungsgrundsatz* «erforscht» die KESB den rechtserheblichen Sachverhalt *von Amtes wegen*, was ihr ermöglicht, nach eigenem Ermessen auf unübliche Art («de façon inhabituelle») Beweise zu erheben und Berichte einzuholen (Urteil BGer 5A_150/2011 E. 3.5.2). Konkret erwähnt das ZGB
  - das Einholen von *Erkundigung* (Art. 446 Abs. 2),
  - den Auftrag an geeignete Personen oder Stellen mit *Abklärungen* (Art. 446 Abs. 2),
  - das Anordnen des *Gutachtens* einer sachverständigen Person (Art. 446 Abs. 2),
  - die *Anhörung* der betroffenen Person, wobei im Falle der fürsorgerischen Unterbringung in der Regel das Kollegium anzuhören hat (Art. 447), sofern keine ärztliche Unterbringung erfolgt (Art. 429 f.),
  - die *Auskunftserteilung* durch Dritte, wobei bezüglich gewisser Berufskategorien Ausnahmen bestehen (Art. 448 Abs. 2 und 3, vgl. Rz. 1.189 ff.),
  - das Einholen von *Vorakten* und *Berichten* bei Verwaltungsbehörden und Gerichten (Art. 448 Abs. 4, vgl. Rz. 1.181 ff.),
  - im Falle einer *psychiatrischen Begutachtung* die Möglichkeit einer ambulanten oder stationären Begutachtung in einer geeigneten Einrichtung (Art. 449).
- Ergänzend zu den im ZGB erwähnten Beweismitteln gelten die Bestimmungen des *kantonalen Verfahrensrechts*. Wo solche fehlen oder wo der Kanton ausdrücklich darauf verweist, gelten ergänzend die Bestimmungen der *Art. 168–193 ZPO*. Zu erwähnen sind namentlich:
  - das *Zeugnis* als qualifizierte Beweisaussage über eigene Wahrnehmungen einer Person, die selbst nicht Partei ist (Art. 169–176 ZPO). Es ist ein im Kindes- und Erwachsenenschutzverfahren selten verwendetes Beweismittel, weil es kaum dienlicher ist als Befragungen, um die Klärung einer persönlichen Schutzbedürftigkeit herbeizuführen. Von grösserem Nutzen kann das Zeugnis bei der Abklärung von vermögensrelevanten Vorgängen sein.
  - *Urkunden*, d.h. Dokumente wie Schriftstücke, Zeichnungen, Pläne, Fotos, Filme, Tonaufzeichnungen, elektronische Dateien und dergleichen, die geeignet sind, rechtserhebliche Tatsachen zu beweisen (Art. 177–180 ZPO).
- Wenn die Beweiserhebung nicht auf formlose Weise vorgenommen werden kann, oder wenn es sich im Interesse eines für alle Beteiligten transparenten Verfahrens als dienlich erweist, erlässt die KESB bezie-

hungsweise das instruierende Mitglied eine *verfahrensleitende Verfügung* (Beweisverfügung, Art. 154 ZPO). Verfahrensleitende Verfügungen können sich auf die Beweiserhebung (Art. 446 ZGB), auf vorsorgliche Massnahmen (Art. 445 ZGB), aber auch auf Zwischenentscheide bezüglich Zuständigkeit (Art. 442, 444 ZGB), Ausstand (Art. 47–51 ZPO), Erteilung der unentgeltlichen Prozessführung (Art. 29 BV, Art. 117–123 ZPO) oder Anordnung einer Verfahrensvertretung (Art. 449a ZGB) beziehen.
- Erweist sich erst in diesem Verfahrensstadium, dass besondere Dringlichkeit besteht, so hat das instruierende Mitglied gestützt auf die jeweilige Geschäftsordnung der KESB und das kantonale Verfahrensrecht *vorsorgliche Massnahmen* anzuordnen (Art. 445 ZGB).

Phase 3: Die Auswertungsphase 1.145
- Zu Beginn der Auswertungsphase sind die eingeholten Informationen zusammenzutragen und in übersichtlicher Weise darzustellen. Diese *«mise en place»* der Faktenlage erlaubt eine Beurteilung, ob alle nötigen Informationen eingeholt worden sind oder ob Lücken bestehen und deshalb die Abklärungen einen Ergänzungsbedarf aufweisen, um ein repräsentatives Bild über den *rechtserheblichen Sachverhalt* zu ermöglichen.
- Aufgrund des erhobenen Sachverhalts erfolgt eine *interdisziplinäre Problemerklärung*: Bestätigt sich der zu Beginn des Verfahrens angenommene Schwächezustand und liegt ein Schutzbedürfnis vor, welches behördlicher Intervention bedarf? Oder liegt zwar allenfalls eine Mangellage vor, doch weiss die betroffene Person damit selbst umzugehen? Handelt es sich zwar um eine auffällige Situation, ist dieser aber nicht durch Massnahmen des Erwachsenenschutzrechts beizukommen? Wichtige Entscheidungshilfe bieten dabei allfällige, im Rahmen der Abklärung seitens einer beauftragten Fachstelle oder des Gutachtens einer sachverständigen Stelle vorgenommene Problemerklärungen. Einschätzungen und Beurteilungen von Sachverständigen ersetzen zwar nicht die freie Beweiswürdigung der interdisziplinären Fachbehörde (Art. 157 ZPO), von ihnen wird in der Regel aber nicht ohne Not abzuweichen sein, wenn sie fachlich begründet werden.
- Nach der Problemerklärung hat die KESB *Lösungsoptionen* zu entwerfen, welche mit oder ohne Massnahmen des Erwachsenenschutzrechts den Schutzbedarf sicherstellen. Gelingt es, über privatautonome Hilfe den Interessen der betroffenen Person gerecht zu werden, kann das Verfahren förmlich abgeschlossen und mit einem *Einstellungsentscheid* der KESB beendet werden. Bei Unsicherheit, ob die installierten privatautonomen Lösungen greifen, kann ausnahmsweise das Verfahren auf eine begrenzte Zeit sistiert werden. Allerdings darf damit der gemäss

1. Allgemeiner Teil

Art. 29 Abs. 1 BV gewährleistete Schutz auf Erledigung innert angemessener Frist nicht unterlaufen und dürfen insbesondere nicht langdauernde «Überwachungsdossiers» geführt werden. Fällt eine privatautonome Lösung ausser Betracht, müssen im Hinblick auf die Massschneiderung der Massnahme die *Betreuungsbereiche* definiert werden.

- Die Definition der nötigen Betreuungsbereiche führt zum *Anforderungsprofil* an den Beistand oder – im Falle einer fürsorgerischen Unterbringung – an eine geeignete Einrichtung oder Klinik. Die Fähigkeiten und Fertigkeiten eines Beistandes und dessen Vertrauensbeziehung zur betreuten Person (Art. 406 Abs. 2 ZGB) oder die Betreuungsangebote einer Klinik oder Einrichtung sind zuweilen entscheidender als die präzise Massschneiderung der Beistandschaft.
- Der «gesammelte Prozessstoff» und die Lösungsvorschläge der KESB sind der betroffenen Person zum *rechtlichen Gehör* zu unterbreiten. Dieses dient einerseits der Sachaufklärung – in diesem Stadium insbesondere der Vollständigkeit und Richtigkeit der Abklärungsergebnisse –, anderseits stellt es ein persönlichkeitsbezogenes Mitwirkungsrecht beim Erlass eines Entscheids, welcher in die Rechtsstellung des Einzelnen eingreift, dar (Art. 29 BV, Art. 447 ZGB, Urteil BGer 5A_375/2008 E.1.5.1). Das rechtliche Gehör kann, wenn zu Beginn oder im Verlaufe des Verfahrens eine persönliche Anhörung stattgefunden hat, in dieser Phase durch Zustellung eines Entscheidentwurfs an die betroffenen Personen oder an ihre Vertretung erfolgen. Noch zielführender ist in der Regel ein direktes Gespräch zwischen dem instruierenden Mitglied, der vorgesehenen Betreuungsperson und der schutzbedürftigen Person sowie einer allfälligen Vertrauens- oder Vertretungsperson, an welchem der Schwächezustand erläutert und die vorgesehenen Betreuungsleistungen festgelegt werden können. Damit wird verhindert, dass unter den Akteuren inkongruente Vorstellungen über Ziel und Zweck der Massnahme entstehen.
- Rechtliches Gehör bedeutet, dass die Stellungnahme der betroffenen Person in den Entscheid eingearbeitet werden muss.
- Erweist sich erst in diesem Verfahrensstadium, dass besondere Dringlichkeit besteht, so hat das instruierende Mitglied gestützt auf die jeweilige Geschäftsordnung der KESB und das kantonale Verfahrensrecht *vorsorgliche Massnahmen* anzuordnen (Art. 445 ZGB). Das ist insbesondere dann der Fall, wenn bis zur Mandatsaufnahme eines Beistandes mit wachsendem Schaden zu rechnen ist (z.B. Verjährung sozial- oder privatversicherungsrechtlicher Ansprüche oder Missbrauch anvertrauter Gelder durch eine bevollmächtigte Person).

Phase 4: Die Entscheidfindungsphase

1.146

- Wenn die Entscheidung nicht in die Einzelkompetenz eines Behördenmitgliedes fällt (Art. 440 Abs. 2 ZGB), fällt die nach kantonalem Recht bestellte KESB ihre Entscheide mindestens mit drei Mitgliedern. *Interdisziplinarität* erfordert, dass wenn immer möglich bereits bei der Beweisaufnahme, spätestens aber bei der Entscheidfindung eine entsprechende Problemanalyse und Lösungsfindung erfolgt.
- Zu den Anforderungen an die *Entscheidfällung* vgl. Rz. 1.201.
- Der Entscheidfällung folgt die *Entscheideröffnung* an die Verfahrensbeteiligten und allfällige Drittadressaten (vgl. Rz. 1.202 ff.).
- Ist Gefahr im Verzug oder liegen andere wichtige Gründe vor, so kann einer allfälligen Beschwerde durch die KESB selbst oder durch die gerichtliche Beschwerdeinstanz die aufschiebende Wirkung entzogen werden (Art. 450c ZGB).

Diese vier Phasen können – unter ausdrücklichem Hinweis auf die Tatsache, dass nicht jedes Verfahren linear verläuft, sondern teilweise auch zirkuläre Züge aufweisen kann – schematisch wie folgt dargestellt werden:

1.147

1. Allgemeiner Teil

1.148

Verfahrensabläufe bei der Anordnung von Erwachsenenschutzmassnahmen

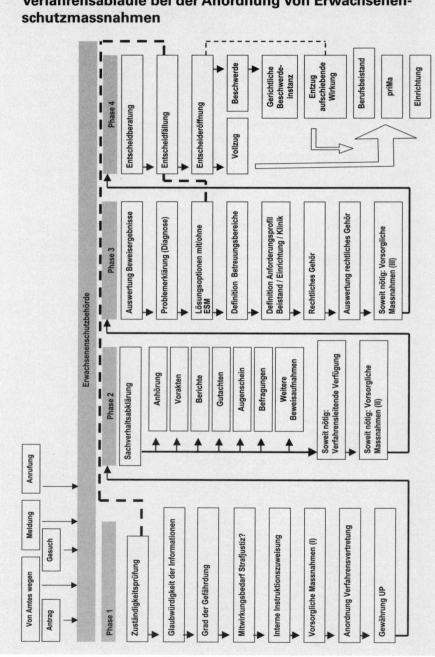

1.6. Abklärung

Verfahrensleitende «dass-Verfügung» am Beispiel einer Überweisung infolge Unzuständigkeit

1.149

Angaben zur Person (Name und Vorname, Geburtsdatum, Zivilstand, Name des allfälligen Ehegatten oder Partners, Bürgerort, Beruf, Wohnsitz, Aufenthalt [Heim, Klinik]. Bei Kindern: Geburtsdaten Eltern und Kinder, Familienbeziehungen, Sorgerechts- und Obhutssituation, Stiefeltern- oder Pflegeverhältnisse, Beruf/Schule, Wohnadressen, Bürgerort, Vorliegen internationalprivatrechtlicher Verhältnisse)

Prüfung der Anordnung einer Beistandschaft/Verfahrensleitende Verfügung

In Erwägung, dass

- (Beschreibung des Anlasses, welcher zur Rechtshängigkeit des Verfahrens geführt hat [Anhebung von Amtes wegen, Meldung, Anrufung, Antrag, Gesuch]),
- (Wahrnehmung Gemeinde A bezüglich örtlicher Unzuständigkeit),
- *Variante 1*: (einvernehmlicher Meinungsaustausch mit Gemeinde B),
- *Variante 2*: (Meinungsaustausch mit Gemeinde B ohne einvernehmliche Beurteilung),
- *Variante 1*: die Angelegenheit gestützt auf Art. 442 Abs. 1 und Art. 444 Abs. 2 ZGB an die zuständige KESB der Gemeinde B zu überweisen ist,
- *Variante 2*: bei Uneinigkeit unter den betroffenen Gemeinden über die örtliche Zuständigkeit die zuerst befasste Behörde die Frage der Zuständigkeit gemäss Art. 444 Abs. 4 ZGB der gerichtlichen Beschwerdeinstanz zu überweisen hat,
- diese Verfügung keinem ordentlichen Rechtsmittel untersteht, weil in der Sache weder ein abschliessender Entscheid gefällt wird noch für die betroffenen Personen ein rechtlicher oder tatsächlicher Nachteil entsteht, der sich später voraussichtlich nicht mehr beheben lässt (Urteil BGer 5A_538/2009 E. 1.3),
- für dieses Verfahren keine Gebühren zu erheben sind (oder: gemäss Art. ... Gebührenordnung eine Gebühr im Betrag von Fr. ... zu erheben ist),

wird verfügt

1. *Variante 1*: Die Behandlung der rubrizierten Angelegenheit wird der zuständigen KESB der Gemeinde B überwiesen.
   Variante 2: Der gerichtlichen Beschwerdeinstanz (konkrete Benennung) wird beantragt, die Behandlung der rubrizierten Angelegenheit der für die Gemeinde B zuständigen KESB zu übertragen.
2. Evtl.: Auf die Erhebung von Gebühren wird verzichtet (oder: Die Gebühren für diesen Entscheid betragen Fr. ...).

3. Zu eröffnen an:
Variante 1:
- Zuständige KESB der Gemeinde B;
- Parteien/Verfahrensbeteiligte.

Variante 2:
- Gerichtliche Beschwerdeinstanz (konkrete Benennung);
- Zuständige KESB der Gemeinde B,
- Parteien/Verfahrensbeteiligte.

1.150 Verfügung betreffend vorsorgliche Massnahmen

Angaben zur Person (Name und Vorname, Geburtsdatum, Zivilstand, Name des allfälligen Ehegatten oder Partners, Bürgerort, Beruf, Wohnsitz, Aufenthalt (Heim, Klinik). Bei Kindern: Geburtsdaten Eltern und Kinder, Familienbeziehungen, Sorgerechts- und Obhutssituation, Stiefeltern- oder Pflegeverhältnisse, Beruf/Schule, Wohnadressen, Bürgerort, Vorliegen internationalprivatrechtlicher Verhältnisse)

Prüfung der Anordnung einer Beistandschaft/Anordnung vorsorglicher Massnahmen

Sachverhalt (Hinweis auf rechtshängiges Verfahren, auf soweit bekannten Sachverhalt, auf Gefährdungssituation, auf allenfalls parallel eingeleitete strafrechtliche Untersuchungen und auf Bedarf nach vorsorglichen Massnahmen)

Erwägungen
1. Frau NN ist in A wohnhaft. Gemäss Art. 442 ZGB richtet sich die örtliche Zuständigkeit zur Anordnung von Massnahmen des Erwachsenenschutzes nach dem zivilrechtlichen Wohnsitz. Die Gemeinde A untersteht dem Kreis der hiesigen KESB. Andere Verfahren in dieser Sache sind nicht hängig. Damit ist die örtliche, sachliche und funktionelle Zuständigkeit zur Beurteilung dieser Angelegenheit gegeben.
2. Die KESB trifft auf Antrag einer am Verfahren beteiligten Person oder von Amtes wegen alle für die Dauer des Verfahrens notwendigen vorsorglichen Massnahmen. Sie kann insbesondere eine Massnahme des Erwachsenenschutzes vorsorglich anordnen (Art. 445 Abs. 1 ZGB).
3. (Begründung der finanziellen Gefährdungslage)
4. (Beschreibung von möglicherweise für den Missstand verantwortlichen Drittvollmachten oder Unklarheiten über die Verantwortlichkeit)
5. (Schlussfolgerungen und Begründung, weshalb welche vorsorglichen Massnahmen gegenüber Dritten zu treffen sind [z.B. Widerruf Vollmacht])
6. (Begründung für eine allfällige vorsorgliche Beistandschaft mit/ohne Einschränkung der Handlungsfähigkeit oder Verfügungsfähigkeit über einzelne Vermögenswerte)

1.6. Abklärung

7. (Begründung der Vorladung einer wichtigen Auskunftsperson)
8. Gegen Entscheide über vorsorgliche Massnahmen gilt nicht die übliche Beschwerdefrist von 30 Tagen, sondern gemäss Art. 445 Abs. 3 ZGB eine abgekürzte von 10 Tagen.

Entscheid

1. Die von Frau NN ihrer Nichte, Frau KL, ausgestellte Vollmacht betreffend das PC-Konto Nr. ??? wird i.S. einer vorsorglichen Massnahme gemäss Art. 445 Abs. 1 ZGB per sofort widerrufen und die Postfinance wird angewiesen, diese zu löschen.
2. Frau NN wird bezüglich der Verwaltung ihres PC-Kontos bis auf Weiteres die Verfügungsbefugnis entzogen. Diese wird übertragen auf Frau PQ, Mitarbeiterin beim Dienst für Erwachsenenschutz der Gemeinde/Region S., welche als vorsorglich eingesetzte Vermögensverwaltungsbeiständin gemäss Art. 395 ZGB ausschliesslich über dieses Konto verfügen darf.
3. Die vorsorglich eingesetzte Vermögensverwaltungsbeiständin, Frau PQ, wird beauftragt,
   a) über das vorhandene Vermögen (Aktiven und Passiven) von Frau NN in Zusammenarbeit mit einer Vertretung der KESB ein Inventar aufzunehmen (Art. 405 Abs. 2 ZGB),
   b) sämtliche finanziellen Belange von Frau NN zu erledigen, insbesondere die eingehenden Sozialversicherungsrenten und das PC-Konto Nr. ??? zu verwalten, die eingehenden Rechnungen zu prüfen und soweit begründet zu begleichen,
   c) mit dem Heim XY die nötigen Verhandlungen und Vereinbarungen zu treffen, damit die persönliche Fürsorge von Frau NN sichergestellt ist,
   d) die Post von Frau NN zu öffnen,
   e) die bestehenden Ergänzungsleistungen, Hilflosenentschädigungen und Krankenkassenleistungen einer Überprüfung zu unterziehen und deren allfällig nötige Anpassung zu veranlassen.
4. Frau KL wird zu einer Befragung vorgeladen auf (Datum, Uhrzeit, Ort). Sie hat anlässlich dieser Besprechung die getätigten Geldbezüge auf PC-Konto Nr. xxx und deren Verwendung zu belegen, wird ausdrücklich auf ihre Mitwirkungspflichten gemäss Art. 448 ZGB hingewiesen und für den Fall einer Missachtung dieses Aufgebots auf die Straffolgen des Art. 292 StGB hingewiesen («Wer der von einer zuständigen Behörde oder einem zuständigen Beamten unter Hinweis auf die Strafdrohung dieses Artikels an ihn erlassenen Verfügung nicht Folge leistet, wird mit Busse bestraft.»). Ausserdem behält sich die KESB vor, Frau KL im Falle des Ausbleibens polizeilich zuführen zu lassen.
5. Die Gebühren für diesen Entscheid betragen Fr. ??
6. Gegen diesen Entscheid kann innert zehn Tagen nach dessen Mitteilung schriftlich und begründet Beschwerde bei der gerichtlichen Beschwerdeinstanz (Name, Adresse) erhoben werden (Art. 445 Abs. 3 ZGB).

1. Allgemeiner Teil

> 7. Eröffnung mittels eingeschriebenem Brief mit Rückschein oder gegen Empfangsbestätigung an:
> - NN,
> - PQ,
> - KL (Ziff. 1 und 4),
> - Postfinance (Ziff. 1 und 2).
> 8. Mitteilung an:
> - Heim XY (Ziff. 3.c),
> - Betreibungsamt (Ziff. 1–3) gemäss Art. 68d SchKG.

1.7. Verfügungen

Literatur

Botschaft, 7021 f., 7065 f., 7075 ff., 7089.

Allgemeine Literatur: AUER CHRISTOPH/MÜLLER MARKUS/SCHINDLER BENJAMIN, Kommentar zum Bundesgesetz über das Verwaltungsverfahren (VwVG), Zürich/St. Gallen 2008; BOHNET FRANÇOIS/HALDY JACQUES/JEANDIN NICOLAS/SCHWEIZER PHILIPPE/TAPPY DENIS, CPC – Code de procédure civile commenté, Basel 2011; BOVAY BENOÎT/BLANCHARD THIBAULT/GRISEL RAPIN CLÉMENCE, Procédure administrative vaudoise, Genf/Basel 2012; BOVAY BENOÎT, Procédure administrative, Bern 2000; CORBOZ BERNARD/WURZBURGER ALAIN/FERRARI PIERRE/FRÉSARD JEAN-MAURICE/AUBRY GIRARDIN FLORENCE, Commentaire de la LTF, Bern 2009; DONZALLAZ YVES, Loi sur le Tribunal fédéral – Commentaire, Bern 2008; DONZALLAZ YVES, La notification en droit interne suisse, Bern 2002; GYGI FRITZ, Verwaltungsrecht. Eine Einführung, Bern 1986; HÄFELIN ULRICH/MÜLLER GEORG/UHLMANN FELIX, Allgemeines Verwaltungsrecht, 6. Aufl., Zürich/St. Gallen 2010; KÖLZ ALFRED/HÄNER ISABELLE, Verwaltungsverfahren und Verwaltungsrechtspflege des Bundes, Zürich 1998; KÖLZ ALFRED/BOSSHART JÜRG/RÖHL MARTIN, Kommentar zum Verwaltungsrechtspflegegesetz des Kantons Zürich, 2. Aufl., Zürich 1999; MÄCHLER AUGUST, Vertrag und Verwaltungsrechtspflege, Zürich/Basel/Genf 2005; MARTIN JÜRG, Leitfaden für den Erlass von Verfügungen, Zürich 1996; MERKLI THOMAS/AESCHLIMANN ARTHUR/HERZOG RUTH, Kommentar zum Gesetz über die Verwaltungsrechtspflege im Kanton Bern, Bern 1997; MOOR PIERRE/POLTIER ETIENNE, Droit administratif, vol. II: Les actes administratifs et leur contrôle, 3. Aufl., Bern 2011; RHINOW RENÉ/KOLLER HEINRICH/KISS CHRISTINA/THURNHERR DANIELA/BRÜHL-MOSER DENIS, Öffentliches Prozessrecht, 2. Aufl., Basel 2010; SEILER HANSJÖRG/VON WERDT NICOLAS/GÜNGERICHT ANDREAS, Stämpflis Handkommentar zum Bundesgerichtsgesetz, Bern 2007; TANQUEREL THIERRY, Manuel de droit administratif, Genf/Zürich 2011.

1.7.1. Allgemeines

1.151 Wenn nachfolgend von Verfügungen die Rede ist, sind damit die Entscheide der KESB gemeint, welche bei der kantonalen gerichtlichen Beschwerdeinstanz (Art. 450 Abs. 1 ZGB) und nachfolgend beim Bundesgericht mittels Beschwerde in Zivilsachen (Art. 72 Abs. 2 lit. b Ziff. 6 BGG) angefochten werden können. Nach der Legaldefinition von Art. 5 VwVG gelten als Verfügungen *Anordnungen der Behörden im Einzelfall*, die sich auf öffentliches Recht des Bundes stützen und

1.7. Verfügungen

- die Begründung, Änderung oder Aufhebung von Rechten oder Pflichten, oder
- die Feststellung des Bestehens, Nichtbestehens oder Umfanges von Rechten oder Pflichten, oder aber
- die Abweisung von Begehren auf Begründung, Änderung, Aufhebung oder Feststellung von Rechten oder Pflichten, oder Nichteintreten auf solche Begehren

zum Gegenstand haben. Zieht man in Betracht, dass die Entscheide der KESB ausschliesslich auf Bestimmungen des ZGB (als Privatrecht) und nicht öffentlichem Recht basieren, bietet die erwähnte Verfügungsdefinition nur eine beschränkte Hilfe. Lehre und Rechtsprechung tun sich denn auch schwer mit der rechtsnatürlichen *Definition* von Verfügungen aus dem Bereich des privatrechtlichen Kindes- und Erwachsenenschutzes, weil sie einerseits regelmässig zivilrechtliche Verhältnisse zum Gegenstand haben und damit der Verwirklichung von Privatrecht dienen, andererseits aufgrund der vorherrschenden Offizial- und Untersuchungsmaxime eine grosse Nähe zum nicht streitigen Verwaltungsverfahren aufweisen. Eine zusätzliche Schwierigkeit ergibt sich aus dem Umstand, dass ein Teil der privatrechtlichen Normen des Kindes- und Erwachsenenschutzes Affinitäten zum öffentlichen Recht aufweisen: Während Normen dem Privatrecht zuzuordnen sind, welche die Wahrung der Persönlichkeit und die Vertretung in der Ausübung höchstpersönlicher oder geschäftlicher Interessen sicherstellen oder aber die Einschränkungen der Handlungsfähigkeit zum Gegenstand haben (Urteil BGer 5A_582/2011 E. 3.2 [nicht enthalten in BGE 137 III 531]; BGE 100 Ib 113, E. 1), werden namentlich die organisatorischen und aufsichtsrechtlichen Bestimmungen zum Kindes- und Erwachsenenschutz unter Einschluss der Verantwortlichkeitsklagen als öffentliches Recht verstanden (Urteile BGer 5A_147/2007 E. 1; 5A.15/2003 E. 1. In BGE 137 III 67 E. 3.5 und 5P.394/2002 E. 2.2 weist das Bundesgericht sogar generell das Vormundschaftsrecht materiell dem öffentlichen Recht zu). Wenn ausserdem die Entscheide im Bereich des Kindes- und Erwachsenenschutzes von gerichtlichen KESB getroffen werden – wie es in der Westschweiz üblich ist –, wird das Verfahren ausserdem von den anwendbaren zivilprozessualen Regeln beeinflusst. Die dogmatischen Unsicherheiten sind allerdings aufgrund der klaren Bestimmungen über den Rechtsmittelweg in allen Kindes- und Erwachsenenschutzfragen (Art. 450 ff. ZGB, Art. 72 Abs. 2 lit. b Ziff. 6 BGG) ohne praktische Bedeutung geworden (zur ausnahmsweisen Anwendung der Streitwertbestimmung, wenn mit der Beschwerde vor dem Bundesgericht überwiegend wirtschaftliche Zwecke verfolgt werden, vgl. Urteile BGer 5D_62/2011 E. 1.1 und BGer 5A_596/2011 E. 1.1 [in BGE 137 III 637 nicht enthalten]).

1.152　Welche Handlungen die KESB in Form einer Verfügung vornehmen muss, umschreibt das Gesetz nicht immer mit abschliessender Sicherheit. Wenn sie zu handeln hat, um eine offene Frage zu klären (z.b. Validierung des Vorsorgeauftrages gemäss Art. 363 Abs. 3, auslegen oder ergänzen eines Vorsorgeauftrages gemäss Art. 364 ZGB), und wenn sie eine Massnahme anzuordnen hat (z.b. FU, Art. 426, Beistandschaft, Art. 393–398 ZGB), erfolgt dies immer in Form einer Verfügung. Dagegen kann namentlich im Abklärungsverfahren auch ein «volksnaheres» Vorgehen gewählt werden: Erkundigungen (z.B. Art. 363 Abs. 1, Art. 446 Abs. 2 ZGB), gewisse Beweisaufnahmen (z.b. Abklärungsauftrag, Art. 446 Abs. 2 ZGB), Aufforderungen (z.b. zur Berichtigung einer Rechnung oder Ergänzung einer Rechnung, Art. 415 Abs. 1 und 2 ZGB) können so lange formlos erfolgen, als sie nicht bestritten sind und befolgt werden. Andernfalls muss zur *Durchsetzung* wiederum auf die Verfügung zurückgegriffen werden (Art. 448 Abs. 1 ZGB).

1.7.2. Struktur und Aufbau

1.153　Die Verfahrensbestimmungen des ZGB enthalten nur vereinzelt Vorgaben zu Struktur und Aufbau der KESB-Entscheide (Art. 391, 427 Abs. 3, 430, 434 Abs. 2 ZGB). Im Übrigen wäre aufgrund von Art. 450f ZGB *sinngemäss* auf die ZPO zurückzugreifen, soweit die Kantone keine eigenen Bestimmungen erlassen haben oder ihrerseits auf die ZPO verweisen. Allerdings eignet sich der hier massgebliche Art. 238 ZPO nicht als sinngemässe Grundlage, weil das dieser Bestimmung zugrunde liegende Urteilsmodell ein weitgehend der Dispositions- und Verhandlungsmaxime unterliegendes Zweiparteienverfahren betrifft, was auf die Verfahren vor den KESB mit Ausnahme strittiger Regelungen über den persönlichen Verkehr gerade nicht zutrifft. Ausserdem ist das Urteil im Zivilprozess im Unterschied zur KESB-Entscheidung nur dann zu begründen, wenn eine der Parteien dies verlangt (Art. 239 Abs. 2 ZPO), wogegen KESB-Entscheide immer zu begründen sind (praktische Ausnahme: Genehmigung einer Vereinbarung über die gemeinsame elterliche Sorge oder von periodischen Berichten und Abrechnungen). Aufgrund ihrer Affinitäten zu öffentlich-rechtlichen Verfügungen eignet sich deshalb für die Entscheidungen der KESB eine Anlehnung an die Bestimmungen über das Verwaltungsverfahren (Jürg Martin, S. 160 ff.), auch wenn KESB, welche als Gerichte ausgestaltet sind, eher dazu neigen, sich an den gleichen Regeln zu orientieren, die sie allgemeinn für Zivilurteile anzuwenden haben. Dementsprechend wird empfohlen, die Entscheide der KESB wie folgt aufzubauen:
- **Absender** (verfügende KESB, Zusammensetzung)
- **Angaben zur Person:** Name und Vorname, Geburtsdatum, Zivilstand, Name des allfälligen Ehegatten oder Partners, Bürgerort, Beruf, Wohn-

sitz, Aufenthalt (Heim, Klinik). Bei Kindern: Geburtsdaten Eltern und Kinder, Familienbeziehungen, Sorgerechts- und Obhutssituation, Stiefeltern- oder Pflegeverhältnisse, Beruf/Schule, Wohnadressen, Bürgerort, Vorliegen internationalprivatrechtlicher Verhältnisse
- **Titel der Verfügung** (Betreffnis)
- **Sachverhalt** (Darstellung der zusammengetragenen Informationen)
- **Erwägungen** (Prüfung der Schutzbedürftigkeit, der Subsidiarität, Komplementarität und Proportionalität, Verknüpfung der anzuordnenden Massnahmen mit den Rechtsgrundlagen)
- **Entscheid** (Dispositiv)
- **Rechtsmittelbelehrung**
- **Eröffnungsformel** (Zustellung mittels eingeschriebenem Brief mit Rückschein oder Gerichtsurkunde, persönliche Eröffnung mit Empfangsbestätigung, formlose Mitteilung, auszugsweise Orientierung)
- **Unterschrift der KESB**

Neutrale Verfügung

1.154

Angaben zur Person (Name und Vorname, Geburtsdatum, Zivilstand, Name des allfälligen Ehegatten oder Partners, Bürgerort, Beruf, Wohnsitz, Aufenthalt (Heim, Klinik). Bei Kindern: Geburtsdaten Eltern und Kinder, Familienbeziehungen, Sorgerechts- und Obhutssituation, Stiefeltern- oder Pflegeverhältnisse, Beruf/Schule, Wohnadressen, Bürgerort, Vorliegen internationalprivatrechtlicher Verhältnisse)

Betreffnis (z.B. Anordnung einer Beistandschaft, Art. 393–398 ZGB; Auslegung und Ergänzung Vorsorgeauftrag, Art. 364 Abs. 1 ZGB; Berichtigung einer Abrechnung, Art. 415 Abs. 1 ZGB)

Sachverhalt (Hinweis auf rechtshängiges Verfahren oder auf laufende Massnahme, Darstellung der vorhandenen Informationen, Gefährdungssituation)

Erwägungen

1. Örtliche, sachliche und funktionelle Zuständigkeitsprüfung.
2. Schlussfolgerungen aus dem Sachverhalt hinsichtlich Schwächezustand und Schutzbedürftigkeit. Überlegungen zu den Lösungsoptionen. Prüfung der Subsidiarität, Komplementarität und Proportionalität. Verknüpfung der beabsichtigten Massnahmen mit den Rechtsgrundlagen.
3. Begründung eines allfälligen Kostenentscheides.
4. Allfällige Entziehung der aufschiebenden Wirkung, wenn Gefahr im Verzug (Art. 450c ZGB). Bei fürsorgerischer Unterbringung kommt der Beschwerde von Gesetzes wegen keine aufschiebende Wirkung zu (Art. 450e Abs. 2 ZGB).

> **Entscheid**
> 1. Anordnung der Massnahme mit/ohne Einschränkungen der Handlungsfähigkeit (Art. 394 Abs. 2 ZGB) oder Verfügungsbefugnis (Art. 395 Abs. 3 ZGB), beziehungsweise materieller Verfügungsinhalt.
> 2. Allenfalls Ernennung einer Beistandsperson und deren Auftrag.
> 3. Die Gebühren für diesen Entscheid betragen Fr. ??
> 4. Gegen diesen Entscheid kann innert 30 Tagen nach dessen Mitteilung Beschwerde bei der gerichtlichen Beschwerdeinstanz (Name, Adresse) erhoben werden (Art. 450 ff. ZGB).
>   (*Variante*: Besondere Rechtsmittelbelehrung bei behördlicher FU gemäss Art. 450e ZGB und den Fällen von Art. 439 ZGB).
> 5. Eröffnung mittels eingeschriebenem Brief mit Rückschein oder gegen Empfangsbestätigung an:
>   - betroffene Person,
>   - allfällige Beistandsperson,
>   - allenfalls weitere Verfahrensbeteiligte.
> 6. Mitteilung an:
>   - Betreibungsamt (Ziff. 1–2) gemäss Art. 68d SchKG,
>   - usw.

1.7.3. Arten von Verfügungen

1.155 Verfügungen weisen, was immer ihr Gegenstand ist, dieselben Begriffs- und Wesensmerkmale auf. Von praktischer Bedeutung ist trotzdem der Hinweis auf folgende Erscheinungsformen:

1.156 *Rechtsgestaltende (konstitutive) und deklaratorische Verfügungen:* Durch eine konstitutive Verfügung werden Rechte und Pflichten festgesetzt, geändert oder aufgehoben. Demgegenüber stellen deklaratorische Verfügungen nur fest, wie die Rechtslage ist und dass entsprechendem Handeln nichts im Wege steht. Konstitutiv ist die Anordnung einer Beistandschaft oder die Unterbringung in eine Einrichtung. Deklaratorischer Natur ist dagegen der Validierungsentscheid zum Vorsorgeauftrag (Art. 363 Abs. 3 ZGB).

1.157 *Materielle und Verfahrensverfügung:* Materielle Entscheide sind meist verfahrensabschliessende Endentscheide mit feststellendem oder rechtsgestaltendem Inhalt, während Verfahrensverfügungen durch ein hängiges Verfahren führen (deshalb auch verfahrensleitende Verfügungen genannt). Allerdings können auch nicht verfahrensabschliessende Teilentscheide sowie vorsorgliche Massnahmen materiellen Inhalts sein. Im Gegenzug hat eine verfahrensabschliessende Verfügung keinen materiellen Inhalt, wenn es ein Nichteintretensentscheid ist.

1.7. Verfügungen

Verfahrensleitende Verfügungen sind *Zwischenverfügungen oder Vorentscheide* und regeln eine formell- oder materiellrechtliche Frage im Hinblick auf die Verfahrenserledigung (Urteil BGer 5A_737/2011 E. 1.1; BGE 136 V 131 E.1.1.2; Urteil BGer 5A_710/2008 E. 3; BGE 134 III 426; 132 III 785; Urteil BGer 5C.14/2007). Sie sind abzugrenzen von der Teilverfügung (vgl. Rz. 1.159), welche einen Teil des Verfügungsgegenstandes im Verlaufe des Verfahrens erledigt. Als Zwischenverfügung gelten Entscheide über den Ausstand, über die Vertretung im Verfahren (Art. 314a^{bis}, 449a ZGB), über Beweisanträge und Beweismassnahmen (Art. 446 ZGB), über eine Auskunfts-, Editions- und Zeugnispflicht (BGE 122 II 207), über Anordnung eines kinderpsychiatrischen Gutachtens (ZVW 1998 S. 111 ff. Nr. 5), über die Verweigerung der Akteneinsicht (Art. 449b ZGB), Sistierung des Verfahrens, Gewährung der unentgeltlichen Rechtspflege (Art. 29 BV, Urteil BGer 5A_503/2010 E. 1.2), über die Anordnung oder den Verzicht vorsorglicher Massnahmen, aber auch die Verweigerung der Genehmigung einer periodischen oder mandatsabschliessenden Rechnung verbunden mit der Anordnung, dass ein Dritter mit der Erstellung der Schlussrechnung beauftragt werde (BGE 137 III 637 E. 1.2). Dagegen ist ein Entscheid über eine umstrittene Zuständigkeit nicht von der KESB zu treffen, sondern von der gerichtlichen Beschwerdeinstanz (Art. 444 Abs. 4 ZGB; vgl. Muster Rz. 1.149).

1.158

Mit der *Teilverfügung* wird ein Teil des Verfahrensgegenstandes erledigt (BGE 134 III 426). Wenn gleichzeitig eine Obhutsentziehung nach Art. 310 ZGB und eine Platzierung nach Art. 314b ZGB angefochten wird, kann ein Teilentscheid darin bestehen, über die Obhutsentziehung zu befinden, während die Frage der geeigneten Platzierung vorläufig noch offenbleibt.

1.159

Zwischen- und Teilverfügungen sind wie alle andern Entscheide der KESB gemäss Art. 450 ZGB anfechtbar.

1.160

Die *Vollstreckungsverfügung* dient der Durchsetzung eines formell rechtskräftigen Entscheides, welcher zu einem Tun, Dulden oder Unterlassen verpflichtet. Im Bereich des Kindes- und Erwachsenenschutzes sind Vollstreckungsverfügungen eher selten, weil die meisten Entscheide rechtsgestaltend oder feststellend sind und deshalb ihrer Natur nach keiner Vollstreckung zugänglich sind. Angeordnete Beistandschaften werden durch den Beistand direkt vollzogen, die Einschränkung oder der Entzug der Handlungsfähigkeit oder die Übertragung der elterlichen Sorge wirken unmittelbar ohne Vollstreckungsbedarf. Daher beschränken sich die Vollstreckungsverfügungen der KESB vor allem auf repressive Massnahmen gegen Verweigerungshaltungen bei der Ausübung des persönlichen Verkehrs, allenfalls auf die Wegnahme eines gefährdeten Kindes, und auf

1.161

1. Allgemeiner Teil

Massnahmen zur Inventarerstellung und Inbesitznahme verwalteter Vermögen (vgl. Rz. 1.212 ff.).

1.8. Verfahren

Literatur

Botschaft, 7062 ff., 7075–7091, 7107 f.

Allgemeine Literatur: AUER CHRISTOPH/MÜLLER MARKUS/SCHINDLER BENJAMIN, Kommentar zum Bundesgesetz über das Verwaltungsverfahren (VwVG), Zürich 2008; BOHNET FRANÇOIS/HALDY JACQUES/JEANDIN NICOLAS/SCHWEIZER PHILIPPE/TAPPY DENIS, CPC – Code de procédure civile commenté, Basel 2011; BOVAY BENOÎT/BLANCHARD THIBAULT/GRISEL RAPIN CLÉMENCE, Procédure administrative vaudoise, Genf/Basel 2012; BOVAY BENOÎT, Procédure administrative, Bern 2000; BRUNNER ALEXANDER/GASSER DOMINIK/SCHWANDER IVO, Kommentar zur Schweizerischen Zivilprozessordnung, Zürich/St. Gallen 2011; BSK ESR-VOGEL, Art. 440–442; BSK ESR-AUER/MARTI, Art. 443–449c und 450 f.; BSK ESR-AFFOLTER, Art. 450g; GYGI FRITZ, Verwaltungsrecht. Eine Einführung, Bern 1986; HÄFELIN ULRICH/MÜLLER GEORG/UHLMANN FELIX, Allgemeines Verwaltungsrecht, 6. Aufl., Zürich 2010; HAUSHEER/GEISER/AEBI-MÜLLER, 1.79 ff.; KÖLZ ALFRED/HÄNER ISABELLE, Verwaltungsverfahren und Verwaltungsrechtspflege des Bundes, Zürich 1998; KÖLZ ALFRED/BOSSHART JÜRG/RÖHL MARTIN, Kommentar zum Verwaltungsrechtspflegegesetz des Kantons Zürich, 2. Aufl., Zürich 1999; MÄCHLER AUGUST, Vertrag und Verwaltungsrechtspflege, Zürich 2005; MARTIN JÜRG, Leitfaden für den Erlass von Verfügungen, Zürich 1996; MEIER/LUKIC, 57 ff., 97 ff.; MERKLI THOMAS/AESCHLIMANN ARTHUR/HERZOG RUTH, Kommentar zum Gesetz über die Verwaltungsrechtspflege im Kanton Bern, Bern 1997; MOOR PIERRE/POLTIER ETIENNE, Droit administratif, vol. II: Les actes administratifs et leur contrôle, 3. Aufl., Bern 2011; RHINOW RENÉ/KOLLER HEINRICH/KISS CHRISTINA/THURNHERR DANIELA/BRÜHL-MOSER DENIS, Öffentliches Prozessrecht, 2. Aufl., Basel 2010; TANQUEREL THIERRY, Manuel de droit administratif, Genf/Zürich 2011.

Spezifische Literatur: AFFOLTER KURT, Kindesvertretung in behördlichen Kindesschutzverfahren, in: Kinderanwaltschaft Schweiz (Hrsg.), Schriftenreihe Anwalt des Kindes No. 2, 2011, 29 ff.; AFFOLTER KURT, Mit der Totalrevision des Vormundschaftsrechts zu einer neuen Qualität des Erwachsenenschutzes? in: ZVW 2003, 393 ff.; BERNHART CHRISTOPH, Handbuch der fürsorgerischen Unterbringung, Basel 2011; BLUM STEFAN/COTTIER MICHELLE, Beistand für Kinder: Die Schweiz im Hintertreffen, in: Plädoyer 5/2006, 28 ff.; BLUM STEFAN/WEBER KHAN CHRISTINA, Der «Anwalt des Kindes» – eine Standortbestimmung, in: ZKE 2012, 32 ff.; DONZALLAZ YVES, La notification en droit interne suisse, Bern 2002; DÖRFLINGER PETER, «Der Berg wird steiler, wenn du näher kommst», in: ZKE 2011, 447 ff.; DÖRFLINGER PETER, Interdisziplinarität gestalten, in: ZKE 2010, 177 ff.; FÜLLEMANN DANIEL, Das Haager Erwachsenenschutzübereinkommen von 2000 (HEsÜ), in: ZVW 2009, 30 ff.; HECK CHRISTOPH, Wirkungsvolle Zusammenarbeit – der Beitrag der Sozialarbeit in der Fachbehörde, in: ZKE 2011, 17 ff.; HEGNAUER CYRIL, Vormundschaftsbehörde und persönlicher Verkehr. Ein Überblick, ZVW 1998, 169 ff.; INVERSINI MARTIN, Kindesschutz interdisziplinär – Beiträge von Pädagogik und Psychologie, in: ZKE 2011, 47 ff.; KOLLER THOMAS, Das Bundesgericht und die Sieben-Tage-Regel zum Zweiten..., in: Jusletter 17. Mai 2010; LEUENBERGER CHRISTOPH, Die Rechtsprechung des Bundesgerichts zum Zivilprozessrecht im Jahre 2006, ZBJV 2008, 185 ff.; MEIER PHILIPPE, La position des personnes concernées dans les procédures de protection des mineurs et des adultes. Quelques enseignements de la jurisprudence fédérale récente, in: ZVW 2008, 399 ff.; MEIER PHILIPPE, Compétences matérielles du juge matrimonial et des autorités de tutelle – Considérations théoriques et quelques cas partiques, in: ZVW 2007, 109 ff.; ROSCH DANIEL, Neue Aufgaben, Rollen, Disziplinen, Schnitt- und Nahtstellen: Herausforderungen des neuen Kindes- und Erwachsenenschutzrechts, in: ZKE, 2011, 31 ff.; RUMO JUNGO ALEXANDRA/BODENMANN GUY, Die Anhörung des Kindes aus rechtlicher und psychologischer Sicht, in: FamPra.ch 2003, 22 ff.:

1.8. Verfahren

SCHWANDER IVO, Das Haager Kindesschutzübereinkommen von 1996 (HKsÜ), in: ZVW 2009, 1 ff.; SCHWEIGHAUSER JONAS, Das Kind und sein Anwalt: Grundlagen aus rechtlicher und entwicklungspsychologischer Sicht, in: Schriftenreihe Anwalt des Kindes No. 2, 2011, 12 ff.; SIMONI HEIDI, Kinder anhören und hören, in: ZVW 2009, 333 ff.; STAUB LISELOTTE, Interventionsorientierte Gutachten als Handlungsalternative bei hochkonfliktigen Trennungs-/Scheidungsfamilien, in: ZKE 2010, 34 ff.; STECK DANIEL, Der Vorentwurf für ein Bundesgesetz über das Verfahren vor den Kindes- und Erwachsenenschutzbehörden, in: ZVW 2003, 236 ff.; STECK DANIEL, Die Vertretung des Kindes, in: ZVW 2001, 102 ff.; VOGEL URS/WIDER DIANA, Kindes- und Erwachsenenschutzbehörde als Fachbehörde – Personelle Ressourcen, Ausstattung und Trägerschaftsformen, in: ZKE 2010, 8; ZERMATTEN JEAN, Schutz versus Mitsprache des Kindes, in: ZVW 2009, 315 ff.; ZOBRIST PATRICK, Zehn Basisstrategien zur Förderung der Veränderungsmotivation und zum Umgang mit Widerstand im Kindes- und Erwachsenenschutz, in: ZKE 2010, 431 ff.; ZOBRIST PATRICK, Die psychosoziale Dimension der vormundschaftlichen Arbeit im Zwangskontext, in: ZVW 2008, 465 ff.

1.8.1. Allgemeine Verfahrensgrundsätze

Unter Verfahrensgrundsätzen oder auch Verfahrensmaximen werden übergeordnete Regeln verstanden, an denen sich eine Verfahrensordnung zu orientieren hat (RHINOW/KOLLER/KISS/THURNHERR/BRÜHL-MOSER, Rz 974 ff.). Für das Verfahren vor der KESB gelten im Allgemeinen die *Offizial-* und die *Untersuchungsmaxime* (Art. 307, 363, 390 Abs. 3, 415, 423, 426, 431, 446 ZGB; Art. 296 ZPO) sowie das Prinzip der *Rechtsanwendung von Amtes* wegen (Art. 446 Abs. 4 ZGB; Art. 57 ZPO). Zentral ist zudem der Anspruch auf *rechtliches Gehör* (Art. 29 BV, vgl. hiezu Rz. 1.195 ff.). Ausserdem gibt der *Gleichheitsgrundsatz* («Waffengleichheit») Anspruch auf ein faires Verfahren («fair trial», Art. 29 Abs. 1 BV; Art. 6 Ziff. 1 EMRK; Urteil BGer 5A_422/2011 E. 2; BGE 133 I 100 E. 4.3–4.6) und insbesondere bei gewichtigen Eingriffen in die Persönlichkeitsrechte Anspruch auf eine *Verfahrensvertretung* (Art. 314a[bis] und 449a ZGB; vgl. Rz. 1.170 f.) oder, bei Mittellosigkeit und nicht fehlender Erfolgsaussicht, auf kostenlose Prozessführung und einen *unentgeltlichen Rechtsbeistand* (Art. 29 Abs. 3 BV, Urteil BGer 5A_503/2010 E. 1.2; BGE 130 I 180; vgl. Rz. 1.174 ff.).

1.162

Nach der *Offizialmaxime* hat die Behörde das Recht und die Pflicht, ein Verfahren einzuleiten, dessen Gegenstand zu bestimmen und es durch einen Entscheid zu beenden. Die Maxime gilt in der Regel für das Verfahren vor den KESB (Art. 446 Abs. 3 ZGB; zum alten Recht Urteil BGer 5A_150/2011 E. 3.5.2 vgl. Rz. 1.132, 1.142). Sie bedeutet, dass die Behörde an die Parteianträge oder deren Fehlen nicht gebunden ist (Art. 446 Abs. 3 ZGB, vgl. auch Art. 296 Abs. 3 ZPO; Urteile BGer 5A_898/2010 E. 6; 5A_652/2009 E. 3.1). Wo die Offizialmaxime gilt, findet das Verbot der reformatio in peius keine Anwendung, d.h. ein Beschwerdeführer kann durch einen Beschwerdeentscheid auch schlechter gestellt werden (Urteil BGer 5A_898/2010 E. 6.1). Der Gegensatz zur Offizialmaxime ist die *Dispositionsmaxime*, welche den klassischen Zivilprozess prägt: Die Parteien

1.163

1. Allgemeiner Teil

bestimmen selbst die Einleitung sowie den Gegenstand des Verfahrens und können es durch Vergleich, Rückzug oder Anerkennung beenden. In Verfahren vor den KESB sind höchstens Gesuche um Regelung des persönlichen Verkehrs, um Übertragung der gemeinsamen elterlichen Sorge (gemäss ZGB 2000, in Revision) und um einvernehmliche Änderung eherechtlicher Urteile (Art. 134 Abs. 3 ZGB) der Dispositionsmaxime unterstellt.

1.164 Die *Untersuchungsmaxime* besagt, dass die instruierende Behörde den rechtserheblichen Sachverhalt von Amtes wegen, aus eigener Initiative und ohne Bindung an die Vorbringen oder Beweisanträge der Parteien vollständig und richtig abklären und feststellen muss (Art. 446 ZGB, vgl. auch Art. 296 Abs. 1 ZPO) und dazu nach eigenem Ermessen auch auf unübliche Art Beweise erheben und Berichte einholen kann (Urteil BGer 5A_150/2011 E. 3.5.2 vgl. Rz. 1.144). Sie prägt das Verfahren im Kindes- und Erwachsenenschutz (BGE 131 III 553 E. 1.1; 130 I 180 E. 3.1 und 3.2.; 130 III 734; Urteile BGer 5A_453/2009 E. 5.3; 5A_522/2009 E. 4.2; 5C.28/2007 E. 2.1; 5P.44/2007 E. 2.2.2). Relativiert wird die Untersuchungsmaxime durch die in Art. 448 ZGB statuierte *Mitwirkungspflicht* der beteiligten Personen. Ihre deutlichste Ausprägung findet die Untersuchungsmaxime im Verfahren um die fürsorgerische Unterbringung (Art. 314b und 426 ff. ZGB), weil dort die übliche Mitwirkungspflicht (Art. 448 ZGB) stark eingeschränkt ist (BGE 130 III 734), und was sich darin manifestiert, dass eine Beschwerde nicht zu begründen ist (Art. 450e Abs. 1 ZGB). Der Untersuchungsgrundsatz schliesst die Beweislast im Sinne der Beweisführungslast begriffsnotwendig aus, da es Sache der verfügenden Behörde ist, für die Zusammentragung des Beweismaterials besorgt zu sein (BGE 115 V 113 E. 3d/bb bezüglich sozialversicherungsrechtlicher Verfahren). Wo die Untersuchungsmaxime gilt, tragen mithin die Parteien in der Regel eine Beweislast nur insofern, als im Falle der Beweislosigkeit der Entscheid zu Ungunsten jener Partei ausfällt, die aus dem unbewiesen gebliebenen Sachverhalt Rechte ableiten wollte (BGE 115 V 142 E. 8a). Diese Beweisregel greift allerdings erst Platz, wenn es sich als unmöglich erweist, im Rahmen des Untersuchungsgrundsatzes aufgrund einer Beweiswürdigung einen Sachverhalt zu ermitteln, der zumindest die Wahrscheinlichkeit für sich hat, der Wirklichkeit zu entsprechen (BGE 115 V 142 E. 8a mit Hinweis). Der Gegensatz zur Untersuchungsmaxime ist die *Verhandlungsmaxime*, welche die Verantwortung für die Beibringung der nötigen Entscheidungsgrundlagen und die rechtlichen Konsequenzen aus nicht bewiesenen Behauptungen den Parteien zuweist.

1.8.2. Anwendbares Recht

Für das erstinstanzliche Verfahren vor den KESB, und im Falle der fürsorgerischen Unterbringung allenfalls vor einer gesetzlich legitimierten Arztperson sowie in Einrichtungen, sind in erster Priorität die *Bestimmungen des ZGB* massgeblich (Art. 314–314b ZGB für den Kindesschutz, Art. 419, 430, 433, 434, 439, 443–450f, 450g, 453 ZGB für den Erwachsenenschutz und sinngemäss für den Kindesschutz). Art. 450f ZGB verankert darüber hinaus eine kaskadenhafte Ordnung: Was im ZGB nicht geregelt ist, kann von den Kantonen bestimmt werden. Soweit diese nichts anderes vorsehen, gelten die Vorschriften der ZPO «sinngemäss». Auf ZPO-Bestimmungen kann nur so weit zurückgegriffen werden, als sich dadurch eine sachgerechte Lösung und Umsetzung des materiellen Rechts ergibt. So widersprechen z.B. die Bestimmungen über den Rechtsstillstand der ZPO (Art. 145 f. ZPO: «Gerichtsferien») den Umsetzungsbedürfnissen des Kindes- und Erwachsenenschutzrechts und sind daher nicht anwendbar (in diese Richtung MERZ, DIKE-Komm-ZPO, Art. 145 N 12, 14, vgl. allerdings für das Verfahren vor Bundesgericht Urteil BGer 5A_325/2012 E. 2). Die Schwierigkeit besteht darin zu erkennen, wo das ZGB eine abschliessende Regelung bietet und wo es Lücken enthält, die durch kantonales Recht oder direkt durch die ZPO zu füllen sind (z.B. Art. 142 Abs. 3 ZPO, wobei bezüglich Fristberechnung Art. 78 OR, welcher aufgrund der Verweisungsnorm in Art. 7 ZGB anwendbar ist, zum selben Ergebnis führt). Die Praxis wird diese offenen Fragen nach und nach zu klären haben. Vieles wird dadurch vereinfacht, dass aufgrund diverser Generalklauseln die KESB das Nötige zur Wahrung der Interessen der zu schützenden Person veranlassen kann und muss (z.B. Art. 415 Abs. 3; 425 Abs. 2 i.V.m. 415 Abs. 3; Art. 445 Abs. 1 und 2; Art. 448 Abs. 1 ZGB).

1.165

1.8.3. Zuständigkeiten

Zu unterscheiden sind die örtliche (vgl. Rz. 1.85 ff.), die sachliche und die funktionelle Zuständigkeit. Die *sachliche Zuständigkeit* bezeichnet die von Gesetzes wegen mit der Angelegenheit befasste Behörde: Die KESB ist die einzig sachlich zuständige erstinstanzliche Behörde, um Entscheidungen der nichtstreitigen Gerichtsbarkeit im Bereich des Erwachsenenschutzes gemäss Art. 360–456 ZGB zu treffen. Die einzige Ausnahme bilden fürsorgerische Unterbringen durch gesetzlich autorisierte Ärztinnen und Ärzte, wenn das kantonale Recht dies vorsieht (Art. 429 ZGB). Im Bereich des Kindesschutzes richtet sich die sachliche Zuständigkeitsabgrenzung zwischen Gericht und KESB nach Art. 315a und 315b ZGB (vgl. im Einzelnen MEIER, ZVW 2007, 109 ff.).

1.166

1. Allgemeiner Teil

1.167 Gemäss Art. 440 Abs. 2 ZGB können die Kantone für einzelne Geschäfte vorsehen, dass anstelle der KESB *einzelne Mitglieder* Sachentscheide treffen. Die sachliche Zuständigkeit richtet sich diesfalls nicht nur im Bereich der fürsorgerischen Unterbringung (Art. 429 ZGB), sondern auch anderer Angelegenheiten nach den jeweiligen kantonalen Einführungsbestimmungen (z.B. Art. 55–60 KESG BE).

1.168 Ob für verfahrensleitende Verfügungen die Gesamtbehörde oder einzelne (instruierende) Mitglieder zuständig sind, regelt ebenfalls das kantonale Recht.

1.169 Die *funktionelle Zuständigkeit* bezeichnet jene Instanz, welche innerhalb eines Rechtsmittelweges (Instanzenzug) hierarchisch zur Beurteilung einer Angelegenheit zuständig ist. Wird ein Entscheid der KESB bei der gerichtlichen Beschwerdeinstanz angefochten, obliegt es demnach nicht mehr der KESB, innerhalb des Verfahrens weitere Entscheide (namentlich vorsorgliche Massnahmen) zu treffen. Allerdings sind namentlich nach der Anfechtung vorsorglicher Massnahmen Überschneidungen nicht immer zu vermeiden.

1.8.4. Verfahrensbeteiligte und Verfahrensvertretung

1.170 Von wenigen Ausnahmen abgesehen (strittige Abänderung ehegerichtlicher Regelungen des persönlichen Verkehrs, Art. 134 Abs. 4 ZGB) handelt es sich in den Verfahren vor der KESB um solche der sogenannt *nichtstreitigen Gerichtsbarkeit*. Daran beteiligt ist aufgrund der Offizialmaxime (zu den Ausnahmen, bei welchen die Dispositionsmaxime gilt, vgl. Rz. 1.163) immer die KESB selbst, auch wenn sie nicht Partei im Sinne des Zivilprozesses ist. Als Verfahrensbeteiligte gelten zudem die Entscheidadressaten und berührte Dritte (z.B. Vorsorgeauftraggeber und Vorsorgebeauftragter, Patient und gesetzlich Vertretungsberechtigte sowie Wohn- und Pflegeeinrichtungen, zu verbeiständende Person und Beistand/Beiständin, fürsorgerisch unterzubringende Person, im Kindesschutz Eltern und Kind, allenfalls Pflegeeltern). Aus dem Umstand, dass sich die Beschwerdelegitimation nicht nur auf die «Parteien» (Direktbetroffene) im Verfahren beschränkt, sondern gemäss Art. 450 ZGB auf «die am Verfahren beteiligten Personen» (der französische Gesetzestext verwendet den Begriff «*personnes parties à la procédure*»; der italienische «*persone che partecipano al procedimento*», was verdeutlicht, dass es sich nicht nur um die Parteien im zivilprozessualen Sinne handelt), «der betroffenen nahestehende Personen» und auf Personen erstreckt, «die ein rechtlich geschütztes Interesse an der Aufhebung oder Änderung des angefochtenen Entscheides haben», ist oft nicht zum Vorneherein feststellbar, wer Verfahrensbeteiligter ist. Sie stellen sich zuweilen erst im Rahmen des Beschwerdeverfahrens als solche heraus.

Für alle Verfahren sowohl des Erwachsenenschutzes wie des Kindesschutzes besteht ein Recht auf Bestellung einer *Verfahrensvertretung* (Art. 449a, 314a^bis ZGB), wenn die betroffene Person nicht in der Lage ist, ihre Interessen selbständig wahrzunehmen und wenn sie zudem ausserstande ist, selber eine Vertretung zu bestellen (vgl. auch Art. 69 ZPO). Es soll ihr damit kein Nachteil erwachsen, wenn sie nicht selbst ein Gesuch um unentgeltliche Prozessführung stellen kann oder will. Während der *unentgeltliche Rechtsbeistand* nach hier vertretener Auffassung immer ein im Register eingetragener Anwalt sein muss (HUBER, DIKE-Komm-ZPO, Art. 118 N 11 mit dort angeführter Begründung bezüglich Berufsstandards und Aufsicht; zum Bereich des ATSG vgl. BGE 132 V 200, 205 E. 5.1.4; weiter differenzierend: TAPPY, in: Bohnet et al., Art. 118 ZPO N 18 f.), kann der oder die Verfahrensvertreter/in nach dem klaren Wortlaut des Gesetzes eine in fürsorgerischen und rechtlichen Fragen erfahrene Person sein (namentlich ein erfahrener Berufsbeistand oder eine erfahrene Berufsbeiständin). Die Verfahrensvertretung hat die Aufgabe, die Interessen der betroffenen Person ins Licht zu rücken, deren Willen möglichst authentisch zu vermitteln, an der Erhebung der aus der Sicht des Betroffenen massgeblichen Entscheidungsgrundlagen sowie an deren korrekten Auswertung mitzuwirken.

1.171

1.8.5. Ausstand

Nach der in Art. 30 Abs. 1 BV und Art. 6 Ziff. 1 EMRK enthaltenen Garantie des verfassungsmässigen Richters hat der Einzelne Anspruch darauf, dass seine Sache von einem unparteiischen, unvoreingenommenen und unbefangenen Richter ohne Einwirken sachfremder Umstände entschieden wird. Diese Garantien sind zwar nicht unbesehen auf das administrativ geprägte Kindes- und Erwachsenenschutzverfahren anwendbar, können aber namentlich im Lichte des Anspruchs auf gleiche und gerechte Behandlung (Art. 29 Abs. 1 BV) als Orientierungshilfe dienen (Urteil BGer 1C_150/2009 E. 3.5). Liegen bei objektiver Betrachtungsweise Gegebenheiten vor, die den Anschein der Befangenheit und die Gefahr der Voreingenommenheit zu begründen vermögen, so ist die Garantie verletzt (BGE 131 I 24 E. 1.1; BGE 126 I 68 E. 3a, je mit Hinweisen). Dagegen erscheint eine Behörde oder ein einzelverfügendes Mitglied nicht schon deswegen als voreingenommen, weil in einem Zwischenentscheid ein Gesuch um unentgeltliche Rechtspflege wegen Aussichtslosigkeit der Rechtsbegehren abgewiesen wurde. Vielmehr müssen zur Annahme von Befangenheit weitere Gründe hinzutreten (BGE 131 I 113 E. 3.7).

1.172

1. Allgemeiner Teil

1.173 Das ZGB enthält keine Ausstandsregeln, weshalb sich diese nach kantonalem Recht oder allenfalls der ZPO richten (Art. 47 ZPO). Missachten die KESB die Ausstandspflicht, kann der mangelhaft zustande gekommene Entscheid nicht durch eine Neubeurteilung der gerichtlichen Beschwerdeinstanz geheilt werden (Urteil BGer 5A_357/2011 E. 3.3.).

1.8.6. Unentgeltliche Rechtspflege

1.174 Verfahrensbetroffenen, denen die Mittel fehlen, um neben dem Lebensunterhalt für sich und ihre Familie die *Verfahrens- und Vertretungskosten* aufzubringen, wird auf Gesuch die unentgeltliche Rechtspflege bewilligt, sofern der eingenommene Rechtsstandpunkt nicht als aussichtslos erscheint (Art. 29 Abs. 3 BV). Sie beinhaltet einerseits die Unentgeltlichkeit des Verfahrens (Verfahrenskosten) und andererseits die Finanzierung der rechtlichen Vertretung (Anwaltskosten). Je nach Sachlage kann auch nur das eine oder beides zugesprochen werden. Massgebend ist, ob eine Partei, die über die nötigen Mittel verfügt, sich bei vernünftiger Überlegung zu einem Prozess entschliessen würde; eine Partei soll einen Prozess, den sie auf eigene Rechnung und Gefahr nicht führen würde, nicht deshalb anstrengen können, weil er sie nichts kostet (Urteil BGer 5A_188/2009 E. 2.1; BGE 124 I 304 E. 2c mit Hinweisen). Im Bereich des Kindes- und Erwachsenenschutzes liegt die Sachlage gegenüber dem Zivilprozess insofern meistens anders, als das Verfahren von der Behörde oder Dritten angehoben wird (Ausnahmen: Gesuche um Regelung des persönlichen Verkehrs, um Übertragung der gemeinsamen elterlichen Sorge [gemäss ZGB 2000, in Revision] und um einvernehmliche Änderung eherechtlicher Urteile [Art. 134 Abs. 3 ZGB]). Deshalb ist meist der Anspruch auf «Waffengleichheit» das ausschlaggebende Kriterium, ob unbemittelten Verfahrensbetroffenen die unentgeltliche Rechtspflege bewilligt wird (BGE 130 I 180).

1.175 Der Anspruch auf unentgeltliche Rechtspflege besteht unabhängig von der Rechtsnatur der Entscheidungsgrundlagen für jedes staatliche Verfahren, in welches ein Gesuchsteller/eine Gesuchstellerin einbezogen wird oder dessen er/sie zur Wahrung seiner/ihrer Rechte bedarf. Unter dem Gesichtspunkt von Art. 29 Abs. 3 BV ist das Armenrecht nicht von vornherein für bestimmte Verfahrensarten generell ausgeschlossen (BGE 130 I 180).

1.176 Der verfassungsmässige Anspruch auf unentgeltliche anwaltliche Verbeiständung besteht nicht voraussetzungslos. Verlangt ist in jedem Falle (vgl. auch TAPPY, in: Bohnet et al., Art. 118 ZPO N 11 ff.):
- Bedürftigkeit des Rechtsuchenden und
- Nichtaussichtslosigkeit des verfolgten Verfahrensziels. Aussichtslos ist ein Verfahren, bei dem die Gewinnaussichten beträchtlich geringer sind als die Verlustgefahren. Entscheidend ist darüber hinaus

- die sachliche Gebotenheit der unentgeltlichen Rechtsverbeiständung im konkreten Fall (BGE 125 V 32 E. 4). Es sind
  - die Umstände des Einzelfalls,
  - die Eigenheiten der anwendbaren Verfahrensvorschriften sowie
  - die Besonderheiten des jeweiligen Verfahrens zu berücksichtigen.

  Dabei fallen neben der
  - Komplexität der Rechtsfragen und der
  - Unübersichtlichkeit des Sachverhalts auch
  - in der Person des Betroffenen liegende Gründe

  in Betracht, wie etwa seine Fähigkeit, sich im Verfahren zurechtzufinden.

  Falls ein besonders starker Eingriff in die Rechtsstellung des Bedürftigen droht, ist die Verbeiständung grundsätzlich geboten, andernfalls bloss, wenn zur relativen Schwere des Falls besondere tatsächliche oder rechtliche Schwierigkeiten hinzukommen, denen der Gesuchsteller auf sich alleine gestellt nicht gewachsen ist.

Die *sachliche Notwendigkeit* wird nicht allein dadurch ausgeschlossen, dass das in Frage stehende Verfahren von der Offizialmaxime oder dem Untersuchungsgrundsatz beherrscht wird (Urteil BGer 5A_491/2007 E. 2.1; BGE 130 I 180 E. 3.2 und 3.3 mit Hinweisen, 125 V 32 E. 4b, 122 I 8). Die Offizialmaxime rechtfertigt es jedoch, an die Voraussetzungen, unter denen eine Verbeiständung durch einen Rechtsanwalt sachlich geboten ist, einen strengen Massstab anzulegen (BGE 125 V 32 E. 4 b).

1.177

Unter Umständen kann ein unentgeltlicher Rechtsbeistand schon zur Vorbereitung des Prozesses bestellt werden (Art. 118 Abs. 1 lit. c in fine ZPO). Das gilt beispielsweise, wenn es einer zuständigen Amtsstelle nicht möglich oder nicht gelungen ist, in strittigen Unterhaltsfragen für Kinder unter den Parteien eine Einigung herbeizuführen und der Aussöhnungsversuch erfolglos blieb: Diesfalls können die anwaltlichen Aufwendungen für eine vorprozessuale Einigung entschädigt werden, wenn dadurch ein aufwändiger Zivilprozess verhindert werden konnte (Entscheid eines bernischen Regierungsstatthalteramtes vom 28.5.2008 und Appellationsentscheid des Obergerichts des Kantons Bern APH 08 296 vom 24.7.2008).

1.178

Zur Berechnung der *Prozessarmut* kennen die Kantone Praxisvorgaben. Sie hebt sich vom betreibungsrechtlichen Existenzminimum ab, indem ein angemessener Zuschlag je nach Situation der Betroffenen gewährt wird (z.B. Kreisschreiben Nr. 1 des Obergerichts Bern vom 25.1.2011 und Kreisschreiben Nr. 9 vom 2. März 2001 des Kantonsgerichts Jura).

1.179

Für die Praxis der unentgeltlichen Rechtspflege wegleitend sind u.a. folgende bundesgerichtliche Entscheide:

1.180

1. Allgemeiner Teil

a) Urteil BGer 5A_597/2010: Verweigerung der unentgeltlichen Rechtspflege für einen Vater, der ein über das Gerichtsübliche hinausgehendes Besuchsrecht verlangte und schon verschiedene Prozesse ohne anwaltliche Vertretung geführt hat.
b) Urteil BGer 5A_692/2009: Bewilligung eines unentgeltlichen Rechtsbeistandes im kindesschutzrechtlichen Beschwerdeverfahren, weil sprachliche Probleme bestanden und zudem nicht nur Sachverhaltsfragen, sondern auch die Zweckmässigkeit und Angemessenheit der getroffenen Massnahmen zu beurteilen waren.
c) BGE 133 III 353 E. 2.3: Die Beiordnung eines Rechtsbeistandes kann sich im Rahmen einer FU selbst in Anbetracht der Tatsache rechtfertigen, dass eine Beschwerde nicht begründet werden muss.
d) Urteil BGer 5A_491/2007: Unentgeltliche Rechtsverbeiständung einer juristisch ausgebildeten, aber der deutschen Sprache zu wenig mächtigen kroatischen Mutter im Unterhaltsprozess.
e) Urteil BGer 5A_72/2007: Ist eine Person jahrelang psychiatrisch betreut und von der Sozialhilfe abhängig, so ist die Bedürftigkeit offensichtlich. Zusätzliche Unterlagen und Zeugnisse einzufordern, stellt überspitzten Formalismus dar.
f) BGE 130 I 180: Unentgeltliche Rechtsverbeiständung für Pflegemutter und Mutter im Verfahren um Aufhebung der Obhutsentziehung. Die Untersuchungsmaxime ändert nichts an der Pflicht der Beteiligten, durch Hinweise zum Sachverhalt oder durch Bezeichnung von Beweisen am Verfahren mitzuwirken. Fragen in Zusammenhang mit der Rückplatzierung eines Kindes sind vielschichtig und deren Konsequenzen können stark in die persönliche Situation der Betroffenen eingreifen, weshalb die anwaltliche Vertretung grundsätzlich geboten ist.
g) Urteile BGer 5P.207/2003 E. 2 und 5C.292/2005 E. 4: Ist der Beistand selber Rechtsanwalt und in der Lage, den fraglichen Prozess zu führen, besteht keine Notwendigkeit, zusätzlich einen unentgeltlichen Rechtsbeistand zu bestellen. Ist er nicht Anwalt, aber ein ausgebildeter Sozialarbeiter (Amtsvormund), den man aufgrund der gesamten Umstände als für eine rechtskundige Vertretung befähigt betrachten darf, weil er auf die Unterstützung durch einen qualifizierten (internen) Rechtsdienst zählen kann und anhand Dutzender von Fällen, die er in seinem Amt jährlich zu betreuen hat, über allgemeine Erfahrung verfügt, gilt dasselbe, d.h. ein zusätzlicher unentgeltlicher Rechtsbeistand ist entbehrlich.
h) Urteile BGer 5D_160/2011 E. 1.2, 5D_67/2010 E.1.1, 5D_145/2007 E. 1.1, BGE 132 V 200 E. 5.1.4: Mit der Gewährung der unentgeltlichen Prozessführung entsteht ein öffentlich-rechtliches Verhältnis zwischen dem Staat und dem Rechtsanwalt. Der Entscheid der KESB über die Höhe der Entschädigung ist ein Akt der Justizverwaltung (GK-Nr. 42-2003/RB

vom 13. August 2003 [ZH]). Er ist deshalb mittels Aufsichtsbeschwerde mit Erledigungsanspruch an die gerichtliche Beschwerdeinstanz weiterziehbar. Der Entschädigungsentscheid der letzten kantonalen Instanz kann mittels Beschwerde in Zivilsachen und – wenn der hierfür notwendige Streitwert gemäss Art. 74 BGG nicht erreicht wird, mittels subsidiärer Verfassungsbeschwerde – durch den Anwalt ans Bundesgericht weitergezogen werden (Urteile BGer 5D_67/2010 E.1.1, 5D_145/2007 E. 1.1). Dagegen kann namens der vertretenen Partei nicht Beschwerde geführt werden mit dem Antrag, die Entschädigung zu erhöhen, weil so nur zum Nachteil der vertretenen Partei die Rückzahlungssumme erhöht würde (Urteil BGer 5D_160/2011 E. 1.2).

1.8.7. Verfahrensleitung

Die Verfahrensleitung (auch Verfahrensinstruktion) obliegt der KESB ab Rechtshängigkeit des Verfahrens bis zu dessen rechtskräftigen Erledigung. Sie beinhaltet die Erfassung des Verfahrens in der Geschäftskontrolle, die Prüfung der örtlichen, sachlichen und funktionellen Zuständigkeit, die Zuteilung an ein verfahrensleitendes Mitglied der KESB und den Ausstand bei Befangenheit, die Anhörung der betroffenen Person, die Organisation der Sachverhaltsabklärung nach der Untersuchungsmaxime (Art. 446–449 ZGB, d.h. die Sammlung des Prozessstoffes), insbesondere den Entscheid über die einzuholenden Beweise, allenfalls die Veranlassung eines Schriftenwechsels, den Entscheid über die Anordnung eines Verfahrensvertreters (Art. 314a^{bis}, 449a ZGB) und (auf Gesuch) über die Gewährung der unentgeltlichen Rechtspflege, die Anordnung vorsorglicher Massnahmen (Art. 445 ZGB), die Einladung oder Vorladung (z.B. Zeugen) zu Verhandlungen und Ortsterminen, das Fällen von Zwischen- und Teilentscheiden, die Gewährung des rechtlichen Gehörs, die Auswertung des Prozessstoffes, die Beurteilung der Sache, die Eröffnung des begründeten Entscheides, die «Beurkundung» des Verfahrens, d.h. die Aktenführung und Protokollierung (vgl. Rz. 1.131 ff.).

1.181

Die Verfahrensleitung selbst und die Sammlung des Prozessstoffes werden mit Vorteil verschriftlicht, damit die nötige Transparenz hergestellt werden kann und Beweise auch verwertbar sind. Es empfiehlt sich insbesondere, das geplante Vorgehen mittels verfahrensleitender Verfügung zu kommunizieren, sobald eine Abklärung eine gewisse Komplexität erreicht. Solche Verfügungen sind nur selbständig anfechtbar, wenn sie einen nicht wieder gutzumachenden Nachteil bewirken können oder einen relativ schweren Eingriff in die Persönlichkeit darstellen (BGE 120 Ib 97 E. 1.c.; 122 II 204 E. 1; Urteil BGer 5A_203/2008 E. 1.2., ZVW 1998, 111 ff. Nr. 5). So ist die

1.182

Anordnung einer psychiatrischen Begutachtung als Zwischenentscheid im Hinblick auf eine Entmündigung nicht selbständig anfechtbar (Urteile BGer 5A_641/2010 E. 1.4, 1B_36/2010 E. 1.2, BGE 134 III 188; Entscheid des Obergerichts Luzern 30 1012 16 vom 12.1.2011).

1.183   *Einladungen* erfolgen in der Regel brieflich, Vorladungen (welchen gegebenenfalls auch mit der Androhung der Ungehorsamsstrafe nach Art. 292 StGB Nachachtung verschafft werden kann) dagegen mittels nachweisbarer Zustellung (eingeschrieben mit Rückschein oder Überbringen gegen Empfangsbestätigung).

1.8.8. Vorsorgliche Massnahmen

1.184   Gemäss Art. 445 trifft die KESB auf Antrag einer am Verfahren beteiligten Person oder von Amtes wegen alle für die Dauer des Verfahrens notwendigen vorsorglichen Massnahmen. Voraussetzung ist die Rechtshängigkeit des Verfahrens. Es kann sich dabei um *sichernde* (z.B. Sperren eines Bankkontos, Widerruf bestehender Vollmachten) oder um *gestaltende* Massnahmen (z.B. vorläufige Regelung des persönlichen Verkehrs oder vorsorgliche Obhutsentziehung mit Platzierung) bis hin zur Anordnung vorsorglicher Massnahmen des Erwachsenenschutzes (z.B. Vertretungsbeistandschaft mit dem Auftrag an den Beistand/die Beiständin, fristwahrende Rechtsvorkehrungen wie EL-Gesuche oder Kündigung einer Wohnung zu treffen, oder vorsorgliche FU in Regionalgefängnis, Urteile BGer 5A_411/2011 und 5A_515/2011) handeln. Vorsorgliche Massnahmen sind aber nur nötig, wenn die KESB nicht von sich aus direkt das Nötige veranlassen oder Dritte damit beauftragen kann (Art. 392 ZGB).

1.185   Bei besonderer Dringlichkeit können gestützt auf Art. 445 Abs. 2 ZGB auch *superprovisorische Massnahmen* getroffen werden. Darunter werden Verfügungen verstanden, die ohne Anhörung der am Verfahren beteiligten Personen ergehen. Die Anhörung muss bei erster Gelegenheit (nach dem Gesetzeswortlaut «gleichzeitig») nachgeholt werden. Das bedeutet, dass mit der Anordnung der superprovisorischen Massnahmen auch die Frist zur Stellungnahme oder der Termin zur persönlichen Anhörung festzulegen sind. Danach hat die KESB neu zu entscheiden.

1.186   Von der Natur der Sache her beruhen vorsorgliche Massnahmen in aller Regel auf einer bloss summarischen Prüfung des Sachverhalts und der Rechtslage. Um sie zu rechtfertigen, müssen sie notwendig und verhältnismässig sein. Mithin müssen die unverzüglichen Anordnungen nötig sein, wenn die im Spiel stehenden überwiegenden privaten oder (seltener) öffentlichen Interessen nicht anders zu wahren sind, der Verzicht auf

Massnahmen einen nicht leicht wieder gutzumachenden Nachteil bewirken kann und die zu erlassende Verfügung nicht präjudiziert wird.

Vorsorgliche Massnahmen unterliegen der Beschwerde an die gerichtliche Beschwerdeinstanz, allerdings mit einer verkürzten Rechtsmittelfrist von 10 Tagen (Art. 445 Abs. 3 ZGB). Die Beschwerde kann nur damit begründet werden, dass die Massnahme nicht nötig, nicht zulässig oder unverhältnismässig sei oder bei superprovisorischen Massnahmen keine besondere Dringlichkeit vorgelegen habe (Urteil BGer 5A_520/2008).

1.187

Vgl. im Übrigen Muster in Rz. 1.150.

1.188

1.8.9. Beweismittel

Die KESB *erforscht den Sachverhalt von Amtes wegen* (Art. 446 Abs. 1 ZGB). Sie ist für ihre Entscheide *beweispflichtig*. Weil sie die materielle Wahrheit erforschen muss, darf sie sich auch nicht unbesehen auf die Behauptungen von Verfahrensbeteiligten (selbst wenn sie unbestritten sind) abstützen. *Offenkundige, notorische Tatsachen* sind dagegen nicht beweisbedürftig (BGE 108 Ib 106, 107 = Pra 1982 Nr. 247 E. 2; vgl. auch Art. 151 ZPO). Nach dem Verhältnismässigkeitsprinzip hat sie nur Tatsachen zu erforschen, welche für den rechtserheblichen Sachverhalt nötig sind. Welche Beweismittel ihr dazu zur Verfügung stehen, erwähnt das ZGB nicht. Die kantonalen Verfahrensbestimmungen und die ZPO kennen als klassische Beweismittel: Urkunden, Amtsberichte, Auskünfte der Parteien oder Dritter, Zeugenaussage, Augenschein, Gutachten von Sachverständigen, teilweise auch technische Mittel mit Urkundencharakter (Art. 19 Abs. 1 lit. h VRPG BE).

1.189

Als Ausfluss der Untersuchungsmaxime gilt im Kindes- und Erwachsenenschutzverfahren der sogenannte *Freibeweis* (BGE 122 I 53 E. 4.a), was der KESB ermöglicht, nach eigenem Ermessen und auf unübliche Art Beweise zu erheben (Urteil BGer 5A_150/2011 E. 3.5.2; Müller, DIKE-Komm-ZPO, Art. 168 N 7; Jeandin, in: Bohnet et al., Art. 296 N 4). So fallen zusätzlich in Betracht gutachtenähnliche Berichte von Abklärungsstellen, welche weder bezüglich Ausstand noch Mitwirkung an der Fragestellung dem Verfahren zur Anordnung eines Gutachtens unterliegen, Einschränkung der Parteiöffentlichkeit (BGE 122 I 53 E. 4.a; vgl. auch Art. 298 Abs. 2 ZPO), formlose Befragung von Personen ohne besondere Protokollierungspflichten, Telefonbefragung mit Aktennotiz, Durchführung eines Augenscheins zu irgendeinem Zeitpunkt und allenfalls auch ohne Ankündigung. Zu all diesen Erhebungen im Rahmen des Freibeweises besteht – im Unterschied

1.190

1.8.10. Mündliche und schriftliche Verfahrensschritte

1.191 Grundsätzlich gilt das Prinzip der Schriftlichkeit des Verfahrens. Verfahren des Kindes- und Erwachsenenschutzes sind allerdings regelmässig eng mit der Person verbunden und können – von wenigen, vor allem ausschliesslich vermögensbezogenen Ausnahmen abgesehen – nicht ohne mündliche Verfahrensabschnitte EMRK-konform gestaltet werden (Art. 6 EMRK, BGE 133 III 353, 131 III 412). Art. 447 und 314a ZGB konkretisieren den Anspruch der «betroffenen Person» beziehungsweise «des Kindes» auf persönliche Anhörung, soweit dies nicht als unverhältnismässig erscheint (bei Erwachsenen) beziehungsweise das Alter des Kindes oder andere wichtige Gründe nicht dagegen sprechen. Für die FU verlangt Art. 447 Abs. 2 ZGB in der Regel eine Anhörung durch das Kollegium der KESB, während in allen andern Fällen eine Delegation genügt und in Kinderbelangen je nach Eignung auch Dritte (namentlich spezialisierte Fachpersonen) damit beauftragt werden können.

1.192 Ausser wegen den Anhörungsregeln des ZGB kann sich aus andern Gründen aufdrängen, mündliche Verfahrensschritte einzubauen. Das gilt vorab dann, wenn dadurch Eskalationen vermieden, Beweise erhoben oder unverständliche Anliegen geklärt werden können. In der Gestaltung des Verfahrens ist die KESB allerdings frei. Sie kann bereits zu Beginn eines Verfahrens die Verfahrensbeteiligten (z.B. Antragsteller und Betroffene) zu einer ersten Aussprache einladen, welche je nach Problemstellung mediative Ziele verfolgen kann mit dem Ergebnis einer Übereinkunft (z.B. Klärung umstrittener gesetzlicher Vertretungsrechte) oder der Festlegung von Beweismassnahmen (z.B. Anordnung eines Gutachtens). Es kann sich aber auch als notwendig erweisen, nach der Anhörung der betroffenen Person zunächst auf vornehmlich schriftlichem Weg den Sachverhalt zu ermitteln und erst nach Vorliegen der Beweisergebnisse eine weitere Verhandlung anzuberaumen. Eine solche kann sich aber aufgrund der Ergebnisse auch erübrigen, weshalb mit der Gewährung des rechtlichen Gehörs zum Beweisergebnis das Abklärungsverfahren geschlossen und zur Entscheidfällung geschritten werden kann. Mithin ist die KESB frei, wie sie mit schriftlichen und mündlichen Verfahrensschritten die Sache zur Entscheidungsreife hinführt, soweit sie den Anspruch auf mündliche Anhörung respektiert. Einen Anspruch auf mündliche Parteivorträge kennt dieses Verfahren nicht.

Werden Verhandlungen angesetzt, müssen mündliche Äusserungen nach ihrem wesentlichen Inhalt protokolliert werden, soweit sie entscheidrelevant sind (Urteil BGer 5A_230/2009 E. 4.2., BGE 130 II 473 E. 4.4; BGE 124 V 389 E. 4). Ein Anspruch auf Tonband- oder Videoaufnahmen besteht nur, soweit das kantonale Recht dies vorsieht. Gemäss Art. 176 Abs. 2, 187 Abs. 2 und 193 ZPO *können* Zeugenaussagen, mündliche Gutachten, Parteibefragung und Beweisaussagen mit geeigneten technischen Hilfsmitteln aufgenommen werden, für den Augenschein vgl. Art. 182 ZPO.

1.193

Den Entscheid hat die KESB grundsätzlich schriftlich zu eröffnen und zu begründen.

1.194

1.8.11. Rechtliches Gehör

Das rechtliche Gehör dient einerseits der *Sachaufklärung*, andererseits stellt es ein *persönlichkeitsbezogenes Mitwirkungsrecht* beim Erlass eines Entscheids dar, welcher in die Rechtsstellung des Einzelnen eingreift. Dazu gehört insbesondere das Recht des Betroffenen, sich im Verfahren zur Sache zu äussern, erhebliche Beweise beizubringen, Einsicht in die Akten zu nehmen, mit erheblichen Beweisanträgen gehört zu werden, an der Erhebung wesentlicher Beweise entweder mitzuwirken oder sich zumindest zum Beweisergebnis zu äussern, wenn dieses geeignet ist, den Entscheid zu beeinflussen («fair trial», Art. 29 Abs. 2 BV; Urteile BGer 5A_422/2011 E. 2., 5A_42/2011 E. 2.2.1, 5A_503/2010 E. 2.2, 5A_94/2007 E. 2.1, BGE 133 I 100 E. 4.3–4.6; 115 Ia 11 E. 2b mit Hinweisen).

1.195

Das rechtliche Gehör kann unter gewissen Umständen *eingeschränkt* werden, so insbesondere wenn den Begehren der Parteien voll entsprochen wird (z.B. Gesuch um gemeinsame elterliche Sorge), besonders dringlich ist (superprovisorische Massnahme, Art. 445 Abs. 2) oder überwiegende schutzwürdige Interessen des Staates oder Dritter gegenüberstehen.

1.196

Ausserdem ist auf das rechtliche Gehör zu *verzichten*, wenn der Zweck der Verfügung dadurch vereitelt würde. Wenn den Begehren der Betroffenen nicht entsprochen wurde, muss das rechtliche Gehör immer nachgeholt und eine superprovisorische Massnahme durch einen neuen Entscheid ersetzt werden.

1.197

Das Recht, angehört zu werden, ist formeller Natur. Seine Verletzung führt ungeachtet der Erfolgsaussichten der Beschwerde in der Sache selbst zur Aufhebung des angefochtenen Entscheides (BGE 132 V 387 E. 5.1, 127 V 431 E. 3d/aa). Nach der Rechtsprechung kann aber jedenfalls eine nicht besonders schwerwiegende Verletzung des rechtlichen Gehörs als geheilt gelten, wenn die betroffene Person die Möglichkeit erhält, sich vor einer

1.198

Beschwerdeinstanz zu äussern, die sowohl den Sachverhalt wie die Rechtslage frei überprüfen kann (Urteile BGer 5A_693/2009 E. 3.2, 5P.472/2006 E. 2.1, BGE 127 V 431 E. 3d/aa, BGE 116 Ia 94 E. 2, BGE 110 Ia 81 E. 5d, BGE 105 Ib 171 E. 3b). Sind diese Voraussetzungen erfüllt, darf die Rechtsmittelinstanz – unter dem Aspekt der alleinigen Rüge der Verletzung des rechtlichen Gehörs – von einer Rückweisung an die Erstinstanz absehen und in der Sache selbst entscheiden. Von einer Rückweisung der Sache ist selbst bei einer schwerwiegenden Verletzung des rechtlichen Gehörs dann abzusehen, wenn und soweit die Rückweisung zu einem formalistischen Leerlauf und damit zu unnötigen Verzögerungen führen würde, die mit dem (dem rechtlichen Gehör gleichgestellten) Interesse der betroffenen Partei an einer beförderlichen Beurteilung der Sache nicht zu vereinbaren wären (BGE 132 V 387 E. 5.1; Urteil BGer 5A_805/2009 E. 3.3).

1.199 Das rechtliche Gehör nach Art. 29 Abs. 2 BV verlangt, dass die Behörde die Vorbringen des vom Entscheid in seiner Rechtsstellung Betroffenen auch tatsächlich hört, prüft und in der Entscheidfindung berücksichtigt (BGE 124 I 241 E. 2 mit Hinweisen).

1.200 Das rechtliche Gehör wird verletzt, wenn eine Frist zur Stellungnahme auf den Tag, an dem der Zeitpunkt zur Abholung der Mitteilung gemäss den AGB der Post endete, angesetzt wird (Urteil BGer 5D_69/2009 E. 2.3, BGE 104 Ia 465 E. 3). Als verletzt gilt es auch, wenn die Rechtsmittelinstanz (als dritte Instanz) zwar den Besuchsberechtigten, dem die Akteneinsicht verweigert wurde, anhört, ihr Urteil aber entscheidend auf Fachberichte und Expertisen abstellt, zu denen der Beschwerdeführer und Besuchsberechtigte nie beigezogen wurde und welche deshalb nicht als unabhängige Fachexpertisen gelten können. Das wäre nur zulässig für vorsorgliche Massnahmen bei dringender Gefahr, nicht aber zur Regelung des persönlichen Verkehrs nach einem zweijährigen Besuchsunterbruch (Urteil BGer 5A_805/2009 E. 3.4).

1.8.12. Entscheidfällung

1.201 Aus dem Anspruch auf rechtliches Gehör folgt die Verpflichtung der Behörde, ihren *Entscheid zu begründen*. Dabei ist es nicht erforderlich, dass sie sich mit allen Standpunkten der Betroffenen einlässlich auseinandersetzt und jedes einzelne Vorbringen ausdrücklich widerlegt. Vielmehr kann sie sich auf die für den Entscheid wesentlichen Punkte beschränken. Die Begründung muss so abgefasst sein, dass sich die Betroffenen über die Tragweite des Entscheids Rechenschaft geben und ihn in voller Kenntnis der Sache an die höhere Instanz weiterziehen können. In diesem Sinne müssen wenigstens kurz die Überlegungen genannt werden, von denen sich die Behörde hat leiten lassen und auf die sich ihr Entscheid stützt (Urteile BGer 5A_27/2011 E. 3, 5A_341/2008 E. 5.1, BGE 134 I 83 E. 4.1, BGE 133 III 439 E. 3.3, BGE 130 II 530 E. 4.3, BGE 129 I 232 E. 3.2, 126 I 97 E. 2b, je mit Hinweisen).

1.8.13. Eröffnung der Verfügung

Die Erledigung einer Angelegenheit ist den Verfahrensbeteiligten schriftlich mitzuteilen (vgl. z.B. § 10 Abs. 3 VRG ZH) beziehungsweise zu eröffnen (Art. 239 ZPO, Art. 60 BGG, Art. 44 VRPG BE). Unbesehen der unterschiedlichen Terminologie geht es darum, die Verfahrensbetroffenen in Kenntnis des erlassenen Entscheides zu setzen und ihnen damit gegebenenfalls auch die Einlegung eines Rechtsmittels zu ermöglichen. Der *Beweis* der erfolgten Zustellung obliegt der Behörde. Soweit die ZPO anwendbar ist, erfolgt die Zustellung gültig, wenn die Sendung von einer im gleichen Haushalt lebenden, mindestens 16 Jahre alten Person entgegengenommen wurde (Art. 138 Abs. 2 ZPO, Urteil BGer 5A_852/2011). Wird die Zustellung uneingeschriebener Sendungen bestritten, muss im Zweifel auf die Darstellung des Empfängers abgestellt werden (BGE 129 I 8 E. 2.2; Urteil BGer 9C_791/2010 E. 4.1).

1.202

Im Kindes- und Erwachsenenschutz muss aufgrund der *unterschiedlichen Informationsbedürfnisse und -rechte* der Direktbetroffenen und allenfalls weiterer Beteiligter in der Eröffnungsformel im Anschluss an das Dispositiv und die Rechtsmittelbelehrung ausdifferenziert werden,

1.203

- wem der Entscheid mit einem *Zustellungsnachweis* zu eröffnen ist, was entweder nach kantonalem Recht oder gemäss ZPO erfolgt (Art. 450f ZGB). Diese Form erfolgt in der Regel durch eingeschriebene Post mit Rückschein, mittels Gerichtsurkunde, durch direkte Aushändigung gegen Empfangsbestätigung (vgl. z.B. Art. 44 VRPG BE und Muster Neutrale Verfügung Rz. 1.154), bei unbekannter Adresse gegebenenfalls durch Veröffentlichung oder im Einverständnis der Parteien elektronisch (Art. 239 Abs. 3 ZPO i.V.m. Art. 60 Abs. 3 BGG und Art. 9 ff. Verordnung über die elektronische Übermittlung im Rahmen von Zivil- und Strafprozessen sowie von Schuldbetreibungs- und Konkursverfahren, SR 272.1). Adressaten sind die Direktbetroffenen, welche am Verfahren teilgenommen haben und gemäss Art. 450 ZGB zur Beschwerde legitimiert sind.
- wem der Entscheid durch einfache Postzustellung ohne Zustellungsnachweis mitzuteilen ist. Es sind in der Regel Beschwerdelegitimierte nach Art. 450 ZGB, welche aber am bisherigen Verfahren nicht teilgenommen haben (je nach Beschwerderisikolage ist aber auch diesen der Entscheid mit Zustellungsnachweis zu eröffnen),

- wem das Dispositiv oder Auszüge daraus aufgrund eines besondern (gesetzlichen oder faktischen) Informationsinteresses mitzuteilen ist (z.B. Zivilstandsamt gemäss Art. 449c ZGB, Betreibungsamt gemäss Art. 68d SchKG, Heime usw.).

1.204 Wird ein Adressat anlässlich einer versuchten Zustellung einer eingeschriebenen Briefpostsendung oder Gerichtsurkunde nicht angetroffen und daher eine *Abholeinladung* in seinen Briefkasten oder sein Postfach gelegt, so gilt die Sendung in jenem Zeitpunkt als zugestellt, in welchem sie auf der Post abgeholt wird. Geschieht das nicht innert der Abholfrist, die sieben Tage beträgt, so gilt die Sendung als am letzten Tag dieser Frist zugestellt, sofern der Adressat mit der Zustellung rechnen musste (Zustellfiktion, Urteil BGer 5A_325/2012 E. 2). Es gilt die Regel «Datum des ersten Zustellversuchs plus 7» (Urteil BGer 5A_2/2010; Koller, jusletter 17.5.2010). Enthält die eröffnete Verfügung (als Zwischenverfügung) eine Frist zur Stellungnahme, und fällt diese auf den Tag, an dem der Zeitpunkt zur Abholung der Mitteilung endete, kommt dies der Verweigerung des rechtlichen Gehörs gleich (Urteil BGer 5D_69/2009 E. 2.3, BGE 104 Ia 465 E. 3).

1.205 Hat der Adressat oder die Adressatin der Post einen Nachsendeauftrag «postlagernd» erteilt, beginnt die Frist am Tag nach Zustellung an die Nachsendepoststelle (z.B. Feriendomizil; Urteil BGer 5P.425/2005 und ZBJV 2008 S. 201 f.).

1.206 Hat der Adressat oder die Adressatin der Post einen *Postrückbehaltungsauftrag* erteilt, gilt ebenfalls die 7-tägige Frist ab Eingang bei der Poststelle (BGE 134 V 49). Anders verhält es sich, wenn die Behörde den Entscheid postlagernd zustellt, sich also darauf einlässt, dass ein Adressat nur postlagernd erreichbar ist: Diesfalls gilt eine Abholfrist von 30 Tagen und nicht von 7 Tagen (Leuenberger, ZBJV 2008 S. 202 f.; in BGE 127 III 173 offen gelassen).

1.207 Die Regeln über die Zustellung während der *Gerichtsferien* (Urteil BGer 5C.196/2006 E. 2 [nicht publiziert in BGE 135 III 49]; BGE 132 II 153; Leuenberger, ZBJV 2008 S. 200 f.) sind nur im Verfahren vor Bundesgericht anwendbar (Rz. 1.165; Urteil BGer 5A_325/2012 E. 2).

1.208 Fällt der *letzte Tag einer Frist* auf einen Samstag, einen Sonntag oder einen am Gerichtsort vom Bundesrecht oder vom kantonalen Recht anerkannten Feiertag, so endet sie am nächsten Werktag (Art. 142 Abs. 3 ZPO).

1.209 Die Zustellfiktion gilt *während eines hängigen Verfahrens* und wenn die Verfahrensbeteiligten *mit der Zustellung eines behördlichen Entscheides mit einer gewissen Wahrscheinlichkeit rechnen müssen*. Liegt der letzte Kontakt mit der Behörde über ein Jahr zurück, so kann von der Zustellfiktion nicht mehr ausgegangen werden, sondern nur noch von der Empfangspflicht des am Verfahren Beteiligten in dem Sinn, dass er für die Behörde erreichbar sein muss; eine Abwesenheit von wenigen Wochen kann ihm in diesem Fall nicht entgegengehalten werden (Urteil BGer 2P.120/2005, ZBJV 2006 S. 553 f.).

Wenn der Adressat allerdings über *keine Zustellmöglichkeit* verfügt (wohnen in einem abgelegenen Wohncontainer), können sich in der Praxis durchaus ungeklärte Fragen hinsichtlich der Zustellfiktion ergeben (Urteil BGer 5A_693/2009 E. 2.2).

1.210

Wird eine Partei durch einen *Rechtsvertreter* vertreten, muss diesem die Verfügung eröffnet werden (Urteil BGer 9C_791/2010 E. 4.2; BGE 99 V 177). Ob einer vom Eröffnungsmangel betroffenen Partei durch die direkte Zustellung tatsächlich ein Nachteil erwuchs, ist nach den konkreten Umständen des Einzelfalls zu prüfen (Urteil BGer 9C_791/2010 E. 2, BGE 132 I 249 E. 6, 122 I 97 E. 3a/aa, 111 V 149 E. 4c).

1.211

1.8.14. Vollstreckung

Vollstreckungsfähig und -bedürftig (Art. 450g ZGB) ist ein Entscheid nur, wenn er zu einem *Tun*, *Dulden* oder *Unterlassen* verpflichtet, der pflichtigen Person im Einzelfall klar, verlässlich und definitiv darüber Aufschluss gibt, wie sie sich zu verhalten habe (Urteil BGer 5C.105/2003 E. 2.2), und zu befürchten ist, dass die Belasteten ihren Verpflichtungen nicht nachkommen (Urteil BGer 5A_276/2007). Im Bereich des Kindes- und Erwachsenenschutzes sind die meisten Entscheide direkt anwend- oder vollziehbar und bedürfen keiner Vollstreckungsmassnahmen (z.B. Übertragung gemeinsamer elterlicher Sorge, Validierung Vorsorgeauftrag, Errichtung Beistandschaft, die durch Beistand vollzogen wird). Die KESB vollstreckt ihre Entscheide auf Antrag oder von Amtes wegen (Art. 450g Abs. 1 ZGB) und kann die Vollstreckung bereits im Sachentscheid anordnen, womit dieser direkt vollstreckt werden kann (Art. 450g Abs. 2 ZGB). Die Vollstreckung, namentlich der unmittelbare Zwang, findet allerdings selbst da, wo er von der Sache her möglich ist, nur zurückhaltend Gebrauch, weil die Entscheide der KESB grundsätzlich nicht gegen die schutzbedürftige Person gerichtet sind, sondern ihrem Wohl dienen. Nur wenn *Dritte den Schutz vereiteln* oder sich die Person ihrem wohlverstandenen und unverzichtbaren Schutz *entzieht*, muss und soll ausnahmsweise auf unmittelbaren Zwang zurückgegriffen werden. In der Regel sind Zwangsmassnahmen vorher aber anzudrohen (Art. 450g Abs. 3 in fine ZGB). In der Praxis kann sich insbesondere in folgenden Fällen ein Bedarf nach Anordnung einer Zwangsvollstreckung und nach dem Einsatz *repressiver* oder *exekutorischer Mittel* ergeben, wobei psychologischer Zwang (Androhung der Un-

1.212

gehorsamsstrafe gemäss Art. 292 StGB oder im Falle der Anwendbarkeit der ZPO Ordnungsbussen gemäss Art. 343 Abs. 1 lit. b und c ZPO) im Vordergrund steht:

- *Verpflichtungen an die besuchsbelastete Person*, ein Kind der besuchsberechtigten Person zur Verfügung zu halten oder zuzuführen, verbunden mit der Androhung der Ungehorsamsstrafe gemäss Art. 292 StGB oder im Falle der Anwendbarkeit der ZPO bzw. wenn das kantonale Recht dies vorsieht Ordnungsbussen gemäss Art. 343 Abs. 1 lit. b und c ZPO (Urteil BGer 5A_64/2010). In ausgesprochenen Ausnahmefällen kann auch bei einer Besuchsrechtsverweigerung unmittelbarer (polizeilicher) Zwang zur Anwendung gelangen, was aber nur dann denkbar ist, wenn dadurch den Anliegen eines Kindes entsprochen wird,
- *Ermahnungen oder Weisungen an Eltern, Pflegeeltern oder Kind* gemäss Art. 307 Abs. 3 oder Art. 273 Abs. 2 ZGB (Urteile BGer 5A_457/2009 E. 4.3, 5A_140/2010 E. 3.2, BGE 136 III 353 E. 3.3),
- *Vorführung eines ordentlich geladenen, aber nicht erschienenen Zeugen* nach kantonalem Verfahrensrecht oder Art. 167 Abs. 1 lit. c ZPO. Als Zwangsmittel bietet sich auch die polizeiliche Zuführung an, sofern dies verhältnismässig erscheint (Art. 5 und 36 BV, vgl. auch Art. 450g Abs. 3 Satz 1 ZGB),
- *Vorführung von Verfahrensbetroffenen zur Anhörung und Auskunftserteilung* nach den Regeln der Untersuchungsmaxime (Art. 448 Abs. 1 ZGB). Die Zwangsmittel werden hier insbesondere mit Rücksicht auf das verfolgte Betreuungsziel sehr sorgfältig auszuwählen sein (Art. 388, 406 ZGB), was immer eine sorgfältige Abwägung zwischen behördlichem Durchsetzungsbedarf einerseits, Belastbarkeit, Schutzbedarf und Verletzlichkeit der Adressaten andererseits bedingt,
- *Zuführung eines Minderjährigen* an den Pflegeplatz, an die Klinik oder Einrichtung nach erfolgtem Obhutsentzug, wenn es trotz allen pädagogischen Geschicks der KESB von den bisher Obhutsberechtigten nicht überbracht wird oder sich selbst der verfügten Platzierung entzieht,
- *Fürsorgerische Unterbringung einer volljährigen Person* zur Behandlung in der Klinik (Art. 426, 429 ZGB) oder zur Begutachtung (Art. 449 ZGB). Zum Verhältnismässigkeitsprinzip und rechtlichen Gehör vgl. Urteil BGer 5A_341/2009; ZVW 1999, 37 ff.; BGE 121 III 204,
- Informationsbeschaffung anlässlich der *Inventaraufnahme* (Art. 405 Abs. 4 ZGB),
- Anordnungen der KESB im Rahmen ihrer *Aufsichtspflicht* (Art. 419 ZGB), namentlich vorsorgliche Massnahmen (Art. 445 ZGB), im Rahmen eines Entlassungsverfahrens gegen einen Beistand (Art. 423 ZGB) oder bei Ausbleiben einer Schlussrechnung (Art. 425 ZGB) und Übergabe der Vermögen an die Berechtigten.

1.213 Vgl. auch Modell Vorsorgliche Massnahme Rz. 1.150.

1.8. Verfahren

Vollstreckungsentscheid

1.214

Persönlicher Verkehr zwischen Kind und Vater/Massnahme zur Realisierung der geltenden Regelung

Sachverhalt

1. Mit Verfügung vom ... legte die Kindesschutzbehörde A. die zwischen dem Kind K. und seinem Vater V. gültige Besuchsordnung fest. Danach gilt folgende Regelung: (...).
2. Die Verfügung vom ... wurde am ... den Beteiligten eröffnet und blieb unangefochten.
3. Mit Gesuch vom ... ersucht der besuchsberechtigte Vater, Herr V., um Vollstreckung der ergangenen Besuchsrechtsregelung. Er begründet sein Gesuch damit, dass die Kindsmutter, Frau M., die behördlich verfügte Regelung des persönlichen Verkehrs nicht ernst nehme, sich unkooperativ verhalte und dem Gesuchsteller nach Lust und Laune das Besuchsrecht gewähre oder verweigere, was mittels SMS-Botschaft und E-Mails belegt wird. Das habe dazu geführt, dass das Kind und der Gesuchsteller an keinem einzigen Monat das Besuchsrecht im ihnen zustehenden Umfang hätten ausüben können.
4. Die Anhörungen der Mutter und des Kindes erbrachten folgende Erkenntnisse: ...

Erwägungen

1. Die mit Verfügung vom ... erlassene Besuchs- und Ferienordnung ist in formelle Rechtskraft erwachsen. Die Besuchsbelastete, Frau M., hält sich nachweislich nur nach ihrem Belieben und unregelmässig an die Besuchsordnung.
2. Verlässliche und regelmässige Kontakte zu beiden Eltern, insbesondere auch zu jenem, welcher mit dem Kind nicht in Hausgemeinschaft lebt, sind in der Regel im Interesse des Kindes. Nach den Erkenntnissen der Kindesschutzbehörde A. wird dies zurzeit nicht gewährleistet, obwohl nichts dagegen spricht. Daher ist aus der Sicht des Kindesinteresses das Nötige zu veranlassen, damit das Kind auf ein regelmässiges Besuchsrecht zählen kann und vor Enttäuschungen und Ungewissheiten verschont bleibt.
3. Bei der Zwangsvollstreckung von Regelungen über den persönlichen Verkehr ist gewöhnlich auf polizeiliche Interventionen zu verzichten, weil solche mit dem Kindeswohl eher unvereinbar scheinen. Jedenfalls sind sie auf Fälle zu beschränken, wo die Durchsetzung des Besuchsrechts unter dem Aspekt des Kindeswohls höher zu gewichten ist als das Risiko einer Traumatisierung und von familiärer Demütigung. Aus diesem Grund erachtet es die Kindesschutzbehörde zurzeit als nicht angemessen, polizeiliche Hilfe zur Durchsetzung des Besuchsrechts in Anspruch zu nehmen,

> sie behält sich eine solche Massnahme bei andauernder Obstruktion aber ausdrücklich vor.
> 4. Die Gebühren dieser Verfügung werden auf Fr. ... festgelegt und sind gemäss (kant. Recht) der Inhaberin der elterlichen Sorge zu belasten.
>
> **Entscheid**
>
> 1. Die Inhaberin der elterlichen Sorge, Frau M., wird unter Androhung der Ungehorsamsstrafe im Widerhandlungsfall gemäss Art. 292 StGB* angewiesen, dem Kindsvater, Herrn V., das Kind K. zur Ausübung des Besuchs- und Ferienrechts gemäss Ziffer n. bis nn. des Beschlusses der Kindesschutzbehörde A. vom ... herauszugeben.
> 2. Die Verfahrenskosten werden auf Fr. ... festgelegt und Frau M. zur Bezahlung auferlegt.
> 3. Gegen diesen Entscheid kann innert dreissig Tagen nach dessen Mitteilung Beschwerde bei der gerichtlichen Beschwerdeinstanz (Name, Adresse) erhoben werden (Art. 450 ZGB). Einer allfälligen Beschwerde wird in Anwendung von Art. 450c ZGB die aufschiebende Wirkung entzogen.
> 4. Eröffnung mittels eingeschriebenem Brief mit Rückschein oder gegen Empfangsbestätigung an:
>   – Frau M.
>   – Herrn V.
> 5. Mitteilung an:
>   – Beiständin/Beistand (gegebenenfalls)
>
> * Art. 292 StGB: «Wer der von einer zuständigen Behörde oder einem zuständigen Beamten unter Hinweis auf die Strafdrohung dieses Artikels an ihn erlassenen Verfügung nicht Folge leistet, wird mit Busse bestraft.»

1.9. Schweigepflicht und Mitteilungsrechte/-pflichten

Literatur

Botschaft, 7055, 7076, 7080 f., 7082, 7089 ff.

Allgemeine Literatur: BSK ESR-Affolter/Gerber Jenni, Art. 413; BSK ESR-Auer/Marti, Art. 443, 448, 449c; BSK ESR-Geiser, Art. 451; BSK-DSG; BSK StGB II-Oberholzer, Art. 321; Belser Eva Maria/Epiney Astrid/Waldmann Bernhard, Datenschutzrecht. Grundlagen und öffentliches Recht, Bern 2011; FamKomm ESR-Häfeli, Art. 413; FamKomm ESR-Steck, Art. 443, 448, 449c; FamKomm ESR-Cottier/Hassler, Art. 451; OFK ZGB-Fassbind, Art. 413, 443, 448, 449c, 451; Hausheer/Geiser/Aebi-Müller, 1.97 ff.; KUKO ZGB-Mösch Payot, Art. 453; KUKO ZGB-Rosch, Art. 413, 443, 448, 449c, 451; Meier Philippe, Protection des données, Bern 2011; Meier/Lukic, 145 ff.; Schmid, Art. 413, 443, 448, 449c, 451; Rosenthal David/Jöhri Yvonne, Handkommentar zum Datenschutzgesetz sowie weiteren ausgewählten Bestimmungen, Zürich 2008; Stratenwerth Günter/Bommer Felix, Schweizerisches Strafrecht, Besonderer Teil II, Straftaten gegen Gemeininteressen, 6. Aufl., Bern 2008.

Spezifische Literatur: Elsener Aldo, Das Vormundschaftsgeheimnis, Zürich 1993; Geiser Thomas, Amtsgeheimnis und Verantwortlichkeit, in: ZSR 2003 I, 385 ff.; Guillod Oliver/Winkler

1.9. Schweigepflicht und Mitteilungsrechte/-pflichten

Gladys, Un professionnel de la santé peut-il être tenu de signaler les cas de mise en danger de mineurs?, in: jusletter 13. August 2007; Meier Philippe, La confidentialité des informations médicales dans le cadre des activités tutélaires, in: ZVW 1996, 205 ff.; Kägi-Diener Regula, Entscheidfindung in komplexen Verwaltungsverhältnissen, Basel 1994; Rosch Daniel, Schweigen und Sprechen im System, Bern 2005; Rosch Daniel, Menschenrechte und Datenschutz in der Sozialen Arbeit, in: Menschenrechte und Digitalisierung des Alltags, Internationales Menschenrechtsforum Luzern, Band VII, Bern 2011, 211 ff.; Rosch Daniel, Melderechte, Melde- und Mitwirkungspflichten, Amtshilfe: Die Zusammenarbeit mit der neuen Kindes- und Erwachsenenschutzbehörde, erscheint in: FamPra.ch 4 (2012); Simon Jürg Walter, Amtshilfe. Allgemeine Verpflichtungen, Schranken und Grundsätze, Chur/Zürich 1991; Ursprung Rudolf, Die interdisziplinäre Zusammenarbeit, in: ZVW 2003, 369 ff.

Das bisherige Vormundschaftsrecht kannte das Vormundschaftsgeheimnis als ungeschriebener und vom Strafrecht unabhängiger Grundsatz, der aus diversen bundesrechtlichen Bestimmungen hergeleitet wurde. Im revidierten Recht wird die Verschwiegenheitspflicht für die KESB in Art. 451 Abs. 1 ZGB und für die Beistände/Beiständinnen in Art. 413 Abs. 2 ZGB explizit geregelt.

1.215

Grundsatz: Kindes- und Erwachsenenschutzgeheimnis
- **KESB**: Art. 451 ZGB
- **Beistand/Beiständin**: Art. 413 Abs. 2 ZGB

Ausnahme 1: Einwilligung

Ausnahme 2: Gesetzliche Grundlage: Amtshilfe (Art. 448 ZGB), Rechtshilfe, Melderechte/-pflichten (Art. 443, 449c, 413 Abs. 3 ZGB usw.), Akteneinsichtsrecht (Art. 449b ZGB), Auskunftsrecht (Art. 451 ZGB)

Ausnahme 3: Besondere Situationen: Notstand, Art. 14 StGB, Qualitätssicherungsinstrumente (Supervision)

Prinzipien:
- Verhältnismässigkeit
- Richtigkeit der Daten
- Sicherheit
- Rechtmässige Beschaffung
- Transparenz
- Zweckbindung

1.9.1. Allgemeines

Die Schweigepflicht der KESB bzw. der Beistände/Beiständinnen dient nicht dem Schutz der Daten («Datenschutz»), sondern dem Schutz der *Persönlichkeitsrechte* der betroffenen Person. Es geht um den Schutz von Daten, die mit einer Person verbunden sind (*Personendaten*). Im Rahmen der behördlichen Tätigkeit der KESB, aber auch im Rahmen der Man-

1.216

datsführung, werden in aller Regel Daten im hochsensiblen Bereich, zumeist als *(besonders) schützenswerte Daten* in den kantonalen Gesetzen bezeichnet, bearbeitet. Das kommt daher, dass gemäss Art. 388 Abs. 2 bzw. Art. 406 ZGB die Behörde bzw. Mandatsträger/innen die Selbstbestimmung fördern soll/en, bzw. ein Vertrauensverhältnis angestrebt wird, damit der Schutzbedarf im Minimum gemindert wird. Beides bedarf der Kenntnisse des Schwächezustandes und der Hilfs- und Schutzbedürftigkeit. Damit wird der Intim- und Geheimbereich Gegenstand der sozialarbeiterischen Tätigkeit. Gelingende Interventionen im Sinne der Inklusionsförderung («Integration») bzw. Exklusionsvermeidung («Desintegration») wie z.B. Motivationsförderung, Mobilisierung von Ressourcen oder Verhaltensänderungen können aber zumeist nur erfolgreich sein, wenn die Persönlichkeitsrechte gewahrt werden. Deshalb unterstellen die Datenschutzgesetze die Bearbeitung dieser (besonders) schützenswerten Daten regelmässig besonders strengen Voraussetzungen. Intimitätszusicherung/Datenschutz und Vertrauensverhältnis sind mit anderen Worten zwei Seiten derselben Medaille.

1.217 *Zweck* des Kindes- und Erwachsenenschutzgeheimnisses ist einerseits das Recht auf *informationelle Selbstbestimmung* der betroffenen Person (Art. 13 Abs. 2 BV) und anderseits der Schutz der öffentlichen Interessen (Schutz der staatlichen Verwaltungstätigkeit durch Vertraulichkeitszusicherung) zu gewährleisten. *Geheimnisherr* ist zum einen die von einer Massnahme des Kindes- und Erwachsenenschutzrechts betroffene Person, und zum anderen der Staat, vertreten durch die KESB (inkl. Behördensekretariat sowie interne/externe Abklärungsdienste) bzw. die Mandatsträger/innen. Nicht dazu gehören die Ärzte/Ärztinnen gemäss Art. 427, 429, 434 f. und Art. 438 ZGB; hier muss das Kindes- und Erwachsenenschutzgeheimnis analog Geltung haben. Für weitere Personen und Organe im Rahmen des Erwachsenenschutzrechts i.w.S. (vgl. Rz. 1.3) wie der/die Vorsorgebeauftragte oder der/die eingetragene Partner/in bzw. der/die Ehegatte/Ehegattin sind die allgemeinen datenschutzrechtlichen Grundlagen anwendbar (z.B. Art. 28 ZGB, Datenschutzgesetz, Art. 398 OR, Art. 321 StGB). *Geheimhaltungsobjekt* des Kindes- und Erwachsenenschutzgeheimnisses ist «die Gesamtheit der den Geheimnisträgern in Erfüllung ihrer vormundschaftsrechtlichen [d.h. kindes- und erwachsenenschutzrechtlichen; Anm.d.Verf.] oder amtlichen Funktion anvertrauten oder von ihnen sonst wie wahrgenommenen persönlichen Verhältnisse des Klienten, seiner Angehörigen oder beteiligter Dritter» (ELSENER, 195). Hierzu gehören zunächst einmal die behördlichen Massnahmen, das direkte Handeln der Behörde, aber auch private Massnahmen, bei welchen die KESB involviert wurde, wie beim Vorsorgeauftrag oder bei der Patientenverfügung.

1.9. Schweigepflicht und Mitteilungsrechte/-pflichten

Im Verhältnis zu anderen Stillschweigeverpflichtungen geht das Kindes- und Erwachsenenschutzgeheimnis zunächst dem *Amtsgeheimnis* gemäss Art. 320 StGB als lex specialis vor. Für *private Mandatsträger/innen* ist nach wohl herrschender Lehre das Amtsgeheimnis nicht anwendbar (a.M.: KUKO ZGB-Häfeli, Art. 413 N 14; Rosch, Schweigen und Sprechen, 63 m.w.H.). Gleiches gilt im Verhältnis zu den *Datenschutzgesetzen* und weiteren allgemeinen *Schweigepflichten und Berufsgeheimnissen* (z.B. aufgrund des Personalrechts). Diese bieten i.d.R. die Grundlage für das speziellere Kindes- und Erwachsenenschutzgeheimnis und sind somit anwendbar, solange das Kindes- und Erwachsenenschutzgeheimnis nicht explizit dagegen steht. Im Konfliktfall geht das Kindes- und Erwachsenenschutzgeheimnis vor. Aufgrund dessen und der restriktiveren Handhabung im Einzelfalle zeigt sich auch, dass das Kindes- und Erwachsenenschutzgeheimnis eine *besondere Schweigepflicht* darstellt.

1.218

Art. 451 Abs. 1 und Art. 413 Abs. 2 ZGB sehen vor, dass bei entgegenstehenden *überwiegenden Interessen* keine Schweigepflicht im Sinne des Kindes- und Erwachsenenschutzgeheimnisses besteht. Damit wird auf Art. 28 Abs. 2 ZGB verwiesen, der durch die Datenschutzgesetzgebung konkretisiert wird (vgl. BGE 127 III 481 E. 3). In Bezug auf die Frage der Anwendbarkeit des Bundes- oder des jeweiligen kantonalen Datenschutzgesetzes gelangt das *jeweilige kantonale Datenschutzgesetz* für die KESB und die Mandatsträger/innen zur Anwendung, da die Erfüllung einer Bundesaufgabe und der Vollzug von Bundesrecht allein ein kantonales Organ nicht zu einem Bundesorgan macht (vgl. BGE 122 I 153 E. 2c/d; BGer v. 28.11.2011, 6B_4/2011 E. 2.5;). Die *datenschutzrechtlichen Grundsätze* finden somit auch im Rahmen des Kindes- und Erwachsenenschutzgeheimnisses Anwendung. Der Verweis auf die überwiegenden Interessen bietet vielmehr eine zusätzliche Überprüfung im Rahmen des Verhältnismässigkeitsgrundsatzes. Auch wenn eine nach Datenschutzrecht zulässiger Datenaustausch aufgrund einer Einwilligung oder gesetzlichen Grundlage vorliegt, hat die Behörde bzw. der/die Mandatsträger/in nach *pflichtgemässem Ermessen* im Rahmen einer Rechtsgüterabwägung wie bei der Prüfung der Zumutbarkeit zu prüfen, ob der Austausch einem überwiegenden Interesse gleichkommt. Nach allgemeinen Grundsätzen des Datenschutzrechtes sind somit folgende *Durchbrechungen* des Kindes- und Erwachsenenschutzgeheimnisses vorgesehen:

1.219

1. Die *Einwilligung der betroffenen Person*: Die Einwilligung ist eine einseitige empfangsbedürftige Willenserklärung und setzt Urteilsfähigkeit voraus. Sie ist ein Akt wirklicher Selbstbestimmung. Der/die Betroffene benötigt die Fähigkeit, die Bedeutung und die Tragweite des Eingriffes zu beurteilen. Die Einwilligung ist aus persönlichkeitsrechtlicher Sicht

die Massnahme, welche am stärksten die Selbstbestimmung der betroffenen Person beachtet.
2. Die *gesetzliche Grundlage*: Die Schweigepflicht kann zudem durchbrochen werden, wo eine gesetzliche Grundlage dies ausdrücklich zulässt und die Durchbrechung verhältnismässig ist. Gesetzliche Grundlagen finden sich im Rahmen der Amtshilfe, der Melderechte und Meldepflichten, des Akteneinsichtsrechts sowie von Erlaubnissen im Einzelfall (z.B. Art. 413 Abs. 3, Art. 451 Abs. 2 ZGB). Weitere Voraussetzungen für eine Durchbrechung des Kindes- und Erwachsenenschutzgeheimnisses finden sich in den kantonalen Datenschutzgesetzen (z.B. Richtigkeit der Daten, Transparenz, formell gesetzliche Grundlage bei besonders schützenswerten Daten, Zweckbindung usw.).
3. *Besondere Situationen:* Dazu gehören zunächst einmal die Durchbrechung rechtfertigender Sachverhalte wie Notstand oder notstandsähnliche Situationen (Art. 52 OR, Art. 14 ff. StGB, Art. 452 ZGB). Sie sind regelmässig nur zulässig, wenn im Rahmen einer Güterabwägung zum Schutz *höherrangiger Güter* (z.B. Leib, Leben) die Schweigepflicht durchbrochen werden muss. Zu den besonderen Situationen gehören auch *Qualitätssicherungsinstrumente*, wie Supervisionen, Intervisionen, Revisorate usw. Zum Zwecke der Qualitätssicherung und damit, um einer Aufsichtspflicht nachzukommen (vgl. Art. 14 StGB), ist eine Durchbrechung der Schweigepflicht soweit erforderlich zulässig. Wenn möglich sind die persönlichkeitsrelevanten Daten aber zu *anonymisieren*. Zu den besonderen Situationen gehört auch die Zusammenarbeitspflicht gemäss Art. 453 ZGB. Sie bedingen eine notstandsähnliche Situation (vgl. Rz. 1.231).

1.220 Nachfolgend werden einzelne wichtige Elemente der Durchbrechung der Schweigepflicht genauer erörtert. Es sind dies die Melderechte und Meldepflichten, die Amtshilfe und die Zusammenarbeitspflicht gemäss Art. 453 ZGB.

1.9.2. Melderechte und Meldepflichten

1.221 Das neue Recht nennt in Art. 443 ZGB Melderechte und Meldepflichten. Diese sind *terminologisch* gleichbedeutend wie Mitteilungsrechte und Mitteilungspflichten. Soweit es sich um strafrechtliche Anzeigen handelt, wird von Anzeigerechten und Anzeigepflichten gesprochen.

1.222 Art. 443 ZGB soll infolge einer Motion von Josiane Aubert dahingehend *revidiert* werden, dass eine allgemeine Meldepflicht gegenüber der KESB mit gewissen klar umschriebenen Ausnahmen in allen Schweizer Kanto-

1.9. Schweigepflicht und Mitteilungsrechte/-pflichten

nen Gültigkeit haben soll (Motion 08.3790 – Schutz des Kindes vor Misshandlung und sexuellen Missbrauch, AmtlBull SR 2010, 1025).

Grundsätzlich wird die KESB entweder auf Antrag oder von Amtes wegen tätig (vgl. Art. 368 Abs. 1, Art. 373, Art. 376 Abs. 2, Art. 381 Abs. 3, Art. 390 Abs. 3 ZGB). Soweit ein *Antragsrecht* in den genannten Bestimmungen vorgesehen ist, ist nur ein begrenzter Personenkreis antragsberechtigt. Das *allgemeine Melderecht* gemäss Art. 443 Abs. 1 ZGB ermöglicht deshalb auch Dritten, die nicht antragsberechtigt sind, aber gegebenenfalls unter Amtsgeheimnis stehen, an die KESB zu gelangen. Demnach kann jede Person der KESB Meldung erstatten, wenn eine Person *hilfsbedürftig erscheint*. Vorbehalten bleiben die Bestimmungen über das Berufsgeheimnis; hier bedarf es entweder der Einwilligung der betroffenen Person oder die Entbindung durch die vorgesetzte Behörde (vgl. Art. 321 StGB). Für die *Meldung* bedarf es nicht der Urteilsfähigkeit des Meldenden. Es sind keine Formvorschriften z.B. Schriftlichkeit zulässig; anonyme Meldungen hat die Behörde aufgrund der Offizialmaxime zu prüfen. Die Meldung muss eine *rechtserhebliche Tatsache* in Bezug auf die Hilfsbedürftigkeit einer Person beinhalten. Dabei ist es ausreichend, dass die Person als hilfsbedürftig erscheint; nicht notwendig ist, dass die meldende Person überprüft, ob dem auch wirklich so ist. Damit überlässt der Gesetzgeber der rechtsanwendenden Person die Einschätzung, wann eine Person als hilfsbedürftig erscheint. Zudem sind im Rahmen eines Melderechts im Einzelfall die *Interessen gegeneinander abzuwägen*, soweit das Gesetz nicht ausdrücklich für diese Situation oder das Berufsfeld selbst eine Abwägung vornimmt (vgl. Melde- und Anzeigepflichten).

1.223

Weitere Melderechte finden sich z.B.

1.224

- bei Art. 453 Abs. 2 ZGB (vgl. Rz. 1.231);
- bei Art. 364 StGB, wonach die zur Wahrung des Amts- und Berufsgeheimnisses verpflichteten Personen berechtigt sind, strafbare Handlungen, die an einem/einer Minderjährigen begangen wurden, der KESB zu melden;
- bei Art. 452 Abs. 2 ZGB i.V.m. Art. 68d SchKG, wonach die KESB den Schuldnern bzw. dem Betreibungsamt mitteilen kann, dass eine Beistandschaft errichtet wurde;
- bei Art. 3c BetmG, wonach Amtsstellen und Fachleute im Erziehungs-, Sozial-, Gesundheits-, Justiz- und Polizeiwesen den zuständigen Behandlungs- oder Soziahilfestellen namentlich bei erheblicher Gefährdung der Betroffenen Fälle von vorliegenden oder drohenden suchtbedingten Störungen melden dürfen;
- für die Beratungsstelle gemäss Art. 11 Abs. 3 OHG zur Information der KESB bzw. der Strafverfolgungsbehörde, wenn die körperliche, psychi-

sche oder sexuelle Integrität eines minderjährigen Opfers oder einer anderen unmündigen Person ernsthalft gefährdet ist;
- nach kantonalem Recht, in der Regel in den Einführungsgesetzen zum ZGB, zur StPO, JStPO oder ZPO.

1.225 Art. 443 Abs. 2 ZGB umschreibt eine *Meldepflicht* für Personen in amtlicher Tätigkeit. Damit entfällt im Grundsatz die Interessenabwägung im Einzelfall, wie sie das Melderecht kennt (siehe vorhergehender Abschnitt). Die Einschätzung der rechtsanwendenen Person für die Frage, ob jemand hilfsbedürftig erscheint, verbleibt jedoch. Damit obliegt der Entscheid über die Meldepflicht letzten Endes der potentiell meldepflichtigen Person. Der Adressatenkreis («*in amtlicher Tätigkeit*») ist weit zu fassen. Es kommt nicht auf das Anstellungsverhältnis und auch nicht auf die Entgeltlichkeit an. Es geht um Personen, denen die «Erfüllung einer dem Gemeinwesen zukommenden öffentlich-rechtlichen Aufgabe» (STRATENWERTH/BOMMER, § 57 N 5) und Befugnisse zufallen. Dazu gehören auch Lehrer/innen, Schulbehörden, Amtsärzte/-ärztinnen, nicht aber automatisch Personen, welche unter einer *besonderen Schweigepflicht* stehen. Bestehen besondere Schweigepflichten, wie z.B. beim Berufsgeheimnis oder im Rahmen der Opferhilfe (vgl. Art. 11 OHG), so ist mittels Auslegung zu bestimmen, welche Norm vorgeht (vgl. ausführlich ROSCH, FramPra.ch 4 [2012]).

1.226 *Weitere Meldepflichten* sind möglich, wie z.B.
- bei Art. 443 Abs. 2 Satz 2 ZGB, wonach die Kantone weitere Meldepflichten im Rahmen des Kindes- und Erwachsenenschutzrechts vorsehen können;
- bei Art. 449c ZGB, wonach die KESB dem Zivilstandsamt mitteilen muss, wenn eine Person wegen dauernder Urteilsunfähigkeit unter umfassender Beistandschaft gestellt wird oder für eine solche Person ein Vorsorgeauftrag wirksam wird;
- bei Art. 397a OR, wonach der Beauftragte die KESB am Wohnsitz des Auftraggebers benachrichtigen muss, wenn der Auftraggeber voraussichtlich dauernd urteilsunfähig wird und eine solche Meldung zur Interessenwahrung angezeigt erscheint;
- bei Art. 69 Abs. 2 ZPO, wonach das Gericht die KESB benachrichtigt, wenn es behördliche Massnahmen für geboten hält;
- bei Art. 75 Abs. 2 StPO, wonach, die Strafbehörden die KESB über eingeleitete Strafverfahren sowie über Strafverfahren zu informieren habe, wenn dies zum Schutz einer beschuldigten oder geschädigten Person oder ihrer Angehörigen erforderlich ist;
- bei Art. 302 Abs. 2/3 StPO, wonach Bund und Kantone die Anzeigepflicht an die Strafbehörden anderer Mitglieder von Behörden regeln können, sofern die Personen nicht gemäss Art. 113 Abs. 1, 168, 169

und 180 Abs. 1 StPO zur Aussage- und Zeugnisverweigerung berechtigt sind. Gemäss Art. 168 Abs. 1 lit f./g. sind Pflegeeltern, Pflegekinder und Pflegegeschwister sowie Mandatsträger/innen dazu berechtigt, soweit es nicht um Straftaten gemäss Art. 168 Abs. 4 StPO geht. Somit haben unter anderem Pflegeeltern und Mandatsträger/innen grundsätzlich keine Anzeigepflicht, es sei denn, es geht um Delikte gemäss Art. 168 Abs. 4 StPO. Geht es um eines der aufgeführten Delikte, können Kantone und der Bund weitere Anzeigepflichten vorsehen. Dieser Verweis auf weitere kantonale und bundesrechtliche Regelungen gilt insbesondere auch für Mitglieder der KESB, die nicht zur Aussage- und Zeugnisverweigerung berechtigt sind;
- bei Art. 97 Abs. 3 AuG i.V.m. Art. 82 VZAE, wonach die KESB der zuständigen kantonalen Ausländerbehörde unaufgefordert und in jedem Fall angeordnete Schutzmassnahmen mitzuteilen haben;
- nach kantonalem Recht, in der Regel in den Einführungsgesetzen zum ZGB, zur StPO, JStPO oder ZPO.

1.9.3. Amtshilfe und Rechtshilfe

Die *Amtshilfe* regelt den Datenaustausch eines Amtes bzw. eines öffentlichen Organs (gemäss der Definition der Datenschutzgesetze) gegenüber anderen Ämtern/Organen oder Gerichten, die einander nicht unterstellt sind, auf Gesuch hin zur Erfüllung ihrer gesetzlich umschriebenen Aufgaben. Vorausgesetzt ist zusätzlich, dass die Amtshilfe nicht verfahrensrechtlich geregelt ist. Die *Rechtshilfe* meint demgegenüber denselben Vorgang, wobei ein Gericht (und nicht ein Amt) Informationen einholt.

1.227

Die *gesetzliche Grundlage* für die Rechtshilfe ergibt sich je nach anwendbarem Recht (vgl. Art. 450f ZGB) in Art. 194 ff. ZPO oder im entsprechenden kantonalen Erlass. Die gesetzliche Grundlage der Amtshilfe für die KESB findet sich in Art. 448 Abs. 4 ZGB, welche den Normen der kantonalen Datenschutzgesetze vorgeht. Soweit das anwendbare Datenschutzgesetz den Datenaustausch weitergehend regelt, so ist dieses im zusätzlichen Bereich wiederum anwendbar.

1.228

Die Amtshilfe erfolgt *im Einzelfall auf Anfrage* hin. Es bedarf des Nachweises, dass die Information zur Erfüllung der eigenen Aufgaben zwingend erforderlich ist. Es dürfen keine besonderen Geheimhaltungsbestimmungen einen Datenaustausch verbieten. Das ist dann in der Regel der Fall, wenn jemand unter Berufsgeheimnis gemäss Art. 321 StGB steht oder eine besondere Schweigepflicht vorliegt, wie z.B. bei der Anfrage einer anderen KESB. Diese dürfen – ungeachtet von Art. 448 Abs. 4 ZGB – keine Auskünfte erteilen, es sei denn, sie können dies im Rahmen ihrer Melderechte

1.229

und Meldepflichten (vgl. Rz. 1.221 ff.) oder es besteht eine explizite gesetzliche Grundlage. Neben den besonderen Schweigepflichten sind auch die übrigen datenschutzrechtlichen Grundsätze und das Verhältnismässigkeitsprinzip zu beachten. Letzteres kommt auch in Bezug auf den Umfang der Daten im Gesetzestext zum Ausdruck («die notwendigen Akten» bzw. «soweit nicht schutzwürdige Interessen entgegenstehen»). Soweit es um *automatisierte Abfragen* geht oder um Herausgabe von Listen, ist Amtshilfe nicht anwendbar, da diese ausschliesslich im Einzelfall erfolgt. Hier bedarf es einer anderen gesetzlichen Grundlage (z.B. Art. 19 Abs. 3 DSG des Bundes).

1.230   Von der Amtshilfe zu unterscheiden ist die «*Spontanauskunft*». Hier möchte nicht ein Amt von einem anderen Amt bzw. vom Gericht eine Auskunft, sondern hier möchte ein Amt ein anderes Amt bzw. ein Gericht von sich aus informieren (z.B. ein Melderecht). Auch dieser Vorgang bedarf einer gesetzlichen Grundlage, es sei denn, besondere Situationen liegen vor (vgl. Rz. 1.219).

1.9.4. Zusammenarbeitspflicht

1.231   Die Zusammenarbeitspflicht gemäss Art. 453 ZGB regelt für eine *Gefahrensituation* mit erheblicher Dritt- oder Selbstgefährdung die Zusammenarbeit der KESB, der betroffenen Stellen und der Polizei. Die Zusammenarbeit ausserhalb dieser Gefahrensituation richtet sich im Kindes- und Erwachsenenschutzrecht nach den allgemeinen verfahrensrechtlichen Grundsätzen, wie nach den Bestimmungen über die Offizial- und Untersuchungsmaxime, der Rechtsanwendung von Amtes wegen (alle in Art. 446 ZGB), vor allem aber die Mitwirkungspflicht und die Amtshilfe (Art. 448 ZGB). Die Polizei und weitere «betroffene Stellen» (wie Opferhilfe, Spitex, Sozialversicherungsträger, Strafverfolgungsbehörden usw.) kennen eigene verfahrensrechtliche Grundsätze. *Sinn und Zweck* der Norm ist, dass die unterschiedlichen Rechtsgebiete im Falle einer Gefahrensituation nicht aufgrund ihrer jeweiligen verfahrensrechtlichen Grundsätze widersprüchliche Massnahmen ergreifen, aber auch die Chance, die drohende Gefahr rechtzeitig abzuwenden. *Adressat* der Norm ist somit primär die KESB, die ihre Aufgaben auch Dritten, z.B. Mandatsträger/innen, delegieren kann. Die beschränkte *Reichweite* des Bundeszivilrechts begrenzt aber die Bedeutung für Dritte, wie der Polizei und von betroffenen Stellen. Pflichten zur Zusammenarbeit müssen in den Spezialerlassen aufgenommen werden, damit sie nicht nur appellatorischen Charakter haben. Vorsorgebeauftragte Personen oder Nahestehende mit gesetzlicher Vertretungsbefugnis werden von der Bestimmung nicht erfasst.

Die Gefahrensituation muss in einer *ernsthaften Gefahr* der Selbstgefährdung oder einer schweren körperlichen, seelischen oder *materiellen Schädigung* eines Dritten durch ein Verbrechen oder Vergehen der schutzbedürftigen Person bestehen. Der Ausnahmecharakter und damit verbunden eine rechtfertigende Erlaubnis, dass Amts- und Berufsgeheimnis gemäss Abs. 2 zu durchbrechen, deuten auf eine restriktive Anwendung der Bestimmung, obwohl die Rechtsbegriffe sehr offen gehalten wurden.

1.232

Die Zusammenarbeit ist von der Zwecksetzung *im Einzelfall* her zu bestimmen und unterscheidet sich je nach Gefahrenlage. Es dürfte in der Regel insbesondere um gegenseitige Informationen und Absprachen über das Vorgehen gehen.

1.233

Der Umfang des Informationsaustausches hat sich an *das Erforderliche* für die Bewältigung der Notstandssituation zu halten.

1.234

Die *Unbestimmtheit* der formulierten Notstandstatbestände, deren Form, Inhalt und Reichweite, überlässt in Bezug auf die Ausübung des Melderechts und die Zusammenarbeit den Rechtsanwendenden einen grossen Handlungsspielraum, schafft aber zugleich auch Unsicherheit insbesondere in der Abgrenzung zu den üblichen Mitwirkungspflichten gemäss Art. 453 ZGB.

1.235

1.10. Verantwortlichkeit

Literatur

Botschaft, 7091 ff.

Allgemeine Literatur: BSK ZGB I-Forni/Piatti, aArt. 426–430, aArt. 454–456; BSK ESR-Hausheer, Art. 454–456; FamKomm ESR-Geiser, Art. 454–456; KUKO ZGB-Mösch Payot/Rosch, Art. 454–456; OFK ZGB-Fassbind, Art. 454–456; Hausheer/Geiser/Aebi-Müller, 1.100 ff.; Meier/Lukic, 153 ff.; Schmid, Art. 454–456.

Spezifische Literatur: Aepli Hans, Die Verantwortlichkeit der vormundschaftlichen Organe (unter besonderer Berücksichtigung der verantwortlichkeitsverdächtigen Tätigkeiten), Frick 1979; Geiser Thomas, Amtsgeheimnis und Verantwortlichkeit (Art. 448–455 VE), in: ZSR 2003 I, 385 ff.; Gross Jost, Schweizerisches Staatshaftungsrecht, Stand und Entwicklungstendenzen, 2. Aufl., Bern 2001; Meier Philippe, L'Avant-projet de révision du droit de la tutelle, in: ZVW 2003, 207 ff.; Minger Christian, Die Haftung der Erwachsenenschutzorgane nach dem neuen Erwachsenenschutzrecht, in: ZKE 2010, 21 ff.; Piotet Denis, L'harmonisation du projet de révision de la protection de l'adulte avec le système de la codification et son intégration dans l'ordre juridique, spécialement ses effet sur le droit cantonal, in: ZVW 2003, 248 ff.; Roberto Vito, Schweizerisches Haftpflichtrecht, Zürich 2002; Rosch Daniel, Die Sorgfaltspflichten des Beirates und dessen Haftung. Kommentar zum Entscheid BGer 5A_342/2009, in: ZKE 2010, 115 ff.; Steck Daniel, Vorentwurf für ein Bundesgesetz über das Verfahren vor den Kindes- und Erwachsenenschutzbehörden, in: ZVW 5/2003, 236 ff.; Schwenzer Ingeborg, Obligationenrecht, Allgemeiner Teil, 5. Aufl., Bern 2009; Werro Franz, La responsabilité civile, 2. Aufl., Bern 2011.

1. Allgemeiner Teil

1.236 *Sinn und Zweck* der Normen über die Verantwortlichkeit ist es, im Falle einer Schädigung einer Person infolge einer widerrechtlichen Handlung im Rahmen des Erwachsenenschutzrechts für den Schadensausgleich und gegebenenfalls für die Genugtuung besorgt zu sein. Mit Art. 454–456 ZGB werden nur die vermögensrechtliche Haftung, nicht aber die strafrechtliche oder disziplinarische Verantwortlichkeit geregelt.

1.237 Dabei ist im revidierten Recht zwischen einer *kantonalen Kausalhaftung* und einer *privatrechtlichen Haftung* zu unterscheiden:
- Art. 454 Abs. 1 ZGB sieht eine *Kausalhaftung* vor für schädigendes widerrechtliches Verhalten im Rahmen von *behördlichen Massnahmen* durch Mandatsträger/innen, nach Art. 392 Ziff. 2 ZGB beauftragte Personen, weiterer direkt ausführender Personen, wie Ärzte im Rahmen einer FU, aber auch eine Haftung für das Verhalten der Behörden im Rahmen von behördlichen Massnahmen.
- Art. 454 Abs. 2 ZGB sieht eine *Kausalhaftung* vor auch *ausserhalb der behördlichen Massnahmen* für widerrechtliches Verhalten der Behörden und Aufsichtsbehörden im Rahmen ihrer gesetzlichen Aufgaben und Befugnisse im Erwachsenenschutzrecht im weiteren Sinne (vgl. Rz. 1.1).
- Art. 456 ZGB sieht sodann eine *privatrechtliche Haftung* nach den Bestimmungen über das Auftragsrecht (Art. 394 ff. OR) vor bei der Haftung der vorsorgebeauftragten Person sowie diejenige der Ehegatten, der eingetragenen Partner/innen einer urteilsunfähigen Person oder des Vertreters bei medizinischen Massnahmen, soweit es sich nicht um den Beistand oder die Beiständin handelt.
- Analog zu Art. 456 ZGB gilt für die *privatautonome Übernahme von Aufgaben* des Beistandes oder der Beiständin, die nicht durch den behördlichen Beschluss gedeckt ist, z.B. eine freiwillige Einkommensverwaltung, eine *privatrechtliche Haftung*.
- Die Haftung für die *Nichtberücksichtigung von Patientenverfügungen* sowie den Umgang mit *Personen in Wohn- und Pflegeeinrichtungen*, soweit der Staat nicht selber tätig wird, richtet sich nach dem zugrunde liegenden privatautonomen oder öffentlich-rechtlichen Rechtsverhältnis.
- Zur Verantwortlichkeit eines Urteilsfähigen im Rahmen von Art. 452 ZGB (vgl. Rz. 5.98 ff.).

1.238 Im Folgenden werden die bundesrechtlichen Vorgaben für die kantonale Kausalhaftung vorgestellt:

1.10.1. Staatshaftung (Kausalhaftung)

Wie bereits erwähnt stellt Art. 454 ZGB eine Kausalhaftung dar. Damit ist eine von jeglichem subjektivem Verschulden unabhängige Haftung für widerrechtliches Verhalten vorgesehen. Diese vermögensrechtliche primäre Staatshaftung ist eine *formal zivilrechtliche*, aber *materiell öffentlich-rechtliche Haftung*. Das *Verfahren* richtet sich grundsätzlich nach kantonalem öffentlichem Recht und nach den kantonalen Haftungsgesetzen. Der Anspruch ist somit grundsätzlich auf dem Verwaltungsweg des kantonalen Rechts geltend zu machen, wobei es den Kantonen überlassen ist, die Beurteilung den zivilen Gerichten zuzuweisen.

1.239

Aktivlegitimiert ist die geschädigte Person und somit primär die schutzbedürftige Person selbst, unter Umständen aber auch Dritte wie Familienmitglieder oder Erben, welche im Rahmen von behördlichen Massnahmen oder bei widerrechtlichem Verhalten der Behörden einen Schaden erleiden (vgl. zu Dritten insb. MEIER/LUKIC, 161). *Passivlegitimiert* ist der Kanton, die Legitimation kann nicht dem Gemeinwesen übertragen werden (vgl. Art. 454 Abs. 3 ZGB und aArt. 427 Abs. 2 ZGB; zu den Regressmöglichkeiten vgl. Rz. 1.243). Eine *direkte Klage* gegenüber der schädigenden Person ist gemäss Art. 454 Abs. 3 ZGB ausgeschlossen.

1.240

Die Staatshaftung kennt folgende Voraussetzungen:

1.241

- *Schaden*: Es kann sich dabei um einen Vermögensschaden (unfreiwillige Vermögensverminderung, die sich aus der Differenz zwischen dem Stand des Vermögens bzw. des Einkommens vor und nach dem schädigenden Ereignis berechnet) oder um einen Personenschaden (z.B. infolge Tötung, Körper- oder Persönlichkeitsverletzung) handeln.
- *Widerrechtlichkeit:* Die Zufügung eines Schadens muss widerrechtlich sein. Das ist sie, wenn durch die Schadenszufügung ein *absolutes Recht*, wie Eigentum, Besitz, Leben, körperliche bzw. psychische Integrität, verletzt wird. Daneben ist Widerrechtlichkeit zu bejahen, wenn ein reiner Vermögensschaden vorliegt und die Schadenszufügung in einer *Verletzung einer Schutznorm* besteht und somit eine aus einer Garantenstellung fliessende Handlungs- oder Unterlassungspflicht verletzt wird. Das Erwachsenenschutzrecht bezweckt primär den Schutz der unter behördlicher Massnahme stehenden Person. Drittinteressen werden nur insoweit geschützt, als gewichtige Anzeichen bestehen, dass diese in bedeutendem Masse einer hohen Gefährdung ausgesetzt sind (BGE 115 II 15 E. 4a). Dabei ist zu beachten, dass nicht jede in einem Rechtsmittelverfahren umgestossene Ermessenshandlung zu einer Haftung führen kann, sondern nur wenn eine *bedeutsame Amtspflicht* verletzt wurde (BGE 123 II 577 E 4d.dd). Für die Bestimmung des haftungsbegründenden Verhaltens sind zunächst die gesetzlichen Aufga-

ben bzw. für Mandatsträger/innen die übertragenen Aufgabenbereiche (Art. 391 ZGB) massgebend. Als Indiz für daraus ableitbare konkrete und objektive Verhaltens- und *Sorgfaltspflichten* sind Stellenbeschreibungen, Weisungen des Arbeitgebers bzw. der Aufsichtsbehörde, aber auch der Beizug des Berufskodex der Sozialen Arbeit hilfreich (BGE 78 II 338 E. 4; BGE 136 III 113 E. 3.2./3.3.).

- *Kausalzusammenhang*: Gemäss der herrschenden Adäquanztheorie muss die Schadensursache nach gewöhnlichem Lauf der Dinge und allgemeiner Lebenserfahrung geeignet sein, einen Erfolg von der Art des eingetretenen herbeizuführen (BGE 123 III 110 E. 3). Es geht somit um den Zusammenhang von Schadensursache und Schaden.

1.242 Sind die Voraussetzungen erfüllt, so hat die geschädigte Person Anspruch auf *Schadenersatz* und, sofern es die Schwere der Verletzung rechtfertigt, Anspruch auf *Genugtuung*. Schadenersatz meint die Ersatzleistung für den eingetretenen Schaden unter Berücksichtigung der Schadenersatzbemessung; in aller Regel geht es um Ersatz in Form von Geld; Naturalersatz ist aber möglich. Genugtuung ist demgegenüber Ausgleich für körperliche Schmerzen und seelischen Unbill. In der Praxis geht es v.a. um Ansprüche infolge Tötung oder schwerer Körperverletzung. Die Schadenersatzbemessung richtet sich für die Haftung nach dem kantonalen Staatshaftungsrecht, subsidiär nach Art. 43 f. OR. Für die Genugtuung gilt Analoges, wobei ein Genugtuungsanspruch nur möglich ist, «sofern es die Schwere der Verletzung rechtfertigt» (vgl. Art. 454 Abs. 1 ZGB).

1.10.2. Regress

1.243 Art. 454 regelt das Aussenverhältnis zwischen Kanton und geschädigter Person. Die Frage des Rückgriffs bzw. des Regresses beschlägt das *Innenverhältnis* zwischen Kanton und schädigender Person. Sie richtet sich gemäss Art. 454 Abs. 4 ZGB nach dem kantonalen Recht (Staatshaftungsrecht oder Ausführungsbestimmungen zum ZGB). Vom Regress betroffen sind im Rahmen von Art. 454 Abs. 1 ZGB primär Berufsbeistände/Berufsbeiständinnen. Möglich ist aber auch ein Rückgriff auf private Mandatsträger/innen, Ärzte/Ärztinnen im Rahmen ihrer Zuständigkeit (fürsorgerische Unterbringung im weiteren Sinne), Mitglieder der KESB sowie der Aufsichtsbehörde. Daneben können die Mitglieder der KESB sowie der Aufsichtsbehörde inkl. deren Hilfspersonen (Behördensekretariat, Sachbearbeitende im Treuhanddienst usw.) im Rahmen von Art. 454 Abs. 2 ZGB vom Regress betroffen sein. Ein Rückgriff auf die Gemeinde, die Trägerin der entsprechenden Behörde ist, ist möglich. Die Kantone beschränken in der Regel den Regress im Rahmen ihrer Staatshaftungsrechte auf *Absicht und Grobfahrlässigkeit*.

1.10.3. Verjährungsfristen

Gemäss Art. 455 Abs. 1 ZGB verjährt der Anspruch auf Schadenersatz und Genugtuung ein Jahr nach dem Tag, an dem die geschädigte Person Kenntnis vom Schaden erhalten hat; jedenfalls aber zehn Jahre nach dem Tag der schädigenden Handlung. Abs. 2 sieht für Ansprüche aus strafbarer Handlung, für welche das Strafrecht eine längere Verjährungsfrist vorschreibt, diese längere Frist vor (vgl. Art. 97 StGB, Art. 123b BV). Damit entsprechen Art. 455 Abs. 1 und 2 ZGB den Verjährungsfristen der ausservertraglichen Haftung (Art. 60 OR) und der betreibungsrechtlichen Haftung (Art. 6 SchKG). Die *relative Frist* beginnt mit der Kenntnis vom Schaden, wobei diese Kenntnis so sein muss, dass er und dessen Umfang mit Erfolg geltend gemacht werden kann (Urteil BGer 5C.230/2002 E. 3.1.). Neben dieser relativen Frist sieht der Gesetzgeber auch noch eine *absolute* 10-jährige *Frist* vor. Diese beginnt mit dem schädigenden Ereignis zu laufen.

1.244

Die *Fristberechnung*, deren *Stillstand* und die *Unterbrechung* der Verjährung ergibt sich aus den allgemeinen Regeln des kantonalen Staatshaftungsrechts oder subsidiär gemäss Art. 132–138 OR.

1.245

Gemäss Art. 455 Abs. 3 ZGB beginnt die relative und absolute Verjährung des Anspruchs gegen den Kanton nicht vor dem Wegfall der *Dauermassnahme* oder ihrer Weiterführung durch einen anderen Kanton, sofern die Verletzung auf der Anordnung oder Durchführung einer Massnahme beruht. Eine Dauermassnahme meint eine auf Dauer angelegte Massnahme; sie steht im Gegensatz zu einer ad hoc errichteten Massnahme. Im Zweifelsfalle ist von einer Dauermassnahme auszugehen. Diese gesetzliche Sistierung des Verjährungsbeginns ist nicht zuletzt bedeutsam für Archivierungsregeln. Wird die Massnahme in einen anderen Kanton übertragen, so beginnt die Verjährungsfrist mit der Eröffnung des Übertragungsbeschlusses. Unterlässt es die nachfolgende KESB, den Schaden geltend zu machen, so entsteht der verbeiständeten Person daraus ein neuer Anspruch und der Schadenersatzanspruch perpetuiert sich ohne Nachteil für die verbeiständete Person bis zum Ende der Massnahme.

1.246

Mit der Revision des Erwachsenenschutzrechtes wurden auch die bisherigen Bestimmungen über den Fristenstillstand gemäss aArt. 134 Abs. 1 Ziff. 2 OR aufgehoben zugunsten eines engeren Anwendungsbereichs für Forderungen Urteilsunfähiger gegen die vorsorgebeauftragte Person während eines wirksamen Vorsorgeauftrages (vgl. Art. *134 Abs. 1 Ziff. 2 OR*).

1.247

2. Eigene Vorsorge

2.1. Vorsorgeauftrag

Literatur

Botschaft, 7025 ff.

Allgemeine Literatur: BSK ESR-Rumo-Jungo, Art. 360–369; FamKomm ESR-Geiser, Art. 360–369; Hausheer/Geiser/Aebi-Müller, 2.07 ff.; Meier/Lukic, 187 ff.; KUKO ZGB-Langenegger, Art. 360–369; OFK ZGB-Fassbind, Art. 360–369; Schmid, Art. 360–369.

Spezifische Literatur: Affolter Kurt, Die Aufwertung der Selbstbestimmung im neuen Erwachsenenschutzrecht, in: AJP 2006, 1057 ff.; Breitschmid Peter, Vorsorgevollmachten, in: ZVW 2003, 269 ff.; Gutzwiller Peter Max, Zur Bedeutung der Urteilsfähigkeit im Rahmen des «Vorsorgeauftrages», in: AJP 2007, 556 ff.; Brückner Christian, Die Beurkundung von Vorsorgeaufträgen – eine kommende Aufgabe für Urkundspersonen in der Schweiz, in: Der bernische Notar (BN) 2011, 36 ff.; Hotz Sandra, Zum Selbstbestimmungsrecht des Vorsorgenden de lege lata und de lege ferenda, in: ZKE 2011, 102 ff.; Leuba Audrey, Le mandat pour cause d'inaptitude dans le projet de révision du code civil, in: Journée de droit civil 2006 – Mélanges Martin Stettler, Genf/Zürich 2007, 27 ff.; Meier Philippe, Perte du discernement et planification du patrimoine – Droit actuel et droit futur, in: Journée de droit civil 2008 – Mélanges Andreas Bucher, Genf/Zürich 2009, 39 ff.; Meier Philippe, Le nouveau droit de l'adulte – présentation générale, in: Jusletter 17. November 2008; Widmer Blum Carmen Ladina, Urteilsfähigkeit, Vertretung und Selbstbestimmung – insbesondere: Patientenverfügung und Vorsorgeauftrag, Zürich 2010; Wolf Stephan, Erwachsenenschutz und Notariat, in: ZBGR 2010, 73 ff.; Wolf Stephan/Eggel Martin, Zum Beurkundungsverfahren beim Vorsorgeauftrag – aus Sicht der Urkundsperson, in: Jusletter 6. Dezember 2010.

2.1.1. Allgemeines

Mit dem *Vorsorgeauftrag* (VA) wird *handlungsfähigen* Personen die Möglichkeit gegeben, für den Fall der Urteilsunfähigkeit Dispositionen hinsichtlich der eigenen *Rechtsvertretung, Vermögensverwaltung und Personensorge* zu treffen. Zusammen mit der *Patientenverfügung* bildet der VA ein Rechtsinstitut, welches unter dem Oberbegriff der *eigenen Vorsorge* (Art. 360 bis 373 ZGB) die Wahrung des *Selbstbestimmungsrechts* in den Vordergrund rückt.

2.1

Im Gegensatz zu den verbreiteten, nicht durchwegs unproblematischen *obligationenrechtlichen Dispositionen* (vgl. z.B. BGE 134 III 385 und BGE 135 III 597), welche ihrerseits Elemente zur vorsorglichen Regelung der Verhältnisse bei Urteilsunfähigkeit enthalten können (insbesondere Vollmachten mit sog. Weiterwirkungsklausel), ist beim VA gewährleistet, dass die KESB im Rahmen der Prüfung und Validierung (Art. 363 ZGB) systematisch Kenntnis vom eingetretenen Schwächezustand erhält. Bei rein vertraglichen Dispositionen kann sie dagegen möglicherweise erst dann intervenieren, wenn die Interessen der betroffenen Person vernachlässigt oder gar verletzt worden sind. Nicht mehr möglich ist inskünftig die Ertei-

2.2

lung eines obligationenrechtlich begründeten Auftrags zur Personen- und Vermögenssorge und Vertretung, der *erst auf den Zeitpunkt des Eintritts der dauernden Urteilsunfähigkeit* der auftraggebenden Person wirksam werden soll. Dieser Sachverhalt wird durch die Gesetzgebung zum VA *abschliessend* geregelt (lex specialis).

2.1.2. Voraussetzungen, Inhalt, Formvorschriften, Wirkungen

2.3 Die Errichtung eines VA setzt *Handlungsfähigkeit* voraus (Art. 360 Abs. 1 ZGB). Die Person, die einen VA errichtet, muss also im Zeitpunkt der Errichtung *volljährig* und *urteilsfähig* sein. Zudem darf sie *nicht unter umfassender Beistandschaft* stehen. *Einschränkungen der Handlungsfähigkeit* durch behördliche Massnahmen des Erwachsenenschutzrechts tangieren die Fähigkeit zur Errichtung eines VA dagegen grundsätzlich nicht (a.M. WIDMER BLUM, 273 f.). Bei der Beurteilung der Urteilsfähigkeit ist im Einzelfall zu prüfen, welches die individuelle *Tragweite* des VA für die auftraggebende Person ist und welche *Komplexität* die Aufgaben aufweisen, die der eingesetzten Person übertragen werden.

2.4 Als *Vorsorgebeauftragte* können *natürliche* oder *juristische Personen* eingesetzt werden (Art. 360 Abs. 1 ZGB). Sie müssen möglichst genau bezeichnet sein, damit sie auch noch im Zeitpunkt des Wirksamwerdens eindeutig bestimmbar sind. Ob und allenfalls wie zwischenzeitliche Veränderungen zu berücksichtigen sind, hat die KESB im Zeitpunkt des Wirksamwerdens nach den gesamten Umständen zu klären. Ihr Auftrag ist es, den *mutmasslichen* Willen des Auftraggebers festzustellen.

2.5 Die auftraggebende Person kann objektiv überprüfbare *Voraussetzungen und Bedingungen* formulieren, welche die beauftragte Person zu gegebener Zeit erfüllen muss, um den Auftrag zu erhalten. Zudem kann sie gestützt auf Art. 360 Abs. 3 ZGB für die dort genannten Konstellationen *Ersatzverfügungen* treffen, beispielsweise eine oder mehrere *Ersatzpersonen* bezeichnen. Unzulässig ist es, den beauftragten Personen *Substitutionsermächtigungen* einzuräumen, denn die beauftragte Person ist *namentlich zu bezeichnen*. Es können dies auch *mehrere* Personen sein.

2.6 Im Sinne eines *Minimalinhalts* muss im VA zum Ausdruck kommen, dass der Auftrag für den Fall einer *dauernden* oder *länger andauernden Urteilsunfähigkeit* erteilt wird und dass dieser *ab dem Zeitpunkt des Eintritts einer solchen Situation* wirksam werden soll. Der Begriff «eigene Urteilsunfähigkeit» braucht dabei nicht zwingend verwendet zu werden; *Umschreibungen* dieses Zustandes sind denkbar und zulässig. *Weiter* muss der VA den bzw. die *Aufgabenbereiche* (Personensorge, Vermögenssorge, Vertretung im Rechtsverkehr) der beauftragten Person umschreiben. Es muss zumindest zum Ausdruck kommen, ob er sich auf Personensorge oder Vermögenssorge oder beides erstrecken soll, denn diese Informationen bilden eine minimale Grundlage bei der *Auslegung* des VA durch die KESB. Der VA kann auch Elemente einer *Patientenverfügung* enthalten, falls es sich bei der beauftragten Person um eine *natürliche Person* handelt.

Aufgaben können mit *Weisungen* (bspw. betreffend Vermögensanlage) verbunden werden. Die auftraggebende Person kann auch Massnahmen vorsehen, mit denen die Tätigkeit der vorsorgebeauftragten Person überwacht wird, dieser z.B. auferlegen, die Rechnung periodisch einer Revisionsstelle vorzulegen, welche das Ergebnis der Prüfung der KESB zu melden hat. 2.7

Die *Errichtung* eines VA ist an *Formvorschriften* geknüpft (Art. 361 ZGB), deren Missachtung *Ungültigkeit* zur Folge hat. Im Vergleich zur Variante der eigenhändigen Niederschrift ergibt sich bei der Variante der *öffentlichen Beurkundung* eine stärkere Schutzwirkung, weil die Urkundsperson hier nicht einfach nur die Unterschrift beglaubigen muss. Sie hat vielmehr die auftraggebende Person bei der Errichtung des VA zu beraten, deren Identität festzustellen und zu klären, ob der Inhalt der Urkunde tatsächlich deren Willen entspricht. Gemäss deutlich überwiegender Auffassung (vgl. OFK ZGB-FASSBIND, Art. 361 N 1 sowie MEIER/LUKIC, 210 mit Hinweisen in Fussnote 204) erfolgt die Beurkundung im Übrigen *nach kantonalem Recht* (vgl. auch KUKO ZGB-LANGENEGGER, Art. 360 Rz. 2; SCHMID, Art. 361 Rz. 1). Die für Geschäfte von Todes wegen in den Art. 499 ff. ZGB verlangten Beurkundungszeugen sind in Art. 361 ZGB jedenfalls nicht vorgeschrieben, weder direkt noch durch einen Verweis auf Art. 499 ZGB (BRÜCKNER, BN 2011 47; a.M. WOLF/EGGEL, Jusletter 6.12.2010). 2.8

Bei der Variante des *eigenhändigen* VA hat die auftraggebende Person diesen vollständig von Hand zu schreiben, zu datieren und zu unterzeichnen. Eine Ortsangabe ist *nicht* erforderlich. Ein mit Computer geschriebener oder diktierter VA ist *ungültig*. Damit sichergestellt ist, dass die zuständigen Behörden im fraglichen Zeitpunkt von der Existenz des VA Kenntnis erhalten, besteht die Möglichkeit, dem Zivilstandsamt die Tatsache der Errichtung des VA sowie dessen Hinterlegungsort mitzuteilen. Auf diese Weise finden die entsprechenden Informationen Eingang ins *Verzeichnis der Vorsorgeaufträge* (*Informationssystem «Infostar»*). Ein solcher Eintrag ist fakultativ und stellt *kein Gültigkeitserfordernis* dar. 2.9

Wirkung entfaltet der VA erst, wenn die auftraggebende Person *bezüglich des im VA umschriebenen Rechtsbereichs urteilsunfähig* geworden ist. Dieser Zustand darf nicht bloss vorübergehender Natur sein, muss sich aber 2.10

auch nicht zwingend als definitiv erweisen. Nimmt die bezeichnete Person den VA an, wird sie zur *Beauftragten,* die im Rahmen ihres Mandates berechtigt und verpflichtet ist, die urteilsunfähige Person unter Beachtung der Sorgfaltsregeln zu vertreten. Soweit das ZGB keine abweichenden Bestimmungen enthält (solche gelten bspw. hinsichtlich Kündigung, Art. 367 ZGB), gelten gestützt auf den Verweis in Art. 365 Abs. 1 ZGB grundsätzlich die Bestimmungen über den *einfachen Auftrag* (Art. 394 ff. OR). Hervorzuheben sind u.a. die Pflicht zur *vorschriftsgemässen* Ausführung des Auftrages, die *Rechenschaftspflicht* sowie die *Haftung* des Beauftragten. Bei *Interessenkollision* entfällt die Vertretungsbefugnis von Gesetzes wegen (Art. 365 Abs. 3 ZGB). Zudem verliert der VA seine Wirksamkeit, falls die auftraggebende Person wieder urteilsfähig wird (Art. 369 ZGB).

2.1.3. Aufgaben der KESB

Abklärung

2.11 Die KESB muss prüfen, ob ein VA vorliegt, sobald sie von der Urteilsunfähigkeit einer Person erfährt. Sie macht dies durch Rückfrage beim Zivilstandsamt (Art. 363 Abs. 1 ZGB), darf sich aber nicht auf diese Rückfrage beschränken. Sie hat vielmehr ein Verfahren zur Prüfung der Notwendigkeit erwachsenenschutzrechtlicher Massnahmen einzuleiten. Liegt ein VA vor, ist zu prüfen, ob dieser den Gültigkeitsvorschriften entspricht (Art. 363 Abs. 2 Ziff. 1 ZGB) und ob eine Urteilsunfähigkeit gegeben ist, bei welcher der VA überhaupt wirksam werden kann (Art. 363 Abs. 2 Ziff. 2 ZGB). Eine weitere Prüfung widmet sich den Fragen, ob die beauftragte Person für ihre Aufgabe *geeignet* ist und sich bereit erklärt, den Auftrag (integral oder teilweise) anzunehmen (Art. 363 Abs. 2 Ziff. 3 ZGB). Diese Beurteilung setzt voraus, dass die KESB geklärt hat, welche Aufgaben überhaupt angegangen werden müssen, damit die Interessen der urteilsunfähigen Person gewahrt werden können. Damit verbunden ist die Frage, ob die im VA erwähnten Aufgabenbereiche alle erforderlichen Sorge- und Vertretungsbedürfnisse der urteilsunfähigen Person abdecken oder ob allenfalls im Sinne einer weiteren Massnahme (Art. 363 Abs. 2 Ziff. 4 ZGB) eine Beistandschaft zu errichten ist oder Anordnungen im Rahmen von Art. 392 ZGB getroffen werden müssen.

Auslegung

2.12 Ergeben sich inhaltliche Unklarheiten, ist es Sache der KESB, den VA durch *Auslegung* zu präzisieren. Entgegen dem Wortlaut von Art. 364 ZGB steht ihr diese Möglichkeit auch *ohne* Antrag der vorsorgebeauftragten Person zu, zumal sich Auslegungsbedarf bereits bei der Wirksamkeitsprüfung ergeben kann. Es soll vermieden werden, dass gewisse Aufgaben nur deshalb nicht wahrgenommen werden, weil ihre Zuweisung an die vorsorgebeauftragte Person nicht ausreichend klar und deutlich formuliert ist, obwohl sie durch Auslegung als im VA enthalten erkannt werden kann.

Ergänzung

Im Rahmen von Art. 364 ZGB besteht die Möglichkeit, den VA zu *ergänzen*, soweit *Nebenpunkte* betroffen sind und sofern der vorsorgebeauftragten Person *keine zusätzlichen Aufgaben* zugewiesen werden. Als zulässig sind Ergänzungen zu betrachten, die zur gehörigen Erfüllung eines Hauptpunktes absolut erforderlich sind.

2.13

Validierung

Liegt ein gültig errichteter VA vor, sind die Voraussetzungen von Art. 363 Abs. 2 Ziff. 2 und Ziff. 3 ZGB erfüllt, wurden die Abklärungen im Sinne von Art. 363 Abs. 2 Ziff. 4 ZGB durchgeführt und liegt eine Zusage der beauftragten Person vor, den Auftrag zu übernehmen, erlässt die KESB einen *begründeten schriftlichen Entscheid*, mit dem sie den VA *wirksam erklärt (Validierungsentscheid)*. Gleichzeitig bezeichnet sie die *vorsorgebeauftragte(n) Person(en)* sowie deren Aufgaben und Befugnisse. Sind die genannten Voraussetzungen dagegen nicht erfüllt, stellt die KESB schriftlich und begründet fest, dass der VA *nicht wirksam* wird.

2.14

Im Validierungsbeschluss können bei Bedarf Massnahmen zur *Sicherung der ordnungsgemässen Erfüllung* des VA sowie *ergänzende behördliche Massnahmen* (Art. 392 oder Art. 393 ff. ZGB) angeordnet werden (vgl. Rz. 219). Die KESB hat die beauftragte(n) Person(en) in jedem Fall auf ihre *Pflichten gemäss Obligationenrecht* aufmerksam zu machen und ihr bzw. ihnen eine *Urkunde* auszuhändigen, aus welcher die Vertretungsbefugnisse abschliessend hergeleitet werden können (Art. 363 Abs. 3 ZGB).

2.15

Einschreiten

Weil die urteilsunfähig gewordene Person nicht mehr korrigierend eingreifen kann, muss zu deren Schutz ein bestimmtes Mass an behördlichen Eingriffsmöglichkeiten bestehen bleiben. Massnahmen können präventiv anlässlich der Wirksamkeitsprüfung bzw. im Validierungsentscheid (Art. 363 ZGB) ergriffen werden. Das Erforderliche kann sodann *jederzeit* angeordnet werden, falls die Interessen der auftraggebenden Person gefährdet oder verletzt sind (Art. 368 Abs. 1 ZGB). Als mögliche Massnahmen nennt das Gesetz das Erteilen von Weisungen, die Pflicht zur Einreichung eines Inventars, die periodische Rechnungs- und Berichtsablage sowie den teilweisen oder gänzlichen Entzug der Befugnisse der vorsorgebeauftragten Person (Art. 368 Abs. 2 ZGB). Die Aufzählung ist nicht abschliessend.

2.16

2.1.4. Validierungsentscheid

2.17 Mit dem *Validierungsentscheid* befindet die KESB über die *Wirksamkeit* eines ihr vorliegenden VA. Zu beurteilen hat sie die Frage dann, wenn sie erfährt oder feststellt, dass eine Person urteilsunfähig geworden ist und dieser Zustand – im Sinne der Grundvoraussetzung von Art. 363 Abs. 2 Ziff. 2 ZGB – nicht bloss vorübergehender Natur ist. Erfüllt der VA die gesetzlichen Formvorschriften (Art. 361 ZGB), erweist sich die beauftragte Person nach entsprechender Prüfung als geeignet (Art. 363 Abs. 2 Ziff. 3 ZGB) und ist sie darüber hinaus bereit, die im konkreten Fall erteilten Aufträge zu übernehmen (Art. 363 Abs. 3 ZGB), muss im Einzelfall entschieden werden, ob allenfalls *ergänzende behördliche Massnahmen* anzuordnen sind (Art. 363 Abs. 2 Ziff. 4 ZGB). Sind solche entbehrlich, kann die Wirksamkeit des VA im Idealfall auch ohne behördliche *Auslegung* oder *Ergänzung* im Sinne von Art. 364 ZGB festgestellt werden. Zur Sicherung einer ordnungsgemässen Erfüllung können bei Bedarf *Weisungen* (Art. 368 ZGB) in den Validierungsentscheid aufgenommen werden, die ihrerseits behördliche Massnahmen entbehrlich machen können.

2.18

> **Validierungsentscheid ohne ergänzende Massnahmen**
>
> **In Erwägung, dass**
>
> - der Vorsorgeauftrag vom [...] den gesetzlichen Formvorschriften entspricht und gültig errichtet worden ist;
> - NN, geb. [...], wohnhaft in [...] bezüglich der im Vorsorgeauftrag bezeichneten Aufgaben urteilsunfähig geworden ist;
> - damit die Voraussetzungen für die Wirksamkeit des Vorsorgeauftrages eingetreten sind;
> - XY, die im Vorsorgeauftrag bezeichnete Person, fachlich und persönlich geeignet ist, den Auftrag zu erfüllen und sich zu dessen Übernahme bereit erklärt hat;
> - weitere Schutzmassnahmen derzeit nicht erforderlich sind,
>
> **wird verfügt**
>
> 1. Der Vorsorgeauftrag vom [...] ist gültig errichtet und wird für wirksam erklärt.
> 2. Als vorsorgebeauftragte Person wird XY, geb. [...], wohnhaft in [...] bezeichnet.
> 3. Der/die Vorsorgebeauftragte hat folgende Aufgaben und Befugnisse:
>   a) [...]
>   b) [...]
>   (...)
> 4. [*Regelung der Entschädigung*]

5. Der/die Vorsorgebeauftragte wird ausdrücklich auf ihre Pflichten nach den Bestimmungen des Obligationenrechts über den Auftrag aufmerksam gemacht (vgl. Anhang zur Ernennungsurkunde).
6. Gegen diesen Beschluss kann gestützt auf Art. 450 ZGB innert 30 Tagen schriftlich und begründet Beschwerde beim [*zuständiges Gericht*] erhoben werden.
7. Eröffnung an:
    – XY, vorsorgebeauftragte Person (im Doppel für sich und den/die Auftraggeber/in NN)
    – [*weitere Verfahrensbeteiligte*].
8. Mitteilung an:
– [*bei dauernder Urteilsunfähigkeit*] Zivilstandsamt gemäss Art. 449c Ziff. 2 ZGB],
– [*bei Vermögensverwaltung*] Betreibungsamt gemäss Art. 68d SchKG
– (...).

Validierungsentscheid mit Auslegung/Ergänzung/Weisungen

2.19

In Erwägung, dass

- der Vorsorgeauftrag vom [...] den gesetzlichen Formvorschriften entspricht und gültig errichtet worden ist;
- NN, geb. [...], wohnhaft in [...] bezüglich der im Vorsorgeauftrag bezeichneten Aufgaben urteilsunfähig geworden ist;
- damit die Voraussetzungen für die Wirksamkeit des Vorsorgeauftrages eingetreten sind;
- der Inhalt des Vorsorgeauftrages teilweise auslegungsbedürftig ist und in Nebenpunkten ergänzt werden muss;
- XY, die im Vorsorgeauftrag bezeichnete Person, fachlich und persönlich geeignet ist, den Auftrag zu erfüllen und sich zu dessen Übernahme bereit erklärt hat;
- Massnahmen zur Sicherung der ordnungsgemässen Erfüllung angezeigt sind,

wird verfügt

1. Der Vorsorgeauftrag vom [...] ist gültig errichtet und wird für wirksam erklärt.
2. Als vorsorgebeauftragte Person wird XY, geb. [...], wohnhaft in [...] bezeichnet.
3. Folgende Punkte des Vorsorgeauftrages werden wie folgt erläutert bzw. ergänzt:
    a) [...]
    b) [...]
    c) (...)

2. Eigene Vorsorge

4. Der/die Vorsorgebeauftragte hat folgende Aufgaben und Befugnisse:
   a) [...]
   b) [...]
   c) (...)
5. Der/die Vorsorgebeauftragte wird angewiesen [*beispielsweise*]:
   a) Ein Vermögensinventar zu erstellen und dieses bis am [...] einzureichen.
   b) Jährlich über die Erfüllung des Vorsorgeauftrages Bericht zu erstatten und periodisch Rechnung abzulegen, erstmals am [...].
   (...)
6. [*Regelung der Entschädigung*]
7. Der/die Vorsorgebeauftragte wird ausdrücklich auf ihre Pflichten nach den Bestimmungen des Obligationenrechts über den Auftrag aufmerksam gemacht (vgl. Anhang zur Ernennungsurkunde).
8. Gegen diesen Beschluss kann gestützt auf Art. 450 ZGB innert 30 Tagen schriftlich und begründet Beschwerde beim zuständigen Gericht erhoben werden.
9. Eröffnung an:
   – XY, vorsorgebeauftragte Person (im Doppel für sich und den/die Auftraggeber/in NN)
   – [*weitere Verfahrensbeteiligte*].
10. Mitteilung an:
    – [*bei dauernder Urteilsunfähigkeit*] Zivilstandsamt gemäss Art. 449c Ziff. 2 ZGB]
    – [*bei Vermögensverwaltung*] Betreibungsamt gemäss Art. 68d SchKG
    (...).

2.2. Patient(inn)enverfügung

Literatur

Botschaft, 7030 ff.

Allgemeine Literatur: BSK ESR-Wyss, Art. 370–372; BSK ESR-Kohler, Art. 373; Hausheer/Geiser/Aebi-Müller, 2.38 ff.; Meier/Lukic, 251 ff.; FamKomm ESR-Büchler/Michel, Art. 370–373; OFK ZGB-Fassbind, Art. 370–373; KUKO ZGB-Gassmann, Art. 370–373; Schmid, Art. 370–373.

Spezifische Literatur: Babaïantz Olivier, Les directives anticipées en matière de soins médicaux et la représentation thérapeutique privée, Institut de droit de la santé Neuchâtel, cahier no. 6, 2000; Baumann Max, Vorsorgeauftrag für medizinische Massnahmen und Patientenverfügung, in: ZVW 2005 59 ff.; Brauer Susanne, Patientenverfügung und Demenz im neuen Erwachsenenschutzrecht aus Sicht der Ethik, in: ZKE 2011, 387 ff.; Geth Christopher/Mona Martino, Widersprüche bei der Regelung der Patientenverfügung im neuen Erwachsenenschutzrecht – Verbindlichkeit, mutmasslicher Wille oder objektive Interessen? in: ZSR 2009, 157 ff.; Naef Judith/Baumann-Hölzle Ruth/Ritzenthaler-Spielmann Daniela, Patientenverfügungen in der Schweiz, Zürich 2012; Schweizerische Akademie der medizinischen Wissenschaften SAMW, Patientenverfügungen, Medizinisch-ethische Richtlinien und Empfehlungen, 2009, <http://www.samw.ch/de/Ethik/Richtlinien/Aktuell-gueltige-Richtlinien.html> (31.01.2012); Verbindung

DER SCHWEIZER ÄRZTINNEN UND ÄRZTE FMH, Vorlagen Patientenverfügung, 2011 <http://www.fmh.ch/service/patientenverfuegung.html> (31.01.2012); WIDMER BLUM CARMEN LADINA, Urteilsfähigkeit, Vertretung und Selbstbestimmung – insbesondere: Patientenverfügung und Vorsorgeauftrag, Zürich 2010.

2.2.1. Allgemeines

Mit der *Patientenverfügung* kann eine Person für den Fall der eigenen Urteilsunfähigkeit Anordnungen hinsichtlich *künftiger medizinischer Massnahmen* treffen. Wie beim *Vorsorgeauftrag* handelt es sich bei der Patientenverfügung um ein Rechtsinstitut, welches unter dem Oberbegriff der *eigenen Vorsorge* (Art. 360 bis 373 ZGB) die Wahrung des *Selbstbestimmungsrechts* in den Vordergrund rückt.

2.20

2.2.2. Voraussetzungen, Formvorschriften, Wirkungen

Die Errichtung einer Patientenverfügung setzt (lediglich) *Urteilsfähigkeit* voraus (Art. 370 Abs. 1 ZGB). Weil die Zustimmung zu oder die Ablehnung von medizinischen Massnahmen dem Bereich der *höchstpersönlichen* Rechte (Art. 19c ZGB) zuzuordnen ist, kann die Patientenverfügung auch von *urteilsfähigen Minderjährigen* sowie von *urteilsfähigen Personen unter umfassender Beistandschaft* genutzt werden, sofern sie in der Lage sind, die Tragweite einer Patientenverfügung zu verstehen. Die Frage der Urteilsfähigkeit ist nach den Grundsätzen zu beurteilen, wie sie zu Art. 16 ZGB entwickelt wurden.

2.21

Eine erste Option besteht in der Definition erwünschter und nicht erwünschter *medizinischer Massnahmen* (Art. 370 Abs. 1 ZGB). Der Begriff ist *weit* auszulegen. Erfasst werden nebst der ärztlichen Behandlung und der diagnostischen, therapeutischen und pflegerischen Massnahmen weitere Aspekte der Gesundheitsversorgung. Unter *Zustimmung* sind Dispositionen zu verstehen, mit denen die verfügende Person eine Behandlung einzuleiten bzw. fortzusetzen wünscht. Unter *Nichtzustimmung* fallen Dispositionen, mit denen der Verzicht bzw. die Beendigung einer Behandlung angeordnet wird.

2.22

Eine zweite Option besteht in der Möglichkeit, eine *natürliche* Person zu bezeichnen, welche die verfügende Person bei medizinischen Entscheidungen zu vertreten hat (Art. 370 Abs. 2 ZGB). Dieser Auftrag kann mit *Weisungen* verbunden sein. Zudem sind Ersatzverfügungen möglich (Art. 370 Abs. 3 ZGB).

2.23

Die Patientenverfügung kann sich an einzelne Ärzte/Ärztinnen, eine bestimmte Klinik, die Vertrauensperson (Art. 370 Abs. 2 ZGB) oder an eine

2.24

2. Eigene Vorsorge

vertretungsberechtigte Person (Art. 378 Abs. 2 ZGB) richten. Sie kann aber auch eine unbestimmte Zahl von Personen erfassen, die an der Behandlung der betroffenen Person beteiligt sind. Sie ist *schriftlich* (nicht zwingend eigenhändig) abzufassen, zu datieren und von der verfügenden Person zu unterzeichnen (Art. 371 Abs. 1 ZGB). Sind die *Formvorschriften* nicht eingehalten, ist die Patientenverfügung *ungültig*, aber rechtlich nicht einfach unbeachtlich. So kann sie für eine vertretungsberechtigte Person im Rahmen von Art. 378 Abs. 3 ZGB bei der Ermittlung des *mutmasslichen Willens* durchaus bedeutsam sein.

2.25 Mit einem Eintrag auf der *Versichertenkarte* kann auf die Existenz der Patientenverfügung sowie den allfälligen *Hinterlegungsort* derselben aufmerksam gemacht werden (Art. 371 Abs. 2 ZGB). Ein solcher Eintrag stellt aber *kein Gültigkeitserfordernis* dar.

2.26 Tritt Urteilsunfähigkeit ein und ist die Willenserklärung hinreichend klar, kommt der Patientenverfügung *verbindliche Wirkung* zu (Art. 372 Abs. 2 ZGB). Sie gilt als wirklicher Wille der betroffenen Person im Zeitpunkt des Eingriffs und damit als Zustimmung zu einer Behandlung oder als deren Ablehnung, wenn die in Aussicht genommene Situation tatsächlich eintritt. Anordnungen sind auch dann zu respektieren, wenn sie dem wohlverstandenen Interesse der betroffenen Person zuwiderlaufen. Allerdings können mit der Patientenverfügung keine sinnlosen oder medizinisch nicht indizierten Massnahmen eingefordert werden. *Schranken der Wirksamkeit* einer Patientenverfügung können sich auch aufgrund der Sonderregelungen ergeben, welche für die Behandlung *psychischer Störungen* bei einer fürsorgerischen Unterbringung gelten (Art. 433 Abs. 3 zweiter Satz ZGB). Schliesslich findet die Patientenverfügung *keine Berücksichtigung*, wenn sie *widerrechtlich* (Art. 19 und 20 OR) ist oder wenn *begründete Zweifel* bestehen, dass sie auf freiem Willen beruht oder noch dem mutmasslichen Willen der verfügenden Person entspricht (Art. 372 Abs. 2 ZGB). Wird einer Patientenverfügung nicht entsprochen, ist dies unter Angabe der Gründe im Patientendossier festzuhalten (Art. 372 Abs. 3 ZGB).

2.2.3. Aufgaben der KESB

2.27 Sobald die behandelnde Ärztin oder der behandelnde Arzt feststellt, dass eine Patientin oder ein Patient urteilsunfähig ist, hat sie bzw. er gestützt auf Art. 372 Abs. 1 ZGB die grundsätzliche Pflicht, anhand der Versichertenkarte abzuklären, ob eine Patientenverfügung existiert, und allenfalls über deren Wirksamkeit zu befinden. Im Unterschied zum Vorsorgeauftrag ist für die Patientenverfügung *keine behördliche Validierung* vorgesehen. Die KESB hat nur auf schriftlichen Antrag nahestehender Personen oder

2.2. Patient(inn)enverfügung

von Amtes wegen einzuschreiten, wenn sie erfährt, dass der Verfügung nicht entsprochen wird, die Interessen der urteilsunfähigen Person gefährdet oder nicht mehr gewahrt sind oder eine Patientenverfügung umgesetzt wird, welche nicht auf dem freien Willen der betroffenen Person beruht (Art. 373 Abs. 1 Ziff. 1 bis 3 ZGB). Als nahestehende Person antragsberechtigt sind auch die behandelnde Ärztin, der behandelnde Arzt und das Pflegepersonal.

3. Gesetzliche Vertretungsrechte

3.1. Vertretungsrecht der Ehegatten, der eingetragenen Partnerin oder des eingetragenen Partners

Literatur

Botschaft, 7034 f.

Allgemeine Literatur: BSK ESR-Reusser, Art. 374–376; FamKomm ESR-Leuba, Art. 374–376; Guillod, N 339–341; Hausheer/Geiser/Aebi-Müller, 2.56–2.65; KUKO ZGB-Langenegger, Art. 374–376; Meier/Lukic, 308–321; OFK ZGB-Fassbind, Art. 374–376; Schmid, Art. 374–376.

Spezifische Literatur: Fankhauser Roland, Die gesetzliche Vertretungsbefugnis bei Urteilsunfähigen nach den Bestimmungen des neuen Erwachsenenschutzrechts, in: BJM 2010, 240 ff.; Stettler Martin, Les mesures appliquées de plein droit, ZSR 2003 I, 369 ff.; Stettler Martin, La sauvegarde des intérêts des personnes incapables de discernement dans le nouveau droit de la protection de l'adulte, in: ZVW 2003, 258 ff.; Widmer Blum Carmen Ladina, Urteilsunfähigkeit, Vertretung und Selbstbestimmung – insbesondere: Patientenverfügung und Vorsorgeauftrag, Zürich 2010, 58 ff.

3.1.1. Voraussetzungen und Wirkungen

Ehegatten, der eingetragenen Partnerin und dem eingetragenen Partner der urteilsunfähig gewordenen Person steht von Gesetzes wegen ein Vertretungsrecht zu, damit deren persönliche und materielle Bedürfnisse befriedigt werden können. Indem es der Gesetzgeber mit diesem Rechtsinstitut Nahestehenden überlässt, gewisse Entscheidungen im Interesse der urteilsunfähigen Person zu treffen, wollte er erreichen, dass die KESB weniger oft eingeschaltet werden muss; es schliesst Lücken des alten Rechts, nach dem weder die Beistandspflicht (Art. 159 Abs. 3 ZGB, Art. 12 PartG), noch die gesetzlichen Vertretungsrechte für die eheliche Gemeinschaft oder die eingetragene Partnerschaft (Art. 166 Abs. 1 ZGB, Art. 15 Abs. 1 PartG) noch die Geschäftsführung ohne Auftrag (Art. 419 ff OR) diese Situation befriedigend zu regeln vermochten.

3.1

Es kann sich um eine vorübergehende oder dauerhafte Urteilsunfähigkeit handeln. Das Vertretungsrecht unterliegt keiner zeitlichen Beschränkung: Solange der Schutz einer Person auf diesem Weg gewährleistet werden kann, erübrigt es sich, eine Beistandschaft zu errichten (und gegebenenfalls einen Ehegatten, den eingetragenen Partner oder die eingetragene Partnerin als Beistand einzusetzen) (Fankhauser, BJM 2010, 246 ff.; KUKO ZGB-Langenegger, Art. 374 N 3; Meier/Lukic, N 312; OFK ZGB-Fassbind, Art. 374 N 2; Schmid, Art. 374 N 3; *contra*: Botschaft, 7034; Widmer Blum, 326). Vorbehalten bleibt die Möglichkeit einer Meldepflicht des Ehegatten,

3.2

3. Gesetzliche Vertretungsrechte

Partners oder der Partnerin (Art. 397a OR in Analogie), sollte sich die Urteilsunfähigkeit voraussichtlich als dauerhaft erweisen.

3.3 Im *Konkubinat* lebende Personen geniessen dieses Recht nicht (obwohl ihnen für medizinische Massnahmen ein gesetzliches Vertretungsrecht zukommt, Art. 378 Abs. 1 Ziff. 4 ZGB): Es zielt nur auf verheiratete oder in eingetragener Partnerschaft lebende Personen. Eine rein formelle Beziehung genügt nicht: Vorausgesetzt wird eine «gelebte Beziehung» in der Ehe oder eingetragenen Partnerschaft, mit anderen Worten, dass ein *gemeinsamer Haushalt* geführt wird oder (insbesondere wenn sich die urteilsunfähige Person in einem Wohn- oder Pflegeheim aufhält oder hospitalisiert ist) dass eine Person der anderen *regelmässig und persönlich Beistand leistet* (Art. 374 Abs. 1 ZGB in fine; für Einzelheiten vgl. FANKHAUSER, BJM 2010, 250).

3.4 Das Vertretungsrecht ist subsidiär: Es wird nur wirksam, soweit die betroffene Person keinen Vorsorgeauftrag errichtet hat oder nicht schon unter Beistandschaft steht (Art. 374 Abs. 1 ZGB). Das gesetzliche Vertretungsrecht kann indessen (gemäss dem Grundsatz der Komplementarität) neben einem Vorsorgeauftrag oder einer Beistandschaft bestehen, wenn Letztere die Rechtshandlungen gemäss Art. 374 Abs. 2 ZGB zweifelsfrei nicht erfassen oder bis sich die Urteilsfähigkeit als hinreichend dauerhaft erweist, damit der Vorsorgeauftrag in Kraft treten kann. Um heikle Abgrenzungsprobleme zu vermeiden, entfällt aber das gesetzliche Vertretungsrecht vollständig, sobald ein Vorsorgeauftrag wirksam oder eine Beistandschaft errichtet ist.

3.5 Das gesetzliche Vertretungsrecht des Ehegatten, der eingetragenen Partnerin oder des eingetragenen Partners ist inhaltlich an die *drei Bereiche* gemäss Art. 374 Abs. 2 Ziff. 1 bis 3 ZGB gebunden. Ehegatten, der eingetragene Partner oder die eingetragene Partnerin können zugunsten der urteilsunfähig gewordenen Person:

- alle zur Deckung des *Unterhaltsbedarfs* der urteilsunfähigen Person nötigen Rechtshandlungen vornehmen (Bezahlen der Miete, Nahrung, Kleidung, Pflege, Prämien von Sozial- und Privatversicherungen, Steuern, Pensionskasse usw.) (Art. 374 Abs. 2 Ziff. 1 ZGB). Dieser Bedarf hängt von den konkreten Umständen, der wirtschaftlichen Leistungsfähigkeit der betroffenen Person und von ihrem Lebensstandard ab. Für medizinische Massnahmen oder den Abschluss eines Betreuungsvertrages sind die besonderen Bestimmungen von Art. 377 ff. und Art. 382 Abs. 3 ZGB anwendbar;
- sich um die *ordentliche Verwaltung* des Einkommens und anderer Vermögenswerte kümmern (Art. 374 Abs. 2 Ziff. 2 ZGB). Es müssen Hand-

3.1. Vertretungsrecht der Ehegatten und eingetragenen Partnern

lungen untergeordneter Bedeutung sein, die oft und normalerweise vorgenommen werden (z.B. Versicherungsleistungen entgegennehmen, Mieten einer Liegenschaft im Eigentum der betroffenen Person einziehen, kleinere Reparaturen in Auftrag geben, Leistungen der Haftpflicht- oder Sachversicherung geltend machen). Dazu kann die Rechtsprechung und Lehre über die ordentliche Verwaltung beim ehelichen Güterstand der Gütergemeinschaft (Art. 227 Abs. 2 und Art. 228 Abs. 1 ZGB) beigezogen werden. A contrario gehören «riskante» oder «komplexe» Handlungen im Sinne von Art. 416 ZGB oder der beiden aArt. 421/422 ZBG nicht zur ordentlichen Verwaltung. Handlungen, die ausserhalb dieses Rahmens liegen, gelten als Handlungen der ausserordentlichen Verwaltung und bedürfen der Zustimmung der KESB (Art. 374 Abs. 3 ZGB). Unterlässt ein Ehegatte, die eingetragene Partnerin oder der eingetragene Partner, die Zustimmung der KESB einzuholen, sind die allgemeinen Regeln über die Zustimmung des gesetzlichen Vertreters anwendbar (Art. 19a und 19b ZGB, durch Verweis von Art. 418 ZGB);

- *nötigenfalls Post* zur Kenntnis nehmen und erledigen (Art. 374 Abs. 2 Ziff. 3 ZGB; im Vergleich Art. 391 Abs. 3 ZGB: Das Briefgeheimnis gehört zur Privatsphäre und ist sowohl gegenüber dem Staat, Art. 13 Abs. 1 BV, als auch unter Privaten, Art. 28 ZGB, geschützt). Die vertretungsberechtigte Person darf somit nicht einfach alle Briefe oder E-Mails öffnen, nur weil der Ehegatte, der eingetragene Partner oder die eingetragene Partnerin urteilsunfähig ist. Dazu ist er nur befugt, wenn er in guten Treuen annimmt, es handle sich um eine Rechnung oder um behördliche Post (z.B. der Steuerbehörde oder der Sozialversicherungen), oder wenn der Absender eine Antwort wünscht, die nicht warten kann, bis die betroffene Person ihre Urteilsfähigkeit wieder gewonnen hat.

Der Ehegatte, der eingetragene Partner oder die eingetragene Partnerin verpflichtet die urteilsunfähige Person mit ihren Handlungen rechtsgültig, soweit sie sich im Rahmen von Art. 374 ZGB bewegen. Das Vertretungsrecht muss mit der Sorgfalt einer beauftragten Person ausgeübt werden (Art. 398 OR). Die Bestimmungen über den Auftrag sind für die Vertretung durch den Ehegatten, den eingetragenen Partner oder die eingetragene Partnerin wie beim Vorsorgeauftrag (Art. 365 ZGB) sinngemäss anwendbar (Art. 375 ZGB). Das Vertretungsrecht muss persönlich ausgeübt werden (Art. 398 Abs. 3 OR), angesichts der besonderen und personengebundenen Natur des Instituts: Es ist undenkbar, dass ein Ehegatte, die eingetragene Partnerin oder der eingetragene Partner eine Drittperson in die Vertretung der urteilsunfähigen Person substituiert (dagegen ist der Beizug von Hilfspersonen zulässig, z.B. bei Zahlungsaufträgen an eine Bank oder die Postfinance). Wenn daher die vertretungsberechtigte Person aus ir-

3.6

gendwelchen Gründen verhindert ist, dauerhaft tätig zu sein, obliegt es der KESB, einen Beistand zu ernennen.

3.7 Die *Haftung* der vertretungsberechtigten Person richtet sich nach den Bestimmungen über den Auftrag und nicht nach Art. 454 f. ZGB (Art. 456 ZGB, der auf Art. 398 OR verweist).

3.1.2 Einschreiten der KESB

3.8 Soweit das Vertretungsrecht unmittelbar aus dem Gesetz fliesst, schreitet die Behörde nur ausnahmsweise ein (z.B. werden die Fähigkeiten der Vertretung nicht vorab geprüft). In folgenden Fällen bleibt der KESB jedoch ein Recht (und die Pflicht, für die sie haftet, Art. 454 Abs. 2 ZGB) einzuschreiten:

- Für Rechtshandlungen im Rahmen der ausserordentlichen Vermögensverwaltung verlangt das Gesetz die Zustimmung der KESB (Art. 374 Abs. 3 ZGB); geht es dabei um mehr als gelegentliche Handlungen, kann sich die Errichtung einer Beistandschaft rechtfertigen;
- Die KESB entscheidet über das Vertretungsrecht, wenn zweifelhaft ist, ob die Voraussetzungen erfüllt sind (Art. 376 Abs. 1 ZGB). Zweifel können namentlich darüber bestehen, ob (bezüglich der beabsichtigten Handlung) eine Urteilsunfähigkeit vorliegt, ob die beabsichtigte Handlung zur ordentlichen Verwaltung gehört oder ob regelmässig und persönlich Beistand geleistet wird. Obschon ein klarer Hinweis im Gesetz fehlt, dürfen neben der urteilsunfähigen Person Nahestehende auch Dritte an die KESB gelangen, wenn sie Interessen der schutzbedürftigen Person geltend machen (Offizialmaxime und Melderecht gemäss Art. 443 Abs. 1 ZGB). Wenn die Behörde das Vertretungsrecht anerkennt, händigt sie dem Ehegatten, dem eingetragenen Partner oder der eingetragenen Partnerin eine Urkunde über ihre Befugnisse aus (Art. 376 Abs. 1 *in fine* ZGB), sofern sie diese Urkunde benötigt, um sich Dritten gegenüber auszuweisen (z.B. gegenüber Postfinance für die Begleichung von Rechnungen über ein Postkonto).
- Sind die Interessen der urteilsunfähigen Person gefährdet oder nicht mehr gewahrt, muss die Behörde von Amtes wegen oder auf Antrag einer nahestehenden Person (Art. 376 Abs. 2 ZGB) bzw. auf Meldung einer Drittperson einschreiten. Sie kann das Vertretungsrecht ganz oder teilweise widerrufen und/oder eine Beistandschaft errichten (Art. 374 Abs. 1 ZGB). Die möglichen Massnahmen sind abschliessend aufgezählt, anders als bei Art. 368 Abs. 2 und (durch Verweis) Art. 373 Abs. 2 ZGB. Die Behörde ist nicht befugt, verbindliche Weisungen zu erteilen oder ein Inventar anzuordnen. Derartigen Empfehlungen dürfte ein Ehe-

3.1. Vertretungsrecht der Ehegatten und eingetragenen Partnern

gatte, die eingetragene Partnerin oder der eingetragene Partner jedoch nachkommen, um die Errichtung einer Beistandschaft für die urteilsunfähige Person zu vermeiden.

Wenn die KESB nicht ersatzweise eine Beistandschaft errichtet, muss der Entzug des Vertretungsrechts formell verfügt werden; wird ein Beistand eingesetzt, entfällt das Vertretungsrecht mit Rechtskraft der Massnahmen grundsätzlich vollumfänglich (vgl. Rz. 3.4). 3.9

Die Verantwortlichkeit der KESB im Rahmen ihrer Aufgaben bei der Zustimmung oder der Aufsicht (Art. 374/376 ZGB) richten sich nach den allgemeinen Bestimmungen über die Verantwortlichkeit für Handlungen von Organen des Erwachsenenschutzes (Art. 454 Abs. 2 ZGB). 3.10

Feststellung des Vertretungsrechts des Ehegatten 3.11

In Erwägung,

- dass NN und PN seit 20. September 1967 miteinander verheiratet sind;
- dass NN urteilsunfähig ist;
- dass er sich seit drei Monaten im Wohn- und Pflegeheim AB aufhält,
- dass er Inhaber des Postkontos Nr. 11–111 bei der Postfinance ist,
- dass Postfinance mit Datum vom … an die Behörde gelangte betreffend die Berechtigung von PN, die Zahlung der Krankenversicherungsprämien und des Selbstbehaltes auf Behandlungskosten von NN zu Lasten seines Postkontos zu veranlassen,
- dass es im Interesse der Eheleute N sowie der Postfinance liegt, diese Frage zu klären,
- dass sich die gleiche Frage auch im Zusammenhang mit den Kontokorrenten bei den Banken C und D stellen kann, deren Inhaber NN ist,
- dass das Aktiendepot Nr. 22222 bei der Bank E, dessen Inhaber NN ist, von TT aufgrund eines Vorsorgeauftrages vom … 2013 verwaltet wird, der den Vorrang vor einer allfälligen gesetzlichen Vertretung gemäss Art. 374 Abs. 1 ZGB hat,
- dass, obschon der gemeinsame Haushalt aufgrund der gesundheitlichen Probleme von NN unterbrochen ist, PN diesem mit seinen Besuchen und der Erledigung seiner administrativen Angelegenheiten regelmässig und persönlich Beistand leistet,
- dass die Voraussetzungen von Art. 374 ZGB damit erfüllt sind.

Dispositiv

1. PN ist berechtigt, NN für alle Rechtshandlungen zu vertreten, die für die Deckung des Unterhaltsbedarfs von NN sowie für die ordentliche Verwaltung des Einkommens und der übrigen Vermögenswerte von NN üblicherweise nötig sind.

3. Gesetzliche Vertretungsrechte

2. PN ist insbesondere berechtigt, laufende Kosten von NN zu Lasten von Postkonto Nr. 11–1111, dessen Inhaber NN ist, zu bezahlen.
3. PN ist berechtigt, sämtliche an NN adressierte administrative oder geschäftliche Korrespondenz zur Kenntnis zu nehmen und diese zu erledigen.
4. PN verfügt über keinerlei Vertretungsrechte bezüglich des Aktiendepots Nr. 22222 bei der Bank E, dessen Verwaltung aufgrund des Vorsorgeauftrages vom ... 2013 TT obliegt.
5. Eine Urkunde über die Befugnisse von PN (evtl. mit Befristung zur Erneuerung) wird dieser ausgehändigt, damit sie sich Dritten gegenüber ausweisen kann, wobei gegenüber der Post die vorliegende Entscheidung an ihre Stelle tritt.
6. (Gebühren/Kostenregelung)
7. (Rechtsmittelbelehrung)
8. Eröffnung an:
   - NN (betroffene Person),
   - PN (Ehegattin),
   - Postfinance (Ziff. 1 und 2 des Dispositivs).
9. Mitteilung an:
   - Bank E (Ziff. 4 des Dispositivs) sowie an den mit Vorsorgeauftrag beauftragten TT (Mitteilung an die Banken C und D durch PN persönlich mittels der Urkunde über ihre Befugnisse).

3.2. Vertretung bei medizinischen Massnahmen

Literatur

Botschaft, 7036–7038.

Allgemeine Literatur: BSK ESR-Kohler, Art. 377–381, FamKomm ESR-Guillod/Hertig-Pea, Art. 377–381; Guillod, N 342–345; Hausheer/Geiser/Aebi-Müller, 2.66–2.74; KUKO ZGB-Gassmann, Art. 377–381; Meier/Lukic, N 322–340; OFK ZGB-Fassbind, Art. 377–381; Schmid, Art. 377–381.

Spezifische Literatur: Fankhauser Roland, Die gesetzliche Vertretungsbefugnis bei Urteilsunfähigen nach den Bestimmungen des neuen Erwachsenenschutzrechts, in: BJM 2010, 240 ff.; Stettler Martin, Les mesures appliquées de plein droit, in: ZSR 2003 I, 369 ff.; Stettler Martin, La sauvegarde des intérêts des personnes incapables de discernement dans le nouveau droit de la protection de l'adulte, in: ZVW 2003, 258 ff.; Widmer Blum Carmen Ladina, Urteilsunfähigkeit, Vertretung und Selbstbestimmung – insbesondere: Patientenverfügung und Vorsorgeauftrag, Zürich 2010, 98 ff.

3.2.1. Voraussetzungen und Wirkungen

3.12 Die neuen Bestimmungen (einheitlich auf Bundesebene) bringen Klärung, wenn eine urteilsunfähige Person medizinischer Massnahmen bedarf, die nicht Gegenstand einer Patientenverfügung sind (Art. 377 Abs. 1 *ab initio*

3.2. Vertretung bei medizinischen Massnahmen

ZGB: weder Weisungen noch Bezeichnung einer Vertretung für medizinische Massnahmen gemäss Art. 370 Abs. 2 ZGB). Das *vom Gesetz* verliehene *Vertretungsrecht* zielt auf alle Massnahmen im medizinischen Bereich, ohne Unterschied, ob sie ambulant oder stationär ergriffen werden (Art. 378 Abs. 1 ZGB). Die Vertretung für medizinische Massnahmen kennt jedoch zwei Ausnahmen (vorbehalten bleiben zudem Bestimmungen in besonderen Regelungsbereichen wie z.B. Art. 13 Abs. 3 Bundesgesetz über die Transplantation von Organen, Geweben und Zellen, SR 810.21):

- In dringlichen Fällen muss die Ärztin oder der Arzt nach dem mutmasslichen Willen und im Interesse der Patientin oder des Patienten handeln (Art. 379 ZGB; *vgl.* auch Art. 419 OR); hat der Arzt oder die Ärztin jedoch von vorgängigen Weisungen Kenntnis, muss er oder sie sich danach richten. Ein dringlicher Fall liegt vor, wenn Massnahmen sofort ergriffen werden müssen (fehlende Zeit zur Benachrichtigung der vertretungsberechtigten Person und/oder ihren Entscheid abzuwarten) oder wenn sie sich nicht hinausschieben lassen, bis die Behörde eine vertretungsberechtigte Person eingesetzt hat, wenn sie dazu verpflichtet ist;
- Die Behandlung *psychischer Störungen* einer Person, die in einer psychiatrischen Klinik untergebracht ist, richtet sich nach den Bestimmungen über die fürsorgerische Unterbringung (Art. 380 und 433 ZGB). Eine Vertretung im Sinne der Art. 377 ff. ZGB ist ausgeschlossen. Die Vertrauensperson (Art. 432 ZGB) als solche ist nicht zu *Entscheidungen* für medizinische Massnahmen befugt.

Art. 378 ZGB führt die zur Vertretung einer urteilsunfähigen Person befugten Personen *hierarchisch* geordnet auf:

3.13

- Der für den Fall der Urteilsunfähigkeit (nur wenn im Vorsorgeauftrag ausdrücklich vorgesehen) und für medizinische Massnahmen bei Urteilsunfähigkeit (gemäss Patientenverfügung) dazu beauftragten Person kommt es zuerst zu, das Vertretungsrecht auszuüben (Art. 378 Abs. 1 Ziff. 1 ZGB). Das Gesetz regelt die Vertretung nicht ausdrücklich, wenn für die Vorsorge und für medizinische Massnahmen bei Urteilsunfähigkeit je eine Person mit der Vertretung beauftragt sind: Die jüngste Einsetzung hat Vorrang, es sei denn, die Handlungsbereiche unterscheiden sich inhaltlich so stark, dass sie komplementär sind;
- An zweiter Stelle kann der Beistand oder die Beiständin mit einem Vertretungsrecht für medizinische Massnahmen handeln (Art. 378 Abs. 1 Ziff. 2 ZGB). Es kann eine Vertretungsbeistandschaft, eine kombinierte Beistandschaft oder eine umfassende Beistandschaft sein (Art. 394 ff. ZGB);
- An dritter Stelle kann der Ehegatte, die eingetragene Partnerin oder der eingetragene Partner handeln, soweit ein gemeinsamer Haushalt ge-

3. Gesetzliche Vertretungsrechte

führt oder regelmässig und persönlich Beistand geleistet wird (*alternative* Bedingungen, Art. 378 Abs. 1 Ziff. 3 ZGB);
- Auch einer Person im gemeinsam geführten Haushalt, die regelmässig und persönlich Beistand leistet (Art. 378 Abs. 1 Ziff. 4 ZGB), kann die Vertretungsbefugnis zukommen. Entgegen der Situation des Ehegatten, der eingetragenen Partnerin oder des eingetragenen Partners handelt es sich hier um zwei *kumulative* Voraussetzungen. Diese Bestimmung zielt vor allem auf das Konkubinat, kann aber auch bei zwei betagten Personen angewendet werden, die in Hausgemeinschaft ohne Konkubinatsbeziehung leben (aus Freundschaft, Annehmlichkeit oder aus wirtschaftlichen Gründen); die Voraussetzung des regelmässig und persönlich zu leistenden Beistandes ermöglicht es grundsätzlich, «einfache» Wohngemeinschaften auszuschliessen (z.B. Mietgemeinschaft unter Studierenden).
- Lässt sich das Vertretungsrecht nicht mit der Ehe, der Partnerschaft oder einer anderen Form der Lebensgemeinschaft begründen, greift das Gesetz auf Mitglieder der Verwandtschaft zurück, wobei in jedem Fall vorausgesetzt wird, dass der betroffenen Person regelmässig und persönlich Beistand geleistet wird. In erster Linie fällt das Vertretungsrecht an Nachkommen einer oder eines urteilsunfähigen Patientin oder Patienten (Art. 378 Abs. 1 Ziff. 5 ZGB). Mangels Nachkommen können der Vater und die Mutter das Vertretungsrecht ausüben (Art. 378 Abs. 1 Ziff. 6 ZGB). Ohne Eltern liegt es an Geschwistern, die ihnen übertragene Befugnis auszuüben (Art. 378 Abs. 1 Ziff. 7 ZGB).

3.14 Die betroffene Person kann die gesetzliche Rangordnung mit einer Patientenverfügung ändern. Hat der oder die urteilsunfähige Patient oder Patientin keine nahestehende Person, die der Liste von Art. 378 Abs. 1 ZGB entsprechend die Vertretung übernehmen könnte, errichtet die KESB eine Vertretungsbeistandschaft (Art. 381 Abs. 1, Art. 394 ZGB). Gleiches gilt, wenn keine der von Art. 378 ZGB genannten Personen handeln *will* (Art. 381 Abs. 1 *in fine* ZGB): Die als Vertretung bezeichneten Personen können nicht gezwungen werden, das Vertretungsrecht auszuüben (Verweigerung aus Unkenntnis des Willens der betroffenen Person, moralische Zwangslage usw.). Sind mehrere Personen gleichzeitig vertretungsberechtigt, müssen sie Entscheidungen immer gemeinsam treffen (Art. 381 Abs. 2 Ziff. 2 ZGB). Der Arzt oder die Ärztin darf nach den Regeln des guten Glaubens annehmen, dass jede von ihnen im Einverständnis der anderen handelt (Art. 378 Abs. 2 ZGB; im Vgl. zu Art. 304 Abs. 2 ZGB). Je riskanter und/oder bedeutender die Massnahme aber, desto weniger kann sich der Arzt oder die Ärztin auf den guten Glauben berufen. Hat der Patient oder die Patientin in einer Patientenverfügung Weisungen erteilt, muss sich das Medizinpersonal danach richten (Art. 372 Abs. 2 ZGB). Ist dies nicht der Fall, muss die vertretungsberechtigte Person nach dem mutmasslichen Willen und den Interessen des Patienten oder der Patientin handeln (Art. 378 Abs. 3 ZGB, der indirekt den Grundsatz von Art. 372 Abs. 2 bekräftigt; *vgl.* auch Art. 419 OR). Der vertretungsberichtigten Person ist die Zustimmung zu Massnahmen versagt, die vertretungsfeindlichen höchstpersönlichen Rechten zuzurechnen sind (Art. 19c Abs. 2 ZGB): Operationen zur Geschlechtsumwandlung oder nicht rekonstruktive Schönheitschirurgie.

Der Arzt oder die Ärztin muss im Einverständnis mit der Person, die den urteilsunfähigen Patienten oder die urteilsunfähige Patientin vertritt, einen Behandlungsplan erstellen (Art. 377 Abs. 1 ZGB). Die vertretungsberechtigte Person muss mit hinreichender Aufklärung einen eigenen Willen bilden können über die Gründe, den Zweck, die Natur, die Ausführung und Nebenwirkungen der Behandlung, über deren Kosten, die Folgen ihrer Unterlassung und über Behandlungsalternativen. Trotz der Urteilsunfähigkeit muss die Patientin oder der Patient soweit möglich in die Entscheidfindung einbezogen werden (Art. 377 Abs. 3 ZGB). Der Behandlungsplan muss den Entwicklungen des Patienten oder der Patientin und der Medizin laufend angepasst werden (Art. 377 Abs. 4 ZGB). 3.15

Die Haftung der vertretungsberechtigten Person richtet sich nach den Regeln über den Auftrag, und nicht nach Art. 454 f. ZGB (Art. 456 ZGB, mit Verweis auf Art. 398 OR). 3.16

3.2.2. Einschreiten der KESB

Grundsätzlich muss das Medizinalpersonal die zur Vertretung des urteilsunfähigen Patienten oder der urteilsunfähigen Patientin berechtigte Person ausfindig machen. Aber auch die KESB kann zum Entscheid berufen sein, wenn unklar ist, wer vertretungsberechtigt ist (Art. 381 Abs. 2 Ziff. 1 ZGB); in solchen Fällen richtet sie sich nach den von Art. 378 Abs. 1 ZGB vorgesehenen Rangfolgen und Voraussetzungen (z.B. gemeinsamer Haushalt oder regelmässiger und persönlicher Beistand). Sind sich mehrere (im gleichen Rang) vertretungsberechtigte Personen uneinig, muss sie zudem entsprechend dem mutmasslichen Interesse der Patientin oder des Patienten entscheiden (sofern eine vorgängige Willensäusserung fehlt, Art. 381 Abs. 2 Ziff. 2 ZGB). 3.17

Sind die Interessen der urteilsunfähigen Person nicht mehr gewahrt oder gefährdet (Art. 381 Abs. 2 Ziff. 3 ZGB), namentlich bei offenkundiger Entscheidungsunfähigkeit der vertretungsberechtigten Person oder bei einer Interessenskollision, soll die Behörde ebenfalls einschreiten. Sie geniesst 3.18

dann weites Ermessen und es steht ihr frei, die nach ihrer Auffassung am besten geeignete Person einzusetzen (ohne Rücksicht auf die Rangfolge gemäss Art. 378 ZGB); sie ist dagegen an die besonderen Voraussetzungen für nahestehende Personen gemäss Art. 378 Abs. 1 ZGB gebunden (gemeinsamer Haushalt und/oder regelmässiger und persönlicher Beistand). Wenn sie es in Anbetracht der Situation als sinnvoller erachtet, kann sie anstelle der Vertretung durch eine dem Patienten oder der Patientin nahestehenden Person auch eine Beistandschaft errichten.

3.19 Die Behörde schreitet von Amtes wegen ein oder auf Antrag des Arztes, der Ärztin, einer der betroffenen Person nahestehenden Person, z.B. jemand aus einer nach Art. 378 Abs. 1 ZGB abgestuften Gruppe, oder auch Dritter, die geltend machen, im Interesse der betroffenen Person zu handeln (vgl. Art. 443 Abs. 1 ZGB und Rz. 3.8).

3.20 Die Verantwortlichkeit der KESB im Rahmen ihrer Aufsichtsaufgabe richtet sich nach den allgemeinen Regeln über die Verantwortlichkeit von Organen des Erwachsenenschutzes (Art. 454 Abs. 2 ZGB).

3.21 **Bestimmung der vertretungsberechtigten Person bei medizinischen Massnahmen**

In Erwägung,

- *dass NN im Kantonsspital von F seit dem ... 2012 nach einer Aneurysmaruptur hospitalisiert ist,*
- *dass er gemäss dem von Dr. P ausgestellten Arztzeugnis vom ... 2013 dauerhaft urteilsunfähig ist,*
- *dass keine ihn betreffende Patientenverfügung oder kein Vorsorgeauftrag bekannt ist,*
- *dass keine Beistandschaft errichtet wurde,*
- *dass NN seit dem ... 2010 verwitwet ist,*
- *dass er nicht in einem Konkubinat lebt,*
- *dass NN zwei Söhne A und B hat, die im Streit liegen,*
- *dass gemäss einer von Dr. P an die Behörde gerichtete Mitteilung jeder der beiden beansprucht, Entscheidungen betreffend die medizinische Behandlung von NN allein zu treffen,*
- *dass der Sachverhalt zeigt, dass B mit seinem Vater nicht mehr als gelegentlichen telefonischen Kontakt pflegt (monatlich 1 Mal im Durchschnitt), während sich A regelmässig um die Einkäufe und die Wohnung seines Vaters kümmert und mit ihm einen Grossteil seiner Freizeit verbringt,*
- *dass A als Vertreter seines Vaters für medizinische Massnahmen eingesetzt wird,*

3.2. Vertretung bei medizinischen Massnahmen

- *dass ihm angeraten wird, seinen Bruder in die Entscheidfindung einzubeziehen oder ihn wenigsten den Umständen entsprechend über die getroffenen Entscheidungen zu informieren.*

Dispositiv
1. A wird als einziger Vertreter von NN für medizinische Massnahmen im Sinne von Art. 378 ZGB eingesetzt.
2. (Gebühren/Kostenregelung)
3. (Rechtsmittelbelehrung)
4. Eröffnung an:
    - NN (betroffene Person),
    - A und B,
    - Dr. P. (Ziff. 1 des Dispositivs).
5. Mitteilung an (…)

4. Alternativen zu Beistandschaften

Literatur

Botschaft, 7044 f.
Allgemeine Literatur: BK-Schnyder/Murer, aArt. 392 ZGB N 36, aArt. 393 ZGB N 23 und aArt. 392–397 ZGB N 4; BSK-Langenegger, aArt. 392 ZGB N 14; BSK ESR-Henkel, Art. 392; Deschenaux/Steinauer, 1107; FamKomm ESR-Meier, Art. 392; Hausheer/Geiser/Aebi-Müller, 2.147 ff.; KUKO ZGB-Rosch, Art. 392; Meier/Lukic, 430 ff.; OFK ZGB-Fassbind, Art. 392.

4.1. Allgemeines

Die Praxis zu dem bis Ende 2012 geltenden Recht hat den Ingress von aArt. 393 ZGB, welcher für den Fall, dass einem Vermögen die nötige Verwaltung fehlt, die Vormundschaftsbehörde als zuständig bezeichnet, das Erforderliche anzuordnen, als Grundlage für das *eigene Handeln der Behörde* unter Verzicht auf eine Beistandschaft betrachtet. Dabei hat die Praxis die Anwendung bei Vorliegen besonderer Gründe auf Bereiche ausserhalb der Vermögensverwaltung ausgedehnt. Als solche Gründe sind etwa angeführt worden: Dringlichkeit einer zugleich klaren (liquiden) Angelegenheit oder einfacher Sachverhalt und klare Rechtslage, die ohne weitere Abklärungen zu einer eindeutigen Entscheidung führen und einem Beistand resp. einer Beiständin keinen Ermessensspielraum offen lassen würden, so dass die Ernennung eines/einer solchen eine reine Formalität darstellen würde (vgl. zur Anwendung des Instruments unter bis Ende 2012 geltendem Recht: BGE 138 V 58).

4.1

Art. 392 ZGB sieht nun unter der Gesetzesmarginalie *«Verzicht auf eine Beistandschaft»* unter bestimmten Voraussetzungen ausdrücklich Vorkehrungen der KESB vor, die eine Beistandschaft entbehrlich machen. Eine Einschränkung der Anwendbarkeit der Bestimmung auf bestimmte Aufgabenbereiche ist nicht vorgesehen und es können somit Aufgaben der Personensorge und der Vermögenssorge und der damit einhergehenden Vertretung Gegenstand von Anordnungen gemäss Art. 392 ZGB sein. Vom Wortlaut der Bestimmung her betrachtet, sind solche Anordnungen geeignet, Beistandschaften jeglicher Art entbehrlich zu machen. Die Anwendung von Ziff. 1 und Ziff. 2 dürfte in der Praxis vor allem den Verzicht auf Vertretungsbeistandschaften nach Art. 394 ZGB (inkl. Vermögensverwaltung gemäss Art. 395 ZGB, Ersatzbeistandschaft gemäss Art. 403 Abs. 1 ZGB [wo die Möglichkeit des eigenen Handelns der KESB noch ausdrücklich erwähnt wird] und Vertretungsbeistandschaft für medizinische Massnahmen gemäss Art. 381 ZGB) ermöglichen. In Betracht kommt auch der Verzicht auf eine Mitwirkungsbeistandschaft (vgl. Rz. 4.7). Hingegen ist der Ver-

4.2

4. Alternativen zu Beistandschaften

zicht auf eine umfassende Beistandschaft nach 398 ZGB aufgrund von Vorkehrungen nach Art. 392 ZGB kaum vorstellbar. Die Begleitbeistandschaft nach Art. 393 ZGB kann sich u.U. durch eine Vorkehrung nach Art. 392 Ziff. 3 ZGB erübrigen (vgl. Rz. 4.14 ff.).

4.3 Bezüglich der *Voraussetzungen für die Anwendung von Art. 392 ZGB und den daraus folgenden Verzicht auf eine Beistandschaft* ergibt sich aus der systematischen Einordnung der Bestimmung im Gesetz vorerst einmal, dass eine darauf abgestützte behördliche Anordnung nur erlassen werden kann, wenn im Übrigen die Voraussetzungen für die Errichtung einer Beistandschaft erfüllt wären. Auch die gestützt auf Art. 392 ZGB erlassene Disposition der Behörde muss erforderlich (und geeignet) i.S. von Art. 389 ZGB sein; insb. das Subsidiaritätsprinzip ist zu beachten. Desgleichen müssen bei der hilfsbedürftigen Person die Voraussetzungen gemäss Art. 390 ZGB (Schwächezustand bzw. Abwesenheit) erfüllt sein. Für die entsprechenden Abklärungen gelten die Verfahrensvorschriften vollumfänglich. Weitere im Gesetz ausdrücklich genannte Voraussetzung ist sodann, dass die Errichtung einer Beistandschaft wegen des Umfangs der Aufgaben als offensichtlich unverhältnismässig erscheinen würde. Mit dieser Formulierung evoziert das Gesetz die Vorstellung, dass die zur Besorgung bestimmter Angelegenheiten erforderlichen Vorkehrungen umfangmässig so klein sind, dass sich der Aufwand der Errichtung und Führung einer Beistandschaft nicht rechtfertigt (liquide Fälle, die keine grosse Arbeit verursachen). Die Voraussetzung der «offensichtlichen Unverhältnismässigkeit» (zwischen Aufgabenumfang und Beistandschaft) ist nicht primär nach der in anderen Kontexten für die Frage der Verhältnismässigkeit massgeblich zu berücksichtigenden Schwere des behördlichen Eingriffs in die Autonomierechte der betroffenen hilfsbedürftigen Person zu beurteilen (für Letztere dürfte es i.d.R. keinen Unterschied machen, ob der Eingriff durch die KESB oder durch eine von dieser eingesetzte Beistandsperson getätigt wird), sondern nach dem durch eine Beistandschaft verursachten Verhältnis von Aufwand und (Mehr-)Nutzen; dieses Verhältnis soll kein Missverhältnis sein. Immerhin gilt mit Blick auf die betroffenen oder ihr nahestehenden Personen zu berücksichtigen, dass mit dem Verzicht auf eine Beistandschaft im Falle der Anwendung von Art. 392 Ziff. 1 ZGB der Rechtsmittelweg um eine Instanz verkürzt wird.

4.4 Von den gestützt auf Art. 392 ZGB angeordneten Vorkehrungen sind die gestützt auf Art. 445 ZGB getroffenen *vorsorglichen Massnahmen* zu unterscheiden. Die Erforderlichkeit von vorsorglichen Massnahmen bemisst sich nicht primär an den dargestellten Kriterien des Verhältnisses zwischen Aufwand und Nutzen, sondern an der Dringlichkeit von Schutzbedürfnissen der betroffenen Person. Die Unterscheidung ist auch deshalb notwendig, weil die Rechtsmittelfristen nicht identisch sind. Allerdings ist nicht auszuschliessen, dass in einem Verfahren, in welchem Vorkehrungen nach Art. 392 ZGB beantragt sind oder aufgrund bereits erfolgter Abklärungen von der KESB in Betracht gezogen werden, vorsorgliche Massnahmen gemäss Art. 445 ZGB anzuordnen sind. Vorkehrungen nach Art. 392 ZGB sind u.U. auch vorsorglich anzuordnen.

Gestützt auf Art. 392 ZGB getroffene Anordnungen sind den betroffenen Personen in einem rechtsmittelfähigen Beschluss der KESB zu eröffnen. Zumindest in der Begründung muss zum Ausdruck gebracht werden, dass damit auf die Massnahme der Anordnung einer Beistandschaft verzichtet wird. Da die KESB, im Gegensatz zum Beistand resp. zur Beiständin, keiner Berichterstattungspflicht und Mitwirkung durch eine beaufsichtigende Instanz unterliegt, ist es besonders wichtig, dass mit der Begründung die Entscheidung nachvollziehbar hergeleitet und damit die Gründe dokumentiert werden.

4.5

4.2. Eigenes Handeln der KESB

Unter den vorne (Rz. 4.3) genannten Voraussetzungen kann die KESB gemäss Art. 392 Ziff. 1 ZGB, statt eine Beistandschaft anzuordnen, von sich aus das Erforderliche vorkehren. Als Kriterium für den Entscheid, ob die Voraussetzungen gegeben sind, ist für die Anwendung von Ziff. 1 die voraussichtliche Dauer der Notwendigkeit, Aufgaben zu besorgen, von Bedeutung. Für länger andauernde Aufgabenwahrnehmungen ist eigenes Handeln der KESB nicht angezeigt. Dieses eignet sich vielmehr für die Besorgung einer Angelegenheit, die innert relativ kurzer Zeit zu einem Abschluss gebracht werden kann, weil sie sich z.B. als *einfach und liquid* erweist und keiner weiteren Abklärung mehr bedarf. Es kann sich aber durchaus auch um eine *komplexere Angelegenheit* handeln, deren Erfassung im Zuge der Abklärung der Notwendigkeit einer Erwachsenenschutzmassnahme mit grossem Aufwand der KESB verbunden war, in der Folge jedoch als liquid, d.h. klar entscheidungsreif, erscheint. Das eigene Handeln der KESB kann in solchen Fällen gerechtfertigt sein, weil es, allenfalls auch unter Berücksichtigung einer zeitlichen Komponente, offensichtlich unverhältnismässig wäre, eine Beistandsperson sich in die komplexe Materie einarbeiten zu lassen einzig zum Zweck, die von der KESB bereits als einzig richtig erkannte Lösung zu vollziehen.

4.6

Als erforderliche *Vorkehrung* erwähnt das Gesetz namentlich die Erteilung der Zustimmung zu einem Rechtsgeschäft. Damit wird der Verzicht auf eine Mitwirkungsbeistandschaft ermöglicht. Dies setzt allerdings voraus,

4.7

dass die KESB die betroffene Person vorgängig, ohne Errichtung einer Mitwirkungsbeistandschaft, in ihrer Handlungsfähigkeit bezüglich des Abschlusses eines bestimmten Rechtsgeschäftes oder einer bestimmten Kategorie von Rechtsgeschäften eingeschränkt hat. Eine solche Einschränkung ohne gleichzeitige Errichtung der entsprechenden Beistandschaft dürfte in der Praxis insb. als vorsorgliche Massnahme gestützt auf Art. 445 i.V.m. Art. 19d ZGB vorkommen. Die Zustimmung zu einem Rechtsgeschäft durch die KESB ist sodann in jenen Fällen in Betracht zu ziehen, in denen eine urteilsfähige, jedoch im entsprechenden Bereich in ihrer Handlungsfähigkeit eingeschränkte Person ein Rechtsgeschäft abzuschliessen beabsichtigt oder bereits abgeschlossen hat und von ihrer Beistandsperson infolge Interessenkollision eine rechtsgültige Zustimmung nicht erwirken kann (Art. 19 Abs. 1 i.V.m. Art. 19a Abs. 1 sowie Art. 403 Abs. 2 ZGB). Die Zustimmung oder die Verweigerung derselben durch die KESB macht in diesem Fall die Errichtung einer Ersatzbeistandschaft gemäss Art. 403 Abs. 1 ZGB entbehrlich.

4.8 Quantitativ grössere Bedeutung als die Erteilung von solchen Zustimmungen zu in der Schwebe sich befindlichen Rechtsgeschäften dürften in der Praxis die Fälle erlangen, in denen die KESB gestützt auf Art. 392 Ziff. 1 ZGB *namens einer handlungsunfähigen Person, d.h. als deren gesetzliche Vertretung, ein Rechtsgeschäft abschliesst*. Dies kann die zweckmässige Lösung darstellen, wenn für eine von vorübergehender krankheits- oder unfallbedingter Urteilsunfähigkeit betroffene Person keine Vertretung bestellt worden war oder von Gesetzes wegen entstanden ist (Art. 374 ff.) und ein dringendes Geschäft besorgt werden muss. Die Vertretung durch die KESB macht in diesen Fällen eine Vertretungsbeistandschaft nach Art. 394 ZGB entbehrlich. Sodann ist Vertretung durch die KESB u.U. zweckmässig, wenn die Person (Beistandsperson, vorsorgebeauftragte Person), welche ansonsten die wegen Urteilsunfähigkeit handlungsunfähige Person zu vertreten hätte, dazu infolge Interessenkollision nicht in der Lage ist (Art. 403 Abs. 2 ZGB bzw. Art. 365 Abs. 3 ZGB). Das eigene Handeln (Geschäftsabschluss oder Verweigerung eines solchen) der KESB macht in diesen Fällen eine Ersatzbeistandschaft nach Art. 403 Abs. 1 ZGB entbehrlich. Ob der Gesetzgeber unter den Begriff «Zustimmung zu einem Rechtsgeschäft erteilen» in Art. 392 Ziff. 1 ZGB auch die Annahme einer Vertragsofferte subsumieren wollte, kann offen bleiben, weil Vertragsabschlüsse der KESB namens und in Vertretung der betroffenen Person jedenfalls schon vom Begriff «von sich aus das Erforderliche vorkehren» in derselben Bestimmung abgedeckt sind.

4.9 Als erforderliche Vorkehrungen im Sinne von Art. 392 Ziff. 1 ZGB kommen neben rechtsgeschäftlichen Dispositionen Massnahmen in Betracht,

4.2. Eigenes Handeln der KESB

mit denen die KESB für die hilfsbedürftige Person die *Erschliessung von Leistungen,* insb. solcher *im Bereich der Personensorge,* in die Wege leitet oder die Unterlassung von Störungen der betroffenen Person namens derselben verlangt. Vorkehrungen zur Erschliessung von Leistungen (z.B. aufsuchende psychosoziale Beratung durch einen Sozialdienst) dürften allerdings im Zuge der Abklärung der Notwendigkeit erwachsenenschutzrechtlicher Massnahmen oft durch Mitglieder oder Mitarbeitende der KESB veranlasst werden können, ohne dass es dazu einen förmlichen Beschluss der Behörde nach Art. 392 ZGB bräuchte.

Eigenes Handeln der KESB namens einer handlungsunfähigen Person gestützt auf Art. 392 Ziff. 1 ZGB

4.10

Erwägungen u.a. Begründung der Erforderlichkeit einer behördlichen Massnahme [Handlungsunfähigkeit, Beistandsbedürftigkeit], Begründung des materiellen Entscheides, Begründung, weshalb dieser Entscheid als Anordnung der KESB gestützt auf Art. 392 Ziff. 1 ZGB möglich und eine Beistandschaft entbehrlich ist.

Dispositiv

1. Die von AB unterbreitete Offerte betreffend Kauf des [Gegenstand: z.B. Automobil, Marke Mercedes SL …] durch AB, Käuferin, von NN, Verkäufer, zum Preis von CHF [Betrag] wird i.S. von Art. 392 Ziff. 1 ZGB angenommen und der Kaufvertrag vom [Datum] namens und in Vertretung von NN unterzeichnet.
2. AB wird eingeladen, den Kaufpreis auf das Konto IBAN … lautend auf NN zu überweisen *[Variante: auf das Konto IBAN … lautend auf KESB].*
3. KN, Sohn des NN, wird ermächtigt und eingeladen, nach entsprechender Meldung der KESB die Schlüssel zum Fahrzeug, die Fahrzeugpapiere und das Fahrzeug samt dem im Kaufvertrag aufgeführten Zubehör der Käuferin bzw. einer von ihr bezeichneten Vertretungsperson zu übergeben.
4. Gebühren- und Kostenbezug *[ggf. bei Variante von Ziff. 2: Regelung des Bezugs vom eingegangenen Kaufpreis und Überweisung des verbleibenden Betrags auf Konto IBAN lautend auf NN].*
5. Rechtsmittelbelehrung.
6. Eröffnung an:
   – NN (betroffene Person),
   – AB (Vertragspartnerin),
   – KN (weiterer Verfahrensbeteiligter).
7. Nach Rechtskraft des Beschlusses: Zustellung eines unterzeichneten Kaufvertrages an die Vertragspartnerin AB; sowie nach Eingang des Kaufpreises: Vollzugsmeldung an KN.

4. Alternativen zu Beistandschaften

4.11 Eigenes Handeln der KESB durch Erteilung einer Zustimmung gestützt auf Art. 392 Ziff. 1 ZGB

Erwägungen wie oben, zusätzlich: Feststellung, dass für NN eine Beistandschaft geführt wird, NN in der Handlungsfähigkeit bezüglich des fraglichen Geschäftes beschränkt, aber urteilsfähig ist. Erläuterung und Begründung der Verhinderung der ordentlichen Vertretungsperson infolge Interessenkollision [i.c. ist z.B. Beistand XY als Geschäftsführer der Käuferin AB angestellt].

Dispositiv

1. Dem zwischen NN als Verkäufer und AB als Käuferin abgeschlossenen Vertrag über den Kauf des Automobils ... wird i.S. von Art. 392 Ziff. 1 ZGB anstelle des an der Vertretung verhinderten und nicht zur Vertragsgenehmigung befugten Beistandes XY im Sinne von Art. 19 Abs. 1 ZGB zugestimmt *(Variante: die Zustimmung im Sinne von Art. 19 Abs. 1 ZGB verweigert)*.

(Ziff. 2–6: analog Muster oben).

4.12 Eigenes Handeln der KESB durch Auftrag an Dritte gestützt auf Art. 392 Ziff. 1 ZGB

Erwägungen u.a. Begründung der Erforderlichkeit einer behördlichen Massnahme und der grundsätzlichen Beistandsbedürftigkeit, Begründung des materiellen Entscheides, Begründung, weshalb dieser Entscheid als Anordnung der KESB gestützt auf Art. 392 Ziff. 1 ZGB getroffen werden kann und eine Beistandschaft entbehrlich ist [i.c. z.B. weil die betroffene Person voraussichtlich bald wieder selber handlungsfähig sein wird und ihr Wertschriftenvermögen bis anhin nach erkennbaren vernünftigen Kriterien verwaltet hat, welche als Anlagestrategie in den Verwaltungsvertrag mit AB aufgenommen worden sind usw.].

Dispositiv

1. Unter Verzicht auf die Errichtung einer Vertretungsbeistandschaft für NN wird AB [i.c. z.B. unabhängige Vermögensverwaltungsfirma] im Sinne von Art. 392 Ziff. 1 ZGB namens und in Vertretung von NN beauftragt, die im Depot Nr. ... bei der Bank BB liegenden Wertschriften von NN nach Massgabe des Verwaltungsvertrags vom [Datum] zu verwalten.
2. AB wird eingeladen, sofern bis dahin keine anderen Anordnungen ergehen, per [Datum] über die Auftragsbesorgung Rechenschaft abzulegen.
3. Gebühren und Kosten.
4. Rechtsmittelbelehrung.

5. Eröffnung an:
   - NN (betroffene Person),
   - AB (Vertragspartnerin),
   - [ggf. weitere Verfahrensbeteiligte].

Eigenes Handeln der KESB/Beendigung eines Auftrags an Dritte gestützt auf Art. 392 Ziff. 1 ZGB

4.13

Erwägungen u.a. Umstände, die zum Schluss führen, dass die betroffene Person ihre Interessen wieder selber wahrnehmen kann.

Dispositiv

1. In dem mit Beschluss vom [Datum] gestützt auf Art. 392 Ziff. 1 ZGB namens von NN als Auftraggeber und AB als Auftragnehmerin begründeten Vermögensverwaltungsauftrag wird festgestellt, dass NN ab sofort in der Lage ist, die vertraglichen Rechte und Pflichten selber ohne Mitwirkung der KESB wahrzunehmen.

(Ziff. 2–4 analog Ziff. 3–5 oben)

4.3. Auftrag der KESB an Dritte

Gemäss Art. 392 Ziff. 2 ZGB kann die KESB, statt eine Beistandschaft zu errichten, einer Drittperson für einzelne Aufgaben einen Auftrag erteilen. Damit ist ein Auftrag nach OR gemeint. Der Gesetzeswortlaut beantwortet nicht eindeutig, ob die *KESB* dabei selber *als Auftraggeberin* handelt, d.h. der beauftragten Person einen Auftrag erteilt, der den Interessen einer Drittperson (der hilfsbedürftigen Person) dient, *oder* ob die *KESB* den *Auftrag namens und in Vertretung der hilfsbedürftigen Person* erteilt, womit Letzterer die Rechtsstellung der Auftraggeberin zufällt. Aus Gründen der Rechtssicherheit erscheint die Auffassung vertretbar, Art. 392 Ziff. 2 ZGB sei dahingehend auszulegen, dass die Fälle, in denen zur Wahrung der Interessen der betroffenen Person namens und in Vertretung derselben ein Auftrag zu erteilen ist, nicht darunter fallen, sondern auf Art. 392 Ziff. 1 ZGB abzustützen sind und damit die Anwendung von Art. 392 Ziff. 2 ZGB jenen Fällen vorbehalten bleibt, in denen die KESB selber als Auftraggeberin auftritt (diese Auffassung scheinen zu teilen: SCHMID, Art. 392 N 6; MEIER/LUKIC, 435 ff.; a.M.: HAUSHEER/GEISER/AEBI-MÜLLER, 2.153). Es ist nicht anzunehmen, dass der Gesetzgeber offen lassen wollte, welche der beiden Bestimmungen die Praxis im Einzelfall zur Begründung eines Auftragsverhältnisses mit der betroffenen Person als Auftraggeberin anwenden

4.14

4. Alternativen zu Beistandschaften

soll, zumal dies zu (zusätzlichen) Schwierigkeiten bezüglich der Frage der anwendbaren Verantwortlichkeitsbestimmungen führen würde. Die Verantwortlichkeit der durch die KESB als Auftraggeberin beauftragten Person richtet sich nämlich nach den Bestimmungen von Art. 454 und 455 ZGB, weil sie gewissermassen als Organ des Erwachsenenschutzes im Auftrag der KESB tätig ist. Dies lässt sich für die namens und in Vertretung der betroffenen Person beauftragte Person nicht sagen; sie haftet, wie jede andere gestützt auf Art. 392 Ziff. 1 ZGB in Pflicht genommene Vertragspartnerin, nach den obligationenrechtlichen Bestimmungen. Nach dem Gesagten sind Aufträge, die von der KESB namens und in Vertretung der betroffenen Person erteilt werden, auf Art. 392 Ziff. 1 ZGB abzustützen. Es erscheint jedenfalls in jenen Fällen sinnvoll, der betroffenen Person die Rechtsstellung der Auftraggeberin einzuräumen, in denen damit gerechnet werden kann, dass sie *in absehbarer relativ kurzer Zeit wieder in der Lage sein wird*, sich selber um die fraglichen einzelnen Aufgaben zu kümmern und *als Auftraggeberin die Kontrolle über das gestützt auf Art. 392 Ziff. 1 ZGB errichtete Auftragsverhältnis zu übernehmen* und zu entscheiden, ob dieses weitergeführt oder aufgelöst werden soll.

4.15 Die *Auftragserteilung nach OR durch die KESB* selber anstelle Beistandschaft gemäss Art. 392 Ziff. 2 ZGB erscheint vertretbar, wenn es um eine in klarer und eindeutiger Weise zu besorgende Aufgabe geht, bei der sich die beauftragte Drittperson innerhalb eines relativ engen von der KESB im Voraus abgesteckten Rahmens zu bewegen hat. Der Anwendungsbereich der eigenen Auftragserteilung durch die KESB dürfte im Übrigen auch durch das kantonale Recht zumindest durch die zur Verfügung stehenden finanziellen Mittel für Auftragskosten limitiert werden. Dort, wo Mittel der betroffenen Person zur Entschädigung der beauftragten Drittperson verfügbar sind, sollen die Regeln von Art. 404 ZGB zur Entschädigung von Beiständinnen und Beiständen herangezogen werden.

4.16 Der Umstand, dass sich die Errichtung und Führung einer Vertretungsbeistandschaft für die Besorgung einzelner Aufgaben einerseits und die Erteilung eines Auftrags für die Besorgung derselben Aufgaben mit Überwachung der Tätigkeit der beauftragten Person andererseits hinsichtlich des Aufwandes etwa die Waage halten dürften, lässt angesichts der in jedem Fall anzustellenden Überlegungen zu Aufwand und Nutzen (vgl. Rz. 4.3) nur wenig Raum für die Anwendung von Art. 392 Ziff. 2 ZGB. Die Beistandschaft darf nicht ohne gute Gründe über den Weg unmittelbarer behördlicher Vorkehren oder obligationenrechtlicher Aufträge ausgeschlossen werden. Motiv für die Anwendung von Art. 392 Ziff. 2 ZGB kann immerhin sein, dass gestützt auf diese Bestimmung eine *natürliche oder eine juristische Person Auftragnehmerin* sein kann, wohingegen als Beistand oder Beiständin nur eine natürliche Person in Betracht kommt. Insbesondere kommen auch Stiftungen und Institutionen, die Beratung und Dienstleistungen im Bereich der sozialen Betreuung, des Wohnens oder Unterstützung bei der Erledigung finanzieller Angelegenheiten anbieten, als Auftragnehmerinnen nach OR in Betracht.

Die KESB sollte bereits im Zuge der Erteilung eines Auftrages geeignete Vorkehrungen dafür treffen, dass das Auftragsverhältnis nach Erledigung des Auftrags ordnungsgemäss abgeschlossen wird oder ggf., im Falle der Auftragserteilung namens der betroffenen Person, die eigene Wahrnehmung der Überwachungsfunktion durch die wieder handlungsfähige Person und die Entlassung der KESB aus dieser Funktion verbindlich festgestellt werden. Solange die KESB die Interessen der betroffenen Person in einem gestützt auf Art. 392 Ziff. 1 oder Ziff. 2 ZGB errichteten Auftragsverhältnis wahrzunehmen hat, kann gemäss ausdrücklicher Vorschrift in Art. 419 ZGB gegen Handlungen oder Unterlassungen der beauftragten Person die KESB angerufen werden.

4.17

Auftrag der KESB an Dritte gestützt auf Art. 392 Ziff. 2 ZGB

4.18

Erwägungen u.a. Begründung der Erforderlichkeit einer behördlichen Massnahme [Handlungsunfähigkeit, Beistandsbedürftigkeit], Begründung des materiellen Entscheides, Begründung, weshalb dieser Entscheid als Anordnung der KESB gestützt auf Art. 392 Ziff. 2 ZGB möglich und eine Beistandschaft entbehrlich ist.

Dispositiv

1. Unter Verzicht auf die Errichtung einer Vertretungsbeistandschaft für NN wird AB [i.c. z.B. Liegenschaftsverwaltungsfirma] im Sinne von Art. 392 Ziff. 2 ZGB von der KESB beauftragt, bezüglich der mit NN bestehenden Mietverhältnisse im Mehrfamilienhaus [Adresse] Liegenschaft LL …) die Nebenkostenabrechnung für die Zeitperiode von … zu erstellen.
2. AB wird eingeladen, die Abrechnung der KESB bis spätestens [Datum] zu unterbreiten.
3. Gebühren und Kosten.
4. Rechtsmittelbelehrung.
5. Eröffnung an:
   – NN (betroffene Person),
   – AB (Vertragspartnerin).
6. Mitteilung an:
   – evtl. an weitere Beteiligte, z.B. Mieter.

4.4. Bezeichnung einer Person oder Stelle für Einblick und Auskunft

4.19 Gemäss Art. 392 Ziff. 3 ZGB kann die KESB eine geeignete Person oder Stelle bezeichnen, der für bestimmte Bereiche Einblick und Auskunft zu geben sind. Diese Bestimmung lehnt sich an die entsprechende Regelung von Art. 307 Abs. 3 ZGB im Kindesschutz an. Denkbar ist etwa, dass eine Sozialberatungsstelle oder eine geeignete Person aus dem sozialen Umfeld der betroffenen Person ermächtigt wird, *bei der betroffenen Person Einblick in die Belege* über die Erfüllung bestimmter vertraglicher Verpflichtungen zu nehmen oder nötigenfalls *direkt bei bestimmten Dritten* (z.B. Krankenversicherer, Vermieter) die entsprechenden *Auskünfte einzuholen*. Letzteres ist aufgrund der Ermächtigung durch die KESB auch ohne Einverständnis der betroffenen Person möglich. Eine entgegenstehende Erklärung der betroffenen Person brauchen die ermächtigte Person oder Stelle und die bestimmten Dritten nicht zu beachten, sondern können die betroffene Person auf das Mittel der Anrufung der KESB verweisen, welches gemäss Art. 419 ZGB ausdrücklich auch im Verhältnis zu Drittpersonen und Stellen (im Sinne von Art. 392 ZGB) anwendbar ist.

4.20 Die Ermächtigung einer Person oder Stelle zum Einblick und Auskunft stellt in gewisser Hinsicht einen stärkeren *Eingriff in die Privatsphäre* der betroffenen Person dar als die Begleitbeistandschaft, mit welcher Auskünfte ohne Einverständnis der betroffenen Person bei Dritten nicht eingeholt werden dürfen. In anderer Hinsicht kann die *kontrollierende Funktion* der bezeichneten Person oder Stelle auch als begleitende Unterstützung einer hilfsbedürftigen Person ausreichen und deshalb den Verzicht auf eine Begleitbeistandschaft nach Art. 393 ZGB rechtfertigen. Im Übrigen kann die erwähnte kontrollierende Funktion je nach Umständen Vertretungsbeistandschaften nach Art. 394 und 395 ZGB sowie Mitwirkungsbeistandschaften nach Art. 396 ZGB entbehrlich machen. Die KESB darf die Definition der zu kontrollierenden Bereiche nicht in das Ermessen der bezeichneten Person oder Stelle stellen und somit nicht ein generelles Einblicks- und Auskunftsrecht erteilen, sondern hat *nach Massgabe der Schutzbedürftigkeit* und unter Beachtung der *Verhältnismässigkeit* die Bereiche genau zu bezeichnen.

4.21 Im Unterschied zu den Vorkehrungen nach Art. 392 Ziff. 1 und Ziff. 2 ZGB ist diejenige nach Art. 392 Ziff. 3 ZGB auch als *Massnahme auf längere und unbestimmte Dauer* in Betracht zu ziehen, wobei eine periodische Überprüfung angezeigt ist.

Bezeichnung einer Person oder Stelle gestützt auf Art. 392 Ziff. 3 ZGB

Erwägungen u.a. Begründung der Erforderlichkeit einer behördlichen Massnahme und der grundsätzlichen Beistandsbedürftigkeit, Begründung, weshalb die Massnahme der Einblicks-/Auskunftsermächtigung nach Art. 392 Ziff. 3 ZGB als ausreichend beurteilt werden kann und eine Beistandschaft entbehrlich ist.

Dispositiv

1. XY [geeignete Person oder Stelle] wird i.S.v. Art. 392 Ziff. 3 ZGB ermächtigt, bei NN [betroffene Person] Einsicht in die Unterlagen und Belege betreffend [Bezeichnung der Bereiche: z.B. die Krankenversicherung (obligatorische Grundversicherung), das Mietverhältnis über die Wohnung ...] zu nehmen.
2. XY wird ferner ermächtigt, Auskünfte über die Erfüllung der vertraglichen Verpflichtungen durch NN in den genannten Bereichen direkt bei [Bezeichnung der Dritten: i.c. KK (Krankenversicherung) und VV (Vermieter der Wohnung) einzuholen.
3. XY wird eingeladen, der KESB Anzeige zu machen, sobald aus seiner/ihrer Sicht die Massnahme aufgehoben werden kann oder veränderten Verhältnissen anzupassen ist, und – falls bis dahin keine anderen Anordnungen ergehen – per [Datum] zu berichten, ob nach seiner/ihrer Beurteilung die Massnahme weiterzuführen ist.
4. Gebühren-/Kostenregelung.
5. Rechtsmittelbelehrung.
6. Eröffnung an:
   - NN (betroffene Person),
   - XY (Person, Stelle) in vollständiger Ausfertigung und zwei Mal im Dispositiv (zur allfälligen Verwendung als Ermächtigungsausweis gegenüber KK und/oder VV).

5. Beistandschaften

Literatur

Botschaft, 7015 ff. und 7042 ff.

Allgemeine Literatur: BSK ESR-Henkel, Art. 393–398; FamKomm ESR-Meier, Art. 393–398; Guillod, 352 ff.; Haussheer/Geiser/Aebi-Müller, 2.75 ff.; KUKO ZGB-Rosch, Art. 393–398; Meier/Lukic, 14 f. und 209 ff.; OFK ZGB-Fassbind, Art. 393–398; Schmid, Art. 393–398.

Spezifische Literatur: Affolter Kurt, Die Aufwertung der Selbstbestimmung im neuen Erwachsenenschutz, in: AJP 2006, 1057 ff.; Biderbost Yvo, Beistandschaft nach Mass – das revidierte Handwerkszeug des Erwachsenenschutzes, in: AJP 2010, 3 ff.; Biderbost Yvo, Debatte um den Verlust der Handlungsfähigkeit, in: plädoyer 6/04, 38 ff.; Biderbost Yvo, Eine Beistandschaft ist eine Beistandschaft ?!?, in: ZVW 2003, 299 ff.; Häfeli Christoph, Der Entwurf für die Totalrevision des Vormundschaftsrechts – Mehr Selbstbestimmung und ein rhetorisches (?) Bekenntnis zu mehr Professionalität, in: FamPra 2007, 1 ff.; Langenegger Ernst, Aspekte des Systems der amtsgebundenen behördlichen Massnahmen des neuen Erwachsenenschutzrechts, in: ZVW 2003, 317 ff.; Meier Philippe, La curatelle protéiforme dans le projet de révision du droit de protection de l'adulte: une proposition de simplification, in: Baddeley (Hrsg.), La protection de la personne par le droit, Zürich 2007, 47 ff.; Rosch Daniel, Die Bestimmung der Aufgabenbereiche des Beistandes nach Art. 391 nZGB, in: ZKE 2010, 184 ff.; Rosch Daniel, Die Begleitbeistandschaft – Per aspera ad astra?, in: FamPra 2010, 268 ff.; Stettler Martin, La mesure de protection doit être «ciblée»: évidence ou utopie?, in: Baddeley (Hrsg.), La protection de la personne par le droit, Zürich 2007, 15 ff.

5.1. Vorbemerkungen

Ein Kernstück der Revision des Erwachsenenschutzrechts ist das System der amtsgebundenen behördlichen Massnahmen. Gab es bislang die allbekannte Trias aus Vormundschaft, Beiratschaft und Beistandschaft, ist neu von einer *flexiblen Einheitsmassnahme* auszugehen, welche für alle Eingriffsstufen gleich benannt ist. Diese Massnahme heisst Beistandschaft; geführt wird sie von einem Beistand resp. einer Beiständin; die betroffene Person ist verbeiständet. Trotz Namenskongruenz ist damit mehr und anderes gemeint als mit der im früheren Recht ebenso benannten Massnahme.

5.1

Damit gibt es im Erwachsenenschutz nur mehr Beistandschaften. Weder wird jemand bevormundet noch kann er entmündigt werden. Namentlich Letzteres wird allerdings dadurch stark relativiert, dass die Massnahme der umfassenden Beistandschaft ex lege die Wirkung hat, dass die Handlungsfähigkeit der betroffenen Person vollumfänglich entfällt, womit bei entsprechenden Voraussetzungen zwar tatsächlich kein Entzug der Handlungsfähigkeit, *keine Entmündigung*, ausgesprochen wird, diese Wirkung aber von Gesetzes wegen eintritt. Dies wird bisweilen als fadenscheinig bezeichnet und im Übrigen die umfassende Beistandschaft auch offen als Nachfolgeinstitut der Vormundschaft gehandelt.

5.2

5. Beistandschaften

5.3 Im *Kindesrecht* existiert die Massnahme *Vormundschaft* weiter (Art. 327a ff. ZGB). Begründet wird das namentlich damit, dass der Begriff für Minderjährige nicht belastend wirke und ausserdem auch in internationalen Übereinkommen (wie bspw. der UN-KRK) Verwendung findet.

5.4 Die Bestimmungen zur Beistandschaft gelten grundsätzlich analog auch für die *Beistandschaften im Kindes(schutz)recht*, handelt es sich doch um dasselbe Rechtsinstitut. Daneben ist sowohl im Kindesrecht als auch im Erwachsenenschutz von *Beistandschaften zur Verfahrensvertretung* die Rede (Art. 314a^{bis}, 449a und 450e Abs. 4 ZGB). Dabei handelt es sich dem uneingeschränkt verwendeten Terminus zum Trotz grundsätzlich um Beistandschaften sui generis, auf welche die allgemeinen Vorschriften, insbesondere die aufsichtsrechtlichen Belange, nur beschränkt zur Anwendung gelangen können – es kann ja nicht sein, dass der Beistand zur Vertretung in einem Verfahren vor der KESB von dieser instruiert wird und weisungsgebunden handeln muss. Das Vorgängerinstitut in aArt. 397f Abs. 2 ZGB verwendete denn zu Recht auch den abgrenzenden Terminus «Rechtsbeistand». Vgl. zum Ganzen auch Rz. 1.170 f.

5.5 Mit der Revision des Erwachsenenschutzrechts – in wesentlichen Teilen allerdings bereits eingeleitet durch die Revision des GmbH-Rechts (BBl 2005, 7289 ff.) – wurde die durch die KESB zu prüfende und damit atypische Verbeiständung von juristischen Personen oder Sammelvermögen vollständig fallen gelassen. Die Massnahmen im Rahmen des Kindes- und Erwachsenenschutzes beschränken sich nunmehr auf *natürliche Personen*.

5.2. Voraussetzungen

5.6 Leitgedanke des Erwachsenenschutzrechts ist (und war auch vor der Revision) das *Wohl und der Schutz hilfsbedürftiger Personen*, was hier und dort auch als «Wohl der Schwachen» bezeichnet wird. Das wurde nunmehr ausdrücklich ins Gesetz aufgenommen (Art. 388 ZGB). Entsprechend ist für das Ergreifen einer behördlichen Massnahme eine Gefährdung dieses Wohls, vorab ein bestimmter *Schwächezustand*, vorausgesetzt. Dabei geht es aber nicht etwa um Beseitigung von unangepasstem Verhalten, sozialen Unbequemlichkeiten oder dergleichen.

5.7 Art. 390 Abs. 1 ZGB umschreibt die möglichen Schwächezustände, welche zur Errichtung einer Beistandschaft vorausgesetzt sind. Dabei wurde gegenüber dem bisherigen Recht *entschlackt* und es finden *terminolo-*

5.2. Voraussetzungen

gisch weniger stigmatisierende Ausdrücke Verwendung. Geisteskranke, Geistesschwache, Verschwender, Lasterhafte und dergleichen sind aus der Gesetzessprache verschwunden; eine Freiheitsstrafe ist kein Grund mehr für eine behördliche Massnahme (was die Praxis fast durchwegs schon unter bisherigem Recht entgegen dessen Wortlaut so handhabte).

Die gesetzliche Umschreibung der möglichen Schwächen erfolgt in allgemeiner Weise, also unabhängig von der schliesslich anzuordnenden Eingriffsstufe. Selbstverständlich muss aber eine Wechselwirkung zwischen ins Auge zu fassender Anordnung und vorausgesetzter Sachlage bestehen. Anders wäre keine Massschneiderung möglich. Das heisst einmal, dass ein Schwächezustand *keine abstrakte Grösse* darstellt, sondern in unterschiedlicher Intensität vorliegen und mithin unterschiedliche Hilfsbedürftigkeitsgrade nach sich ziehen kann; für eine umfassende Beistandschaft wird entsprechend etwa eine besonders ausgeprägte Hilfsbedürftigkeit verlangt (Art. 398 Abs. 1 ZGB). Das Gesagte bedeutet aber auch, dass ein Schwächezustand nur punktuell, also bezogen auf eine Einzelangelegenheit, bestehen resp. sich auswirken kann. Schliesslich können sich Schwächezustände auch auf einzelne Angelegenheiten unterschiedlich auswirken.

5.8

Die vorausgesetzten *Schwächezustände* sind im Gesetz zweigeteilt:

5.9

- Art. 390 Abs. 1 Ziff. 1 ZGB erwähnt geistige Behinderung, psychische Störung oder einen ähnlichen in der Person liegenden Schwächezustand. Dabei sind unter *geistiger Behinderung* angeborene oder erworbene Intelligenzdefekte zu verstehen. Der Begriff der *psychischen Störung* umfasst die anerkannten Krankheitsbilder der Psychiatrie; darunter fallen auch Demenzen, Suchtkrankheiten usw. Die weit gefasste Wendung *ähnlicher in der Person liegender Schwächezustände* dient als Auffangtatbestand insbesondere für den Schutz Betagter, bei denen gleichartige Defizite wie bei Menschen mit einer geistigen Behinderung oder einer psychischen Störung auftreten; erfasst sind ausserdem extreme Fälle von Unerfahrenheit, Misswirtschaft usw. Nötigenfalls kann die Behörde für die entsprechenden Abklärungen Sachverständige beiziehen (Art. 446 Abs. 2 ZGB). Die Schwächezustände sind keineswegs per se mit Urteilsunfähigkeit gleichzusetzen; wo allerdings von (dauernder) Urteilsunfähigkeit auszugehen ist, kann dies gemäss Art. 398 ZGB ein Anlass für eine umfassende Beistandschaft sein.
- Art. 390 Abs. 1 Ziff. 2 ZGB knüpft an *vorübergehende Urteilsunfähigkeit* oder *Abwesenheit* an. Es ist möglich, dass deswegen anstehende Angelegenheiten nicht erledigt werden können, ohne dass ein Zuwarten bis zur voraussichtlichen Wiedererreichbarkeit der abwesenden, d.h. (momentan) auch von tauglicher Kommunikation ausgeschlossenen

Person resp. bis zur Wiedererlangung der Urteilsfähigkeit der (vorübergehend) urteilsunfähigen Person angezeigt ist. Damit ist im Gegensatz zum bisherigen Gesetzesbuchstaben nicht mehr im gleichen Mass von einer zeitlichen Dringlichkeit auszugehen, aber doch von einer notwendig zu erledigenden Angelegenheit.

5.10 Liegt einer dieser Schwächezustände vor, genügt das allein indessen nicht zur Anordnung einer behördlichen Massnahme. Vielmehr muss ein Bedarf nach Schutz der vom Schwächezustand betroffenen Person und nach Sicherstellung des dadurch gefährdeten Wohls vorliegen, womit es wie im bisherigen Recht auch um *soziale Voraussetzungen* geht. Mithin müssen bestimmte Angelegenheiten unerledigt sein oder bleiben und muss ein (gänzliches oder teilweises) Unvermögen oder ein Unwille vorliegen, die fraglichen Angelegenheiten selber zu besorgen oder jemanden damit rechtsgenügend zu beauftragen oder zu bevollmächtigen. Es muss ein entsprechendes *Schutzbedürfnis* vorliegen. Dazu muss keine absolute Verwahrlosung oder dergleichen bestehen. Schutzbedarf ist gegebenenfalls auch anzunehmen, wenn die betroffene Person nicht zweckmässig und/oder ihren eigenen Interessen gegenläufig tätig wird. Dabei sind für die einzelnen Arten der Beistandschaft unterschiedliche Konnotationen des Schutzbedarfs zu beachten, welche sich aus der Charakteristik der jeweiligen Beistandschaftsart ergeben und im Gesetz auch jeweils einleitend erwähnt sind: So ist für eine Begleitbeistandschaft ein Bedarf nach begleitender Unterstützung relevant (Art. 393 Abs. 1 ZGB), für eine Vertretungsbeistandschaft ist es nötig, dass Vertretung angezeigt ist (Art. 394 Abs. 1 ZGB), usw.

5.11 Abgesehen davon ist die Anordnung einer Erwachsenenschutzmassnahme an Prinzipien gebunden, welche somit ein Stück weit auch Voraussetzungen darstellen. Denn auch wenn einer der gesetzlich umschriebenen Schwächezustände sowie ein entsprechendes Unvermögen und damit ein Schutzbedürfnis der betroffenen Person vorliegen, muss die Errichtung einer behördlichen Massnahme *verhältnismässig* sein und eine Selbstbestimmung weitestmöglich berücksichtigen (Art. 388/389 ZGB). Es darf – so BERNHARD SCHNYDER (zit. bei SCHMID, Art. 391 Rz. 2) – weder mit Kanonen auf Spatzen noch mit Schrot auf Elefanten geschossen werden. In diesem Rahmen ist auch abzuklären, ob im Sinne des *Subsidiaritätsprinzips* entweder anderweitige Hilfestellungen bestehen oder in Anspruch genommen werden können, ob weniger einschneidendere Eingriffe möglich sind (z.B. Einzelinterventionen nach Art. 392 ZGB) oder ob allenfalls mittels Vorsorgeauftrag vorgesorgt worden ist (vgl. Art. 363 ZGB).

5.2. Voraussetzungen

Zu berücksichtigen sind im Übrigen die *Belastung* und – seit der Revision ausdrücklich auch – der *Schutz von Angehörigen und Dritten* (Art. 390 Abs. 2 ZGB). Allerdings vermag das für sich allein die Anordnung einer Beistandschaft nicht zu rechtfertigen.

5.12

Keine Voraussetzung für eine behördliche Massnahme ist ein *Antrag* oder eine *Anzeige*. Erwachsenenschutz unterliegt der Offizialmaxime. In der Praxis sind Anträge und Anzeigen indessen in aller Regel unerlässlich, weil eine Behörde unmöglich von sich aus alle Hilfsbedürftigkeiten erschliessen kann. Entsprechend gibt es sogar gesetzliche Anzeigepflichten und Anzeigerechte (vgl. Rz. 1.221 ff.). Und selbstverständlich sind auch behördliche Massnahmen auf Antrag der betroffenen oder einer ihr nahestehenden Person möglich; ein solcher Antrag bedingt zwar prinzipiell entsprechende (nicht streng handzuhabende) Urteilsfähigkeit, setzt jedoch die Massnahmevoraussetzungen grundsätzlich nicht herab. Das *Einverständnis der betroffenen Person* bildet im Übrigen nicht Voraussetzung für eine behördliche Massnahme; eine solche ist auch gegen den Willen der betroffenen Person möglich. Deren (mutmassliche) Kooperationsbereitschaft kann aber naturgemäss Auswirkungen auf die Ausgestaltung der Massnahme, bspw. auf die Notwendigkeit einer Beschränkung der Handlungsfähigkeit, zeitigen. Freilich ist auf der Niedrigstufe einer Begleitbeistandschaft Hilfe wider Willen nicht denkbar, weshalb diese Massnahme denn doch von der Zustimmung und damit Kooperation der zu verbeiständenden Person abhängig ist (vgl. Art. 393 Abs. 1 ZGB).

5.13

Kurzum: Vorausgesetzt ist jeweils eine von einem bestimmten Schwächezustand hervorgerufene Schutzbedürftigkeit, welche Handlungsbedarf im Rahmen der Lückenfüllung durch behördliche Massnahmen des Erwachsenenschutzes auslöst und für welche das entsprechende Handeln in allen Facetten verhältnismässig erscheint. Dazu kann folgende Checkliste dienen:

5.14

Checkliste: Voraussetzungen einer Beistandschaft

5.15

1. Liegt ein Schwächezustand gemäss Art. 390 ZGB vor?
2. Ist die betroffene Person (nicht) in der Lage, (a) ihre Angelegenheiten zu erledigen oder (b) diese durch jemanden besorgen zu lassen?
3. Bezüglich welcher Angelegenheiten liegt ein Schutzbedürfnis vor?
4. Ist eine behördliche Massnahme geeignet und verhältnismässig? Welche?
5. Gibt es Alternativen zu behördlichen Massnahmen? Können die Interessen der betroffenen Person anderweitig gewahrt werden?
6. Liegt bereits eine gültige Form eigener Vorsorge vor? Genügt diese?

> 7. Ohne Voraussetzung zu bilden haben Einfluss auf die Anordnung einer Massnahme: Belastung und Schutz Dritter; Kooperationsbereitschaft der betroffenen Person.
>
> Im Behördenalltag empfiehlt es sich, die Checkliste nicht als zeitliche Abfolge zu interpretieren resp. ein zu diesem Ablauf (teilweise) spiegelbildliches Vorgehen zu wählen – so insbesondere etwa die Frage nach einem Vorsorgeauftrag dann vorab zu klären, wenn bezüglich Schwächezustand und/oder vom Subsidiaritätsgedanken geprägten Alternativüberlegungen weitschweifende Abklärungen vonnöten sind.

5.16 Art. 390 ZGB gilt für die Anordnung behördlicher (amtsgebundener) Massnahmen des *Erwachsenenschutzes*. Im Kindesschutzrecht kommen Sondertatbestände zur Anwendung. Darüber hinaus gilt das Gesagte jedoch auch im Kindesrecht sinngemäss.

5.17 Sowohl im Erwachsenenschutz als auch im Kindesrecht kann überdies ein Schwächezustand nicht in der betroffenen Person, sondern *bei der gesetzlichen Vertretung* liegen. Gemäss Art. 306 und 403 ZGB ist das dann der Fall, wenn diese entweder am Handeln verhindert ist oder wenn deren Interessen in einer Angelegenheit den Interessen der betroffenen Person resp. des Kindes widersprechen. Eine solche Lücke ist durch einen Ersatzbeistand oder eine Ersatzbeiständin zu füllen (vgl. Rz. 5.57 ff.).

5.3. Arten von Beistandschaften

5.18 Mit der Revision wurde der an ein Amt gebundene Teil des behördlichen Erwachsenenschutzinstrumentariums als *flexible Einheitsmassnahme* konzipiert und diese Massnahme als Beistandschaft bezeichnet. Es gibt die Beistandschaft allerdings in verschiedenen, im Gesetz als «*Arten*» bezeichneten Erscheinungsformen: In Art. 393 ff. ZGB wird die Begleit-, die Vertretungs-, die Mitwirkungs- und die umfassende Beistandschaft angeführt und definiert.

5.19 Es kann damit bezüglich der gesetzlich vorgesehenen Arten von Beistandschaften weiterhin von Massnahmetypen gesprochen werden. Allerdings ist deren Starrheit entgegen dem früheren Recht erheblich aufgeweicht. Die Massnahmearten lassen sich zwar nach wie vor als eine Art Stufenfolge darstellen; das zeigt indes nur die halbe Wahrheit, weil die Typenbildung im Dienste der individuellen Anpassbarkeit durchlässig ist. Die Flexibilität geht denn auch über die Artenbildung hinaus. Zum einen sind die Beistandschaften über die Aufgabenbereiche mit grösserem oder kleinerem Inhalt zu bestücken und sie sind untereinander kombinierbar, zum andern sind innerhalb der Beistandschaftsarten, bspw. durch punktuelle Beschränkung der Handlungsfähigkeit, weitere Individualabstimmungen möglich. Das alles ist Gegenstand der sogenannten Massschneiderung (vgl. Rz. 5.65 ff.) und es lässt sich mithin im Resultat von einer Unsumme an möglichen *Massnahmen innerhalb der Massnahme* sprechen.

Übersicht: Beistandschaftsarten und deren Wirkungen

5.20

kombinierbar

	Begleitbeistandschaft	Vertretungsbeistandschaft	Mitwirkungsbeistandschaft	umfassende Beistandschaft
Aufgabenbereich(e)	bedarfsorientierte Umschreibung (evtl.: in allen Lebensbereichen)	bedarfsorientierte Umschreibung	bedarfsorientierte Umschreibung	von Gesetzes wegen umfassend
Handlungsfähigkeit	von Gesetzes wegen keine Einschränkung	punktuelle behördliche Einschränkung möglich*	von Gesetzes wegen eingeschränkt bezgl. Aufgabenbereich*	entfällt von Gesetzes wegen*
Vertretungsmacht des Beistands oder der Beiständin**	keine Vertretung; nur (aufgabenbezogene) Begleitung	aufgabenbezogene Vertretung (bei punktueller Einschränkung der Handlungsfähigkeit Alleinzuständigkeit, sonst Parallelvertretung)	keine Vertretung; nur aufgabenbezogene Mitwirkung	umfassende Alleinvertretung

* soweit Urteilsfähigkeit: beschränkte Handlungsunfähigkeit im Rahmen der Einschränkung (vgl. Rz. 1.40 ff.)
** vorbehältlich: höchstpersönliche Rechte (Art. 19c ZGB); verbotene Geschäfte (Art. 412 Abs. 1 und 304 Abs. 3 ZGB)/eingeschränkte Vertretungsmacht bei zustimmungsbedürftigen Geschäften (Art. 416 f. ZGB).

Methodik der Musterbeschlüsse

Zur Methodik der Musterbeschlüsse für die Anordnung von behördlichen Massnahmen des Erwachsenenschutzes ist vorab festzuhalten, dass im Folgenden stets zunächst die benötigte *Massnahmeart* (1) *mit den zuzuordnenden Aufgabenbereichen* (2) angeführt wird. Dann folgen allenfalls benötigte *(die Massnahme näher konkretisierende) Spezialanordnungen* (3), wie z.B. punktuelle Beschränkungen der Handlungsfähigkeit oder Anordnungen zum Öffnen der Post oder dergleichen; *gesetzliche Wirkungen auf die Handlungsfähigkeit* werden der Klarheit und Transparenz dienend ohne besondere Anordnung bei der Massnahmeart mitaufgeführt. Damit

5.21

5. Beistandschaften

ist die erwachsenenschutzrechtliche Anordnung – die Massnahme und deren Wirkung – definiert. Für ein anderes diesbezügliches Vorgehen mit Fokussierung auf die Aufgabenbereiche als Ausgangspunkt siehe ROSCH, ZKE 2010, 195 ff. Sodann wird der *Beistand resp. die Beiständin ernannt* (4) und diesem resp. dieser die *administrativen Vorgaben* (5) wie Berichterstattung, Inventaraufnahme und dergleichen auferlegt (wobei zu Letzterem auch allgemeine, Sinn und Geist des revidierten Rechts besonders hervorhebende Anordnungen angeführt werden können, so bspw. dass der Beistand resp. die Beiständin – auch unabhängig von der periodischen Berichterstattung – mitzuteilen hat, wenn die Massnahme veränderten Verhältnissen anzupassen ist, oder dass Beistand oder Beiständin mit der verbeiständeten Person umgehend in Kontakt zu treten haben usw.). Gegebenenfalls sind schliesslich weitere, *das Amt betreffende Sonderanordnungen* (6) nötig, etwa die Entbindung von gewissen Pflichten gemäss Art. 420 ZGB. Im Anschluss an die diesem Vorgehen zur Massnahmeanordnung entsprechenden Ziffern des Dispositivs folgen die für jede Verfügung unerlässlichen Anordnungen (7) wie die Auferlegung (oder der Erlass) von Gebühren und Kosten, die Zustellungen und die Rechtsmittelbelehrung. Soweit im Einzelfall zusätzliche besondere Anordnungen oder Vormerknahmen anstehen, können diese ohne weiteres in dieses Gefüge eingepasst werden. Bei Kombinationen von Beistandschaftsarten sind diese hintereinander mit den jeweiligen Aufgabenbereichen aufzuführen (vgl. Rz. 5.81 ff.); zur besseren Lesbarkeit des gesamten Beschlusses ist dabei auch darauf zu achten, dass die jeweils eine bestimmte Massnahmeart konkretisierenden Spezialanordnungen dieser direkt folgen, bevor die nächste Massnahmeart folgt. Für die Erwägungen der einzelnen Beschlüsse kann auf Rz. 1.151 ff. verwiesen werden.

Zusammenfassung zur *Methodik der Musterbeschlüsse* (die nachfolgende Reihenfolge muss dabei nicht notwendigerweise mit Dispositivziffern übereinstimmen):

1. Massnahmeart mit
2. den zuzuordnenden Aufgabenbereichen oder (Einzel-)Aufgaben,
3. die Massnahme näher konkretisierende Spezialanordnungen,
4. Ernennung Beistand resp. Beiständin,
5. Administrative Vorgaben an Beistand oder Beiständin,
6. das Amt betreffende Sonderanordnungen,
7. alles Weitere wie Gebührenerhebung, Rechtsmittelbelehrung, Zustellungen usw.

5.3.1. Begleitbeistandschaft

Die erste und damit *niedrigste Stufe der behördlichen (amtsgebundenen) Massnahmen* bildet die Begleitbeistandschaft des Art. 393 ZGB. Sie kann für sich allein oder in Kombination mit eingreifenderen Beistandschaftsarten angeordnet werden.

5.22

Sie beinhaltet – ähnlich der auf Art. 308 Abs. 1 ZGB gestützten kindesschutzrechtlichen Erziehungsbeistandschaft – *rein begleitende Unterstützung*. Mit ihr ist weder eine Vertretungskompetenz durch den Mandatsträger oder die Mandatsträgerin noch eine Beschränkung der Handlungsfähigkeit der betroffenen Person verbunden. Die Begleitbeistandschaft ist als *vertretungslose Betreuung* konzipiert. Die Handlungsfreiheit lässt sie ebenfalls grundsätzlich unberührt. Es geht um Ratgebung und Assistenz, allenfalls um Formen von Vermittlung und Förderung (Stichwort: Hilfe zur Selbsthilfe), je nachdem um gewisse Kontrollaspekte, aber nicht um Kommando und Bestimmung. Immerhin muss die von einer Begleitbeistandschaft betroffene Person es hinnehmen, dass sie beraten und begleitend gestützt wird; die Beistandsleistung kann und soll denn im Sinne einer *bedarfsgerechten proaktiven Bringschuld* auch im erforderlichen Mass erbracht werden, ohne dass von Seiten der betroffenen Person jeweils besonders danach gefragt wird.

5.23

Will die verbeiständete Person von sich aus dem Beistand *weitergehende Kompetenzen einräumen*, ist Art. 416 Abs. 3 ZGB zu beachten. Je nach Sachlage denkbar sind im Übrigen hier wie sonst analoge Anwendbarkeiten von Regeln über Duldungs- oder Anscheinsvollmachten (Art. 33 OR), über ermächtigungslose Stellvertretung (Art. 38 f. OR), Geschäftsführung ohne Auftrag (Art. 419 ff. OR) und dergleichen.

5.24

Da keinerlei Vertretungskompetenzen und somit auch nicht vertretungsweise vorzunehmende Verwaltungskompetenzen mit der Massnahme als solcher verbunden sind, untersteht sie zwar der *periodischen Rechenschaftspflicht, nicht aber einer Inventar- und Abrechnungspflicht*. Ohne beiständliche Vertretung kann es sodann keine Pflicht zur Einholung behördlicher Zustimmungen nach Art. 416 ZGB geben.

5.25

Die Begleitbeistandschaft als sehr milde Form von behördlich angeordneter Hilfe setzt ausdrücklich die *Zustimmung der zu verbeiständenden Person* voraus. Die Zustimmung gehört in den Bereich *absoluter Höchstpersönlichkeit*, ist mithin vertretungsfeindlich. Eine rechtgültige Zustimmung kann im Prinzip nur geben, wer urteilsfähig ist. Zum einen sind nun aber an die *Urteilsfähigkeit* in diesem Zusammenhang wohl eher geringe Anforderungen zu stellen, zum andern wäre eine Begleitbeistandschaft bei

5.26

5. Beistandschaften

(anhaltender) Urteilsunfähigkeit ohnehin nicht ausreichend, da für urteilsunfähige Personen mangels eigener Möglichkeit des Handelns Vertretung unabdingbar ist.

5.27 Ist die Massnahme nur mit Einwilligung möglich, erfordert sie ein Mindestmass an *Kooperationsfähigkeit und Kooperationswilligkeit*. Sie ist nur durchführbar bei Personen, welche die Hilfe annehmen, auch wenn sie aus Mangel an entsprechender Erkenntnis, wegen entsprechender Unerfahrenheit, Entschlussschwäche, Gleichgültigkeit, Nachlässigkeit oder aus welcher Überforderungsform auch immer gar nicht aus eigenem Antrieb gerufen wird. Zur Kooperation gehört oftmals auch ein beschränktes Zulassen von Informationskompetenzen, soweit dies Voraussetzung zur Ausübung des beiständlichen Auftrags ist; gegebenenfalls kann dies gestützt auf Art. 392 Ziff. 3 ZGB entsprechend angeordnet werden und dem Beistand so die Möglichkeit gegeben werden, Gang und Erfolg seiner unterstützenden Begleitung im Auge zu behalten. Hilfe wider Willen ist auf dieser Niedrigstufe nicht möglich. Auch ein Aufrechterhalten gegen den manifesten Willen der betroffenen Person ist widersinnig. Damit ist die Begleitbeistandschaft ein Stück weit der Beistandschaft auf eigenes Begehren des bisherigen Rechts (aArt. 394 ZGB) nachgebildet. Allerdings braucht es kein Begehren, Zustimmung genügt.

5.28 Ausserdem war die altrechtliche Beistandschaft auf eigenes Begehren von Gesetzes wegen mit umfassendem *Aufgabenbereich* bestückt und dies – anders als die Begleitbeistandschaft – mit entsprechender Vertretungskompetenz. Weil die einschränkende Wirkung der Begleitbeistandschaft äusserst gering ist und ihr grundsätzlicher Auftrag sehr allgemein lautet – «begleitende Unterstützung» –, kann der Aufgabenbereich ebenfalls umfangreich definiert sein, wenn, was mehr als bloss gelegentlich der Fall sein dürfte, die Schutzbedürftigkeit nicht hinreichend auf Einzelaufgaben konkretisierbar ist. Das ergibt sich wohl auch etwa aus den noch von der Expertenkommission in diesem Zusammenhang angeführten Beispielen: Die Massnahme solle bspw. ermöglichen, betagten Menschen, die allein nicht mehr ganz zurechtkommen, helfend beizustehen oder junge Menschen mit einer geistigen Behinderung auf dem Weg in die Selbständigkeit zu begleiten (VE-ZGB 2003, Bericht mit Vorentwurf, 35). Eine Begleitbeistandschaft kommt ja nur bei kooperationswilligen Personen in Frage, «die froh sind, wenn eine Person ihnen unterstützend zur Seite steht» (Botschaft, 7045). Der generelle Auftrag ist somit Hilfe, nicht Beschwer; das Risiko von Auftragslücken bei ausführlicher Aufgabenenumeration kann unter diesen Umständen höher zu gewichten sein als die mögliche inhaltliche, hinsichtlich der Wirkung aber stets bloss geringe Überladung. Wie gesagt, könnte im Übrigen eine Begleitbeistandschaft nicht gegen den Willen weitergeführt werden, wenn ein Gesinnungswandel die Ausgangslage verändern sollte. Eine solche Massnahme mit inhaltlich genereller Beauftragung ist das Pendant zur Erziehungsbeistandschaft nach Art. 308 Abs. 1 ZGB, wonach der Beistand ohne Spezifizierung nach besonderen Befugnissen die Betroffenen mit Rat und Tat zu unterstützen hat.

Begleitbeistandschaft mit genereller Umschreibung von Aufgabenbereichen*

1. Für NN wird eine Begleitbeistandschaft nach Art. 393 ZGB zur begleitenden Unterstützung in der Personensorge, der Vermögenssorge und im Rechtsverkehr angeordnet.
2. Zur Beiständin/zum Beistand wird XY ernannt mit der Einladung,
    a) nötigenfalls Antrag auf Anpassung der behördlichen Massnahme an veränderte Verhältnisse zu stellen,
    b) per [Datum] ordentlicherweise Rechenschaftsbericht einzureichen.
3. Gebühren und Kosten/evtl. Erlass von Kosten und Gebühren.
4. Rechtsmittelbelehrung.
5. Eröffnung an:
    – betroffene Person,
    – Beiständin/Beistand,
    – allenfalls weitere Verfahrensbeteiligte.
6. Mitteilung an:
    (…).

* Zu Methodik und Aufbau vgl. Rz. 5.21; für die Erwägungen Rz. 1.51 ff.

5.29

Eine *Begleitbeistandschaft mit allgemeinem Auftrag* könnte etwa passen als Ablösung einer weitergehenden erwachsenenschutzrechtlichen Massnahme, wenn ein Übergang zur vollständigen Eigenständigkeit zu gewährleisten ist, ohne dass der stärkere Eingriff mehr vonnöten ist. Auch als Anschlusslösung an eine zufolge Volljährigkeit endende Kindesschutzmassnahme kann gegebenenfalls eine gewisse Begleitung opportun sein. Sodann kann eine Begleitbeistandschaft zwar für sich allein angeordnet werden, macht aber oftmals gerade als Kombination mit einer punktuellen Vertretungs- oder Mitwirkungsbeistandschaft Sinn, obschon im mit Vertretungs- oder Mitwirkungskompetenz versehenen Aufgabenbereich eine unterstützende Begleitung fraglos mitumfasst ist – aber eben nur in diesem Rahmen, was unter Umständen nicht ausreichend ist.

5.30

5. Beistandschaften

5.31

> **Begleitbeistandschaft mit spezifischer Umschreibung von Aufgabenbereichen***
>
> 1. Für NN wird eine Begleitbeistandschaft nach Art. 393 ZGB angeordnet zur begleitenden Unterstützung bei seinen Bemühungen für eine geeignete und geordnete Wohnsituation.
> *Variante bei mehreren Aufgabenbereichen*:
> Für NN wird eine Begleitbeistandschaft nach Art. 393 ZGB angeordnet zur begleitenden Unterstützung bei der
>   a) Wahrung und Förderung ihres/seines gesundheitlichen Wohls,
>   b) Wahrung ihrer/seiner Interessen gegenüber Unfallverursacher/in und Haftpflichtversicherung.**
> 2. Zur Beiständin/zum Beistand wird XY ernannt mit der Einladung,
>   a) nötigenfalls Antrag auf Anpassung der behördlichen Massnahme an veränderte Verhältnisse zu stellen,
>   b) per [Datum] ordentlicherweise Rechenschaftsbericht einzureichen.
> 3. Gebühren und Kosten/evtl. Erlass von Kosten und Gebühren.
> 4. Rechtsmittelbelehrung.
> 5. Eröffnung an:
>   – betroffene Person,
>   – Beiständin/Beistand,
>   – weitere Verfahrensbeteiligte.
> 6. Mitteilung an:
>   (…).
>
> *   Zu Methodik und Aufbau vgl. Rz. 5.21; für die Erwägungen Rz. 1.151 ff.
> ** Beachte für mögliche Aufgaben oder Aufgabenbereiche auch Rz. 5.68 ff.

5.32 Diese engere Form der Begleitbeistandschaft entspricht der Forderung nach Massschneiderung (vgl. Rz. 5.65 ff.) und ist daher unentbehrlich, wo entsprechende Konkretisierungen tunlich sind.

5.33 Die Begleitbeistandschaft ist zwar wie gesagt die unterste Stufe im Gefüge der Beistandschaftsarten. Sie ist jedoch *nicht die mildestmögliche (behördliche) Massnahme des Erwachsenenschutzrechts*: Gestützt auf Art. 392 ZGB kann die KESB aus Gründen der Verhältnismässigkeit unter Verzicht auf eine Beistandschaft bspw. eine Person oder Stelle bezeichnen, der für bestimmte Bereiche Einblick und Auskunft zu geben ist, oder sie kann gegebenenfalls eigenverantwortlich handeln (siehe dazu Kap. 4.); beides kann freilich im Einzelfall auch eine grössere Tragweite annehmen als die bloss begleitende Unterstützung. Entsprechend dem Subsidiaritätsprinzip gehen im Übrigen (kantonale) Massnahmen der öffentlichen Sozialhilfe oder dergleichen einer Begleitbeistandschaft vor; nicht zuletzt wegen der Infragestellung eines Mehrnutzens gegenüber solchen Angeboten wurde die Begleitbeistandschaft hier und dort – vor allem im Vernehmlassungsverfahren sowie in der Literatur zur ähnlich ausgestalteten Massnahme des Vorentwurfs (Art. 380 VE-ZGB 2003) – auch schon für entbehrlich gehalten (zum Ganzen auch ROSCH, FamPra 2010, 271 ff. und 285 f. m.w.H.).

5.3.2. Vertretungsbeistandschaft

Bei der Vertretungsbeistandschaft (Art. 394 f. ZGB) ist der Beistand resp. die Beiständin im Umfang der übertragenen Aufgaben oder Aufgabenbereiche rechtsgeschäftliche Vertretung zugunsten und zulasten der verbeiständeten Person und tritt gegenüber jedermann als solche auf. Mandatsträgerin resp. Mandatsträger handeln in der Erfüllung ihrer Aufgaben mit direkter Wirkung für die verbeiständete Person; Beistand oder Beiständin sind in diesem Rahmen *gesetzliche Vertreter/innen*. Keiner Vertretung zugänglich sind verbotene Geschäfte (Art. 412 Abs. 2 ZGB); nur sehr beschränkt möglich ist eine Vertretung im Bereich höchstpersönlicher Rechte (Art. 19c ZGB; siehe dazu Rz. 1.22 ff.).

5.34

Auf die *Handlungsfähigkeit* hat die Anordnung einer Vertretungsbeistandschaft grundsätzlich keinen Einfluss. Die verbeiständete Person behält in Bezug auf ihre rechtliche Verpflichtungs- und Verfügungsfähigkeit in jeder Hinsicht den Status, den sie vor Errichtung der Beistandschaft hatte. Die für die Frage der rechtlichen Gültigkeit einer Handlung ausschlaggebenden Parameter bleiben wie bei jedermann Volljährigkeit und Urteilsfähigkeit (Art. 13 ZGB); beide Kriterien sind unabhängig von einer Vertretungsbeistandschaft gegeben oder nicht gegeben. Das Nichtberühren der Handlungsfähigkeit hat zur Folge, dass trotz behördlichem Einschreiten die Handlungen der verbeiständeten Person unter denselben Bedingungen wie Handlungen einer von keiner erwachsenenschutzrechtlichen Massnahme betroffenen Person die volle Wirkung entfalten können. Da die Prozessfähigkeit einer Person nur die prozessuale Seite der Handlungsfähigkeit darstellt, ist sie durch die Vertretungsbeistandschaft ebenso wenig betroffen. Nichts anderes gilt für die Betreibungsfähigkeit; dem widerspricht Art. 68d SchKG nicht, wonach allfällige Betreibungsurkunden auch dem Beistand oder der Beiständin zuzustellen sind, womit – eben ohne Einfluss auf die Betreibungsfähigkeit der verbeiständeten Person – der Beistand resp. die Beiständin in die Lage versetzt wird, die aufgetragene Aufgabe wahrzunehmen.

5.35

Allerdings kann gestützt auf Art. 394 Abs. 2 ZGB eine *Einschränkung der Handlungsfähigkeit* ausdrücklich verfügt werden; eine solche Beschränkung kann sich dabei je nachdem auf die gesamten übertragenen Aufgaben resp. Aufgabenbereiche oder nur auf einen Teil davon beziehen und

5.36

bewirkt im Umfang der angeordneten Handlungsfähigkeitseinschränkung eine Alleinzuständigkeit und mithin eine *ausschliessliche Vertretungsbefugnis* des Mandatsträgers oder der Mandatsträgerin. Eine solche Einschränkung der Handlungsfähigkeit der unter Vertretungsbeistandschaft gestellten Person kann und muss entsprechend dem Bedarfsprinzip individuell-punktuell massgeschneidert vorgenommen werden (siehe im Einzelnen vgl. Rz. 5.87 ff.).

5.37 Auch ohne Einschränkung der Handlungsfähigkeit muss sich die verbeiständete Person die Handlungen von Beistand oder Beiständin gefallen lassen (so expressis verbis Art. 394 Abs. 3 ZGB). Es besteht damit *Parallelzuständigkeit* zwischen Beistand oder Beiständin und verbeiständeter Person; die Vertretungsbefugnis der Beistandsperson tritt kumulativ zur unveränderten Handlungsfähigkeit der verbeiständeten Person hinzu. Letztere kann selbständig handeln, muss sich aber auch die Handlungen von Beistand resp. Beiständin gefallen und anrechnen lassen. Allfällig kollidierendes Handeln ist nach obligationenrechtlichen Grundsätzen zu lösen. Dabei wird Inhalt, Bestand und Reichweite der beiständlichen Vertretungsmacht nicht von der schliesslich vertretenen verbeiständeten Person, sondern durch behördlichen Beschluss eingeräumt. Dennoch sind aber die Regeln zur gewillkürten Stellvertretung (Art. 32 ff. OR) analog anwendbar. Da sich die betroffene Person eine Vertretung gefallen lassen muss, bleibt sie in ihrer Eigenbestimmung nicht gänzlich unberührt. Eine Beistandschaft stellt daher, wenn auch formell keinen Eingriff in die Handlungsfähigkeit, so doch jedenfalls eine zumindest mittelbare, hier und dort auch unmittelbare *Beschränkung der Handlungsfreiheit* dar.

5.38 Die altrechtliche Zweiteilung der Beistandschaft in Vertretungs- und Verwaltungsbeistandschaft (aArt. 392 und 393 ZGB) wurde nicht übernommen. Richtigerweise ist die *Verwaltung von Vermögen oder Einkommen* als eine mögliche Vertretungsaufgabe ausgestaltet (Art. 394 i.V.m. 395 ZGB), die Verwaltung mithin keine eigenständige Massnahmeart (die Massnahme wird denn in Art. 395 Abs. 1 ZGB auch als «Vertretungsbeistandschaft für die Vermögensverwaltung» und nicht als Verwaltungsbeistandschaft bezeichnet, was letztere Bezeichnung nicht unzulässig macht, soweit damit nicht als terminus technicus eine Beistandschaftsart bezeichnet werden soll, sondern wie etwa bei einer Besuchsrechtsbeistandschaft ein Inhalt zum Ausdruck gebracht werden will). Soweit Thema einer Beistandschaft die Verwaltung von Vermögenswerten ist, sind – im Entscheiddispositiv – die zu verwaltenden Werte anzugeben; ohne aufgeführte Einschränkung oder nähere Bezeichnung bezieht sich eine Angabe jeweils auf einen Gesamtwert, so dass etwa eine Aufgabe, das Einkommen und Vermögen zu verwalten, das gesamte Einkommen sowie das gesamte Vermögen

5.3. Arten von Beistandschaften

umfasst. Die Verwaltung kann sich nach Bedarf des Einzelfalls jedoch sowohl auf das gesamte Einkommen und/oder Vermögen als auch auf je Teile davon beziehen (die dann aber eben zweckmässig zu definieren sind); denkbar ist auch negatives Vermögen (Schulden). Soweit nicht anders bestimmt, sind Ersparnisse und Erträge von verwaltetem Einkommen oder Vermögen ebenfalls Bestandteil der beiständlichen Verwaltungsaufgabe (Art. 395 Abs. 2 ZGB). Die Art. 408 ff. ZGB beschreiben die Verwaltungstätigkeit näher.

Ohne die Handlungsfähigkeit zu beschränken und ohne dass dadurch ein (haftungsrelevantes) Sondervermögen begründet wird, kann zur Sicherstellung der Interessen der verbeiständeten Person ein bestimmter, genau zu bezeichnender Vermögensteil vom Zugriff der betroffenen Person ausgenommen werden (Art. 395 Abs. 3 ZGB); gedacht ist dabei vor allem an Kontosperren, Vorenthalten des Besitzes an einer beweglichen Sache und dergleichen, wobei unabhängig vom Umfang einer allfälligen Blockade vom Beistand etwa angemessene Beiträge zur freien Verfügung zu stellen sind (Art. 409 ZGB). Untersagt die KESB die Verfügung über ein Grundstück (sog. Kanzleisperre), so ist dies deklaratorisch im Grundbuch anzumerken (Art. 395 Abs. 4 ZGB).

5.39

Eine Vertretungsbeistandschaft kann sehr unterschiedlichen Umfang annehmen; sie kann zur *Besorgung eines einzelnen Geschäfts* nötig werden; es kann sie aber auch in globalerer Form geben (siehe dazu auch die Ausführungen zu den Aufgabenbereichen in Rz. 5.68 ff.). Ausserdem kann bspw. für sogenannte *Altersbeistandschaften* oftmals eine *generellere Variante* mit sehr umfangreicher Aufgabenstellung angezeigt sein, was entsprechende Standardisierungen zulässt, die aber im Einzelfall zu hinterfragen sind und welche auch trotz generellerem Umfang gerade etwa hinsichtlich punktueller Handlungsfähigkeitseinschränkungen individualisierbar bleiben (siehe auch Rz. 5.65 ff. [Massschneiderung]). Es wäre denn auch unverhältnismässig und dem Geist des neuen Erwachsenenschutzes zuwiderlaufend, bei entsprechend umfassender Hilfsbedürftigkeit stets eine umfassende Beistandschaft anzuordnen, obschon die dann automatische Folge der Handlungsunfähigkeit keineswegs erforderlich und damit zielüberschiessend ist.

5.40

5. Beistandschaften

5.41

Vertretungsbeistandschaft mit spezifischer Umschreibung einer Aufgabe*/**

1. Für NN wird eine Vertretungsbeistandschaft nach Art. 394 ZGB angeordnet mit der Aufgabe, sie/ihn bei der Regelung des Nachlasses von … zu vertreten und der KESB den Erbteilungsvertrag bis spätestens [Datum] zur Zustimmung zu unterbreiten.
2. Zur Beiständin/zum Beistand wird XY ernannt, mit der Einladung,
   a) nötigenfalls Antrag auf Anpassung der behördlichen Massnahme an veränderte Verhältnisse zu stellen,
   b) nach Erledigung der Angelegenheit Schlussbericht einzureichen.
3. (ggf.) Anordnung Nachlassinventar.
4. Gebühren und Kosten/evtl. Erlass von Gebühren und Kosten.
5. Rechtsmittelbelehrung.
6. Eröffnung an:
   – betroffene Person,
   – Beiständin/Beistand,
   – weitere Verfahrensbeteiligte.
7. Mitteilung an:
   (…).

* Zu Methodik und Aufbau vgl. Rz. 5.21; für die Erwägungen Rz. 1.151 ff.
** Siehe auch Rz. 5.68 ff. (Aufgabenbereiche)

5.42

Vertretungsbeistandschaft mit genereller Umschreibung von Aufgabenbereichen inkl. Einkommens- und Vermögensverwaltung*

1. Für NN wird eine Vertretungsbeistandschaft mit Vermögensverwaltung nach Art. 394 i.V.m. Art. 395 ZGB angeordnet mit den Aufgabenbereichen,
   a) sie/ihn beim Erledigen der administrativen Angelegenheiten soweit nötig zu vertreten, insbesondere auch im Verkehr mit Behörden, Ämtern, Banken, Post, (Sozial-)Versicherungen, sonstigen Institutionen und Privatpersonen,
   b) ihr/sein Einkommen und Vermögen sorgfältig zu verwalten. *Variante (nähere Bezeichnung, wenn nur Teile vom Einkommen oder Vermögen verwaltet werden sollen):* ihre/seine AHV-Rente und Ergänzungsleistungen sowie das Konto Nr. … sorgfältig zu verwalten.
2. Zur Beiständin/zum Beistand wird XY ernannt mit der Einladung,
   a) nötigenfalls Antrag auf Anpassung der behördlichen Massnahme an veränderte Verhältnisse zu stellen,
   b) per [Datum] ordentlicherweise Rechenschaftsbericht mit Rechnung und Belegen einzureichen.

5.3. Arten von Beistandschaften

3. Die Beiständin/der Beistand hat in Zusammenarbeit mit der KESB unverzüglich ein Inventar per [Stichtag] über die zu verwaltenden Vermögenswerte aufzunehmen.
4. (ggf.) Hinterlegungsvertrag.
5. Gebühren und Kosten/evtl. Erlass von Gebühren und Kosten.
   (*Variante*: Die Gebühren und Kosten werden nach Abnahme des Inventars erhoben.)
6. Rechtsmittelbelehrung.
7. Eröffnung an:
   – betroffene Person,
   – Beiständin/Beistand,
   – weitere Verfahrensbeteiligte.
8. Mitteilung an:
   – Betreibungsamt gemäss Art. 68d SchKG,
   – (...).

* Zu Methodik und Aufbau vgl. Rz. 5.21; für die Erwägungen Rz. 1.151 ff.

Standardfall «Altersbeistandschaft» (generelle Vertretungsbeistandschaft mit Einkommens- und Vermögensverwaltung)*

5.43

1. Für NN wird eine Vertretungsbeistandschaft mit Einkommens- und Vermögensverwaltung nach Art. 394 i.V.m. Art. 395 ZGB angeordnet mit den Aufgabenbereichen
   a) stets für eine geeignete Wohnsituation bzw. Unterkunft besorgt zu sein und sie/ihn bei allen in diesem Zusammenhang erforderlichen Handlungen umfassend zu vertreten,
   b) für sein/ihr gesundheitliches Wohl sowie für hinreichende medizinische Betreuung zu sorgen und ihn/sie bei allen dafür erforderlichen Vorkehrungen zu vertreten, (*Variante*: insbesondere auch bei Urteilsunfähigkeit über die Erteilung oder Verweigerung der Zustimmung zu vorgesehenen ambulanten oder stationären medizinischen Massnahmen zu entscheiden,)
   c) sein/ihr soziales Wohl zu fördern und ihn/sie bei allen dafür erforderlichen Vorkehrungen zu vertreten,
   d) ihn/sie beim Erledigen der administrativen Angelegenheiten soweit nötig zu vertreten, insbesondere auch im Verkehr mit Behörden, Ämtern, Banken, Post, (Sozial-)Versicherungen, sonstigen Institutionen und Privatpersonen,
   e) ihn/sie beim Erledigen der finanziellen Angelegenheiten zu vertreten, insbesondere sein/ihr Einkommen und Vermögen sorgfältig zu verwalten.
2. Zur Beiständin/zum Beistand wird XY ernannt mit der Einladung,

5. Beistandschaften

> a) nötigenfalls Antrag auf Anpassung der behördlichen Massnahme an veränderte Verhältnisse zu stellen,
> b) per [Datum] ordentlicherweise Rechenschaftsbericht mit Rechnung und Belegen einzureichen.
> 3. Die Beiständin/der Beistand hat sich spätestens innert zwei Wochen nach unbenütztem Ablauf der Rechtsmittelfrist die zur Erfüllung der Aufgaben nötigen Kenntnisse zu verschaffen und mit NN persönlich Kontakt aufzunehmen.
> (*Falls die aufschiebende Wirkung einer Beschwerde entzogen ist*: ... hat sich umgehend die zur Erfüllung der Aufgaben ...).
> 4. Die Beiständin/der Beistand hat in Zusammenarbeit mit der KESB unverzüglich ein Inventar per [Stichtag] über die zu verwaltenden Vermögenswerte aufzunehmen.
> 5. (ggf.) Hinterlegungsvertrag.
> 6. Gebühren und Kosten/evtl. Erlass von Gebühren und Kosten.
> (*Variante*: Die Gebühren und Kosten werden nach Abnahme des Inventars erhoben.)
> 7. Rechtsmittelbelehrung.
> 8. Eröffnung an:
>   – betroffene Person,
>   – Beiständin/Beistand,
>   – weitere Verfahrensbeteiligte.
> 9. Mitteilung an:
>   – Betreibungsamt gemäss Art. 68d SchKG,
>   – (...).
>
> * Zu Methodik und Aufbau vgl. Rz. 5.21; für die Erwägungen Rz. 1.151 ff.

5.3.3. Mitwirkungsbeistandschaft

5.44 Die Mitwirkungsbeistandschaft gemäss Art. 396 ZGB ist der Mitwirkungsbeiratschaft des früheren Rechts (aArt. 395 Abs. 1 ZGB) nachgebildet; sie ist allerdings nunmehr nach Massgabe des jeweiligen Schutzbedürfnisses bezogen auf «bestimmte Handlungen» auszugestalten, so dass gegenüber dem altrechtlichen Institut die starre Enumerationsbelastung durch den unabänderlichen gesetzlich vorgegebenen Aufgabenkatalog zurecht weggefallen ist. Wie die altrechtliche Mitwirkungsbeiratschaft beinhaltet sie *keine Vertretung* durch den Mandatsträger resp. die Mandatsträgerin, sondern eine Einschränkung der Handlungsfähigkeit mittels eines entsprechenden *Mitwirkungsvorbehalts*. Der Beistand kann nicht anstelle der verbeiständeten Person handeln, ist nicht deren Vertreter; handelndes Subjekt bleibt die verbeiständete Person, deren Handlung jedoch erst mit der Zustimmung des Beistands oder der Beiständin rechtswirksam wird.

5.3. Arten von Beistandschaften

Die Zustimmung kann ausdrücklich oder stillschweigend sein und sie kann als *Einwilligung* im Voraus oder als *Genehmigung* im Nachhinein erfolgen.

Da die verbeiständete Person selber handeln muss, kommt eine Mitwirkungsbeistandschaft nur für (im betroffenen Bereich) *urteilsfähige Personen* in Betracht. Gedacht ist also an Fälle, in denen die zu verbeiständende Person durchaus handeln kann, aber dies zu ihrem Schaden zu tun oder ausgenutzt zu werden droht.

5.45

Abgesehen davon bedarf es, da es sich nicht um eine Vertretung, sondern um blosse Mitwirkung handelt, keiner Mitwirkung der Behörde bei sog. *zustimmungsbedürftigen Geschäften* (Art. 416 ZGB); die beiständliche Zustimmung ist ausreichend. Geschäfte, die nicht in Vertretung einer verbeiständeten Person vorgenommen werden dürfen, sog. *verbotene Geschäfte* (Art. 412 ZGB), können bei entsprechendem Schutzbedürfnis einem Mitwirkungsvorbehalt unterstellt werden. Unzulässig ist jedoch die Anordnung einer Mitwirkungsbeistandschaft im Bereich der *höchstpersönlichen Rechte*.

5.46

Der Vorbehalt des beiständlichen Mitwirkens führt von Gesetzes wegen zu einer *entsprechenden Beschränkung der Handlungsfähigkeit* im beiständlichen Zustimmungsbereich (Art. 396 Abs. 2 ZGB). Fehlt die Zustimmung des Beistandes oder der Beiständin, richten sich die Rechtsfolgen analog nach den Bestimmungen über hinkende Rechtsgeschäfte (Art. 19a/b ZGB).

5.47

Mitwirkungsbeistandschaft*

5.48

1. Für NN wird eine Mitwirkungsbeistandschaft nach Art. 396 ZGB angeordnet mit der Wirkung, dass Schenkungen nur mit Zustimmung der Beiständin/des Beistands rechtsgültig abgeschlossen werden können.
   Variante bei mehreren Aufgabenbereichen:
   Für NN wird eine Mitwirkungsbeistandschaft nach Art. 396 ZGB angeordnet mit der Wirkung, dass folgende Rechtsgeschäfte nur mit Zustimmung der Beiständin/des Beistands rechtsgültig abgeschlossen werden können:
   a) Kauf, Verkauf und Verpfändung von Wertpapieren,
   b) Gewährung und Aufnahme von Darlehen,
   c) Ausrichten von Schenkungen,
   d) (allenfalls weitere oder andere** Mitwirkungsbereiche).
2. Zur Beiständin/zum Beistand wird XY ernannt mit der Einladung,
   a) nötigenfalls Antrag auf Anpassung der behördlichen Massnahme an veränderte Verhältnisse zu stellen,
   b) per [Datum] ordentlicherweise Rechenschaftsbericht einzureichen.
3. Gebühren und Kosten/evtl. Erlass von Gebühren und Kosten.
4. Rechtsmittelbelehrung.

5. Beistandschaften

> 5. Eröffnung an:
> – betroffene Person,
> – Beiständin/Beistand,
> – weitere Verfahrensbeteiligte.
> 6. Mitteilung an:
> (...).
>
> * Zu Methodik und Aufbau vgl. Rz. 5.21; für die Erwägungen Rz. 1.151 ff.
> ** Z.B.: Prozessführung (evtl. einschränkend auf Erbschaftsprozesse o.dgl.); Abschluss von Vergleichen; Erwerb oder Veräusserung von Liegenschaften; Vorkehren, welche über die ordentliche Verwaltung einer Liegenschaft hinausgehen; Abschliessen von Abzahlungs- oder Leasinggeschäften; Abschluss oder Kündigung von Verträgen betreffend die eigene Unterkunft und/oder Betreuung/Pflege; Abschluss und Änderung von Erbverträgen oder Erbteilungsverträgen; Eintritt in eine Gesellschaft mit persönlicher Haftung/erheblicher Kapitalbeteiligung; Erklären der Zahlungsunfähigkeit; Abschluss eines Nachlassvertrags; usw.

5.3.4. Umfassende Beistandschaft

5.49   Gestützt auf Art. 398 ZGB kann eine umfassende Beistandschaft errichtet werden. Diese bezieht sich ohne Wenn und Aber ex lege auf *alle Angelegenheiten* der Personensorge, der Vermögenssorge und des Rechtsverkehrs (Art. 398 Abs. 2 ZGB). Von Gesetzes wegen *entfällt auch vollumfänglich die Handlungsfähigkeit* der betroffenen Person (Art. 398 Abs. 3 ZGB). Der Beistand resp. die Beiständin ist somit zwangsläufig vollumfängliche gesetzliche Vertretung mit ausschliesslicher Vertretungskompetenz. Höchstpersönliche Rechte sowie eigenes Handeln im Rahmen der Regelungen im Personen-, sprich Handlungsfähigkeitsrecht, sind hier wie sonst vorbehalten (Art. 407 und 19 ff. ZGB), wobei bestimmte Rechte, die von Gesetzes wegen nur mit Zustimmung des gesetzlichen Vertreters ausgeübt werden können, die Ausnahme zur Ausnahme bilden (z.B. Art. 260 Abs. 2 ZGB [Kindesanerkennung]). Es handelt sich – im Umfang der Urteilsfähigkeit – um eine sogenannte *beschränkte Handlungsunfähigkeit* (vgl. Rz. 1.40 ff.).

5.50   Damit ist die umfassende Beistandschaft das *Nachfolgeinstitut zur Entmündigung*. Allerdings wird das Kind nicht mehr beim Namen genannt, was sicherlich Folge der als Revisionsziel gesetzten terminologischen Entstigmatisierung ist. Auch wird – jedenfalls im Wortlaut des Gesetzes – ein indirekter Weg gegangen: Der Entzug der Handlungsfähigkeit – die «Entmündigung» – als behördliche Verfügung entfällt; die Konsequenz des Handlungsfähigkeitsverlusts ist vielmehr eine Ex-lege-Wirkung der Massnahmeanordnung. Das ist insofern nicht von grosser Bedeutung, als es durch die Abschaffung der erstreckten elterlichen Sorge keine unterschiedlichen Konsequenzen des Handlungsfähigkeitsentzugs mehr geben könnte. Hingegen liegt dieser Automatismus quer zum Geist der Massschneiderung. Die umfassende Beistandschaft erlaubt keine individuellen Gradierungen; mit umfassender Fürsorge fällt von Gesetzes wegen auch vollumfänglich die Handlungsfähigkeit (siehe mit entsprechender Kritik am Vorentwurf: BIDERBOST, plädoyer 6/04, 42 ff.).

Entscheidend für die Anordnung einer umfassenden Beistandschaft ist eine *besondere Hilfsbedürftigkeit*, namentlich dauernde Urteilsunfähigkeit. Letztere Erwähnung ist exemplarisch zu verstehen; keineswegs ist dauernde Urteilsunfähigkeit strikte Voraussetzung für eine umfassende Beistandschaft. Damit soll jedoch insbesondere ausgedrückt sein, dass diese einschneidendste und folgenschwerste Art der Beistandschaft als *ultima ratio* nur mit grosser Zurückhaltung zur Anwendung gelangen soll (Botschaft, 7048). Namentlich sind etwa geistig Behinderte, auch wenn sie derart behindert sind, dass sie bezogen auf komplexere Geschäfte als dauernd eingeschränkt anzusehen sind, nicht unbesehen unter umfassende Beistandschaft zu stellen, sondern grundsätzlich massgeschneidert zu schützen. Während bei allen andern Beistandschaftsarten in der einschlägigen Norm (Art. 393–396 ZGB) die mit dem Charakter der Massnahme korrelierende Konnotation der Schutzbedürftigkeit angeführt wird – Begleitungs-, Vertretungs- oder Zustimmungsbedarf –, fehlt dies bei der umfassenden Beistandschaft, indem schlicht auf die ausgeprägte Hilfsbedürftigkeit Bezug genommen wird. Den Materialien ist allerdings zu entnehmen, dass die umfassende Beistandschaft dennoch (auch) die Funktion haben soll, einer Person die Handlungsfähigkeit bewusst abzusprechen, weil nicht verantwortet werden kann, dass sie Rechtshandlungen vornimmt (Botschaft, 7048).

5.51

Die besondere Hilfsbedürftigkeit ist entsprechend auch danach zu beurteilen, ob die zu verbeiständende Person dieser im Gesetz etwas beschönigend als blosser Ausfluss der Massnahme erwähnten *Konsequenz auch bedarf*, was etwa der Fall sein kann, wenn jemand seine Realitätsvorstellung mehr oder weniger vollständig verloren hat und grundsätzlich die Gesamtheit seiner Interessen falsch einschätzt, wenn jemand vor sich selber und seiner Freiheit geschützt werden muss, da er – ohne erkennbare Bereichslinien für punktuelle Einschränkungen – sich selber aktiv schädigt oder entsprechend ausgenutzt zu werden droht. Ist diese umfassend einschneidende Konsequenz nicht erforderlich, ist die Massnahme als überschiessend unverhältnismässig anzusehen und es ist eine Lösung über eine Vertretungsbeistandschaft resp. eine Kombination von Beistandschaftsarten mit entsprechend umfassend ausgestalteter Aufgabenstel-

5.52

lung und massgeschneidertem Entzug der Handlungsfähigkeit anzustreben.

5.53 Da es sich bei der umfassenden Beistandschaft von Gesetzes wegen um eine gesamthafte Vertretung handelt, diese Beistandschaftsart also gänzlich typendefiniert ist, brauchen im beiständlichen Auftrag grundsätzlich *keine Aufgabenbereiche* umschrieben zu werden. Eine Umschreibung von Aufgaben kann allerdings hier und dort nützlich sein, etwa wenn etwas besonders zu betonen ist; es ist aber – gerade auch in der Formulierung – darauf zu achten, dass durch allfälliges Setzen von Schwerpunkten oder Hervorheben von Besonderheiten nicht der umfassende Aufgabenbereich eingeschränkt erscheint.

5.54 **Umfassende Beistandschaft***

1. Für NN wird eine umfassende Beistandschaft nach Art. 398 ZGB angeordnet mit den gesetzlichen Rechten und Pflichten und der Wirkung, dass die Handlungsfähigkeit entfällt.
2. Zur Beiständin/zum Beistand wird XY ernannt mit der Einladung,
    a) nötigenfalls Antrag auf Anpassung der behördlichen Massnahme an veränderte Verhältnisse zu stellen,
    b) per ... ordentlicherweise Rechenschaftsbericht mit Rechnung und Belegen einzureichen.
3. Die Beiständin/der Beistand hat sich spätestens innert zwei Wochen nach unbenütztem Ablauf der Rechtsmittelfrist die zur Erfüllung der Aufgaben nötigen Kenntnisse zu verschaffen und mit NN persönlich Kontakt aufzunehmen.
(*Falls die aufschiebende Wirkung einer Beschwerde entzogen ist*: ... hat sich umgehend die zur Erfüllung der Aufgaben ...).
4. Die Beiständin/der Beistand hat in Zusammenarbeit mit der KESB unverzüglich ein Inventar per [Stichtag] über die zu verwaltenden Vermögenswerte aufzunehmen.
5. (ggf.) Hinterlegungsvertrag.
6. Gebühren und Kosten/evtl. Erlass von Gebühren und Kosten. (*Variante*: Die Gebühren und Kosten werden nach Abnahme des Inventars erhoben.)
7. Rechtsmittelbelehrung.
8. Eröffnung an:
    – betroffene Person,
    – Beiständin/Beistand,
    – weitere Verfahrensbeteiligte.

5.3. Arten von Beistandschaften

9. Mitteilung an:
   - Betreibungsamt gemäss Art. 68d SchKG,
   - Zivilstandsamt gemäss Art. 449c Ziff. 1 ZGB,
   - (...).

* Zu Methodik und Aufbau vgl. Rz. 5.21; für die Erwägungen Rz. 1.151 ff.

Das Entfallen der Handlungsfähigkeit zeitigt – neben dem direkten Ausfluss auf die Prozess- und Betreibungsfähigkeit – zahlreiche *weitere Auswirkungen*. Bundesrechtlich können etwa umfassend Verbeiständete keine elterliche Sorge haben (Art. 296 Abs. 2 und 298 Abs. 2 ZGB), sie haben ihren gesetzlichen Wohnsitz am Sitz der KESB (Art. 26 ZGB) usw. Über das ZGB hinaus gibt es entsprechende Wirkungen z.B. im Ausweisgesetz, im Bundesgesetz über die politischen Rechte, im Waffengesetz, im Heilmittelgesetz, Sterilisationsgesetz usw. Kantonale Gesetze führen solche Konsequenzen weiter, teilweise bis in kleine Verästelungen (so etwa wenn nach § 7 Abs. 1 lit. d des Zürcher Fischereigesetzes umfassend Verbeiständete von der Verleihung einer Fischereiberechtigung ausgeschlossen sind).

5.55

Dabei wird – in Bund und gerade auch Kantonen – bisweilen (zu) pauschal auf die Massnahme der umfassenden Beistandschaft Bezug genommen (wohl weil sie wie gesagt Nachfolgeinstitut der bisherigen Entmündigung ist). Hier und dort findet zu Recht der Vorsorgeauftrag ebenfalls entsprechende Erwähnung. Richtigerweise müsste eine Wirkung aber oftmals nicht strikt an die Massnahme der umfassenden Beistandschaft, sondern an eine die fragliche gesetzliche Regelung betreffende Massschneiderung geknüpft werden, mithin auch an eine andere Beistandschaftsart mit entsprechendem Aufgabenbereich und allenfalls entsprechend eingeschränkter Handlungsfähigkeit, wie das bspw. Art. 452 Abs. 2 ZGB für die Mitteilung an Schuldner tut; wem etwa (nicht umfassend verbeiständet, sondern massgeschneidert) die gesamte Vermögensverwaltung unter entsprechender Beschränkung seiner Handlungsfähigkeit entzogen ist, sollte in Bezug auf – dem Beistand dann ja in ausschliesslicher Kompetenz obliegende – vermögensrechtliche Belange, also bspw. zur Frage der Aufnahme eines Nachlassinventars nach Art. 553 Abs. 1 Ziff. 4 ZGB, gleich einem umfassend Verbeiständeten behandelt werden (beachte immerhin etwa § 128 Abs. 1 lit. a Ziff. 1 EG ZGB-ZH). Siehe in ähnlichem Zusammenhang aber etwa die präziseren Formulierungen von Art. 183 Abs. 2 ZGB für die Ehe- und Art. 468 Abs. 2 ZGB für die Erbvertragsfähigkeit, sowie Art. 68d SchKG bezüglich Zustellung von Betreibungsurkunden; sodann Art. 2 des Bundesgesetzes über die politischen Rechte, wonach der dort vorgese-

5.56

hene gesetzliche Ausschluss vom Stimmrecht nur für wegen dauernder Urteilsunfähigkeit unter umfassender Beistandschaft Stehende gilt. Im Stellvertretungs- und Auftragsrecht, Art. 35 und 405 OR, wird – im deutschen und italienischen Gesetzestext – auch etwa auf die *«entsprechende Handlungsfähigkeit»* abgestellt und Art. 260 Abs. 2 ZGB (Kindesanerkennung) nennt neben einer umfassenden Beistandschaft auch eine «entsprechende Anordnung».

5.4. Überdies: Ersatzbeistand/Ersatzbeiständin

5.57 Eine besondere Form von Beistand resp. Beiständin ist in Art. 403 ZGB vorgesehen. Es handelt sich dabei nicht etwa um eine weitere Beistandschaftsart im Sinne der Art. 393 ff. ZGB. Der Schwächezustand liegt nicht in der bereits verbeiständeten Person, sondern beim ernannten Beistand oder der ernannten Beiständin. Das Gesetz spricht denn auch nicht von «Beist and*schaft*», sondern bloss von «Ersatz*beistand* oder Ersatz*beiständin*» – und auch das nur im deutschen Wortlaut; franz. wird schlicht von «un substitut», ital. von «un sostituto» gesprochen. Gesetzessystematisch verortet wird die Bestimmung richtigerweise im entsprechenden Unterabschnitt über den Beistand resp. die Beiständin, nicht bei den Beistandschaftsarten. Es geht um einen Beistand resp. eine Beiständin, der oder die einen oder eine andere ersetzt; die betroffene Person erhält keine neue Beistandschaft, sondern nur einen Ersatzbeistand resp. eine Ersatzbeiständin. Wo dennoch von Ersatzbeistand*schaft* die Rede ist, ist dies *nicht als Beistandschaftsart im technischen Sinn* zu lesen. Die hier vorgenommene systematische Einordnung ins Kapitel der Beistandschaften begründet sich damit, dass auf Ersatzbeistand und Ersatzbeiständin die generellen Regeln zur Beistandschaft anwendbar sind, wohingegen etwa Verfahrensbeistände nach Art. 449a ZGB als im Wesentlichen verfahrensrechtliche Massnahmen auch in dieser Hinsicht weitgehend als Beistände sui generis zu behandeln sind.

5.58 Sobald zwischen ernanntem Beistand oder ernannter Beiständin und verbeiständeter Person eine Interessenkollision vorliegt oder der Mandatsträger oder die Mandatsträgerin am Handeln verhindert ist, hat die Behörde für Ersatz zu sorgen – sofern die Angelegenheit nicht bspw. im Rahmen der behördlichen Eigenhandlungskompetenz regelbar ist (welche letztere Kompetenz nunmehr sowohl in Art. 403 Abs. 1 als auch in Art. 306 Abs. 1 ZGB ausdrückliche gesetzliche Erwähnung findet). Für die verbeiständete Person wird ein *zusätzlicher Beistand resp. eine zusätzliche Beiständin* ernannt, ein sogenannter Ersatzbeistand resp. eine Ersatzbeiständin. Die Ersatzbeiständin resp. der Ersatzbeistand erhält die Aufgabe, bezüglich des von der Interessenkollision oder dem Verhindertsein betroffenen Aufgabenbereichs die beiständliche Aufgabe wahrzunehmen; dabei tangiert ein Verhindertsein regelmässig die gesamte Beistandschaft, wohingegen eine Interessenkollision je nach Umfang der Beistandschaft häufig nur einen einzelnen Teilbereich betrifft.

Der Ersatzbeistand resp. die Ersatzbeiständin übernimmt eine schon unter dem bisherigen Recht klassische Funktion beiständlicher Hilfe (aArt. 392 Ziff. 2 und 3 ZGB). Es kann daher auf die diesbezügliche Literatur und Rechtsprechung Rückgriff genommen werden. Für eine *Interessenkollision* genügt das abstrakte Vorliegen einer Gefährdung, also die blosse Möglichkeit sich widersprechender Interessen unabhängig davon, ob der gesetzliche Vertreter um objektive Interessenwahrung bemüht ist; dabei können direkte Formen (z.B. Selbstkontrahieren, Doppelvertretung) und indirekte Formen (z.B. zufolge naher persönlicher Beziehungen zur kontrahierenden Drittperson) vorkommen. Die Massnahme hat damit ein weites Anwendungsfeld, liegt doch eine Interessenkollision in diesem Sinn etwa vor, wenn Beistand und verbeiständete Person z.B. am gleichen Nachlass beteiligt sind oder wenn ein Vertrag mit einer dem Beistand nahe verwandten Person abgeschlossen werden soll. Eine *Verhinderung* liegt in der Regel in faktischen Gründen, etwa bei Abwesenheit und Unerreichbarkeit innert nützlicher Frist oder bei entsprechend ausgeprägter Krankheit; in sehr seltenen Fällen dürften auch emotionale Momente oder dergleichen zu Verhinderungen führen, wenn sich ein Mandatsträger etwa aus persönlichen Gründen ausserstande sieht, in einer ihn schwer belastenden Angelegenheit, z.B. in einem besonderen Erbfall, die verbeiständete Person zu vertreten. Soweit der Beistand resp. die Beiständin mittels befugter Substitution vorgesorgt hat, liegt keine Verhinderung vor; im Gegensatz zu einer voraussehbaren Verhinderung kann eine Interessenkollision üblicherweise nicht durch selbstbestellte Substitution aufgelöst werden. Ist eine Verhinderung absehbar von grösserer Dauer, kann unter Umständen ein Beistandswechsel dienlicher und damit angezeigt sein. Sowohl Verhinderung als auch Interessenkollision können bei allen Beistandschaftsarten vorkommen.

5.59

Bei Interessenkollision entfallen die entsprechenden Befugnisse des eigentlich beauftragten Beistandes von Gesetzes wegen (Art. 403 Abs. 2 ZGB) – je nach Art der Ersatznotwendigkeit auch andere als Vertretungsbefugnisse. Eine Handlung des Beistandes würde zu einer *einseitigen Unverbindlichkeit* des Geschäfts führen. Zu erwägen ist eine analoge Anwendbarkeit der Regelung über die Stellvertretung ohne Ermächtigung (Art. 38 f. OR); der von der Lehre zum bisherigen Recht angenommene

5.60

Gutglaubensschutz des Dritten ist allerhöchstens sehr zurückhaltend anzunehmen (OFK ZGB-Fassbind, Art. 403 N 3).

5.61 Bei Verhinderung ist beiständliches Handeln nicht rechtlich, aber faktisch ausgeschlossen. Der Ersatzbeistand resp. die Ersatzbeiständin springt in die jeweilige Lücke und ermöglicht so den Abschluss des fraglichen Rechtsgeschäfts. Es geht dabei *nicht um Vertretung der Vertretung*; vertreten wird vielmehr direkt die verbeiständete Person.

5.62 Im *Eltern/Kind-Verhältnis* stützt sich die analoge Massnahme auf Art. 306 ZGB. Per analogiam gilt die Regelung im Übrigen, wenn das Kind unter Vormundschaft steht (Art. 327a ff. ZGB). Eine Parallelvorschrift existiert sodann mit Art. 365 ZGB im Zusammenhang mit einem *Vorsorgeauftrag*.

5.63 **Ersatzbeistand/-beiständin zufolge Verhinderung der gesetzlichen Vertretung**

1. In der Beistandschaft nach Art. ... ZGB für NN mit den Aufgabenbereichen
   a) ...
   b) ...
   c) ...
   und den Spezialanordnungen *(z.B. punktuelle Beschränkung[en] der Handlungsfähigkeit)*
   d) ...
   e) ...
   wird YZ als Ersatzbeiständin/Ersatzbeistand des verhinderten XY eingesetzt.
   (Variante, wenn z.B. ein komplexes Aufgabenpaket in kombinierter Beistandschaft eines Ersatzbeistandes resp. einer Ersatzbeiständin bedarf:
   In der Beistandschaft nach Art. ... ZGB für NN wird YZ als Ersatzbeiständin/Ersatzbeistand des verhinderten XY mit den gleichen Rechten und Pflichten eingesetzt.
   [Hinweis: Diese Variante hat den Nachteil, dass der Entscheid nur zusammen mit der zugrunde liegenden Beistandschaft fassbar ist.])
2. YZ wird eingeladen,
   a) Antrag zu stellen, falls weitere behördliche Anordnungen nötig erscheinen,
   b) umgehend Mitteilung zu erstatten, sobald er/sie vom Wegfall des Verhinderungsgrundes erfährt,
   c) sofern nichts anderes angeordnet wird, per [Datum] ordentlicherweise Rechenschaftsbericht (je nachdem: und Rechnung mit Belegen) einzureichen.
3. (ggf.) Hinterlegungsvertrag.
4. Gebühren und Kosten/evtl. Erlass von Gebühren und Kosten.

5. Rechtsmittelbelehrung.
6. Eröffnung an:
   - betroffene Person,
   - Ersatzbeiständin/-beistand,
   - Beiständin/Beistand,
   - weitere Verfahrensbeteiligte.
7. Mitteilung an:
   - (...).

Ersatzbeistand/-beiständin zufolge Interessenkollision

5.64

1. In der Beistandschaft nach Art. ... ZGB für NN mit der Aufgabe ... wird YZ anstelle von XY als Ersatzbeiständin/Ersatzbeistand eingesetzt.
   (Variante, falls die Beistandschaft mehrere Aufgaben oder Aufgabenbereiche beinhaltet, die Interessenkollision aber nur bezüglich eines Aufgabenbereichs oder einer Einzelaufgabe manifest wird:
   In der Beistandschaft nach Art. ... ZGB für NN wird YZ anstelle von XY als Ersatzbeiständin/Ersatzbeistand hinsichtlich des Aufgabenbereichs [resp. der Aufgabe] ... eingesetzt).
2. Die Befugnisse von XY hinsichtlich der genannten Angelegenheit entfallen von Gesetzes wegen.
3. YZ wird eingeladen
   a) Antrag zu stellen, falls weitere behördliche Anordnungen notwendig erscheinen,
   b) per [Datum]/nach Erledigung der Angelegenheit Rechenschafts-/Schlussbericht (evtl.: und Rechnung mit Belegen) einzureichen.
4. Gebühren und Kosten/evtl. Erlass von Gebühren und Kosten.
5. Rechtsmittelbelehrung.
6. Eröffnung an:
   - betroffene Person,
   - Ersatzbeiständin/-beistand,
   - Beiständin/Beistand,
   - weitere Verfahrensbeteiligte.
7. Mitteilung an:
   - (...).

5.5. Massschneiderung

Das bisherige System vormundschaftlicher Massnahmen war typengebunden und wenig flexibel. Es gab schablonengleich drei verschiedene, sich im Eingriff in die Handlungsfähigkeit stufenweise steigernde Typen von Massnahmen vor: Beistandschaft/Beiratschaft/Vormundschaft. Die

5.65

5. Beistandschaften

nunmehrige Einheitsmassnahme Beistandschaft ist hingegen *falladäquat* auszugestalten; sie ist eine Massnahme nach Mass – so «die für das neue Recht zentrale Aussage» (Botschaft, 7044). Dazu dient das (im Gesetz nirgends, in Materialien und Schrifttum jedoch allseits verwendete) Bild der Massschneiderung. Hatte man bisher quasi drei Schnittmuster bzw. drei Kleider zur Verfügung, wobei mitunter das Kleid der Beistandschaft zu klein, das der Beiratschaft völlig unpassend und das der Vormundschaft zu gross und damit die Intervention zu schwach, untauglich oder überschiessend war, ist unter revidiertem Recht Masskonfektion angesagt. Die Massnahme der Beistandschaft ist kein in jeder Einzelheit vorgefasstes Institut; sie ist der konkreten Sachlage anpassungsfähig und damit auch anpassungsbedürftig, damit das Selbstbestimmungsvermögen betroffener Personen weitestmöglich gewahrt bleiben kann. Massschneiderung ist Pflicht!

5.66 Massschneidern bedeutet allem voran *Massnehmen* und schliesslich *Masshalten*. Die Individualitäten sind zu ergründen und zweckdienlich abzubilden. Allerdings braucht lange nicht jede Individualität als rabulistische Aufgabenstellung in die Massnahmegestaltung zu fliessen. Das Gesetz verlangt bspw. in Art. 391 Abs. 1 ZGB, dass die Aufgabenbereiche entsprechend den Bedürfnissen der betroffenen Person zu umschreiben sind; es gilt das Bedarfsprinzip. Nicht mehr und nicht weniger. Das bedingt denn im Allgemeinen auch keinen so hohen Detaillierungsgrad, dass jede kleinste Eigentümlichkeit in der Anordnung nachgebildet sein muss. Ein zu hoher Detaillierungsgrad würde im Übrigen oftmals die – notabene dem Schutzbedürfnis fortwährend hinterherhinkende – Anpassungsbedürftigkeit in ein der Klientschaft kaum mehr dienendes Mass steigern, zumal die Bedarfsanalyse immer auch ein Prognoseelement beinhaltet. Ausserdem gibt es so und so viele Fälle, die sich trotz der Persönlichkeit der Betroffenen in ihrer grundsätzlichen Art kaum unterscheiden. Der Not der Praxis gehorchend sind praktikable *Standardisierungen* die erforderliche Folge, z.B. für sogenannte Altersbeistandschaften: Beistandschaften vor allem für Betagte, deren Urteilsfähigkeit generell stark eingeschränkt ist und die demzufolge gesamthaft betrachtet auf Unterstützung und üblicherweise Vertretung in überaus vielen oder (nahezu) allen Belangen angewiesen sind. Standardisierte Massnahmen sind denn auch zulässig – ohne allerdings dadurch die Errungenschaft der Massschneiderung zu untergraben, was kritisches Hinterfragen von Standardisierungen im Einzelfall gebietet, da zu weit geratene Massnahmeumschreibungen nicht den Vorgaben des revidierten Rechts entsprechen. Etwas plakativ lässt sich aber sagen: Für einen Standardfall ist eine Standardanwendung falladäquat. (Siehe als Beispiel etwa das entsprechende Beschlussmuster in Rz. 5.43, welches für eine ganze Reihe von Fällen eine zutreffende Lösung bieten kann.) Unzulässig sind allerdings *Massnahmen auf Vorrat*; immerhin müssen aber absehbare Schwierigkeiten im Sinne von vorausschauend-adäquatem Handeln abdeckbar sein. Kaum standardisierbar sind die Kombinationsmöglichkeiten sowie die individuell-punktuell möglichen Beschränkungen der Handlungsfähigkeit.

5.5.1. Auswahl der Massnahme

Vorab gilt es, im unter Rz. 5.18 ff. dargestellten *Instrumentarium* des Erwachsenenschutzes entsprechend dem konkreten Schutzbedürfnis die geeignete Beistandschaftsart resp. im Falle von angezeigter Kombination die zu den unterschiedlichen Schutzbedürftigkeiten jeweils passenden Beistandschaftsarten zu wählen.

5.67

5.5.2. Aufgabenbereiche

Die gewählte Massnahme ist «entsprechend den Bedürfnissen der betroffenen Person» auszugestalten. Art. 391 ZGB verlangt dazu die Umschreibung von Aufgabenbereichen. Die (nicht apodiktisch abgrenzbaren) Aufgabenbereiche betreffen die *Personensorge*, die *Vermögenssorge* oder den *Rechtsverkehr*. Mithin können alle Beistandschaftsarten die (im revidierten Recht grundsätzlich aufgewertete) Personensorge enthalten, was in der Typisierung des bisherigen Rechts weniger eindeutig war. Bestimmungen wie Art. 405 und 406 ZGB zum Verhältnis zwischen Beistand resp. Beiständin und verbeiständeter Person implizieren im Übrigen für jede Art der Beistandschaft eine persönliche Note; solche sogenannte *beiläufige Personensorge* ist notabene ohne besondere Aufgabenstellung entsprechend den Anforderungen des Einzelfalls und unabhängig von der Massnahmeart zu leisten.

5.68

Bedarfsgerechte Ausgestaltung korreliert notwendigerweise mit der festgestellten Schutzbedürftigkeit unter Achtung des Selbstbestimmungsrechts – ein Aspekt des Verhältnismässigkeitsprinzips. Es geht darum, der vorhandenen Hilfsbedürftigkeit adäquat zu begegnen, sie so gut als möglich zu beheben, zu mildern, Verschlechterungen abzuwenden, weitere Beeinträchtigungen zu verhindern. Bedarfsgerecht heisst einmal aktualitätsbezogen auf die gegenwärtige Situation, wobei voraussehbare Entwicklungen mitzuberücksichtigen sind und namentlich Dauermassnahmen nicht auf bloss akut Notwendiges auszulegen sind; bedarfsgerecht heisst aber auch inhaltlich *falladäquat*: Nicht zu viel, aber – da auch ein Untermass inadäquat ist – auch nicht zu wenig; so viel staatliche Fürsorge wie nötig, so

5.69

wenig staatlicher Eingriff wie möglich. Da die Massnahme für die Zukunft angeordnet wird, spielen in aller Regel ein Stück weit auch Prognosen hinein. Mutmassungen müssen, damit sie zu berücksichtigen sind, jedoch einigermassen konkret sein; rein hypothetische Eventualitäten sind nicht von Belang. *Aufgaben als Reserve* sind demnach unstatthaft; immerhin kann bei schubartig auftretender Schutzbedürftigkeit eine grundsätzlich angezeigte Aufgabenstellung zeitweise Reservoircharakter annehmen, was aber auf jeden Fall in der Massnahmeführung zu beachten ist.

5.70 In einer *umfassenden Beistandschaft* bedarf es grundsätzlich keiner Umschreibung von Aufgabenbereichen, da deren (umfassender) Inhalt von Gesetzes wegen vorgegeben ist; eine *Begleitbeistandschaft* kann es mit spezifischer oder mit sehr genereller Aufgabenumschreibung geben (vgl. Rz. 5.22 ff.).

5.71 Der Aufgabenbereich resp. die Aufgabenbereiche sind *verständlich, klar und falladäquat möglichst präzis* zu umschreiben, um dem Ziel so nahe als möglich zu kommen, im Sinne der Verhältnismässigkeit die schwächste der wirksamen Interventionen zu ergreifen. Die möglichst genaue Umschreibung dient auch der Rechts- und Verkehrssicherheit, indem sowohl die betroffene Person als auch der Beistand oder die Beiständin und ebenfalls im Rechtsverkehr betroffene Drittpersonen entsprechende Klarheit über die Rechte und Pflichten haben. Klassische Aufgabenbereiche sind die Bereiche Wohnen, Gesundheit, Soziales, Administration, Einkommensverwaltung, Vermögensverwaltung, rechtliche Verfahren.

5.72 Hinsichtlich des inhaltlichen Umfangs von Aufgabenbereichen sind markante Unterschiede möglich. Soweit das Schutzbedürfnis der betroffenen Person wie ein fehlendes Puzzlestück in einer *konkret fassbaren Unzulänglichkeit* oder allenfalls in mehreren solcher Einzeldefizite besteht, gelingt im Sinne einer Lückenfüllung eine hochgradig präzise Umschreibung der dementsprechenden Aufgabe ohne weiteres, was dann im Sinne des Bedarfsprinzips auch entsprechend erforderlich ist. Um schwächstmöglich einzugreifen, ist entsprechende Akkuratesse angesagt.

5.73 **Übersicht: Aufgabenbereiche**

Ein abschliessender *Katalog von (Einzel-)Aufgaben* ist unmöglich; die Realität und damit die möglichen Sachverhalte sind zu vielfältig. Im Folgenden sind beispielhaft sich typischerweise ergebende Aufgaben aufgelistet, die nicht nur nicht abschliessend, sondern je nach genauer Sachlage natürlich auch in sich anpassbar sind, wobei einzelne Varianten bereits aufgeführt sind. Dabei ist bei der Ausformulierung im Einzelfall darauf zu achten, ob es um Begleitung, Vertretung oder Mitwirkung geht, was im Folgenden aber nicht eigens differenziert wird, mithin zumeist von Vertretung ausgegangen (und entsprechend auch bspw. auf Zustimmungsbedürftigkeiten Bezug genommen) wird, obschon sich die Aufgaben grundsätzlich für alle Beistandschaftsarten anbieten.

Spezifische Umschreibung von Aufgaben(bereichen):

5.74

Der Beiständin/dem Beistand werden die Aufgaben oder Aufgabenbereiche übertragen,
- die Interessen von NN bei der Abwicklung des Nachlasses von ... zu wahren, sie/ihn dabei zu vertreten und gegebenenfalls der KESB den Erbteilungsvertrag mit begründetem Antrag zur Zustimmung zu unterbreiten,*
- die Interessen von NN am Nachlass von ... zu wahren, insbesondere dessen Ausschlagung zu prüfen und gegebenenfalls der KESB begründeten Antrag auf Zustimmung zur Ausschlagung zu stellen,*
- NN beim geplanten Verkauf ihrer/seiner Kunstsammlung zu vertreten und gegebenenfalls den Verkaufsvertrag der KESB mit begründetem Antrag zur Zustimmung zu unterbreiten,*
- die Interessen von NN im Zusammenhang mit der Liegenschaft ... festzustellen, sie/ihn bei einem allfälligen Verkauf zu vertreten und gegebenenfalls den Vertrag der KESB mit begründetem Antrag zur Zustimmung zu unterbreiten,*
- die Interessen von NN im Zusammenhang mit der Renovation der Liegenschaft ..., der Aufnahme allenfalls erforderlicher Darlehen und deren Sicherstellung durch Errichtung (evtl. Erhöhung) eines Schuldbriefes festzustellen und zu vertreten und soweit erforderlich der KESB mit begründetem Antrag zur Zustimmung zu unterbreiten,*
- die Wohnung von NN zu kündigen und (evtl.: nach erfolgter Inventaraufnahme) zu räumen und ihren/seinen Hausrat soweit angezeigt einzustellen/die Wohnung von NN zu kündigen und ihren/seinen Hausrat (evtl.: nach erfolgter Inventaraufnahme) unter Beachtung der persönlichen und familiären Interessen zu liquidieren,
- die Interessen von NN im bevorstehenden Exmissionsverfahren zu wahren,
- eine Mieterstreckung zu beantragen,
- die Interessen von NN im Zusammenhang mit Ansprüchen der Vermieterschaft zufolge mangelhafter Wohnungshygiene zu wahren und ungerechtfertigte Ansprüche gegenüber NN abzuwehren,
- NN als Kläger/in (oder: als Beklagte/r) im Prozess betreffend ... zu vertreten, wozu der Beiständin/dem Beistand Prozessvollmacht (evtl.: mit Substitutionsrecht) erteilt wird,
- die Interessen von NN gegenüber dem Unfallverursacher und dessen Haftpflichtversicherung zu wahren und der KESB einen allfälligen Ver-

5. Beistandschaften

> gleich mit begründetem Antrag zur Zustimmung zu unterbreiten bzw. einen begründeten Antrag auf Erteilung einer Prozessvollmacht zu stellen,*
> - die angefallene Erbschaft von …/die aus dem Vergleich … resultierende Genugtuungssumme/den Erlös aus dem Verkauf der Liegenschaft …/die von der Pensionskasse … ausbezahlte Rente (sowie die Ergänzungsleistungen der Ausgleichskasse …)/evtl. andere spezifizierbare Vermögens- oder Einkommensteile/usw. sorgfältig zu verwalten,
> - NN als Darlehensgeber/in (oder: als Darlehensnehmer/in) beim Abschluss eines Darlehensvertrages mit … (evtl.: Summe oder Höchstsumme) zu vertreten und der KESB den Darlehensvertrag mit begründetem Antrag zur Zustimmung zu unterbreiten,*
> - NN bezüglich der notwendigen Entscheide zu den medizinischen Folgen des Unfalles vom … so lange als nötig zu vertreten,
> - usw.
>
> * Die Anweisung zur Zustimmungsunterbreitung kann (wie alle entsprechenden Aufforderungen) an eine Frist gebunden werden: «… und bis spätestens … der KESB […] zur Zustimmung zu unterbreiten».

5.75   Als Aufgabenbereich lässt das Gesetz allerdings auch *pauschalere Formulierungen* zu. Die Behörde muss denn auch überhaupt die zu erledigenden Aufgaben nicht einzeln umschreiben, sondern kann sich auf das Bezeichnen von Aufgabenbereichen, die ein Bündel von Aufgaben umfassen können, beschränken (siehe namentlich Schmid, Art. 391 N 1, unter Hinweis auf den eingeschränkteren französischen Begriff «tâches»). Es lässt sich – wie soeben bereits angetönt – in manch einem Fall insbesondere für Daueraufgaben entweder kein oder jedenfalls nicht für alle fraglichen Angelegenheiten ein solches Mass nehmen, dass mittels detaillierter Umschreibungen das (gesamte) Schutzbedürfnis abgebildet werden könnte. Der Bedarf kann durchaus viel allgemeiner liegen. Abgesehen davon kann eine zu akribische Auftragsumschreibung zu grosser Anpassungsanfälligkeit führen, womit im Allgemeinen weder der Sache noch der betroffenen Person gedient sein kann und auch der Selbständigkeit und Verantwortung des beiständlichen Amtes wenig Rechnung getragen wird. Im Übrigen gibt es im Alltag des Erwachsenenschutzes Personen, welche – etwa aufgrund geistiger Behinderung, aufgrund schon etwas ausgeprägterer Demenz oder zufolge anderer ähnlicher Beeinträchtigungen – in allen möglichen Belangen auf Unterstützung angewiesen sind, so dass nur eine ein Gesamtbild umschreibende, generellere Aufgabenumschreibung ohne hohen Detaillierungsgrad bedarfsgerecht sein kann. Es kann gerade nicht der Sinn der Revision sein, in Fällen mit sehr umfangreicher Hilfsbedürftigkeit stets eine umfassende Beistandschaft anzuordnen, weil diese zum einen im Schrifttum durchwegs wortwörtlich als «ultima ratio» bezeichnet ist, was auch dem Geist des revidierten Erwachsenenschutzrechts entspricht, und weil zum andern auch mit gesamthaft umschriebenem Aufgabenbereich ein Teil der Massschneiderung möglich und diesfalls erforderlich bleibt: So können für die unterschiedlichen (und allenfalls auch unterschiedlich präzisen) Aufgabenbereiche verschiedene Beistandschaftsarten und damit eventuell verschiedene Kombinationen in Frage kommen, und es kann überdies die Handlungsfähigkeit punktuell eingeschränkt werden. Für einen typischen Fall genereller Fürsorge, für die sogenannte Altersbeistandschaft, siehe Rz. 5.43.

Generellere Umschreibungen von Aufgabenbereichen können typischerweise etwa lauten: 5.76

Der Beiständin/dem Beistand werden die Aufgabenbereiche übertragen,
- NN bei der Besorgung der administrativen Angelegenheiten soweit nötig zu vertreten, insbesondere auch im Verkehr mit Behörden, Ämtern, Banken, Post, (Sozial-)Versicherungen, sonstigen Institutionen und Privatpersonen,
- NN beim Erledigen der finanziellen Angelegenheiten zu vertreten, insbesondere ihr/sein Einkommen und Vermögen sorgfältig zu verwalten,
- für ihr/sein gesundheitliches Wohl sowie für hinreichende medizinische Betreuung zu sorgen und sie/ihn bei allen dafür erforderlichen Vorkehrungen zu vertreten (evtl.: …, insbesondere auch bei Urteilsunfähigkeit über die Erteilung oder Verweigerung der Zustimmung zu vorgesehenen ambulanten oder stationären medizinischen Massnahmen zu entscheiden),
- ihr/sein soziales Wohl zu fördern und sie/ihn bei allen dafür erforderlichen Vorkehrungen zu vertreten,
- stets für eine geeignete Wohnsituation bzw. Unterkunft besorgt zu sein und sie bei allen in diesem Zusammenhang erforderlichen Handlungen umfassend zu vertreten.

Im Rahmen der Beistandschaft erwähnt das Gesetz in Art. 391 Abs. 3 ZGB eine Besonderheit: Soweit es zur Führung der Beistandschaft notwendig ist, die *Post der betroffenen Person zu öffnen* oder *deren Wohnung zu betreten*, kann das ohne Zustimmung nur geschehen, wenn die Behörde dazu als Spezialanordnung eine ausdrückliche Befugnis erteilt. Gegebenenfalls kann dies bereits bei der Anordnung der Beistandschaft vonnöten sein, aber auch durch Erweiterung um diese Befugnis zu einem späteren Zeitpunkt vorgenommen werden. Dabei dürfte das Öffnen der Post in der Regel eher eine Dauerbefugnis beinhalten, wohingegen das Betreten der Wohnräume zuweilen auch eine Einzelanordnung sein kann. 5.77

5.78 An die Urteilsfähigkeit zur *Zustimmung der betroffenen Person* sind keine hohen Anforderungen zu stellen. Eine Zustimmung kann formlos oder auch durch konkludentes Handeln erfolgen.

5.79 Soweit der Beistand oder die Beiständin im Rahmen seines/ihres Auftrages befugtermassen Geschäftspartner anschreibt, damit diese direkt mit ihm/ihr korrespondieren, betrifft das nicht ein «deren Post öffnen» im Sinne von Art. 391 Abs. 3 ZGB und es bedarf somit, soweit dadurch die beiständliche Aufgabe erledigbar ist, keiner über die entsprechende Auftragserteilung hinausgehenden behördlichen Bestätigung; anders ist ein – wohl nur selten erforderliches – Umleiten oder Behändigen der gesamten Post zu qualifizieren. Wo eine behördliche Ermächtigung zu Postöffnen oder Wohnungsbetreten erteilt worden ist, ist diese Befugnis so *persönlichkeitsschonend* wie mit Amt und Auftrag vereinbar auszuüben und bspw. erkennbar sehr persönliche Briefe trotz genereller behördlicher Ermächtigung nicht ohne spezifische Zustimmung der betroffenen Person oder andern Rechtsfertigungsgrund zu öffnen. Erforderlichenfalls kann der/die entsprechend befugte Beistand/Beiständin unter Wahrung der üblichen Sorgfaltspflichten den Zutritt zu Wohnräumen auch *Dritten* erlauben, zu denken ist bspw. an Spitex-Dienste, Reinigungspersonal, Handwerker usw.

5.80 **Spezialanordnung Post/Wohnräume**

X.* Der Beiständin/dem Beistand wird die Befugnis erteilt, soweit erforderlich die Post von NN zu öffnen sowie die Wohnräume von NN *(ggf. zu spezifizieren)* zu betreten. *(Wo ausreichend ist nur eines von beidem anzuordnen.)*

* Zur Positionierung solcher Ziffern im Beschlussdispositiv siehe Rz. 5.21.

5.5.3. Kombination von Beistandschaften

5.81 Art. 397 ZGB sieht ausdrücklich vor, dass die einzelnen Massnahmearten untereinander kombinierbar sind. Ausnahme bildet die umfassende Beistandschaft, welche aufgrund ihrer Totalität selbstredend keiner Kombination zugänglich sein kann. Ausserdem kann sich eine Kombination von Massnahmearten für identische Aufgabenbereiche paralysieren, wenn etwa gleichzeitig Vertretung und Mitwirkung angeordnet wird; wo hingegen eine Einzelaufgabe einer Beistandschaftsart in einer sehr generellen Aufgabe einer andern Massnahmeart enthalten ist oder sich diese überkreuzen, gilt das Prinzip der die lex generalis derogierenden lex specialis.

5.5. Massschneiderung

Die Möglichkeit, für einzelne Aufgaben oder Aufgabenbereiche je unterschiedliche Massnahmearten zu benutzen und diese so entsprechend den Bedürfnissen des Einzelfalls untereinander zu kombinieren, bringt eine grosse Flexibilität ins Massnahmesystem und bildet den Gedanken der Massschneiderung in idealer Weise ab. Es entstehen *individuelle Massnahmepakete*.

5.82

Zwei Beispiele: Einem gutverdienenden Berufsmann, dessen finanzielle Angelegenheiten aufgrund seiner Spielsucht etwas ausser Kontrolle geraten sind, der ansonsten aber unauffällig wirkt, könnte mit einer entsprechenden Begleitbeistandschaft geholfen werden; da er aber immer wieder mittels Aufnahme von Darlehen seine kurzfristigen Geldnöte bei guten und andern Freunden zu decken sucht, kann diesbezüglich unter Umständen mit einer Mitwirkungsbeistandschaft zu intervenieren sein. Oder: Nach einem Unfall hat jemand seine Angelegenheiten nicht mehr im Griff. Es bedarf neben einer Begleitbeistandschaft für die Belange der persönlichen Fürsorge einer Vertretungsbeistandschaft zur generellen Regelung der finanziellen und administrativen Angelegenheiten. Die betreffende Person hat ein ansehnliches Vermögen und war damit immer sehr grosszügig, was sie auch weiterhin sein möchte, allerdings die Dimensionen nicht immer akkurat beurteilen kann resp. die Unfallfolgen eine diesbezügliche Unbekümmertheit zeitigen. Mittels einer auf Schenkungen gemünzten Mitwirkungsbeistandschaft kann das Selbstbestimmungsrecht adäquat gewahrt bleiben.

5.83

Kombination Begleit-/Mitwirkungsbeistandschaft*

1. Für NN wird eine Beistandschaft angeordnet.
2. Gestützt auf Art. 393 ZGB wird der Beiständin/dem Beistand im Rahmen einer Begleitbeistandschaft, die Aufgabe übertragen, NN begleitend zu unterstützen.
   Variante: ... NN begleitend zu unterstützen bei
   a) ...
   b) ...
3. Gestützt auf Art. 396 ZGB wird im Rahmen einer Mitwirkungsbeistandschaft angeordnet, dass die Aufnahme von Darlehen (oder: Schenkungen [evtl. ab einem bestimmten Betrag]) nur mit Zustimmung der Beiständin/des Beistands rechtsgültig erfolgen kann.
   Variante: ..., dass folgende Rechtsgeschäfte nur mit Zustimmung der Beiständin/des Beistands erfolgen können:
   a) ...
   b) ...
4. Zur Beiständin/zum Beistand wird XY ernannt mit der Einladung,

5.84

5. Beistandschaften

    a) nötigenfalls Antrag auf Anpassung der behördlichen Massnahme an veränderte Verhältnisse zu stellen,
    b) per [Datum] ordentlicherweise Rechenschaftsbericht einzureichen.
5. Gebühren und Kosten/evtl. Erlass von Gebühren und Kosten.
6. Rechtsmittelbelehrung.
7. Eröffnung an:
   - betroffene Person,
   - Beiständin/Beistand,
   - weitere Verfahrensbeteiligte.
8. Mitteilung an:
   - (...).

* Zu Methodik und Aufbau im Allgemeinen vgl. Rz. 5.21; für die Erwägungen Rz. 1.151 ff.

5.85
Kombination Begleit-/Vertretungs-/Mitwirkungsbeistandschaft*

1. Für NN wird eine Beistandschaft angeordnet.
2. Gestützt auf Art. 393 ZGB wird der Beiständin/dem Beistand im Rahmen einer Begleitbeistandschaft die Aufgabe übertragen, NN bei der Wahrung und Förderung ihres/seines gesundheitlichen Wohls begleitend zu unterstützen.
3. Gestützt auf Art. 394 i.V.m. 395 ZGB werden der Beiständin/dem Beistand im Rahmen einer Vertretungsbeistandschaft mit Vermögensverwaltung die Aufgabenbereiche übertragen,
   a) stets für geeignete Wohnsituation und Unterkunft besorgt zu sein und sie/ihn dabei soweit nötig zu vertreten,
   b) für ihr/sein soziales Wohl besorgt zu sein und sie/ihn bei den dafür erforderlichen Aktivitäten zu vertreten,
   c) sie/ihn beim Erledigen der administrativen Angelegenheiten zu vertreten, insbesondere auch im Verkehr mit Behörden, Ämtern, Banken, Post, (Sozial-)Versicherungen, sonstigen Institutionen und Privatpersonen,
   d) sie/ihn bei der Erledigung der finanziellen Angelegenheiten zu vertreten, insbesondere ihr/sein Einkommen und Vermögen zu verwalten, *Variante (nähere Bezeichnung, wenn nur Teile vom Einkommen oder Vermögen verwaltet werden sollen):* ihre/seine AHV-Rente und Ergänzungsleistungen sowie das Konto Nr. ... sorgfältig zu verwalten.
   e) allfällige weitere (Einzel-)Aufgaben.
4. Gestützt auf Art. 396 ZGB wird im Rahmen einer Mitwirkungsbeistandschaft angeordnet, dass folgende Rechtsgeschäfte nur mit Zustimmung der Beiständin/des Beistandes erfolgen können:
   a) Aufnahme oder Gewähren von Darlehen,
   b) Abschluss von Abzahlungs- oder Leasingverträgen,
   c) (allfällige weitere Geschäfte).

5. Zur Beiständin/zum Beistand wird XY ernannt mit der Einladung,
   a) nötigenfalls Antrag auf Anpassung der behördlichen Massnahme an veränderte Verhältnisse zu stellen,
   b) per [Datum] ordentlicherweise Rechenschaftsbericht und Rechnung mit Belegen einzureichen.
6. Die Beiständin/der Beistand hat sich spätestens innert zwei Wochen seit Ablauf der Rechtsmittelfrist die zur Erfüllung der Aufgaben nötigen Kenntnisse zu verschaffen und mit NN persönlich Kontakt aufzunehmen.
7. Die Beiständin/der Beistand hat in Zusammenarbeit mit der KESB unverzüglich ein Inventar per [Stichtag] über die zu verwaltenden Vermögenswerte aufzunehmen.
8. (ggf.) Hinterlegungsvertrag.
9. Gebühren und Kosten/evtl. Erlass von Gebühren und Kosten. (*Variante*: Die Gebühren und Kosten werden nach Abnahme des Inventars erhoben.)
10. Rechtsmittelbelehrung.
11. Eröffnung an:
    – betroffene Person,
    – Beiständin/Beistand,
    – weitere Verfahrensbeteiligte.
12. Mitteilung an:
    – Betreibungsamt gemäss Art. 68d SchKG,
    – (...).

* Zu Methodik und Aufbau im Allgemeinen vgl. Rz. 5.21; für die Erwägungen Rz. 1.151 ff.

Kombination Begleit-/Vertretungs-/Mitwirkungsbeistandschaft mit punktueller Einschränkung der Handlungsfähigkeit*

5.86

Ziff. 1–2: *vgl. oben «Kombination Begleit-/Vertretungs-/Mitwirkungsbeistandschaft»*

3.1. Gestützt auf Art. 394 i.V.m. 395 ZGB werden der Beiständin/dem Beistand im Rahmen einer Vertretungsbeistandschaft mit Vermögensverwaltung die Aufgabenbereiche übertragen,
   a) stets für geeignete Wohnsituation und Unterkunft besorgt zu sein und sie/ihn dabei soweit nötig zu vertreten,
   b) für ihr/sein soziales Wohl besorgt zu sein und sie/ihn bei den dafür erforderlichen Aktivitäten zu vertreten,
   c) sie/ihn beim Erledigen der administrativen Angelegenheiten zu vertreten, insbesondere auch im Verkehr mit Behörden, Ämtern, Banken, Post, (Sozial-)Versicherungen, sonstigen Institutionen und Privatpersonen,

> d) sie/ihn bei der Erledigung der finanziellen Angelegenheiten zu vertreten, insbesondere ihr/sein Einkommen und Vermögen zu verwalten,
> e) allfällige weitere (Einzel-)Aufgaben.
> 3.2. Gestützt auf Art. 394 Abs. 2 ZGB wird die Handlungsfähigkeit von NN hinsichtlich der Verwaltung des Einkommens und Vermögens entzogen.
> *Beachte: Soll für einen Aufgabenbereich oder eine Einzelaufgabe die Handlungsfähigkeit gestützt auf Art. 394 Abs. 2 ZGB eingeschränkt werden (siehe auch Rz. 5.87 ff.), drängt sich zur systematischeren Lesbarkeit eine Einteilung in 3.1. (Anordnung und Aufgabenumschreibung) und 3.2. (Umschreibung der Handlungsfähigkeitseinschränkung) auf.*
> Ziff. 4–11: *vgl. oben «Kombination Begleit-/Vertretungs-/Mitwirkungsbeistandschaft, wobei ggf. eine zusätzliche Mitteilung an allfällige Schuldner gemäss Art. 452 ZGB erfolgt.*
>
> * Zum allgemeinen methodischen Vorgehen siehe Rz. 5.21. Für *Kombinationen von Massnahmen* wird zunächst eine Beistandschaft angeordnet, sodann die jeweiligen Massnahmearten unter Anführung der zugehörigen Aufgabenbereiche und gegebenenfalls anschliessend allfällige Spezialanordnungen aufgelistet.

5.5.4. Punktuelle Einschränkung der Handlungsfähigkeit

5.87 Neben der Möglichkeit, Massnahmearten untereinander zu kombinieren, ist die Verwirklichung der Massschneiderung vor allem damit gelungen, dass das Recht als Spezialanordnung im Einzelfall nunmehr eine Handhabe zur *individuell-punktuellen Einschränkung der Handlungsfähigkeit* bietet (Art. 394 Abs. 2 bzw. Art. 19d ZGB). Konnte bislang die Handlungsfähigkeit nur entweder durch Entmündigung ganz oder durch die starrste aller vormundschaftlichen Massnahmen, die Beiratschaft, in gesetzlich abschliessend vorgeschriebenem Mass beschränkt werden, kann fortan diesbezüglich behördlich bedarfsgerecht feinjustiert werden. Dem Postulat, dass eine behördliche Massnahme so wenig Fremdbestimmung wie möglich mit sich bringen soll, ist damit in optima forma Rechnung getragen. Anschaulich verkörpert dies zudem die Abkehr von der bisher im Vormundschaftsrecht geltenden Typengebundenheit. Die Massnahme ist Art. 308 Abs. 3 ZGB nachgebildet. Eine *Publikation* von Handlungsfähigkeitsbeschränkungen ist im revidierten Recht nicht mehr vorgesehen; die Massnahme entfaltet ihre Wirkung aber Dritten gegenüber dennoch (Art. 452 ZGB).

5.88 Mit der Einschränkung der Handlungsfähigkeit wird die beiständliche Vertretungsmacht im betreffenden Bereich zur *ausschliesslichen Vertretung*; die grundsätzliche Parallelzuständigkeit von verbeiständeter Person und

Beistand/Beiständin entfällt. Ausschliessliche Vertretung bedeutet indessen keineswegs, dass der Eigenwille, die Wünsche und Ideen der betroffenen Person einfach beiseitegelassen werden dürfen; vielmehr ist auch bei eingeschränkter Handlungsfähigkeit zu beachten, dass beiständliche Vertretung die Persönlichkeit der verbeiständeten Person weitestmöglich zu achten hat (vgl. nur Art. 406 ZGB). Sodann gelten bei Urteilsfähigkeit die Regeln für beschränkt Handlungsunfähige sinngemäss und sind hier wie sonst höchstpersönliche Rechte usw. vorbehalten (Art. 19 ff. ZGB).

Nichtsdestotrotz handelt es sich um eine Steigerung des behördlichen Eingriffs, wofür eine entsprechende Begründung gegeben sein muss, welche üblicherweise darin liegen wird, dass im Interesse und in Vertretung der betroffenen Person bestimmte Rechtsakte vorgenommen werden müssen, bezüglich welcher eine ihr eigenes Wohl gefährdende Opposition besteht oder konkret zu erwarten ist; das Schutzbedürfnis wird mithin durch eine *Vereitelungsgefahr* flankiert. Es muss dabei klar ersichtlich sein, worauf sich diese Zusatzgefährdung und damit die resultierende Beschränkung beziehen.

5.89

Einschränkung und Umfang der Beistandschaft sind nicht notwendigerweise kongruent; die Aufgabenstellung der Beistandschaft kann ohne weiteres weiter gehen als die erforderliche Beschränkung in der Handlungsfähigkeit. Die Beschränkung korreliert aber immer mit einzelnen oder mehreren der dem Vertretungsbeistand obliegenden Beauftragungen; sie muss *aufgabenbezogen* sein und sich individuell-punktuell nur auf die Aufgaben beziehen, bezüglich welcher eine entsprechende Gefährdung auszumachen ist. Es gibt mithin keine blosse Einschränkungsmassnahme mit dem Resultat eines Vertretungsvakuums.

5.90

Mit der Einschränkung der Handlungsfähigkeit werden dem Beistand keine andern Aufgaben erteilt; es werden aber bestehende oder neu aufgetragene Aufgaben mit weitergehenden Kompetenzen versehen. Dabei bezieht sich eine individuell-punktuelle Handlungsfähigkeitseinschränkung stets auf eine *Vertretungsbeistandschaft* (Art. 394 f. ZGB). Mit einer Begleitbeistandschaft kann von Gesetzes wegen keine Beschränkung der Handlungsfähigkeit einhergehen (Art. 393 Abs. 2 ZGB). Bei einer Mitwirkungsbeistandschaft und einer umfassenden Beistandschaft ergibt sich der Beschränkungsgrad zwangsläufig aus dem Gesetz und der Aufgabenstellung.

5.91

Siehe zur Handlungsfähigkeit als solcher auch die allgemeinen Ausführungen in Rz. 1.22 ff. Zu erwähnen ist ausserdem, dass die Massnahmen des Erwachsenenschutzes auf die *Handlungsfreiheit* der betroffenen Person ihre Wirkung haben können und sollen, ohne dass deren rechtliche Hand-

5.92

lungsfähigkeit beschränkt ist (beachte auch etwa Art. 394 Abs. 3 ZGB). Siehe in diesem Zusammenhang sodann Art. 395 Abs. 3 ZGB, wonach die KESB, ohne die Handlungsfähigkeit einzuschränken, einer verbeiständeten Person den *Zugriff auf einzelne Vermögenswerte entziehen* kann; es geht dabei um einen reinen Entzug des Zugriffs auf einen bestimmten Vermögensteil, ohne dass ein Sondervermögen gebildet wird.

5.93 Eine Beschränkung der Handlungsfähigkeit ist in den Erwägungen zum Entscheid zu *begründen* und die Anordnung mit der Definition des Umfangs der Beschränkung *ausdrücklich ins Entscheiddispositiv* aufzunehmen. Wird keine entsprechende Anordnung im Dispositiv einer Vertretungsbeistandschaft vorgenommen, besteht bezüglich der Aufgabenbereiche keine ausschliessliche Zuständigkeit der Beiständin oder des Beistands. Es muss stets, gerade auch bei Kombinationen von Beistandschaften, klar ersichtlich sein, bezüglich welcher Aufgaben (der Vertretungsbeistandschaft) die Beschränkung zum Zug kommt. Zu beachten ist im Übrigen Art. 452 ZGB bezüglich der Wirkung gegenüber Dritten.

5.94 **Vertretungsbeistandschaft inkl. Spezialanordnung punktueller Einschränkung der Handlungsfähigkeit (siehe insb. Ziff. 2)***

1. Für NN wird eine Vertretungsbeistandschaft mit Vermögensverwaltung nach Art. 394 i.V.m. Art. 395 ZGB angeordnet mit den Aufgabenbereichen,
   a) sie/ihn beim Erledigen der administrativen Angelegenheiten soweit nötig zu vertreten, insbesondere auch im Verkehr mit Behörden, Ämtern, Banken, Post, (Sozial-)Versicherungen, sonstigen Institutionen und Privatpersonen,
   b) sie/ihn bei der Regelung des Nachlasses von … zu vertreten und der KESB den Erbteilungsvertrag bis spätestens [Datum] zur Zustimmung zu unterbreiten,
   c) ihr/sein Einkommen und Vermögen sorgfältig zu verwalten.
2. Gestützt auf Art. 394 Abs. 2 ZGB wird die Handlungsfähigkeit von NN hinsichtlich der Regelung des Nachlasses von … sowie hinsichtlich der Verwaltung des Vermögens eingeschränkt.
3. Zur Beiständin/zum Beistand wird XY ernannt mit der Einladung,
   a) nötigenfalls Antrag auf Anpassung der behördlichen Massnahme an veränderte Verhältnisse zu stellen,
   b) per [Datum] ordentlicherweise Rechenschaftsbericht mit Rechnung und Belegen einzureichen.
4. Die Beiständin/der Beistand hat in Zusammenarbeit mit der KESB unverzüglich ein Inventar per [Stichtag] über die zu verwaltenden Vermögens-

werte aufzunehmen. (Ggf. ist auch über den angefallenen Nachlass ein Inventar aufzunehmen resp. anzufordern.)
5. (ggf.) Hinterlegungsvertrag.
6. Gebühren und Kosten/evtl. Erlass von Gebühren und Kosten. (*Variante*: Die Gebühren und Kosten werden nach Abnahme des Inventars erhoben.)
7. Rechtsmittelbelehrung.
8. Eröffnung an:
   – betroffene Person,
   – Beiständin/Beistand,
   – weitere Verfahrensbeteiligte.
9. Mitteilung an:
   – Betreibungsamt gemäss Art. 68d SchKG,
   – allfällige Schuldner gemäss Art. 452 ZGB,
   – (...).
* Zu Methodik und Aufbau im Allgemeinen vgl. Rz. 5.21; für die Erwägungen Rz. 1.151 ff.

5.5.5. Nötige Anpassungen

Zur adäquaten Massnahme gehört nach dem Gesagten das Nichtzuviel und Nichtzuwenig. Diese Parameter beziehen sich notgedrungen auf eine Momentaufnahme. Immerhin sind wie gesagt für die Massnahmeanordnung auch voraussehbare Entwicklungen zu berücksichtigen. Allerdings wird niemals alles in genügender Konkretheit absehbar sein. Entsprechend ist jede Massnahme nötigenfalls einer veränderten Situation anzupassen – sei es, dass sich die Umstände so entwickeln, dass die bestehende Massnahme nicht mehr passt, sei es, dass aus neuer Perspektive die angeordnete Massnahme nicht mehr angemessen erscheint. Die Beistandsperson hat die Behörde entsprechend zu informieren, sobald ihr Umstände bekannt sind, welche eine Anpassung erfordern (Art. 414 ZGB); spätestens bei Prüfung und Abnahme des periodischen Rechenschaftsberichts hat die Behörde von Amtes wegen auf Abänderungstatbestände zu achten und zu reagieren (Art. 415 Abs. 3 ZGB). Massschneiderung hört nicht mit der Anordnung auf. Eine angeordnete Erwachsenenschutzmassnahme wächst denn auch *nicht in materielle Rechtskraft*.

5.95

5.5.6. Weiteres

Im Zusammenhang mit der Massschneiderung ist weiter zu erwähnen, dass eine grosse Rolle zum Gelingen einer Massnahme die richtige *Auswahl (und Instruktion, Begleitung usw.) des Mandatsträgers* resp. der

5.96

Mandatsträgerin spielt. Je nach Aufgabenstellung oder Persönlichkeit der betroffenen Person braucht es eventuell besondere Befähigungen oder Eigenschaften des Amtsträgers oder der Amtsträgerin (siehe dazu im Einzelnen Kap. 6.).

5.97 Dem Konzept des Massschneiderns entspricht schliesslich *Art. 417 ZGB*, wonach fallkonkret innerhalb der Aufgabenumschreibung bestimmte Geschäfte aus wichtigen Gründen über den gesetzlichen Katalog von Art. 416 ZGB hinaus als zustimmungsbedürftig erklärt werden können (siehe dazu im Einzelnen Rz. 7.50 ff.).

5.6. Wirkung gegenüber Dritten

Literatur

Botschaft, 7089 ff.

Allgemeine Literatur: BSK ESR-Geiser, Art. 451–452; FamKomm ESR-Cottier/Hassler, Art. 451–452; OFK ZGB-Fassbind, Art. 451–452; Hausheer/Geiser/Aebi-Müller, 1.97; Meier/Lukic, 387 ff.; KUKO ZGB-Rosch, Vor Art. 360–456, Art. 451–452; Schmid, Art. 451–452; Schwenzer, OR AT, Rz 14.31 ff.

Spezifische Literatur: Konferenz der Kantone für Kindes- und Erwachsenenschutz KOKES, Auskunft nach nArt. 451 Abs. 2 ZGB über das Bestehen und die Wirkungen einer Massnahme des Erwachsenenschutzes – Empfehlungen vom Mai 2012, Publikation geplant in: ZKE 4/2012; Schneider Bernard, Escroquerie: astuce exclue par la Légèreté de la victime. Dissimulation d'interdiction : quand le pupille se fait-il faussement passer pour capable selon le droit civil ? in: SJZ 1978, 9 ff.

5.6.1. Allgemeines

5.98 Die Wirkung von erwachsenenschutzrechtlichen Massnahmen gegenüber Dritten entscheidet sich aufgrund einer *Güterabwägung* zwischen dem öffentlichen Interesse am Wohl bzw. Schutz der Betroffenen und den Interessen des Rechtsverkehrs. Das Schutzinteresse wird nach wie vor höher gewertet. Dementsprechend können Massnahmen des Erwachsenenschutzes gemäss Art. 452 Abs. 1 ZGB Dritten gegenüber entgegengehalten werden, auch wenn diese gutgläubig sind.

5.99 Um Stigmatisierungen zu vermeiden und aufgrund des Verhältnismässigkeitsgrundsatzes hat das revidierte Recht von der *Publikation* (aArt. 375, aArt. 377 Abs. 3, aArt. 397 Abs. 2 ZGB) Abstand genommen. Anstelle dessen sieht es eine Auskunftsberechtigung für Dritte bei entsprechenden tatsächlichen Interessen vor (Art. 451 Abs. 2 ZGB, vgl. Rz. 5.103 ff.).

5.100 Der Schutz von Personen, deren Handlungsfähigkeit eingeschränkt ist, gegenüber bereits bekannten Schuldnern wird im Rechtsverkehr aber erst wirksam, wenn den Schuldnern gemäss *Art. 452 Abs. 2 ZGB* mitgeteilt wird, dass diese nur dem Beistand oder der Beiständin mit befreiender Wirkung Leistungen erbringen können (vgl. Art. 408 Abs. 2 Ziff. 1 ZGB). Ohne diese Mitteilung kann der Schuldner weiterhin an den/die verbeiständete/n Gläubiger/in mit befreiender Wirkung Leistungen erbringen. Mit anderen Worten muss mit dem Inventar einer Beistandschaft, bei der die Handlungsfähigkeit (teilweise) beschränkt wird, standardisiert eine *Schuldneraufstellung* und ein Schuldneravis vorgenommen werden. Die Beistände/Beiständinnen informieren zudem Dritte soweit erforderlich über die Massnahme (vgl. Art. 413 Abs. 3 ZGB).

Zum Schutze des Rechtsverkehrs sieht Art. 452 Abs. 3 ZGB vor, dass eine verbeiständete Person, die andere *zur irrtümlichen Annahme ihrer Handlungsfähigkeit verleitet*, für den dadurch verursachten Schaden selbst verantwortlich ist (vgl. Art. 19b Abs. 2 ZGB). Inhaltlich geht es um eine *Täuschung* in Bezug auf die Handlungsfähigkeit oder die Massnahme, die Mitwirkungsbedürftigkeit der Organe oder der bereits erfolgten Mitwirkung durch die Organe. Es handelt sich um eine Haftung nach *Culpa in Contrahendo* (Haftung aufgrund Verschuldens bei Vertragsverhandlungen). Die Verleitung kann in einem Tun oder in einem Unterlassen, welche eine Rechtspflicht zur Aufklärung voraussetzt, bestehen. Wird der Vertragsabschluss durch die verbeiständete und in ihrer Handlungsfähigkeit beschränkten Person angeregt, so wird von ihr erwartet, dass sie den Vertragspartner über die Einschränkung der Handlungsfähigkeit informiert (BGE 113 II 476 E. 3; zu Recht kritisch für das Versandgeschäft: SCHNEIDER, SJZ 1978, 9 ff.). Neben dem Schaden, der sich aus dem *negativen Vertragsinteresse* (Stellung des Geschädigten, wie wenn er nie etwas vom Vertrag gehört hätte) ergibt, bedarf es auch eines *Kausalzusammenhangs* und des *Verschuldens* (Vorsatz, Fahrlässigkeit) (vgl. Rz. 1.239 ff.). Die Kenntnis über die eingeschränkte Handlungsfähigkeit der schutzbedürftigen Person bricht den Kausalzusammenhang.

5.101

Kann die schutzbedürftige Person nicht vorhersehen, dass durch den Abschluss ein Schaden erwächst, oder war die Nichtgenehmigung für sie nicht voraussehbar oder ist sie sich der Geschäftsfähigkeit nicht bewusst, fehlt das Verschulden.

5.102

5.6.2. Auskunftsrecht

Anstelle der Publikation des vorrevidierten Rechts sieht das neue Recht in Art. 451 Abs. 2 ZGB eine *Auskunftspflicht* der KESB vor. Die Bestimmungen des vorrevidierten und des geltenden Rechts dienen dem Schutz der Verkehrssicherheit und der betroffenen Person. Das Auskunftsrecht

5.103

5. Beistandschaften

berücksichtigt neu aber stärker *persönlichkeitsrechtliche Aspekte* und vermeidet Stigmatisierungen.

5.104 Vorausgesetzt wird, dass ein *Interesse glaubhaft* gemacht wird an der Auskunft über das Vorliegen und die Wirkungen einer Massnahme des Erwachsenenschutzes. Die Glaubhaftmachung überträgt die Begründungspflicht derjenigen Person, welche die Auskunft wünscht. Es bedarf keines Nachweises; ernsthafte Anhaltspunkte für die Notwendigkeit der Auskunft sind ausreichend, auch wenn im Einzelfall damit zu rechnen ist, dass es sich anders verhalten könnte; die Anforderungen sind *nicht hoch* anzusetzen. Es bedarf keines rechtlich geschützten Interesses, sondern des Nachweises eines *tatsächlichen Interesses* ist ausreichend.

5.105 Die Auskunft beschränkt sich nicht auf behördliche Massnahmen (Art. 388 ff. ZGB), sondern beinhaltet sämtliche Massnahmen bzw. Interventionen der KESB im Bereich des Erwachsenenschutzrechts (Art. 368, 373, 381, 385, 392 ZGB), nicht aber des Kindesschutzrechts. Zur Orientierungspflicht Dritter durch Mandatsträger/innen vgl. Art. 413 Abs. 3 ZGB und Rz. 5.100.

5.106 Im Vordergrund dürften Anfragen betreffend die *Wirkungen* der behördlichen Massnahmen (behördlicher Auftrag, Aufgabenbereiche, Einschränkung Handlungsfähigkeit) stehen. Der Umfang der Auskunft beschränkt sich einerseits gemäss Art. 451 Abs. 2 ZGB auf das Vorliegen und die Wirkungen der Massnahmen, andererseits wird es durch das Verhältnismässigkeitsprinzip beschränkt (vgl. Rz. 1.215 ff.). Es dürfen nur so viele Daten ausgetauscht werden, damit die anfragende Person in ihrer konkreten Situation aufgrund der Auskunft die richtigen Schlüsse ziehen und entsprechend handeln kann. Es bedarf somit nicht in jedem Fall die Zustellung der (gesamten) Ernennungsurkunde. Vgl. zum Ganzen auch Empfehlungen der KOKES «Auskunft nach nArt. 451 Abs. 2 ZGB über das Bestehen und die Wirkungen einer Massnahme des Erwachsenenschutzes».

6. Beistand/Beiständin

Literatur

Botschaft, 7049 ff.

Allgemeine Literatur: BK-Schnyder/Murer, aArt. 379–385 ZGB; BSK ZGB I-Häfeli, aArt. 379–385; BSK ESR-Reusser, Art. 400–404; FamKomm ESR-Häfeli, Art. 440–404; Hausheer/Geiser/Aebi-Müller, 2.106 ff.; Häfeli, Wegleitung, 242 ff.; Meier/Lukic, 538 ff.; OFK ZGB-Fassbind, Art. 400–404; KUKO ZGB-Häfeli, Art. 400–404.

Spezifische Literatur: Biderbost Yvo, Der neue Erwachsenenschutz im Überblick, in: SJZ 13/2010, 309 ff.; Dischler Ralph, Die Wahl des geeigneten Vormunds, Freiburg, 1984; Häfeli Christoph, Der Entwurf für die Totalrevision des Vormundschaftsrechts, Mehr Selbstbestimmung und ein rhetorisches (?) Bekenntnis zu mehr Professionalität, in: FamPra 2007, 1ff.; Häfeli Christoph, Die Organe des neuen Erwachsenenschutzrechtes und ihre Aufgaben im Rahmen der Beistandschaften (Art. 386–409 und 443–447 VE), in: ZSR 2003 I, 337 ff.; Mathys Kurt, Die Betreuung von Privatvormunden in der Gemeinde Kriens, in: ZVW 1997, 1 ff.; Konferenz der Kantone für Kindes- und Erwachsenenschutz KOKES, «Modell-Handbuch private Mandatsträger/innen», <http://www.kokes.ch/de/03-publikationen/publikationen/005-cd-rom.php> (30.12.2011); Konferenz der Kantone für Kindes- und Erwachsenenschutz KOKES, «Konzept Schulung private Mandatsträger/innen», <http://www.kokes.ch/de/03-publikationen/publikationen/010-schulung-mandatstraegerin.php> (30.12.2011); Vogel Urs, Die Person des Beistands, in: ZVW 2003, 331 ff.

Das neue Recht regelt die allgemeinen Voraussetzungen für die Ernennung als Beistand oder Beiständin, die Berücksichtigung der Wünsche der betroffenen Person oder ihr nahestehender Personen, die Mehrfachbeistandschaft, die Ernennung eines Ersatzbeistands oder einer Ersatzbeiständin bei Verhinderung und Interessenkollision sowie Entschädigung und Spesen in lediglich fünf Artikeln (Art. 400–404 ZGB). Ergänzt werden diese Bestimmungen durch Art. 420 ZGB mit besonderen Bestimmungen für Angehörige, die als Beistand oder Beiständin ernannt werden. Sie sind trotz Beibehaltung des Instituts von privaten Mandatsträgerinnen und Mandatsträgern und der abgeschwächten Amtspflicht (Art. 400 Abs. 2 ZGB) Ausdruck einer Professionalisierung, die in den Bestimmungen über die Führung der Beistandschaft (Art. 405–414 ZGB) noch stärkeren Niederschlag findet. 6.1

6.1. Voraussetzungen und Anforderungen für die Ernennung

6.1.1. Allgemein

Als Voraussetzungen für die Ernennung als Beistand oder Beiständin nennt Art. 400 Abs. 1 ZGB: 6.2
- natürliche Person,
- persönliche und fachliche Eignung,

6. Beistand/Beiständin

- persönliche Wahrnehmung der Aufgaben,
- zeitliche Ressourcen (vgl. Rz. 6.12 ff.).

6.3 Das Gesetz unterscheidet nicht zwischen privaten und beruflichen Mandatsträgerinnen und Mandatsträgern. Es ist jedoch unbestritten, dass *Privatpersonen, Fachpersonen* von privaten oder öffentlichen Sozialdiensten oder ein *Berufsbeistand* oder eine *Berufsbeiständin*, welche ausschliesslich oder hauptsächlich Kindes- und/oder Erwachsenenschutzmassnahmen führen, eingesetzt werden können. Der Begriff des *Berufsbeistands* und der *Berufsbeiständin* taucht dann doch auf im Gesetz: Art. 404 Abs. 1 ZGB (Entschädigung), Art. 421 Ziff. 3, Art. 424 a.E., Art. 425 Abs. 1 ZGB (alles Bestimmungen, die vom Ende des Amtes des Beistands oder Beiständin handeln).

6.4 Neben der *persönlichen* und *fachlichen Eignung* muss der Beistand oder die Beiständin die übertragenen Aufgaben selber wahrnehmen. Das bedeutet nicht, dass bestimmte Aufgaben, z.B. die Verwaltung eines Wertschriftenportefeuilles oder eines Mehrfamilienhauses, nicht an entsprechend qualifizierte Drittpersonen oder Institute delegiert werden dürfen. Die Verantwortung für eine sachgerechte Wahrnehmung delegierter Aufgaben, namentlich auch für eine den Bedürfnissen der betroffenen Person gerecht werdende Unterbringung, trägt der Mandatsträger oder die Mandatsträgerin. Die Formulierung richtet sich gegen das Institut des «tuteur général», der Hunderte oder gar Tausende von Mandaten führt, ohne jemals einen persönlichen Kontakt mit der betreuten Person zu pflegen, weil der gesamte Auftrag an Mitarbeiter und Mitarbeiterinnen ohne eigene Entscheidungsbefugnisse delegiert wird.

6.1.2. Persönliche und fachliche Anforderungen

6.5 Ausgangspunkt für die Umschreibung der Anforderungen sind die vom Gesetzgeber bezeichneten Aufgabenbereiche: *Personensorge, Vermögenssorge und Vertretung im Rechtsverkehr* (Art. 391 Abs. 2 ZGB). Die konkreten Aufgaben des Beistands oder der Beiständin ergeben sich aus dem jeweiligen Anordnungsbeschluss (vgl. Rz. 5.18 ff.).

6.6 Aus der Analyse der (möglichen) Aufgaben resultieren drei mandatsgebundene *Leistungsbereiche*: Erstens die (wiederkehrende oder periodische) *Bedarfsklärung/Bedarfsermittlung* und *Leistungsplanung* im Einzelfall. Die konkreten Leistungen in diesem Leistungsbereich sind Situationserfassung und Triage, Situationsanalyse und Vorgehensplanung, Berichte, Stellungnahmen und Anträge. Der zweite Leistungsbereich kann mit *Lebensbewältigungshilfen* bzw. Leistungen zur Unterstützung und Förderung der

6.1. Voraussetzungen und Anforderungen für die Ernennung

möglichst selbständigen Lebensbewältigung umschrieben werden. Dazu gehören Beratungen und Vertretungen in sämtlichen Lebensbereichen. Der dritte und umfangreichste Leistungsbereich, die *Erschliessung und/oder Verwaltung von materiellen und immateriellen Ressourcen*, umfasst die Erschliessung aller lebensnotwendigen und die Selbständigkeit fördernden materiellen und immateriellen Güter (Ernährung, Wohnen, Beschäftigung, Bildung, Gesundheit, Teilhabe am sozialen und kulturellen Leben) sowie nach Bedarf deren Verwaltung. Je nach Organisation und Grösse eines Dienstes kommen noch mandatsunabhängige Leistungen dazu (Organisations- und Führungsaufgaben, Begleitung von privaten Mandatsträgerinnen und Mandatsträgern usw.).

Unter persönlicher und fachlicher Eignung wird *professionelle Handlungskompetenz* verstanden, die sich aus Fach-, Methoden-, Sozial- und Selbstkompetenz ergibt. 6.7

Fachkompetenz im Rahmen von Kindes- und Erwachsenenschutzmassnahmen bedeutet, dass der Mandatsträger oder die Mandatsträgerin über fundiertes Wissen betreffend die vielfältigen Erscheinungsformen der Probleme der verschiedenen Zielgruppen und Schwächezustände (Beschreibungswissen) verfügen muss; ebenso über Erklärungswissen aus Medizin, Sozial- und Humanwissenschaften zu den individuellen und gesellschaftlichen Problemen (Disziplinen-Wissen), aber auch über die materiellen und formellen Rechtsgrundlagen sowie die organisatorischen und institutionellen Rahmenbedingungen (Professions- und Kontextwissen) dieser Tätigkeit. Dabei ist Fachwissen nicht nur die Akkumulation von Kenntnissen, sondern vielmehr die kognitive Fähigkeit, das fachliche Wissen kritisch zu prüfen, zu gewichten sowie zu vertiefen und selbständig sowie durch gezielte Fort- und Weiterbildung zu erweitern. 6.8

Methodenkompetenz ist die Fähigkeit, Fachwissen geplant und zielgerichtet bei der Lösung von beruflichen Aufgaben umzusetzen. Mandatsträger/innen müssen berufs- und feldspezifische Verfahren und Problemlösungsmethoden kennen und beherrschen und in der Lage sein, die jeweils tauglichen Methoden und Verfahren situationsgerecht anzuwenden. Im Kindes- und Erwachsenenschutz sind Methoden der Beratung, Verhandlung, Ressourcenerschliessung und des Sozialmanagements von besonderer Bedeutung. 6.9

Sozialkompetenz beinhaltet Fähigkeiten, soziale Beziehungen im beruflichen Kontext bewusst zu gestalten. Dazu gehören namentlich Beziehungsfähigkeit als Fähigkeit, berufliche Beziehungen einzugehen, motivierend und sachbezogen zu gestalten und aufrechtzuerhalten; Rollenflexibilität als Fähigkeit, unterschiedliche Rollen (Berater, gesetzlicher [Interessen-]Ver- 6.10

treter, Experte) einnehmen zu können, Teamfähigkeit, Kritikfähigkeit und Konfliktfähigkeit als Fähigkeit, Konflikte wahrnehmen, ansprechen und zu konstruktiven Lösungen beitragen zu können.

6.11 *Selbstkompetenz* ist die Fähigkeit, die eigene Person als wichtiges Werkzeug in die berufliche Tätigkeit einbringen zu können. Darunter versteht man bestimmte für die berufliche Tätigkeit förderliche persönliche Einstellungen und Wertvorstellungen, z.B. ein adäquates Engagement für die betreuten Personen, d.h. weder Überidentifikation und damit Überengagement noch Desinteresse; Achtung und Respekt vor dem Individuum, Bereitschaft und Fähigkeit, die eigenen Wertvorstellungen zu reflektieren und die eigene Machtausübung zu kontrollieren. Zwischen Mandatsträger/in und Klient/in besteht immer ein Machtgefälle, indem der Beistand oder die Beiständin je nach Mandat über weitgehende Entscheidungsbefugnisse über die betreuten Personen verfügt. Auch wenn es sich um gesetzlich legitimierte und behördlich kontrollierte Macht handelt, besteht die Gefahr des Machtmissbrauchs und von Grenzüberschreitungen, z.B. durch Missachtung oder Geringschätzung von legitimen persönlichen Wünschen der betreuten Person. Flexibilität und Belastbarkeit sowie die Fähigkeit, aus Erfahrungen zu lernen, sind weitere Elemente der erforderlichen Selbstkompetenz.

6.1.3. Zeitliche Anforderungen

Literatur

Botschaft, 7050.

Allgemeine Literatur: siehe Kap. 6.

Spezifische Literatur: siehe Kap. 6 sowie: AFFOLTER KURT/BINDER JUDITH, Bericht zur Umfrage «Strukturen der Vormundschaftsbehörden und Amtsvormundschaften» der dreizehn grössten Deutschschweizer Städte, Hochschule Luzern 2002 (unveröffentlicht); AMTSVORMUNDSCHAFT LUZERN, «Ressourcen- und Controllinginstrumente im Vormundschaftswesen», Luzern 2010; BRACK RUTH, Das Arbeitspensum in der Sozialarbeit, Bern 1994; DEUTSCHES INSTITUT FÜR JUGENDHILFE UND FAMILIENRECHT-DIJuF, Rechtsgutachten vom 12.10.2011, in: JAmt – Das Jugendamt – Zeitschrift für Jugendhilfe und Familienrecht 2011, 648 f.; PAVILLON E., Die Struktur des Vormundschaftsamtes des Kantons Neuchâtel, Bewertungssystem der Arbeitsbelastung der Mitarbeiter, in: Zentralblatt für Jugendrecht ZfJ 84/1997, 76 ff.; SÜNDERHAUF HILDEGUND, Fallzahlenbingo: 30, 40 oder 50? Für wie viele Mündel kann eine Amtsvormundin in persönlicher Verantwortung die Pflege und Erziehung fördern und gewährleisten?, in: JAmt – Das Jugendamt – Zeitschrift für Jugendhilfe und Familienrecht 2011, 293 ff.; VOGEL URS, Die Belastungsgrenzen vormundschaftlicher Mandatsträger und Mandatsträgerinnen, in: ZVW 2000, 45 ff.; VOGEL URS, Einführung Instrument zur Erfassung und Steuerung des Aufwandes und zur Bemessung der Mandatsträgerentschädigung in der Mandatsführung des Erwachsenen- und Jugendschutzes Biel, Evaluationsbericht SVBB, Bern 2011.

6.1. Voraussetzungen und Anforderungen für die Ernennung

Ausgewiesene fachliche und persönliche Kompetenzen von Beiständinnen und Beiständen allein genügen nicht, dass das Mandat im wohlverstandenen Interesse der betroffenen Person ausgeübt werden kann. Zentral ist auch, dass der Beistand oder die Beiständin über die *erforderliche Zeit* verfügt, um die Mandatsführung persönlich wahrnehmen zu können (Art. 400 Abs. 1 ZGB). Dies ist umso mehr geboten, als eine effektive Hilfestellung in vielen Situationen einen konkreten persönlichen Bezug zur betreuten Person erfordert. Zudem verlangt der Gesetzgeber, dass bei der Mandatsaufnahme grundsätzlich *persönlich* mit der betroffenen Person Kontakt aufgenommen wird (Art. 405 Abs. 1 ZGB) und der Beistand oder die Beiständin bestrebt sein muss, ein *Vertrauensverhältnis* zur betreuten Person aufzubauen (Art. 406 Abs. 2 ZGB), was ohne genügend zeitliche Ressourcen nicht möglich sein wird. Diese beiden Forderungen sind Ausdruck der grossen Gewichtung, die der persönlichen Betreuung im neuen Recht zukommt.

6.12

Die Forderung nach *persönlicher Betreuung* durch die mandatsführende Person verhindert jedoch die Delegation von Teilaufgaben aus der Mandatsführung an Hilfspersonen in keiner Weise. Dort, wo keine spezifischen Kompetenzen und Fähigkeiten der mandatsführenden Person notwendig sind oder solche explizit in einem Spezialgebiet fehlen, können *Dritte* zur Aufgabenerfüllung eingesetzt werden. Zu nennen sind konkrete Betreuungsaufgaben im Rahmen einer stationären Unterbringung einer Person, spezielle Fachkenntnisse bei der Wahrnehmung der Vermögensverwaltung (z.B. Veräusserung einer Liegenschaft) oder die allgemeine Wahrnehmung der administrativen Betreuung der betreuten Person. Bei einer Substitution von Aufgaben durch Dritte sind die Bestimmungen des Obligationenrechts (Art. 68, 101, 398 Abs. 3, 399 OR) sinngemäss anwendbar.

6.13

Bei *privaten Beiständen und Beiständinnen* wird sich die KESB im Rahmen der Auswahl der Person im Einzelfall der Frage der Verfügbarkeit widmen und sich vergewissern, dass die erforderliche Zeit vorhanden ist. Dazu kann das Muster der Schätzung des Stundenbudgets für PriMa herangezogen werden (vgl. Rz. 6.47).

6.14

Bei *professionellen Mandatsträger/innen* in Berufsbeistandschaften stellt sich die Ressourcenfrage in einer anderen Form, da die KESB, je nach verwaltungsrechtlicher Organisation, in der Regel keinen direkten Einfluss auf die Ressourcengestaltung nehmen kann. Die Ressourcenfrage ist primär eine Frage der Alimentierung der Berufsbeistandschaften durch das zuständige Gemeinwesen. In der Ausführungsgesetzgebung zum ZGB werden in einzelnen Kantonen die Gemeinden, soweit sie für die Mandatsführung zuständig sind, explizit verpflichtet, *genügend professionelle Fach-*

6.15

6. Beistand/Beiständin

personen für die Führung von Beistandschaften zur Verfügung zu stellen (z.B. § 21 EG KESR ZH; § 67 Abs. 1 EG ZGB AG), andernfalls auf Kosten der entsprechenden Gemeinwesen *andere Fachpersonen* von der KESB eingesetzt werden können. Weder die Botschaft des Bundesrates noch die verschiedenen Botschaften zu den kantonalen Gesetzen äussern sich in Bezug auf konkrete Anforderungen bezüglich genügender Ressourcen. In der publizierten Literatur finden sich keine wissenschaftlich erhobenen und verifizierten Daten, vielmehr handelt es sich um Zusammenstellungen von Erfahrungswerten.

6.16 In *Deutschland* wurde per Mitte 2012 durch das Gesetz (§ 55 Abs. 2 S. 4 Sozialgesetzbuch SGB VIII) eine Fallzahlenbegrenzung für die Führung von Vormundschaften für Kinder und Jugendliche auf *50 Mandate* pro 100 Stellenprozent Mandatsträger/in eingeführt, eine Zahl, welche in Fachkreisen teilweise als zu hoch taxiert wird. In der öffentlichen Diskussion finden sich Forderungen nach einer maximalen Begrenzung auf 30 Mandate (SÜNDERHAUF, 298). Eine Verschiebung der Fachaufgaben des Vormundes auf unterstützende Fachdienste (z.B. Sozialdienst) scheint gestützt auf ein Rechtsgutachten nicht möglich zu sein (JAMT 2011, 648). *Nicht berücksichtigt* werden bei dieser Diskussion in Deutschland die zusätzlichen Ressourcen der administrativen Unterstützung, ebenso sind keine Fallzahlen für die Betreuung von Erwachsenen gesetzlich normiert.

6.17 In der *Schweiz* wurden erstmals 1997 anlässlich einer Fachtagung Vergleichszahlen zur Führung von Kindes- und Erwachsenenschutzmandaten aus der französischen Schweiz publiziert, wobei die publizierte Schätzung keinen Anspruch auf Vollständigkeit erhebt (PAVILLON, 78). Die Anzahl Dossiers pro 100% Amtsträger/in betrug rund 50 mit zusätzlicher administrativer Unterstützung, welche nicht detailliert erhoben wurde. Eine nicht publizierte Untersuchung der Hochschule Luzern aus dem Jahre 2002 ergab für die deutsche Schweiz ein anderes Bild. Die Fallbelastung war signifikant höher, die Zahlen liessen sich aber aufgrund der äusserst unterschiedlichen Organisationsformen nicht als Benchmark vergleichen.

6.18 Numerisch genaue Berechnungen sind aufgrund der unterschiedlichen Anforderungen in den einzelnen Falldossiers nicht möglich, es lassen sich aus Überprüfungen von Amtsvormundschaften in der deutschen Schweiz in den letzten fünf Jahren aber generelle *Kennziffern zur Berechnung von Ressourcen* in den Berufsbeistandschaften ableiten.

Kennzifferberechnung Zeitbedarf Mandatsführung

1. Kennziffer: *Nettoberatungsstunden Beratung/Betreuung pro Jahr für eine 100%-Stelle Mandatsführung*

Diese Kennziffer dient dazu, den Beratungsaufwand mit den Fallzahlen zu vergleichen. Die Nettoberatungsstunden pro Jahr für eine 100%-Stelle in der Mandatsführung lassen sich wie folgt berechnen:

Bereich	Stundenaufwand
Jahresarbeitszeit pro Jahr Wochenarbeitszeit 42 Stunden	2'100 Stunden
abzüglich Ferien, Ø 4,5 Wochen pro Jahr	190 Stunden
abzüglich Weiterbildung und Fachveranstaltungen (5 Tage)	42 Stunden
abzüglich Sitzungen im Dienst (wöchentliche Sitzung)	110 Stunden
abzüglich Krankheit/Militär/Reserve	50 Stunden
abzüglich Fachberatung (Supervision)	25 Stunden
abzüglich Arbeitspausen	60 Stunden
Nettoberatungsstunden Berufsbeistand/Berufsbeiständin Ø pro Jahr (ohne Projektaufgaben und ohne Leitungsfunktion)	ca. 1'600 Stunden

2. Kennziffer: Erfahrungswert Sachbearbeitung in der Mandatsführung

Im Durchschnitt werden *pro 100 Prozent Mandatsführung zusätzlich ca. 80 bis 100 Prozent Sachbearbeitung* benötigt, um die anfallenden administrativen und buchhalterischen Arbeiten erledigen zu können. Je nach Verteilung der Mandate im Erwachsenen- und Kinderbereich kann dieser Anteil jedoch stark variieren.

3. Kennziffer: Erfahrungswert Anzahl geführte Mandate pro 100 Prozent Mandatsträger/in

Aufgrund von Erfahrungswerten wird die Fallzahl auf durchschnittlich *60 bis max. 100 Mandate pro 100%-Stelle Mandatsträger/in* geschätzt (je nach Ausgestaltung der Sachbearbeitung und Anzahl Kindes- und Erwachsenenschutzmandate). Dies ergibt einen durchschnittlichen Beratungs- und Betreuungsaufwand für einen Fall von ca. 16 bis 26 Stunden pro Jahr. *Anzustreben* ist eine Maximalzahl von *80 Mandaten*.

4. Kennziffer: Erfahrungswert Mandatszahlen im Verhältnis zu den gesamten Stellenprozenten (Mandatsführung und Sachbearbeitung)

Dieses Verhältnis bewegt sich im deutschschweizerischen Durchschnitt bei *40 bis 60 Mandaten pro 100%-Stelle*, ohne Leitungsanteil.

6.20

Modellrechnung der Berufsbeistandschaft XY

500 geführte Dossiers (300 Erwachsenenschutz/200 Kindesschutz):

300 Dossiers Erwachsenenschutz × Ø 16 Stunden Beratung /Jahr	4'800 Beratungsstunden/Jahr
200 Dossiers Kindesschutz × Ø 26 Stunden Beratung /Jahr	5'200 Beratungsstunden/Jahr
10'000 Beratungsstunden/1'600 Beratungsstunden Soll	625 % Mandatsführung
625 % Sozialarbeit × 0,8 Sachbearbeitung	500 % Sachbearbeitung
Stellenleitung (ca. 15 Personen)	60–80 %
Stellentotal	1'185–1'205 %

6.2. Wahl der geeigneten Person

6.2.1. Vertrauensperson

6.21 Ähnlich wie im bisherigen Recht ist dem Wunsch der betroffenen Person zu entsprechen, wenn diese eine *Vertrauensperson* als Beistand oder Beiständin vorschlägt und diese für die Führung der Beistandschaft geeignet und zu deren Übernahme bereit ist (Art. 401 Abs. 1 ZGB). Die Bestimmung ist Ausdruck des Selbstbestimmungsrechts und trägt der Tatsache Rechnung, dass das für eine erfolgreiche Betreuung erforderliche Vertrauensverhältnis eher entsteht, wenn die betroffene Person den Beistand oder die Beiständin selber bezeichnen kann. Die Berücksichtigung des Vorschlags steht unter dem ausdrücklichen Vorbehalt der Eignung der bezeichneten Person. Dabei ist zu bedenken, dass eine Person sehr wohl das Vertrauen einer zu verbeiständenden Person geniessen und dennoch den Anforderungen, die ein solches Mandat an sie stellt, nicht gewachsen sein kann, sei es, dass ihr die nötigen Fachkenntnisse, z.B. für eine anspruchsvolle Vermögensverwaltung, fehlen, sei es, dass sie im Umgang mit den persönlichen Schwierigkeiten der zu betreuenden Person überfordert ist. Wenn jedoch die allgemeine und konkrete Eignung gegeben ist, hat die KESB den Vorschlag bei gleicher Eignung im Vergleich zu anderen Kandidaten zu berücksichtigen. Die KESB ist im Rahmen des Verfahrens verpflichtet, die Vorschläge der betroffenen Person einzuholen. Tut sie dies nicht, verletzt sie das rechtliche Gehör (BGE 107 Ia 343). Die Nichtwahl einer vorgeschlagenen Person ist zu begründen und sie kann gestützt auf Art. 450 und 450a ZGB beim zuständigen Gericht angefochten werden.

Die *Wünsche der Angehörigen* oder anderer *nahestehender Personen* sind nur und soweit tunlich zu berücksichtigen. Sie sind dann von Bedeutung, wenn sich die betroffene Person nicht selber äussert oder äussern kann oder wenn sie eine nicht geeignete Person vorschlägt und dank der Kenntnis des Umfeldes durch die Familie eine geeignete Person zu finden ist. Das in Art. 401 Abs. 3 ZGB statuierte beschränkte Ablehnungsrecht ist ebenfalls Ausdruck des *Selbstbestimmungsrechts*; ihm ist soweit tunlich, d.h., wenn durch wiederholte Ablehnung die Massnahme nicht vereitelt wird, zu entsprechen.

6.22

6.2.2. Angehörige als Beistand/Beiständin

Das im alten Recht oft missdeutete Vorrecht der Verwandten und Ehegatten, das nur bestand, wenn keine wichtigen Gründe dagegen sprachen (aArt. 380 ZGB), womit namentlich mangelnde Eignung gemeint war, ist im neuen Recht nicht mehr enthalten. Das bedeutet nicht, dass Verwandte und Ehegatten grundsätzlich nicht in Frage kommen als Beistand oder Beiständin; die KESB kann sie und weitere Angehörige sogar von gewissen Pflichten entbinden (Art. 420 ZGB). Hingegen verzichtet das neue Recht auf das Institut der erstreckten elterlichen Sorge (aArt. 385 Abs. 3 ZGB); Eltern können demnach nur noch als Beistände oder Beiständinnen für ihre erwachsenen Kinder eingesetzt werden.

6.23

Verwandte als Mandatsträgerinnen und Mandatsträger sind auch bei grundsätzlicher Eignung zur Übernahme eines Kindes- oder Erwachsenenschutzmandates aus familiendynamischen und -biographischen Gründen oft problematisch. Die wichtigsten Gründe, die dagegen sprechen, Verwandte als Beistand oder Beiständin einzusetzen, sind: Die verwandtschaftlichen Beziehungen und die damit verbundenen emotionalen – positiven und konflikthaften – Bindungen können eine ungenügende Distanz der Beistandsperson zum Geschehen bewirken und sie daran hindern, sachgerechte und im Interesse der betreuten Person liegende Entscheidungen zu treffen. Auch handfeste Interessenkonflikte zwischen verwandten Betreuungspersonen und der betreuten Person können deren Wohl beeinträchtigen. Diese Gefahr besteht insbesondere, wenn erwachsene Kinder behördliche Massnahmen für ihre betagten Eltern übernehmen und es an der nötigen persönlichen Fürsorge fehlen lassen, weil sie offen oder im Geheimen die Schmälerung des zu erwartenden Erbes befürchten. In abgeschwächter Form kann dies auch für weitere Angehörige als Mandatsträger/innen gelten.

6.24

Angehörige sind nach Art. 420 ZGB Ehegatten, die eingetragene Partnerin oder der eingetragene Partner, die Eltern, Nachkommen, Geschwister,

6.25

6. Beistand/Beiständin

aber auch die faktische Lebenspartnerin oder der faktische Lebenspartner der betroffenen Person. Sie alle kann die KESB von der Inventarpflicht, der Pflicht zur periodischen Berichterstattung und Rechnungsablage und der Pflicht, für bestimmte Geschäfte die Zustimmung einzuholen, ganz oder teilweise entbinden, wenn die Umstände es rechtfertigen. Die Sonderstellung der Angehörigen und diese «Erleichterungen» beruhen auf einer allgemeinen gesellschaftlichen Wertung dieser Beziehung und berücksichtigen Art. 8 EMRK über die Achtung des Privat- und Familienlebens. Der Verzicht auf bestimmte Pflichten des Beistands oder der Beiständin entbindet die KESB jedoch nicht von ihrer *Aufsichtspflicht* über die Mandatsträger/innen. Trotz der nachvollziehbaren Begründung hat die KESB im Einzelfall zu prüfen, ob die Voraussetzungen für die «Erleichterung» beim jeweiligen Mandatsträger resp. der Mandatsträgerin erfüllt sind. Reine «Rücksichtnahme» oder «Schonung» oder weil die betreffende Person ohne diese Entbindungen nicht bereit wäre, das Mandat zu übernehmen, genügen nicht als Entscheidungskriterien. Vielmehr hat sich die KESB soweit möglich zu vergewissern, ob die angehörige Person nicht nur grundsätzlich und für das zur Diskussion stehende Mandat im Besonderen fachlich und persönlich geeignet ist, sondern auch ob sie ohne diese Pflichten Gewähr bietet für eine im Interesse der betreuten Person liegende Mandatsführung.

6.26 Umstände, die es rechtfertigen können, auf die Einforderung bestimmter Pflichten zu verzichten, liegen möglicherweise vor, wenn ausschliesslich eine bescheidene Rente zu verwalten ist, wenn die persönliche Betreuung einer demenzkranken Person an eine Institution delegiert ist, von der man erwarten kann, dass sie die KESB benachrichtigt, wenn sie feststellt, dass sich die Betreuungsperson nicht um die verbeiständete Angehörige kümmert, wenn die betreute Person noch über genügend Fähigkeiten verfügt, um sich selber zu wehren, wenn die Betreuungsperson ihr Mandat vernachlässigt oder ihre Kompetenzen überschreitet. Insgesamt empfiehlt es sich jedoch, *zurückhaltend* Gebrauch zu machen von der Entbindung dieser Pflichten, die namentlich der Aufsicht über die Mandatsführung dienen.

6.27 Hat die KESB während der Amtsführung aus eigener Beobachtung oder aufgrund von Meldungen Dritter Anhaltspunkte dafür, dass der Mandatsträger oder die Mandatsträgerin das Amt mangelhaft führt, ist sie nicht nur berechtigt, sondern verpflichtet, eine oder alle Entbindungen rückgängig zu machen und insb. künftig die Berichterstattung und Rechnungsablage sowie allenfalls die Zustimmung zu einzelnen Geschäften zu verlangen, auch wenn der Beistand oder die Beiständin unter diesen Umständen «droht», das Mandat niederzulegen.

Angehörige als Beistand/Beiständin (mit Entbindung von der Rechenschaftspflicht)

6.28

Erwägungen *u.a. Darlegung der Umstände, welche es rechtfertigen, den Beistand, die Beiständin von der Berichterstattung und Rechnungsablage zu entbinden, namentlich Angaben zur Qualität der Beziehung zwischen Beistand/Beiständin und verbeiständeter Person.*

Dispositiv
1. Für NN wird eine Beistandschaft nach Art. 393 ZGB zur begleitenden Unterstützung angeordnet.
2. Zur Beiständin/zum Beistand wird XY ernannt mit der Einladung, nötigenfalls Antrag auf Anpassung der behördlichen Massnahme an veränderte Verhältnisse zu stellen.
3. Gestützt auf Art. 420 ZGB wird XY von der Pflicht zur periodischen Berichterstattung und Rechnungsablage entbunden.
4. Gebühren und Kosten/evtl. Erlass von Kosten und Gebühren.
5. Rechtsmittelbelehrung.
6. Eröffnung an:
   - NN (verbeiständete Person),
   - XY (Beiständin/Beistand),
   - ggf. weitere Verfahrensbeteiligte.
7. Mitteilung an:
   - (...).

6.2.3. Mehrere Personen als Beistände/Beiständinnen

Art. 400 Abs. 1 a.E. und Art. 402 ZGB übernehmen weitgehend die in aArt. 379 Abs. 2 und 3 ZGB enthaltene Regelung. Die praktische Bedeutung dieser «*bei besonderen Umständen*» tauglichen Lösung ist gering. Wenn mehr als eine Person eingesetzt wird, hat die KESB festzulegen, ob das Amt gemeinsam ausgeübt wird oder wer für welche Aufgaben zuständig ist (Art. 402 Abs. 1 ZGB). Eine solche Lösung kommt nur in Frage, wenn die beiden Mandatsträger/innen bereit und in der Lage sind, zu kooperieren und ihre je verschiedenen Aufgaben zu koordinieren. Die gemeinsame Führung einer Beistandschaft durch mehrere Personen ist daher richtigerweise nur mit ihrem Einverständnis anzuordnen (Art. 402 Abs. 2 ZGB). Es kann z.B. sinnvoll sein, einer privaten Beiständin, die das Vertrauen der verbeiständeten Person geniesst und die dazu geeignet ist, die persönliche Betreuung zu übertragen, während mit der aufwändigen und komplexen Vermögensverwaltung ein Berufsbeistand oder eine Berufsbeiständin beauftragt wird. Diese Aufteilung beinhaltet erst noch die

6.29

6. Beistand/Beiständin

Möglichkeit, dass die private Mandatsträgerin durch den Berufsbeistand oder die Berufsbeiständin beraten und begleitet werden kann.

6.2.4. Berufsbeistand, Fachbeistand, Privatbeistand

6.30 Wie bereits in Rz. 6.3 erwähnt, verzichtet der Gesetzgeber auf eine begriffliche Unterscheidung und Hierarchisierung der verschiedenen Arten von Mandatsträgerinnen und Mandatsträgern. Der Vorentwurf 2003 unterschied in Anlehnung an die heutige Situation in der Praxis noch zwischen Privat-, Fach- und Berufsbeistand (Art. 387 Abs. 1 VE ZGB 2003). *Private Mandatsträger/innen* sind Angehörige, Ehegatten, Eltern, Kinder und andere Angehörige, Bekannte sowie Privatpersonen, die freiwillig oder aufgrund der Amtspflicht einzelne Mandate führen. *Fachbeistände und Fachbeiständinnen* sind Fachleute von privaten Institutionen oder öffentlichen kommunalen und regionalen Sozialdiensten, die neben anderen Aufgaben, namentlich nach kantonalem Sozialhilferecht, auch Mandate des Kindes- und/oder Erwachsenenschutzes übernehmen. Der *Berufsbeistand* und die *Berufsbeiständin* entspricht dem/der Amtsvormund/in, der/die – wenn auch nicht zwingend ausschliesslich, so doch vorwiegend – Mandate für alle Altersgruppen oder je nach Organisation nur für Kinder und Jugendliche oder nur für Erwachsene führt. Faktisch wird es diese drei Kategorien unter dem neuen Recht weiterhin geben. Im Gesetz werden nur der Berufsbeistand und die Berufsbeiständin explizit erwähnt, und zwar in den Bestimmungen über die Entschädigung und Spesen (Art. 404 Abs. 1 ZGB) und über das Ende des Amtes des Beistands oder der Beiständin (Art. 421 Ziff. 3 ZGB Ende des Arbeitsverhältnisses, Art. 424 ZGB Weiterführung der Geschäfte, Art. 425 Abs. 1 ZGB Schlussberichterstattung bei Beendigung des Arbeitsverhältnisses).

6.31 Da Fachbeistände und Fachbeiständinnen i.d.R. in einem Arbeitsverhältnis zu einer Institution stehen, müssen für sie die gleichen Regeln gelten wie für die Berufsbeistände und Berufsbeiständinnen. Das bedeutet insbesondere, dass die Entschädigung und der Spesenersatz wie bei den Berufsbeiständinnen und Berufsbeiständen an den Arbeitgeber fallen.

6.32 Freiberuflich tätige Fachpersonen, welche für eine oder mehrere KESB eine Mehrzahl von Mandaten führen, sowie Personen, die aufgrund ihres spezifischen Sachverstandes (Treuhänder/Treuhänderinnen, Anwälte/Anwältinnen) ernannt werden, sind demgegenüber privaten Mandatsträgern gleichgestellt, weshalb für sie die *Weiterführungspflicht* nach Art. 424 ZGB und die Bestimmungen über Schlussbericht und Schlussrechnung nach Art. 425 ZGB gelten.

6.2.5. Privatbeistand/-beiständin im Besonderen

Obwohl heute die Mehrzahl der Mandate von professionellen Mandatsträgerinnen und Mandatsträgern geführt werden, ist das Institut des/der Privatbeistands/-beiständin auch in Zukunft von praktischer und gesellschaftlicher Bedeutung. Es bietet geeigneten Personen eine Möglichkeit zu sinnvoller sozialer Tätigkeit und trägt dadurch dazu bei, dass soziales Verantwortungsbewusstsein, Verständnis und Rücksicht für sozial Schwache in der Bevölkerung erhalten bleiben. Dadurch kann auch verhindert werden, dass zunehmend jede mitmenschliche Hilfe an Institutionen und professionelle Helferinnen und Helfer delegiert wird. Ausserdem verfügen private Beiständinnen und Beistände i.d.R. über mehr zeitliche Ressourcen für eine persönliche Betreuung als die oft mit einer zu grossen Anzahl von Mandaten beauftragten Berufsbeistände/Berufsbeiständinnen. Daran wird auch die Bestimmung in Art. 400 Abs. 1 ZGB, wonach die KESB eine Person einzusetzen hat, welche über die für das Amt erforderliche Zeit verfügt (vgl. Rz. 6.12 ff.), nichts ändern.

6.33

Angesichts der Komplexität vieler Betreuungsaufgaben bleibt jedoch der Einsatz von Privatpersonen beschränkt, selbst wenn sie auf ihre Aufgabe vorbereitet und darin begleitet werden. So eignen sich die folgenden Gruppen von Betreuungsbedürftigen i.d.R. nicht für Privatpersonen: Suchtkranke, schwer psychisch Kranke, Personen, die mit Geld nicht umgehen können, Personen mit hohen Schulden, Personen, die aktiv Widerstand leisten gegen die Betreuung, Personen, die mit grossen Konfliktsituationen innerhalb der Verwandtschaft konfrontiert sind. Das revidierte EG ZGB des Kantons Waadt enthält in Art. 97a Abs. 4 eine Liste von Mandaten, die explizit professionellen Mandatsträger/innen übertragen werden.

6.34

6.3. Instruktion, Beratung und Unterstützung

Was in der Lehre schon unter dem alten Recht unbestritten war, in der Praxis aber nur sehr lückenhaft erfolgte, ist im neuen Recht in Art. 400 Abs. 3 ZGB als Pflicht der KESB statuiert: Sie hat dafür zu sorgen, dass der Beistand oder die Beiständin die erforderliche *Instruktion, Beratung und Unterstützung* erhält. Mandatsbezogene *Instruktionen* der KESB gehören in den Anordnungsbeschluss oder erfolgen in der Form von Weisungen nach Bedarf während der Mandatsführung von Amtes wegen oder auf Ersuchen des Beistands oder der Beiständin. Bei der Beratung und Unterstützung ist zwischen professionellen und privaten Mandatsträger/innen zu unterscheiden:

6.35

6. Beistand/Beiständin

6.36 *Berufsbeistände und Berufsbeiständinnen* sollten aufgrund ihrer Aus- und Weiterbildung und Erfahrung in der Lage sein, ein bestimmtes Mandat aufgrund des Anordnungsbeschlusses selbständig und professionell zu führen. Die Begleitung und Unterstützung von unerfahrenen professionellen Mandatsträgerinnen und Mandatsträgern ist primär eine Führungs- und Personalentwicklungsaufgabe der Leitung eines professionellen Dienstes.

6.37 Für die privaten Mandatsträger/innen *(PriMa)* gilt grundsätzlich das gleiche Anforderungsprofil wie für Berufsbeistände (vgl. Rz. 6.5 ff.). Es kann jedoch nicht erwartet werden, dass die erforderliche Fach-, Methoden-, Sozial- und Selbstkompetenz auf gleichem Niveau wie bei den Berufsbeiständinnen und Berufsbeiständen vorhanden ist. Dennoch sollte bei der Rekrutierung erhoben werden, ob die Personen über die grundlegenden Kompetenzen verfügen bzw. ob diese in einer Grundschulung vermittelt und im Rahmen der Begleitung von Mandatsführungen vertieft werden können. Bei den *PriMa* darf sich Instruktion, Beratung und Unterstützung nicht nur auf die Führung des einzelnen Mandats beschränken. Die Aufgabe beginnt bei der *Rekrutierung* und *allgemeinen Schulung* dieser Personen auf die Übernahme und Führung von Mandaten.

6.38 In der Praxis haben sich dazu die folgenden Elemente und Eckwerte etabliert und bewährt:

6.39
Rekrutierung von PriMa

Die Rekrutierung erfolgt namentlich über entsprechende Zeitungsartikel in der Lokal- und Regionalpresse, über die Homepage der KESB sowie über Inserate mit der Ankündigung einer allgemeinen Informationsveranstaltung. Mit Personen, die sich aufgrund einer solchen Informationsveranstaltung für die Führung eines oder mehrerer Mandate bereit erklären, ist in einem Einzelgespräch abzuklären, welches ihre Beweggründe sind und für welche Mandate sie sich besonders eignen.

Schulung von PriMa

Die grundsätzlich geeigneten Personen sind in die wesentlichen Rechtsgrundlagen und in die Rechte und Pflichten von Mandatsträgerinnen und Mandatsträgern einzuführen. Dies geschieht am besten in einem Kurs über mehrere Halbtage oder Abende.

Begleitung von PriMa

Dazu gehören namentlich:
- Individuelle Einführung in die konkrete Massnahme (Erläuterung des Beschlusses in einem persönlichen Gespräch, erste Aufgaben, Zielformulierungen, Aufwandschätzung, Entschädigung).

- Bezeichnung einer Ansprechperson für Fragen und Beratung.
- Erfahrungsaustausch in Gruppen.
- Gesellschaftliche Angebote verbunden mit Fortbildungsthemen.

Die Aufgaben der Rekrutierung, Einführung, Instruktion im Einzelfall und der Beratung und Begleitung während der Mandatsführung können ganz oder teilweise an das Behördensekretariat oder an Berufsbeistände und Berufsbeiständinnen delegiert werden. Es handelt sich jedoch nicht um eine Aufgabe, die «nebenbei» erledigt werden kann, sondern es sind entsprechende personelle Ressourcen dafür einzuplanen und zur Verfügung zu stellen. 6.40

Die KOKES stellt ein Modellhandbuch für PriMa sowie ein Schulungskonzept zur Verfügung (Informationen dazu unter: http://www.kokes.ch/de/03-publikationen/publikationen.php?navanchor=1110002). 6.41

6.4. Entschädigung und Spesen

Nach Art. 404 Abs. 1 ZGB hat der Beistand oder die Beiständin Anspruch auf eine *angemessene Entschädigung* und auf Ersatz der notwendigen *Spesen* aus dem Vermögen der betroffenen Person. Die Entschädigung wird auch festgesetzt, wenn das Mandat durch einen Berufsbeistand oder eine Berufsbeiständin geführt wird; in diesem Fall fallen die Entschädigung und der Spesenersatz jedoch an den Arbeitgeber. Gleiches gilt i.d.R. für den Fachbeistand oder die Fachbeiständin, vgl. Rz. 6.31 f. 6.42

Die Höhe der Entschädigung wird durch die KESB festgesetzt. Dabei sind Umfang und Komplexität der dem Beistand oder der Beiständin übertragenen Aufgaben zu berücksichtigen (Art. 404 Abs. 2 ZGB). Die KESB orientiert sich bei der Festsetzung der Entschädigung an *Ausführungsbestimmungen*, welche die Kantone erlassen und in denen auch geregelt ist, wer für die Entschädigung und den Spesenersatz aufkommt, wenn diese nicht aus dem Vermögen der betroffenen Person bezahlt werden können (Art. 404 Abs. 3 ZGB). 6.43

In der Praxis – und soweit in den bis heute vorgeschlagenen kantonalen Regelungen ersichtlich – sind zwei Entschädigungsmodelle verbreitet: eine *Pauschalentschädigung* pro Berichtsperiode, je nach Komplexität und Aufwand von einigen hundert bis mehreren tausend Franken, und/oder eine *Entschädigung mit einem Stundenansatz* zwischen Fr. 50.– und Fr. 100.–. Bei beiden Modellen empfiehlt sich, bei der Übertragung des Mandats und der damit verbundenen Instruktion des Mandatsträgers oder der Mandats- 6.44

6. Beistand/Beiständin

trägerin die konkrete Betreuungstätigkeit (Häufigkeit der persönlichen Kontakte) und bei Einkommens- und Vermögensverwaltungen die anfallende Verwaltungstätigkeit (Verkehr mit Banken, Versicherungen, administrativer Aufwand allgemein) so gut wie möglich zu planen und den mutmasslichen Aufwand abzuschätzen, um so die Entschädigung im Voraus vereinbaren zu können. Wenn sich diese Einschätzung im Nachhinein als zu hoch oder zu tief erweist, ist die Entschädigung, die von der KESB bei der Berichtsabnahme festgelegt wird, anzupassen. Mandatsträger/innen sind anzuweisen, bei unvorhergesehenem bedeutendem Mehraufwand die zuständige Kontaktperson der KESB oder des Dienstes, der mit der Begleitung von Mandatsträgerinnen und Mandatsträgern beauftragt ist, zu kontaktieren.

6.45 *Barauslagen*, wie Telefon, Fahrspesen, Porti, Verpflegung, sind nicht in den Pauschalentschädigungen oder im Stundenansatz enthalten, sondern werden separat nach Abrechnung mit Belegen oder ebenfalls als Pauschale vergütet.

6.46 Das nachfolgende Muster dient nicht nur der Schätzung des Stundenbudgets, sondern auch der Erläuterung des konkreten Auftrags und der Strukturierung der Mandatsführung; es ist somit ein Hilfsmittel der Instruktion und Begleitung von privaten Mandatsträger/innen und wird durch den/die PriMa und die PriMa-Begleitung gemeinsam vorgenommen.

6.47
Schätzung Stundenbudget

Beistand/Beiständin: ....
verbeiständete Person: ....
Berichtsperiode (i.d.R. 2 Jahre): ...... (Monat Jahr) bis ...... (Monat Jahr)
Beistandschaft nach Art. .... ZGB

Mandats-gebundene Tätigkeiten	Stichwörter	Bemerkungen	Std. pro Monat	Std. pro Periode
Mandatsübernahme	Spez. Aufwendungen für Abklärungen (ohne Inventar)			
Persönliche Kontakte	Häufigkeit, Besuche, Telefongespräche			
Soziale Situation	Kontakte vermitteln, Verwandte, Freunde, Hobbys			
Gesundheit	Arztkontakte, Spitex, Hilfe organisieren			

6.4. Entschädigung und Spesen

Schule/Arbeit	Kontakt Arbeitgeber/ Schule, arbeitslos			
Kontakte mit Institutionen	Heim, Beratungsstellen			
Wohnsituation	Institution, Mietwohnung, eigenes Haus			
Finanzielles	Rechnungsführung, Budget, IV, EL, KK, Zusatzrenten (Kinder), Steuern			
Verwaltungsaufgaben	Liegenschaften, Vermögen usw.			
Bericht erstellen (i.d.R. alle 2 Jahre)				
Diverses				
Total Stunden				

Freiwillige Tätigkeiten, die nicht unabdingbar zur Mandatsführung gehören (z.B. häufige Besuche):

Tätigkeiten	Stichwörter	Bemerkungen	Std. pro Monat	Std. pro Periode

Die nachstehende Einschätzung durch die PriMa-Begleitung ergibt sich aus dem ausführlichen Stundenbudget und enthält eine provisorische Mandatsentschädigung.

6. Beistand/Beiständin

6.48

Schätzung Entschädigungsbudget

Eine sich im Lauf der Mandatsführung abzeichnende Überschreitung der geschätzten Stunden um mehr als 20% ist vorgängig mit der KESB oder der zuständigen Stelle für PriMa zu besprechen.

Betreuungsaufgaben
xx Std. à   Ansatz Fr.   =   Fr.

Aufgaben, die besondere Fachkenntnisse erfordern
xx Std. à   Ansatz Fr.   =   Fr.

Total voraussichtliche Mandatsentschädigungen   Fr.
(Die definitive Mandatsentschädigung wird von der KESB nach der Berichtsablage festgelegt).

Datum: Unterschrift Mandatsträger/in: ....

Datum: Unterschrift PriMa-Begleitung: ....

7. Mitwirkung der KESB

7.1. Steuerung der Mandatsführung allgemein

Literatur

Botschaft, 7055 ff.
Allgemeine Literatur: BSK ESR-AFFOLTER, Art. 405–414; FamKomm ESR-HÄFELI, Art. 405–414; HAUSHEER/GEISER/AEBI-MÜLLER, 2.120 ff.; HÄFELI, Wegleitung, 205 ff.; KUKO ZGB-HÄFELI, Art. 405–414; MEIER/LUKIC, 561 ff.; OFK ZGB-FASSBIND, Art. 405–415.
Spezifische Literatur: AFFOLTER KURT, Doppelunterstellung von professionellen vormundschaftlichen Mandatsträger(inne)n in öffentlichen Verwaltungen am Beispiel der Stadt Luzern, in: ZVW 2006, 232 ff.; AFFOLTER KURT, Mit der Totalrevision des Vormundschaftsrechts zu einer neuen Qualität des Erwachsenenschutzes? in: ZVW 2003, 393 ff.; BRACK RUTH/GEISER KASPAR (Hrsg.), Aktenführung in der Sozialarbeit, Vorschläge für die klientenbezogene Dokumentation als Beitrag zur Qualitätssicherung, 4. Aufl., Bern/Stuttgart/Wien 2009; ROSCH DANIEL, Neue Aufgaben, Rollen, Disziplinen, Schnitt- und Nahtstellen: Herausforderungen des neuen Kindes- und Erwachsenenschutzrechts, in: ZKE, 2011, 31 ff.; KONFERENZ DER KANTONE FÜR KINDES- UND ERWACHSENENSCHUTZ KOKES, «Modell-Handbuch private Mandatsträger/innen», <http://www.kokes.ch/de/03-publikationen/publikationen/010-schulung-mandatstraegerin.php> (30.12.2011); KONFERENZ DER KANTONE FÜR KINDES- UND ERWACHSENENSCHUTZ KOKES, «Konzept Schulung private Mandatsträger/innen», <http://www.kokes.ch/de/03-publikationen/publikationen/010-schulung-mandatstraegerin.php> (30.12.2011).

Die KESB übt von Amtes wegen die *Aufsicht aus über die Mandatsführung*. Dies geht schon aus Art. 400 Abs. 3 ZGB hervor, welcher die Behörde verpflichtet, für die nötige Instruktion, Beratung und Unterstützung der Mandatsträgerinnen und Mandatsträger zu sorgen (vgl. Rz. 6.35 ff.). Die Hauptmittel der Aufsicht sind jedoch die *Rechnungsablage* (Art. 410 ZGB) und die *Berichterstattung* (Art. 411 ZGB). Die zustimmungsbedürftigen Geschäfte (Art. 416 ZGB) dienen in erster Linie dem Schutz der betreuten Person, indem Geschäfte von besonderer Tragweite nicht vom Beistand oder der Beiständin allein abgewickelt werden können, sondern der Zustimmung der KESB bedürfen. Die Zustimmung zu den in Art. 416 ZGB aufgezählten neun Geschäften ist zwingend (vgl. Rz. 7.41 ff.). Gestützt auf Art. 417 ZGB kann die KESB aus wichtigen Gründen anordnen, dass ihr weitere Geschäfte zur Zustimmung unterbreitet werden. Dies ist eine Folge der massgeschneiderten Massnahmen und die KESB erhält damit ein zusätzliches Instrument zur Steuerung der Mandatsführung.

7.1

Das System der *massgeschneiderten Massnahmen* ist ebenfalls ein Instrument der Steuerung der Mandatsführung. Im alten Recht waren die Aufträge oft sehr pauschal und summarisch formuliert und liessen dem Mandatsträger oder der Mandatsträgerin grossen Interpretations- und Er-

7.2

messensspielraum bei der Ausübung des Mandats, was insbesondere bei privaten Mandatsträgerinnen und Mandatsträgern mit erheblicher Unsicherheit über den Auftrag verbunden war. Aber auch für Berufsbeistände und Berufsbeiständinnen werden im neuen Recht die Aufgaben und Kompetenzen genauer umschrieben, womit sich die Kontrolle von Rechnungen und Rechenschaftsberichten nicht mehr auf eine mehr oder weniger umfassende *Belegskontrolle* beschränkt, sondern auch eine *methodische Kontrolle der Mandatsführung* möglich und erforderlich wird. Da die neuen Behörden interdisziplinär zusammengesetzte professionelle Behörden sind (vgl. Rz. 1.54 ff.), sollte auch die im alten Recht aufgrund des fachlichen Gefälles zwischen Miliz- und Laienbehörden und professionellen Mandatsträgerinnen und Mandatsträgern beobachtete natürliche Hemmschwelle für eine fachliche Aufsicht wegfallen. Damit diese Aufsicht und Steuerung aber auch wirklich substanziell verbessert wird, bedarf es allgemein anerkannter Standards für Rechenschaftsberichte und anerkannter, klientenbezogener Beurteilungskriterien für die Leistungsbeurteilung von Beiständinnen und Beiständen. Einen Beitrag dazu sollen die in Rz. 7.20 ff. folgenden Ausführungen über die Berichterstattung leisten.

7.3 Das zu Beginn eines Mandats mit Vermögensverwaltung aufzunehmende *Besitzstandsinventar* (Art. 405 Abs. 2 ZGB) ist in erster Linie Grundlage für die Vermögensverwaltung; indirekt dient es aber auch der Steuerung der Mandatsführung, indem die KESB je nach Grösse und Zusammensetzung des Vermögens dem Beistand oder der Beiständin Weisungen für die Vermögensverwaltung erteilen kann.

7.2. Inventare

Literatur

Spezifische Literatur: AFFOLTER KURT, Zur Inventarisierung und Verwahrung verbeiständeter Vermögen, in: ZVW 2004, 212 ff.

7.2.1. Arten von Inventaren

7.4 Es sind drei Arten von Vermögensinventaren zu unterscheiden:

7.5 Das *Vermögensinventar*, das zu Beginn eines Mandats mit Vermögensverwaltung vom Beistand oder der Beiständin in Zusammenarbeit mit der KESB aufzunehmen ist und das als Grundlage für die Vermögensverwaltung und die Rechenschaftsablage dient (Art. 405 Abs. 2 ZGB). Es wird auch *Besitzstandsinventar* genannt und ist die häufigste Form von Inventaren.

7.2. Inventare

Für die Mandatsführung ebenfalls von Bedeutung, wenn auch weniger häufig, ist das *Sicherungsinventar* oder *Nachlassinventar* nach Art. 553 ZGB. Es ist zu errichten, wenn ein minderjähriger Erbe unter Vormundschaft steht oder zu stellen ist (Abs. 1 Ziff. 1), ein Erbe dauernd und ohne Vertretung abwesend ist (Abs. 1 Ziff. 2), einer der Erben oder die KESB es verlangt (Abs. 1 Ziff. 3) oder ein volljähriger Erbe unter umfassender Beistandschaft steht oder unter sie zu stellen ist (Abs. 1 Ziff. 4). Die Aufnahme dieses Inventars erfolgt nach den Vorschriften des kantonalen Rechts (Art. 553 Abs. 2 ZGB) und die Kantone können die Aufnahme eines Sicherungsinventars für weitere Fälle vorschreiben (Art. 553 Abs. 3 ZGB). In diesem Zusammenhang können auch *Steuerinventare* nach Bundesrecht oder kantonalem Recht eine Rolle spielen und in besonderen Fällen als Besitzstandsinventar dienen oder mindestens wichtige Informationen für dieses liefern.

7.6

Die dritte Gruppe von Vermögensinventaren sind die *Kindesvermögensinventare*. Ein Kindesvermögensinventar ist unter dem neuen Recht nur noch aufzunehmen, wenn ein Elternteil stirbt (Art. 318 Abs. 2 ZGB). Wenn die KESB es nach Art und Grösse des Kindesvermögens und nach den persönlichen Verhältnissen der Eltern als angezeigt erachtet, kann sie die Inventaraufnahme oder die periodische Rechnungsstellung und Berichterstattung anordnen (Art. 318 Abs. 3 ZGB).

7.7

Sowohl an Stelle eines Besitzstandsinventars (Art. 405 Abs. 3 ZGB), eines Kindesvermögensinventars als auch an Stelle eines Sicherungsinventars kann die Aufnahme eines *öffentlichen Inventars* (Art. 580 ff. ZGB) angeordnet werden. Die Erstellung eines öffentlichen Inventars ist relativ selten und empfiehlt sich in Fällen, in denen unklare Vermögensverhältnisse bestehen, die nicht mit anderen Mitteln geklärt werden können, oder wenn ein Nachlass möglicherweise überschuldet ist und dies nicht innert der Ausschlagungsfrist (Art. 567 Abs. 1 ZGB) geklärt werden kann. Das öffentliche Inventar bewirkt, dass die Haftung für Forderungen, deren Anmeldung ohne eigene Schuld des Gläubigers unterlassen wurde, bis zur Höhe des vorhandenen Vermögens beschränkt wird.

7.8

7.2.2. Vermögens- oder Besitzstandsinventar im Besonderen

Das Vermögensinventar ist vom Beistand oder der Beiständin in Zusammenarbeit mit der KESB aufzunehmen. Es ist demnach nicht zulässig, die Inventaraufnahme vollständig an den Mandatsträger oder die Mandatsträgerin zu delegieren und das erstellte Inventar nur zu genehmigen.

7.9

7. Mitwirkung der KESB

Hingegen muss nicht zwingend ein Behördenmitglied bei der Erstellung mitwirken; es kann auch ein/e Mitarbeiter/in des Behördensekretariats involviert sein. Diese kann durch einen *generell-abstrakten Erlass* (z.B. eine Geschäftsordnung der Behörde) oder durch eine *individuell-konkrete Verfügung* (z.B. einen Delegationsbeschluss) zu dieser Vertretung ermächtigt werden. Das alte Recht schrieb in aArt. 398 Abs. 2 ZGB noch vor, dass die urteilsfähige bevormundete Person soweit tunlich zur Inventaraufnahme beizuziehen sei. Im neuen Recht fehlt eine entsprechende explizite Vorschrift. Aus Gründen der Zweckmässigkeit und aufgrund der Leitideen des neuen Rechts, namentlich der Betonung der *Selbstbestimmung* und der *Eigenverantwortung*, ist die verbeiständete Person – falls sie dazu in der Lage ist – weiterhin beizuziehen bei der Erstellung des Inventars. Einerseits kann sie bei entsprechend vorhandenen Fähigkeiten beitragen zur *Ermittlung der vorhandenen Vermögenswerte* und andererseits wird so *Transparenz* gegenüber der betreuten Person hergestellt. Ihre Mitwirkung bekundet die betreute Person durch die Unterzeichnung des Inventars.

7.10 Schon unter dem alten Recht waren Dritte nach Lehre und Rechtsprechung zur Mitwirkung verpflichtet, namentlich Banken, Anwälte/Anwältinnen, Treuhänder/innen und Arbeitgeber. Im neuen Recht ist diese Mitwirkungspflicht nun in Art. 405 Abs. 4 ZGB ausdrücklich kodifiziert.

7.11 Als Straftatbestände bei Inventarisationsvergehen kommen Urkundenfälschung gemäss Art. 251 StGB und Urkundenfälschung im Amt gemäss Art. 317 StGB in Frage (BGE 121 IV 216; ZVW 1996 Nr. 7, 76).

7.12 Die kantonalen Vorschriften zur Erstellung des Vermögensinventars unter altem Recht waren z.T. sehr rudimentär, z.T. aber auch sehr ausführlich. Eine Übersicht über die entsprechenden kantonalen Ausführungsbestimmungen unter neuem Recht fehlt zur Zeit der Drucklegung dieser Publikation noch.

7.13 Einen Spezialfall stellt die Inventarisierung *ehelichen Vermögens* dar, wenn die verbeiständete Person verheiratet ist. Wenn die Ehegatten unter dem ordentlichen Güterstand der Errungenschaftsbeteiligung oder unter dem Güterstand der Gütergemeinschaft leben, muss das gesamte eheliche Vermögen inventarisiert werden. Nur so lassen sich die für den verbeiständeten Ehegatten zu verwaltenden Vermögenswerte feststellen. Wenn die betreute Person dauernd urteilsunfähig ist, kann beim Gericht gestützt auf Art. 185 Abs. 2 Ziff. 5 ZGB die Gütertrennung verlangt werden.

7.14 Das Inventar ist «*unverzüglich*» (Art. 405 Abs. 2 a.E. ZGB) aufzunehmen, damit möglichst schnell mit der Rechnungsführung begonnen werden kann und um zu verhindern, dass durch irgendwelche Dispositionen, namentlich deliktischer Art, Vermögensverminderungen eintreten. In einem Bundesgerichtsentscheid aus dem Jahr 2008 wurden die Mitglieder einer

Vormundschaftsbehörde haftbar gemacht für den Vermögensschaden, der einer verbeiständeten Person entstand, weil die Behörde nicht auf der fristgerechten Erstellung des Eingangsinventars beharrte und mehrere Monate wartete, bis sie die Beiständin in ihrem Amt einstellte (BGE 135 III 198).

Das Gesetz äussert sich nicht zum *Stichtag,* auf den das Inventar aufgenommen werden soll. In Frage kommen das Datum der Massnahmenerrichtung oder das Datum der Rechtskraft der Massnahme. Aus Gründen der Rechtssicherheit empfiehlt es sich, das Datum der *Massnahmenerrichtung* als Stichtag festzulegen. Auf keinen Fall kann der Beistand oder die Beiständin das Datum nach eigenem Ermessen bestimmen. Je nach Verhältnissen kann die Erstellung des Vermögensinventars zeitintensiv sein und die erforderlichen Informationen sind nicht innert nützlicher Frist beizubringen. Dies trifft namentlich zu, wenn eine Anwartschaft auf einen unverteilten Nachlass besteht. In diesem Fall hat der Beistand oder die Beiständin dies der KESB mitzuteilen, welche den Tatbestand im Genehmigungsbeschluss festhält. Fällt der Nachlassanteil zwischen der Inventarabnahme und der ersten Rechenschaftsablage an, genügt es, den entsprechenden Vermögenszuwachs in der ersten Rechnung auszuweisen und nicht das Inventar zu ergänzen, da die KESB im Rahmen der zustimmungsbedürftigen Geschäfte von Erbteilungsverträgen Kenntnis erhält (Art. 416 Ziff. 3 ZGB). Eine *Ergänzung des Inventars* drängt sich auf, wenn ein Vermögensbestandteil vergessen ging oder erst nach Abschluss der Inventaraufnahme zur Kenntnis gebracht wird. Bei der Erstellung des Besitzstandsinventars empfiehlt sich folgendes Vorgehen:

7.15

Vorgehen bei der Erstellung des Besitzstandsinventars

1. Anordnungsbeschluss mit separater Ziffer im Dispositiv mit dem Auftrag, über das gemäss Beschluss zu verwaltende Vermögen ein Inventar aufzunehmen.
2. Brief *(vgl. Rz. 7.17)* der KESB bzw. der im Behördensekretariat mit der Inventarisation beauftragten Person oder Stelle an den Beistand oder die Beiständin mit der Aufforderung, die in einem beigelegten Fragebogen *(vgl. Rz. 7.18)* enthaltenen Informationen einzuholen und mit Belegen innert einer festgesetzten Frist von einigen Wochen der KESB zuzuleiten.
3. Mahnung und Fristansetzung zur Einreichung des ausgefüllten Fragebogens, wenn dieser nicht innert der ursprünglich angesetzten Frist eingeht, bzw. Einladung zu einer Besprechung.
4. Ausfertigung des Inventars durch die KESB bzw. das Behördensekretariat gestützt auf den ausgefüllten Fragebogen und Zustellung an den Beistand oder die Beiständin zur Kontrolle und Unterschrift.

Beschluss der KESB betreffend Abnahme des Inventars *(vgl. Rz. 7.19).*

7.16

7. Mitwirkung der KESB

7.17 Brief an den Beistand/die Beiständin betreffend Besitzstandsinventar

Betreff: Besitzstandsinventar von NN

Sehr geehrter Herr …/Sehr geehrte Frau …

Mit Beschluss vom [Datum] ordnete die KESB für NN eine Beistandschaft nach Art. … ZGB sowie die Aufnahme eines Besitzstandsinventars an.

In der Beilage erhalten Sie den Fragebogen zum Besitzstandsinventar. Wir bitten Sie, diesen vollständig auszufüllen und uns bis [Datum: spätestens 6 Wochen nach Beschluss] zusammen mit allen erforderlichen Belegen zuzustellen. Welche Belege jeweils notwendig sind, ist im Fragebogen aufgeführt. Ist der Fragebogen unvollständig beantwortet oder fehlen Unterlagen, kann das Inventar nicht ausgefertigt werden und der Fragebogen muss zur Nachbearbeitung zurückgewiesen werden. Ist eine Wohnungs- oder Safeinventarisation notwendig oder besteht Verdacht auf mögliche Beseitigung von Vermögenswerten, ersuchen wir Sie, sich mit uns in Verbindung zu setzen. Bei Unklarheiten bitten wir Sie, mit uns Rücksprache zu halten. Fristerstreckungsgesuche sind schriftlich begründet spätestens 14 Tage vor Ablauf der Zustellungsfrist einzureichen.

Für die gute Zusammenarbeit danken wir Ihnen zum Voraus bestens.

Freundliche Grüsse

…

Sachbearbeiter/in Inventarwesen

7.18 Fragebogen zum Besitzstandsinventar

Besitzstandsinventar von: [Name] [Vorname]
Beistandschaft nach: Art. ……… ZGB
Beschluss vom: ……………
Beistand/Beiständin: [Name] [Vorname]
Inventarstichtag: ……………
[i.d.R. *Datum der Massnahmenerrichtung*]

Bitte sämtliche Punkte vollständig ausfüllen resp. jeweils explizit «keine» ankreuzen. Zu jedem Punkt sind die einzureichenden Belege (Kopien) aufgeführt, welche mit einer Beleg-Nr. zu versehen und mit dem ausgefüllten Fragebogen einzureichen sind.

A. VORBEMERKUNGEN

1. Wohnverhältnisse

❑ eigenes Haus/Eigentumswohnung
Miethaus/-wohnung (Anzahl Zimmer: ....)
Alters-, Pflege- oder anderes Heim, Klinik: ....
seit: ....

Belege: Mietvertrag, Heimrechnung

2. Versicherungen

a) Lebensversicherungen ❑ keine
Versicherungsgesellschaft, Agentur: ....
Policen-Nr.: ....
Jahresprämie: Fr. ....
Aufenthaltsort Original-Policen: ....

b) Kranken- und Unfallversicherung
  – Krankenversicherung ❑ keine
Krankenkasse, Agentur: ....
Versicherungs-Nr.: ....
Monatsprämie: Fr. ....

  – separate Unfallversicherung ❑ keine
Versicherungsgesellschaft, Agentur: ....
Policen-Nr.: ....
Jahresprämie: Fr. ....

c) Hausratversicherung ❑ keine
Versicherungsgesellschaft, Agentur: ....
Policen-Nr.: ....
Jahresprämie: Fr. ....

d) Haftpflichtversicherung ❑ keine
Versicherungsgesellschaft, Agentur: ....
Policen-Nr.: ....
Jahresprämie: Fr. ....

e) weitere Versicherungen ❑ keine
....
....

Belege: Policen

7. Mitwirkung der KESB

3. Einkünfte

a) Sozial- und andere Versicherungen

– **AHV-/IV-Rente** ❏ keine
Ausgleichskasse, Ort: ....
Betrag pro Monat: Fr. ....
erster Rentenmonat nach Stichtag: ....
Auszahlungsart (z.B. auf Konto-Nr., bar an betreute Person usw.): ....

– **Hilflosenentschädigung** ❏ keine
Betrag pro Monat: Fr. ....
erster Auszahlmonat nach Stichtag: ....
Auszahlungsart (z.B. auf Konto-Nr., bar an betreute Person usw.): ....

– **Zusatzleistungen zur AHV/IV** ❏ keine
Betrag pro Monat: Fr. ....
erster Auszahlmonat nach Stichtag: ....
Auszahlungsart (z.B. auf Konto-Nr., bar an betreute Person usw.): ....
❏ Ein Gesuch wird/wurde am .... eingereicht.

– **Pensionskassenrenten** ❏ keine
Versicherungskasse, Ort: ....
Betrag pro Monat: Fr. ....
erster Rentenmonat nach Stichtag: ....
Auszahlungsart (z.B. auf Konto-Nr., bar an betreute Person usw.): ....

– **weitere Sozialversicherungsrenten** ❏ keine
Versicherungskasse, Ort: ....
Betrag pro Monat: Fr. ....
erster Rentenmonat nach Stichtag: ....
Auszahlungsart (z.B. auf Bankkonto-Nr., bar an betreute Person usw.): ....

– **Private Rentenversicherungen** ❏ keine
Versicherungsgesellschaft, Ort: ....
Betrag pro Monat: Fr. ....
erster Rentenmonat nach Stichtag: ....
Auszahlungsart (z.B. auf Bankkonto-Nr., bar an betreute Person usw.): ....

b) Erwerbstätigkeit ❏ keine
Arbeitgeber/in: ....
Beruf/Tätigkeit: ....
Monatseinkommen (netto): Fr. ....
erster Lohnmonat nach Stichtag: ....
Auszahlungsart (z.B. auf Konto-Nr., bar an betreute Person usw.): ....

c) Unterhaltsansprüche (Alimente) ❏ keine
Alimentenschuldner/in: ....
Fr. .... pro.................... ❏ indexiert

7.2. Inventare

d) Übrige Einkünfte ❏ keine

....
Betrag pro Monat: Fr. ....
erster Auszahlmonat nach Stichtag: ....
Auszahlungsart (z.B. auf Konto-Nr., bar an betreute Person usw.): ....
Belege: aktueller Bank-/Postbeleg der Überweisung oder aktueller Renten-/Lohnausweis, Entscheid/Verfügung insb. bezüglich Nachzahlungen, Gerichtsurteile, Policen

4. Unverteilte Hinterlassenschaften (Erbschaften) ❏ keine
Name, Geburtsdatum, Todestag, letzter Wohnort, Verwandtschaftsverhältnis zur betreuten Person: ....
Belege: Erbbescheinigung, Testamentseröffnungsverfügung, Nachlassinventar

5. Nutzniessungsansprüche ❏ keine
Eigentümer/in des Vermögens: ....
Art (Liegenschaft, Depot usw.): ....
Belege: Erbteilungsvertrag, Testamentseröffnungsverfügung, Depotauszug

6. Unterhaltsverpflichtungen (Alimente) ❏ keine
Alimentengläubiger/in: ....
Fr. .... pro.................................. ❏ indexiert
Belege: Grundlage der Verpflichtungen: Urteil, Vereinbarung

7. Letztwillige Verfügungen/Erbverträge ❏ keine
Das Originaltestament ist ungeöffnet beim Notariat oder an einem anderen sicheren Ort (z.B. einem bereits bestehenden Schrankfach) zu deponieren.
Datum: ....
Ort der Aufbewahrung: ....
Belege: Empfangsbestätigung Notariat

8. Schrankfächer ❏ keine
Der Inhalt von Schrankfächern ist in der Regel im Beisein des/der Sachbearbeiters/in der KESB zu inventarisieren. Falls die Schlüssel im Besitz einer Person sind, die Zutritt (Vollmacht) zum Schrankfach hat, ist die KESB umgehend zu benachrichtigen.
Schrankfach-Nr.: ....
Bank: ....
Aufbewahrungsort der Schlüssel: ....

7. Mitwirkung der KESB

9. Diverses ❏ keine
Grabvorsorge, Bürgschaften, Urheberrechte usw.: ....
....
....

10. Bei Verheirateten
Bitte separates Formular über güterrechtliche Verhältnisse ausfüllen.

B. VERMÖGENSVERHÄLTNISSE

I. AKTIVEN

1. Liegenschaften (Grundeigentum/Baurechte) ❏ keine
Art der Liegenschaft/Grundstück, Gemeinde, Mietverhältnisse
....
....

Belege: Grundbuchauszug, Beleg bezüglich Steuerwert, Aufstellung über Mietverhältnisse/Mietzinsen

2. Wertschriften/Konti
a) Wertschriften, Konti ❏ keine
....
....
....

b) Mieterkaution/Depot/Anteilscheine
Wohnung: ....❏ keine
Heim: ....❏ keine

Belege: Depot- und Kontoauszüge per Stichtag, Steuererklärung mit Wertschriftenverzeichnis (letzterstellte vor Massnahme)

3. Weitere Guthaben ❏ keine
ausstehende Nachlassansprüche, Darlehen, fällige Forderungen, Lohnguthaben, ausstehende Versicherungsleistungen/Genugtuungsansprüche usw.
Schuldner, Höhe der Forderungen/Guthaben, Forderungsgründe:
....
....

Belege: Schuldschein, Forderungsausweis/-beleg
Darlehen: Darlehensvertrag, Höhe des Darlehens per Stichtag bzw. ursprüngliche Darlehenssumme und geleistete Rückzahlungen, Rückzahlungsmodalitäten

7.2. Inventare

4. Barschaft ❏ keine
Kleinere Beträge, die die verbeiständete Person selbst verwaltet, sind nicht aufzuführen.
Betrag, wann/wo aufgefunden: ....
Belege: Quittung

5. Mobiliar/persönliche Effekten (Fahrhabe)
a) Wohnung wird aufgelöst
❏ Die Inventarabteilung wurde bezüglich Inventarisation bereits kontaktiert.
Ein Inventar wurde am .... erstellt.

b) Betreute Person bewohnt weiterhin Haus, Wohnung, (Heim-)Zimmer
❏ Die verbeiständete Person besitzt ausser persönlichen Effekten ohne besonderen Liquidationswert keine Fahrhabe. *(Keine eigenen Möbel, Heimzimmer und Wohnung sind möbliert.)*
❏ Es sind keine Möbel/Gegenstände von besonderem Wert vorhanden. Die gesamte Fahrhabe ist ohne besonderen Liquidationswert.
❏ Es bestehen folgende Möbel/Gegenstände von besonderem Wert:
Es sind nur besonders wertvolle Gegenstände wie antike Möbelstücke, Kunstgegenstände usw. aufzuführen.
....
Belege: Kaufbelege, Schätzungsgutachten, Liste Magazindienst

6. BVG-Ansprüche ❏ keine
Gesellschaft, Altersguthaben: ....
Belege: letzter Versicherungsausweis

7. Weitere Aktiven ❏ keine
Schmuck, Sammlungen, Münzen, Fahrzeuge (Jahrgang, km-Stand), Traveller Cheques usw.
Bezeichnung der Vermögenswerte, Aufbewahrungsort:
....
Belege: Kaufbelege, Schätzungsgutachten

8. Geschäftsvermögen ❏ keine
Firma, Beteiligung: ....
Belege: Gesellschaftsvertrag, letzte Bilanz- und Erfolgsrechnung

II. PASSIVEN

1. Grund- und faustpfandgesicherte Schulden ❏ keine
Gläubiger/in, Höhe der Schuld per Stichtag, Pfandobjekt, Rückzahlungsmodalitäten: ....
Belege: Kontoauszug per Stichtag, Schuldschein, Kreditvertrag

7. Mitwirkung der KESB

2. Übrige Verpflichtungen
a) laufende ❏ keine
Die üblichen laufenden Verpflichtungen, wie Mietzinse, Heimrechnungen, Krankenkassenbeiträge usw. sind nur aufzuführen, wenn sie total 10% der Aktiven übersteigen.
....
....

b) andere Schulden ❏ keine
Kontokorrentschulden, Darlehensschulden, Schulden aus Abzahlungskäufen, Leasing usw.
Gläubiger/in, Höhe der Schuld per Stichtag, Forderungsgrund, Rückzahlungsmodalitäten
....
....

Belege: Rechnungen, Kontoauszug, Darlehensvertrag, Abzahlungskaufvertrag

Unterschrift verbeiständete Person
❏ Die verbeiständete Person kann den Inhalt des Inventars erfassen und dieses unterzeichnen (*Unterschrift unten*).
❏ Die verbeiständete Person kann den Inhalt des Inventars nicht mehr erfassen und dieses nicht mehr unterzeichnen
Grund: ....

Die Richtigkeit und Vollständigkeit der vorstehenden Angaben bescheinigt

....
(Ort und Datum)   (Beistand/Beiständin)

....
(Ort und Datum)   (Beistand/Beiständin)

(Hinweise/Fragen zum Vorgehen:
Sobald der ausgefüllte Fragebogen der KESB eingereicht wird, fertigt die KESB das Inventar gestützt auf die vorliegenden Angaben an. Für allfällige Auskünfte wenden Sie sich bitte an die Abteilung Inventarisation, Tel./ Name ...)

7.19 Abnahme des Inventars durch die KESB

1. Das Inventar vom [Datum] über den Besitzstand des/der nach Art. .... verbeiständeten NN wird abgenommen.
2. Der Beistand/die Beiständin wird eingeladen,
    a) *(bei Vermögen von mehr als Fr. 50'000.–):* mit einer zur Vermögensverwaltung von verbeiständeten Personen ermächtigten Bank einen dreiseitigen Vertrag (Bank, KESB, Beistand/Beiständin) über die Auf-

> bewahrung von Vermögen verbeiständeter Personen abzuschliessen, diesen unverzüglich, spätestens innert 10 Tagen, der KESB einzureichen und die Vermögenswerte, soweit es die Verwaltung gestattet und sie nicht für den jährlichen Lebensunterhalt der verbeiständeten Person benötigt werden, bei dieser Bank zu deponieren,
> b) die Neuanlage der Vermögenswerte mit ungenügender Sicherheit zu prüfen und gegebenenfalls Antrag zu stellen,
> c) den Abschluss einer Haftpflichtversicherung/Hausratversicherung zu prüfen,
> d) die Anpassung der Hausratversicherung an die veränderte Situation zu prüfen.
> 3. Gebühren *(4 Varianten)*:
> Keine Gebühr. Kosten auf die Amtskasse.
> Keine Gebühr. Kosten einstweilen auf die Amtskasse.
> Die allfälligen Gebühren werden bei der Abnahme des Rechenschaftsberichtes erhoben.
> Die Gebühren gemäss ...... der Gebührenverordnung werden festgesetzt auf: ......
> Dieser Betrag ist von der Beiständin/vom Beistand ...... zulasten des Vermögens von NN zu entrichten.
> 4. Gegen diesen Beschluss kann innert einer Frist von 30 Tagen nach Erhalt unter Beilage dieser Ausfertigung beim ...... eine schriftliche und begründete Beschwerde erhoben werden.
> 5. Eröffnung an:
> – Beistand/Beiständin,
> – verbeiständete Person,
> – (ggf. weitere Verfahrensbeteiligte).

7.3. Bericht- und Rechnungsprüfung

Literatur

Spezifische Literatur: AFFOLTER KURT, Rechtsfragen aus dem Alltag der persönlichen Betreuung, in: AJP 1998, 647 ff.; HÄFELI CHRISTOPH, Inhalt und Stellenwert der persönlichen Betreuung im Vormundschaftsrecht, in: ZVW 1989, 52 ff.

7.3.1. Periodische Rechnungsablage

Art. 405–414 ZGB regeln die Rechte und Pflichten der Mandatsträger/innen während der Mandatsführung. Art. 410 Abs. 1 ZGB übernimmt die Regelung des alten Rechts, wonach der Beistand oder die Beiständin über die Vermögensverwaltung Rechnung zu führen hat. Dies gilt – selbst ohne

7.20

ausdrückliche Vorschrift – auch für eine Einkommens- und/oder Rentenverwaltung.

7.21 Die KESB setzt die Zeitabstände der Rechnungsablage im Einzelfall fest; bundesrechtlich hat die Rechnungsablage *mindestens alle zwei Jahre* zu erfolgen. Einmalige oder wiederkehrende häufigere Unterbreitung der Rechnung empfiehlt sich bei Vermögensverwaltungen, bei denen sich nach Errichtung der Massnahme grössere Dispositionen aufdrängen, z.B. Neuanlagen wegen ungenügender Sicherheit, Liegenschaftssanierungen oder -verkäufen, und bei denen die KESB nicht erst nach zwei Jahren eine Übersicht über die Vermögensverhältnisse möchte. Auch bei privaten Mandatsträgerinnen und Mandatsträgern, namentlich solchen, die zum ersten Mal ein Mandat führen, kann die *jährliche Rechnungsablage und Berichterstattung* sinnvoll sein. Die *generelle einjährige Rechnungsperiode* und erst noch für alle Mandate per Ende des Kalenderjahres, wie sie einzelne Kantone unter dem alten Recht kannten, erscheint weder notwendig noch besonders zweckmässig, weil dadurch auch in Fällen, in denen kaum Veränderungen in den Vermögensverhältnissen stattgefunden haben, Rechnung abgelegt werden muss und die Konzentration auf Ende des Kalenderjahres unnötigen administrativen Aufwand für Mandatsträger/innen und KESB verursacht. Zudem besteht die Gefahr, dass die Berichterstattung zum «Ritual» ohne eigentlichen Inhalt verkommt.

7.22 Rechnungsführung und Rechnungsablage sind neben der Berichterstattung über die persönlichen Verhältnisse die wesentlichen Instrumente der Aufsicht über die Mandatsführung. Sie sind ausserdem unentbehrlich für die Geltendmachung von Verantwortlichkeitsklagen durch die betreute Person selber oder durch deren Erben (Art. 454 ff. ZGB). Das Bundesrecht enthält keine Vorschriften über die Gestaltung der Rechnungsablage. In kantonalen Erlassen, namentlich auf Verordnungsstufe, sind Konkretisierungen zu finden, z.B. Verordnung zum Kindes- und Erwachsenenschutz des Kantons Aargau (V KESR AG §§ 8–12) oder in Form von Richtlinien einzelner KESB. Es werden die *Frist für die Berichterstattung und Rechnungsablage* seit Ablauf der Rechnungs- bzw. Berichtsperiode geregelt, die Säumnisfolgen sowie die Pflicht der KESB, eine Kontrolle zu führen über die Fälligkeit der Rechnungen und Berichte, Form und Minimalinhalt der Berichterstattung und Rechnungsablage und schliesslich über die Frist zur Genehmigung durch die KESB und die Aufbewahrung von Rechnungs- und Berichtsexemplar. Als Minimalinhalt der Rechnung gelten allgemein die Übersicht über den aktuellen Bestand des Vermögens, die Veränderungen des Vermögens. Einnahmen und Ausgaben müssen aufgelistet, Vermögenszugänge und -abflüsse ersichtlich und die Belege verfügbar sein.

Als Ausdruck der *Achtung der Persönlichkeit* und der *Transparenz* hat der Beistand oder die Beiständin nach neuem Recht der betroffenen Person die Rechnung zu erläutern und ihr *auf Verlangen eine Kopie auszuhändigen* (Art. 410 Abs. 2 ZGB). Es versteht sich von selbst, dass die betreute Person dafür über minimale kognitive Fähigkeiten verfügen muss. Es ist jedoch nicht zulässig, betreuten Personen deren Vermögensverhältnisse nur deshalb zu verschweigen, weil sie in Kenntnis ihrer guten Vermögensverhältnisse Wünsche äussern könnten. Die Aushändigung einer Kopie auf Verlangen bedeutet nicht, dass die betreute Person formell darum ersuchen muss. Es liegt durchaus im Ermessen des Beistands oder der Beiständin, der betroffenen Person auch ohne ausdrückliches Verlangen eine Kopie der Rechnung zu übergeben. Es soll jedoch verhindert werden, dass eine völlig urteilsunfähige Person oder auch jemand, der sie nicht entsprechend aufbewahren kann, eine Rechnungskopie erhält, die dann in falsche Hände geraten kann.

7.23

7.3.2. Periodische Berichterstattung

Das neue Recht unterscheidet bewusst zwischen *Rechnungsablage* und *Berichterstattung* über die Lage der verbeiständeten Person. Art. 411 Abs. 1 ZGB verpflichtet den Beistand oder die Beiständin, so oft wie nötig, mindestens aber alle zwei Jahre, einen Bericht über die Lage der betroffenen Person und die Ausübung der Beistandschaft zu erstatten. Damit soll die eigenständige Bedeutung der *persönlichen Betreuung* hervorgehoben werden.

7.24

Die periodische Berichterstattung ermöglicht der KESB *Kontrolle* und *Aufsicht* über die Tätigkeit des Beistands oder der Beiständin und als *Standortbestimmung* dient sie insbesondere der Überprüfung der Massnahme auf ihre Zwecktauglichkeit und Notwendigkeit. Diese Standortbestimmung soll möglichst zusammen mit der betreuten Person vorgenommen werden. Art. 411 Abs. 2 ZGB schreibt denn auch ausdrücklich vor, die betroffene Person, soweit tunlich, bei der Erstellung des Berichts beizuziehen. Die Standortbestimmung und Auswertung beziehen sich sowohl auf die Führung der Massnahme durch den oder die Mandatsträger/in als auch auf das Verhalten der betreuten Person. Ausgehend davon sollen Ziele für die nächste Betreuungsperiode formuliert werden. Evaluation und Zielformulierungen sind heute allgemein anerkannte professionelle Standards der Sozialarbeit. Wo die Ziele aufgrund des psycho-physischen Zustands der betreuten Person nicht mit dieser zusammen formuliert werden können, ist dies Aufgabe der Mandatsträgerin oder des Mandatsträgers. In der Praxis bestehen verschiedene Muster für die Berichterstattung. Eine

7.25

gängige Gliederung orientiert sich an den wichtigsten Lebensbereichen: Aufenthalt/Wohnen, Arbeit/Beruf, Gesundheit, Lebensgestaltung/soziale Kontakte.

7.26 Massgebend für den *Inhalt der Berichterstattung* ist der jeweilige Auftrag. Angesichts der Massgeschneidertheit der Massnahmen im neuen Erwachsenenschutzrecht hat sich der Mandatsträger oder die Mandatsträgerin Rechenschaft zu geben, worüber die Behörde Informationen erwartet und auch auf welche sie aufgrund des Mandats Anspruch hat. Es ist nicht erforderlich, dass die Behörde für die Wahrnehmung ihrer Aufsicht- und Kontrollfunktion jegliche Details aus dem Leben der betreuten Person und der oft wechselhaften Beziehung zwischen Beistand oder Beiständin und der betreuten Person kennt. Das für eine erfolgreiche Betreuung notwendige *Vertrauensverhältnis* zwischen Mandatsträger oder Mandatsträgerin und betreuter Person darf nicht durch eine lückenlose, «rapportähnliche» Berichterstattung gefährdet werden. Der Bericht hat Auskunft zu geben über Erfolge und Misserfolge in der Lebensführung der betreuten Person, jedoch nur soweit die persönliche Betreuung Inhalt des behördlichen Auftrags ist. Zudem hat der Bericht die Grenzen der Selbständigkeit und die daraus resultierende Betreuungsbedürftigkeit zu dokumentieren. Die Ausführlichkeit richtet sich nach Art und Umfang des Auftrags. Je nachdem genügt ein kurzer summarischer Bericht oder ist eine ausführliche Schilderung der Entwicklung notwendig. Eine ausführliche Berichterstattung ist angezeigt bei komplexer Problemsituation mit ungünstiger Prognose, vor allem dann, wenn weitergehende Massnahmen beantragt werden oder für später nicht ausgeschlossen werden können. Je nach Auftrag interessieren *die Verhältnisse in den wichtigsten Lebensbereichen* wie Wohnen, Arbeit, soziale Einbettung, Verwendung des Einkommens, das seelisch-körperliche Befinden, Fortschritte und Rückschläge bei der Überwindung der Schwächezustände, die eine behördliche Massnahme erforderlich machten. Mit der Berichterstattung hat der Beistand oder die Beiständin auch Antrag zu stellen betreffend Weiterführung oder Aufhebung der Massnahme, auf Umwandlung in eine andere Massnahme, die Überweisung an eine andere KESB sowie auf Bestätigung oder Entlassung des Mandatsträgers oder der Mandatsträgerin aus dem Amte.

7.27 Nicht nur der Inhalt eines Berichts ist von Bedeutung, sondern ebenso *die Art und Weise der Formulierung,* insbesondere von andauernden und neuen Schwächen. Dabei geht es nicht um eine Vertuschung oder Bagatellisierung von Tatsachen, sondern um die Vermeidung von verletzenden, blossstellenden und etikettierenden Äusserungen. Der Respekt vor der Person und die Tatsache, dass ihr der Bericht erläutert und auf Verlangen eine Kopie ausgehändigt wird (Art. 411 Abs. 2 ZGB), erfordern entsprechende Sorgfalt beim sprachlichen Ausdruck.

7.3.3. Prüfung von Rechnung und Bericht

Art. 415 ZGB regelt in Absatz 1 die Prüfung der Rechnung durch die KESB. Diese kann die *Genehmigung* erteilen oder verweigern oder wenn nötig eine Berichtigung verlangen. Nach Absatz 2 prüft die KESB den Bericht und verlangt, wenn nötig, dessen Ergänzung. Nötigenfalls trifft die KESB Massnahmen, die zur Wahrung der Interessen der betroffenen Person angezeigt sind (Absatz 3).

7.28

Die Rechnungskontrolle erfasst die *formelle Richtigkeit* sowie die *Angemessenheit und Gesetzmässigkeit der Verwaltung*. Der Bericht ist daraufhin zu prüfen, ob der Beistand oder die Beiständin das Mandat entsprechend der Lage der verbeiständeten Person und den gesetzlichen Zielen ausübt. Die Genehmigung von Rechnung und Bericht ist keine Decharge-Erteilung. Die Bestimmungen über die Verantwortlichkeit nach Art. 454–456 ZGB gelten auch für genehmigte Rechnungen und Berichte. Betreffend Schlussbericht vgl. Ausführungen in Rz. 8.16 ff.

7.29

7.4. Vermögensverwaltung

Literatur

Botschaft, 7053.
Spezifische Literatur: BALESTRIERI MYRIAM, Die Vermögensverwaltung im neuen Erwachsenenschutzrecht, in: ZKE 2011, 201 ff.; BASLER SCHERER MARIANNE, Vermögensanlage unter Erwachsenenschutzrecht, in: ZKE 2011, 177 ff.; HÄFELI CHRISTOPH, Die Vermögensanlage im Rahmen vormundschaftlicher Mandate aus rechtlicher und sozialarbeiterischer Sicht, in: ZVW 2001, 309 ff.; KÄSER ROLAND, Die geltenden gesetzlichen Kriterien für die Anlage von Mündelvermögen; Leitplanken oder Barrieren?, in: ZVW 2001, 322 ff.; SENN HANS JÖRG, Mündelsichere Kapitalanlagen, Zürich 1972; KONFERENZ DER KANTONALEN VORMUNDSCHAFTSBEHÖRDEN VBK, Empfehlungen für die Vermögensanlage im Rahmen von vormundschaftlichen Mandaten, in: ZVW 2001, 332 ff., sowie Ergänzungen in: ZVW 2009, 199 ff.

7.4.1. Bestimmungen im ZGB

Das neue Recht enthält lediglich zwei Artikel zur Vermögensverwaltung. Art. 408 ZGB verpflichtet den Beistand oder die Beiständin, die Vermögenswerte *sorgfältig zu verwalten* und alle *Rechtsgeschäfte vorzunehmen*, die mit der Verwaltung zusammenhängen (Abs. 1). Der Beistand oder die Beiständin kann insbesondere mit befreiender Wirkung die von Dritten geschuldete Leistung für die betroffene Person entgegennehmen, soweit

7.30

7. Mitwirkung der KESB

angezeigt Schulden bezahlen und die betroffene Person nötigenfalls für die laufenden Bedürfnisse vertreten (Abs. 2). Diese Vertretungsbefugnis ist Art. 166 Abs. 1 ZGB nachgebildet und erlaubt es dem Mandatsträger oder der Mandatsträgerin, Rechtsgeschäfte für den üblichen und alltäglichen Unterhaltsbedarf der betroffenen Person abzuschliessen und das verwaltete Vermögen anzuzehren.

7.31 Nach Art. 408 Abs. 3 ZGB erlässt der Bundesrat Bestimmungen über die Anlage und die Aufbewahrung des Vermögens (vgl. Rz. 7.34 ff.).

7.32 Art. 409 ZGB konkretisiert das *Selbstbestimmungsrecht* und den Grundsatz der *Verhältnismässigkeit* und verpflichtet den Beistand oder die Beiständin, der betroffenen Person angemessene Beträge aus den Vermögenswerten zur Verfügung zu stellen. Die Angemessenheit beurteilt sich insbesondere nach den Vermögensverhältnissen der betroffenen Person und danach, welche Vermögenswerte in ihrer Verwaltung oder ihrem Zugriffsbereich geblieben sind.

7.33 Art. 412 Abs. 1 ZGB verbietet dem Beistand oder der Beiständin zu Lasten der verbeiständeten Person Bürgschaften einzugehen, Stiftungen zu errichten sowie Schenkungen vorzunehmen, die über die gewöhnlichen Gelegenheitsgeschenke hinausgehen. Diese Vermögensdispositionen können auch nicht mit Zustimmung der KESB vorgenommen werden. Vermögenswerte, die für die betroffene Person oder ihre Familie einen besonderen (wirtschaftlichen oder affektiven) Wert haben, sollen nach Möglichkeit nicht veräussert werden (Art. 412 Abs. 2 ZGB).

7.4.2. Verordnung des Bundesrates

7.34 Das alte Recht enthielt in aArt. 398–404 ZGB mehrere Bestimmungen zur Vermögensanlage und Vermögensverwaltung, die jedoch teilweise überholt sind und Behörden und Mandatsträger/innen wenig konkrete Hilfen boten bei der Vermögensanlage. Die KOKES (damals noch VBK) hat deshalb in den Jahren 2001 und 2009 Empfehlungen erlassen für die Vermögensanlage im Rahmen von vormundschaftlichen Massnahmen. Diese Empfehlungen werden nun durch die vom Bundesrat am 4. Juli 2012 verabschiedete Verordnung über die Vermögensverwaltung im Rahmen einer Beistandschaft oder Vormundschaft (VBVV) abgelöst. Die Verordnung orientiert sich weitgehend an den bisherigen Empfehlungen der KOKES.

7.35 Die VBVV regelt die Anlage und Aufbewahrung von Vermögenswerten einer Person, die unter einer Vertretungsbeistandschaft mit Vermögensverwaltung oder unter einer Minderjährigenvormundschaft steht (Art. 1 VBVV). Der schon bisher geltende Grundsatz «*Sicherheit vor Rendite*» wird

7.4. Vermögensverwaltung

in Art. 2 Abs. 2 VBVV kodifiziert, obwohl auch unter dem neuen Recht Vermögenswerte *ertragbringend* anzulegen sind (Art. 2 Abs. 1 VBVV). Das Risiko der Anlage ist durch Verteilung auf verschiedene Anlagekategorien, Regionen und Wirtschaftszweige gering zu halten (Art. 2 Abs. 3 VBVV). Bargeld, das nicht zur Deckung der laufenden Bedürfnisse benötigt wird, muss unverzüglich (unter dem alten Recht innert einem Monat, aArt. 401 Abs. 2 ZGB) auf ein Konto bei einer Bank oder bei der Postfinance angelegt werden (Art. 3 VBVV).

Wertschriften und Wertgegenstände, wichtige Dokumente und dergleichen sind bei einer Bank oder der Postfinance aufzubewahren (Art. 4 VBVV). Die bisherige «Schirmlade» lebt durch die ausnahmsweise Aufbewahrung in einem eigenen feuer-, wasser- und diebstahlsicheren Archiv weiter (Art. 4 Abs. 3 VBVV).

7.36

Die *persönlichen Bedürfnisse* der betreuten Person müssen bei der Wahl der Anlage berücksichtigt werden, namentlich das Alter, die Gesundheit, die Bedürfnisse des Lebensunterhalts, das Einkommen und das Vermögen sowie der Versicherungsschutz (Art. 5 VBVV).

7.37

Die Verordnung unterscheidet zwei Vermögenssubstrate: Vermögen, das der *Sicherstellung des gewöhnlichen Lebensunterhaltes* dient; für diese Vermögensteile werden ausschliesslich aus wirtschaftlicher Sicht «sichere» konservative Anlagen als zulässig erklärt (Art. 6 VBVV). Für *Vermögen, das über den gewöhnlichen Lebensunterhalt hinausgeht,* sind, sofern es die persönlichen Verhältnisse der betroffenen Person erlauben, zusätzlich zu den in Art. 6 VBVV aufgezählten Anlagen weitere, mit gewissen erhöhten Risiken verbundene Anlagen zulässig, namentlich auch Anlagefonds mit höchstens 25 Prozent Aktien und zu höchstens 50 Prozent Titel ausländischer Unternehmen. Und bei *ausserordentlich günstigen Vermögensverhältnissen* kann die KESB auch weitergehende Anlagen bewilligen (Art. 7 Abs. 2 VBVV). Vermögensanlagen, die im Zeitpunkt der Errichtung einer Beistandschaft oder Minderjährigenvormundschaft die Voraussetzungen nach Art. 6 und 7 VBVV nicht erfüllen, müssen innert angemessener Frist umgewandelt werden, was der bisherigen Formulierung «nicht zur Unzeit» in aArt. 402 Abs. 2 ZGB entspricht.

7.38

Art. 9 VBVV regelt den Vertragsabschluss mit der Bank und Art. 10 VBVV die Aufbewahrung der Konto- und Depotbelege sowie die Akteneinsicht von KESB und Beistand oder Beiständin bzw. Minderjährigenvormund/in in diese Konti und Depots. Bedauerlicherweise wurde der Anregung der KOKES nicht entsprochen, einen *dreiseitigen Vertrag* zwischen Beistand/Vormund, der Bank und der KESB vorzusehen. Mit der Formulierung in Art. 9 VBVV ist die Aufsichtspflicht und -befugnis der KESB nur ungenü-

7.39

gend gewährleistet. Immerhin scheint der Wortlaut von Art. 9 Abs. 2 VBVV und der erläuternde Bericht dazu, dreiseitige Verträge, wie sie in der Praxis bereits verbreitet sind, nicht auszuschliessen. Art. 11 VBVV hält die *Dokumentationspflicht* fest.

7.40 Insgesamt schreibt die Verordnung auf Bundesrechtsebene fort, was bisher als Empfehlungen der KOKES schon Anwendung fand. Nach dem neuen Recht ist kein Raum mehr für rechtsetzende kantonale Regelungen im Bereich der Vermögensverwaltung und -anlage.

7.5. Zustimmung der KESB zu Handlungen des Beistandes oder der Beiständin

Literatur

Botschaft, 7055–7058. Zur Sterilisation: Stellungnahme des Bundesrates vom 3. September 2003, BBl 2003 6355 ff.; Bericht der Kommission für Rechtsfragen des Nationalrates vom 23. Juni 2003, BBl 2003 6311 ff.
Allgemeine Literatur: BSK ESR-Vogel, Art. 416–418; BSK ZGB I-Geiser, aArt. 421/422 und 424 ZGB; CHK-Affolter/Steck/Vogel, aArt. 421/422 und 424 ZGB; Deschenaux/Steinauer, N 1002–1007; FamKomm ESR-Biderbost, Art. 416–418; Hausheer/Geiser/Aebi-Müller, 2.146; KUKO ZGB-Langenegger, Art. 416–418; Meier/Lukic, N 611–630; OFK ZGB-Fassbind, Art. 416–418; Schmid, Art. 416–418.
Spezifische Literatur: Meier Philippe, Le consentement des autorités de tutelle aux actes du tuteur (art. 421/422 CC), Freiburg 1994.

7.5.1. Allgemeines

7.41 Zur *Gültigkeit* gewisser vom Beistand oder der Beiständin für die betroffene Person abgeschlossener Rechtsgeschäfte bedarf es – da es riskante und komplexe Geschäfte sind – der Zustimmung der KESB. Diese Rechtsgeschäfte sind in Art. 416 ZGB aufgeführt. Weiter können Rechtsgeschäfte hinzukommen, die von der Behörde ausdrücklich ihrer Zustimmung unterworfen werden (Art. 417 ZGB). Entgegen dem, was aArt. 422 ZGB vorsah (vgl. auch aArt. 404 Abs. 3 ZGB), hat die Aufsichtsbehörde für diesen Bereich keine Zuständigkeit mehr.

7.42 Artikel 416 und 417 ZGB sind nur anwendbar, soweit der Beistand oder die Beiständin über ein Vertretungsrecht für die betroffene Person verfügt: Dies trifft für die Vertretungsbeistandschaft (mit oder ohne Vermögensverwaltung, Art. 394/395 ZGB) und für die umfassende Beistandschaft (Art. 398 ZGB) zu. Mit der Begleitbeistandschaft ist kein gesetzliches Vertretungsrecht verbunden; erteilt die betroffene Person der Begleitbeiständin oder dem Begleitbeistand eine privatrechtliche Vollmacht (Art. 32 ff. OR), sind deren Rechtsgeschäfte nicht Art. 416/417 ZGB unterstellt. Bei

7.5. Zustimmung der KESB

der Mitwirkungsbeistandschaft (Art. 396 ZGB) handelt die Person selber; die Zustimmung des Beistandes oder der Beiständin reicht aus. Die Behörde darf nicht auf dem Umweg über Art. 417 die eigene Zustimmung anordnen. Schliesslich sind Art. 416/417 ZGB auf Rechtsgeschäfte von Drittpersonen, die gemäss Art. 392 Ziff. 2 ZGB beauftragt sind, nicht unmittelbar anwendbar. In solchen Fällen kann die Behörde jedoch zusammen mit der Verfügung über die Einsetzung der beauftragten Drittperson und deren Aufgaben anordnen, dass ihr die Geschäfte zur Zustimmung unterbreitet werden.

Eine Beistandschaft mit Vertretungsrecht ist nötig, aber nicht ausreichend: Nach dem Muster von aArt. 419 Abs. 2 ZGB für die altrechtliche Verwaltungsbeistandschaft ist zudem erforderlich, dass die Zustimmung zum beabsichtigten oder vorgenommenen konkreten Rechtsgeschäft nicht *von der betroffenen Person selber erteilt werden* kann. Wenn mit anderen Worten die betroffene Person urteilsfähig ist (bezüglich des konkreten Rechtsgeschäftes) und die Behörde ihre Handlungsfähigkeit nicht eingeschränkt hat (immer bezüglich dieses Rechtsgeschäftes), muss der Beistand oder die Beiständin die Zustimmung der betroffenen Person einholen. Sind diese Voraussetzungen nicht erfüllt, liegt die Zuständigkeit für die Zustimmung bei der KESB. Sie muss ihre Entscheidzuständigkeit vorher abklären, indem sie sich beim Beistand oder bei der Beiständin zu den gegenüber der betroffenen Person vorgenommenen Schritten erkundigt. Ein eingehendes Gutachten über die Fähigkeiten der betroffenen Person ist nicht nötig. Verweigert eine betroffene Person eine Zustimmung, die sie geben könnte, und liegt das Rechtsgeschäft nach Auffassung des Beistandes oder der Beiständin dennoch in ihrem Interesse, so können sie es nur mit Zustimmung der KESB abschliessen.

7.43

Das ohne Zustimmung der KESB (oder der betroffenen Person selber, wenn sie urteilsfähig ist) abgeschlossene Rechtsgeschäft hat dieselbe Wirkung, wie wenn die Zustimmung der gesetzlichen Vertretung fehlt. Wie bei aArt. 424 ZGB, der auf aArt. 410/411 ZGB verwies, verweist demnach auch Art. 418 ZGB auf Art. 19a und 19b ZGB (vgl. Rz. 1.42; vgl. schon BGE 117 II 18). Das Rechtsgeschäft ist hinkend, solange es nicht genehmigt wird, und verpflichtet folglich nur die andere Vertragspartei. Es wird hinfällig, wenn die Genehmigung der Behörde ausbleibt; mit der Genehmigung wird es rückwirkend auf den Abschluss gültig. Die Zustimmung der Behörde ist ein Verwaltungsakt und nicht einer besonderen Form des Rechtsgeschäftes an sich unterworfen; sie ist Gegenstand einer schriftlichen, beschwerdefähigen Verfügung (Art. 450 ZGB). Die andere Vertragspartei vertritt eigene Interessen und ist daher nicht zur Beschwerde gegen eine Verweigerung befugt (Art. 450 Abs. 2 Ziff. 2 ZGB *a contrario*).

7.44

7. Mitwirkung der KESB

7.45 Der Beistand oder die Beiständin muss der Behörde alle entscheidnotwendigen Informationen und Unterlagen zur Verfügung stellen (insbesondere andere eingegangene Angebote, Schätzungen der betroffenen Vermögenswerte, Angaben über den kurz- und mittelfristigen Liquiditätsbedarf der betroffenen Person usw.). Die Behörde prüft, ob das Rechtsgeschäft im Interesse der betroffenen Person liegt, unter Berücksichtigung aller gegenwärtigen persönlichen und finanziellen Umstände, aber auch der vernünftigerweise voraussehbaren (z.B. bevorstehender Eintritt in ein Altersheim). Im Allgemeinen wird die Behörde darauf achten, dass sie über ein Rechtsgeschäft erst entscheidet, wenn dessen Einzelheiten zwischen dem Beistand oder der Beiständin und der anderen Vertragspartei ausgehandelt sind (Vertrag unter aufschiebender Bedingung seiner Genehmigung) und nicht im Voraus ein Rechtsgeschäft genehmigt, dessen Modalitäten vor der Unterschrift geändert werden können (was einen neuerlichen Entscheid ihrerseits nötig machen würde).

7.46 Die Zustimmung der Behörde ersetzt das Handeln der Beiständin oder des Beistandes nicht: Dies obliegt weiterhin ihr oder ihm; soweit die Vertretungsbefugnis aufgrund einer Interessenskollision fehlt (Art. 403 Abs. 2 ZGB), kann die behördliche Zustimmung nicht an deren Stelle treten. Die Behörde kann aber entscheiden, die Angelegenheit selber zu regeln statt einen Ersatzbeistand oder eine Ersatzbeiständin zu ernennen (vgl. Rz. 4.7 und Rz. 5.58 und Art. 403 Abs. 1 ZGB). Die *Verantwortlichkeit der Behörde* richtet sich nach den allgemeinen Regeln von Art. 454/455 ZGB.

7.5.2. Zustimmungsbedürftige Geschäfte gemäss Art. 416 Abs. 1 ZGB

7.47 Die von aArt. 404 Abs. 3, 421 und 422 ZGB erwähnten Geschäfte wurden nicht einfach übernommen. So ist der Mietvertrag unabhängig von seiner Dauer nicht zustimmungsbedürftig (vgl. aArt. 421 Ziff. 6 ZGB), ebenso wenig der Lehrvertrag (aArt. 421 Ziff. 12 ZGB) oder die Ermächtigung, einen Beruf oder ein Gewerbe selbständig zu betreiben (aArt. 421 Ziff. 7 ZGB; die Frage ist künftig im Rahmen einer massgeschneiderten Massnahme zu regeln). Verschwunden sind auch der Vorrang der öffentlichen Versteigerung eines Grundstückes gegenüber dem Verkauf aus freier Hand und die vormundschaftsrechtliche Genehmigungspflicht des freien Verkaufs (aArt. 404 ZGB): Die Verkaufsmodalitäten können vom Beistand, von der Beiständin oder der Behörde frei bestimmt werden (im Rahmen von Art. 416 Ziff. 4 ZGB).

Die Aufzählung der Geschäfte ist *nicht abschliessend*: Die Behörde kann einzelne Geschäfte beifügen (namentlich jene, die nicht von aArt. 421/422 ZGB übernommen wurden), dies aufgrund von Art. 417 ZGB (vgl. Rz. 7.50 ff.).

7.48

Die aufgezählten Geschäfte rufen nach folgenden Präzisierungen:

7.49

- Die *Auflösung des Haushaltes* und die *Kündigung des Mietvertrages* für die Wohnung der betroffenen Person (Art. 416 Abs. 1 Ziff. 1 ZGB) im Hinblick auf ihren Eintritt in ein Wohn- und Pflegeheim oder einer anderen Einrichtung sind Handlungen, die das Lebensumfeld und den Lebensalltag der Person betreffen. Sie sind im Allgemeinen mit einem Geschäft gemäss Ziff. 2 verbunden;
- *Abschluss* oder *Kündigung eines Dauervertrages über die Unterbringung* der betroffenen Person (in einer Einrichtung oder als Familienunterbringung) bedeuten eine Verlagerung ihres Lebensmittelpunktes, so dass diese Geschäfte auch in persönlicher Hinsicht einschneidend sind (Art. 416 Abs. 1 Ziff. 2 ZGB); auch gilt es der Person nachteilige, rein finanziell begründete Entscheidungen zu verhindern (z.B. Heimwechsel). Wenn der Beistand oder die Beiständin aufgrund von Art. 382 ZGB mit einem Wohn- und Pflegeheim einen Betreuungsvertrag abschliesst, bedarf er keiner behördlichen Genehmigung, weil die Regelung von Art. 382 ZGB «in sich genügt» und die vertragschliessende Person unabhängig von der Grundlage ihres Vertretungsrechts gleich behandelt (Botschaft, 7057; OFK ZGB-Fassbind, Art. 416 N 2; Meier/Lukic, N 620; *contra*: KUKO ZGB-Langenegger, Art. 416 N 6). Ferien- oder Kuraufenthalte werden nicht erfasst. Die fürsorgerische Unterbringung richtet sich ausschliesslich nach Art. 426 ff. ZGB;
- Die *Annahme einer Erbschaft* (Art. 416 Abs. 1 Ziff. 3 ZGB) zielt (wie schon gemäss herrschender Lehre zum alten Recht auf Grundlage des missverständlicheren Wortlautes von aArt. 422 Ziff. 5 ZGB) nur auf Fälle, in denen das Gesetz eine ausdrückliche Willenserklärung verlangt (Art. 566 Abs. 2, 574, 575 und 588 ZGB) und nicht wenn die Erbschaft aufgrund von Art. 560 Abs. 1 ZGB *gesetzlich* zufällt. Das Zustimmungserfordernis für die Annahme einer Erbschaft mit erbrechtlichem Inventar war umstritten (BSK ZGB I-Geiser, aArt. 421/422 N 31; Meier, Freiburg 1994, 485 f.). Nachdem das Gesetz nun von einer «ausdrücklichen» Erklärung spricht und diese Erbschaftsannahme *ex lege* eintritt, scheint es sachlogisch, sie nicht der Zustimmung zu unterwerfen, vorbehältlich der Ausschlagserklärung;
- Die *Ausschlagung* (Art. 416 Abs. 1 Ziff. 3 ZGB) einer Erbschaft bedarf der Zustimmung, es sei denn sie wird gesetzlich vermutet und erfordert keine Erklärung (Art. 566 Abs. 2 ZGB). Die Behörde muss darauf ach-

ten, Fristverlängerung (Art. 576 ZGB) zu beantragen, wenn sie meint, die Fristen für die Ausschlagung gemäss Art. 567 und 588 ZGB nicht einhalten zu können.
- *Verträge über die Teilung der Erbschaft* oder die materielle Zuteilung von Losen (Art. 609 ZGB) bedürfen der Genehmigung (Art. 416 Abs. 1 Ziff. 3 ZGB). Die Frage einer zusätzlichen Anwendung der Bestimmung über den Privatverkauf von Grundstücken (aArt. 404 Abs. 3 ZGB), wenn die Erbschaft ein Grundstück umfasst, das einem Miterben, einer Miterbin oder einer Drittperson zugewiesen ist, stellt sich nicht mehr. Dagegen fällt die Veräusserung eines Vermögenswertes durch die Erbengemeinschaft an eine Drittperson unter Art. 416 Abs. 1 Ziff. 4 und 5 ZGB;
- Der von einer verbeiständeten Person als Gegenpartei (und nicht als Verfügende von Todes wegen) abgeschlossene *Erbvertrag* ist zustimmungsbedürftig (Art. 416 Abs. 1 Ziff. 3). Bringt der Vertrag der betroffenen Person nur Vorteile (Erbeinsetzungsvertrag), ohne Belastungen oder Bedingungen, ist die Zustimmung nicht erforderlich. Die betroffene Person kann auch einen Erbvertrag als *erblassende Person* eingehen: Sie bedarf dazu der Zustimmung ihres Beistandes oder ihrer Beiständin (Art. 468 Abs. 2 ZGB), wenn ihr für dieses Geschäft die Handlungsfähigkeit fehlt (oder wenn sie unter umfassender Beistandschaft steht), nicht aber diejenige der Behörde;
- Der Erwerb und die Veräusserung eines *Grundstückes* (Art. 655 Abs. 2 ZGB) setzen im Allgemeinen erhebliche Summen aufs Spiel oder führen zum Verzicht auf eine *a priori* dauerhaften Anlage. Sie bedürfen deshalb der Zustimmung der Behörde (Art. 416 Abs. 1 Ziff. 4 ZGB). Alle Formen der Veräusserung sind betroffen: Dies umfasst beispielsweise auch die Sacheinlage ins Aktienkapital (Art. 634 OR) oder den Tauschvertrag (Art. 237 OR). Der grundsätzlich Vorrang der öffentlichen Versteigerung (aArt. 404 Abs. 2 ZGB) wurde abgeschafft.
- Die Belastung eines Grundstückes der betroffenen Person mit einem *Pfand* oder *anderen dinglichen Rechten* (Wohnrecht, Nutzniessungsrecht, Baurecht, Grunddienstbarkeit, Quellenrecht, Grundlast) bedarf der Zustimmung der Behörde (Ziff. 4). Dies trifft vorbehältlich Art. 416 Abs. 1 Ziff. 5 ZGB für persönliche Rechte (Vorkaufsrecht; Gewinnanteilsrecht) nicht zu, mit Ausnahme der Erteilung eines Kaufrechts auf das Grundstück der betroffenen Person: Da es mit einseitiger Willenserklärung der begünstigten Person ausgeübt wird, kommt es einer Veräusserung des Grundstückes gleich;
- Als «Bauten», die über den Bedarf der ordentlichen Verwaltung hinausgehen (Art. 416 Abs. 1 Ziff. 4 ZGB), gelten auch umfangreiche *Instandstellungen*. Dazu kann auf die Kriterien bei Art. 647a und 227 ZGB verwiesen werden. Zur ordentlichen Verwaltung gehören danach Hand-

lungen, die nach normalem Verlauf der Dinge sowohl nötig als auch zweckmässig erscheinen und keine besonderen Kosten nach sich ziehen (z.B. Reparaturen des laufenden Unterhaltes);
- Erwerb, Veräusserung, Verpfändung oder Errichtung einer Nutzniessung bei anderen Vermögenswerten (als Grundstücke) bedürfen der Zustimmung, wenn sie über die ordentliche Verwaltung oder Bewirtschaftung hinausgehen (Art. 416 Abs. 5 ZGB). Auch dazu kann auf die Kriterien von Art. 227 ZGB verwiesen werden. Reinvestitionen nach Fälligkeit einer Anlage zählen zur gewöhnlichen Verwaltung des beweglichen Vermögens, soweit damit die Anlagestrategie nicht wesentlich geändert wird (LANGENEGGER, in: Rosch et al., Art. 416 N 6);
- *«Erhebliche» Ausleihen* oder *Anleihen* fallen unter Art. 416 Abs. 1 Ziff. 6 ZGB aArt. 421 Ziff. 4 ZGB zielte noch auf alle Verträge dieser Art. Die Merkmale für die Beurteilung, ob es sich um ein erhebliches Geschäft handelt oder nicht, müssen sowohl absoluter (Kreditsumme) als auch relativer Natur sein (Kreditsumme im Verhältnis zu Vermögen und Einkommen der betroffenen Person). Die Behörde kann sich im Sinne einer Richtlinie auf die Schwelle gemäss Art. 7 lit. e des Bundesgesetzes über den Konsumkredit (SR 221.214.1) stützen: Diese Regeln sind nur auf Kredite von über Fr. 500.– anwendbar. Die Behörde darf demnach vermuten, dass der Kredit erheblich ist, wenn er diese Summe erreicht. Wird eine Kredit-, Bank- oder Postkontokarte überzogen, fällt dies nicht unter Art. 416 Abs. 1 Ziff. 6 ZGB. Der Abschluss eines Kreditkartenvertrages kann dagegen Art. 416 Abs. 1 Ziff. 5 ZGB unterworfen sein. Die Anlage von Vermögen der betroffenen Person begründet kein Darlehen an die depot- oder verwaltungsführende Bank. Jedoch müssen die Anforderungen gemäss Verordnung des Bundesrates beachtet werden (Art. 408 Abs. 3 ZGB; vgl. Rz. 7.34 ff.);
- *Wechselrechtliche Verpflichtungen* (Scheck, Wechsel, Wechselbürgschaft, Art. 991–1099 ff. OR) sind in der Praxis immer seltener; sie bedürfen ebenfalls der Zustimmung der Behörden (Art. 416 Abs. 1 Ziff. 6 ZGB);
- Abschluss oder Kündigung von Leibrenten- (Art. 516 ff. OR), Verpfründungs- (Art. 521 ff. OR) oder Lebensversicherungsverträgen als Risiko- oder gemischte Versicherung (dem Bundesgesetz über den Versicherungsvertrag SR 221.229.1 unterstellt), für die eine betroffene Person Prämien schuldet, sind zustimmungsbedürftig (Art. 416 Abs. 1 Ziff. 7 ZGB). Das Gesetz macht eine Ausnahme für Verträge, die im Rahmen der beruflichen Vorsorge mit einem Arbeitsvertrag verbunden sind (Anwendbarkeit des Bundesgesetzes über die Freizügigkeit in der beruflichen Alters-, Hinterlassenen- und Invalidenvorsorge, SR 831.42), weil dort Handlungsspielraum fehlt. Die Einsetzung eines Begünstigen in ei-

nem Lebensversicherungsvertrag und ihr Widerruf sind absolut höchstpersönliche Rechte, die nur die betroffene Person selber ausüben kann (ohne dass sie der Zustimmung des Beistandes, der Beiständin oder der Behörde bedarf), sofern sie urteilsfähig ist (BGE 133 III 669; BGE 41 II 553);
- Die *Übernahme* oder *Liquidation eines Geschäftes* können sämtliche finanziellen Mittel der betroffenen Person aufs Spiel setzen, entweder indem sie mit ihrem Gesamtvermögen haftet oder weil sie eine Quelle regelmässigen Einkommens verliert. Sie bedürfen der Zustimmung der Behörde (Art. 416 Abs. 1 Ziff. 8 ZGB). Angesicht der damit verbundenen Risiken verhält es sich selbst dann so, wenn die Übernahme unentgeltlich erfolgt (KUKO ZGB-LANGENEGGER, Art. 416 N 6; *contra*: MEIER, Freiburg 1994, 451 ff.);
- Gleiches gilt, immer noch aufgrund von Art. 416 Abs. 1 Ziff. 8 ZGB, beim Eintritt in eine Gesellschaft mit *persönlicher Haftung* der betroffenen Person (Kollektivgesellschaft, Kommanditgesellschaft als geschäftsführender Gesellschafter; dem ist die einfache Gesellschaft gleichzusetzen, selbst wenn es sich um einen Vertrag handelt und nicht um eine Gesellschaft) oder bei einer *erheblichen Kapitalbeteiligung* (Kommanditgesellschaft als Kommanditär, Kommanditgesellschaft für kollektive Anlagen als Kommanditär, Gesellschaft mit beschränkter Haftung, Aktiengesellschaft oder Investmentgesellschaft mit variablem Kapital). Die Genossenschaft muss unter zwei Gesichtspunkten untersucht werden, bezüglich erworbener Genossenschaftsanteile und bezüglich statutarischer Bestimmungen über die persönliche Haftung oder eine Nachschusspflicht (Art. 833 Ziff. 5 OR). Der Begriff der erheblichen Kapitalbeteiligung muss als absoluter und als relativer Wert beurteilt werden (bezüglich der Gesamtsumme und der Zusammensetzung des Vermögens). Der Austritt aus einer derartigen Gesellschaft bedarf keiner Zustimmung, es sei denn, er komme der Liquidation eines Geschäftes der betroffenen Person gleich;
- Die *Insolvenzerklärung* (Art. 191 SchKG) und der Abschluss eines *aussergerichtlichen oder gerichtlichen Nachlassvertrages* (aber nicht der einfache Schuldenerlass, Art. 115 OR) bedürfen ebenfalls der Zustimmung (Art. 416 Abs. 1 Ziff. 9 ZGB). Dieser Zustimmung bedarf auch das Gesuch um Nachlassstundung (Art. 293 SchKG), da es sich um den entscheidenden Moment des Nachlassverfahrens handelt. Der Antrag auf Durchführung einer einvernehmlichen privaten Schuldenregelung (Art. 333 ff. SchKG) muss nicht bewilligt werden, wohl aber eine allfällige Bereinigungsvereinbarung, da sie einem Nachlassvertrag gleichzustellen ist. Die Zustimmungsregelung gilt nicht nur für die betroffene

7.5. Zustimmung der KESB

Person in der Schuldnerposition einer Vereinbarung, sondern auch wenn sie in der Gläubigerrolle steht;
- Die *Prozessführung* bedarf der Zustimmung der Behörde (Art. 416 Abs. 1 Ziff. 9 ZGB) unabhängig von der Art des Gerichts oder der Behörde (Zivilgericht oder Verwaltungsbehörde; Strafgericht bei Adhäsionsklagen), der Rolle der betroffenen Person im Verfahren (klagende oder beklagte Partei; Beschwerdeführer/Beschwerdeführerin, Beschwerdegegner/Beschwerdegegnerin), vom Streitgegenstand und Verfahrensstadium (1. Instanz; 2. Instanz; Bundesgericht). Die Zustimmung muss von Instanz zu Instanz neu erteilt werden. Wurde ein Beistand oder eine Beiständin mit der Vertretung in einem Gerichtsverfahren beauftragt (z.B. Einreichen einer Ungültigkeitsklage gegen ein Testament im Interesse der betroffenen Person), gilt die Einsetzung als Zustimmung im Sinne von Art. 416 ZGB für erforderliche Rechtshandlungen. Der Beistand oder die Beiständin kann bei Dringlichkeit das Nötige vorläufig allein vorkehren (z.B. bei kurzen Rekurs- oder Klagefristen). Die Handlungen müssen von der Behörde anschliessend für das weitere Verfahren genehmigt werden (vgl. auch Art. 67 Abs. 3 lit. b ZPO). Der Strafantrag ist Gegenstand der besonderen Regelung von Art. 30 Abs. 2 und 3 StGB (vgl. Rz. 7.64). Generell ist daran zu erinnern, dass der Beistand oder die Beiständin nicht zur verfahrensrechtlichen Vertretung höchstpersönlicher Rechte befugt ist, wenn die betroffene Person urteilsfähig ist (vgl. Rz. 1.42): Dies ergibt sich nicht nur aus Art. 416 Abs. 2 ZGB, sondern auch aus Art. 19c ZGB und Art. 67 Abs. 3 lit. a ZPO.
- Der Abschluss eines *Vergleichs* (Art. 208 ZPO) ist zustimmungsbedürftig (Art. 416 Abs. 1 Ziff. 9 ZGB). Gleiches gilt für den aussergerichtlichen Vergleich im Zusammenhang mit einem hängigen Rechtsstreit (MEIER, Freiburg 1994, 413 mit zahlreichen Verweisen; *contra*: KUKO ZGB-LANGENEGGER, Art. 416 N 6; zum alten Recht: BSK ZGB I-GEISER, aArt. 421 N 20; DESCHENAUX/STEINAUER, Bern 2001, N 1006, mit Verweis auf BGE 64 II 406);
- Gleiches gilt schliesslich für den *Schiedsvertrag* (Art. 416 Abs. 1 Ziff. 9 ZGB), der weit zu verstehen ist und nicht nur den Vertrag nach angehobenem Rechtsstreit umfasst («Schiedsvertrag»), sondern auch vorweggenommene Schlichtungsklauseln («Schiedsklausel»), die z.B. ein Kaufvertrag enthalten kann (KUKO ZGB-LANGENEGGER, Art. 416 N 6; MEIER, Freiburg 1994, 418 ff.).

7.5.3. Zustimmungsbedürftige Geschäfte gemäss Art. 417 ZGB

7.50 Entsprechend dem Verhältnismässigkeitsprinzip und dem Konzept der massgeschneiderten Massnahme kann die KESB aus *wichtigen Gründen* anordnen, dass ihr weitere Geschäfte zur Zustimmung unterbreitet werden (Art. 417 ZGB).

7.51 Art. 416 Abs. 2 ZGB bleibt auch in diesen Fällen vorbehalten.

7.52 Wichtige Gründe (vgl. Art. 4 ZGB) können sich aus der Komplexität des beabsichtigten Geschäftes oder dessen Tragweite für die persönlichen Verhältnisse oder die vermögensrechtliche Situation der betroffenen Person ergeben oder auch aus Unsicherheiten der Behörde über die genaue Definition der in Art. 416 Abs. 1 ZGB umschriebenen Geschäfte. Es kann auch darum gehen, früheren schlechten Erfahrungen mit unüberlegten, nicht in Art. 416 Abs. 2 ZGB aufgeführten Rechtsgeschäften des Beistandes oder der Beiständin Rechnung zu tragen. Die Behörde darf bei Zweifeln an der Eignung eines Beistandes oder einer Beiständin Art. 417 ZGB jedoch nicht für eine allgemeine Geschäftskontrolle nutzen: Sie muss dann eher überlegen, die Beiständin oder den Beistand zu ersetzen.

7.53 Nach Art. 412 ZGB verbotene Geschäfte können nicht über eine Zustimmung nach Art. 417 ZGB erlaubt werden.

7.54 Im Übrigen kann ein Beistand oder eine Beiständin die Behörde um eine Einschätzung von Geschäften ersuchen, die nicht in Art. 416 Abs. 1 ZGB aufgeführt sind; das bedeutet keine Vermischung der Verantwortlichkeit mit der Behörde, solange die Geschäfte nicht zur förmlichen Zustimmung nach Art. 417 ZGB unterworfen sind.

7.55 **Angeordnete Zustimmungsbedürftigkeit nach Art. 417 ZGB**

In Erwägung,

- *dass für NN eine umfassende Beistandschaft errichtet wurde und er selber nicht in Geschäfte einwilligen kann, die aufgrund von Art. 416 Abs. 1 und 3 oder 417 ZGB der Zustimmung der KESB bedürfen;*
- *dass dem Sachverhalt zu entnehmen ist, dass der Beistand XY zahlreiche zinslosen Darlehen unbestimmter Dauer bewilligt hat, mit Beträgen zwischen Fr. 20.– und Fr. 600.–, an Dritte (Raumpflegerin von NN, frühere Arbeitskollegen von NN, Enkelkinder von NN), die ihn darum ersucht haben;*
- *dass sich diese Darlehen über eine Periode von 12 Monaten erstrecken, mit einem Gesamtbetrag von Fr. 5'200.–;*

- *dass der Beistand keinerlei Anstalten getroffen hat, um die Beträge zurückzuerhalten;*
- *dass die Rückerstattung eines Betrages von Fr. 3'000.– aufgrund der finanziellen Lage der Darlehensnehmer beziehungsweise ihrer kürzlichen Abreise ins Ausland zumindest gefährdet erscheint,*
- *dass diese Situation die bereits angespannte finanzielle Lage von NN in Gefahr bringt.*

Dispositiv

1. Sämtliche vom Beistand XY im Namen von NN aus dessen Vermögen gewährte Darlehen bedürfen unabhängig vom Betrag, der Dauer oder der Person des Darlehensnehmers der Zustimmung der KESB.
2. Der Beistand XY wird aufgefordert, unverzüglich die zur Rückerstattung nötigen Schritte (Kündigung von Darlehen, dann allfällige Betreibungen) für von ihm zwischen dem ... 2013 und dem ... 2014 ausgeliehene Beträge zu prüfen und der Behörde darüber bis zum ... Bericht zu erstatten.
3. (Gebühren/Kostenregelung)
4. (Rechtsmittelbelehrung)
5. Eröffnung:
   - NN (betroffene Person),
   - XY (Beistand).
6. Mitteilung an (...)

7.5.4. Zustimmungsbedürftige Geschäfte gemäss Art. 416 Abs. 3 ZGB

*Z*wischen der betroffenen Person und dem Beistand oder der Beiständin geschlossene Verträge bedürfen zu ihrer Rechtsgültigkeit immer der Zustimmung der Behörde, weil zwischen den Vertragsparteien ein Abhängigkeitsverhältnis besteht. Diese Regelung gilt unabhängig von der Art der Beistandschaft und den der Beiständin oder dem Beistand übertragenen Kompetenzen. Sie gilt als *lex specialis* zu Art. 403 Abs. 2 ZGB für den Fall direkter Interessenskollisionen mit dem Beistand oder der Beiständin. Art. 416 Abs. 3 ZGB ist auch dann anwendbar, wenn die betroffene Person von einer im Vorsorgeauftrag eingesetzten Person vertreten wird (deren Aufgaben sich nicht mit denjenigen des Beistandes oder der Beiständin überschneiden) oder durch den Ehegatten, den eingetragenen Partner oder die eingetragene Partnerin, die gewisse Rechte neben denjenigen des Beistandes oder der Beiständin behalten (Art. 372 ff. ZGB). Massgebend ist nur, dass es sich bei der Vertragspartei um den Beistand oder die Beiständin der betroffenen Person handelt.

7.56

7.57 Diese Regel ist beim *unentgeltlichen Auftrag* nicht anwendbar (Art. 394 ff. OR), dem eine privatrechtliche Ermächtigung (Art. 32 ff. OR) gleichzustellen ist, die dem Beistand oder der Beiständin von der betroffenen Person für Aufgaben erteilt wird, die nicht unter das amtliche Mandat fallen. Andere unentgeltliche Verträge (z.B. Gebrauchsleihvertrag mit dem Beistand oder der Beiständin) bedürfen dagegen der Zustimmung.

7.5.5. Gesetzliche Sonderbestimmungen

7.58 Die *Sterilisation* einer Person setzt immer eine freie und schriftlich erteilte Zustimmung nach umfassender Aufklärung voraus (Art. 5/6 Sterilisationsgesetz, SR 211.111.1).

7.59 Wenn eine *urteilsfähige Person* unter einer Begleit-, Vertretungs- (mit oder ohne Vermögensverwaltung) oder Mitwirkungsbeistandschaft steht, dürfen weder der Beistand oder die Beiständin noch die Behörden einschreiten. Steht sie dagegen unter umfassender Beistandschaft, müssen sowohl der Beistand oder die Beiständin (Art. 6 in fine Sterilisationsgesetz) als auch die KESB (Art. 6 Abs. 2 in fine Sterilisationsgesetz) der Sterilisation zustimmen. Der Arzt oder die Ärztin ist gesetzlich verpflichtet, die Zustimmung einzuholen, bevor der Eingriff vorgenommen wird. Die Behörde muss in jedem Fall eine ärztliche Zweitmeinung (zusätzlich zum Arzt oder zur Ärztin, der oder die den Eingriff vornimmt) über die Urteilsfähigkeit der betroffenen Person einholen. Bei Zweifel kann sie zudem ein psychiatrisches Gutachten anordnen.

7.60 Eine *vorübergehend urteilsunfähige* Person darf nicht sterilisiert werden, auch nicht mit der Zustimmung der KESB (Art. 4 Sterilisationsgesetz).

7.61 Die Sterilisation einer *dauerhaft urteilsunfähigen* Person ist ebenfalls verboten (Art. 7 Abs. 1 Sterilisationsgesetz), unter Vorbehalt der materiellen Voraussetzungen gemäss Art. 7 Abs. 2 lit. a bis f des Gesetzes: Eingriff im Interesse der betroffenen Person (unter Berücksichtigung der gesamten Umstände, konkrete Interessen Dritter können dabei einfliessen), keine Alternative, mit der Zeugung eines Kindes ist zu rechnen, Trennung von den Eltern unvermeidlich oder erhebliche Gefährdung der Gesundheit der Frau bei einer Schwangerschaft, keine Aussicht die Urteilsfähigkeit zu erlangen, Operationsmethode mit der grössten Refertilisierungsaussicht. Zudem ist bei urteilsunfähigen Personen die Zustimmung der KESB in jedem Fall nötig (Art. 7 Abs. 2 lit. g Sterilisationsgesetz), unabhängig von der Art der errichteten Beistandschaft und auch ohne jede Beistandschaft.

7.62 Die Behörde wird von der betroffenen Person selber angerufen (angenommen sie besitze dazu die Urteilsfähigkeit) oder von einer nahestehenden

7.5. Zustimmung der KESB

Person (die ihr Beistand oder ihre Beiständin sein kann). Sie prüft, ob die materiellen Voraussetzungen von Art. 7 Sterilisationsgesetz erfüllt sind. Dazu muss sie die betroffene Person und ihr nahestehende Personen (getrennt) anhören, einen Bericht über die betroffene Person und ihre sozialen Verhältnisse erstellen und ein psychiatrisches Gutachten zur Urteilsunfähigkeit der betroffenen Person und der Dauer dieses Zustandes einholen (Art. 8 Abs. 2 Sterilisationsgesetz). Der Entscheid der KESB kann von der betroffenen oder einer ihr nahestehenden Person (dazu gehört hier auch der Beistand oder die Beiständin) bei der gerichtlichen Beschwerdeinstanz angefochten werden (Art. 9 Sterilisationsgesetz, Art. 450 ff. ZGB).

Anzumerken ist, dass ein Arzt oder eine Ärztin, die einen Heileingriff vornehmen, der als unvermeidliche Nebenwirkung den Verlust der Fortpflanzungsfähigkeit der betroffenen Person nach sich zieht (ein Eingriff der nicht den Bedingungen des Sterilisationsgesetzes unterworfen ist), dies der KESB melden muss, wenn es eine urteilsunfähige Person betrifft (Art. 10 Abs. 1 Sterilisationsgesetz). Diese *a posteriori* Kontrolle soll Missbräuche verhindern. 7.63

Im Fall einer umfassenden Beistandschaft ist die KESB zum *Strafantrag* befugt (Art. 30 Abs. 2 StGB). Die betroffene Person selber behält ihr Antragsrecht (neben demjenigen der Behörde, Art. 30 Abs. 3 StGB), wenn sie urteilsfähig ist. Sie kann es ohne Zustimmung der Behörde ausüben. 7.64

Auch das Öffnen von Briefen oder das Betreten von Wohnräumen der betroffenen Person bedürfen der Zustimmung. Es handelt sich jedoch um eine Zustimmung zu Realakten und nicht zu Rechtsgeschäften (Art. 391 Abs. 3 ZGB, vgl. Rz. 5.77 ff.). 7.65

8. Ende des Amtes des Beistandes oder der Beiständin

Literatur

Botschaft, 7060 f.

Allgemeine Literatur: BSK ZGB I-Geiser, aArt. 441–444; BSK ZGB I-Affolter, aArt. 451–453; BSK ESR-Vogel, Art. 421–425; FamKomm ESR-Rosch, Art. 421–425; Hausheer/Geiser/Aebi-Müller, 2.138 ff.; KUKO ZGB-Langenegger, Art. 421–425; Meier/Lukic, 642 ff.; OFK ZGB-Fassbind, Art. 421 ff.; Schmid, Art. 421 ff.

Spezifische Literatur: Good Martin, Das Ende des Amtes des Vormundes, Freiburg 1992; Schmid Hermann, Ende der Beistandschaft und Ende des Amts des Beistands (Art. 385 und 410–415 VE), ZSR 2003 I, 331 ff.; Konferenz der kantonalen Vormundschaftsbehörden VBK (heute: KOKES), Empfehlungen betreffend das Ende des vormundschaftlichen Amtes bei Auflösung des privat- oder öffentlichrechtlichen Anstellungsverhältnisses von professionellen Mandatsträgerinnen und Mandatsträgern, in: ZVW 2006, 224 ff.

8.1. Beendigung des Amtes von Gesetzes wegen

Das *Ende der Beistandschaft* (vgl. Kap. 9.) ist gemäss Art. *421 Ziff. 2 ZGB* Beendigungsgrund von Gesetzes wegen für das Amt des Beistands oder der Beiständin. Es gibt ausnahmsweise Situationen, in denen das Amt des Beistands oder der Beiständin die Massnahme überdauert (vgl. Rz. 9.1). Im Normalfall jedoch *beendet* das Ende der Beistandschaft *das Amt des Beistands oder der Beiständin sofort* in dem Sinne, dass keine Betreuungs- und Vertretungsbefugnisse mehr für eine verbeiständete Person bestehen. Der Beistand oder die Beiständin hat aber noch Schlussbericht und Schlussrechnung zu erstatten und Unterlagen und Gegenstände, die der vormals verbeiständeten Person zustehen, dieser bzw. ihren Rechtsnachfolgern herauszugeben. Diese Pflichten obliegen dem Beistand oder der Beiständin noch aufgrund des zu Ende gegangenen Amtes. Hingegen treffen sie bzw. ihn keine Weiterführungspflichten im Sinne von Art. 424 ZGB. Dies gilt grundsätzlich auch dann, wenn die Beistandschaft infolge Todes der betroffenen Person beendet wurde (vgl. Rz. 9.1).

8.1

Dass die KESB die Möglichkeit hat, eine *Amtsdauer* festzulegen, nach deren Ablauf das Amt des Beistands oder der Beiständin, vorbehältlich einer Bestätigung im Amt, von Gesetzes wegen endet, ergibt sich einzig aus der Bestimmung von *Art. 421 Ziff. 1 ZGB*. In den Gesetzesunterabschnitten über den Beistand oder die Beiständin (Art. 400 ff. ZGB) und über die Führung der Beistandschaft (Art. 405 ff. ZGB) fehlen jegliche Hinweise auf eine solche Amtsdauer. Die Entlassung des Beistands oder der Beiständin aus dem Amt durch einfache Unterlassung der Bestätigung, ohne dass ein Grund gemäss Art. 422 ff. ZGB gegeben wäre, dürfte in der Regel den

8.2

Interessen der betroffenen Person nicht dienen. In der Regel sollte deshalb von der Festsetzung einer bestimmten Amtsdauer abgesehen und damit der Beistand oder die Beiständin auf unbestimmte Dauer eingesetzt werden. Dies ändert nichts an der Pflicht, periodisch Rechnung abzulegen und Bericht zu erstatten. Mit dem Verzicht auf die Festsetzung einer Amtsdauer werden auch Unsicherheiten bezüglich der Weiterführungspflicht der nicht mehr oder noch nicht im Amt bestätigten Beistandsperson vermieden, insb. wenn es sich bei dieser um einen Berufsbeistand oder eine Berufsbeiständin handelt (Rz. 8.14).

8.3 Das Amt des Beistands oder der Beiständin endet gemäss *Art. 421 Ziff. 3 ZGB* von Gesetzes wegen, wenn er *Berufsbeistand* bzw. sie Berufsbeiständin ist und wenn das *Arbeitsverhältnis* beim Sozialdienst, der aufgrund eines Leistungsauftrages die Führung der entsprechenden Beistandschaft zu gewährleisten hat, *beendet* wird. Dieser Sozialdienst hat in einem zusammen mit der KESB festgelegten Verfahren die Übergangs- und Nachfolgeregelungen zu treffen (zur Praxis unter altem Recht: VBK, Empfehlungen, ZVW 2006, 224 ff.). Nicht auszuschliessen ist, dass der vormalige Berufsbeistand das Amt als Privatperson weiter ausübt.

8.4 Gemäss *Art. 421 Ziff. 4 ZGB* endet das Amt von Gesetzes wegen im Falle des Todes, der Urteilsunfähigkeit oder der Verbeiständung des Beistands oder der Beiständin. In solchen Situationen hat die KESB die zweckmässigen Massnahmen zur Wahrung der Interessen der betroffenen Person umgehend zu treffen, es sei denn, der Beistand oder die Beiständin sei als Berufsbeistand bei einem Sozialdienst verpflichtet gewesen und dieser Dienst regle gleich wie im Falle einer Auflösung eines Dienstverhältnisses (vgl. Rz. 8.3) den Übergang.

8.5 Je nach den gegebenen Umständen kann es aus Gründen der Rechtssicherheit geboten sein, dass die *KESB von der Beendigung des Amtes von Gesetzes wegen und dem Zeitpunkt der Beendigung* ausdrücklich *Vormerk nimmt* und dies den Beteiligten (betroffene Person, Beistandsperson, deren Amt zu Ende gegangen ist, ggf. nahestehende Personen, ggf. neu eingesetzte Beistandsperson, ggf. weitere Verfahrensbeteiligte) mitteilt. Diese Vormerknahme wird in der Regel mit der Einforderung von Schlussbericht und Schlussrechnung der Beistandsperson, deren Amt zu Ende gegangen ist, ggf. mit einem Hinweis auf die Weiterführungspflichten gemäss Art. 424 ZGB oder mit Anordnungen zur Wahrung der Interessen der betroffenen Person im Falle des Todes, der Urteilsunfähigkeit oder Verbeiständung der bisherigen Beistandsperson zu verbinden sein.

8.2. Entlassung

8.2.1. Auf Begehren des Beistandes oder der Beiständin

Gemäss *Art. 422 Abs. 1 ZGB* hat die Beistandsperson *frühestens nach vier Jahren Amtsdauer einen Anspruch auf Entlassung*. In der Praxis wird dieses schon nach altem Recht bestehende Rücktrittsrecht eher selten beansprucht. Berufsbeistände werden es in der Regel aufgrund der für sie geltenden Anstellungsbedingungen nicht beanspruchen dürfen.

8.6

Als *wichtige Gründe im Sinne von Art. 422 Abs. 2 ZGB* zur Begründung eines Anspruchs auf frühere Entlassung kommen insbesondere gesundheitliche Gründe und wesentliche Veränderungen in der beruflichen Beanspruchung, insb. wenn damit noch eine Verlegung des Arbeits- und Wohnortes verbunden ist, in Betracht. Nicht nur der Berufsbeistand (Art. 421 Ziff. 3 ZGB), sondern auch jede andere Beistandsperson soll sich ohne übermässige Rücksichtnahme auf laufende erwachsenenschutzrechtliche Amtsverpflichtungen beruflich verändern dürfen. Blosse Amtsmüdigkeit gilt jedoch nicht als wichtiger Grund. Fehlende bzw. nicht mehr bestehende Eignung für die Aufgaben kann, wenn von der Beistandsperson von sich aus oder auf Vorhalt durch die KESB erkannt, als wichtiger Grund akzeptiert werden, um die Entlassung in solchen Fällen i.d.R. nicht gestützt auf Art. 423 Abs. 1 Ziff. 1 ZGB, sondern nach Art. 422 Abs. 2 ZGB auf eigenes Begehren der Beistandsperson vornehmen zu können.

8.7

Die KESB hat auf entsprechendes Gesuch hin über die *Entlassung oder die Verweigerung derselben* innert nützlicher Frist *Beschluss zu fassen* und diesen den betroffenen Beteiligten (betroffene Person, ggf. nahestehende Personen, gesuchstellende Beistandsperson) in einem rechtsmittelfähigen Entscheid mitzuteilen. Die KESB wird dabei eine zeitlich möglichst lückenlose Amtsübergabe von der entlassenen an die neu eingesetzte Beistandsperson anzustreben haben.

8.8

8.2.2. Entlassung aus anderen Gründen

Die KESB hat die Beistandsperson gemäss *Art. 423 Abs. 1 Ziff. 1 ZGB* aus ihrem Amt zu entlassen, wenn ihre *Eignung* für die zu besorgenden Aufgaben *nicht mehr besteht*. Dieser Tatbestand rechtfertigt mit Rücksicht auf die Interessen und das Wohl der betroffenen hilfsbedürftigen Person eine Entlassung der Beistandsperson unabhängig von deren Willen und Verschulden. Dies war schon vom alten Recht ausdrücklich so geregelt (aArt. 445 Abs. 2 ZGB). Die Entlassung einer Beistandsperson gegen deren

8.9

8. Ende des Amtes des Beistandes oder der Beiständin

Willen setzt, obschon verschuldensunabhängig und obschon dafür primär das Wohl der betroffenen Person entscheidend zu berücksichtigen ist, einen gewissen Schweregrad der Gefährdung der Interessen der betroffenen Person voraus. Nicht jede leichte Mangelhaftigkeit der Amtsführung soll zu einer Entlassung führen. Ggf. sind auch Massnahmen möglich, die einen leichten Mangel ausgleichen, etwa Beratung und Unterstützung im Sinne von Art. 400 Abs. 3 ZGB.

8.10 Als *anderer wichtiger Grund* für eine Entlassung im Sinne von *Art. 423 Abs. 1 Ziff. 2 ZGB* kann allenfalls einer der in aArt. 445 Abs. 1 ZGB erwähnten Gründe (grobe Nachlässigkeit, Missbrauch der amtlichen Befugnisse, Begehen einer Handlung, die die Beistandsperson in der Vertrauensstellung unwürdig erscheinen lässt) gelten, wobei die beiden erstgenannten Gründe i.d.R. auch die weitere Eignung in Frage stellen dürften. Zur Frage der Unwürdigkeit in der Vertrauensstellung ist die Haltung der betroffenen Person nach Möglichkeit zu berücksichtigen. Ferner fällt die Wahl einer Beistandsperson in die KESB oder die Anstellung bei der KESB als wichtiger Grund für eine Entlassung in Betracht. Die im Vorentwurf 2003 noch vorgesehene Unvereinbarkeit einer Funktion bei der (für den Fall zuständigen) KESB mit der Beistandsfunktion ist zwar nicht ins Gesetz übernommen worden, ist aber aufgrund von Art. 403 ZGB gleichwohl zu beachten.

8.11 Die Entlassung kann gemäss *Art. 423 Abs. 3 ZGB* von der *betroffenen oder einer ihr nahestehenden Person beantragt* werden. Die KESB prüft die Voraussetzungen einer Entlassung nach den allgemein geltenden Verfahrensgrundsätzen; sie untersucht die Frage der Entlassung *von Amtes wegen*, wenn sie auf andere Weise zu Informationen gelangt, welche die Eignung der Beistandsperson als fraglich erscheinen lassen. Auch wenn der Anstoss zur Abklärung nicht von der betroffenen Person ausgegangen ist, ist diese nach Möglichkeit in das Verfahren einzubeziehen. Falls zur Sicherung der Interessen der betroffenen Person erforderlich, trifft die KESB vorsorgliche Massnahmen, entzieht z.B. mit sofortiger Wirkung Vertretungsbefugnisse. Ggf. hat sie auch strafrechtliche Anzeige zu erstatten oder polizeiliche Hilfe gestützt auf Art. 450g ZGB in Anspruch zu nehmen.

Entlassung des Beistandes/der Beiständin gestützt auf Art. 423 Abs. 1 Ziff. 1 ZGB

8.12

Erwägungen *u.a. Darstellung des Sachverhaltes und des Verfahrensablaufs, Ergebnis der Abklärungen, Begründung der Gefährdung des Wohls und der Interessen der betroffenen Person infolge nicht mehr vorhandener Eignung der Beistandsperson und der Notwendigkeit der Entlassung, Begründung der Notwendigkeit bereits vollzogener vorsorglicher bzw. sofort zu vollstreckender Massnahmen, Begründung des Entzugs der aufschiebenden Wirkung einer allfälligen Beschwerde...*

Dispositiv

1. In der Vertretungsbeistandschaft nach Art. 394 i.V.m. Art. 395 ZGB für NN wird der Beistand XY gestützt auf Art. 423 Abs. 1 Ziff. 1 ZGB mit sofortiger Wirkung entlassen und werden ihm sämtliche Vertretungsbefugnisse entzogen.
2. Die mit Präsidialverfügung vom [Datum] provisorisch verfügte Konto- und Depotsperre bei der Bank BB, Kto./Depot-Nr. ... wird als vorsorgliche Massnahme bestätigt.
3. Bis zur ordentlichen Bestellung eines neuen Beistandes oder einer neuen Beiständin wird YZ, Berufsbeistand, ..., zum Ersatzbeistand nach Art. 403 Abs. 1 ZGB ernannt zur Wahrnehmung der im Anordnungsbeschluss vom [Datum] der Beistandschaft aufgeführten Aufgaben.
4. XY wird aufgefordert, die zur Führung der Beistandschaft erforderlichen Unterlagen sowie die noch in seinem Gewahrsam befindlichen Schlüssel zum Wandtresor von NN dem Ersatzbeistand YZ sofort herauszugeben unter der Androhung, dass im Weigerungsfall gestützt auf Art. 450g ZGB polizeiliche Hilfe zur Vollstreckung angefordert würde.
5. Gebühren-/Kostenregelung (ggf. Aufschub der Gebühren-/Kostenregelung bis zum Entscheid über die ordentliche Bestellung eines neuen Beistandes/einer neuen Beiständin).
6. Rechtsmittelbelehrung/Einer allfälligen Beschwerde gegen Dispositiv Ziffern 1, oder 2 oder 4 wird aus den in den Erwägungen hierzu angeführten Gründen die aufschiebende Wirkung entzogen.
7. Eröffnung in vollständiger Ausfertigung an:
   - betroffene Person,
   - entlassenen Beistand XY,
   - Ersatzbeistand YZ.
8. Mitteilung an:
   - Bank BB (Dispositiv Ziff. 1–3 und 7).

8.3. Weiterführungspflicht

8.13 Die Weiterführungspflicht bezüglich notwendiger Geschäfte galt schon nach altem Recht (aArt. 444 ZGB) nur für den Fall, dass die amtsgebundene Massnahme nicht beendet, sondern mit einem Amtsnachfolger bzw. einer Amtsnachfolgerin weitergeführt wurde. Das ist auch nach neuem Recht so. Dieses spricht in *Art. 424 ZGB* im Unterschied zum alten nicht von notwendigen, sondern von *nicht aufschiebbaren Geschäften*, was die Pflicht zur möglichst baldigen Übergabe bzw. Übernahme der für die Amtsführung erforderlichen Unterlagen und Informationen noch stärker zum Ausdruck bringt. Die Weiterführungspflicht lässt die Vertretungsbefugnisse und die Verantwortlichkeit im entsprechenden Umfang andauern.

8.14 Die Weiterführungspflicht gilt gemäss Art. 424 ZGB, letzter Satz, grundsätzlich nicht für den Berufsbeistand bzw. die Berufsbeiständin. Scheidet ein Berufsbeistand bzw. eine Berufsbeiständin aus dieser professionellen Tätigkeit aus, hat der zuständige Sozialdienst die Besorgung der nicht aufschiebbaren Geschäfte zu gewährleisten. In der Regel etablierten Sozialdienste, welche Berufsbeiständinnen und Berufsbeistände zu ihren Angestellten zählten, unter altem Recht im Einvernehmen mit beteiligten Vormundschaftsbehörden Stellvertretungsregelungen, welche die Besorgung nicht nur der nicht aufschiebbaren Geschäfte, sondern überhaupt der üblichen laufenden Geschäfte im Falle längerer Abwesenheit oder Anstellungsbeendigung einer Berufsbeistandsperson gewährleisteten. Für diese Fälle der Anstellungsbeendigung von Berufsbeistandspersonen, d.h., wenn das Amt gestützt auf Art. 421 Ziff. 3 ZGB von Gesetzes wegen endet, ist die Ausnahme von der Weiterführungspflicht sinnvoll. Hingegen ist die Wegbedingung der Weiterführungspflicht nicht sinnvoll, wenn das Amt der Berufsbeistandsperson aus anderen Gründen endet, etwa bei einem Beistandswechsel oder weil nach Ablauf einer Amtsdauer gemäss Art. 421 Ziff. 1 ZGB die Nachfolge noch nicht geregelt bzw. die Bestätigung im Amt noch nicht erfolgt ist. Es ist davon auszugehen und nichts dagegen einzuwenden, dass die Praxis die Berufsbeiständinnen und Berufsbeistände, deren Amt nicht wegen der Bestimmung von Art. 421 Ziff. 3 ZGB, sondern aus anderen Gründen endet, bezüglich Weiterführungspflicht nicht anders behandeln wird als andere Beiständinnen und Beistände.

8.15 Die *Weiterführungspflicht* trifft die entlassene Beistandsperson *von Gesetzes wegen*. Es bedarf keiner entsprechenden Anordnung durch die KESB. Diese sollte jedoch je nach Umständen die betroffene Beistandsperson auf diese Pflicht hinweisen. Sodann kann die KESB gemäss Art. 424 ZGB etwas anderes anordnen, insb. die wegen fehlender Eignung entlassene Beistandsperson von der Weiterführungspflicht entbinden oder ihr sogar untersagen, sich unter Berufung auf die gesetzliche Weiterführungspflicht im Verhältnis zur betroffenen Person oder Dritten zu betätigen. Im Falle einer Weigerung der rechtskräftig eingesetzten neuen Beistandsperson, die Amtsgeschäfte innert nützlicher Frist zu übernehmen, hat die entlassene Beistandsperson die KESB anzurufen.

8.4. Schlussbericht und Schlussrechnung

Der Norminhalt von *Art. 425 ZGB* entspricht im Wesentlichen demjenigen der Bestimmungen des alten Rechts in aArt. 451–453 ZGB. Einem säumigen Beistand oder einer säumigen Beiständin hat die KESB eine Frist zur Einreichung von Schlussbericht und ggf. Schlussrechnung anzusetzen, nötigenfalls unter Androhung der strafrechtlichen Folgen bei Ungehorsam gegen eine amtliche Verfügung gemäss Art. 292 StGB. Ist der Beistand oder die Beiständin, etwa in einem Falle von Art. 421 Ziff. 4, nicht mehr in der Lage, eine Rechnung und einen Bericht zu erstatten, hat die KESB eine Person mit der Ersatzvornahme zu beauftragen. Im Falle der Beendigung des Amtes infolge Aufgabe der Berufstätigkeit als Berufsbeiständin oder Berufsbeistand (Art. 421 Ziff. 3) kann die KESB gemäss *Art. 425 Abs. 1 ZGB* von der Pflicht entbinden (zur Praxis unter geltendem Recht: s. VBK, Empfehlungen, ZVW 2006, 226).

8.16

Die *Prüfung* von Schlussrechnung und Schlussbericht erfolgt gemäss *Art. 425 Abs. 2 ZGB nach den gleichen Regeln wie die Prüfung der periodischen Rechnungen und Berichte* (vgl. Rz. 7.20 ff. und Rz. 7.24 ff.). Die KESB hat in gleicher Weise wie bei der Prüfung periodischer Berichte und Rechnungen zu prüfen, ob ein Verantwortlichkeitsfall gegeben ist. Bei entsprechendem Befund hat sie diesen in die gemäss *Art. 425 Abs. 4 ZGB* vorzunehmenden Mitteilung aufzunehmen. Der Mitteilung betreffend Entlastung der Beistandsperson und Genehmigung oder Verweigerung von Schlussbericht und Schlussrechnung kommt im Übrigen grundsätzlich keine Rechtswirkung gegenüber der (vormals) verbeiständeten Person und Dritten zu.

8.17

Gemäss *Art. 425 Abs. 3 ZGB* sind Schlussbericht und -rechnung der betroffenen Person oder deren Erben und ggf. der neuen Beistandsperson zuzustellen. Auch wenn die Prüfung keinerlei Mängel in der Amtsführung hat erkennen lassen, sind diese Adressaten auf die Bestimmungen über die Verantwortlichkeit hinzuweisen.

8.18

8. Ende des Amtes des Beistandes oder der Beiständin

8.19

Genehmigung Schlussbericht und Schlussrechnung nach Art. 425 ZGB

Erwägungen *u.a. Verweis auf Umstände, die zur Beendigung des Amtes der Beiständin oder des Beistandes geführt haben, Hinweis auf den eingereichten Schlussbericht und die Schlussrechnung und die vorgenommene Prüfung durch die KESB, ggf. Würdigung einzelner Punkte aus Schlussbericht und -rechnung, ggf. begründete Ausführungen zu Teilen der Tätigkeit des Beistandes bzw. der Beiständin, die zu beanstanden sind, Hinweis auf Berechnung der Entschädigung, Hinweis auf «Nachfolgesituation» [vormals verbeiständete Person im Falle der Aufhebung der Beistandschaft/ Feststellung der Erbfolge im Falle des Endes der Beistandschaft infolge Todes der betroffenen Person/ Nachfolge Beistandsperson im Falle Beistandswechsel.*

Dispositiv

1. In der mit Beschluss vom [Datum] [ggf. Nennung der Rechtsmittelinstanz, falls Beistandschaft in einem Rechtsmittelverfahren aufgehoben worden ist] aufgehobenen [ggf. Bezeichnung eines anderen Beendigungsgrundes der Beistandschaft bzw. des Amtes des Beistandes] Vertretungsbeistandschaft nach Art. 394 i.V.m. Art. 395 ZGB für NN wird der vom Beistand XY per [Datum] eingereichte Schlussbericht mit Schlussrechnung genehmigt und der Beistand im Sinne von Art. 425 Abs. 4 ZGB entlastet.
Variante: In der ... Vertretungsbeistandschaft ... wird zu dem vom Beistand XY per [Datum] eingereichten Schlussbericht mit Schlussrechnung unter Hinweis und im Sinne der obenstehenden Erwägungen festgestellt, dass [Benennung der Beanstandung(en)] und die Genehmigung des Berichtes und der Rechnung hinsichtlich dieser Punkte verweigert. In den übrigen Punkten wird der Schlussbericht mit Schlussrechnung genehmigt und der Beistand im Sinne von Art. 425 Abs. 4 ZGB entlastet.
2. (ggf.): Der Beistand wird eingeladen, das Kontoguthaben Nr. ... bei Bank BB nach Bezug der Entschädigung und der Spesen NN zur Verfügung zu halten.
3. Die Entschädigung des Beistandes wird auf CHF [Betrag] festgesetzt. Sie ist zusammen mit den ausgewiesenen Spesen von [Betrag] ... [Regelung der Ausrichtung: Bezug von Konto, über das Beistand noch verfügt/ Ausrichtung durch vormals verbeiständete Person/Ausrichtung durch die Nachfolge im Beistandsamt / Ausrichtung durch die Erben der verstorbenen betroffenen Person].
4. Gebühren-/Kostenregelung.
5. Rechtsmittelbelehrung.
6. Eröffnung unter Beilage eines Exemplares des Schlussberichtes mit Schlussrechnung sowie eines Auszuges aus dem Zivilgesetzbuch betreffend die Bestimmungen über die Verantwortlichkeit (Art. 454–455 ZGB) an:

8.4. Schlussbericht und Schlussrechnung

- XY, Beistand/Beiständin, der/die Bericht erstattet hat,
- NN, vormals verbeiständete Person, oder deren Erben (Zustellung des Schlussberichtes ggf. lediglich an einen Erbenvertreter für sich und die übrigen Erben),
- ggf. YZ, Nachfolge im Beistandsamt,
- ggf. [im Falle der Übertragung an eine andere KESB] neu zuständige KESB.

9. Ende der Beistandschaft

Literatur

Botschaft, 7049.

Allgemeine Literatur: BSK ZGB I-Geiser, Vorbem. zu aArt. 431–461 sowie aArt. 433–440; BSK ESR-Henkel, Art. 399; FamKomm ESR-Meier, Art. 399; Hausheer/Geiser/Aebi-Müller, 2.81 f.; KUKO ZGB-Langenegger, Art. 399; Meier/Lukic, 518 ff.; OFK ZGB-Fassbind, Art. 399; Schmid, Art. 399.

Spezifische Literatur: Abt Daniel, Vormundschaftsrechtliche Liquidationspflichten versus erbrechtliche Grundprinzipien – Banken zwischen Scylla und Charybdis, in: successio 2008, 257 ff.; Affolter Kurt, Konkursrechtliche Delikte der Beiständin nach dem Tod der verbeiständeten Person, SVBB-Beratungsantwort, 2004, unter <http://www.svbb-ascp.ch/de/dokumentation/beratung_2.php> (06.11.2011); Häfeli Christoph, Vermögensrelevante Handlungen nach dem Tod, SVBB-Beratungsantwort, 2006; unter <http://www.svbb-ascp.ch/de/dokumentation/beratung_2.php> (06.11.2011); Konferenz der Kantone für Kindes- und Erwachsenenschutz KOKES, Praxisprobleme von vormundschaftlichen Mandatsträgern im Umgang mit Banken, (Sozial-)Versicherungen und Poststellen, Ziff. 2.3., in: ZKE 2011, 238 f.; Mottiez Paul, Die Rechtspflichten von vormundschaftlichen Mandatsträger(inne)n nach dem Tod der betreuten Person, in: ZVW 2006, 267 ff.; Schmid Hermann, Ende der Beistandschaft und Ende des Amts des Beistands (Art. 385 und 410–415 VE), ZSR 2003 I, 331 ff.

9.1. Ende von Gesetzes wegen (Tod der betroffenen Person)

Im Unterschied zum alten Recht nennt das neue Erwachsenenschutzrecht in Art. 399 Abs. 1 ZGB den Tod der betroffenen Person ausdrücklich als Beendigungsgrund. Die behördliche Massnahme endete auch unter dem alten Recht mit dem Tod der betroffenen Person sowie mit deren Verschollenenerklärung. Nach neuem Recht ist ebenfalls davon auszugehen, dass die Verschollenenerklärung gemäss Art. 38 ZGB die Beistandschaft von Gesetzes wegen beendet, wobei gemäss Art. 38 Abs. 2 ZGB die Wirkung auf den Zeitpunkt der Todesgefahr oder der letzten Nachricht zurückbezogen wird. Gleich wie im Fall, dass der Tod der betroffenen Person dem Beistand oder der Beiständin und der KESB erst mit zeitlicher Verzögerung bekannt wird, haben sich die Erben die nach dem Ende der Beistandschaft vorgenommenen Vertretungshandlungen der Beiständin oder des Beistands und die Mitwirkungshandlungen der KESB anrechnen zu lassen. Dies gestützt auf analoge Anwendung von Art. 406 OR und Art. 37 OR bei Erlöschen von Auftrag und Vollmacht. Eine entsprechende Regel gilt gemäss Art. 369 Abs. 3 ZGB nun auch für den Vorsorgeauftrag. Eine andere Lösung des praktischen Problems wäre, das Ende der Beistandschaft in solchen Fällen ausnahmsweise erst auf den Zeitpunkt der Rechtskraft der Verschollenenerklärung bzw. der Kenntnisnahme des Todes anzusetzen.

9.1

9. Ende der Beistandschaft

9.2 Endet die Beistandschaft, welche die Vermögensverwaltung umfasste, mit dem Tod der betroffenen Person, so obliegt dem Beistand oder der Beiständin die Erbschaftsverwaltung, sofern nichts anderes angeordnet wird (Art. 554 Abs. 3 ZGB). Entgegen dem Wortlaut dieser Bestimmung wird der Beistand oder die Beiständin jedoch, wie schon unter geltendem Recht, nicht von Gesetzes wegen Erbschaftsverwalter, sondern nur, wenn die dafür zuständige Behörde eine Erbschaftsverwaltung anordnet und den Beistand oder die Beiständin einsetzt. Das Amt des Beistandes oder der Beiständin endet aber auch in diesem Fall von Gesetzes wegen (Art. 421 Ziff. 2 ZGB) mit dem Ende der Beistandschaft mit allen damit verbundenen Konsequenzen (Schlussbericht per Todestag, Verantwortlichkeit). In der Praxis dürfte die Einsetzung der vormaligen Beistandsperson als erbrechtliche/r Erbschaftsverwalter/in eher die Ausnahme bilden. Dies ist so zu begrüssen, denn die beistandschaftliche Amtstätigkeit und die erbrechtlichen Verwaltungstätigkeiten sollten klar auseinandergehalten werden. Insb. sollten Berufsbeiständinnen und -beistände sich der Führung ihrer Beistandschaften widmen können und nicht durch i.d.R. aufwändige Erbschaftsverwaltungen zusätzlich belastet werden.

9.3 In nicht seltenen Fällen entspricht es einem praktischen Bedürfnis, dass gewisse Angelegenheiten nach dem Tod der betroffenen Person noch durch die bis zum Tod zuständige Beistandsperson erledigt werden können. Dies insb. in Fällen, in denen die Erbfolge und Erbenvertretung vorderhand noch unklar ist. Gleichwohl kann auch in diesen Fällen die bis zum Tod zuständige Beistandsperson nicht mehr kraft des Beistandsamtes, sondern nur noch im Auftrag der Erben oder in Geschäftsführung ohne Auftrag handeln. Eine ähnliche Regel, wie sie im Auftragsrecht im Fall der Beendigung des Auftragsverhältnisses durch Tod des Auftraggebers zur Interessenwahrung mittels Fortführung notwendiger Geschäfte vorgesehen ist (Art. 405 Abs. 2 OR), findet sich im Erwachsenenschutzrecht nicht. Der Verweis von Art. 413 Abs. 1 ZGB auf das Auftragsrecht beschlägt nur die Sorgfaltspflicht bei der Führung der Beistandschaft und gestattet nicht die analoge Anwendung von Art. 405 Abs. 2 OR auf den Fall der Beendigung der Beistandschaft durch Tod. In der Praxis werden oft pragmatische Lösungspfade beschritten, manchmal legitimiert durch ebensolche Empfehlungen, welche meist auch darauf hinweisen, dass die bis zum Tod zuständige Beistandsperson immer dann, wenn eine Überschuldung des Nachlasses droht, jegliche vermögensvermindernde Verfügungshandlung zu unterlassen hat.

9.2. Aufhebung durch die KESB

Schon unter altem Recht galt die grundlegende Maxime, dass eine behördliche Massnahme aufzuheben ist, sobald für die Fortdauer kein Grund mehr besteht. Diesen Grund nennt das Gesetz nun ausdrücklich in Art. 399 Abs. 2 ZGB. Die Beistandschaft ist somit aufzuheben, wenn die Voraussetzungen und Gründe, die zur Anordnung führten, nicht mehr erfüllt sind und keine neuen Gründe für eine Fortdauer der Massnahme hinzugekommen sind. Veränderungen, die eine Aufhebung ermöglichen, können sich bei persönlichen Eigenschaften der betroffenen Person (z.B. Verbesserung des Gesundheitszustandes, konstante Therapiewirkungen, Zuwachs an Erfahrung im Umgang mit eigenen Schwächezuständen) oder bei äusseren Umständen (z.B. dauerhafte Änderung des sozialen oder beruflichen Umfeldes, Veränderung der Einkommens- und/oder Vermögenssituation) eingestellt haben. Eine Änderung der tatsächlichen Verhältnisse ist jedoch nicht stets erforderlich; u.U. genügt auch eine neue veränderte Sichtweise der KESB, z.B. bezüglich Erforderlichkeit oder Zwecktauglichkeit der Massnahme, welche ja nie in materielle Rechtskraft erwächst.

9.4

Je nach Umständen hat die KESB statt der Aufhebung einer Beistandschaft eine Änderung derselben, d.h. Anpassung an veränderte Gegebenheiten und Schutzbedürfnisse, vorzunehmen.

9.5

Während im Vorentwurf 2003 in Anlehnung an die Bestimmung von aArt. 439 Abs. 1 ZGB noch vorgesehen war, die für die Besorgung bestimmter einzelner Geschäfte errichtete Beistandschaft mit der Erledigung dieser Geschäfte von Gesetzes wegen enden zu lassen, bedarf es nun, abgesehen vom Todesfall der betroffenen Person (Rz. 9.1), stets eines förmlichen Aufhebungsbeschlusses der KESB, um eine Beistandschaft zu beenden. Dies ist aus Gründen der Rechtssicherheit zu begrüssen und entspricht im Übrigen der gängigen geltenden Praxis zu aArt. 439 ZGB.

9.6

Die Aufhebung der Beistandschaft erfolgt auf Antrag der betroffenen oder einer nahestehenden Person oder von Amtes wegen. Der Begriff der nahestehenden Person ist gleich zu verstehen wie in Art. 390 Abs. 3 ZGB (vgl. Rz. 1.170). Der Beistand oder die Beiständin ist ebenfalls selbständig antragsberechtigt und gemäss Art. 414 ZGB zudem zur Anzeige an die KESB verpflichtet, wenn die Umstände die Aufhebung der Beistandschaft ermöglichen. Für das Verfahren gelten die Regeln gemäss Art. 446 ff. ZGB. Während es nach altem Recht zur Aufhebung der u.a. gestützt auf ein *psychiatrisches Gutachten* (aArt. 374 Abs. 2 ZGB) errichteten Vormundschaft nach aArt. 369 ZGB eines psychiatrischen Gutachtens zur Frage der Aufhebung bedurfte (aArt. 436 ZGB), sieht das neue Recht eine solche Be-

9.7

gutachtungspflicht bei der Aufhebung von Massnahmen, bei welchen im Anordnungsverfahren ein Gutachten beigezogen worden war, nicht mehr vor. Dies gilt auch für die Aufhebung bzw. Anpassung von umfassenden Beistandschaften, die aufgrund der übergangsrechtlichen Bestimmung von Art. 14 Abs. 2 SchlT ZGB aus Vormundschaften nach aArt. 369 ZGB hervorgegangen sind. Wie bei der Anordnung der Massnahme entscheidet die KESB auch bei der Aufhebung nach pflichtgemässem Ermessen nach den Umständen im Einzelfall, welche Untersuchungshandlungen angezeigt sind.

9.8

Aufhebung einer Beistandschaft gestützt auf Art. 399 Abs. 2 ZGB

Erwägungen u.a. kurze Darstellung des Verlaufs der Massnahme [«Massnahmegeschichte»], Anstoss bzw. Antrag zur Aufhebung, Verfahrensablauf und Ergebnis der Abklärungen (insb. auch Anhörungsergebnis betroffene Person und Stellungnahme Beiständin, Begründung, weshalb für die Weiterführung der Massnahme kein Grund mehr besteht …

Dispositiv

1. Die Vertretungsbeistandschaft nach Art. 394 i.V.m. Art. 395 ZGB für NN wird gestützt auf Art. 399 Abs. 2 ZGB aufgehoben.
2. Die Beiständin XY wird eingeladen,
    a. soweit dies nicht bereits erfolgt ist, NN die zur selbständigen Wahrnehmung seiner Interessen und Besorgung seiner Angelegenheiten erforderlichen Informationen und Unterlagen zu übergeben;
    b. den Schlussbericht und die Schlussrechnung bis spätestens [Frist z.B. 6 Wochen] einzureichen.
3. Gebühren-/Kostenregelung (ggf. Aufschub der Gebühren-/Kostenregelung bis zum Entscheid über die Genehmigung von Schlussbericht und -rechnung).
4. Rechtsmittelbelehrung.
5. Eröffnung an:
    – NN, betroffene Person,
    – XY, Beiständin,
    – (evtl. weitere Verfahrensbeteiligte: z.B. nahestehende Personen, die Antrag gestellt haben).
6. Mitteilung an:
    – (z.B. an Betreibungsamt [bei Vermögensverwaltung] und an Zivilstandsamt [bei umfassender Beistandschaft]).

9.2. Aufhebung durch die KESB

Variante (Beiständin hat Aufhebungsantrag im Einvernehmen mit betroffener Person in dem vor kurzem erstatteten ordentlichen Rechenschaftsbericht gestellt):

Erwägungen *wie Rz. 9.8; zusätzlich Hinweis darauf, dass der eingereichte Bericht und die Rechnung zusammen mit der von der Beiständin einzureichenden Ergänzung als Schlussbericht und -rechnung geprüft werden ...*

1. Die Vertretungsbeistandschaft nach Art. 394 i.V.m. Art. 395 ZGB für NN wird gestützt auf Art. 399 Abs. 2 ZGB aufgehoben.
2. Die Beiständin XY wird eingeladen,
   a. soweit dies nicht bereits erfolgt ist, NN die zur selbständigen Wahrnehmung seiner Interessen und Besorgung seiner Angelegenheiten erforderlichen Informationen und Unterlagen zu übergeben;
   b. eine Ergänzung zu eingereichtem Bericht und Rechnung für die Zeit seit Berichtstermin bis spätestens [Frist z.B. 6 Wochen] einzureichen.

Subvariante nur vertretbar, wenn zwischen Berichtstermin und Aufhebungsbeschluss nur kurze Zeit verstrichen ist (etwa max. 2 Monate).

Erwägungen *wie oben; zusätzlich Hinweis darauf, dass die betroffene Person NN sich einverstanden erklärt hat und in der Lage ist, die von der Beiständin zu erstellende Übergaberechnung für die Zeit seit Berichtstermin selber zu prüfen.*

1. Die Vertretungsbeistandschaft nach Art. 394 i.V.m. Art. 395 ZGB für NN wird gestützt auf Art. 399 Abs. 2 ZGB aufgehoben.
2. Der von der Beiständin XY per [Datum] eingereichte Bericht mit Rechnung wird als Schlussbericht mit Schlussrechnung genehmigt und die Beiständin im Sinne von Art. 425 Abs. 4 ZGB entlastet.
3. Die Beiständin XY wird eingeladen, soweit dies nicht bereits erfolgt ist, NN die zur selbständigen Wahrnehmung seiner Interessen und Besorgung seiner Angelegenheiten erforderlichen Informationen und Unterlagen zu übergeben sowie für NN eine Übergaberechnung für die Zeit seit dem Berichtstermin [Datum] zu erstellen.

(Ziffern 4–7: wie Ziff. 3–6 in Rz. 9.8).

10. Fürsorgerische Unterbringung

Literatur

Botschaft, 7062 ff.

Allgemeine Literatur: BSK ESR-GEISER/ETZENBERGER, Art. 426–432; FamKomm ESR-GUILLOD, Art. 426–432; OFK ZGB-FASSBIND, Art. 426–432; HAUSHEER/GEISER/AEBI-MÜLLER, 2.154 ff.; KUKO ZGB-ROSCH, Art. 426–432; MEIER/LUKIC, 657 ff.; SCHMID, Art. 426–432.

Spezifische Literatur: ABRECHT BERNARD, Les conditions du placement à des fins d'assistance, in: ZVW 2003, 338 ff.; AEMISEGGER HEINZ/SCHERRER KARIN, Fürsorgerische Freiheitsentziehung und Zwangsmedikation nach der Praxis des Bundesgerichtes, in: Jusletter 3. Mai 2004; BERNHART CHRISTOF, Handbuch der fürsorgerischen Unterbringung, Basel 2011; BREITSCHMID PETER, Rechtliche Situation der Fürsorgerischen Freiheitsentziehung: Standort und Ausblick, in: Bornatico et al., Freiheitsentziehung: Fürsorge- und Ordnungsrecht im Spannungsfeld des Art. 397a ZGB, Zürich/Basel/Genf 2004, 57 ff.; BRIDLER RENÉ/GASSMANN JÜRG, Zukunft der Psychiatrie: ambulante Zwangsbehandlungen?, in: ZKE 2011, 1 ff.; BRIDLER RENÉ/GASSMANN JÜRG, Das neue Erwachsenenschutzrecht – Wichtige Änderungen für die Psychiatrie, Schweizerische Ärztezeitung SÄZ 2010, 1749 ff.; CAVIEZEL-JCST BARBARA, Die materiellen Voraussetzungen der fürsorgerischen Freiheitsentziehung, Freiburg 1988; ETZENSBERGER MARIO, Die «Fürsorgerische Unterbringung» und «Behandlung einer Psychischen Störung» aus der Sicht eines praktischen Psychiaters (Art. 416–430 VE), in: ZSR 2003 I, 361 ff.; MAIER THOMAS, Die Praxis der Fürsorgerischen Freiheitsentziehung: in: Praxis, Schweizerische Rundschau für Medizin 2001, 1575 ff.; PALLY URSINA, Die gesetzliche Regelung von medizinischen Eingriffen zugunsten des Nasciturus, in: AJP 2008, 855 ff.; ROSCH DANIEL, Die fürsorgerische Unterbringung im revidierten Kindes- und Erwachsenenschutzrecht, in: AJP 2011, 505 ff.; SCHWEIZERISCHE AKADEMIE DER MEDIZINISCHEN WISSENSCHAFTEN SAMW, Zwangsmassnahmen in der Medizin, Medizinisch-ethische Richtlinien der SAMW 2005, <http://www.samw.ch/de/Ethik/Richtlinien/Aktuell-gueltige-Richtlinien.html> (17.6.2011).

10.1 Die Bestimmungen über die fürsorgerische Freiheitsentziehung (FFE) sind neueren Datums. Sie traten am 1. Januar 1981 in Kraft und ermöglichten eine EMRK-konforme Regelung der bis dahin geltenden kantonalen administrativen Versorgungsgesetze. Gemäss der Auffassung des Gesetzgebers haben sich die Tatbestandsvoraussetzungen der FFE im Wesentlichen bewährt. Deshalb beabsichtigte man, die Voraussetzungen der fürsorgerischen Unterbringung (FU) nahe an denjenigen der bisherigen FFE festzulegen. Neu wurde die bisherige stigmatisierende *Terminologie* (Geistesschwäche, Geisteskrankheit und Trunksucht) angepasst und der Anwendungsbereich teilweise erweitert. Die FU ist im Unterschied zu den Beistandschaften eine *nicht amtsgebundene* Massnahme, die ausschliesslich auf Personensorge ausgerichtet ist. Ziel ist die *Wiedererlangung der Selbständigkeit und der Selbstverantwortung*.

10.2 Die *FU im weiten Sinne* beinhaltet:

- Die FU *im engeren Sinne* (Art. 426 ZGB): Darunter ist die eigentliche Unterbringung gegen bzw. ohne den Willen der schutzbedürftigen Person zu verstehen.

- Die *medizinischen Massnahmen* bei einer *psychischen Störung* (Art. 433 ff. ZGB) bzw. die *persönliche Betreuung* (Art. 426): Sinn und Zweck der FU ist es, die notwendige Betreuung und neu auch die medizinische Behandlung sicherzustellen.
- Die Massnahmen zur *Einschränkung der Bewegungsfreiheit* (Art. 438 ZGB): Neben medizinischer Behandlung finden sich auch Massnahmen zur Einschränkung der Bewegungsfreiheit. Dazu gehören Bettgitter, Sturzhosen, technische Hindernisse (z.B. Liftcodes) usw.

10.1. Unterbringung und Zurückbehaltung

10.3 Die *FU im engeren Sinne* meint die Bestimmung über den Aufenthalt gegen den Willen einer Person mit dem Ziel der Personensorge. Mit den Bestimmungen über die FU wurde das Recht, über den Aufenthalt einer erwachsenen Person zu bestimmen, abschliessend geregelt (vorbehalten bleiben polizeiliche oder strafrechtliche Spezialnormen).

10.4 *Adressatin* der FU ist primär eine natürliche volljährige Person. Für *Minderjährige* im Rahmen einer Unterbringung in einer geschlossenen Einrichtung oder einer psychiatrischen Klinik finden die Bestimmungen der FU «sinngemäss» Anwendung (vgl. Art. 314b, Art. 327c Abs. 3 ZGB). Materiellrechtlich geht es in Bezug auf die Unterbringung i.e.S. immer um einen Obhutsentzug gemäss Art. 310 ZGB.

10.5 Bei *Urteilsfähigkeit* entscheidet die betroffene Person grundsätzlich selbständig über ihren Aufenthalt. Sind die Voraussetzungen einer FU aber erfüllt, kann auch gegen urteilsfähige Personen eine FU angeordnet werden. Ist die schutzbedürftige Person *vorübergehend urteilsunfähig* (z.B. wegen einer Operation), so ist – sofern der Entscheid nicht dringlich ist – zu warten, bis sie wieder urteilsfähig ist. Ist sie *dauernd nicht urteilsfähig* in Bezug auf die Frage des Eintritts in eine Einrichtung, so kann der Beistand, sofern er eine entsprechende Vertretungsmacht besitzt, zwar *einen Vertrag* mit der Einrichtung – unter Beachtung von Art. 416 Abs. 1 Ziff. 2 ZGB – abschliessen. Damit ist die Person aber noch nicht in der Einrichtung. Der Beistand oder die Beiständin wird in aller Regel aufgrund des Risikos einer vertraglichen Schadenersatzpflicht einen Vertrag nur unterzeichnen, wenn er/sie davon ausgehen kann, dass die betroffene Person auch effektiv in die Einrichtung eintritt. In Bezug auf die tatsächliche Verlegung in die Institution ist der *mutmassliche Wille* massgeblich. Darf davon ausgegangen werden, dass die Person aufgrund ihrer Biographie, Vorgeschichte usw. auch in eine Verlegung zugestimmt hätte, so kann eine solche erfolgen. Wehrt sie sich dennoch oder gibt sie Anzeichen hierzu, ist eine Platzierung nur mit einer FU möglich. Ergibt der mutmassliche Wille, dass die Person einer Verlegung nie zugestimmt hätte, so wäre dieser rechtlich zu respektieren und auch dann wäre eine Umplatzierung nur mit einer FU zulässig. Demgegenüber tendiert die Praxis zum vorrevidierten Recht dazu, auch in solchen Fällen eine Verlegung ohne FU zuzulassen. War die Person noch *nie* urteilsfähig (z.b. wegen angeborener geistiger Behinderung), so kommt der *hypothetische Wille* zum Zuge. Hier gilt eine objektivierte Sichtweise, da nicht von der Biographie und Lebensvorstellungen zu Zeiten der Urteilsfähigkeit ausgegangen werden kann. Ob die Bestimmung von Art. 380 ZGB – entgegen dem Wortlaut – neben der Behandlung psychischer Störungen Urteilsunfähiger in einer Klinik auch schon die Einweisung den Regeln der FU unterstellen soll (so SCHMID, Art. 380 Rz. 2; OFK ZGB-FASSBIND, Art. 380 N 2) kann hier offenbleiben.

Die im Gesetz abschliessend aufgezählten Schwächezustände sind die psychische Störung, die geistige Behinderung und die schwere Verwahrlosung. *Geistige Behinderung* meint «angeborene oder erworbene Intelligenzdefekte verschiedener Schweregrade», *psychische Störung* «umfasst die anerkannten Krankheitsbilder der Psychiatrie», unabhängig davon, ob sie körperliche oder nicht körperliche Ursachen haben. Dazu gehören auch Demenz und Suchterkrankungen. Die *schwere Verwahrlosung* war schon im alten Recht umstritten, da insbesondere das Verhältnis zur Landstreicherei des Art. 5 EMRK ungeklärt verblieb. Schwere Verwahrlosung wird gemäss gängiger Definition als Zustand der Verkommenheit umschrieben, der mit der Menschenwürde schlechterdings nicht mehr vereinbar ist (BGE 128 III 12 E. 3). Die im Erwachsenenschutzrecht neu eingeführten Begriffe (psychische Störung, geistige Behinderung, schwere Verwahrlosung) sind weiterhin *Rechtsbegriffe* und unterliegen im Grundsatz der Definitionsmacht und Auslegungshoheit der Jurisprudenz. Wo die Begrifflichkeiten jedoch mit der medizinischen Terminologie übereinstimmen, wie bei der psychischen Störung und der geistigen Behinderung, muss die rechtsanwendende Instanz daran gebunden sein.

10.6

Der Schwächezustand muss gemäss Art. 426 Abs. 1 ZGB derart ausgeprägt sein, dass die notwendige Betreuung oder Behandlung nur durch eine Unterbringung erfolgen kann. Aufgrund dieses relativ weitreichenden Ermessensspielraums der rechtsanwendenden Instanzen kommt der *Verhältnismässigkeitsprüfung* im Rahmen der FU entscheidende Funktion zu: Eine Massnahme muss das mit ihr verfolgte Ziel erreichen können, und es muss auch eine geeignete Einrichtung vorhanden sein. Ferner sind sämtliche weniger weit in die Rechtsstellung der betroffenen Person eingreifenden Massnahmen auf ihre Zwecktauglichkeit zu prüfen. Letzten Endes ist es aber die Prüfung der Zumutbarkeit, des Verhältnisses zwischen

10.7

10. Fürsorgerische Unterbringung

Eingriffszweck und Eingriffswirkung (vgl. Rz. 1.20), welche die FU de facto auf schwerwiegende und/oder akute Situationen beschränkt.

10.8 Die *Belastung und der Schutz von Angehörigen und Dritten* sind gemäss Art. 426 Abs. 2 ZGB zu berücksichtigen. Alleine für sich vermögen sie aber nie eine FU i.e.S. zu rechtfertigen.

10.9 Die FU beschränkt sich auf *stationäre Einrichtungen*. Damit wird ein Aufenthalt von *mehreren Stunden* gegen den Willen der Betroffenen an einem bestimmten Ort verstanden (vgl. Urteil BGer 5A_137/2008 E. 3.1., wonach zweieinhalb Stunden täglich ausreichend ist). Mit diesem Kriterium werden nicht nur stationäre von ambulanten Einrichtungen, sondern zugleich auch die FU im engeren Sinne zu *Massnahmen zur Einschränkung der Bewegungsfreiheit* abgegrenzt.

10.10 Der Begriff der *Einrichtung* wird weit ausgelegt. Hierzu gehören neben geschlossenen Einrichtungen auch Alters- und Pflegeeinrichtungen ohne geschlossene Abteilungen, worin keine freiheitsentziehenden Massnahmen gemäss Art. 5 EMRK möglich sind (Urteil EuGH vom 26. Februar 2002, H.M. c./Suisse, 39187/95, VPB 66.106), oder die Wohnung eines oder einer Angehörigen, welche der betroffenen Person auf Anweisung der Behörde zugewiesen wird. Ferner gehören dazu auch Krankenhäuser, Pflege- und Altersheime, Seniorenresidenzen, betreute Wohngruppen. Inwiefern der Begriff der Einrichtung im Vergleich zu dem der *Anstalt* im alten Recht dadurch ausgeweitet und das bisherige Kriterium für eine Anstalt, die spürbare Beschränkung der Bewegungsfreiheit (BGE 121 III 306 E. 2b) aufgrund der Betreuung und Überwachung, relativiert wird (so: KUKO ZGB-Rosch, Art. 426 N 11; a.m.: OFK ZGB-Fassbind, Art. 426 N 1, Hausheer/Geiser/Aebi-Müller, Rz. 20.166; Meier/Lukic, 675), kann hier offenbleiben.

10.11 Der Entscheid über eine FU im engeren Sinne bezieht sich immer auf eine *bestimmte Einrichtung*; ob bei der Verlegung von einer Einrichtung in eine andere Einrichtung *immer* ein neuer Entscheid zu erlassen ist (so: KUKO ZGB-Rosch, Art. 426 N 11; BSK ZGB I-Geiser, aArt. 397a N 24 f., N 32; CHK-Affolter/Steck/Vogel, aArt. 397a ZGB N 13), ist kontrovers (a.M.: OFK ZGB-Fassbind, Art. 426 N 1; BGE 122 I 18 E. 2f.).

10.12 Die Einrichtung ist *Rechtsfolge* der FU. Sie muss aber *geeignet* sein. Die Geeignetheit ist demgegenüber Tatbestandsvoraussetzung. Die Einrichtung muss über die Organisation und personellen Kapazitäten verfügen, um der eingewiesenen Person die *Pflege und Fürsorge bzw. die Behandlung* zu erbringen, die diese im Wesentlichen benötigt.

10.13 Die *Unterbringung zum Zwecke der Begutachtung* wird im Verfahrensrecht (Art. 449 ZGB) geregelt. Soweit eine psychiatrische Begutachtung

10.1. Unterbringung und Zurückbehaltung

unerlässlich ist und diese nicht ambulant durchgeführt werden kann, so weist die KESB die betroffene Person zur Begutachtung in eine geeignete Einrichtung ein. Im Rahmen von Art. 449 ZGB sind *keine Behandlungen* gemäss Art. 433 ff. ZGB möglich; demgegenüber aber *Massnahmen zur Beschränkung der Bewegungsfreiheit* gemäss Art. 438 ZGB.

Die *Zurückbehaltung* in einer Einrichtung durch eine Einrichtung wird in Art. 427 ZGB geregelt. Sie betrifft ausschliesslich Personen mit *psychischer Störung*. Die ärztliche Leitung kann gemäss Art. 427 ZGB eine freiwillig eingetretene und an einer psychischen Störung leidende Person für höchstens drei Tage zurückbehalten, sofern sich die Person in einer besonderen Gefahrensituation (insb. schwerwiegende Selbst- oder Fremdgefährdung gemäss Art. 427 Abs. 1 Ziff. 1 und 2 ZGB) befindet. Nach Ablauf der Frist kann auch in diesem Fall die Person die Einrichtung verlassen, wenn nicht ein *vollstreckbarer Unterbringungsentscheid* durch die KESB gemäss Art. 428 ZGB oder durch einen Arzt bzw. eine Ärztin gemäss Art. 429 ZGB vorliegt.

10.14

Personen, die sich im Rahmen einer FU in einer Einrichtung aufhalten, leiden an einem Schwächezustand und müssen sich an ein neues Umfeld und eine neue Lebenssituation in der Einrichtung, die sie nicht von sich aus aufgesucht haben, gewöhnen. Deshalb fällt es Personen in derartigen kritischen Lebenssituationen besonders schwer, von ihren Rechten Gebrauch zu machen. Diesen Umständen soll die *Vertrauensperson* (Art. 432 ZGB) Abhilfe schaffen. Zur Bestimmung einer Vertrauensperson bedarf es der *Urteilsfähigkeit*, an die keine besonders hohen Anforderungen zu stellen sind. Kantone können zwar ergänzende Bestimmungen in Bezug auf institutionalisierte Formen der Vertrauensperson (z.B. Abdeckung durch eine Organisation) erlassen; diese dürfen aber nicht das Recht der betroffenen Person einschränken. Mitarbeitende von Kliniken sind in aller Regel aufgrund von absehbaren Rollenkonflikten keine geeigneten Vertrauenspersonen. *Aufgabe* der Vertrauensperson ist, die betroffene Person über ihre Rechte und Pflichten zu informieren, bei administrativen Aufgaben behilflich zu sein, ihre Anliegen weiterzuleiten und geltend zu machen, bei Konflikten zu vermitteln und in einem Verfahren die schutzbedürftige Person zu begleiten, ohne dass andere mit diesen Aufgaben betraute Personen davon entbunden würden. Mit Einwilligung der betroffenen Person hat die Vertrauensperson auch Akteneinsichts- und Auskunftsrecht. Das Besuchsrecht muss der Vertrauensperson sodann auch ausserhalb der Öffnungszeiten der Einrichtung zustehen und sie ist bei der Erarbeitung des Behandlungsplanes (Art. 433 ZGB) beizuziehen. Das Mandat ist in der Regel mit der Aufhebung der FU *beendet,* es sei denn, dass Rechtsmittelverfahren noch nicht abgeschlossen sind.

10.15

10. Fürsorgerische Unterbringung

10.16 Zur Anordnung der FU im engeren Sinne ist die KESB *zuständig* (Art. 428 ZGB). Der/die Mandatsträger/in ist im Unterschied zum Vormund bzw. zur Vormundin im alten Recht nicht mehr für eine Unterbringung zuständig (vgl. aArt. 406 Abs. 2 ZGB). Im Grundsatz ist auch diejenige Behörde für die *Entlassung* zuständig, welche die FU angeordnet hat, es sei denn, sie überträgt die Entlassungskompetenzen im Einzelfall der Einrichtung. Diese Delegation kann jederzeit widerrufen werden.

10.17 Neben der KESB können die Kantone gemäss Art. 429 ZGB *Ärzte und Ärztinnen,* aber nicht mehr Stellen (vgl. aArt. 397b Abs. 2 ZGB) bestimmen, welche befristet für eine Dauer von maximal sechs Wochen eine Person in einer Einrichtung unterbringen können. Die Frage, ob diese ärztliche Kompetenz im Verhältnis zur KESB konkurrierend und nie ausschliesslich sei (so: MEIER/LUKIC, N 685; SCHMID, Art. 429 N 3) oder ob die Kantone darüber befinden können, ob es sich um eine konkurrierende oder ausschliessliche Kompetenz handelt (so: ROSCH, AJP 2011, 507) ist kontrovers. Das Parlament hat im Hinblick auf die kantonalen Unterschiede darauf verzichtet, dass ausschliesslich *qualifizierte («geeignete») Ärzte und Ärztinnen* eine FU anordnen dürfen; es hat aber festgehalten, dass Kantone im Hinblick auf die Regelung der Verantwortlichkeit gemäss Art. 454 ZGB in der Pflicht sind, geeignete Lösungen zu bestimmen. Innerhalb der kantonal vorgesehenen Frist, spätestens aber nach *sechs Wochen* seit der ärztlichen Unterbringung muss ein vollstreckbarer Unterbringungsentscheid der KESB vorliegen, da andernfalls die FU automatisch dahinfällt (Art. 429 Abs. 2 ZGB). Ein erneuter ärztlicher Unterbringungsentscheid, ohne dass sich der Befund derart verändert hat, dass eine Abänderung notwendig wird, würde eine Umgehung der bundesrechtlichen Kompetenzordnung bedeuten und ist daher unzulässig. Über die *Entlassung* entscheidet gemäss Art. 429 Abs. 3 ZGB, solange kein vollstreckbarer Unterbringungsentscheid der KESB vorliegt, nicht der unterbringende Arzt oder die unterbringende Ärztin, sondern die *Einrichtung.* Im Rahmen von ärztlichen Unterbringungen finden sich im Gesetz insb. in Bezug auf *verfahrensrechtliche Aspekte* festgehaltene, relativ ausführliche Minimalstandards: Gemäss Art. 430 ZGB sind dies insbesondere die Pflicht zur persönlichen Untersuchung und Anhörung, die Begründungspflicht sowie die Nennung von Befund, Gründen und Zweck der Unterbringung, der Entzug der aufschiebenden Wirkung von Gesetzes wegen, die Befugnis, ein Gericht anzurufen (Art. 439 Abs. 1 ZGB), und die Pflicht zur schriftlichen Information von nahestehenden Personen über die Unterbringung. Letztere darf nicht gegen den Willen einer urteilsfähigen Person oder aber gegen den mutmasslichen Willen einer urteilsunfähigen Person erfolgen.

10.1. Unterbringung und Zurückbehaltung

Die KESB hat die betroffene Person i.d.R. als Kollegium anzuhören (Art. 447 Abs. 2 ZGB). *Ausnahmsweise* kann sie – im Unterschied zum alten Vormundschaftsrecht – die *Anhörung* an eine Delegation oder ein Einzelmitglied der KESB delegieren, sofern die Anhörung für die Kollegialbehörde entbehrlich ist. Dies dürfte aber nur selten der Fall sein. Ein *Verzicht* auf die Anhörung ist möglich, z.B. wenn die betroffene Person eine solche ablehnt oder diese aus anderen – bspw. gesundheitlichen – Gründen unmöglich ist.

10.18

Der Einweisungsentscheid erwächst in formelle, nicht aber in materielle *Rechtskraft*. Die Behörde ist somit nicht an eine Verfügung gebunden. Betroffene müssen gemäss Art. 426 Abs. 3 ZGB *entlassen* werden, wenn die Voraussetzungen für die stationäre Unterbringung nicht mehr erfüllt sind. Damit müssen *stabilisierende* Massnahmen ergriffen worden sein und greifen. Gemäss Art. 426 Abs. 4 ZGB kann die betroffene oder eine ihr nahestehende Person *jederzeit um Entlassung ersuchen*. Das Gesuch richtet sich an die Behörde gemäss Art. 428 ZGB bzw. an die Einrichtung gemäss Art. 429 Abs. 3 ZGB. Über das Gesuch ist ohne Verzug zu entscheiden. Bei einer Ablehnung des Gesuchs kann das Gericht angerufen werden (Art. 439 Abs. 1 Ziff. 3 und Art. 450 ZGB).

10.19

Der Gesetzgeber sieht einen umfassenden *Rechtsschutz* vor (Art. 450e ZGB, vgl. Rz. 12.10 ff.).

10.20

Fürsorgerische Unterbringung durch die KESB (Art. 428 ZGB)

10.21

Sachverhalt Informationsquellen, Vorgeschichte und derzeitige Situation, Psychosozialer Befund [aufgrund psychosozialer, sozioökonomischer und gesundheitlicher Situation, inkl. ärztlicher Berichte/Sachverständigengutachten mit Zeitpunkt der persönlichen Untersuchung gemäss Art. 446 Abs. 2 i.V.m. Art. 450e Abs. 3 ZGB analog], Ergebnis der Anhörung gemäss Art. 447 Abs. 2 ZGB, Feststellung, dass Unterbringung nur gegen den Willen möglich und Betroffene/r nicht von sich aus die erforderliche stationäre Behandlung/Betreuung in Anspruch nimmt bzw. nehmen kann.

Erwägungen Aufgabe/Auftrag Behörde, Feststellung psychischer Störung, geistiger Behinderung oder schwere Verwahrlosung; dass Person nur durch eine Unterbringung die nötige Behandlung/Betreuung erfolgen kann; evtl. zusätzlich, dass bei ambulanter Massnahme die Umgebung unzumutbar belastet würde; Begründung, dass die vorgesehene Einrichtung geeignet ist, Prüfung der Massnahme auf Geeignetheit, Erforderlichkeit und Zumutbarkeit (Verhältnismässigkeit) im Einzelfall; Verfahrenskosten; aufschiebende Wirkung [Art. 450e Abs. 2 ZGB].

10. Fürsorgerische Unterbringung

Dispositiv

1. NN wird gestützt auf Art. 426 ZGB in die/der (Einrichtung, Adresse) untergebracht (*Variante:* zurückbehalten).
2. Zuständig für die Entlassung ist die KESB A.
3. Die Leitung der (Einrichtung) wird eingeladen, die KESB A zwecks Entlassung zu benachrichtigen, sobald die Voraussetzungen für die Unterbringung nicht mehr erfüllt sind.
(*Variante*: Die Zuständigkeit für die Entlassung wird der Einrichtung übertragen).
4. Evtl. Verfahrenskosten nach kantonalem Recht.
5. Die aufschiebende Wirkung ist gemäss Art. 450e Abs. 2 ZGB von Gesetzes wegen entzogen.
(*Variante*: Eine Beschwerde gegen diesen Entscheid hat in Anwendung von Art. 450e Abs. 2 ZGB aufschiebende Wirkung).
6. Gegen Ziff. 1 und 2 dieses Beschlusses kann beim (zuständiges Gericht, Adresse) innert 10 Tagen seit Mitteilung des Entscheids schriftlich Beschwerde eingereicht werden. Die Beschwerde muss gemäss Art. 450e Abs. 1 ZGB nicht begründet werden.
7. Evtl. kantonales Rechtsmittel gegen Verfahrenskosten.
8. Eröffnung an:
   - NN (betroffene Person),
   - Vertrauensperson.
9. Mitteilung an:
   - evtl. nahestehende Personen,
   - Einrichtung.

10.22 Zurückbehaltung durch die ärztliche Leitung der Einrichtung (Art. 427 ZGB)

Sachverhalt vgl. Rz. 10.21 sinngemäss; zusätzlich: *Zeitpunkt freiwilliger Eintritt, Gründe für das Verlassen, Gefahrensituation.*

Erwägungen vgl. Rz. 10.21 sinngemäss; zusätzlich: *Begründung Gefahrensituation ohne Zurückbehaltung, aufschiebende Wirkung (Art. 430 Abs. 3 ZGB analog).*

Dispositiv

1. NN wird gestützt auf Art. 427 ZGB für maximal drei Tage in die/der (Einrichtung, Adresse) zurückbehalten.
2. Zuständig für die Entlassung ist die Einrichtung.
3. Evtl. Die KESB A wird ersucht, innert dreier Tage einen vollstreckbaren Unterbringungsentscheid zu prüfen.
Variante: Die (nach kantonalem Recht) zuständigen Ärzte werden ersucht, innert dreier Tagen einen Unterbringungsentscheid für max. (nach

kantonalem Recht festgelegte Anzahl [max. 6 Wochen]) Wochen zu prüfen.
4. Evtl. Verfahrenskosten nach kantonalem Recht.
Die aufschiebende Wirkung ist analog zu Art. 430 Abs. 3 ZGB von Gesetzes wegen entzogen.
(*Variante*: Eine Beschwerde gegen diesen Entscheid hat in analoger Anwendung von Art. 430 Abs. 3 ZGB aufschiebende Wirkung).
5. Rechtsmittelbelehrung vgl. Rz. 10.21.
6. Eröffnung: vgl. Rz. 10.21.
7. Mitteilung: vgl. Rz. 10.21 sinngemäss;
zusätzlich: Zuständige KESB und/oder Ärzte gemäss kantonalem Recht.

Fürsorgerische Unterbringung durch einen Arzt/eine Ärztin (Art. 429 ZGB)

10.23

Sachverhalt *vgl. Rz. 10.21 sinngemäss; zusätzlich: Ergebnis der persönlichen Anhörung durch den verfügenden Arzt (Art. 430 Abs. 1 ZGB) und Minimalstandard gemäss Art. 430 Abs. 2 ZGB.*

Erwägungen *vgl. Rz. 10.21 sinngemäss; zusätzlich: aufschiebende Wirkung (Art. 430 Abs. 3 ZGB).*

Dispositiv

1. NN wird gestützt auf Art. 429 ZGB für maximal (nach kantonalem Recht festgesetzte Anzahl) Wochen in die/der (Einrichtung, Adresse) untergebracht.
2. Zuständig für die Entlassung ist die Einrichtung.
3. Die Einrichtung wird beauftragt, bei Bedarf rechtzeitig einen vollstreckbaren Unterbringungsentscheid bei der KESB A zu beantragen.
4. Evtl. Verfahrenskosten nach kantonalem Recht.
5. Die aufschiebende Wirkung ist gemäss Art. 430 Abs. 3 ZGB von Gesetzes wegen entzogen.
(*Variante:* Eine Beschwerde gegen diesen Entscheid hat in Anwendung von Art. 430 Abs. 3 ZGB aufschiebende Wirkung).
6. Rechtsmittelbelehrung vgl. Rz. 10.21; aber: Beschwerde innert 10 Tagen seit Mitteilung des Entscheids gemäss Art. 439 ZGB.
7. Evtl. kantonales Rechtsmittel gegen Verfahrenskosten.
8. Eröffnung: vgl. Rz. 10.21.
9. Mitteilung vgl. Rz. 10.21 sinngemäss; zusätzlich die Einrichtung und zuständige KESB.

10.25 **Fürsorgerische Unterbringung zur Begutachtung durch die KESB (Art. 449 ZGB)**

Sachverhalt vgl. Rz. 10.21 sinngemäss; zusätzlich: Bemühungen um Begutachtung im Einverständnis der/s Betroffenen, Einleitung des Verfahrens zur Prüfung einer behördlichen Massnahme, Feststellung, dass Begutachtung nur gegen den Willen möglich.

Erwägungen vgl. Rz. 10.21 sinngemäss; zusätzlich: Unerlässlichkeit einer psychiatrischen Begutachtung.

Dispositiv
1. NN wird gestützt auf Art. 449 ZGB in die/der (Einrichtung, Adresse) zur psychiatrischen Begutachtung untergebracht.
2. Die (Name Einrichtung) wird ersucht, aufgrund der nachstehenden Leitfragen ein medizinisches Gutachten zu erstellen:
   a) Wie beurteilen Sie den körperlichen Zustand von NN?
   b) Wie beurteilen Sie den psychischen Zustand von NN (Orientierung, Wahrnehmung, Bewusstsein, sprachlicher Ausdruck, psychische/geistige Krankheit/Behinderung, Abhängigkeiten zu [bestimmten] Personen)?
   c) Welche Aussagen können aus medizinischer Sicht über die Urteilsfähigkeit von NN gemacht werden, insb. dauernde Urteilsunfähigkeit bzw. umfassende Urteilsfähigkeit?
   d) Welche Aussagen können aus medizinischer Sicht über die zukünftige Entwicklung des körperlichen und/oder psychischen Zustandes von NN gemacht werden?
   e) Inwieweit kann NN zur Frage von behördlichen Massnahmen des Erwachsenenschutzrechts Stellung beziehen? Kann er/sie sich verständlich machen? Kann er/sie sich ein Urteil zur Situation bilden? Kann er/sie sich kein adäquates Urteil bilden?
   f) Welche Aussagen können gemacht werden in Bezug auf den Bedarf einer künftigen dauernden Pflege von NN?
   g) (...)
3. Evtl. Die Zuständigkeit für die Entlassung wird der Einrichtung übertragen.
   (Variante: Zuständig für die Entlassung ist die KESB A).
   Die Leitung der (Einrichtung) wird eingeladen, die KESB A zwecks Entlassung zu benachrichtigen, sobald die für die Begutachtung notwendigen stationären Abklärungen erfolgt sind.
4. Evtl. Verfahrenskosten nach kantonalem Recht.
5. Die aufschiebende Wirkung ist gemäss Art. 450e Abs. 2 ZGB von Gesetzes wegen entzogen.
   (Variante: Eine Beschwerde gegen diesen Entscheid hat in Anwendung von Art. 450e Abs. 2 ZGB aufschiebende Wirkung).
6. Rechtsmittel vgl. Rz. 10.21.

7. Evtl. kantonales Rechtsmittel gegen Verfahrenskosten.
8. Eröffnung: vgl. Rz. 10.21.
9. Mitteilung vgl. Rz. 10.21.

Verlegung in eine andere Einrichtung durch die KESB

Sachverhalt *siehe oben sinngemäss; zusätzlich: Verweis auf die Begründung des/r ursprünglichen Einweisungsverfügung/en, Hinweise auf Gründe der Verlegung), persönliche Untersuchung gemäss Art. 446 Abs. 2 i.V.m. Art. 450e Abs. 3 ZGB und Anhörung gemäss Art. 447 Abs. 2 ZGB.*

Erwägungen *siehe oben sinngemäss; zusätzlich: Begründung, dass die Voraussetzungen der fürsorgerischen Unterbringung weiterhin erfüllt und verhältnismässig sind; Begründung für die Verlegung und dass die vorgesehene Einrichtung geeignet ist, aufschiebende Wirkung (Art. 450e Abs. 2 ZGB).*

Dispositiv

1. NN wird gestützt auf Art. 426 ZGB von der Einrichtung (Name, Adresse) in die Einrichtung (Name, Adresse) verlegt.
2. Evtl. Die Zuständigkeit für die Entlassung wird der Einrichtung übertragen.
Oder: Zuständig für die Entlassung ist die KESB A.
Die Leitung der (Einrichtung) wird eingeladen, die (einweisende) KESB A zwecks Entlassung zu benachrichtigen, sobald die Voraussetzungen für die Unterbringung nicht mehr erfüllt sind.
3. Evtl. Verfahrenskosten nach kantonalem Recht
4. Die aufschiebende Wirkung ist gemäss Art. 450e Abs. 2 ZGB von Gesetzes wegen entzogen.
(*Variante*: Eine Beschwerde gegen diesen Entscheid hat in Anwendung von Art. 450e Abs. 2 ZGB aufschiebende Wirkung).
5. Rechtsmittelbelehrung vgl. Rz. 10.21
6. Evtl. kantonales Rechtsmittel gegen Verfahrenskosten.
7. Eröffnung; vgl. Rz. 10.21.
8. Mitteilung vgl. Rz. 10.21 sinngemäss; zusätzlich bisherige und neue Einrichtung.

10.26

10.2. Periodische Überprüfung

Eine Person muss gemäss Art. 426 Abs. 3 ZGB entlassen werden, sobald die Voraussetzungen für die Unterbringung nicht mehr erfüllt sind. Insofern haben die Einrichtungen die Aufgabe, die Massnahme laufend zu überprüfen. Zudem kann die betroffene Person jederzeit ein Gesuch um Entlas-

10.27

sung stellen (Art. 426 Abs. 4 ZGB). Aufgrund der Schwere des Eingriffs soll die KESB gemäss Art. 431 ZGB nicht nur auf Gesuch oder Benachrichtigung hin tätig werden, sondern von Amtes wegen periodisch die Einweisungsvoraussetzungen und die Geeignetheit der Einrichtung überprüfen.

10.28 Die Überprüfung ist eine umfassende; es gilt die Untersuchungsmaxime (Art. 446 Abs. 1 ZGB). Dazu gehören primär die Einweisungsvoraussetzungen und die Geeignetheit der Einrichtung; im Einzelfall aber auch eine allfällig langandauernde Medikation ohne Einwilligung der betroffenen Person. Die Überprüfung soll keine Routineangelegenheit sein. Deshalb ist sie individuell vorzunehmen, die betroffene Person ist persönlich anzuhören und bei der Einrichtung ist eine Stellungnahme einzuholen. Die Überprüfung ist sodann zu dokumentieren und zu verfügen. Die Behörde kann die Abklärung an ein Mitglied der KESB delegieren; nicht geeignet ist eine Delegation an den Beistand oder die Beiständin. Das kantonale Recht kann weitere Ausführungsbestimmungen erlassen.

10.29 Die erste Überprüfung erfolgt spätestens sechs Monate nach der Unterbringung. Die Frist beginnt mit der Anordnung bzw. im Rahmen von Art. 427 ZGB mit der Zurückbehaltung. Nach der ersten Überprüfung ist erneut innert sechs Monaten eine zweite Überprüfung vorzunehmen. Danach erfolgt die Überprüfung nur noch jährlich, es sei denn, ein zeitlich kürzerer Überprüfungsrhythmus sei angezeigt.

10.30 **Periodische Überprüfung der fürsorgerischen Unterbringung durch die KESB (Art. 431 ZGB)**

Sachverhalt Informationsquellen (Einweisungsverfügung/en, Zeitpunkt Überprüfung, eingeholte Informationen, Stellungnahme Einrichtung), Vorgeschichte und derzeitige Situation, Psychosozialer Befund (aufgrund psychosozialer, sozioökonomischer und gesundheitlicher Situation [inkl. ärztlicher Berichte]), Ergebnis der Anhörung, Feststellung, dass Unterbringung nur gegen den Willen möglich und Betroffene/r nicht von sich aus die erforderliche stationäre Behandlung/Betreuung in Anspruch nehmen kann bzw. nimmt.

Erwägungen Aufgabe/Auftrag der Behörde, Feststellung psychischer Störung, geistiger Behinderung oder schwere Verwahrlosung weiterhin vorhanden ist; dass Person weiterhin nur durch eine Unterbringung die nötige Behandlung/Betreuung erfolgen kann; evtl., dass bei ambulanter Massnahme, die Umgebung unzumutbar belastet würde; Begründung, dass die vorgesehene Einrichtung weiterhin geeignet ist, in der Regel summarische Prüfung der Massnahme auf Geeignetheit, Erforderlichkeit und Zumutbarkeit (Verhältnismässigkeit) im Einzelfall; Verfahrenskosten; aufschiebende Wirkung (Art. 450e Abs. 2 ZGB).

> **Dispositiv**
> 1. Die fürsorgerische Unterbringung für NN in der (Einrichtung/Adresse) wird gemäss Art. 426 i.V.m. Art. 431 ZGB bestätigt.
> 2. Evtl. Verfahrenskosten nach kantonalem Recht.
> 3. Eine Beschwerde gegen diesen Entscheid hat in Anwendung von Art. 450e Abs. 2 ZGB aufschiebende Wirkung.
> 4. Gegen Ziffer 1 dieses Beschlusses kann beim (zuständiges Gericht, Adresse) innert 10 Tagen seit Mitteilung des Entscheids schriftlich Beschwerde eingereicht werden. Diese Frist gilt auch für beschwerdeberechtigte Personen, denen der Entscheid nicht mitgeteilt wurde (Art. 450b ZGB). Die Beschwerde muss gemäss Art. 450e Abs. 1 ZGB nicht begründet werden.
> 5. Evtl. kantonales Rechtsmittel gegen Verfahrenskosten.
> 6. Eröffnung an:
>   – NN (betroffene Person),
>   – Vertrauensperson.
> 7. Mitteilung an:
>   – nahestehende Personen,
>   – Einrichtung.

10.3. Medizinische Massnahmen bei einer psychischen Störung

Literatur

Botschaft, 7068 ff.
Allgemeine Literatur und spezifische Literatur: vgl. Kap. 10.

10.3.1. Grundsätze und Anwendungsbereich

Für die im Unterabschnitt E. unter der Marginalie «Medizinische Massnahmen bei einer psychischen Störung» zusammengefassten Bestimmungen von Art. 433–437 ZGB ergibt sich schon aus der systematischen Einordnung in den Gesetzesabschnitt über die fürsorgerische Unterbringung (FU), dass sie nur die medizinischen Massnahmen regeln, welche im Zuge einer FU vorgenommen werden. Die Bestimmungen schaffen im Rahmen der FU die vom alten Recht zur FFE nicht vorgesehene *Möglichkeit einer Behandlung ohne Zustimmung der betroffenen in einer Klinik untergebrachten Person*. Im Unterabschnitt findet sich mit Art. 437 ZGB sodann ein Vorbehalt kantonaler Rechtserlasse hinsichtlich Nachbetreuung und ambulanter Massnahmen im Bereich der Behandlung psychischer Stö-

10.31

rungen. Damit werden *kantonale ambulante Massnahmen mit gewissem Zwangscharakter* weiterhin möglich sein, soweit sie verhältnismässig sind.

10.32 Im Übrigen referieren die Bestimmungen auf die durch grundrechtliche (Art. 10 BV), personen- und patientenrechtlichen Normen und Rechtsprechung definierte Rechtslage zum ärztlichen Heileingriff.

10.33 Die Regeln zur Vertretung von urteilsunfähigen Personen bei medizinischen Massnahmen (Art. 377 ff. ZGB) gelten bezüglich der Zustimmung zur Behandlung einer psychischen Störung, wenn die Behandlung ambulant oder in einer Einrichtung (z.B. in einem Pflegeheim) erfolgt, falls es sich dabei nur nicht um eine psychiatrische Klinik handelt. Wird die urteilsunfähige Person jedoch in einer psychiatrischen Klinik behandelt, richtet sich die Behandlung ihrer psychischen Störung gemäss Art. 380 ZGB nach den Bestimmungen über die FU. Damit wird eine Vertretung gestützt auf Art. 377 ff. ZGB ausgeschlossen (Rz. 3.12 am Ende). Die Frage, ob durch die Bestimmung von Art. 380 ZGB, obschon dies darin nicht ausdrücklich erwähnt wird, neben der Behandlung psychischer Störungen Urteilsunfähiger in einer Klinik auch schon deren Einweisung den Regeln der FU unterstellt wird, ist umstritten (Rz. 10.5). Nach der hier vertretenen Auffassung ist sie zu bejahen (so auch: Schmid, Art. 380 Rz. 2; OFK ZGB-Fassbind, Art. 380 N 2; Meier/Lukic, Rz. 327 u. 660) und erstreckt sich somit der Anwendungsbereich der Bestimmungen von Art. 433 ff. ZGB auf alle zur Behandlung einer psychischen Störung nach den Regeln der FU in einer Einrichtung untergebrachten Personen und auf alle urteilsunfähigen Personen, die in einer psychiatrischen Klinik eine Behandlung einer psychischen Störung erhalten sollen. Nicht erfasst werden die zahlreichen Patientinnen und Patienten, die freiwillig für die Behandlung ihrer psychischen Störung in eine Klinik eingetreten und – im Zeitpunkt der Behandlung – urteilsfähig sind (was nicht heisst, dass mit ihnen kein Behandlungsplan erstellt werden soll), sowie Personen, die zu andern Zwecken als zur Behandlung einer psychischen Störung eingewiesen worden sind (insb. zur Begutachtung). Ob die behördliche oder ärztliche FU zur Behandlung einer psychischen Störung oder zu anderen Zwecken vorgenommen worden ist, muss den Erwägungen oder dem Dispositiv des Unterbringungsentscheids entnommen werden. Wird eine freiwillig eingetretene Person gestützt auf Art. 427 ZGB zurückbehalten und ergeht in der Folge rechtzeitig ein vollstreckbarer Unterbringungsentscheids, unterliegt die betroffene Person, sofern die FU zur Behandlung einer psychischen Störung ergangen ist, neu im Anwendungsbereich von Art. 433 ff. ZGB.

10.3.2. Behandlungsplan

Art. 433 Abs. 1 ZGB bestimmt, dass die behandelnde Ärztin oder der behandelnde Arzt unter Beizug der betroffenen Person und ggf. ihrer Vertrauensperson einen schriftlichen Behandlungsplan zu erstellen hat, wenn die Person zur Behandlung einer psychischen Störung in einer Einrichtung untergebracht wird. In *Art. 433 Abs. 2 ZGB* werden die *wesentlichen Elemente des Behandlungsplanes in der Art einer Checkliste* aufgezählt. Die Liste umfasst alle Umstände, die im Hinblick auf die in Aussicht genommenen medizinischen Massnahmen wesentlich sind, insb. deren Gründe, Zweck, Art, Modalitäten, Risiken und Nebenwirkungen, die Folgen eines Unterlassens der Behandlung sowie allfällige alternative Behandlungsmöglichkeiten. Abgesehen von der *Schriftlichkeit* verlangt die Bestimmung nicht mehr, als bereits durch die erwähnte Rechtslage zum ärztlichen Heileingriff (Rz. 10.32) geboten ist (Personen, für die eine medizinische Behandlung ansteht, werden regelmässig auf diese Informationen angewiesen sein, um einen zustimmenden oder ablehnenden Entscheid treffen zu können) und was im Übrigen auch für irgendwelche medizinische Behandlungen von urteilsunfähigen Personen gilt (in Art. 377 Abs. 2 ZGB werden die Elemente des Planes praktisch identisch aufgelistet [vermehrt um das Element der Kosten]).

10.34

Die betroffene Person und ggf. die von ihr bezeichnete Vertrauensperson müssen bei der Erstellung des Behandlungsplans beigezogen werden. Hingegen muss der Beistand oder die Beiständin mit einem Vertretungsrecht bei medizinischen Massnahmen nicht beigezogen werden; vom Beizug ist insb. abzusehen, wenn dadurch die Erstellung des Plans ungebührlich verzögert würde.

10.35

Gemäss *Art. 433 Abs. 3 ZGB* ist der Behandlungsplan der betroffenen Person zur Zustimmung zu unterbreiten. Während der Dauer der Behandlung ist der Behandlungsplan gemäss *Art. 433 Abs. 4 ZGB der laufenden Entwicklung anzupassen,* wobei, wie im französischen Gesetzestext ausdrücklich festgehalten, darunter sowohl Entwicklungen der Medizin als auch des Zustandes der betroffenen Person zu verstehen sind. Die Änderungen sind der betroffenen Person wiederum zur Zustimmung zu unterbreiten.

10.36

Stimmt die *urteilsfähige betroffene Person* dem Behandlungsplan zu, kann die Behandlung in der Einrichtung gemäss Plan stattfinden. Verweigert sie die Zustimmung, so hat die Behandlung zu unterbleiben. Möglich ist auch die Zustimmung zu Teilen der geplanten Behandlung und – wenn dies aus ärztlicher Sicht sinnvoll ist – die Durchführung der akzeptierten Teile der Behandlung.

10.37

10. Fürsorgerische Unterbringung

10.38 Ist *die betroffene Person urteilsunfähig*, ist eine allfällige Patientenverfügung zu berücksichtigen (Art. 433 Abs. 3 ZGB). Der Arzt oder die Ärztin soll die Versichertenkarte konsultieren. Eine solche kann, wenn sie sich relevant zu den im Behandlungsplan vorgesehenen medizinischen Massnahmen äussert, im positiven Fall als Zustimmung beurteilt werden und die Behandlung rechtfertigen. Im umgekehrten Fall hat die Behandlung einstweilen zu unterbleiben. In beiden Fällen bleibt die Nichtbeachtung durch den Arzt oder die Ärztin vorbehalten, wenn Gründe im Sinne von Art. 372 Abs. 2 ZGB vorliegen. Zudem darf die Patientenverfügung die sinnvolle Behandlung der urteilsunfähigen Person nicht vereiteln und die entsprechende Behandlung ist deshalb ungeachtet einer entgegenstehenden Patientenverfügung im Behandlungsplan vorzusehen, wenn deren Durchführung ohne Zustimmung der betroffenen Person in Betracht gezogen werden muss. In gleicher Weise wie eine Patientenverfügung sind auch allfällige in einem Austrittgespräch bei einem früheren Klinikaufenthalt vereinbarte Behandlungsgrundsätze (Art. 436 ZGB) zu berücksichtigen. Liegen keine Patientenverfügung und keine Vereinbarungen von Behandlungsgrundsätzen vor, so darf der Umstand, dass die urteilsunfähige betroffene Person keinen aktiven Widerstand gegen den Behandlungsplan anmeldet, nicht einfach als Zustimmung angenommen werden. Gleich wie im Falle der allgemeinen medizinischen Behandlung (Art. 377 Abs. 3 ZGB) ist die urteilsunfähige Person jedoch soweit möglich in die Entscheidfindung einzubeziehen. Eine Vertretung gestützt auf Art. 377 ff. ZGB ist, wie schon ausgeführt, ausgeschlossen (Rz. 10.33).

10.39 Der Behandlungsplan behält, auch wenn ihm von der betroffenen Person keine Zustimmung erteilt wird, im Hinblick auf die Möglichkeit einer Behandlung ohne Zustimmung im Sinne von Art. 434 ZGB seine Bedeutung (Rz. 10.41 ff.).

10.40 Der Behandlungsplan kann, solange er nicht als Grundlage für eine Behandlung ohne Zustimmung herangezogen wird, nicht durch Anrufung des zuständigen Gerichts nach Art. 439 ZGB in Frage gestellt werden (vgl. Rz. 12.15; so auch Schmid, Art. 433 Rz. 4 und Art. 439 Rz. 14; a.M.: Bernhart, Rz. 800; OFK ZGB-Fassbind, Art. 439 N 2 m.H.a. Botschaft, 7072.

10.3.3. Behandlung ohne Zustimmung

10.41 Damit eine Person ohne Zustimmung in einer psychiatrischen Klinik wegen einer psychischen Störung behandelt werden kann, müssen gemäss *Art. 434 Abs. 1 ZGB* folgende *formellen Voraussetzungen* erfüllt sein:

10.3. Medizinische Massnahmen

a) Es muss ein schriftlicher *Behandlungsplan* im Sinne von Art. 433 ZGB erstellt worden sein, in dem die *Behandlung*, die ohne Zustimmung der betroffenen Person durchgeführt werden soll, aufgeführt ist.
b) Es darf *keine Zustimmung* der urteilsfähigen betroffenen Person zu dieser Behandlung vorliegen.
c) Die Anordnung der Behandlung ohne Zustimmung muss durch den *Chefarzt oder die Chefärztin* der zuständigen Abteilung *schriftlich* angeordnet worden sein.

Inhaltlich/materiell müssen sodann folgende Voraussetzungen *kumulativ* erfüllt sein:

d) Es muss *der betroffenen Person* ohne Behandlung ein *ernsthafter gesundheitlicher Schaden drohen oder* es muss das Leben oder die körperliche Integrität *Dritter ernsthaft gefährdet* sein.
e) Die betroffene Person muss bezüglich ihrer *Behandlungsbedürftigkeit urteilsunfähig* sein.
f) Es darf *keine* angemessene *Massnahme* zur Verfügung stehen, die *weniger einschneidend* ist.

Zuständig für die Anordnung ist die Chefärztin oder der Chefarzt der zuständigen Abteilung. Diese Formulierung lässt zu, dass das kantonale Recht die Anordnungskompetenz in grösseren Kliniken an Oberärzte/innen delegiert.

10.42

Eine von der betroffenen Person bereits selbstbestimmt durch Patientenverfügung oder durch früher vereinbarte Behandlungsgrundsätze gemäss Art. 436 ZGB legitimierte Behandlung soll nicht zusätzlich mit einer chefärztlichen Anordnung gemäss Art. 434 «abgesichert» werden. Denkbar ist jedoch, dass ein Teil der Behandlung auf Patientenverfügung bzw. vereinbarte Behandlungsgrundsätze abgestützt wird und nur der dadurch nicht erfasste Teil der Behandlung auf eine chefärztliche Anordnung.

10.43

Ohne Zustimmung darf nur behandelt werden, soweit dies zur *Abwendung einer ernsthaften gesundheitlichen Schädigung* der betroffenen Person oder einer Drittperson notwendig erscheint. Die chefärztliche Anordnung darf nicht darüber hinausgehen und jene im Behandlungsplan vorgesehenen Behandlungen, die aus ärztlicher Sicht zwecks Verbesserung des gesundheitlichen Zustandes und Wohlbefindens zwar empfehlenswert wären, aber für die Abwendung der genannten Gefahrensituationen nicht erforderlich sind, nicht anordnen. Die chefärztliche Anordnungskompetenz geht somit bezüglich Behandlungsumfang weniger weit als die Zustimmungskompetenz der gestützt auf Art. 377 ff. ZGB zur Vertretung der urteilsunfähigen Person berufenen Person. Die Prognose der ernsthaften gesundheitlichen Schädigung (Selbstgefährdung) und der ernsthaften Ge-

10.44

10. Fürsorgerische Unterbringung

fährdung Dritter ist nach fachärztlichen Kriterien aufzustellen und bei Bedarf zu begründen.

10.45 Die *fehlende Urteilsfähigkeit der betroffenen Person in ihre eigene Behandlungsbedürftigkeit* kann verschiedene Ursachen haben. Zum einen geht es um Personen, die so behandlungsbedürftig sind, dass eine fürsorgerische Unterbringung (Unterbringung in einer psychiatrischen Klinik) nötig wurde, die aber der in Aussicht genommenen Behandlung nicht zustimmen können, weil ihnen etwa die *kognitive Fähigkeit*, z.B. wegen Demenz, schweren Intelligenzmangels oder Bewusstseinsstörungen, schlicht *mangelt* und sie so weder Zustimmung noch Ablehnung zu äussern in der Lage sind. Zum anderen geht es um Personen, die an einer *psychischen Krankheit* leiden (z.B. Schizophrenie), welche die Wahrnehmungsfähigkeit beeinträchtigt und die Entschlussfähigkeit lähmt, z.B. im Fall einer Sucht, so dass die Patientinnen oder Patienten zwar merken, worum es geht, einer angepassten Behandlung aber nicht zustimmen können, und dies mit verbalem und allenfalls physischem Widerstand ausdrücken, weil sie in ihrer die ganze Persönlichkeit erfassenden Schwäche ihre Situation nicht vernunftgemäss einschätzen können. Diese Unterscheidung der Betroffenen in zwei Kategorien erleichtert Überlegungen, die geeignet sind, Befürchtungen zu relativieren, wonach wegen der auf ernsthafte Gefahrensituationen beschränkten chefärztlichen Anordnungskompetenzen und gleichzeitigen Ausschlusses einer Vertretung nach Art. 377 ff. ZGB für urteilsunfähige Kranke nachteilige Behandlungslücken entstehen könnten. Im Bewusstsein, dass die erwähnte Kategorisierung die vielfältigen Erscheinungsformen und Ursachen psychischer Störungen nur unzureichend darstellt, ist davon auszugehen, dass es bei der erstgenannten Kategorie in praktisch allen Fällen möglich sein wird, sie die meiste Zeit oder zumindest phasenweise psychiatrischen Behandlungsmassnahmen ausserhalb einer psychiatrischen Klinik zuzuführen. Die Betroffenen der zweiten Kategorie erleben in den meisten Fällen gesundheitlich stabilere Phasen, während denen sie urteilsfähig und in der Lage sind, mit fachärztlicher Unterstützung die für sie angemessene Behandlung zu erschliessen, sei es in der Klinik, ambulant oder teilstationär.

10.46 Die im Behandlungsplan vorgesehene Behandlung muss verhältnismässig sein, was nicht mehr der Fall ist, wenn weniger einschneidende Massnahmen zur Verfügung stehen, mit denen die in Art. 434 Abs. 1 Ziff. 1 ZGB aufgeführten Gefährdungen abgewendet werden können. In Betracht kommen ggf. mit Weisungen im Rahmen ambulanter Massnahmen verbundene Anordnungen wie etwa Abgabe von Medikamenten, Einhaltung einer Tagesstruktur, Therapiegespräche und angeordnete Nahrungsaufnahme z.B. in einer Tagesklinik. Dass weniger einschneidende Massnahmen nicht zur Verfügung stehen bzw. nicht ausreichen, ist wie die Prognose der ernsthaften gesundheitlichen Schädigung bzw. Gefährdung nach fachärztlichen Gesichtspunkten zu beurteilen und bei Bedarf zu begründen.

Die *chefärztliche Anordnung der Behandlung* ist gemäss *Art. 434 Abs. 2 ZGB* der betroffenen Person und (ggf.) ihrer Vertrauensperson schriftlich verbunden mit einer Rechtsmittelbelehrung mitzuteilen. Rechtsmittel ist die in Art. 439 Abs. 1 Ziff. 4 ZGB vorgesehene schriftliche Anrufung des zuständigen Gerichtes innert 10 Tagen seit der Mitteilung des Entscheides. Die chefärztliche Anordnung muss in klarer Weise auf die einschlägigen Behandlungselemente des Behandlungsplanes Bezug nehmen, braucht jedoch im Übrigen keine schriftliche Begründung zu enthalten. Für das Verfahren macht das Gesetz der Chefärztin oder dem Chefarzt keine Vorschriften. Es erscheint jedoch unerlässlich, dass im Zuge der Abklärung, ob die Voraussetzungen gemäss Art. 434 ZGB erfüllt sind, mindestens eine persönliche Untersuchung (Gespräch) vorgenommen wird. Trotz des Verweises von Art. 439 Abs. 3 ZGB auf die sinngemässe Anwendung der Bestimmungen über das Verfahren vor der gerichtlichen Beschwerdeinstanz (welche in Art. 450 Abs. 2 ZGB vorsehen, dass der Beschwerde im Bereich der fürsorgerischen Unterbringung grundsätzlich keine aufschiebende Wirkung zukommt) ist die chefärztliche Anordnung der Behandlung nicht mit einem Entzug der aufschiebenden Wirkung des Rechtsmittels verbunden und kann die Chefärztin oder der Chefarzt einen solchen Entzug auch nicht anordnen. Ist eine sofortige Behandlung unerlässlich, ist eine notfallmässige Behandlung gestützt auf Art. 435 ZGB (Rz. 10.48) vorzunehmen.

10.47

In einer *Notfallsituation* können die zum Schutz der betroffenen Person oder Dritter unerlässlichen medizinischen Massnahmen gemäss *Art. 435 Abs. 1 ZGB* sofort ergriffen werden. Dies bedeutet, dass vorgängig nicht ein Behandlungsplan unter Beizug von betroffener Person und ggf. Vertrauensperson erstellt werden muss. Abgesehen von höchst akuten Situationen, in denen etwa eine Beruhigung eines Patienten oder einer Patientin durch Verabreichung eines Medikamentes mittels Injektionsspritze zur Verhinderung von Gewalt gegen Personen und Sachen indiziert ist, ist die betroffene Person aber auch in Notfallsituationen so weit wie möglich über die Diagnose, Prognose und durchzuführende Behandlung zu informieren. Unter Umständen kann auch eine Notfallbehandlung einer psychischen Störung mit Zustimmung des urteilsfähigen (krankheitseinsichtigen) Patienten erfolgen. Auf diese Fälle zielt aber die Bestimmung von Art. 435 ZGB nicht ab. Gegen die medizinische Notfallbehandlung kann allenfalls nach Art. 439 Abs. 1 Ziff. 4 ZGB das zuständige Gericht angerufen werden. Die Notfallbehandlung der psychischen Störung muss verhältnismässig sein. Ist Gewaltbereitschaft der betroffenen Person nicht auf eine psychische

10.48

Störung zurückzuführen, sondern anderweitig motiviert, sind medizinische Notfallmassnahmen nicht verhältnismässig, sondern polizeilicher Gewahrsam.

10.49 Ist der Einrichtung, etwa aufgrund eines früheren Austrittgesprächs, bekannt, wie die Person behandelt werden will, so wird deren Wille berücksichtigt. Dieser Wille darf, wie im Falle der nicht notfallmässigen Behandlung einer psychischen Störung, die sinnvolle Behandlung nicht vereiteln, wenn die Voraussetzungen gemäss Art. 434 Abs. 1 Ziff. 1–3 ZGB erfüllt sind. Er ist deshalb lediglich zu berücksichtigen und es muss ihm nicht strikte entsprochen werden.

10.50 Besteht nach einer mit oder ohne Zustimmung der betroffenen Person durchgeführten, ggf. erfolgreichen Behandlung eine Rückfallgefahr und ist die betroffene Person im Zeitpunkt des *Austritts urteilsfähig*, so hat der behandelnde Arzt oder die behandelnde Ärztin gemäss *Art. 436 Abs. 1 ZGB* zu versuchen, mit der betroffenen Person *Behandlungsgrundsätze* für den Fall einer erneuten Unterbringung in der Einrichtung zu *vereinbaren*. Damit die ggf. vereinbarten Behandlungsgrundsätze die rechtliche Verbindlichkeit einer Patientenverfügung erlangen, was anzustreben ist, sind sie klar als Willensäusserung der betroffenen Person zu formulieren und von dieser zu datieren und zu unterzeichnen (Art. 371 Abs. 1 ZGB). Die betroffene Person kann den Umstand, dass Behandlungsgrundsätze vereinbart worden sind, und den Aufbewahrungsort derselben, in der Versichertenkarte eintragen lassen. Auch wenn eine solche Eintragung nicht erfolgt, gelten die Behandlungsgrundsätze mangels anderslautender Vereinbarung auch für eine andere Einrichtung als diejenige, in der das Austrittsgespräch geführt wurde. Letztere wird die Information in einem entsprechenden Fall an die andere Einrichtung weiterzugeben haben, wenn sie etwa im Zuge der Anforderung von Informationen über den Verlauf des früheren Klinikaufenthaltes über die erneute Unterbringung der betroffene Person in urteilsunfähigem Zustand erfährt. Zumindest derjenige Teil des Austrittsgesprächs, der die Vereinbarung von Behandlungsgrundsätzen im Hinblick auf eine spätere Hospitalisation beschlägt, ist gemäss Art. 436 Abs. 2 ZGB zu dokumentieren. Im Übrigen richtet sich die Dokumentation nicht nach ZGB, sondern nach ärztlichen Standards und allfälligen Regelungen des Kantons für die Kliniken.

10.3.4. Nachbetreuung und ambulante Massnahmen

10.51 Der in *Art. 437 ZGB* festgeschriebene *Vorbehalt kantonalen Rechts* nennt die *Regelung der Nachbetreuung (Abs. 1)* und das *Vorsehen von ambulanten Massnahmen (Abs. 2)*. Durch die Einstellung dieser Vorbehalte in den

10.3. Medizinische Massnahmen

Gesetzesabschnitt über die FU wird ein gewisser Bezug zu dieser Art der medizinischen Betreuung hergestellt, d.h. zur Unterbringung und Behandlung von Personen gegen deren Willen oder ohne deren Willen.

Die Kantone sind für die Erbringung der Leistungen auf dem Gebiet der medizinischen Massnahmen in erster Linie zuständig. Sie führen und betreiben die Einrichtungen, in denen unter anderem die Betreuungen und Behandlungen im Rahmen von FU erfolgen. Die Leistungen dieser kantonalen Einrichtungen werden im Übrigen überwiegend von Personen, die von psychischen Störungen oder geistiger Behinderung betroffen sind, beansprucht, ohne dass sie mittels FU dort untergebracht sind. Der Bundesgesetzgeber beansprucht mit den Bestimmungen zur FU die abschliessende Kompetenz zur Regelung der Bereiche der stationären Unterbringung bei psychischer Störung, geistiger Behinderung und schwerer Verwahrlosung gegen den Willen oder ohne Zustimmung der betroffenen Personen sowie der Behandlung von psychischen Störungen im Rahmen solcher Unterbringungen, wenn sie ohne Zustimmung der betroffenen Person erfolgen. Auf die Regelung von medizinischen Behandlungen psychischer Störungen gegen den Willen der betroffenen Personen mittels ambulanter Massnahmen hat der Bundesgesetzgeber verzichtet, wobei er damit *kein qualifiziertes Schweigen* zum Ausdruck bringen wollte, sondern sich aufgrund der Vernehmlassungsresultate gegenteils veranlasst sah, den *Vorbehalt von kantonalem Recht* ausdrücklich ins Gesetz aufzunehmen (zu den parlamentarischen Beratungen ausführlich: SCHMID, Art. 437 Rz. 3–10; MEIER/LUKIC, 729). Eine weiter gehende Bedeutung kommt der Bestimmung von Art. 437 ZGB nicht zu. Insbesondere handelt es sich bei ihr nicht um eine Kompetenzdelegationsnorm. Zum Erlass von Regelungen im Bereich der medizinischen Behandlung und Betreuung bleiben die Kantone in allen Bereichen, deren Regelung nicht das Bundesrecht für sich beansprucht, zuständig. Das Erwachsenenschutzrecht schränkt die kantonale Regelungszuständigkeit für die Erbringung medizinischer Behandlungs- und Betreuungsleistungen ein durch die Bestimmungen zur FU, die Bestimmungen zur Vertretung urteilsunfähiger Personen bei medizinischen Massnahmen sowie die Bestimmungen über den Aufenthalt von urteilsunfähigen Personen in Wohn- und Pflegeeinrichtungen. Soweit kantonale Regelungen zu ambulanten Massnahmen und (Nach-)Betreuungsmassnahmen im medizinischen und sozialpsychiatrischen Bereich den erwähnten erwachsenenschutzrechtlichen Bestimmungen und weiteren bundesrechtlichen Vorschriften nicht widersprechen, bleiben sie zulässig. Das Verhältnismässigkeitsprinzip ist dabei nicht nur bei der Durchführung einer einzelnen Massnahme zu beachten, sondern auch als Richtschnur beim Erlass von Regelungen.

10.52

10. Fürsorgerische Unterbringung

10.53 Bezüglich der sog. ambulanten Zwangsmassnahmen gilt es etwa zu beachten, dass die Erzwingung eines Aufenthaltes während mehrerer Stunden an einem Ort nicht mehr als ambulante Massnahme gilt, sondern als FU. Die Abgabe von Medikamenten unter körperlichem Zwang im Rahmen einer ambulanten Behandlung erscheint jedenfalls höchstens unter den restriktiven Bedingungen von Art. 434 ZGB zulässig, die auch für eine Zwangsmedikation im Rahmen einer FU gelten (vgl. dazu: MEIER/LUKIC, 730; ROSCH, AJP 2011, 512). Als zulässig wird unter bestimmten Umständen etwa die polizeiliche Zuführung zu einem Arzt angesehen. Zulässig sind Massnahmen, denen seitens der anordnenden Instanz ein verpflichtender Charakter in Form einer Weisung mitgegeben wird, etwa der Weisung, regelmässig an Gesprächs- oder Beschäftigungstherapien teilzunehmen oder ein Medikament regelmässig einzunehmen, wobei die Verpflichtung nicht mit körperlichem Zwang oder Androhung von solchem, sondern mit einem gewissen psychologischen Druck unterstrichen wird, der durchaus auch die Information enthalten darf, dass die Nichtbeachtung aller Voraussicht nach zu einer FU führen werde.

10.54 Die Kantone dürfen die KESB für die verpflichtende Anordnung von ambulanten Massnahmen und Nachbetreuungsmassnahmen und den Erlass von Weisungen in diesem Zusammenhang zuständig erklären. Die Massnahmen bedürfen einer kantonalrechtlichen gesetzlichen Grundlage, welche auch ein geregeltes Verfahren für die Anordnung und den ausreichenden Rechtsschutz zu gewährleisten hat. Auch hierfür dürfen die Kantone die für die Umsetzung des bundesrechtlichen Erwachsenenschutzes etablierten Instrumente anwendbar erklären.

10.55 **Anordnung einer ambulanten Massnahme mit verpflichtendem Charakter durch die KESB**

Erwägungen u.a. Darstellung des Sachverhaltes, medizinische Diagnose, frühere Klinikaufenthalte und FU, Verfahrensablauf, Beurteilung der gegenwärtigen Situation durch Facharzt, Notwendigkeit der regelmässigen Therapie, Prognose ohne und mit Behandlung, Anhörungsergebnis betroffene Person, Verhältnismässigkeit der Massnahme, …

Dispositiv

1. Für NN werden gestützt auf [kantonale Rechtsgrundlage] die folgenden ambulante Massnahmen angeordnet:
   a. regelmässige tägliche Einnahme des Medikamentes MM, Dosierung 50 mg, jeweils vormittags während des Besuchs der Betreuerin des psychiatrischen Spitex-Dienstes LL;

b. wöchentliche Gesprächstherapie bei Dr. med. FF, Fachärztin für Psychiatrie.
2. Frau Dr. med. FF wird eingeladen, der KESB mitzuteilen, wenn NN den Weisungen gemäss Ziff. 1a. oder b. nicht nachkommt. Weiter wird sie eingeladen, der KESB begründet Antrag zu stellen, wenn die Therapieanweisungen veränderten Verhältnissen angepasst werden müssen.
3. Der Spitex-Dienst LL wird eingeladen, Frau Dr. med. FF Meldung zu machen, wenn NN der Weisung gemäss Ziff. 1a. nicht nachkommt.
4. Die Notwendigkeit der Weiterführung der Massnahme wird spätestens (Datum – z.B. in sechs Monaten) erstmals überprüft und Frau Dr. med. FF wird eingeladen, auf diesen Zeitpunkt einen ärztlichen Bericht zur Frage der Weiterführung der Massnahme zu erstatten.
5. Keine Gebühr und Kosten.
6. Rechtsmittelbelehrung/Rechtsmittel nach kantonalem Recht (ggf. gerichtliche Beschwerdeinstanz gem. Art. 450 ZGB).
7. Eröffnung an:
   – betroffene Person,
   – ggf. nahestehende bezeichnete Vertrauensperson,
   – Frau Dr. med. FF,
   – Spitex-Dienst LL.

11. Urteilsunfähige Personen in Wohn- oder Pflegeeinrichtungen

Literatur

Botschaft, 7014 f. und 7038 ff.

Allgemeine Literatur: BSK ESR-STECK, Art. 382–387; FamKomm ESR-LEUBA/VAERINI JENSEN, Art. 382–387; HAUSHEER/GEISER/AEBI-MÜLLER, 2.192 ff.; KUKO ZGB-MÖSCH PAYOT, Art. 382–387; MEIER/LUKIC, 28 ff., 85, 341 ff., 731 f.; OFK ZGB-FASSBIND, Art. 382–387; SCHMID, Art. 382–387.

Spezifische Literatur: BERNHART CHRISTOF, Handbuch der fürsorgerischen Unterbringung, Basel 2011, N 643 ff.; BIDERBOST YVO, Der neue Erwachsenenschutz im Überblick, in: SJZ 2010, 310 ff.; BREITSCHMID PETER, Der Heimträger – eine Einrichtung? in: Festschrift Riemer, Bern 2003, S. 23 ff.; BREITSCHMID PETER/STECK DANIEL/WITTWER CAROLINE, Der Heimvertrag, in: FamPra.ch 2009, 867 ff.; BUCHER ANDREAS, Natürliche Personen und Persönlichkeitsschutz, 4. Auflage, Basel 2009; CURAVIVA: Merkblätter zum Thema Freiheitsbeschränkende Massnahmen im neuen ZGB. In: «Dossier Erwachsenenschutzrecht», auf: <http://www.curaviva.ch/index.cfm/48A6FFAB-A21D-299A-2F7223A9C5F8405A/?method=dossier.detail&id=94DE86AB-E4D7-DAE8-ED523E389B07E9A3> (03.11.2011); DEPARTEMENT DES INNERN SCHWYZ, Qualitätsrichtlinien in Alters- und Pflegeheimen, Schwyz 2010, auf: <http://www.sz.ch/documents/qualitaet_richtlinien_aph_100901.pdf> (25.02.2012); GEISER THOMAS, Demenz und Recht: Regulierung – Deregulierung, in: ZVW 2003, 97 ff.; GUILLOD OLIVIER/HELLE NOÉMIE, Traitement forcé: des dispositions schizophrènes? in: ZVW 2003, 347 ff.; HEGNAUER CYRIL, Struktur der vormundschaftlichen Aufsicht, in: ZVW 2003, 361 ff.; HENKE FRIEDHELM, Fixierung in der Pflege, Rechtliche Aspekte und praktische Umsetzung, Stuttgart 2006; JOSSEN ROCHUS, Ausgewählte Fragen zum Selbstbestimmungsrecht des Patienten beim medizinischen Heileingriff, Bern 2009; LEUBA AUDREY/TRITTEN CÉLINE, La protection de la personne incapable de discernement séjournant en institution, in: ZVW 2003, 284 ff.; MÖSCH PAYOT PETER, Rechtliche Rahmenbedingungen für Freiheitsbeschränkende Massnahmen im Heimbereich im Kanton Bern, Gutachten im Auftrag des Alters- und Behindertenamtes des Kantons Bern, Bern 2010; SCHWEIZERISCHEN AKADEMIE DER MEDIZINISCHEN WISSENSCHAFTEN SAMW, Zwangsmassnahmen in der Medizin. Medizinisch-ethische Richtlinien der SAMW, Basel 2005a: <http://www.samw.ch/de/Ethik/Richtlinien/Aktuell-gueltige-Richtlinien.html> (25.02.2012); SCHWEIZERISCHE AKADEMIE DER MEDIZINISCHEN WISSENSCHAFTEN SAMW, Recht der Patientinnen und Patienten auf Selbstbestimmung. Medizinisch-ethische Grundsätze der SAMW, Basel 2005b: <http://www.samw.ch/de/Ethik/Richtlinien/Aktuell-gueltige-Richtlinien.html> (25.02.2012); SCHWEIZERISCHE AKADEMIE DER MEDIZINISCHEN WISSENSCHAFTEN SAMW, Behandlung und Betreuung von älteren, pflegebedürftigen Menschen: Medizinisch-ethische Richtlinien und Empfehlungen, Basel 2004: <http://www.samw.ch/de/Ethik/Richtlinien/Aktuell-gueltige-Richtlinien.html> (25.02.2012); SCHWEIZERISCHE GESELLSCHAFT FÜR GERONTOLOGIE SGG, Richtlinien zum Umgang mit freiheitsbeschränkenden Massnahmen; STETTLER MARTIN, La sauvegarde des intérêts des personnes incapable de discernement dans le nouveau droit de la protection de l'adulte, in: ZVW 2003, 258 ff.; STETTLER MARTIN, La protection des adultes incapables de discernement: les mesures appliquées de plein droit (Art. 431–442 VE), ZSR 2003 I, 369 ff.; WIDMER BLUM CARMEN LADINA, Urteilsunfähigkeit, Vertretung und Selbstbestimmung – insbesondere: Patientenverfügung und Vorsorgeauftrag, Zürich 2010.

11.1. Allgemeines

Die Art. 382–387 ZGB befassen sich mit dem *Schutz der Menschenwürde* von urteilsunfähigen Personen, welche in einer Einrichtung fremdbetreut werden, ohne dass eine fürsorgerische Unterbringung nach Art. 426 ff.

11.1

ZGB vorliegt. Je nach Betreuungskonstellation sind die Bestimmungen unterschiedlich anwendbar. So bezieht sich Art. 382 ZGB (Betreuungsvertrag) lediglich auf dauernde oder längerdauernde Betreuungsverhältnisse, während die Artikel 383–387 ZGB (Einschränkung der Bewegungsfreiheit, Persönlichkeitsschutz und Aufsicht) auch auf kurzfristige Aufenthalte anwendbar sind.

11.2 Der Gesetzgeber definiert den Begriff der *Wohn- oder Pflegeeinrichtung* nicht näher, ebenso finden sich in der Botschaft keine klärenden weiteren Hinweise, es wird lediglich allgemein von Heiminsassen gesprochen. Das wesentliche Kriterium der Definition liegt in der Gewährung von Unterkunft, Verpflegung und Betreuung in einer kollektiven Wohnform. Tagesstätten, Tagesheime, Beschäftigungseinrichtungen oder ähnliche Tagesstrukturen werden von diesen Normen nicht erfasst (BGE 126 II 443, 448 E. 3 und 4a). *Abzugrenzen* ist der Begriff gegenüber medizinischen Einrichtungen, bei welchen eine Behandlung zur Verbesserung des Gesundheitszustandes im Vordergrund steht (z.B. Kliniken, Rehabilitationsstätten) und nicht die bewahrende Unterstützung hilfsbedürftiger Menschen zur Sicherung des Lebensalltages zum Ziel hat (BGE 127 IV 154, 158 E. 3d). Als Hilfestellung zur Definition kann zudem der Heimbegriff der Interkantonalen Vereinbarung über soziale Einrichtungen (Art. 4 lit. f i.V.m. Art. 2 Abs. 1 IVSE) sowie die Abgrenzungen zwischen Werk- und Tagesstätten sowie Wohnheimen und anderen kollektiven Wohnformen des Bundesgesetzes über die Institutionen zur Förderung und Eingliederung von invaliden Personen (Art. 3 Abs. 1 IFEG) herangezogen werden.

11.2. Betreuungsvertrag

11.2.1. Inhalt

11.3 Für die dauernde Betreuung von urteilsunfähigen Personen haben die Einrichtungen in einem Betreuungsvertrag die *Leistungen,* welche gegen entsprechende Bezahlung erbracht werden, *schriftlich* aufzulisten (Art. 382 Abs. 1 ZGB). Zentral sind die Beherbergungsleistungen (Wohnraum und Verpflegung) und die Pflege. Neben diesen Hauptleistungen werden je nach Situation und Bedarf der betreuten Person zusätzliche Leistungen angeboten und erbracht. Im Sinne einer klaren Transparenz sind alle vorgesehenen und vereinbarten Leistungen aufzuführen. Sie können auch in einem separaten, als integrierter Bestandteil des Vertrags deklarierten Dokument (z.B. in einer Taxordnung mit den genau aufgelisteten Leistungen und den entsprechenden Preisen) aufgeführt werden, soweit aus dem Vertrag erkennbar ist, welche Leistungen konkret vereinbart wurden.

Auf die *Wünsche* der urteilsunfähigen Person, soweit sie in der Lage ist, diese kundzutun, ist bei der Vertragsgestaltung Rücksicht zu nehmen (Art. 382 Abs. 2 ZGB), allenfalls hat sie diese im noch urteilsfähigen Zustand bereits geäussert. Die Wünsche können sich auf die Lebensgestaltung, die Körperpflege, die Ernährung, die Freizeitaktivitäten, die Formen der konkreten Unterstützung und anderes mehr beziehen. Diese gesetzliche Vorgabe entspricht der allgemeinen Praxis professionell geführter Einrichtungen, bei der Vorbereitung des Eintritts einer Person in einen dauernden Betreuungsrahmen eine umfassende Analyse der persönlichen Situation und Bedürfnisse der zu betreuenden Person vorzunehmen, um die Hilfeleistungen gezielt erbringen zu können und eine möglichst dem bisherigen Lebensverlauf kongruente Betreuung anbieten zu können. 11.4

Schriftlich sind auch erhebliche *generelle Einschränkungen der Bewegungsfreiheit* (z.B. abgeschlossene Aufenthaltsbereiche in Demenzabteilungen, elektronische Sicherungssysteme usw.) aufzuführen, während *medizinische Leistungen* vom schriftlichen Betreuungsvertrag nicht erfasst werden. 11.5

Die Anforderungen aus Art. 382 ZGB sind nur bei *urteilsunfähigen Personen*, welche *über längere Zeit oder dauernd* in einer Einrichtung betreut werden, umzusetzen. So fallen Erholungs- und Ferienaufenthalte oder kurzfristige Überbrückungsaufenthalte zur Rehabilitation oder Stabilisierung (z.B. nach einem Klinikaufenthalt) nicht unter diese Bestimmung, wobei gerade Ferienaufenthalte unter Umständen zu einem dauernden Aufenthalt verlängert werden. In diesem Fall sind die vertraglichen Regelungen, soweit sie den Anforderungen aus Art. 382 ZGB nicht genügen, entsprechend anzupassen. 11.6

Die *Kantone* können in der kantonalen Gesetzgebung bezüglich Einrichtungen weitergehende Vorgaben in Bezug auf den Betreuungsvertrages vorsehen. 11.7

11.2.2. Vertretung

Die Vertretung der urteilsunfähigen Person beim Abschluss, bei der Änderung und bei der Aufhebung des Betreuungsvertrages richtet sich sinngemäss nach der Regelung der *Vertretung bei medizinischen Massnahmen* (Art. 378 ZGB; Rz. 3.12 ff.). Die Vertretungsmacht beinhaltet aber nur die freiwillige Unterbringung in einer Einrichtung. Äussert die Person aber trotz Urteilsunfähigkeit unmissverständlich ihre Ablehnung, ist die Ablehnung 11.8

erkennbar oder leistet sie Widerstand, so sind die Bestimmungen der *fürsorgerischen Unterbringung* anwendbar (Art. 426 ff. ZGB; Rz. 10.3 ff.).

11.9 Die vertretungsberechtigte Person handelt mit Wirkung für die urteilsunfähige Person (Art. 32 ff. OR). Sie muss sich bei ihrer Entscheidung, wie bei der Vertretung bei medizinischen Massnahmen (Art. 378 Abs. 3 ZGB), nach dem *mutmasslichen Willen* richten und vom *wohlverstandenen Interesse* der betroffenen Person leiten lassen. Einzig die vertretene Person wird aus dem abgeschlossenen Vertrag verpflichtet und berechtigt, eine allfällige Verantwortlichkeit der vertretungsberechtigten Person wird ausschliesslich nach obligationenrechtlichen Regeln beurteilt (Art. 456 ZGB).

11.10 Handelt die vertretungsberechtigte Person in der Funktion als *Beistand/Beiständin* (Art. 394 Abs. 1 ZGB), so ist für den gültigen Abschluss des Betreuungsvertrages die Zustimmung der KESB erforderlich (Art. 416 Abs. 1 Ziff. 2 ZGB; Rz. 7.49).

11.3. Einschränkung der Bewegungsfreiheit

11.3.1. Voraussetzungen

11.11 Die *Bewegungsfreiheit* ist Teil der *persönlichen Freiheit* und somit ein verfassungsrechtlich geschütztes Grundrecht (Art. 5 EMRK; Art. 10 Abs. 2 und 31 BV) und steht auch den urteilsunfähigen Personen als Ausfluss des Persönlichkeitsrechts (Art. 28 ff. ZGB) uneingeschränkt zu. Sie kann aber wie jedes andere Grundrecht unter den Voraussetzungen von Art. 36 BV eingeschränkt werden. Art. 383–385 ZGB bieten dazu die erforderliche formelle gesetzliche Grundlage (BGE 126 I 112, 114 E 3a).

11.12 Die vorliegenden Gesetzesnormen sind nur auf *urteilsunfähige* Personen anwendbar, wobei die Urteilsunfähigkeit im Einzelfall zu beurteilen ist, was praxisgemäss nicht einfach ist. Es empfiehlt sich, die Gründe für die Annahme der Urteilsunfähigkeit analog der Protokollierung der Einschränkung (Rz. 11.22) schriftlich in den Akten festzuhalten. Gegenüber *urteilsfähigen* Personen können bewegungseinschränkende Massnahmen gestützt auf zivilrechtliche Grundlagen nur im Rahmen einer fürsorgerischen Unterbringung angeordnet werden (Art. 438 ZGB).

11.13 Erfasst werden von Art. 383 ZGB alle *Arten von Bewegungseinschränkungen*. Der Begriff der Einschränkung der Bewegungsfreiheit ist weit zu verstehen. Dieser erfasst

11.3. Einschränkung der Bewegungsfreiheit

- elektronische Überwachungsmassnahmen wie Codierung, automatische Schliessung usw.,
- das Abschliessen von Türen im Einzelfall, Isolierung (BGE 134 I 209, 212 E. 2.3.2),
- das Anbringen von Bettgittern und anderen Schranken (z.B. Platzierung in einem tiefen Stuhl oder Wegnahme des Elektrorollstuhles) oder
- die unmittelbare Einschränkung des körperlichen Bewegungsfreiraums (Angurten, Zewi-Decke usw.)

zum Sicherungszweck (Schutz der betroffenen Person vor etwas, z.B. vor Sturz, oder Schutz von Dritten).

Nicht erfasst werden Hilfsmittel (z.B. Steckbrett zur Unterstützung beim selbständigen Essen, welches nach dem Essen entfernt wird) oder konzeptionell vorgesehene generelle Einschränkungen (abgeschlossene Türen, elektronische Sicherungskreise zur Sicherung einer Demenzabteilung usw.), welche im Rahmen der Unterbringung vertraglich vereinbart wurden (Rz. 11.5).   11.14

Ebenfalls *nicht erfasst* werden medikamentöse Massnahmen, die bewegungseinschränkend wirken (wie z.B. Sedierung durch Medikamente zur Linderung von Unruhezuständen). Die Anordnung solcher Massnahmen richtet sich nach den Regeln der Vertretung bei medizinischen Massnahmen und der Medikation kann gestützt auf den Behandlungsplan von der vertretungsberechtigten Person zugestimmt werden, es sei denn, die Bestimmungen der FU seien anwendbar (Art. 377 ff. und 433 ff. ZGB; siehe kritisch dazu KUKO ZGB-Mösch Payot, Art. 383–385 N 7).   11.15

Die konkrete Bewegungseinschränkung als Eingriff in das verfassungsrechtlich geschützte Grundrecht darf nur angeordnet werden, wenn sie *verhältnismässig* ist (Eignung, Erforderlichkeit und Abwägung der Rechtsgüter). In Art. 383 Abs. 1 ZGB wird dieser Verhältnismässigkeitsgrundsatz konkretisiert, indem die Einschränkung nur zulässig ist,   11.16

- wenn weniger einschneidende Massnahmen nicht ausreichen oder zum vornherein als ungenügend erscheinen und kumulativ
- eine ernsthafte Gefahr für das Leben oder die körperliche Integrität der betroffenen Person oder Dritter abzuwenden ist, oder
- eine schwerwiegende Störung der Gemeinschaft zu beseitigen ist.

Erforderlich ist eine *ernsthafte, erhebliche*, gegenwärtige respektive zumindest unmittelbar bevorstehende *Gefahr*, welche nur durch die bewegungseinschränkende Massnahme beseitigt werden kann. Die Gefährdung kann sowohl physischer (z.B. Gewalt, Weglaufen usw.) oder psychischer Art (z.B. massive verbale Belästigungen, Psychoterror usw.) sein. Insbesondere bei der Rechtfertigung zur Beseitigung einer Störung des Gemein-   11.17

11. Urteilsunfähige Personen in Wohn- oder Pflegeeinrichtungen

schaftslebens sind hohe Massstäbe anzusetzen, denn es darf nicht dazu führen, dass mangelnde Betreuungskapazität oder mangelnde konzeptionelle und organisatorische Grundlagen durch individuelle Einschränkungen behoben werden.

11.18 Ausser bei einer Notfallsituation muss die betroffene Person vor der Entscheidung und Durchsetzung der Einschränkung *persönlich über die Massnahme orientiert* werden (Art. 383 Abs. 2 ZGB), der Inhalt und die Gründe, welche zur Anordnung führen, müssen ihr erklärt werden und sie muss darüber orientiert werden, wer sie während der Einschränkung begleitet respektive für sie zuständig ist. Diese Aufklärung und Information hat zum *Ziel*, einerseits die Persönlichkeit und die Würde der betroffenen Person zu respektieren, auch wenn sie urteilsunfähig ist, und andererseits dient diese Information auch zum Abbau von Spannung oder Ablehnung im Sinne der persönlichen Zuwendung. Die anordnenden Personen haben für diese Information im Einzelfall die erforderliche Zeit aufzuwenden und entsprechende Kommunikationsformen zu wählen, damit die urteilsunfähige Person Inhalt und Auswirkung bestmöglich nachvollziehen kann.

11.19 Die Einschränkung der Bewegungsfreiheit darf nur so lange aufrechterhalten werden, als sie zwingend notwendig ist. Dazu ist sie *regelmässig zu überprüfen* und soweit notwendig an die sich verändernden Verhältnisse anzupassen (Art. 383 Abs. 3 ZGB). Die Zeitabstände der Überprüfung richten sich nach dem konkreten Einzelfall und Gründen der Einschränkung. In der Regel wird konzeptionell im internen Reglement oder Konzept (Rz. 11.29 f.) ein gewisser Überprüfungsrhythmus vorgegeben sein, dieser ist jedoch im Einzelfall im Anordnungsentscheid individuell festzulegen.

11.3. Einschränkung der Bewegungsfreiheit

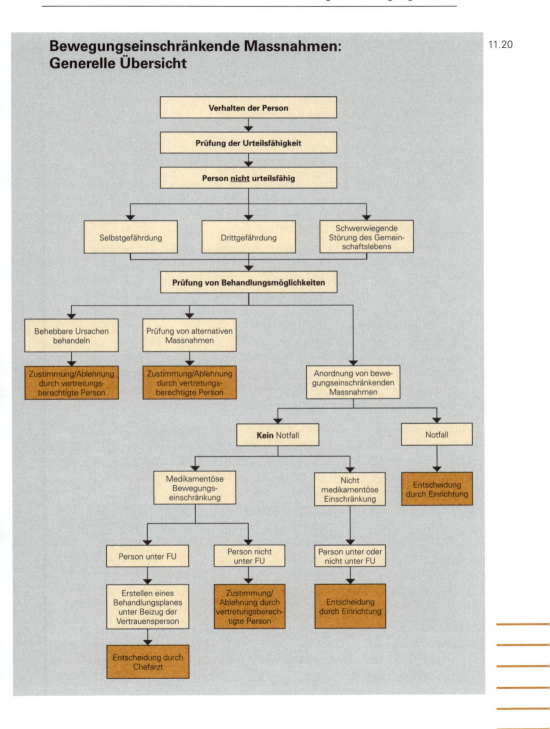

11.3.2. Protokoll und Information

11.21 Für die Einschränkung der Bewegungsfreiheit ist ein *spezielles Verfahren* vorgesehen, welches vor allem durch Protokollierungs- und Informationspflichten die notwendige Transparenz im Vorgehen gegenüber der betroffenen Person, der vertretungsberechtigten Personen, Angehörigen und nicht zuletzt der Aufsichtsbehörde über die Institution gewährleistet. Für den Inhalt der Protokollierung sind in Art. 384 Abs. 1 ZGB *Mindestanforderungen* formuliert, welche durch die Einrichtung zu befolgen sind.

11.22 *Zwingend protokolliert* werden muss der Name der anordnenden Person, der Zweck der Massnahme, die Art der Bewegungseinschränkung und die Dauer der Massnahme, wobei bei der Dauer der Massnahme in vielen Fällen wohl nur eine Einschätzung der voraussichtlichen Dauer gemacht werden kann. Wichtig ist in einem solchen Fall die explizite Festlegung des nächsten Überprüfungstermins, soweit dieser nicht generell aus den konzeptionellen Unterlagen für diese Art der Massnahme vorgesehen ist. *Sinnvollerweise* sind aus dem Gebot der Transparenz auch die Gründe für die Anordnung, die geprüften Alternativen sowie Hinweise in Bezug auf die Einschätzung der Urteilsfähigkeit in der Protokollierung festzuhalten. Zudem sind im Sinne eines Verlaufs die Umsetzung der Massnahme und die dabei gemachten Beobachtungen fortlaufend zu dokumentieren, nicht zuletzt auch um bei einer allfälligen Beschwerde der betroffenen oder nahestehenden Person und der Überprüfung der Anordnung durch die KESB über eine entsprechende Dokumentierung zu verfügen.

11.23 Die schriftliche Protokollierung untersteht je nach der Rechtsnatur der Trägerschaft der Einrichtung dem Datenschutzgesetz des Kantons oder dem Bundesdatenschutzgesetz. Es handelt sich um *besonders schützenswerte Personendaten* (Sozial- und Gesundheitsdaten), die den entsprechenden Spezialbestimmungen der Gesetzgebung unterliegen. Die Archivierung erfolgt nach der gesetzlichen Regelung des Kantons (z.B. § 1 Abs. 1 lit. b i.V.m. § 18 Abs. 1 Patientengesetz ZH). Als Spezialnorm zur Datenschutzgesetzgebung räumt Art. 384 Abs. 2 ZGB der bei medizinischen Massnahmen vertretungsberechtigten Person ein uneingeschränktes und jederzeit zustehendes Einsichtsrecht ein. Ebenso steht dies den Aufsichtsbehörden der Einrichtungen zu, damit diese in diesem heiklen Bereich ihre aufsichtsrechtliche Tätigkeit entsprechend wahrnehmen können (Art. 384 Abs. 3 ZGB).

11.24 Damit die vertretungsberechtigte Person überhaupt Kenntnis von der bewegungseinschränkenden Massnahme erhält und die ihr zustehenden Rechte wahrnehmen kann, muss sie von der Einrichtung sofort über die Anordnung der Massnahme *orientiert* werden (Art. 384 Abs. 2 ZGB). Diese

11.3. Einschränkung der Bewegungsfreiheit

Person ist der Einrichtung in der Regel bekannt, da sie den Betreuungsvertrag in Stellvertretung der urteilsunfähigen Person unterzeichnet hat. Ist keine vertretungsberechtigte Person mehr vorhanden, so hat die Einrichtung an ihrer Stelle die KESB über die Anordnung der Massnahme zu informieren, welche ihrerseits in analoger Anwendung von Art. 381 Abs. 1 ZGB eine Vertretungsbeistandschaft (Art. 394 ZGB) zu errichten hat.

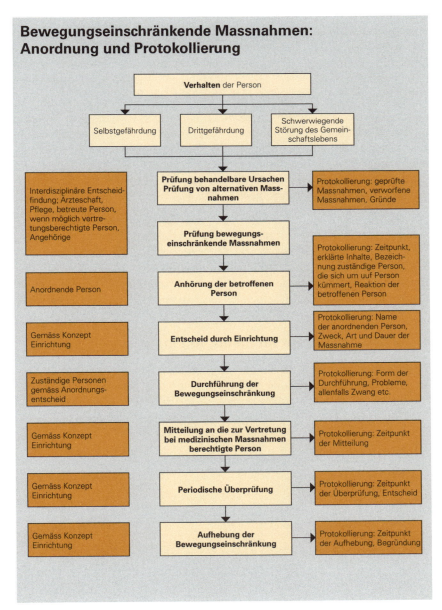

11.25

11.3.3. Aufgaben der KESB

11.26 Die KESB *am Sitz der Einrichtung* wird nur auf schriftlichen Antrag der betroffenen oder einer ihr nahestehenden Person tätig und hat *Beschwerden gegen Anordnungen von bewegungseinschränkenden Massnahmen* zu entscheiden (vgl. Rz. 12.40). Die Anforderungen an die Schriftlichkeit und den Inhalt des Antrages an die KESB sind, insbesondere wenn sich die betroffene urteilsunfähige Person selber wehrt, sehr tief anzusetzen, analog der Beschwerde bei einer FU (BGE 133 III 353, 354 E 2.2; neu nun Art. 450e Abs. 1 ZGB). Die Beschwerde kann auch bei der Einrichtung eingereicht werden, was im Fall der Einreichung durch die betroffene Person durchaus der Fall sein kann. Die Einrichtung ist gehalten, die Beschwerde sofort der KESB weiterzuleiten (Art. 385 Abs. 3 ZGB).

11.27 Für die Einreichung der Beschwerde ist *keine Frist* vorgesehen. Sie ist in der Regel während der Dauer der angeordneten Massnahme einzureichen, kann aber auch nach Beendigung der Bewegungseinschränkung eingereicht werden, wenn eine erneute Anordnung absehbar ist oder es sich um die Beurteilung einer generellen Frage der Art und Form der Anordnung der Massnahme handelt (vgl. auch Rz. 12.41).

11.28 Soweit die KESB in der Bearbeitung von Beschwerden Anzeichen für mangelhaften Umgang mit dem Thema der bewegungseinschränkenden Massnahmen feststellt, hat sie die *Aufsichtsbehörde* der entsprechenden Einrichtung über ihre Feststellungen zu *orientieren* (Art. 385 Abs. 2 Satz 2 ZGB), welche ihrerseits die notwendigen aufsichtsrechtlichen Massnahmen zu treffen hat (Rz. 11.35).

11.3.4. Musterkonzept für Institutionen

11.29 Es ist notwendig, dass die Einrichtung in genereller Art und Weise das *Vorgehen für die Anordnung und Umsetzung* von bewegungseinschränkenden Massnahmen regelt, damit eine rechtskonforme und rechtsgleiche Umsetzung gegenüber den betreuten Personen sichergestellt werden kann.

11.30 Folgende Inhalte sind konzeptionell generell festzuhalten:

11.3. Einschränkung der Bewegungsfreiheit

Bewegungseinschränkende Massnahmen: Musterkonzept

Grundsatz	Die Einrichtung verfügt über konzeptionelle Grundlagen für den Umgang mit freiheitsbeschränkenden Massnahmen.
Inhalt	**Minimalstandards**
Definierter Entscheidungsprozess	• Der Entscheidungsweg betreffend die Anwendung von bewegungseinschränkenden Massnahmen ist schriftlich festgehalten und die dafür verantwortlichen internen und externen Stellen sind konkret benannt. • Der Entscheidungsweg berücksichtigt den Unterschied zwischen planbaren (= im Behandlungsplan) und Massnahmen in Notfallsituationen. • Der Entscheidungsweg berücksichtigt den Unterschied zwischen urteilsfähigen und urteilsunfähigen betroffenen Personen.
Entscheidungszuständigkeit	• Das Konzept legt verbindlich die Zuständigkeit für die Anordnung von bewegungseinschränkenden Massnahmen fest. • Es ist zu unterscheiden zwischen der Notfall und der ordentlichen Zuständigkeit.

Entscheidungskriterien	• Das Konzept beinhaltet Kriterien, anhand welcher die folgenden Aspekte erfolgen können:
	  • eine sorgfältige Abwägung der Verhältnismässigkeit (Lebensqualität, Freiheit und Risiken) der bewegungseinschränkenden Massnahmen
	  • die Prüfung von Handlungsalternativen
	  • die Ermittlung der Einwilligung bei Kommunikationseinschränkungen.

Handlungsanleitung	• Für die Anwendung von bewegungseinschränkenden Massnahmen bestehen verbindliche Richtlinien. • Diese Richtlinien beinhalten auch Aussagen zur deeskalierenden Vorgehensweise.
Dokumentation	• Das Konzept legt fest, wie, wo und durch wen bewegungseinschränkende Massnahmen protokolliert werden.

Information	• Das Konzept enthält Anforderungen an die Information (wie, wann, was, wer)
	  a) der betroffenen Person,
	  b) des/der gesetzlichen Vertreters/in oder der vertretungsberechtigten Person und/oder
	  c) der Vertrauensperson
	über
	  • das Vorgehen im konkreten Fall
	  • den Inhalt und die Konsequenzen der Massnahmen
	  • die Prüfung von weniger eingreifenden Alternativen
	  • die zur Verfügung stehenden Rechtsmittel
	  • das Einsichtsrecht

Prävention	• Das Konzept sieht Massnahmen zur Prävention vor,
	  • welche die Sensibilisierung von betroffenen Personen und Mitarbeitenden beinhalten
	  • welche den regelmässigen Austausch der Mitarbeitenden zur Analyse des Umgangs mit bewegungseinschränkenden Massnahmen zum Ziel haben.

Ausbildung und Weiterbildung von Mitarbeitenden	• Das Konzept hält fest, wie die Mitarbeitenden für die Entscheidung und Anwendung von bewegungseinschränkenden Massnahmen geschult werden.

Aufklärung der Klienten/ Klientinnen	• Das Konzept hält fest, wie die Klientinnen/Klienten bei ihrem Eintritt über bewegungseinschränkende Massnahmen sowie ihre Rechte informiert werden. • Das Konzept hält fest, wie die Klientinnen/Klienten befähigt werden, bewegungseinschränkende Massnahmen zu erkennen und zu wissen, welche Handlungsmöglichkeiten und Rechte ihnen dabei zustehen.
Kontrolle	• Es ist festgelegt, auf welche Weise und durch wen eine bewegungseinschränkende Massnahme überprüft wird und wer diese Überprüfung einfordern kann. • Bei länger andauernden Massnahmen erfolgt mindestens alle drei Monate eine Überprüfung. • Jede durchgeführte Überprüfung wird dokumentiert.
Konzeptüberprüfung	• Der Konzeptinhalt entspricht den gesetzlichen Grundlagen. • Der Konzeptinhalt wird mindestens alle zwei Jahre überprüft und den neusten Entwicklungen angepasst. • Das Konzept enthält Aussagen zur Definition, Prävention, Anwendung, Information und Reflexion von bewegungseinschränkenden Massnahmen. • Das Konzept legt die Einbindung ins Qualitätsmanagement dar.

11.4. Kontakte nach aussen

11.31 Um eine Isolation der urteilsunfähigen Person zu verhindern, wird die Einrichtung verpflichtet, zur Wahrung und zum Schutz der Persönlichkeit der betreuten Person alles Erforderliche vorzukehren, damit ein Kontakt auch ausserhalb der Einrichtung möglich ist (Art. 386 Abs. 1 ZGB). In vielen Institutionen sind Besuchsdienste und Beschäftigungen organisiert, welche durch *aussenstehende Personen* in Freiwilligenarbeit erfüllt werden und neben der Betreuung durch die Angehörigen weitere Kontakte ermöglichen. Ziel dieser Bemühungen ist die Verringerung der Einsamkeit und die Pflege von Abwechslung im durch die Krankheit oder Behinderung teilweise sehr eingeschränkten Lebensalltag der betroffenen Person zu bringen.

11.32 Besteht *kein Kontakt* zu Angehörigen oder Freunden und reichen die Bemühungen der Einrichtung um Kontaktaufbau nicht aus oder lassen sich auch aus persönlichen Gründen keine regelmässigen Kontakte einrichten, so hat die Einrichtung die *KESB zu benachrichtigen* (Art. 386 Abs. 2 ZGB). Diese hat zu prüfen, ob die Anordnung einer behördlichen Massnahme unter Berücksichtigung der Verhältnismässigkeit (Art. 389 ZGB) zur Sicherung der Kontakte und Wahrung der Persönlichkeit notwendig ist, und ordnet bei Bedarf eine behördliche Massnahme nach Art. 388 ff. ZGB an.

11.5. Freie Arztwahl

Die Garantie der freien Arztwahl (Art. 386 Abs. 3 ZGB) ist ein weiterer Aspekt der Wahrung der Persönlichkeitsrechte der urteilsunfähigen Person. Geschützt wird damit das freigewählte Vertrauensverhältnis zu einem *Hausarzt* oder einer *Hausärztin*, der oder die in der Regel über längere Zeit die nunmehr in der Einrichtung lebende Person medizinisch betreut hat und über die entsprechenden Kenntnisse verfügt, die adäquaten medizinischen Massnahmen und Behandlungen im Sinn der nicht mehr urteilsfähigen Person vorzuschlagen und bei Zustimmung durch die vertretungsberechtigte Person umzusetzen. Eine generelle vertragliche Vorgabe der Institution, den Arzt oder die Ärztin der Einrichtung zu wählen, ist somit nicht mehr zulässig.

11.33

Aus wichtigen Gründen kann im Einzelfall die freie Arztwahl eingeschränkt werden. Solche *Einschränkungen* dürfen jedoch nicht allein mit Argumenten zur Sicherung administrativer Erleichterung der Institution begründet werden, sondern müssen *aus Sicht des Wohls der urteilsunfähigen Person* beurteilt werden. So kann z.B. eine grosse örtliche Distanz im Notfall zu einer Einschränkung führen, aber auch eine subjektive oder objektive grosse Einschränkung der Verfügbarkeit des Hausarztes oder der Hausärztin. Ebenso beinhaltet das Recht der freien Arztwahl nicht die Verpflichtung der Institution, jederzeit die entsprechenden Transporte zu organisieren, wenn der Hausarzt oder die Hausärztin nicht selber die Person in der Einrichtung besucht.

11.34

11.6. Aufsicht über Wohn- und Pflegeeinrichtungen

Die Qualitätssicherung der Betreuung von schutzbedürftigen Personen (Betagte, geistig und psychisch behinderte Personen usw.) hat in den letzten Jahren grosse Fortschritte gemacht, sei dies aufgrund von gesetzlichen Vorgaben (z.B. KVG), sei dies aufgrund der Professionalisierung im Betreuungsbereich und den entsprechenden Anstrengungen der Verbände (z.B. INSOS, curaviva usw.). Trotz diesen Bestrebungen hat es der Gesetzgeber als notwendig erachtet, eine klare Aufsichtspflicht für die Kantone zu normieren. Die Notwendigkeit einer generellen Aufsicht über Wohn- und Pflegeeinrichtungen ergibt sich aus dem konkreten Schutzbedürfnis von urteilsunfähigen Personen, welche in der Regel kaum in der Lage sind, sich selber gegenüber den Einrichtungen zu wehren oder auf Missstände zu reagieren. Art. 387 ZGB formuliert diese generelle Aufsichtspflicht nur für Betreuungssituationen von urteilsunfähigen Personen, ohne bundes-

11.35

11. Urteilsunfähige Personen in Wohn- oder Pflegeeinrichtungen

rechtlich weitere Vorschriften über den Inhalt der Aufsicht respektive die Anforderungen an die Einrichtungen festzulegen, dies im Unterschied zu den gesetzlichen Regelungen im Kinder- und Jugendbereich (z.b. Art. 15 Abs. 1 PAVO).

11.36 Die Einrichtungen, die bereits aufgrund einer anderen gesetzlichen Regelung unter einer Aufsicht stehen (z.b. gestützt auf das KVG, IVG oder ein kantonales Gesetz [z.B. SEG LU]), müssen nicht zusätzlich gestützt auf Art. 387 ZGB beaufsichtigt werden. Der Gesetzestext von Art. 387 ZGB sieht zwar nur eine Ausnahme aufgrund einer bundesrechtlichen Vorschrift vor, muss aber gestützt auf den Zweck der Bestimmung auch sinngemäss auf kantonale Vorschriften angewendet werden. In diesen Fällen wird davon ausgegangen, dass die entsprechende Aufsicht bereits die notwendigen Garantien bietet, um dem Schutzbedürfnis der urteilsunfähigen Person gerecht zu werden.

11.37 Die Aufsicht gliedert sich in verschiedene Dimensionen. Zu empfehlen ist, dass die Kantone die Einrichtungen, die von Art. 387 ZGB erfasst werden, einer generellen Bewilligungspflicht unterstellen. So können *generelle Qualitätsstandards* im Rahmen der Vorgaben für die Erteilung der Bewilligung formuliert werden, welche ein entsprechendes Leistungsangebot und damit eine Basisqualität für eine bedürfnisgerechte Pflege und Betreuung der Person sicherstellen (z.b. Anforderungen an Ausbildung beim Personal, Pflegekonzept, Ernährungskonzept und Verpflegung, bauliche Standards usw.). Neben den direkten Leistungen in der Betreuung und Pflege sind zudem *weitere Qualitätsanforderungen* wie Definition von Werten und Grundhaltungen gegenüber den betreuten Personen (Leitbild), Wirtschaftlichkeitsüberlegungen und geordnete Betriebsführung miteinzubeziehen.

11.38 Aufsicht soll generell über *periodische Berichterstattungen* über die Einhaltung und Weiterentwicklung der Qualitätsanforderungen an die Aufsichtsinstanzen erfolgen. Zudem sind *periodische Inspektionen* vorzunehmen. Im Einzelfall bei Verletzung von Schutzinteressen der urteilsunfähigen Person aufgrund eigener Beobachtung oder Meldungen Dritter ist die Aufsichtsinstanz verpflichtet, in geeigneter und verhältnismässiger Weise tätig zu werden, sei dies durch Vornahme von konkreten *Überprüfungsbesuchen*, Erteilung von *Weisungen und Auflagen* bis hin zum *Entzug der Betriebsbewilligung*.

12. Beschwerden

12.1. Beschwerden gegen die Beistandsperson und behördlich beauftragte Dritte

Literatur

Botschaft, 7058 f.
Allgemeine Literatur: BSK ZGB I-Geiser, aArt. 420 N 1; BSK ESR-Schmid, Art. 419; FamKomm ESR-Häfeli, Art. 419; Hausheer/Geiser/Aebi-Müller, 1.86 ff.; KUKO ZGB-Langenegger, Art. 419; Meier/Lukic, 631 ff.; OFK ZGB-Fassbind, Art. 419; Schmid, Art. 419.
Spezifische Literatur: Schnyder Bernhard, Zur Vormundschaftsbeschwerde nach Art. 420 ZGB, in: ZVW 2002, 75 ff., Schwarz Andreas, Die Vormundschaftsbeschwerde Art. 420 ZGB, Zürich 1968.

Beistandspersonen unterliegen in ihrer Mandatsführung einer *generellen* Aufsicht durch die KESB. Diese muss *von Amtes wegen* einschreiten, wenn sie feststellt oder erfährt, dass die Interessen der verbeiständeten Person durch die Tätigkeit einer Beiständin oder eines Beistandes gefährdet sind. — 12.1

Behördliches Einschreiten kann aber auch durch Rügen ausgelöst werden, welche der KESB bei laufender Massnahme gestützt auf Art. 419 ZGB unterbreitet werden. Die *Anrufung* entspricht der früheren *Vormundschaftsbeschwerde gegen Handlungen des Vormundes.* Sie gibt der verbeiständeten sowie bestimmten weiteren Personen die umfassende Möglichkeit, sich gegen ungerechtfertigte Massnahmen der Beistandsperson zu wehren. Wie schon im Vormundschaftsrecht liegt der Sinn einer solchen Intervention in der Wahrung oder Wiederherstellung richtiger Mandatsführung und damit in der Sicherung wohlverstandener Interessen der schutzbedürftigen Person. — 12.2

Ausdrücklich erfasst werden in Art. 419 ZGB Handlungen *oder* Unterlassungen des Beistands oder der Beiständin. In einem umfassenden Sinn sind damit die *gesamte amtliche Tätigkeit* und – soweit im Zusammenhang mit dem Mandat stehend – das *Verhalten der Beistandsperson an und für sich* gemeint. Die Bestimmung kommt auch im Falle der *Beistandschaft* sowie der *Vormundschaft über Minderjährige* (Art. 306 Abs. 2, Art. 308, Art. 309, Art. 325 und Art. 327a ZGB) zum Tragen. — 12.3

Damit sie Gegenstand einer Rüge sein kann, muss eine Handlung von der mandatsverantwortlichen Person *fest beschlossen* oder *ausgeführt* worden sein. Gegen die *blosse Absicht,* eine Handlung vorzunehmen, kann noch keine Beschwerde geführt werden. Generell ausgeschlossen sind — 12.4

12. Beschwerden

sodann Beschwerden gegen *Anträge* der Beistandsperson an die KESB, weil diese sich ohnehin mit der Sache befassen muss und die betroffene Person ihren Standpunkt in diesem Kontext einbringen kann.

12.5 Es können explizit auch Handlungen sowie Unterlassungen von *Drittpersonen* und *Stellen* gerügt werden, denen die KESB gestützt auf Art. 392 Ziff. 2 ZGB einen Auftrag erteilt bzw. gestützt auf Art. 392 Ziff. 3 ZGB einen Anspruch auf Einblick und Auskunft gewährt hat. Behördliche Massnahmen werden damit auch ausserhalb der Mandatsführung i.e.S. in einen rechtsstaatlichen Kontext gestellt und dem Kontrollmechanismus nach Art. 419 ZGB zugänglich gemacht.

12.6 Damit das grundlegende Ziel der Wahrung oder Wiederherstellung korrekter Mandatsführung möglichst umfassend erreicht werden kann, wird einem breiten Personenkreis das grundsätzliche Recht zugestanden, die KESB im Rahmen von Art. 419 ZGB anzurufen. Folgende Punkte sind bei der Prüfung der Legitimation der einzelnen Personenkategorien zu beachten:

12.7 Die *verbeiständete Person* muss *urteilsfähig* sein, wobei die Anforderungen an dieses Kriterium tief zu halten sind. Urteilsfähigkeit ist im Kontext einer Anrufung bereits dann anzunehmen, wenn die verbeiständete Person klar zum Ausdruck zu bringen vermag, dass sie mit einer Handlung oder Unterlassung der Beistandsperson nicht einverstanden ist. Die *nahestehende Person* ist – vom seltenen Fall abgesehen, in denen sie ein eigenes rechtlich geschütztes Interesse geltend machen kann – nur legitimiert, wenn sie mit ihrer Eingabe *Interessen der verbeiständeten Person wahrnehmen will* (Meier/Lukic, 633; BGE 137 III 67 zur Vormundschaftsbeschwerde nach altem Recht; a.M. Schmid, Art. 450 Rz. 24). Gleichzeitig ist der Begriff «nahestehende Person» *weit* auszulegen. Er erfasst nicht nur Angehörige oder Personen, die in einer Rechtsbeziehung mit der verbeiständeten Person stehen. Massgebend ist vielmehr die Stärke der Verbundenheit, d.h. die Nähe der *tatsächlichen* Beziehung. Es handelt sich um einen bundesrechtlichen Begriff, der durch das kantonale Recht weder ausgedehnt noch eingeengt werden kann. *Dritte* haben sich über ein *rechtlich geschütztes Interesse* zu legitimieren, worunter ein Interesse zu verstehen ist, welches über die Verfolgung bloss tatsächlicher Vorteile hinausgeht. Dies ist beispielsweise der Fall, wenn eine Person mit Verwandtenunterstützungspflicht (Art. 328 ZGB) sich dagegen wehrt, dass die verbeiständete Person ihr Vermögen verschleudert und die eingesetzte Beistandsperson im Rahmen ihrer Kompetenzen nicht eingreift. Dagegen ist keine Legitimation gegeben, wenn Dritte gegenüber der verbeiständeten

Person Ansprüche durchsetzen wollen, die grundsätzlich in einem Zivilprozess oder betreibungsrechtlich geltend gemacht werden können.

Die Anrufung ist an *keine Frist* gebunden. Sobald das Rechtsmittel allerdings keinen Sinn mehr macht, weil die Handlung nicht mehr korrigiert oder die Unterlassung nicht mehr gutgemacht werden kann, entfällt auch die Möglichkeit, die Frage der Behörde vorzulegen. Vorbehalten bleiben Fälle, bei denen es um eine praxisrelevante Grundsatzfrage geht. Gleiches gilt für Fragen, die im konkreten Einzelfall für die weitere Massnahmeführung von Bedeutung sind.

12.8

Die Anrufung stellt *kein Rechtsmittel im eigentlichen Sinne* dar; sie wird nach den Vorschriften für das *erstinstanzliche Verfahren* (Art. 443 ff. ZGB) behandelt. Die Aufgabe besteht darin, gerügte Handlungen bzw. Unterlassungen in *rechtlicher und tatsächlicher Hinsicht sowie bezüglich ihrer Angemessenheit umfassend zu überprüfen*. Innert kurzer Zeit soll ein materiell möglichst richtiger Entscheid in einem möglichst einfachen Verfahren zustande kommen. Nötigenfalls kann und soll die Behörde korrigierend auf die Führung der Massnahme Einfluss nehmen. Ihre Entscheide unterliegen der Beschwerde an die gerichtliche Beschwerdeinstanz (Art. 450 ff. ZGB).

12.9

12.2. Beschwerden gegen fürsorgerische Unterbringung

Literatur

Botschaft, 7071 f.

Allgemeine Literatur: BSK ESR-Etzensberger, Art. 439; BSK ZGB I-Geiser, aArt. 397e ZGB N 13; FamKomm ESR-Guillod, Art. 439; Hausheer/Geiser/Aebi-Müller, 2.183 ff.; KUKO ZGB-Rosch, Art. 439; Meier/Lukic, 735 ff.; OFK ZGB-Fassbind, Art. 439; Schmid, Art. 439.

Spezifische Literatur: Bernhart Christof, Handbuch der fürsorgerischen Unterbringung, Basel 2011, 302 ff.; Rosch Daniel, Die fürsorgerische Unterbringung im revidierten Kindes- und Erwachsenenschutzrecht, in: AJP 4/2011, 505 ff.

Jede fürsorgerische Unterbringung (FU) stellt einen massiven Eingriff in das Grundrecht der persönlichen Freiheit dar. Entsprechend wird den betroffenen Personen vom Gesetz ein hoher Rechtsschutz zuerkannt, der den Anforderungen der EMRK entspricht.

12.10

Gegen Unterbringungsentscheide, die *von der KESB* angeordnet werden, kann nach der Grundsatzregel von Art. 450 ZGB *Beschwerde* beim zuständigen Gericht erhoben werden. Eine gerichtliche Überprüfung kann im Kontext der FU zudem gegen bestimmte Anordnungen der *Ärzteschaft*

12.11

sowie der involvierten *Einrichtung* verlangt werden. Die *abschliessende Aufzählung* in Art. 439 Abs. 1 ZGB nennt fünf solche Anwendungsfälle:

12.12 *Die ärztlich angeordnete Unterbringung (Ziff. 1)*

Eine Anfechtungsmöglichkeit ist nur gegeben, wenn die ärztliche Unterbringung auch tatsächlich *angeordnet* wurde. Sieht die Ärztin oder der Arzt von einer FU ab, ist eine gerichtliche Überprüfung im Gesetz dagegen *nicht* vorgesehen. In solchen Fällen steht nötigenfalls lediglich die Möglichkeit einer Gefährdungsmeldung an die KESB offen (Art. 443 ZGB).

12.13 *Die Zurückbehaltung durch die Einrichtung (Ziff. 2)*

Diese Beschwerdemöglichkeit bezieht sich auf Art. 427 Abs. 1 ZGB, welcher der *ärztlichen Leitung* einer Einrichtung die Kompetenz zuerkennt, einer *freiwillig eingetretenen* Person den Austritt aus der Einrichtung unter bestimmten Voraussetzungen für höchstens drei Tage zu untersagen. Es gilt zu beachten, dass die von einer Zurückbehaltung betroffene Person die Institution gemäss Art. 427 Abs. 2 ZGB so oder anders verlassen darf, wenn innerhalb von drei Tagen nach dem Entscheid der ärztlichen Leitung kein vollstreckbarer behördlicher (Art. 428 ZGB) oder (klinikexterner) ärztlicher (Art. 429 ZGB) Unterbringungsentscheid vorliegt.

12.14 *Die Abweisung eines Entlassungsgesuchs durch die Einrichtung (Ziff. 3)*

Im Falle einer ärztlichen Einweisung entscheidet die Einrichtung von Gesetzes wegen über die Entlassung (Art. 429 Abs. 3 ZGB). Diese Kompetenz kann ihr im Einzelfall auch bei einer Einweisung durch die KESB zustehen (Art. 428 Abs. 2 ZGB). Eine gerichtliche Beurteilung kann in beiden Konstellationen nur dann verlangt werden, wenn ein Entlassungsgesuch *abgewiesen* wird. Bei Gutheissung des Gesuchs (und damit Entlassung der betroffenen Person) steht nötigenfalls lediglich die Möglichkeit einer Gefährdungsmeldung an die KESB offen (Art. 443 ZGB).

12.15 *Die Behandlung einer psychischen Störung ohne Zustimmung (Ziff. 4)*

Diese Beschwerdemöglichkeit bezieht sich einerseits auf die bei fehlender Zustimmung der betroffenen Person von der Chefärztin oder vom Chefarzt der Abteilung schriftlich angeordneten medizinischen Massnahmen gemäss Behandlungsplan (Art. 434 ZGB). Andererseits kann die gerichtliche Beurteilung auch bei medizinischen Massnahmen verlangt werden, die im Rahmen der Spezialregelung für *Notfallsituationen* (Art. 435 ZGB) ergriffen werden, etwa mit dem Argument, es liege gar keine Notfallsituation vor oder das Veranlasste sei unverhältnismässig. Im Fall von Art. 434 ZGB wird zentrales Thema häufig die Forderung sein, die Behandlung zu *unterlassen* oder durch eine andere Behandlung *abzulösen*. Denkbar ist auch, dass sich die betroffene (oder eine ihr nahestehende) Person gegen die Art und

12.2. Beschwerden gegen fürsorgerische Unterbringung

Weise der angeordneten Behandlung wehrt, deren Verhältnismässigkeit bestreitet oder vorbringt, diese sei im Behandlungsplan gar nicht vorgesehen. Weitere Rügen können die fehlende Zuständigkeit der Ärztin oder des Arztes sowie die Voraussetzungen nach Art. 434 Abs. 1 Ziff. 1–3 ZGB betreffen. *Nicht anfechtbar ist dagegen der Behandlungsplan als solcher,* weil dieser lediglich eine Grundlage für eine in Aussicht genommene, *vorgesehene* medizinische Massnahme darstellt, das Gericht aber gemäss Wortlaut nur «bei Behandlung» angerufen werden kann (vgl. Rz. 10.31 ff. mit Verweisen).

Die Massnahmen zur Einschränkung der Bewegungsfreiheit (Ziff. 5)   12.16

Erfasst sind hier ausschliesslich Einschränkungen, die *im Rahmen einer FU* gestützt auf Art. 438 ZGB angeordnet werden. Im Gegensatz zu den analogen Massnahmen für urteilsunfähige Personen mit Aufenthalt in einer Wohn- oder Pflegeeinrichtung, bei denen einer gerichtlichen Überprüfung zwingend ein Verfahren bei der KESB vorangehen muss (Art. 385 ZGB), sind die im Kontext einer FU verfügten Einschränkungen der Bewegungsfreiheit *direkt beim Gericht* anfechtbar.

Für die Beurteilung der Beschwerdefälle nach Art. 439 Abs. 1 ZGB müssen   12.17
die Kantone zwingend ein *Gericht* vorsehen. Die KESB kommt deshalb für diese Aufgabe von vornherein *nicht in Frage,* wenn sie als *Verwaltungsbehörde* konzipiert ist und die Anforderungsmerkmale an ein Gericht im materiellen Sinn nicht erfüllt (vgl. zum Begriff «Gericht» Rz. 1.83). Bei entsprechender Organisation ist es naheliegend, die sachliche Zuständigkeit für Geschäfte nach Art. 439 Abs. 1 ZGB der *gerichtlichen Beschwerdeinstanz (Art. 450 Abs. 1 ZGB)* zuzuweisen. Eine solche Zuweisung erscheint auch dann sachgerecht, wenn die KESB als *Gericht* konzipiert ist; als ordentliche Einweisungsbehörde (Art. 428 ZGB) ist dieses nämlich nur bedingt geeignet, in der gleichen Thematik Funktionen als Rechtsmittelinstanz zu übernehmen.

Die Eingabe an das zuständige Gericht hat *schriftlich* zu erfolgen. Es   12.18
braucht im Minimum die unterzeichnete Erklärung, mit einer Anordnung *nicht einverstanden* zu sein. Vorausgesetzt wird sodann ein *aktuelles Rechtsschutzinteresse.* Ist die betroffene Person zwischenzeitlich aus der Einrichtung entlassen worden, liegt ein solches nicht mehr vor. *Ausnahmsweise* kann die Durchführung eines gerichtlichen Verfahrens ohne aktuelles Rechtsschutzinteresse in Frage kommen. So beispielsweise, wenn sich die aufgeworfene Frage jederzeit unter gleichen oder ähnlichen Umständen wieder stellen könnte, wenn an ihrer Beantwortung wegen der grundsätzlichen Bedeutung ein öffentliches Interesse besteht und wenn

12. Beschwerden

sie im Einzelfall kaum je rechtzeitig verfassungsrechtlich überprüft werden könnte.

12.19 Eine *Begründung* braucht die Eingabe nicht zu enthalten. Damit regelt das Gesetz diese Frage in Art. 450e Abs. 1 ZGB für den Kontext der FU ausdrücklich abweichend vom Grundsatz der Begründungspflicht, wie er für das Verfahren vor der gerichtlichen Beschwerdeinstanz in Art. 450 Abs. 3 ZGB verankert ist. Im Zuge der generellen Verweisung (Art. 439 Abs. 3 ZGB) gilt es zudem, weitere *Spezialregelungen* zu beachten, die in Art. 450e ZGB zusammengefasst sind und nachstehende Aspekte betreffen:

12.20 *Aufschiebende Wirkung*

Beschwerden auf dem Gebiet der FU (inklusive solchen gegen die Abweisung der Entlassung nach Art. 428 Abs. 1 und 2 sowie Art. 429 Abs. 3 ZGB) kommt grundsätzlich *keine aufschiebende Wirkung* zu (Art. 450e Abs. 2 ZGB). Damit wird dem Umstand Rechnung getragen, dass Unterbringungen häufig in akuten Krisensituationen angeordnet werden und zum Schutz der betroffenen Person *sofort vollstreckbar* sein müssen. Ist keine Dringlichkeit gegeben, ist einer Beschwerde durch die KESB bzw. durch die gerichtliche Beschwerdeinstanz aufschiebende Wirkung zu *erteilen*, und zwar im Rahmen der Offizialmaxime auch ohne entsprechendes Gesuch.

12.21 *Gutachten einer sachverständigen Person*

Im Verfahren vor der gerichtlichen Beschwerdeinstanz ist gemäss Art. 450e Abs. 3 ZGB *zwingend* ein *Sachverständigengutachten* einzuholen, wenn im Rahmen einer FU die Beurteilung einer *psychischen Störung* (worunter begrifflich auch Suchtkrankheiten wie Drogen-, Medikamenten- und Alkoholsucht fallen) zur Diskussion steht. Als Sachverständige kommen ausschliesslich *aussenstehende* Ärztinnen oder Ärzte in Frage. Diese dürfen *nicht Mitglied der Spruchbehörde* sein und müssen über Fachkenntnisse in Psychiatrie und Psychotherapie verfügen. Eine Qualifikation als Spezialärztin oder als Spezialarzt in den erwähnten Disziplinen ist dagegen nicht verlangt. Nicht anwendbar ist die Vorschrift von Art. 450e Abs. 3 ZGB – so jedenfalls bei wörtlicher Auslegung –, falls eine *geistige Behinderung* (Art. 426 Abs. 1 ZGB) die Grundlage der FU bildet. Unter Berücksichtigung der allgemeinen Verfahrensgrundsätze (Art. 446 ZGB) wird wohl aber auch in diesen Situationen die Anordnung eines Sachverständigengutachtens die Regel bilden. Auch bei *schwerer Verwahrlosung* (Art. 426 Abs. 1 ZGB) kann eine Begutachtung im Einzelfall angezeigt sein.

12.2. Beschwerden gegen fürsorgerische Unterbringung

Anhörung und Vertretung   12.22

Die gerichtliche Beschwerdeinstanz muss die betroffene Person in der Regel *als Kollegium anhören* (Art. 450e Abs. 4 ZGB). Diese Vorschrift deckt sich mit jener in Art. 447 Abs. 2 ZGB für das Verfahren vor der KESB und dient wie dort der Wahrung der Persönlichkeitsrechte der betroffenen Person sowie der Sachverhaltsermittlung. Für die zulässigen Abweichungen vom Grundsatz (insbesondere *Delegation* der Anhörung an ein Einzelmitglied und *Verzicht* auf Anhörung) vgl. Rz. 10.18.

Ob für die betroffene Person gestützt auf Art. 450e Abs. 4 ZGB eine *rechtliche Vertretung* anzuordnen ist, hat die gerichtliche Beschwerdeinstanz von Amtes wegen zu prüfen. Eine *obligatorische* Verbeiständung ist im Gesetz nicht vorgesehen, zumal Betroffenen gestützt auf Art. 432 ZGB die Möglichkeit zusteht, eine Person ihres Vertrauens beizuziehen. *Anzuordnen* ist die Vertretung allerdings dann, wenn die betroffene Person nicht in der Lage ist, ihre Interessen autonom wahrzunehmen, und zudem nicht fähig ist, selber für eine Vertretung zu sorgen.   12.23

Beschleunigungsgebot   12.24

Art. 450e Abs. 5 ZGB verpflichtet die gerichtliche Beschwerdeinstanz, ihren Entscheid *in der Regel innert fünf Arbeitstagen* seit Eingang der Beschwerde zu fällen. Diese Vorgabe ist auf den Umstand abgestimmt, dass eine FU einen schwerwiegenden Eingriff in die persönliche Freiheit darstellt, deren gerichtliche Überprüfung aus rechtsstaatlichen Überlegungen *rasch* abgewickelt werden muss. Mit der Relativierung des Grundsatzes durch die Formulierung «in der Regel» wird allerdings berücksichtigt, dass sorgfältige Abklärungen im Einzelfall auch mehr als fünf Arbeitstage in Anspruch nehmen können, so beispielsweise dann, wenn die Beschwerde keine Begründung enthält und die gerichtliche Beschwerdeinstanz bei der Sachverhaltsfeststellung u.U. mehr Aufwand betreiben muss. Zu denken ist sodann an Konstellationen, bei denen gestützt auf Art. 450e Abs. 3 ZGB zwingend ein Sachverständigengutachten einzuholen ist und kein Sachverständiger sofort zur Verfügung steht.

Die *betroffene Person* kann das Gericht nur anrufen, wenn sie *urteilsfähig* ist. Bei der Prüfung dieses Kriteriums sind grundsätzlich keine hohen Anforderungen zu stellen. Urteilsfähigkeit zur Beschwerdeführung ist von Bundesrechts wegen gegeben, wenn der Schutzbefohlene in der Lage ist, ein schriftliches Begehren um gerichtliche Beurteilung zu verfassen.   12.25

In Anbetracht des Schwächezustandes und der damit verbundenen Behandlung ist unerlässlich, dass *neben* der betroffenen Person zusätzlich *Nahestehende* zur Anrufung des Gerichts legitimiert sind und sich darüber hinaus *mit Parteistellung* am gerichtlichen Verfahren beteiligen können.   12.26

Diese Personen zeichnen sich dadurch aus, dass sie sich mit der betroffenen Person *verbunden* fühlen, sei dies aus verwandtschaftlichen, partnerschaftlichen sowie freundschaftlichen Gründen oder aufgrund eines besonderen Vertrauensverhältnisses (vgl. Rz. 12.7). Zum Kreis der Beschwerdelegitimierten gehören insbesondere auch *Vertrauenspersonen,* die von den Betroffenen gestützt auf Art. 432 ZGB beigezogen werden.

12.27 Die *Beschwerdefrist von zehn Tagen* (Art. 439 Abs. 2 ZGB) läuft ausdrücklich *ab Mitteilung* des Entscheids, ist aber auf Massnahmen zur Einschränkung der Bewegungsfreiheit (Art. 438 ZGB) *nicht* anwendbar, weil hier eine Beschwerde jederzeit möglich sein muss. Bei *Nichteinhaltung* der Frist ist auf das Begehren nicht einzutreten; es ist aber als – jederzeit zulässiges – *Entlassungsgesuch* im Sinne von Art. 426 Abs. 4 ZGB zu behandeln. Ob die Rechtsmittelfrist auch für beschwerdeberechtigte «nahestehende Personen» bereits mit der *Eröffnung* des Entscheids *an die betroffene Person* (so unter Berufung auf Art. 439 Abs. 3 i.V.m. Art. 450b Abs. 1 Satz 2 ZGB Schmid, Art. 439 N 17; vgl. auch Muster in Rz. 10.21 ff.) oder in Fortführung der Praxis zu aArt. 397d Abs. 1 ZGB weiterhin erst bei *Kenntnisnahme* des Entscheids zu laufen beginnt, wird sich in der Praxis noch weisen müssen.

12.28 Von der *Weiterleitungspflicht* (Art. 439 Abs. 4 ZGB) erfasst werden unzuständige Gerichte oder Verwaltungsbehörden, an die eine Eingabe fälschlicherweise adressiert wurde. Wie im vorrevidierten Recht muss sich die Vorschrift aber auch an das Personal der Einrichtung, den Arzt oder die Ärztin sowie die Beistandsperson richten, falls sie das Begehren in Empfang nehmen.

12.29 Mangels ausdrücklicher Regelung drängt sich für die Frage der *örtlichen Zuständigkeit* eine analoge Anwendung von Art. 385 Abs. 1 ZGB auf. Die Situation ist mit dem Einschreiten im Fall des Aufenthalts in einer Wohn- oder Pflegeeinrichtung vergleichbar. Beschwerden sind deshalb vom Gericht *am Ort der Einrichtung* zu beurteilen, soweit Fälle nach Art. 439 Abs. 1 Ziff. 2–5 ZGB betroffen sind.

12.3. Beschwerden gegen Entscheide der KESB

Literatur

Botschaft, 7083 ff.

Allgemeine Literatur: BSK ESR-Steck, Art. 450; FamKomm ESR-Steck, Art. 450; Hausheer/Geiser/Aebi-Müller, 1.89 ff.; KUKO ZGB-Steck, Art. 450; Meier/Lukic, 127 ff.; OFK ZGB-Fassbind, Art. 450; Schmid, Vor Art. 450 und Art. 450.

Spezifische Literatur: Steck Daniel, Der Vorentwurf für ein Bundesgesetz über das Verfahren vor den Kindes- und Erwachsenenschutzbehörden, in: ZVW 2003, 236 ff.

12.3. Beschwerden gegen Entscheide der KESB

Das Bundesrecht sieht in der Rechtsmittelordnung von Art. 450 ff. ZGB als einziges einheitliches Rechtsmittel eine *Beschwerde* vor. Die Terminologie knüpft an jene der Vormundschaftsbeschwerde des vorrevidierten Rechts an (aArt. 420 ZGB) und weist keinerlei Bezüge zur Beschwerde des Zivilprozessrechts (Art. 319 ff. ZPO) auf. Entsprechend dem Schutzzweck des Kindes- und Erwachsenenschutzrechts besteht die Möglichkeit, die getroffenen Massnahmen jederzeit aufzuheben oder abzuändern, ohne dass sich der Sachverhalt geändert haben muss. Den Begriffen der formellen und materiellen Rechtskraft kommt hier daher – anders als im Zivilprozessrecht – keine entscheidende Bedeutung zu.

12.30

Die Beschwerde im Sinne von Art. 450 ZGB gibt Anspruch auf *direkten* Zugang zu *gerichtlicher* Überprüfung. Für Entscheide, welche der KESB *von Bundesrechts wegen* zugewiesen sind, dürfen die Kantone keine Verwaltungsbehörde als Rechtsmittelinstanz vorsehen (vgl. Rz. 1.82). Weiter ist zu beachten, dass für Beschwerden gegen Entscheide der KESB im Rahmen einer FU Spezialregelungen gelten (vgl. Rz. 12.10 ff.).

12.31

Gemäss Art. 450b Abs. 1 ZGB beträgt die *Frist* zur Einreichung einer Beschwerde gegen Entscheide der KESB *dreissig Tage* seit Mitteilung des Entscheids. Im vorrevidierten Recht (aArt. 420 Abs. 2 ZGB) betrug diese Frist lediglich zehn Tage. Beschwerden gegen vorsorgliche Massnahmen oder von der KESB angeordnete fürsorgerische Unterbringungen müssen hingegen innert *zehn* Tagen seit Mitteilung erfolgen (Art. 445 Abs. 3 ZGB resp. Art. 450b Abs. 2 ZGB). Wegen Rechtsverweigerung und Rechtsverzögerung kann jederzeit Beschwerde geführt werden (Art. 450b Abs. 3 ZGB).

12.32

Beschwerden gegen Entscheide der KESB kommt grundsätzlich *aufschiebende Wirkung* zu, sofern sie von der KESB oder der gerichtlichen Beschwerdeinstanz nicht explizit entzogen wurde.

12.33

Das Rechtsmittel ist *devolutiv:* Mit der Anfechtung wird die Behandlung der Angelegenheit auf die *Rechtsmittelinstanz* übertragen. Diese übernimmt die Akten und hat den Auftrag, den Entscheid der KESB in *rechtlicher* sowie *tatsächlicher* Hinsicht umfassend zu überprüfen, einschliesslich seiner *Angemessenheit* (Art. 450a ZGB). Sie tut dies im Rahmen der *Untersuchungs- und Offizialmaxime*, denn diese Prinzipien des erstinstanzlichen Verfahrens gelten grundsätzlich auch für das Verfahren vor der gerichtlichen Beschwerdeinstanz. Mit dem Übergang der Streitsache an das Gericht wird dieses auch für den allfälligen Entzug der *aufschiebenden Wirkung* (Art. 450c ZGB) und – als Folge der sinngemässen Anwendbarkeit von Art. 445 ZGB – zum Erlass allfälliger *vorsorglicher Massnahmen* zuständig. Mit dem Übergang der Zuständigkeit (Devolution) verliert die

12.34

12. Beschwerden

KESB die Befugnis, sich mit der Sache weiter zu befassen, wobei präzisiert werden muss, dass sie ihren angefochtenen Entscheid bis zur Einreichung der Vernehmlassung in Wiedererwägung ziehen kann (Art. 450d Abs. 2 ZGB).

12.35 Mit Beschwerde anfechtbar sind *alle Endentscheide* der KESB (Art. 450 Abs. 1 i.V.m. Art. 314 Abs. 1 ZGB) sowie gestützt auf Art. 445 Abs. 3 ZGB Entscheide über *vorsorgliche Massnahmen*. Zur Anfechtbarkeit von *Zwischenentscheiden*, z.B. betreffend Ausstand, Vertretung im Verfahren, Sistierung des Verfahrens oder Mitwirkungspflicht, finden sich im Gesetz keine Regelungen. Die Kantone sind hier frei, ergänzende eigene Verfahrensvorschriften zu erlassen. Machen sie von dieser Kompetenz nicht Gebrauch, sind nach Art. 450f ZGB von Bundesrechts wegen die Bestimmungen der *Zivilprozessordnung* sinngemäss als ergänzendes kantonales Verfahrensrecht anwendbar.

12.36 Die *Beschwerdebefugnis* wird in Art. 450 Abs. 2 ZGB *abschliessend* geregelt:

12.37 Zur Beschwerde legitimiert sind zunächst – Handlungsfähigkeit vorausgesetzt – die am Verfahren *beteiligten Personen* selbst (Ziff. 1). Für *handlungsunfähige* Personen handelt grundsätzlich deren gesetzliche Vertretung. Sofern diese Personen allerdings *urteilsfähig* sind, können sie selbständig Rechte ausüben, welche ihnen *um ihrer Persönlichkeit willen* zustehen und vorläufig selbst das Nötige vorkehren, wenn Gefahr im Verzug ist (vgl. Art. 67 Abs. 3 ZPO). Beschwerdelegitimiert sind sodann *nahe stehende Personen* (Ziff. 2). Dieser Begriff ist weit auszulegen und umfasst nach Lehre und Rechtsprechung Personen, welche die betroffene Person gut kennen und kraft ihrer Eigenschaften und kraft ihrer Beziehungen zu dieser als geeignet erscheinen, deren Interessen zu wahren. Eine Rechtsbeziehung ist dabei nicht erforderlich; massgebend ist vielmehr die *faktische Verbundenheit* (vgl. Rz. 12.7). Es ist denkbar, dass sich mehrere nahestehende Personen unabhängig voneinander am Verfahren beteiligen. Gestützt auf Ziff. 3 sind schliesslich *Dritte* zur Beschwerde legitimiert. Diese verfügen nicht über die Qualifikation der nahe stehenden Person und müssen – entsprechend der Regelung in Art. 419 ZGB – ein *rechtliches Interesse* haben, das durch das Erwachsenenschutzrecht geschützt werden soll. Sie müssen m.a.W. die Verletzung eigener Rechte geltend machen können. Ein bloss faktisches Interesse genügt nicht.

12.38 Vorbehältlich Art. 450e Abs. 1 ZGB (Entbindung von der Begründungspflicht bei Beschwerden gegen Entscheide auf dem Gebiet der FU) ist im Rahmen des *Rügeprinzips* auf eine Beschwerde materiell einzutreten, wenn eine nach Art. 450 Abs. 2 ZGB legitimierte Person mit *schriftlicher*

Eingabe *begründete* Anträge stellt. An diese Formerfordernisse (Art. 450 Abs. 3 ZGB) dürfen aber keine hohen Anforderungen gestellt werden. Ein von einer betroffenen urteilsfähigen Person unterzeichnetes Schreiben ist hinreichend, sofern das Anfechtungsobjekt ersichtlich ist und daraus hervorgeht, warum sie mit der getroffenen Anordnung ganz oder teilweise nicht einverstanden ist. Mängel (z.B. fehlende Unterschrift oder fehlende Vollmacht) sind nach Massgabe des kantonalen Rechts (bzw. der ZPO) innert einer angemessenen Nachfrist zu beheben.

Die gerichtliche Beschwerdeinstanz kann den angefochtenen Entscheid *bestätigen* oder *ändern*. In Ausnahmefällen kann sie diesen auch *aufheben* und an die KESB *zurückweisen,* beispielsweise bei fehlender Spruchreife der Angelegenheit, indem der Sachverhalt in wesentlichen Teilen zu vervollständigen ist (Art. 450f ZGB, Art. 318 Abs. 1 lit. c Ziff. 2 ZPO). Je nachdem hat die Beschwerde somit *reformatorische* oder *kassatorische* Wirkung. Gegen letztinstanzliche kantonale Rechtsmittelentscheide kann beim Bundesgericht *Beschwerde in Zivilsachen* geführt werden (Art. 72 Abs. 2 lit. b Ziff. 6 und 7 BGG).

12.39

12.4. Beschwerden gegen bewegungseinschränkende Massnahmen

Literatur

Botschaft, 7041.

Allgemeine Literatur: BSK ESR-Steck, Art. 385; FamKomm ESR-Vaerini Jensen, Art. 385; Hausheer/Geiser/Aebi-Müller, 2.198; KUKO ZGB-Mösch Payot, Art. 383–385 N 14; Meier/Lukic, 359 ff.; OFK ZGB-Fassbind, Art. 385; Schmid, Art. 385.

Spezifische Literatur: Guillod Olivier/Helle Noémie, Traitement forcé: des dispositions schizophrènes? in: ZVW 2003, 347 ff.; Leuba Audrey/Tritten Céline, La protection de la personne incapable de discernement séjournant en institution, in: ZVW 2003, 284 ff.; vgl. auch Literaturhinweise in Kap. 11.

Die Anrufung der *KESB* nach Art. 385 Abs. 1 ZGB richtet sich *ausschliesslich* gegen bewegungseinschränkende Massnahmen, die gestützt auf Art. 383 ZGB gegenüber *urteilsunfähigen Personen in Wohn- oder Pflegeeinrichtungen* angeordnet werden. Bei analogen Massnahmen im Kontext einer *fürsorgerischen Unterbringung* ist dagegen Art. 439 Abs. 1 Ziff. 5 ZGB massgebend, der eine Anfechtungsmöglichkeit beim *Gericht* vorsieht (vgl. Rz. 12.16).

12.40

Die Eingabe bei der KESB hat *schriftlich* zu erfolgen, ist aber an *keine Frist* gebunden, da der Entscheid der Einrichtung nicht in einem formellen Verfahren ergeht und der Person nicht schriftlich eröffnet wird. Neben der be-

12.41

troffenen Person selbst sind auch *nahestehende Personen* (vgl. Rz. 12.7) legitimiert, Beschwerde zu erheben (analoge Regelung in Art. 439 Abs. 1 Ziff. 5 ZGB). Solche Eingaben dürften die Regel sein, handelt es sich doch bei den betroffenen Personen grundsätzlich um *Urteilsunfähige. Zuständig* ist die KESB *am Sitz der Einrichtung.* Sie prüft die angefochtene Massnahme und hat die Kompetenz, diese *aufzuheben* oder zu *ändern,* falls sie nicht den gesetzlichen Vorgaben entspricht. Sie kann darüber hinaus Massnahmen nach Art. 388 ff. ZGB ergreifen und nötigenfalls die *Aufsichtsbehörde der Einrichtung* benachrichtigen. Im Lichte einer zeitgemässen *Qualitätssicherung* sollten solche Benachrichtigungen nicht auf Fälle *wiederholter oder schwerer Verstösse* beschränkt werden.

12.42 Im Zentrum der Prüfung stehen die materiellen Voraussetzungen gemäss Art. 383 Abs. 1 ZGB, worunter die Frage der *Urteilsunfähigkeit als Vorbedingung* für die Anordnung freiheitsbeschränkender Massnahmen durch eine Wohn- oder Pflegeeinrichtung. Die KESB muss von einem weiten Begriff der Einschränkung der Bewegungsfreiheit ausgehen. Weil in dieser Frage zudem ein *subjektiver Massstab* gilt, muss sie die Qualifizierung der angefochtenen Massnahme als freiheitsbeschränkende *im Einzelfall* prüfen. Ist eine solche gegeben, ist deren *Verhältnismässigkeit* (Art. 383 Abs. 1 ZGB) zu beurteilen. Weiter gilt es zu prüfen, ob die Massnahme einer der beiden Zweckbestimmungen zugeordnet werden kann, welche in Ziff. 1 und Ziff. 2 von Art. 383 Abs. 1 *abschliessend* genannt werden. Beschwerden gegen Massnahmen nach Art. 383 ZGB müssen der KESB *unverzüglich* weitergeleitet werden (Art. 385 Abs. 3 ZGB). Mit dieser Vorschrift wird dem Umstand Rechnung getragen, dass die betroffene urteilsunfähige Person stark von ihrer Umgebung und von der Interessenwahrung durch ihr nahestehende Personen abhängig ist.

13. Überführung altrechtlicher Massnahmen

13.1. Übergangsrecht

Literatur

Botschaft, 7107 f.
Allgemeine Literatur: BSK ESR-Reusser, Art. 14/14a SchlT ZGB; FamKomm ESR-Geiser, Art. 14/14a SchlT ZGB; Guillod, 12.5; Hausheer/Geiser/Aebi-Müller, N 3.13–3.17; KUKO ZGB-Steck, Art. 14/14a SchlT ZGB; Meier/Lukic, 175–182 und 195; Schmid, Art. 14/14a SchlT ZGB.
Spezifische Literatur: Konferenz der Kantone für Kindes- und Erwachsenenschutz KOKES, Dossierübertragung von den Vormundschaftsbehörden (VB) an die neuen Kindes- und Erwachsenenschutzbehörden (KESB): Checkliste für die konkreten operativen Arbeiten, Dezember 2011 (verfügbar auf <http://www.kokes.ch>, unter Dokumentation>Empfehlungen); Meier Philippe, Perte du discernement et planification du patrimoine – droit actuel et droit futur, Journée de droit civil 2008 – Mélanges Andreas Bucher, Genf/Zürich 2009, 39 (Meier, Genf/Zürich 2009).

13.1.1. Allgemeines

Art. 14 und 14a SchlT ZGB regeln das Übergangsrecht für Massnahmen, die vor dem 1. Januar 2013 erlassen wurden oder zu diesem Zeitpunkt Gegenstand eines hängigen Verfahrens waren.

13.1

Sie regeln nicht das intertemporale Recht, das auf *Patientenverfügungen* und *Vorsorgeaufträge* anwendbar ist, die allenfalls vor dem 1. Januar 2013 niedergelegt wurden. Diese Frage richtet sich nach Art. 1 bis 4 SchlT ZGB:

13.2

- Bereits wirksame Anordnungen gemäss aArt. 35 und 405 OR (die Person wurde vor dem 1. Januar 2013 dauerhaft urteilsunfähig) bleiben gültig, wobei es der Erwachsenenschutzbehörde möglich ist, gestützt auf Art. 368 ZGB einzuschreiten (KUKO ZGB-Langenegger, Art. 360 N 7; Meier, Genf/Zürich 2009, 68).
- Vor dem 1. Januar 2013 erteilte Aufträge, die den formellen und materiellen Voraussetzungen des neuen Rechts bereits genügen (im Vorgriff darauf oder mit der damals zufällig gewählten Form), sind mit Inkrafttreten des neuen Rechts anwendbar.
- Unter dem alten Recht getroffene Anordnungen, die den formellen und materiellen Bedingungen des neuen Rechts nicht genügen und ihre Wirkungen noch nicht entfaltet haben, sind nicht anwendbar (contra: KUKO ZGB-Langenegger, Art. 360 N 7); sie müssen in einen neurechtlich gültigen Auftrag «überführt» werden. Wird es unterlassen und die Person urteilsunfähig, kann die eingesetzte Person immerhin als Beistand oder Beiständin der betroffenen Person ernannt werden (vgl. Art. 363 Abs. 2 Ziff. 4 ZGB und Art. 401 Abs. 1 ZGB).

- Ab dem 1. Januar 2013 lassen die Regeln von Art. 360 ff. ZGB (lex specialis) den Bestimmungen des OR keinen Raum mehr (Auftrag, Art. 35 und 405 OR), wenn der Auftrag so erteilt wurde, dass er beim (dauerhaften) Verlust der Urteilsfähigkeit wirksam werden soll. Es liegt an den betroffenen Instituten (insbesondere Banken oder Treuhänder), das Nötige vorzukehren, damit nach diesen Bestimmungen erteilte Aufträge «ante und post-Verlust der Urteilsfähigkeit» wirksam bleiben, da die Einhaltung der formellen und materiellen Voraussetzungen zum Ordre public gehören.

13.3   Formungültige Patientenverfügungen dienen immerhin als Hinweis auf den mutmasslichen Willen der betroffenen Person. Wird eine Person in einem Auftrag mandatiert, der nicht ins neue Recht überführt werden kann, so kann sie als Beistand oder Beiständin ernannt werden (der Auftrag gilt als Wunsch der betroffenen Person im Sinne von Art. 401 Abs. 1 ZGB).

13.1.2. Am 1. Januar 2013 rechtskräftige Massnahmen

13.4   *Entmündigungen* werden am 1. Januar 2013 automatisch in *umfassende Beistandschaften* überführt. Es ist bedeutungslos, ob die Entmündigung unter dem alten Recht in eine *Vormundschaft* oder *Erstreckung der elterlichen Sorge* mündete (aArt. 385 Abs. 1 und 3 ZGB). Ein Beschluss erübrigt sich, die Betroffenen müssen aber über die neue Situation informiert werden (vgl. Musterbrief, Rz. 13.42 f.).

13.5   Die zuständige Behörde (es kann infolge von Reorganisationen eine andere sein als jene, welche die Entmündigung angeordnet hat) muss anschliessend *von Amtes wegen* so bald wie möglich die nötigen Anpassungen vornehmen. Das Gesetz bleibt absichtlich unbestimmt, da es eine bedeutende Zahl von Massnahmen zu prüfen gilt (26'116 am 31. Dezember 2010 gemäss Statistik Erwachsenenschutzmassnahmen, ZKE 2011, 422). Eine Frist von 12 Monaten scheint eine angemessene Grössenordnung, die Prüfung muss aber spätestens im Zeitpunkt der nächsten Rechnungsablage und Berichterstattung gemäss Art. 410/411 ZGB erfolgen, d.h. spätestens bis am 31. Dezember 2014, wenn die Vorperiode Ende 2012 ablief). Die betroffene Person kann aber selber (oder über eine ihr nahestehende Person) beantragen, dass die Massnahme gemäss Art. 399 ZGB aufgehoben oder geändert wird. Auf diesem Weg kann sie sich auch über zeitlichen Verzug der Behörde beim Entscheid «von Amtes wegen» beschweren.

13.6   Gibt die Behörde diesem Antrag nicht statt, steht der Rechtsweg an die gerichtliche Beschwerdeinstanz (Art. 450 ff. ZGB) offen. Es liegt im Gesamtinteresse eines funktionierenden Erwachsenenschutzes, dass sich die betroffenen Personen nicht auf solche Anträge stürzen, um nicht die Behörden zu überlasten, solange als «vernünftig» zu beurteilende Fristen eingehalten sind.

Bei geänderten Umständen muss die Behörde altrechtliche Massnahmen von Amtes wegen aufheben oder ändern (Art. 399 Abs. 2 ZGB): Eine solche Situation kann Anlass einer vorgezogenen Prüfung des Falles sein gegenüber dem, was das Gesetz allgemein vorsieht.

13.7

Wechselte die betroffene Person ihren Wohnsitz nach Anordnung einer Massnahme, die von der neu zuständigen Behörde nicht übernommen wurde, so muss die Massnahme zuerst förmlich übertragen werden (Art. 442 Abs. 5 ZGB), bevor die neu zuständige Behörde über die Überführung entscheiden kann.

13.8

Andere Schutzmassnahmen, die noch unter altem Recht in Kraft getreten sind (Vertretungsbeistandschaft, Verwaltungsbeistandschaft, kombinierte Beistandschaft, Beistandschaft auf eigenes Begehren, aArt. 392–394 ZGB; Mitwirkungsbeiratschaft, Verwaltungsbeiratschaft, kombinierte Beiratschaft, Beiratschaft auf eigenes Begehren, aArt. 395 ZGB), bestehen weiterhin mit den für die Handlungsfähigkeit der betroffenen Person gemäss altem Recht geltenden Wirkungen, jedoch *höchstens für drei Jahre, d.h. bis spätestens am 31. Dezember 2015.*

13.9

Für die Mandatsführung gelten jedoch die neuen Regeln, desgleichen für allfällige Beschwerden gegen Handlungen der Mandatsträger/innen (Art. 419 ZGB, danach Art. 450 ZGB) oder für Geschäfte, die gemäss Art. 416 ZGB der Zustimmung bedürfen oder nicht mehr benötigen: Das neue Recht ist sofort anwendbar, sowohl aufgrund von Art. 2 SchlT ZGB (Bestimmungen, die um der öffentlichen Ordnung und Sittlichkeit willen aufgestellt sind) als auch aufgrund von Art. 3 SchlT ZGB (Rechtsverhältnisse deren Inhalt unabhängig vom Willen der Beteiligten durch das Gesetz umschrieben wird).

13.10

Es liegt an der KESB, diese Massnahmen fristgerecht in eine neurechtliche Beistandschaft zu überführen oder diese aufzuheben. Mangels Überführung endet die Massnahme ex lege am 31. Dezember 2015.

13.11

Diese Überführungsfrist ist eine Maximalfrist mit materieller Wirkung; es handelt sich nicht um eine blosse Ordnungsfrist. Im Interesse einer einfachen Verwaltung (soweit möglich Massnahmen vermeiden, die unterschiedlichem Recht unterworfen sind) wird die KESB die Massnahme möglichst umgehend prüfen. Von aussergewöhnlichen Umständen abgesehen sollte die Behörde zwingend den Ablauf der Bericht- und Rechenerstattungsperiode (Art. 410/411 ZGB), die gemäss Gesetz höchstens zwei

13.12

13. Überführung altrechtlicher Massnahmen

Jahre dauert (mit Beginn nach dem vorangehenden Bericht und nicht dem Inkrafttreten des neuen Rechts), nutzen und die dabei gewonnene Information verwerten (vgl. Rz. 13.28 ff.).

13.13 Begründet die betroffene Person die Aufhebung oder Änderung anders als mit der Gesetzesrevision, muss die Behörde die Prüfung vorziehen. Sie darf ab 1. Januar 2013 die Massnahme nicht nach Massgabe altrechtlicher Regeln ändern (z.B. Wechsel von einer kombinierten Beiratschaft zu einer Mitwirkungsbeiratschaft): Sie muss eine Massnahme nach neuem Recht anordnen.

13.14 Unter Vorbehalt der Umstände des Einzelfalles und eines geänderten Schutzbedarfs wird die Behörde bei der Überführung vormundschaftlicher Massnahmen vorab folgendes ins Auge fassen:
- von der Mitwirkungsbeiratschaft (aArt. 395 Abs. 1 ZGB) zur Mitwirkungsbeistandschaft (Art. 396 ZGB),
- von der Verwaltungsbeiratschaft (aArt. 395 Abs. 2 ZGB) zur Vertretungsbeistandschaft mit Vermögensverwaltung (Art. 394/395 ZGB),
- von der kombinierten Beiratschaft (aArt. 395 Abs. 1 und Abs. 2 ZGB) zur Vertretungsbeistandschaft mit Vermögensverwaltung (Art. 394/395 ZGB) oder zur gemäss Art. 397 ZGB kombinierten Beistandschaft (Vertretungsbeistandschaft mit Vermögensverwaltung und Mitwirkungsbeistandschaft, Art. 394/395/396 ZGB),
- von der Beistandschaft auf eigenes Begehren (aArt. 394 ZGB) zur Begleitbeistandschaft oder zur Vertretungsbeistandschaft ohne Einschränkung der Handlungsfähigkeit (Art. 393 oder 394 ZGB),
- von der Vertretungsbeistandschaft (aArt. 392 ZGB) zur Vertretungsbeistandschaft (Art. 394 ZGB),
- von der Verwaltungsbeistandschaft (aArt. 393 ZGB) zur Vertretungsbeistandschaft mit Vermögensverwaltung (Art. 394/395 ZGB),
- von der kombinierten Beistandschaft (aArt. 392 und aArt. 393 ZGB) zur Vertretungsbeistandschaft mit Vermögensverwaltung (Art. 394/395 ZGB).

13.15 Die Behörde muss für jede Situation prüfen:
- ob die Unterstützung aus dem Umfeld es erlaubt, vom Einschreiten abzusehen (Art. 389 Ziff. 1 ZGB),
- ob ein Vorsorgeauftrag oder Art. 374–376 ZGB (Vertretung durch den Ehegatten, die eingetragene Partnerin oder den eingetragenen Partner) es erlauben, von einer Schutzmassnahme abzusehen,
- ob die Voraussetzungen von Art. 390 ZGB tatsächlich erfüllt sind,
- die Art der zu errichtenden Beistandschaft,

- ob Art. 392 ZGB beigezogen werden kann, da eine Beistandschaft künftig unverhältnismässig erscheint, weil zum Beispiel nur einzelne Handlungen zur Begleitung verbleiben (eine Erbschaft, für die eine urteilsunfähige Person vormundschaftlich zu vertreten war, steht kurz vor dem Abschluss, weil der Erbteilungsvertrag schon abgeschlossen wurde),
- die Aufgabenbereiche (Art. 391 ZGB) und/oder die Vermögenswerte (Art. 395 Abs. 1 ZGB), die dem Beistand oder der Beiständin zu übertragen sind, und/oder die Handlungen, die der Mitwirkung bedürfen (Art. 396 ZGB),
- eine allfällige Einschränkung der Handlungsfähigkeit, wenn sich dies nicht aufgrund des Gesetzes ergibt (Art. 394 Abs. 2 ZGB),
- ob allenfalls der Zugriff auf einzelne Vermögenswerte zu untersagen ist (Art. 395 Abs. 3 ZGB),
- ob allenfalls die Zustimmungserfordernisse gemäss Art. 416 ZGB zu erweitern sind (aufgrund von Art. 417 ZGB),
- ob sich der/die bisherige Mandatsträger/in auch eignet, die neue Beistandschaft zu übernehmen (Art. 400 ZGB), wobei zu erwähnen ist, dass die Mandatszeit unter dem alten Recht der Amtsdauer gemäss Art. 422 Abs. 1 ZGB angerechnet wird,
- ob von Pflichten gemäss Art. 420 ZGB befreit werden kann, wenn die Beistandschaft einer nahestehenden Person übertragen wird.

Die Entscheidung über die Überführung kann bei der gerichtlichen Beschwerdeinstanz gemäss Art. 450 ff. ZGB angefochten werden.

Die Frage der materiellen Überführung von altrechtlichen Massnahmen darf nicht mit der Aktenübergabe von der früher zuständigen Behörde an die Erwachsenenschutzbehörde gemäss neuem Recht verwechselt werden (vgl. dazu die Empfehlungen der KOKES vom Dezember 2011).

13.1.3. Am 1. Januar 2013 hängige Verfahren

Am 1. Januar 2013 *hängige Verfahren* werden von der neu zuständigen Behörde weitergeführt (Art. 14a Abs. 1 SchlT ZGB). Die bisher verfahrensleitende Behörde ist verpflichtet, den Fall ohne Verzug der neu zuständigen Behörde zu übergeben.

Entgegen der Lösung von Art. 404 ZPO für das Inkrafttreten des Bundeszivilprozessrechts sind alle hängigen Verfahren ab dem 1. Januar 2013 sofort dem neuen Recht unterworfen. Die neu zuständige Behörde entscheidet, ob das Verfahren zu ergänzen ist (Art. 14a Abs. 2 und 3 ZGB). Diese Regel gilt vor allen Instanzen unter Einschluss des Bundesgerichtes.

13. Überführung altrechtlicher Massnahmen

13.20 Die betroffene Person muss grundsätzlich von derjenigen Behörde angehört werden (Art. 447 ZGB), die entscheiden wird. Fand eine Anhörung wenige Wochen vor dem Entscheid statt und liegt dazu ein vollständiges Protokoll der früher zuständigen Behörde vor, darf die neue Behörde von einer Wiederholung auch absehen.

13.21 Wurde die Massnahme bereits ausgesprochen und eröffnet und ist die altrechtliche Beschwerdefrist am 1. Januar 2013 aber nicht vollständig erschöpft, muss die beschwerdeführende Person in den Genuss der längeren Frist kommen: Wenn der Entscheid einer Vormundschaftsbehörde mit einer Frist von 10 Tagen anfechtbar war (aArt. 420 Abs. 2 ZGB), die am 31. Dezember 2012 noch lief, und dauert diese Frist danach 30 Tage (Art. 450b Abs. 1 ZGB), wird die unter der altrechtlichen Frist verstrichene Zeit an die Frist des neuen Rechts angerechnet. Diese Lösung steht der bei Art. 405 ZPO vorgesehenen entgegen, drängt sich u.E. aber aufgrund des klar geäusserten Willens des Gesetzgebers auf, das neue Recht sofort anzuwenden. Nach dem 1. Januar 2013 eröffnete Entscheidungen richten sich vollumfänglich nach neuem Recht, namentlich bezüglich der Fristen und zuständigen Beschwerdeinstanzen.

13.22 *Hängige Beschwerden* bei nach altrechtlich zuständigen Behörden müssen von Amtes wegen der gemäss neuem Recht zuständigen Beschwerdebehörde überwiesen werden, es sei denn, das kantonale Recht halte intertemporal an der Zuständigkeit der früheren Behörde fest. Die neue Beschwerdebehörde kann den Fall zur Ergänzung des Verfahrens an die KESB zurückweisen (Art. 14a Abs. 3 SchlT ZGB; *teilweise anders*: KUKO ZGB-STECK, Art. 14a N 9, der sich für eine automatische Überweisung an die KESB ausspricht).

13.1.4. «Vorgezogene» Überführung

13.23 Die nach altem Recht zuständige Behörde ist nicht befugt, eine Massnahme nach neuem Recht zu erlassen, die vor 2013 in Kraft treten soll. Wenn dagegen bei einer Behörde im Verlauf des Jahres 2012 ein neues Verfahren oder ein Antrag auf Änderung einer bestehenden Massnahme anhängig wird, so kann vorausschauend geprüft werden, in was die erlassene oder geänderte Massnahme am 1. Januar 2013 überführt werden wird. Dies verringert die Zahl der Fälle, die in dieser Hinsicht zu überprüfen sind. Sofern die Überführung per 1. Januar 2013 im Beschluss bereits genannt ist, erübrigt sich ein erneuter Beschluss nach Inkrafttreten des neuen Rechts. Die Überführung muss der betroffenen Person und dem Beistand oder der Beiständin dannzumal nur noch von Amtes wegen mitgeteilt werden. Eine erneute Prüfung der Verhältnisse aufgrund von Art. 399 ZGB nach dem 1. Januar 2013 bleibt natürlich vorbehalten.

Es setzt freilich voraus, dass diese Behörde die Verhältnisse im Hinblick auf das neue Recht einer vertieften Prüfung unterzogen hat (insbesondere die Bedürfnisse der betroffenen Person). Daran mag es fehlen, wenn der nach altem Recht zuständigen Behörde Zeit und/oder Kenntnisse für eine solche Prüfung fehlen.

13.24

Verfügt eine Behörde über die nötige Zeit (was eher selten sein wird) und Kenntnisse, kann sie selbstverständlich *ältere* bestehende Massnahmen nach Massgabe des neuen Rechts prüfen, um ihre sofortige Überführung am 1. Januar 2013 zu ermöglichen.

13.25

Eine KESB, die im Hinblick auf das Inkrafttreten des neuen Rechts bereits eingesetzt ist, kann dazu Auskünfte erteilen, aber vor dem 1. Januar 2013 keine gültigen Entscheide fällen.

13.26

13.1.5. Sonderfälle

- Entmündigungen mit *Erstreckung der elterlichen Sorge* (aArt. 385 Abs. 3 ZGB) werden automatisch in umfassende Beistandschaften überführt; die Eltern übernehmen die Beistandschaft für das Kind, ohne dass es mit förmlichem Beschluss bestätigt werden muss. Solange die KESB nicht anders entscheidet, sind die Eltern immerhin von der Pflicht entbunden, ein Inventar zu erstellen, periodisch Rechnung abzulegen und Bericht zu erstatten, sowie die Zustimmung der Behörde für bestimmte Geschäfte einzuholen (Art. 416 ZGB). Art. 420 ZGB (*Beistandschaft durch Angehörige*) ist mit anderen Worten auf diese übergangsrechtlichen Situationen ex lege anwendbar.
Aus Gründen der Transparenz und angesichts der rechtlichen Tragweite der veränderten Stellung sollte die Behörde diese Überführung den Eltern anzeigen. Diese Information sollte für die Behörde auch Anlass sein, wenigstens summarisch zu prüfen, ob die vom Gesetz vorgesehene Pflichtbefreiung gerechtfertigt ist. Später wird sie diese Frage zusammen mit dem bei Entmündigungen generell verlangten Entscheid, ob die Massnahme weiterzuführen ist oder nicht, vertiefter prüfen (vgl. Rz. 13.39 ff.).
- Unter dem alten Recht erlassene vorsorgliche Massnahmen (aArt. 386 ZGB) blieben nach dem 1. Januar 2013 mit ihren altrechtlichen Wirkungen in Kraft, selbst wenn das Verfahren schliesslich in eine Massnahme nach neuem Recht mündet. Die Behörde kann sie aufgrund von Art. 445 ZGB von Amtes wegen oder auf Antrag jederzeit aufheben.

13.27

13. Überführung altrechtlicher Massnahmen

- Massnahmen, die vor dem 31. Dezember 2012 rechtskräftig, aber noch nicht veröffentlicht wurden (aArt. 375, aArt. 397 Abs. 3 und 3 ZGB), werden nach dem 1. Januar 2013 nicht mehr veröffentlicht. Der aus Sorge, unnötige Stigmatisierungen der Betroffenen zu vermeiden, eingeführte Grundsatz der *Nicht-Veröffentlichung* (Art. 452 ZGB) ist sofort anwendbar.
- Eine bei Inkrafttreten des neuen Rechts laufende *fürsorgerische Freiheitsentziehung* bleibt vollumfänglich bestehen, selbst wenn die Behörde, von der sie ausgesprochen wurde, materiell nicht mehr zuständig ist. Art. 14 Abs. 4 SchlT ZGB führt jedoch eine übergangsrechtliche Sonderregel ein. Sie trägt einerseits Art. 429 ZGB Rechnung (wonach von einem bezeichneten Arzt oder einer bezeichneten Ärztin – statt der KESB – angeordnete Unterbringungen eine beschränkte Dauer haben [höchstens 6 Wochen, weniger wenn es kantonales Recht so will]) und andererseits Art. 431 ZGB, der eine periodische Überprüfung von Unterbringungen verlangt. Wenn demnach ein Arzt oder eine Ärztin gestützt auf aArt. 397b Abs. 2 ZGB eine fürsorgerische Freiheitsentziehung unbeschränkter Dauer angeordnet hat, dann muss die Einrichtung der KESB (am Wohnsitz der betroffenen Person, Art. 442 Abs. 1 ZGB) spätestens bis am 30. Juni 2013 melden, ob die Voraussetzungen einer Unterbringung ihres Erachtens noch erfüllt sind. Die KESB führt dann die nach den Bestimmungen über die periodische Überprüfung (Art. 431 Abs. 1 ZGB) nötigen Abklärungen durch und bestätigt gegebenenfalls den Unterbringungsentscheid. Die nächste periodische Überprüfung muss spätestens sechs Monate danach folgen, anschliessend jährlich mindestens ein Mal (Art. 431 Abs. 2 ZGB). Diese intertemporale Regel nimmt der betroffenen Person weder die Beschwerdebefugnis noch das Recht, jederzeit um Entlassung zu ersuchen: Gegebenenfalls muss die KESB schon vor der Frist von sechs Monaten entscheiden, die in dieser Bestimmung vorgesehen ist.
- Eine allfällige *Zwangsbehandlung* (Art. 433 ff. ZGB) oder auch Einschränkungen der Bewegungsfreiheit in einer Einrichtung (Art. 438 ZGB) oder einem Wohn- und Pflegeheim (Art. 383/384 ZGB) richten sich sofort nach neuem Recht, sowohl bezüglich der Form (Behandlungsplan, Beschwerden) als auch der Sache. Kantonalrechtliche Bestimmungen sind nicht mehr anwendbar. Das Dossier muss gegebenenfalls den neuen gesetzlichen Erfordernissen angepasst werden, namentlich in formeller Hinsicht, für die das kantonale Recht nicht immer eine Entsprechung kannte.
- Das *Archiv* muss grundsätzlich der neuen Behörde übergeben werden. Verbleibt es auf Beschluss des Kantons bei der alten Behörde (der Gemeinde, während die neue kantonal oder regional ist), liegt es immerhin

an der KESB zu entscheiden, ob Einsicht in seine Akten gewährt wird oder nicht (vgl. Ziff. 8 Empfehlungen der KOKES vom Dezember 2011).

13.2. Sachverhaltsabklärung: Anforderungen und Vorgehen

Literatur: vgl. Kap. 1.6. und 13.1.

Die *Überführung* von Entmündigungen (verbunden mit einer Vormundschaft oder erstreckter elterlicher Sorge) und der fürsorgerischen Freiheitsentziehung des alten Vormundschaftsrechts in umfassende Beistandschaften beziehungsweise fürsorgerischer Unterbringung des neuen Erwachsenenschutzrechts erfolgen von Gesetzes wegen (Rz. 13.4, 13.27). Sie bedürfen deshalb im Rahmen des Rechtsübergangs keiner Entscheide und damit auch keiner Abklärungen der KESB. Indes empfiehlt es sich aus Rechtssicherheitsgründen auch bei diesen automatischen Massnahmenwechseln, die Massnahmebetroffenen und die Mandatsträger/innen durch die KESB schriftlich zu orientieren (vgl. Rz. 13.42 betreffend Modellen).

13.28

Alle andern, d.h. die Überführung altrechtlicher Beistandschaften und Beiratschaften in Beistandschaften des neuen Rechts (Rz. 13.9) müssen von der KESB auf der Grundlage einer sachdienlichen Sachverhaltsabklärung neu verfügt werden, wenn ihr automatisches Dahinfallen per 1.1.2016 verhindert werden soll (Art. 14 Abs. 3 SchlT). Für ihre *neuen Massnahmenentscheide* bedarf die KESB jener Informationen, welche ihr sowohl die Begründung als auch die Massschneiderung der Massnahme sowie die *Auftragsumschreibung* an den Beistand ermöglicht (vgl. Rz. 5.65 ff.). Diese Informationen müssen der verbeiständeten Person (soweit sie urteilsfähig ist), dem Beistand und der KESB eine übereinstimmende Grundlage und Vorstellung über das *Motiv und das Ziel der Massnahme* bieten.

13.29

Der *Unterschied* zwischen der Begründung einer neuen Massnahmenanordnung und der Überführung altrechtlicher in neurechtliche Massnahmen liegt in der *reduzierten Beweisführung*: Bei bestehenden Massnahmen dürfen die Beweisgrundlagen zum ursprünglichen Massnahmenbeschluss als fortbestehend angenommen werden, wenn keine Hinweise auf «veränderte Verhältnisse» vorliegen. Mithin muss bei einer Massnahmenüberführung nicht die gesamte Beweisführung, welche seinerzeit zur laufenden Massnahme geführt hat, wiederholt werden (z.B. Gutachten, Sozialberichte, Polizeiberichte, Betreibungsregisterauszüge, Befragungen Dritter etc). Vielmehr muss sich die KESB anlässlich ihres Überführungsbeschlusses darüber Rechenschaft ablegen, was sich gegenüber den Umständen, die zum ursprünglichen Massnahmenbeschluss geführt haben, verändert hat

13.30

(Art. 414 ZGB), ob ein Grund fortbesteht, welcher eine Beistandschaft zu rechtfertigen vermag, und wenn ja inwiefern (Massschneiderung), oder ob ein solcher aus Sicht des neuen Rechts nie bestand oder nicht mehr gegeben ist (Art. 399 ZGB; Rz. 9.4). Mithin besteht ein Bedarf nach einem «Entwicklungsinventar», wie es einem Aufhebungsbeschluss zugrunde zu legen ist (Art. 399 Abs. 2 ZGB) und wie es von einem Beistand sowohl als dauernde Amtspflicht (Art. 414 ZGB) als auch bezüglich seiner Berichterstattung (Art. 411 ZGB) verlangt wird.

13.31 Grundsätzlich muss sich die KESB bei einem Massnahmenüberführungsbeschluss demnach auf den *Bericht* des bisherigen Mandatsträgers resp. der bisherigen Mandatsträgerin (Art. 411, 414, 446 Abs. 2, 448 ZGB), allenfalls auf *ergänzende Auskünfte* von mitunterstützenden Betreuungsdiensten (Heim, Einrichtung, Therapeut, Arzt usw., Art. 446 Abs. 2, 448 ZGB) und auf die *Anhörung* der betroffenen Person (Art. 447 ZGB) abstützen können. Sie bilden in der Regel die notwendige und hinreichende Grundlage zur Erforschung des Sachverhalts (Art. 446 ZGB) für einen hinreichend begründbaren Überführungsbeschluss.

13.32 Im Hinblick auf diese von Gesetzes wegen notwendigen Überführungsbeschlüsse empfiehlt es sich, den bisherigen Mandatsträgern für die Berichterstattung (Art. 411 ZGB) *standardisierte Fragen* zu unterbreiten, welche in ihren Berichten beantwortet werden müssen. Allerdings unterliegen auch diese Antworten dem *Verhältnismässigkeitsprinzip*, d.h., die Fragen sind nur insofern zu beantworten, als sie massnahmenrelevant sind.

13.33 **Berichterstattung bezüglich altrechtlicher Massnahmen (zwischen dem 1.1.2013 und 31.12.2015 noch geführte Beiratschaften und Beistandschaften nach aArt. 392, 393, 394 und 395 ZGB)**

Wir bitten Sie, im Rahmen ihrer nächsten Berichterstattung zur Führung altrechtlicher Massnahmen insbesondere auch folgende Fragen zu beantworten, soweit sie der KESB zur Entscheidfällung über eine Massnahme des neuen Rechts oder die Aufhebung der Massnahme dienlich sein können:

1. Geführte Massnahme
2. Seinerzeitige Begründung der Massnahme (Schwächezustand, Schutzbedarf, allenfalls formulierte Zielsetzung, konkrete Aufträge an die mandatsführende Person)
3. Ressourcen der betreuten Person (persönlich, familiär, beruflich, besondere Eignungen und Neigungen, Autonomiefähigkeit etc; vgl. Art. 388 Abs. 2 ZGB)

4. Aktueller Schwächezustand, Schutzbedarf und Belastung beziehungsweise Schutzbedarf von Angehörigen und Dritten (Art. 390 Abs. 2 ZGB)
5. Allenfalls mögliche Hilfestellung ohne Beistandschaftserrichtung (Vorsorgeauftrag, gesetzliche Vertretung durch Angehörige, direktes Handeln durch KESB oder Auftrag an Dritte [Art. 392 ZGB], Unterstützung durch Pro Infirmis, Pro Senectute, Benevol, Budgetberatungsstellen usw.)
6. Allenfalls: Erforderliche Aufgaben des Beistandes/der Beiständin (Art. 391 ZGB), allenfalls nötige Handlungseinschränkungen für betreute Person (Entziehen einzelner Verwaltungsbefugnisse gemäss Art. 395 Abs. 3), Einschränkung der Handlungsfähigkeit (Art. 394 Abs. 2 oder 396 ZGB) oder deren Entziehen (Art. 398 ZGB)
7. Allenfalls in Aussicht stehende Rechtsgeschäfte, die zusätzlich der KESB zur Zustimmung unterbreitet werden sollen (Art. 417 ZGB)
8. Ergebnis der Besprechung mit der betreuten Person (Art. 411 Abs. 2 ZGB)
9. Erforderliches Eignungsprofil des Beistandes/der Beiständin, Selbsteinschätzung und Bereitschaft zur Fortführung des Mandats
10. Empfehlung.

13.3. Überführungsbeschlüsse

Literatur: vgl. Kap. 13.1.

Die folgenden Musterbeschlüsse gelten für die Überführung von bestehenden, unter dem alten Recht errichteten vormundschaftlichen Massnahmen (aArt. 392–395, 369–372 ZGB) in behördliche Massnahmen des neuen Erwachsenenschutzrechts (Art. 393–398 ZGB). Auch für die Spezialfälle der Überführung von Entmündigten unter erstreckter elterlicher Sorge (aArt. 385 Abs. 3 ZGB) in eine Massnahme des neuen Erwachsenenschutzrechts mit den Eltern oder einer Drittperson als Beistand/Beiständin sowie – im Rahmen eines Exkurses ins Kindesschutzrecht – der Überführung der Vormundschaft (aArt. 368 ZGB) in eine Vormundschaft nach Art. 327a–327c ZGB werden Musterbeschlüsse formuliert. Zu den erforderlichen Aktivitäten und zum Vorgehen für die Überprüfung vgl. Rz. 13.28 ff., Rz. 13.4 ff. und Rz. 13.18 ff.

13.34

13. Überführung altrechtlicher Massnahmen

13.35 Bei der Überführung von altrechtlichen Massnahmen in neurechtliche Massnahmen können *drei Fallgruppen* unterschieden werden:
- *behördliche Überführung* von altrechtlichen Beistandschaften (aArt. 392–394 ZGB) und Beiratschaften (aArt. 395 ZGB) in massgeschneiderte Beistandschaften des neuen Rechts (Art. 393–397 ZGB),
- *Überführung von Gesetzes wegen* von Vormundschaften (aArt. 369–372 ZGB) und erstreckter elterlicher Sorge (aArt. 385 Abs. 3 ZGB) in umfassende Beistandschaften des neuen Rechts (Art. 398 ZGB) und *allfällige Anpassung* der umfassenden Beistandschaft in eine massgeschneiderte Beistandschaft (Art. 393–397 ZGB) zu einem späteren Zeitpunkt und
- *behördliche Überführung* von Vormundschaften (aArt. 368 ZGB) und Vertretungsbeistandschaften (aArt. 306 Abs. 2 i.V.m. aArt. 392 Ziff. 2 ZGB) für *Kinder* in neurechtliche Kindesschutzmassnahmen.

13.3.1. Behördliche Überführung von altrechtlichen Beistandschaften und Beiratschaften in neurechtliche massgeschneiderte Beistandschaften

13.36 Unter dem Vorbehalt besonderer Umstände im Einzelfall sowie der Veränderung des Schwächezustandes und des Schutzbedürfnisses der betroffenen Person werden i.d.R. folgende Überführungen in Betracht zu ziehen sein:
- Vertretungsbeistandschaften nach aArt. 392 Ziff. 1–3 ZGB in eine Vertretungsbeistandschaft nach Art. 394 ZGB,
- Verwaltungsbeistandschaften nach aArt. 393 ZGB in eine Vertretungsbeistandschaft mit Vermögensverwaltung nach Art. 394/395 ZGB,
- kombinierte Beistandschaft nach aArt. 392 Ziff. 1/393 Ziff. 2 ZGB in eine Vertretungsbeistandschaft mit Vermögensverwaltung nach Art. 394/395 ZGB ohne Einschränkung der Handlungsfähigkeit,
- Beistandschaft auf eigenes Begehren nach aArt. 394 ZGB in eine Begleitbeistandschaft nach Art. 393 ZGB und/oder eine Vertretungsbeistandschaft mit Vermögensverwaltung nach Art. 394/395 ZGB ohne Einschränkung der Handlungsfähigkeit,
- Mitwirkungsbeiratschaft nach aArt. 395 Abs. 1 ZGB in eine Mitwirkungsbeistandschaft nach Art. 396 ZGB,
- Verwaltungsbeiratschaft nach aArt. 395 Abs. 2 ZGB in eine Vertretungsbeistandschaft mit Vermögensverwaltung nach Art. 394/395 ZGB mit Einschränkung der Handlungsfähigkeit im Vermögensbereich,
- kombinierte Beiratschaft nach aArt. 395 Abs. 1 und 2 ZGB in eine Vertretungsbeistandschaft mit Vermögensverwaltung nach Art. 394/395 ZGB oder in eine nach Art. 397 ZGB kombinierte Beistandschaft (Vertretungs-

13.3. Überführungsbeschlüsse

beistandschaft mit Vermögensverwaltung und Mitwirkungsbeistandschaft nach Art. 394/395/396 ZGB), in beiden Fällen mit Einschränkung der Handlungsfähigkeit.

Die Überführung von altrechtlichen Beistandschaften und Beiratschaften in Massnahmen des neuen Erwachsenenschutzrechts erfolgt – vorbehalten sind früher angezeigte Überführungen – zweckmässigerweise anlässlich der Prüfung des ordentlichen Rechenschaftsberichts, der von der/dem zuständigen Mandatsträger/in ab 1. Januar 2013 bei der KESB eingereicht wird. Zum Fragenkatalog an die bisherigen Mandatsträger/innen vgl. Rz. 13.33.

13.37

Überführung einer altrechtlichen Beistandschaft oder Beiratschaft in eine neurechtliche Massnahme (Grundmuster eines Überführungsbeschlusses)

13.38

Sachverhalt

Für NN besteht seit [Datum] eine Beistandschaft/Beiratschaft nach aArt. ... ZGB. *Ursprünglicher Grund der Massnahme.*

Als Beistand/Beiständin, Beirat/Beirätin, amtet XY. *Zusammenfassende Schilderung der persönlichen und vermögensrechtlichen Verhältnisse aufgrund des letzten Rechenschaftsberichts und der letzten Rechnungsablage. Allenfalls aktuelle Eingaben/Gesuche bezüglich Anpassung/Aufhebung der Massnahme oder Wechsel der Betreuungsperson.*

Erwägungen

Ausführungen zum Schwächezustand und zur Schutzbedürftigkeit der betroffenen Person (Art. 390 ZGB). Überprüfung der Subsidiarität und der Verhältnismässigkeit (Art. 389 ZGB). Zuordnung zu einer Massnahme nach neuem Recht. Anhörung und Einstellung der betroffenen Person zur neuen behördlichen Massnahme.

Dispositiv

1. Die für NN nach altem Vormundschaftsrecht mit Beschluss vom [Datum] errichtete Beistandschaft/Beiratschaft nach aArt. ... ZGB wird aufgehoben.
2. Für NN wird eine
Begleitbeistandschaft nach Art. 393 ZGB angeordnet zur begleitenden Unterstützung bei ... *(vgl. Muster Rz. 5.29 und Rz. 5.31)*
Vertretungsbeistandschaft nach Art. 394 ZGB angeordnet mit der (Einzel-)Aufgabe ... *(vgl. Muster Rz. 5.41)*

13. Überführung altrechtlicher Massnahmen

> Vertretungsbeistandschaft mit Vermögensverwaltung nach Art. 394 i.V.m. Art. 395 ZGB angeordnet mit den Aufgabenbereichen ... *(Muster Rz. 5.42 f.)*
> Mitwirkungsbeistandschaft nach Art. 396 ZGB angeordnet mit der Wirkung ... *(vgl. Muster Rz. 5.48)*
> kombinierte Begleit- und Mitwirkungsbeistandschaft nach Art. 393 und 396 ZGB angeordnet ... *(vgl. Muster Rz. 5.84)*
> kombinierte Begleit-, Vertretungs- (mit Vermögensverwaltung) und Mitwirkungsbeistandschaft nach Art. 393, 394 i.V.m. Art. 395 und 396 ZGB angeordnet ... *(vgl. Muster Rz. 5.85)*
> Vertretungsbeistandschaft mit punktueller Einschränkung der Handlungsfähigkeit nach Art. 394 i.V.m. Art. 395 ZGB angeordnet ... *(vgl. Muster Rz. 5.86)*
> umfassende Beistandschaft nach Art. 398 ZGB angeordnet *(vgl. Muster Rz. 5.54)*
> 3. Als Beistand/Beiständin wird XY im Amt bestätigt (*Variante*: ernannt; diesfalls müsste der/die frühere Mandatsträger/in entlassen werden) mit der Einladung,
>   a) nötigenfalls Antrag auf Anpassung der behördlichen Massnahme an veränderte Verhältnisse zu stellen,
>   b) per [Datum] ordentlicherweise einen Rechenschaftsbericht einzureichen.
> 4. Gebühren und Kosten/evtl. Erlass von Kosten und Gebühren.
> 5. Rechtsmittelbelehrung.
> 6. Eröffnung an:
>   – betroffene Person,
>   – Beiständin/Beistand,
>   – ggf. weitere Verfahrensbeteiligte.
> 7. Mitteilung an:
>   – Betreibungsamt gemäss Art. 68d SchKG bei Vermögensverwaltung,
>   – ggf. Heim.
>   – (...)

13.3.2. Überführung von Gesetzes wegen von altrechtlichen Erwachsenenvormundschaften und erstreckter elterlicher Sorge in umfassende Beistandschaften des neuen Rechts

13.39 Personen, die nach bisherigem Recht *entmündigt* worden sind (aArt. 369–372 ZGB) und unter Vormundschaft oder erstreckter elterlicher Sorge (aArt. 385 Abs. 3 ZGB) standen, stehen mit dem Inkrafttreten des neuen Rechts von Gesetzes wegen, d.h. ohne behördliche Intervention, unter umfassender Beistandschaft (Art. 14 Abs 2 Satz 1 SchlT ZGB). Unmittelbar

13.3. Überführungsbeschlüsse

nach dem Inkrafttreten des neuen Rechts besteht kein Handlungsbedarf für behördliche Überführungsbeschlüsse.

Die KESB nimmt bei diesen Fallkonstellationen von Amtes wegen so bald als möglich die erforderlichen Anpassungen an das neue Recht vor (Art. 14 Abs. 2 Satz 2 SchlT ZGB). Seitens der KESB ergibt sich diesbezüglich ein *zweistufiges Verfahren*:

1. Viertes Quartal 2012, spätestens bis Ende Januar 2013: *Information* der betroffenen Person resp. – bei erstreckter elterlicher Sorge – der Eltern über die neue Rechtslage und die spätere Überprüfung (vgl. Musterbriefe Rz. 13.42 f.).
2. So bald als möglich: *Überprüfung*, ob die umfassende Beistandschaft erforderlich ist und *ggf. Anpassung* in eine (mildere) massgeschneiderte Beistandschaft (vgl. Musterbeschlüsse Rz. 13.44 f.).

13.40

Bei erstreckter elterlicher Sorge sind die Eltern – solange die KESB nicht anders entschieden hat – von der Inventarpflicht, der Pflicht zur periodischen Berichterstattung und Rechnungsablage und der Pflicht, für bestimmte Geschäfte die Zustimmung der KESB einzuholen, befreit (Art. 14 Abs. Satz 3 SchlT ZGB).

13.41

Brief an bevormundete Person

(Es versteht sich von selbst, dass ein solcher Brief nur an jene Personen verschickt werden soll, die in Bezug auf diese Information urteilsfähig sind.)

Betreff: Neues Erwachsenenschutzrecht per 1. Januar 2013

Sehr geehrte Frau
Sehr geehrter Herr

Sie sind mit Beschluss vom [Datum] entmündigt worden und stehen unter Vormundschaft. Ihr Vormund/Ihre Vormundin ist Herr/Frau XY.

Am 1. Januar 2013 wird das Vormundschaftsrecht durch das neue Erwachsenenschutzrecht abgelöst. In diesem neuen Recht gibt es keine Vormundschaften mehr für Erwachsene. Die bisherigen Vormundschaften werden automatisch in umfassende Beistandschaften überführt und Ihr bisheriger Vormund/Ihre bisherige Vormundin wird Ihr Beistand/Ihre Beiständin. Die Vormundschaftsbehörde heisst künftig Erwachsenenschutzbehörde [*sofern erforderlich*: und hat eine neue Adresse: xx]. Diese neue Benennung ändert nichts an den Rechtswirkungen der bisherigen Vormundschaft, das heisst namentlich, dass Sie auch weiterhin nur mit Zustimmung Ihres Beistands/Ihrer Beiständin rechtsgültig Verträge abschliessen und Ihr Einkommen und Vermögen nicht selber verwalten können.

Die Erwachsenenschutzbehörde ist jedoch verpflichtet, so bald wie möglich zu überprüfen, ob zu Ihrem Schutz weiterhin eine umfassende Beistandschaft erforderlich ist oder ob eine andere Beistandschaft nach neuem

13.42

Recht angeordnet werden kann. Sie wird rechtzeitig mit Ihnen Kontakt aufnehmen und mit Ihnen und Ihrem Beistand/Ihrer Beiständin das weitere Vorgehen besprechen. Falls Sie Fragen haben im Zusammenhang mit der Umwandlung der Vormundschaft in eine umfassende Beistandschaft kann Ihnen Ihr Beistand/Ihre Beiständin, Herr/Frau XY, Auskunft geben.

Mit freundlichen Grüssen

13.43 **Brief an Eltern mit erstreckter elterlicher Sorge**

Betreff: Neues Erwachsenenschutzrecht per 1. Januar 2013

Sehr geehrte Frau
Sehr geehrter Herr

Ihr Sohn/Ihre Tochter NN, geb. [Datum], ist nach geltendem Vormundschaftsrecht mit Beschluss/Urteil der/des [zuständige Behörde] vom [Datum] entmündigt und an Stelle einer Bevormundung unter Ihre erstreckte elterliche Sorge gestellt worden. Sie haben seither verdankenswerterweise die Betreuung Ihres Sohnes/Ihrer Tochter wahrgenommen.

Am 1. Januar 2013 wird das Vormundschaftsrecht durch das neue Erwachsenenschutzrecht abgelöst. Im neuen Recht ist es nicht mehr möglich, Erwachsene, die einer umfassenden Betreuung bedürfen, unter die erstreckte elterliche Sorge zu stellen. An Stelle der erstreckten elterlichen Sorge tritt automatisch die umfassende Beistandschaft mit den gleichen Wirkungen. Die Betreuung wird durch einen Beistand oder eine Beiständin wahrgenommen. Als Eltern Ihres Sohnes/Ihrer Tochter werden Sie von Gesetzes wegen Beistand und Beiständin. Für Sie ändert somit einstweilen gar nichts.

Die Erwachsenenschutzbehörde wird so bald als möglich prüfen, ob für Ihren Sohn/Ihre Tochter zwingend weiterhin eine umfassende Beistandschaft erforderlich ist oder ob diese Massnahme in eine Beistandschaft des neuen Rechts mit weniger weit gehenden Eingriffen in die Rechtsstellung und Freiheit Ihres Sohnes/Ihrer Tochter angepasst werden kann. Die Erwachsenenschutzbehörde wird rechtzeitig mit Ihnen Kontakt aufnehmen und das weitere Vorgehen besprechen. Auch wenn eine andere Massnahme nach neuem Recht angeordnet werden sollte, ist es möglich, dass Sie weiterhin Beistand und Beiständin Ihres Sohnes/Ihrer Tochter sein können, wenn Sie dazu bereit und in der Lage sind.

Für allfällige Fragen steht Ihnen Herr/Frau … zur Verfügung.

Mit freundlichen Grüssen

13.3.3. Anpassung von überführten umfassenden Beistandschaften

Anpassung einer umfassenden Beistandschaft für eine altrechtliche Vormundschaft in eine massgeschneiderte (mildere) Beistandschaft

13.44

Sachverhalt

NN ist mit Beschluss/Urteil vom [Datum] nach aArt. [...] ZGB entmündigt und unter Vormundschaft gestellt worden. Mit Inkrafttreten des neuen Erwachsenenschutzrechts am 1. Januar 2013 wurde die Vormundschaft von Gesetzes wegen in eine umfassende Beistandschaft nach Art. 398 ZGB überführt. Der Vormund/die Vormundin ist gleichzeitig von Gesetzes wegen Beistand/Beiständin geworden. NN ist mit einem Brief der KESB vom [Datum] über diese neue Rechtslage informiert worden.
Die KESB hat unter Einbezug von NN und in Zusammenarbeit mit [interne Abklärungsstelle, externe Dritte] die Lebens- und Vermögenssituation von NN überprüft: *[Zusammenfassende Schilderung der persönlichen und vermögensrechtlichen Verhältnisse]*.

Erwägungen

[Ausführungen zum Schwächezustand und zur Schutzbedürftigkeit der betroffenen Person (Art. 390 ZGB). Überprüfung der Subsidiarität und der Verhältnismässigkeit (Art. 389 ZGB). Anhörung und Einstellung (soweit möglich) der betroffenen Person zur neuen behördlichen Massnahme. Indikation für eine bestimmte Massnahme des neuen Erwachsenenschutzrechts.]

Dispositiv

Die für NN bestehende umfassende Beistandschaft nach Art. 398 ZGB, die die mit Beschluss vom [Datum] errichtete Vormundschaft nach aArt. [...] ZGB per 1. Januar 2013 von Gesetzes wegen ersetzt hat, wird aufgehoben.
Ziff. 2–7: *analog Rz. 13.38 Grundmuster eines Überführungsbeschlusses.*

Anpassung einer umfassenden Beistandschaft für eine altrechtliche erstreckte elterliche Sorge in eine massgeschneiderte (mildere) Beistandschaft

13.45

Sachverhalt

NN ist mit Beschluss/Urteil vom [Datum] nach aArt. [...] ZGB entmündigt worden und gestützt auf aArt. 385 Abs. 3 ZGB wurde die elterliche Sorge erstreckt. Mit Inkrafttreten des neuen Erwachsenenschutzrechts am 1. Januar 2013 wurde diese Massnahme von Gesetzes wegen in eine umfassende Beistandschaft nach Art. 398 ZGB überführt. Die Eltern mit erstreckter elterlicher Sorge sind gleichzeitig von Gesetzes wegen Beistand und Beiständin geworden und bis auf weiteres von der Inventaraufnahme, der Berichterstattung und Rechnungsablage sowie von der Einholung der Zustimmung der Erwachsenenschutzbehörde für bestimmte Rechtsgeschäfte befreit. Die betroffenen Eltern sind mit einem Brief der KESB vom [Datum] über diese neue Rechtslage informiert worden.

Die KESB hat in Zusammenarbeit mit [interne Abklärungsstelle, externe Dritte] und unter Einbezug der Eltern die Lebens- und Vermögenssituation von NN überprüft: *[Zusammenfassende Schilderung der persönlichen und vermögensrechtlichen Verhältnisse].*

Erwägungen

[Ausführungen zum Schwächezustand und zur Schutzbedürftigkeit der betroffenen Person (Art. 390 ZGB). Überprüfung der Subsidiarität und der Verhältnismässigkeit (Art. 389 ZGB). Anhörung und Einstellung (soweit möglich) der betroffenen Person und deren Eltern zur neuen behördlichen Massnahme. Indikation für eine bestimmte Massnahme des neuen Erwachsenenschutzrechts. Erwägungen betr. Einsetzung der Eltern oder anderer Angehöriger oder Dritter als Beistand oder Beiständin sowie ggf. der Anwendung der besonderen Bestimmungen für Angehörige nach Art. 420 ZGB.]

Dispositiv

1. Die für NN bestehende umfassende Beistandschaft nach Art. 398 ZGB, die die mit Beschluss vom [Datum] angeordnete erstreckte elterliche Sorge nach aArt. 385 Abs. 3 ZGB per 1. Januar 2013 von Gesetzes wegen ersetzt hat, wird aufgehoben.
2. *(analog oben Grundmuster eines Überführungsbeschlusses)*
3. Als Beistand und Beiständin wird/werden *(verschiedene Varianten)*
   – die Eltern [Vorname und Name von beiden] bestätigt.
   – der Bruder [Vorname Name], die Schwester [Vorname Name] oder weitere Angehörige [Vorname Name] eingesetzt.
   – XY (Berufsbeistand/Berufsbeiständin oder nicht verwandte private Mandatsträger/in) eingesetzt.
   (Variante «Beistandschaft durch Angehörige») Gestützt auf Art. 420 ZGB werden der Beistand und/oder die Beiständin von der Inventarpflicht, der Pflicht zur periodischen Berichterstattung und Rechnungsablage sowie von der Pflicht, für bestimmte Geschäfte die Zustimmung der Erwachsenenschutzbehörde einzuholen, befreit. Der Beistand/die Beiständin wird eingeladen, nötigenfalls Antrag auf Anpassung der behördlichen Massnahme an veränderte Verhältnisse zu stellen
   (Variante «Beistandschaft durch Dritte») Der Beistand/die Beiständin wird eingeladen,

> a) per ... ordentlicherweise Rechenschaftsbericht mit Rechnung und Belegen einzureichen.
> b) nötigenfalls Antrag auf Anpassung der behördlichen Massnahme an veränderte Verhältnisse zu stellen.
>
> Ziff. 4–7: *analog Rz. 13.38 Grundmuster eines Überführungsbeschlusses*

13.3.4. Exkurs: Überführung von Kindesschutzmassnahmen

Für ein Kind, das nach altem Recht gestützt auf aArt. 368 ZGB unter Vormundschaft steht und am 1. Januar 2013 noch nicht volljährig ist, muss eine Minderjährigenvormundschaft nach Art. 327a–c ZGB errichtet werden, da dieser Tatbestand von Art. 14 SchlT ZGB nicht erfasst wird. Der Bedarf nach Überführung ergibt sich aus Art. 12 SchlT ZGB.

13.46

Die bisherigen Vertretungsbeistandschaften nach aArt. 306 Abs. 2 i.V.m. 392 Ziff. 2 ZGB für Kinder, deren Eltern am Handeln verhindert sind oder die in einer Angelegenheit Interessen haben, die denen des Kindes widersprechen, werden nach analogem Muster (Rz. 13.49) in eine Beistandschaft nach Art. 306 Abs. 2 ZGB überführt.

13.47

Bei den übrigen Kindesschutzmassnahmen besteht aufgrund des Inkrafttretens des neuen Rechts kein Anpassungsbedarf.

13.48

> **Überführungen einer Vormundschaft nach aArt. 368 ZGB in eine Minderjährigenvormundschaft nach Art. 327a–c ZGB**
>
> **Sachverhalt**
>
> *Für NN, geb. [Datum], besteht seit [Datum] eine Vormundschaft des bisherigen Rechts nach aArt. 368 ZGB. Als Vormund/Vormundin amtet XY. Feststellung, dass das Kind weiterhin nicht unter elterlicher Sorge steht.*
>
> **Erwägungen**
>
> *Rechtliche Zuordnung, weshalb nach den Bestimmungen des neuen Kindes- und Erwachsenenschutzrechts die bisherige Vormundschaft nach aArt. 368 ZGB in eine Vormundschaft nach Art. 327a–c ZGB umzuwandeln ist.*
>
> **Dispositiv**
>
> 1. Die für NN, geb. [Datum], mit Beschluss/Urteil vom [Datum] bestehende Vormundschaft nach aArt. 368 ZGB wird in eine Minderjährigenvormundschaft nach Art. 327a–c ZGB überführt.

13.49

13. Überführung altrechtlicher Massnahmen

2. Als Vormund/Vormundin wird XY ... im Amt bestätigt (*Variante*: ernannt) mit der Einladung,
   a) nötigenfalls Antrag auf Anpassung der behördlichen Massnahme an veränderte Verhältnisse zu stellen,
   b) per [Datum] ordentlicherweise Rechenschaftsbericht einzureichen.
3. Gebühren und Kosten/evtl. Erlass von Kosten und Gebühren.
4. Rechtsmittelbelehrung.
5. Eröffnung an:
   – Vormund/Vormundin,
   – ggf. betroffenes Kind,
   – ggf. weitere Verfahrensbeteiligte.
6. Mitteilung an:
   – ggf. Heim,
   – (...).

14. Statistik

Literatur

Allgemeine Literatur: BSK ZGB I-Langenegger, Vor aArt. 360–456 N 10.

Spezifische Literatur: Meier Philippe, Revision des Vormundschaftsrechts – Versuch einer statistischen Untersuchung, in: ZVW 1992, 183 ff.; Konferenz der Kantone für Kindes- und Erwachsenenschutz KOKES, Schweizerische Statistik der Massnahmen im Kindes- und Erwachsenenschutz 2010 (alle Kantone), in: ZKE 2011, 414 ff.; Stremlow Jürgen/Affolter Kurt/Häfeli Christoph/Müller Stephan/Voll Peter, Weiterentwicklung der schweizerischen Vormundschaftsstatistik, Schlussbericht der Hochschule für Soziale Arbeit Luzern, Luzern 2002 (unveröffentlicht); Stremlow Jürgen, Grosse statistische Unterschiede in der Vormundschaftspraxis der Kantone, in: ZVW 2001, 267 ff.

14.1. Vorbemerkungen

Die KOKES (früher: VBK) erhebt seit 1996 jährlich die Anzahl Massnahmen im Kindes- und Erwachsenenschutz in allen 26 Kantonen. Bisher wurden sowohl im Kindesschutz wie im Erwachsenenschutz folgende Daten erhoben: 14.1

- Anzahl der per Stichtag (31.12.xxxx) bestehenden Massnahmen (differenziert nach Kanton sowie Massnahmenart und Geschlecht der betroffenen Person);
- Anzahl der zwischen 1.1.–31.12.xxxx neu errichteten Massnamen (differenziert nach Kanton sowie Massnahmenart und Geschlecht der betroffenen Person).
  (Details der bisherigen Erhebung: <http://www.kokes.ch/de/04-dokumentation/01-statistik.php?navid=12> (31.01.2012)).

Per 31. Dezember 2010 bestanden in der Schweiz 82'116 Erwachsenenschutzmassnahmen und 43'613 Kindesschutzmassnahmen Die *Anzahl der Massnahmen* hat sowohl im Kindes- wie im Erwachsenenschutz jedes Jahr *kontinuierlich zugenommen*:   14.2

14. Statistik

14.3 **Entwicklung der Anzahl Schutzmassnahmen zwischen 1996 und 2010 in der Schweiz (alle Kantone)**

	1996	2010	Zunahme
Anzahl bestehende Massnahmen für Erwachsene per 31.12.	50'926	82'116	+ 61 %
Anzahl neu angeordnete Massnahmen für Erwachsene zwischen 1.1. und 31.12.	8'231	11'494	+ 40 %
Anzahl bestehende Massnahmen für Kinder per 31.12.	23'290	43'613	+ 87 %
Anzahl neu angeordnete Massnahmen für Kinder zwischen 1.1. und 31.12.	7'302	15'055	+ 106 %

14.4 Die *Quoten der Massnahmen* (Anzahl Massnahmen pro 1'000 Erwachsene resp. Kinder) zeigen überdies beträchtliche *Unterschiede zwischen den Kantonen*, sowohl im Kindes- wie im Erwachsenenschutz: In einigen Kantonen werden mehr als doppelt so viele Massnahmen für Erwachsene geführt als in anderen Kantonen. Im Kindesschutz sind die Unterschiede noch grösser: In einigen Kantonen bestehen bis viermal mehr Massnahmen für Kinder als in anderen Kantonen. Diese quantitativen Unterschiede zwischen den Kantonen lassen sich nicht allein mit unterschiedlichen demografischen Zusammensetzungen der Wohnbevölkerung erklären, sondern dürften u.a. auch mit der unterschiedlichen Praxis bei der Anwendung des materiellen Bundesrechts zusammenhängen oder auch auf strukturelle resp. prozedurale Besonderheiten zurückzuführen sein.

14.5 Eine *Studie der Hochschule Luzern aus dem Jahr 2002* hat festgestellt, dass u.a. die strukturellen Bedingungen eine entscheidende Rolle spielen: In der Romandie (gerichtliche Instanzen) werden tendenziell mehr Massnahmen angeordnet als bei den Miliz-/Laien-Verwaltungsbehörden in der Deutschschweiz. Und: Sowohl Kindes- wie Erwachsenenschutzmassnahmen sind von kürzerer Dauer, wenn sie von spezialisierten Behörden angeordnet und von professionellen Sozialdiensten geführt werden. Der Umstand, dass die Daten lediglich auf Kantonsebene aggregiert vorliegen, schränkt die Möglichkeiten und Aussagekraft von statistischen Auswertungen erheblich ein. Eine präzisere und verlässlichere sozialwissenschaftliche Aufklärung über die Bestimmungsgründe der Häufigkeit und der Art der Massnahmen wäre darauf angewiesen, sowohl bei den Personen, für die eine Massnahme angeordnet wurde, als auch bei den Organisationen, welche die Massnahmen anordnen und führen, auf der Ebene der Individuen ansetzen zu können. Aufgrund dieser Mängel wird der Wechsel der bestehenden Massnahmenstatistik zu einer Personenstatistik vorgeschlagen, in der die Daten auf der Ebene der betroffenen Person vorliegen sowie wichtige Elemente des behördlichen Verfahrens resp. der Mandatsführung (wie Meldeinstanz, Indikation, Art der Mandatsträger/innen usw.) erfasst werden.

Mit dem neuen Erwachsenenschutzrecht wird für Erwachsene ein komplett neues Massnahmensystem eingeführt – die statistischen Grundlagen müssen zwingend angepasst werden. Die KOKES nutzt diese Gelegenheit, dem seit langer Zeit bestehenden Anliegen nach einer aussagekräftigeren Statistik Rechnung zu tragen, und passt die Erhebungsgrundlagen per 1.1.2013 den neuen Anforderungen an mit dem Ziel, die Grundlageninformation im Kindes- und Erwachsenenschutz zu verbessern.

14.6

14.2. Merkmale der neuen statistischen Erhebung

Infolge der Professionalisierung der Behördenstrukturen (vgl. Rz. 1.54 ff.) ist davon auszugehen, dass spätestens ab 2013 alle KESB mit elektronischen Fallführungssystemen arbeiten. Die statistische Erhebung wird künftig entsprechend ausschliesslich elektronisch erfolgen (nicht wie bisher mittels Papierformularen). Damit der Aufwand minimal gehalten werden kann, soll die Erhebung weitgehend aufgrund der *im Fallführungssystem ohnehin erfassten Daten* erfolgen (zu den Details vgl. unten Rz. 14.16 f.). Die Fallführungssystemanbieter werden ihre Programme entsprechend programmieren. Die Datenerfassung erfolgt hauptsächlich anlässlich der Fallaufnahme; in der Folge werden nur noch die beschlussrelevanten Änderungen erfasst. Wichtiges Credo ist der Nutzen der Datenerfassung.

14.7

Die neue Statistik verfolgt *drei Ziele*:

14.8

- *Kantonales Informationsinstrument:* Den Behörden (KESB und kantonale Aufsichtsbehörden) sowie den politischen Verantwortungsträger/innen soll ein Informationsinstrument zur Verfügung gestellt werden, das Informationen zu den *Entwicklungen* im Kindes- und Erwachsenenschutz *im Kanton* bereit stellt (Entwicklung der Massnahmenzahlen/-quoten/-arten, Dauer der Massnahmen, Geschlecht und Alter der betroffenen Person, Informationen zu den Indikationen, unterschiedliche Belastung der verschiedenen KESB, personelle Ausstattung bei den Berufsbeistandschaften usw.).
- *Monitoring:* In Form eines schweizerischen Monitorings für den Kindes- und Erwachsenenschutz sollen relevante Kennzahlen installiert werden, die aktuelle Entwicklungen abbilden und *interkantonale Vergleiche* ermöglichen. Die Informationen sind dieselben wie beim kantonalen Informationsinstrument (evtl. Auswahl davon).

14. Statistik

- *Qualitätsentwicklung:* Die neue Statistik soll Impulse und Grundlagen für eine Qualitätsentwicklung im Kindes- und Erwachsenenschutz schaffen. Das kantonale Informationsinstrument und die interkantonalen Vergleiche enthalten Anregungen für qualitative Leistungsbeobachtung und -entwicklung. Eigentliche Qualitätssicherungsmassnahmen im engeren Sinn sind in diesem Rahmen selbstverständlich nicht möglich; die gewonnenen Informationen ermöglichen aber den Einstieg in eine Qualitätspflege (z.B. durch die differenzierte Erfassung der Aufgabenbereiche und der Indikation, die Anzahl der Beschwerdeverfahren usw.).

14.9 Die künftige Erhebung zeichnet sich durch folgende *Merkmale* aus:
- Die neue Statistik soll – entsprechend einem seit lange bestehenden Anliegen – *aussagekräftiger* sein als die bisherige Statistik: Neben der Anzahl Massnahmen und der Geschlechterverteilung sollen insbesondere die Indikation, die Art der Betreuung sowie die Aufgabenbereiche erhoben werden.
- Weil die Anzahl der datenerhebenden Behörden von heute ca. 1'400 auf neu ca. 150 reduziert wird, wird die Erhebung künftig einfacher und zuverlässiger sein.
- In einem *Leitfaden* sind die zentralen Begriffe definiert und mit Beispielen versehen. Der Leitfaden bildet die Grundlage, dass die Erhebung nach denselben Kriterien und demselben Verständnis erfolgt.
- Die Zusammenarbeit mit den verschiedenen Fallführungssystemanbietern resp. internen Informatik-Entwicklungs-Diensten ist von zentraler Bedeutung. Die KOKES unternimmt das in ihren Möglichkeiten Stehende, um die informatiktechnischen Voraussetzungen möglichst optimal gestalten zu können.
- Die neue Statistik ist eine *personenbezogene* Statistik, d.h. im Mittelpunkt der Erfassung stehen die einzelnen Personen. Falls für eine Person mehrere Massnahmenarten bestehen (z.B. eine Vertretungs- und eine Mitwirkungsbeistandschaft nach Art. 394 und 396 ZGB), wird für die Statistik nur ein Fall gezählt. Im Fokus der statistischen Erhebung steht die Anzahl der von einer Schutzmassnahme betroffenen Personen. Daneben soll es aber auch möglich sein, die Anzahl der geführten Massnahmen auszuwerten.
- Das *Aggregationsniveau* soll neu bei den einzelnen *KESB* liegen (nicht bei den Kantonen).
- Die Erhebung erfolgt *einmal jährlich* im ersten Quartal für das vorangehende Kalenderjahr.

14.2. Merkmale der neuen statistischen Erhebung

Angestrebt werden folgende *Auswertungen*: 14.10
- wie bisher: Bestand der Massnahmen (Art der Massnahmen) per 31.12. xxxx;
- wie bisher: neu errichtete Massnahmen (Art der Massnahmen) zwischen 1.1. und 31.12.xxxx;
- neu: Änderungen der Massnahmen (Änderungen bezüglich Massnahmenart, Aufgabenbereich und Mandatsträger/in);
- neu: aufgehobene Massnahmen (welche Massnahmen werden aus welchem Grund aufgehoben).

Neben der Anzahl Massnahmen werden zudem bestimmte Parameter miteinander verknüpft, um auf diese Weise gezielte Auswertungen zu bestimmten Konstellationen sichtbar zu machen. 14.11

Angestrebt wird, dass neben der KOKES auch die kantonalen Aufsichtsbehörden sowie die KESB Zugriff auf die Auswertungsmöglichkeiten haben (je mit eingeschränkten Berechtigungen für ihr Zuständigkeitsgebiet). 14.12

Die differenziertere Erhebung von statistischen Daten soll auch gezielte qualitative Analysen (Wirksamkeitsstudien) sowie Auswertungen mit Methoden der empirischen Sozialforschung ermöglichen und allfällige quantitative Unterschiede zwischen den Kantonen und/oder Regionen erklären. 14.13

In der *Übergangszeit* erfolgt die statistische Erhebung wie folgt: 14.14
- Die Statistik *2012* ist nach geltendem Modell von den bis 31.12.2012 zuständigen Vormundschaftsbehörden zu erheben (bei neu organisierten Behörden ist im Rahmen der Dossierübergabe von der Vormundschaftsbehörden an die KESB eine entsprechende Liste zu übergeben).
- Die neue Statistik wird erstmals für das Jahr 2013 erhoben. Die Datenlieferung erfolgt im 1. Quartal 2014.
- Für die Jahre *2013/2014/2015* liefern die KESB die Angaben nach neuem Modell; bei den altrechtlichen Massnahmen werden lediglich die Bestände per 31.12.XXXX erhoben.
- *Ab 2016*: nur noch Erhebung nach neuem Modell (je nach Bedarf werden am Erhebungsmodell leichte Anpassungen gemacht).

Die neue Statistik wird sorgfältig eingeführt, allfällig entstehende Probleme werden registriert und bei Bedarf werden Anpassungen vorgenommen. Nach 3–5 Jahren soll eine gezielte Auswertung erfolgen, um zu untersuchen, *ob die verfolgten Ziele erreicht wurden*. 14.15

14.3. Erhebung Erwachsenenschutz

14.16   Ab 2013 werden im Erwachsenenschutz folgende Daten erhoben:
- *Fallaufnahme* (Errichtung neue Massnahme, Übernahme zur Weiterführung),
- *Änderung* der Massnahme (betreffend Massnahmenart, Aufgabenbereich und/oder Mandatsträger/in),
- *Überführung* einer altrechtlichen Massnahme in eine neurechtliche Massnahme (welche altrechtliche Massnahme wird in welche neurechtliche Massnahme überführt?),
- *Ende* der Massnahme oder des Mandats (Aufhebungsgrund, Übertragung zur Weiterführung),
- *Geschlecht und Jahrgang* der betroffenen Person,
- *Meldeinstanz* (Gefährdungsmeldung durch: betroffene Person, Angehörige, Privatperson/Verwandte, Vermieter, Arbeitgeber, Arzt/Klinik/Spital/Heim/Spitex, Sozialdienst/Fachstelle, weitere Amtsstellen, Polizei/Gericht, andere),
- *Indikation* (altersbedingter Schwächezustand, Suchterkrankung, psychische Störung, geistige Behinderung, somatische Erkrankung, Adoleszenz-Krise/mangelnde Reife/Unerfahrenheit, mangelhafte Einkommens-/Vermögensverwaltung, vorübergehende Urteilsunfähigkeit/Abwesenheit, andere Gründe),
- *Art der Massnahme(n)* (eigenes Handeln der KESB nach Art. 392 Ziff. 1 ZGB, Auftrag an Drittperson nach Art. 392 Ziff. 2 ZGB, Person/Stelle mit Einblick und Auskunft nach Art. 392 Ziff. 3 ZGB, Begleitbeistandschaft nach Art. 393 ZGB, Vertretungsbeistandschaft nach Art. 394/395 ZGB mit jeweiligem Absatz, Mitwirkungsbeistandschaft nach Art. 396 ZGB, umfassende Beistandschaft nach Art. 398 ZGB [je mit Hinweis auf den Status: von Gesetzes wegen überführte altrechtliche Vormundschaft oder erstreckte elterliche Sorge, Bestätigung einer überführten Massnahme oder Neuerrichtung], Ersatzbeistand/Ersatzbeiständin nach Art. 403 ZGB, Verfahrensbeistandschaft nach Art. 449a ZGB, altrechtliche Beistandschaft nach aArt. 392, 393 oder 394 ZGB oder altrechtliche Beiratschaft nach aArt. 395 ZGB),
- *Aufgaben(bereiche)* (Begleitung, Vertretung mit/ohne Einschränkung der Handlungsfähigkeit oder Mitwirkung in folgenden Bereichen: Wohnen, Gesundheit, Soziales, Administration, Einkommensverwaltung, Vermögensverwaltung, rechtliche Verfahren, anderes),
- *Mandatsträger/in* (Privatperson, Fachbeistand/Fachbeiständin oder Berufsbeistand/Berufsbeiständin),

- *nicht massnahmengebundene Geschäfte* und *weitere Massnahmen* (spezifische Aufgaben bei folgenden Geschäften: Vorsorgeauftrag [Art. 363 Abs. 2, 364, 366 oder 368 ZGB], Patientenverfügung [Art. 373 ZGB], gesetzliche Vertretung allgemein [Art. 374 Abs. 3 oder 376 Abs. 1 ZGB] oder bei medizinischen Massnahmen [Art. 381 Abs. 2 ZGB], Betreuungsvertrag für urteilsunfähige Person in einer Einrichtung [Art. 382 Abs. 3 ZGB], Beschwerden gegen bewegungseinschränkende Massnahmen [Art. 385 ZGB] oder gegen Beistand/Beiständin/beauftragte Dritte [Art. 419 ZGB], fürsorgerische Unterbringung [Art. 426–431 ZGB], ambulante Massnahmen [Art. 437 ZGB], Vernehmlassung [Art. 450d Abs. 1 ZGB] oder Wiedererwägung [Art. 450d Abs. 2 ZGB] bei Verfahren vor gerichtlicher Beschwerdeinstanz, Auskunft über Massnahmen [Art. 451 Abs. 2 ZGB], anderes).

14.4. Erhebung Kindesschutz

Ab 2013 werden im Kindesschutz folgende Daten erhoben:

14.17

- *Fallaufnahme* (Errichtung neue Massnahme, Vollzug eherechtliches Urteil oder Übernahme zur Weiterführung),
- *Änderung* der Massnahme oder Änderung eherechtliches Urteil (betreffend Massnahmenart, Aufgabenbereich und/oder Mandatsträger/in),
- *Ende* der Massnahme oder des Mandats (Aufhebungsgrund, Übertragung zur Weiterführung),
- *Geschlecht und Jahrgang* der betroffenen Person,
- *Meldeinstanz* (Gefährdungsmeldung durch: betroffenes Kind, Vater/Mutter, Privatperson/Verwandte, Schule, Pflegeeltern/Heim/Kindertagesstätte, Arzt/Klinik/Spital, Sozialdienst/Fachberatungsstelle, weitere Amtsstellen, Polizei/Gericht, andere, keine [KESB von Amtes wegen]),
- *Indikation* (physische/psychische/sexuelle Misshandlung/Vernachlässigung, Autonomie-/Ablösungskonflikte, Besuchsrechtsprobleme, ungeklärter Unterhalt, Erziehungsprobleme durch mangelnde Erziehungsfähigkeit oder psychisch kranke/suchtkranke Eltern usw., Verhaltensauffälligkeit/dissoziales Verhalten des Kindes, andere Gründe),
- *Mandatsträger/in* (Privatperson, Fachbestand/Fachbeiständin oder Berufsbeistand/Berufsbeiständin),
- *Art der Massnahme(n)* (Vertretungsbeistandschaft oder eigenes Handeln der KESB nach Art. 306 Abs. 2 ZGB, Weisung oder Ermahnung nach Art. 307 Abs. 3 ZGB, Erziehungsaufsicht: Person/Stelle mit Einblick und Auskunft nach Art. 307 Abs. 3 ZGB, Erziehungsbeistandschaft nach Art. 308 Abs. 1 ZGB, Beistandschaft mit besonderen Befugnissen nach Art. 308 Abs. 2 ZGB unter Angabe des Aufgabenbereichs (Unterhalt,

persönlicher Verkehr, medizinische Behandlung/Betreuung, Schule/Berufslehre, anderes), Beschränkung der elterlichen Sorge nach Art. 308 Abs. 3 ZGB unter Angabe des Aufgabenbereichs (s. oben), Paternitätsbeistandschaft nach Art. 309 ZGB, Aufhebung des Obhutsrechts und Unterbringung nach Art. 310 ZGB, Entziehung der elterlichen Sorge nach Art. 311 oder Art. 312 ZGB, Verfahrensbeistandschaft nach Art. 314a^{bis} ZGB, verschiedene Aufgaben im Zusammenhang mit der Verwaltung von Kindesvermögen nach Art. 318 Abs. 3 ZGB (Berichterstattung usw.) oder Art. 324 ZGB (Weisung usw.) oder Art. 325 ZGB (Beistandschaft), Vormundschaft nach Art. 327a ZGB, Vertretungsbeistandschaft zur Interessenwahrung des ungeborenen Kindes nach Art. 544 Abs. 1bis ZGB, Beistandschaft nach Art. 17 BG-HAÜ, Vormundschaft nach Art. 18 BG-HAÜ),

- *Nicht massnahmengebundene Geschäfte* und *weitere Massnahmen* (spezifische Aufgaben bei folgenden Geschäften: Neuregelung der elterlichen Sorge oder des Unterhalts oder des persönlichen Verkehrs bei geschiedenen Eltern [Art. 134 Abs. 3 oder 4 ZGB], Adoption [Art. 265–269c ZGB], persönlicher Verkehr [Art. 273–275a ZGB], Unterhalt [Art. 287–288 ZGB], Regelung der elterlichen Sorge bei nicht verheirateten Eltern [Art. 298–298a ZGB], Aufforderung der Eltern zu einem Mediationsversuch [Art. 314 Abs. 2 ZGB], Kindesvermögen [Art. 318–320 ZGB], Beschwerde gegen Beistand/Beiständin [Art. 419 ZGB], Vernehmlassung [Art. 450d Abs. 1 ZGB] oder Wiedererwägung [Art. 450d Abs. 2 ZGB] bei Verfahren vor gerichtlicher Beschwerdeinstanz, anderes).

Abkürzungsverzeichnis

aArt. ZGB	alter Artikel ZGB (gültig bis 31.12.2012)
Abs.	Absatz, Absätze
a.E.	am Ende
AJP	Aktuelle Juristische Praxis (Zeitschrift)
a.M.	anderer Meinung
AmtlBull NR	Amtliches Bulletin des Nationalrates
AmtlBull SR	Amtliches Bulletin des Ständerates
Art.	Artikel
ATSG	Bundesgesetz über den Allgemeinen Teil des Sozialversicherungsrechts vom 6. Oktober 2010, SR 830.1
Aufl.	Auflage
AuG	Bundesgesetz über die Ausländerinnen und Ausländer, SR 142.20
BBl	Schweizerisches Bundesblatt
betr.	betreffend
bezgl.	bezüglich
BJM	Basler Juristische Mitteilungen (Zeitschrift)
BGE	Entscheidungen des Schweizerischen Bundesgerichts, Amtliche Sammlung
BGer	Schweizerisches Bundesgericht
BGG	Bundesgesetz vom 17. Juni 2005 über das Bundesgericht, SR 173.110
BG-HAÜ	Bundesgesetz vom 22. Juni 2001 zum Haager Adoptionsübereinkommen und über Massnahmen zum Schutz des Kindes bei internationalen Adoptionen, SR 211.221.31
BK	Berner Kommentar, vgl. Literaturverzeichnis
BN	Der bernische Notar, Zeitschrift des Verbandes bernischer Notare
Bsp.	Beispiel
bspw.	beispielsweise
BSK	Basler Kommentar, vgl. Literaturverzeichnis
BetmG	Bundesgesetz über die Betäubungsmittel und die psychotropen Stoffe vom 3. Oktober 1951, SR 812.121
BV	Bundesverfassung der Schweizerischen Eidgenossenschaft vom 18. April 1999, SR 101
bzw.	beziehungsweise
ca.	circa
CHK	Handkommentar zum Schweizer Privatrecht, vgl. Literaturverzeichnis
CR CC	Commentaire Romand, vgl. Literaturverzeichnis
ders., dies.	derselbe (Autor), dieselbe (Autorin)
d.h.	das heisst
DSG	Bundesgesetz über den Datenschutz vom 19. Juni 1992, SR 235.1

E-ZGB	Entwurf zur Änderung des Zivilgesetzbuches (Erwachsenenschutzrecht, Personenrecht und Kindesrecht) vom 28. Juni 2006, BBl 2006, 7139 ff.
E.	Erwägung
EG ZGB	Einführungsgesetz zum Zivilgesetzbuch (kantonales Gesetz)
ELG	Bundesgesetz über Ergänzungsleistungen zur Alters-, Hinterlassenen- und Invalidenversicherung vom 15. Januar 1971, SR 831.301
EMRK	Konvention zum Schutze der Menschenrechte und Grundfreiheiten vom 4. November 1950, SR 0.101
ESR	Erwachsenenschutzrecht
et al.	et alteri (und andere)
EuGH	Europäischer Gerichtshof
evtl.	eventuell
f.	und folgende (Seite, Note)
ff.	und folgende (Seiten, Noten)
FamKomm	Kommentare zum Familienrecht, vgl. Literaturverzeichnis
FFE	fürsorgerische Freiheitsentziehung
FU	fürsorgerische Unterbringung
FamPra	Die Praxis des Familienrechts (Zeitschrift)
geb.	geboren
ggf.	gegebenenfalls
HEsÜ	Haager Übereinkommen vom 13. Januar 2000 über den internationalen Schutz von Erwachsenen (Haager Erwachsenenschutzübereinkommen), SR 0.211.232.1
HKsÜ	Haager Übereinkommen vom 19. Oktober 1996 über die Zuständigkeit, das anzuwendende Recht, die Anerkennung, Vollstreckung und Zusammenarbeit auf dem Gebiet der elterlichen Verantwortung und der Massnahmen zum Schutz von Kindern, SR 0.211.231.011
Hrsg.	Herausgeber
i.c.	in casu
IFEG	Bundesgesetz über die Institutionen zur Förderung der Eingliederung von invaliden Personen vom 6. Oktober 2006, SR 831.26
insb.	insbesondere
IPRG	Bundesgesetz über das internationale Privatrecht vom 18. Dezember 1987, SR 291
i.S.	im Sinn
IVG	Bundesgesetz über die Invalidenversicherung vom 19. Juni 1959, SR 831.20
i.V.m.	in Verbindung mit
IVSE	Interkantonale Vereinbarung für soziale Einrichtungen vom 13. Dezember 2002
JStPO	Schweizerische Jugendstrafprozessordnung vom 20. März 2009, SR 312.1
Jusletter	online-Zeitschrift

kant.	kantonal
Kap.	Kapitel
KESB	Kindes- und Erwachsenenschutzbehörde
KOKES	Konferenz der Kantone für Kindes- und Erwachsenenschutz (www.kokes.ch), (bis 31.12.2009: Konferenz der kantonalen Vormundschaftsbehörden VBK)
KUKO	Kurzkommentar, vgl. Literaturverzeichnis
lit.	litera (Buchstabe)
m.a.W.	mit anderen Worten
m.w.H.	mit weiteren Hinweisen
MSA	Übereinkommen über die Zuständigkeit der Behörden und das anzuwendende Recht auf dem Gebiet des Schutzes von Minderjährigen vom 5. Oktober 1961, SR 0.211.231.01
N	Note, Randnummer
Nr.	Nummer
OFK	Orell Füssli Kommentar, vgl. Literaturverzeichnis
OHG	Bundesgesetz über die Hilfe an Opfer von Straftaten vom 23. März 2007, SR 312.5
OR	Bundesgesetz über das Obligationenrecht vom 30. März 1911/18. Dezember 1936, SR 220
PartG	Bundesgesetz über die eingetragene Partnerschaft gleichgeschlechtlicher Paare vom 18. Juni 2004 (Partnerschaftsgesetz), SR 211.231
PAVO	Verordnung über die Aufnahme von Pflegekindern vom 19. Oktober 1977, SR 211.222.338
plädoyer	Plädoyer, Magazin für Recht und Politik (Zeitschrift)
Pra	Die Praxis (Zeitschrift)
PriMa	Private Mandatsträger/in
resp.	respektive
Rz.	Randziffer(n)
S.	Seite(n)
s.	siehe
SAMW	Schweizerische Akademie der medizinischen Wissenschaften (www.samw.ch)
SÄZ	Schweizerische Ärztezeitung (Zeitschrift)
SchlT ZGB	Schlusstitel des ZGB
SchKG	Bundesgesetz über Schuldbetreibung und Konkurs vom 11. April 1889, SR 281.1
SEG LU	Gesetz des Kt. Luzern über soziale Einrichtungen vom 19. März 2007, SRL 894
SJZ	Schweizerische Juristen-Zeitung (Zeitschrift)
SR	Systematische Sammlung des Bundesrechts (systematische Rechtssammlung)

StGB	Schweizerisches Strafgesetzbuch vom 21. Dezember 1937, SR 311.0
StPO	Schweizerische Strafprozessordnung vom 5. Oktober 2007, SR 312.0
SVBB	Schweizerische Vereinigung der Berufsbeiständinnen und Berufsbeistände (www.svbb-ascp.ch)
SZIER	Schweizerische Zeitschrift für internationales und europäisches Recht
UN-KRK	UNO-Konvention über die Rechte des Kindes vom 20. November 1989, SR 0.107
usw.	und so weiter
u.U.	unter Umständen
VB	Vormundschaftsbehörde
VBK	Konferenz der kantonalen Vormundschaftsbehörden (seit 1.1.2010: Konferenz der Kantone für Kindes- und Erwachsenenschutz KOKES)
VE ZGB	Vorentwurf, vgl. Literaturverzeichnis (Materialien)
vgl.	vergleiche
Vorbem.	Vorbemerkung(en)
VPB	Verwaltungspraxis der Bundesbehörden (Zeitschrift)
VRG, VRPG	Verwaltungsrechtspflegegesetz (kantonales Gesetz)
VVK	Verordnung vom 14. Februar 2007 über die Versichertenkarte für die obligatorische Krankenpflegeversicherung (SR 832.105)
VwVG	Bundesgesetz über das Verwaltungsverfahren vom 20. Dezember 1968, SR 172.021
VZAE	Verordnung über Zulassung, Aufenthalt und Erwerbstätigkeit vom 24. Oktober 2007, SR 142.201
z.B.	zum Beispiel
ZBGR	Schweizerische Zeitschrift für Beurkundungs- und Grundbuchrecht
ZBJV	Zeitschrift des Bernischen Juristenvereins
ZGB	Schweizerisches Zivilgesetzbuch vom 10. Dezember 1907, SR 210
Ziff.	Ziffer(n)
zit.	zitiert
ZKE	Zeitschrift für Kindes- und Erwachsenenschutz (bis 31.12.2009: Zeitschrift für Vormundschaftswesen ZVW)
ZPO	Schweizerische Zivilprozessordnung vom 19. Dezember 2008, SR 272
z.T.	zum Teil
ZSR	Zeitschrift für Schweizerisches Recht
ZUG	Bundesgesetz über die Zuständigkeit für die Unterstützung Bedürftiger vom 24. Juni 1977, SR 851.1
ZVW	Zeitschrift für Vormundschaftswesen (seit 1.1.2010: Zeitschrift für Kindes- und Erwachsenenschutz ZKE)

Literaturverzeichnis

Kommentare oder Lehrbücher zum ZGB oder zum neuen Erwachsenenschutzrecht

(Bei den einzelnen Kapiteln unter «Allgemeine Literatur» aufgeführt.)

BK-SCHNYDER/MURER, Schnyder Bernhard, Murer Erwin, Berner Kommentar zum Schweizerischen Privatrecht, Art. 360–397 ZGB, Bern 1987

BSK ESR-BEARBEITER/IN, Geiser Thomas, Reusser Ruth (Hrsg.), Basler Kommentar Erwachsenenschutz, Art. 360–456 ZGB / Art. 14, 14a SchlT ZGB, Basel 2012

BSK ZGB I-BEARBEITER/IN, Honsell Heinrich, Vogt Nedim Peter, Geiser Thomas (Hrsg.), Basler Kommentar zum Zivilgesetzbuch I (Art. 1–456 ZGB), 4. Aufl., Basel 2010

CHK-BEARBEITER/IN, Amstutz Marc et al. (Hrsg.), Handkommentar zum Schweizer Privatrecht, Zürich 2007

CR CC I-BEARBEITER/IN, Pichonnaz Pascal, Foëx Bénédict (Hrsg.), Commentaire Romand, Code Civil I (Art. 1–359), Basel 2010

FamKomm ESR-BEARBEITER/IN, Büchler Andrea, Häfeli Christoph, Leuba Audrey, Stettler Martin (Hrsg.), Kommentare zum Familienrecht Erwachsenenschutz, Bern 2012

KUKO ZGB-BEARBEITER/IN, Büchler Andrea, Jakob Dominique (Hrsg.), Kurzkommentar ZGB, Basel 2011

OFK ZGB-BEARBEITER/IN, Kren Kostkiewicz Jolanta, Nobel Peter, Schwander Ivo, Wolf Stefan (Hrsg.), Schweizerisches Zivilgesetzbuch, Orell-Füssli-Kommentar, 2. Auflage, Zürich 2011

HÄFELI CHRISTOPH, Grundriss zum Erwachsenenschutzrecht, Bern 2012

HAUSHEER HEINZ, GEISER THOMAS, AEBI-MÜLLER REGINA E., Das neue Erwachsenenschutzrecht, Bern 2010

MEIER PHILIPPE, LUKIC SUZANA, Introduction au nouveau droit de la protection de l'adulte, Zürich 2011

ROSCH DANIEL, BÜCHLER ANDREA, JAKOB DOMINIQUE (Hrsg.), Das neue Erwachsenenschutzrecht. Einführung und Kommentierung zu Art. 360 ff. ZGB, Basel 2011 (Auszug aus KUKO ZGB mit separatem Einführungsteil)

SCHMID HERMANN, Erwachsenenschutz. Kommentar zu Art. 360–456 ZGB, Zürich/St. Gallen 2010

TUOR PETER, SCHNYDER BERNHARD, SCHMID JÖRG, RUMO-JUNGO ALEXANDRA, Das Schweizerische Zivilgesetzbuch, 13. Auflage, Zürich 2009

Literaturverzeichnis

Materialien zum neuen Erwachsenenschutzrecht

Botschaft des Bundesrats zur Änderung des Schweizerischen Zivilgesetzbuches (Erwachsenenschutz, Personenrecht und Kindesrecht) vom 28. Juni 2006, BBl 2006, S. 7001 ff.

Weitere Materialien

Zur Revison des schweizerischen Vormundschaftsrechts, Bericht der Expertengruppe Christoph Häfeli/Bernhard Schnyder/Martin Stettler, Juli 1995 *(Expertenbericht 1995)*

Revision des Vormundschaftsrechts. Begleitbericht mit Vorentwurf für eine Änderung des ZGB (Betreuungsrecht), Juni 1998 *(VE-ZGB 1998: Bericht mit Vorentwurf)*

Expertenkommission für die Gesamtrevision des Vormundschaftsrechts. Erwachsenenschutz. Bericht zum Vorentwurf für eine Revision des Zivilgesetzbuchs (Erwachsenenschutz, Personen- und Kindsrecht), Juni 2003 *(VE-ZGB 2003: Bericht mit Vorentwurf)*

Bericht mit Vorentwurf für ein Bundesgesetz über das Verfahren vor den Kindes- und Erwachsenenschutzbehörden von a.Oberrichter Dr. Daniel Steck, Greifensee, Juni 2003 *(VE-VKE 2003: Bericht mit Vorentwurf)*

Zusammenstellung der Vernehmlassungen zum Vorentwurf für eine Revision des Zivilgesetzbuchs (Erwachsenenschutz, Personenrecht und Kindesrecht), Oktober 2004 *(Vernehmlassungsergebnisse VE-ZGB 2004)*

Zusammenstellung der Vernehmlassungen zum Vorentwurf für ein Bundesgesetz über das Verfahren vor den Kindes- und Erwachsenenschutzbehörden, Oktober 2004 *(Vernehmlassungsergebnisse VE-VKE 2004)*

Entwurf Schweizerisches Zivilgesetzbuch (Erwachsenenschutz, Personenrecht und Kindesrecht), Änderung vom 19. Dezember 2008, BBl 2006, S. 7139 ff. *(E-ZGB 2006)*

Protokolle der parlamentarischen Debatte

- Ständerat, 27. September 2007
  - Eintreten (AmtlBull SR 2007 820–825)
  - Detailberatung (AmtlBull SR 2007 829–844)

- Nationalrat, 2./3. Oktober 2008
  - Eintreten (AmtlBull NR 2008 1509–1514)
  - Detailberatung I (AmtlBull NR 2008 1515–1524)
  - Detailberatung II (AmtlBull NR 2008 1533–1544)

- Schlussabstimmung, 19. Dezember 2008
  - Ständerat (AmtlBull SR 2008 1058)
  - Nationalrat (AmtlBull NR 2008 1975)

Weitere Literatur

(Bei den einzelnen Kapiteln unter «Spezifische Literatur» aufgeführt.)

ABRECHT BERNARD, Les conditions du placement à des fins d'assistance, in: ZVW 2003, 338 ff.

ABT DANIEL, Vormundschaftsrechtliche Liquidationspflichten versus erbrechtliche Grundprinzipien – Banken zwischen Scylla und Charybdis, in: successio 2008, 257 ff.

AEMISEGGER HEINZ/SCHERRER KARIN, Fürsorgerische Freiheitsentziehung und Zwangsmedikation nach der Praxis des Bundesgerichtes, in: Jusletter 3. Mai 2004

AEPLI HANS, Die Verantwortlichkeit der vormundschaftlichen Organe (unter besonderer Berücksichtigung der verantwortlichkeitsverdächtigen Tätigkeiten), Frick 1979

AFFOLTER KURT, Rechtsfragen aus dem Alltag der persönlichen Betreuung, in: AJP 1998, 647 ff.

AFFOLTER KURT, Mit der Totalrevision des Vormundschaftsrechts zu einer neuen Qualität des Erwachsenenschutzes?, in: ZVW 2003, 393 ff.

AFFOLTER KURT, Zur Inventarisierung und Verwahrung verbeiständeter Vermögen, in: ZVW 2004, 212 ff.

AFFOLTER KURT, Konkursrechtliche Delikte der Beiständin nach dem Tod der verbeiständeten Person, SVBB-Beratungsantwort, 2004, unter <http://www.svbb-ascp.ch/de/dokumentation/beratung_2.php> (06.11.2011)

AFFOLTER KURT, Doppelunterstellung von professionellen vormundschaftlichen Mandatsträger(inne)n in öffentlichen Verwaltungen am Beispiel der Stadt Luzern, in: ZVW 2006, 232 ff.

AFFOLTER KURT, Die Aufwertung der Selbstbestimmung im neuen Erwachsenenschutzrecht, in: AJP 2006, 1057 ff.

AFFOLTER KURT, Kindesvertretung in behördlichen Kindesschutzverfahren, in: Kinderanwaltschaft Schweiz (Hrsg.), Schriftenreihe Anwalt des Kindes No. 2, 2011, 29 ff.

AFFOLTER KURT/BINDER JUDITH, Bericht zur Umfrage «Strukturen der Vormundschaftsbehörden und Amtsvormundschaften» der dreizehn grössten Deutschschweizer Städte, Hochschule Luzern 2002 (unveröffentlicht)

AMTSVORMUNDSCHAFT LUZERN, «Ressourcen- und Controllinginstrumente im Vormundschaftswesen», Luzern 2010

AUER CHRISTOPH, Bundeskompetenzen in Verfahren vor Vormundschaftsbehörden, in: ZVW 2003, 188 ff.

AUER CHRISTOPH/MÜLLER MARKUS/SCHINDLER BENJAMIN, Kommentar zum Bundesgesetz über das Verwaltungsverfahren (VwVG), Zürich/St. Gallen 2008

BABAÏANTZ OLIVIER, Les directives anticipées en matière de soins médicaux et la représentation thérapeutique privée, Institut de droit de la santé Neuchâtel, cahier no. 6, 2000

BALESTRIERI MYRIAM, Die Vermögensverwaltung im neuen Erwachsenenschutzrecht, in: ZKE 2011, 201 ff.

Literaturverzeichnis

BASLER SCHERER MARIANNE, Vermögensanlage unter Erwachsenenschutzrecht, in: ZKE 2011, 177 ff.

BAUMANN MAX, Personenrecht des ZGB, 2. Aufl., Zürich/St. Gallen 2011

BAUMANN MAX, Vorsorgeauftrag für medizinische Massnahmen und Patientenverfügung, in: ZVW 2005 59 ff.

BELSER EVA MARIA/EPINEY ASTRID/WALDMANN BERNHARD, Datenschutzrecht. Grundlagen und öffentliches Recht, Bern 2011

BERNHART CHRISTOF, Handbuch der fürsorgerischen Unterbringung, Basel 2011

BIDERBOST YVO, Eine Beistandschaft ist eine Beistandschaft?!?, in: ZVW 2003, 299 ff.

BIDERBOST YVO, Debatte um den Verlust der Handlungsfähigkeit, in: plädoyer 6/2004, 38 ff.

BIDERBOST YVO, Beistandschaft nach Mass – das revidierte Handwerkszeug des Erwachsenenschutzes, in: AJP 2010, 3 ff.

BIDERBOST YVO, Der neue Erwachsenenschutz im Überblick, in: SJZ 13/2010, 309 ff.

BLUM STEFAN, COTTIER MICHELLE, Beistand für Kinder: Die Schweiz im Hintertreffen, in: Plädoyer 5/2006, 28 ff.

BLUM STEFAN, WEBER KHAN CHRISTINA, Der «Anwalt des Kindes» – eine Standortbestimmung, in: ZKE 2012, 32 ff.

BOHNET FRANÇOIS/HALDY JACQUES/JEANDIN NICOLAS/SCHWEIZER PHILIPPE/TAPPY DENIS, CPC – Code de procédure civil commenté, Basel 2011

BOVAY BENOÎT, Procédure administrative, Bern 2000

BOVAY BENOÎT/BLANCHARD THIBAULT/GRISEL RAPIN CLÉMENCE, Procédure administrative Vaudoise, Genf/Basel 2012

BRACK RUTH, Das Arbeitspensum in der Sozialarbeit, Bern 1994

BRACK RUTH/GEISER KASPAR (Hrsg.), Aktenführung in der Sozialarbeit, Vorschläge für die klientenbezogene Dokumentation als Beitrag zur Qualitätssicherung, 4. Aufl., Bern/Stuttgart/Wien 2009

BRAUER SUSANNE, Patientenverfügung und Demenz im neuen Erwachsenenschutzrecht aus Sicht der Ethik, in: ZKE 2011, 387 ff.

BREITSCHMID PETER, Ersatzlösungen anstelle der Errichtung einer Vormundschaft oder von vormundschaftlichen Massnahmen, in: ZVW 2003, 47 ff.

BREITSCHMID PETER, Vorsorgevollmachten, in: ZVW 2003, 269 ff.

BREITSCHMID PETER, Der Heimträger – Eine Einrichtung? In: Festschrift Riemer, Bern 2003, S. 23 ff.

BREITSCHMID PETER, Rechtliche Situation der fürsorgerischen Freiheitsentziehung: Standort und Ausblick, in: Bornatico et al., Freiheitsentziehung: Fürsorge- und Ordnungsrecht im Spannungsfeld des Art. 397a ZGB, Zürich/Basel/Genf 2004, 57 ff.

BREITSCHMID PETER/STECK DANIEL/WITTWER CAROLINE, Der Heimvertrag, in: FamPra 2009, 867 ff.

BRIDLER RENÉ/GASSMANN JÜRG, Das neue Erwachsenenschutzrecht – Wichtige Änderungen für die Psychiatrie, Schweizerische Ärztezeitung SÄZ 2010, 1749 ff.

BRIDLER RENÉ/GASSMANN JÜRG, Zukunft der Psychiatrie: ambulante Zwangsbehandlungen?, in: ZKE 2011, 1 ff.

BRÜCKNER CHRISTIAN, Die Beurkundung von Vorsorgeaufträgen – eine kommende Aufgabe für Urkundspersonen in der Schweiz, in: Der bernische Notar (BN) 2011, 36 ff.

BRUNNER ALEXANDER/GASSER DOMINIK/SCHWANDER IVO, Kommentar zur Schweizerischen Zivilprozessordnung, Zürich/St. Gallen 2011

BSK DSG-BEARBEITER/IN, Maurer-Lambrou Urs, Vogt Nedim Peter (Hrsg.), Basler Kommentar zum Datenschutzgesetz, 2. Aufl., Basel 2006

BSK IPRG-BEARBEITER/IN, Honsell Heinrich, Vogt Nedim Peter, Schnyder Anton K. (Hrsg.), Basler Kommentar zum Internationalen Privatrecht, 2. Aufl., Basel 2007

BSK StGB II-BEARBEITER/IN, Niggli Marcel Alexander, Wiprächtiger Hans (Hrsg.), Basler Kommentar zum Strafrecht, Band II (Art. 111–392), 2. Aufl., Basel 2007

BUCHER ANDREAS, La Convention de La Haye sur la protection internationale des adultes, SZIER 2000, 37 ff.

BUCHER ANDREAS, La protection internationale des adultes, in: Journée de droit civil 2006, Mélanges Martin Stettler, Genf/Zürich 2007, 63 ff.

BUCHER ANDREAS, Natürliche Personen und Persönlichkeitsschutz, 4. Auflage, Basel 2009

CAVIEZEL-JOST BARBARA, Die materiellen Voraussetzungen der fürsorgerischen Freiheitsentziehung, Freiburg 1988

CORBOZ BERNARD/WURZBURGER ALAIN/FERRARI PIERRE/FRÉSARD JEAN-MAURICE/AUBRY GIRARDIN FLORENCE, Commentaire de la LTF, Bern 2009

CR LDIP-BUCHER, Bucher Andreas (Hrsg.), Commentaire Romand, Loi sur le droit international privé, Basel 2011

CURAVIVA: Merkblätter zum Thema freiheitsbeschränkende Massnahmen im neuen ZGB. In: «Dossier Erwachsenenschutzrecht», auf: <http://www.curaviva.ch/index.cfm/48A6FFAB-A21D-299A-2F7223A9C5F8405A/?method=dossier.detail&id=94DE86AB-E4D7-DAE8-ED523E389B07E9A3> (03.11.2011)

DEPARTEMENT DES INNERN SCHWYZ, Qualitätsrichtlinien in Alters- und Pflegeheimen, Schwyz 2010, auf: <http://www.sz.ch/documents/qualitaet_richtlinien_aph_100901.pdf> (25.02.2012)

DESCHENAUX HENRI/STEINAUER PAUL-HENRI, Personnes physiques et tutelle, 4. Aufl., Bern 2001

DEUTSCHES INSTITUT FÜR JUGENDHILFE UND FAMILIENRECHT-DIJuF, Rechtsgutachten vom 12.10.2011, in: JAmt – Das Jugendamt – Zeitschrift für Jugendhilfe und Familienrecht 2011, 648 f.

DISCHLER RALPH, Die Wahl des geeigneten Vormunds, Freiburg 1984

DONZALLAZ YVES, La notification en droit interne suisse, Bern 2002

DONZALLAZ YVES, Loi sur le Tribunal fédéral – Commentaire, Bern 2008

DÖRFLINGER PETER, Interdisziplinarität gestalten, in: ZKE 2010, 177 ff.

DÖRFLINGER PETER, «Der Berg wird steiler, wenn du näher kommst», in: ZKE 2011, 447 ff.

DUTOIT, Droit international privé suisse, Commentaire de la LDIP, 4. Aufl., Basel 2005 mit Supplement 2011

ELSENER ALDO, Das Vormundschaftsgeheimnis, Zürich 1993

ETZENSBERGER MARIO, Die «Fürsorgerische Unterbringung» und «Behandlung einer psychischen Störung» aus der Sicht eines praktischen Psychiaters, in: ZSR 2003 I, 361 ff.

FANKHAUSER ROLAND, Die gesetzliche Vertretungsbefugnis bei Urteilsunfähigen nach den Bestimmungen des neuen Erwachsenenschutzrechts, in: BJM 2010, 240 ff.

FASSBIND PATRICK, Die Organisation des Kindes- und Erwachsenenschutzes nach neuem Erwachsenenschutzrecht, in: FamPra 2011, 553 ff.

FÜLLEMANN DANIEL, Das internationale Privat- und Zivilprozessrecht des Erwachsenenschutzes, St.Gallen/Zürich 2008

FÜLLEMANN DANIEL, Das Haager Erwachsenenschutzübereinkommen von 2000 (HEsÜ), in: ZVW 2009, 30 ff.

GEISER THOMAS, Die Aufsicht im Vormundschaftswesen, in: ZVW 1993, 201 ff.

GEISER THOMAS, Demenz und Recht: Regulierung – Deregulierung, in: ZVW 2003, 97 ff.

GEISER THOMAS, Amtsgeheimnis und Verantwortlichkeit, in: ZSR 2003 I, 385 ff.

GETH CHRISTOPHER/MONA MARTINO, Widersprüche bei der Regelung der Patientenverfügung im neuen Erwachsenenschutzrecht – Verbindlichkeit, mutmasslicher Wille oder objektive Interessen? in: ZSR 2009, 157 ff.

GOOD MARTIN, Das Ende des Amtes des Vormundes, Freiburg 1992

GROSS JOST, Schweizerisches Staatshaftungsrecht, Stand und Entwicklungstendenzen, 2. Aufl., Bern 2001

GUILLOD OLIVIER/HELLE NOÉMIE, Traitement forcé: des dispositions schizophrènes? in: ZVW 2003, 347 ff.

GUILLOD OLIVER/WINKLER GLADYS, Un professionnel de la santé peut-il être tenu de signaler les cas de mise en danger de mineurs?, in: Jusletter 13. August 2007

GUILLOD OLIVIER, Droit des personnes, Neuenburg 2010

GUTZWILLER PETER MAX, Zur Bedeutung der Urteilsfähigkeit im Rahmen des «Vorsorgeauftrages», in: AJP 2007, 556 ff.

GYGI FRITZ, Verwaltungsrecht. Eine Einführung, Bern 1986

HÄFELI CHRISTOPH, Inhalt und Stellenwert der persönlichen Betreuung im Vormundschaftsrecht, in: ZVW 1989, 52 ff.

HÄFELI CHRISTOPH, Die Vermögensanlage im Rahmen vormundschaftlicher Mandate aus rechtlicher und sozialarbeiterischer Sicht, in: ZVW 2001, 309 ff.

HÄFELI CHRISTOPH, Die Organe des neuen Erwachsenenschutzrechtes und ihre Aufgaben im Rahmen der Beistandschaften, in: ZSR 2003 I, 337 ff.

HÄFELI CHRISTOPH, Wegleitung für vormundschaftliche Organe, 4. Auflage, Zürich 2005

HÄFELI CHRISTOPH, Vermögensrelevante Handlungen nach dem Tod, SVBB-Beratungsantwort, 2006; unter <http://www.svbb-ascp.ch/de/dokumentation/beratung_2.php> (06.11.2011)

HÄFELI CHRISTOPH, Der Entwurf für die Totalrevision des Vormundschaftsrechts – Mehr Selbstbestimmung und ein rhetorisches (?) Bekenntnis zu mehr Professionalität, in: FamPra 2007, 1 ff.

HÄFELI CHRISTOPH, Familiengerichte in der Schweiz – eine ungeliebte Institution mit Zukunft, in: FamPra 2010, 34 ff.

HÄFELIN ULRICH/MÜLLER GEORG/UHLMANN FELIX, Allgemeines Verwaltungsrecht, 6. Aufl., Zürich/St. Gallen 2010

HÄFELIN ULRICH/HALLER WALTER/KELLER HELEN, Schweizerisches Bundesstaatsrecht, 7. Aufl., Zürich 2008

HAUSHEER HEINZ/AEBI-MÜLLER REGINA, Das Personenrecht des Schweizerischen Zivilgesetzbuches, 2. Aufl., Bern 2008

HECK CHRISTOPH, Wirkungsvolle Zusammenarbeit – der Beitrag der Sozialarbeit in der Fachbehörde, in: ZKE 2011, 17 ff.

HEGNAUER CYRIL, Das Wohl des Mündels als Maxime der Vormundschaft, ZVW 1984, 81 ff.

HEGNAUER CYRIL, Vormundschaftsbehörde und persönlicher Verkehr. Ein Überblick, ZVW 1998, 169 ff.

HEGNAUER CYRIL, Struktur der vormundschaftlichen Aufsicht, in: ZVW 2003, 361 ff.

HENKE FRIEDHELM, Fixierung in der Pflege, Rechtliche Aspekte und praktische Umsetzung, Stuttgart 2006

HOFER SIBYLLE/HRUBESCH-MILLAUER STEPHANIE/ROBERTO VITO, Einleitungsartikel und Personenrecht, Bern 2011

HOTZ SANDRA, Zum Selbstbestimmungsrecht des Vorsorgenden de lege lata und de lege ferenda, in: ZKE 2011, 102 ff.

INVERSINI MARTIN, Kindesschutz interdisziplinär – Beiträge von Pädagogik und Psychologie, in: ZKE 2011, 47 ff.

JOSSEN ROCHUS, Ausgewählte Fragen zum Selbstbestimmungsrecht des Patienten beim medizinischen Heileingriff, Bern 2009

KÄGI-DIENER REGULA, Entscheidfindung in komplexen Verwaltungsverhältnissen, Basel 1994

KÄSER ROLAND, Die geltenden gesetzlichen Kriterien für die Anlage von Mündelvermögen; Leitplanken oder Barrieren?, in: ZVW 2001, 322 ff.

KÖLZ ALFRED/BOSSHART JÜRG/RÖHL MARTIN, Kommentar zum Verwaltungsrechtspflegegesetz des Kantons Zürich, 2. Aufl., Zürich 1999

KÖLZ ALFRED/HÄNER ISABELLE, Verwaltungsverfahren und Verwaltungsrechtspflege des Bundes, Zürich 1998

KONFERENZ DER KANTONE FÜR KINDES- UND ERWACHSENENSCHUTZ KOKES, Praxisprobleme von vormundschaftlichen Mandatsträgern im Umgang mit Banken, (Sozial-) Versicherungen und Poststellen, in: ZKE 2011, 238 ff.

Literaturverzeichnis

KONFERENZ DER KANTONE FÜR KINDES- UND ERWACHSENENSCHUTZ KOKES, Schweizerische Statistik der Massnahmen im Kindes- und Erwachsenenschutz 2010 (alle Kantone), in: ZKE 2011, 414 ff.

KONFERENZ DER KANTONE FÜR KINDES- UND ERWACHSENENSCHUTZ KOKES, Dossierübertragung von den Vormundschaftsbehörden (VB) an die neuen Kindes- und Erwachsenenschutzbehörden (KESB): Checkliste für die konkreten operativen Arbeiten, Empfehlungen von Dezember 2011 (auf: < http://www.vbk-cat.ch/assets/pdf/de/dokumentationen/empfehlungen/10_Empfehlungen_Dossieruebertragung_definitiv.pdf)

KONFERENZ DER KANTONE FÜR KINDES- UND ERWACHSENENSCHUTZ KOKES, Auskunft über das Vorliegen und die Wirkungen einer Massnahme des Erwachsenenschutzes (nArt. 451 Abs. 2 ZGB), Empfehlungen von Mai 2012, in: ZKE 4/2012.

KONFERENZ DER KANTONE FÜR KINDES- UND ERWACHSENENSCHUTZ KOKES, «Konzept Schulung private Mandatsträger/innen», <http://www.kokes.ch/de/03-publikationen/publikationen/010-schulung-mandatstraegerin.php>(30.12.2011)

KONFERENZ DER KANTONE FÜR KINDES- UND ERWACHSENENSCHUTZ KOKES, «Modell-Handbuch private Mandatsträger/innen», <http://www.kokes.ch/de/03-publikationen/publikationen/005-cd-rom.php>(30.12.2011)

KONFERENZ DER KANTONE FÜR KINDES- UND ERWACHSENENSCHUTZ KOKES, Dokumentation zum neuen Erwachsenenschutzrecht, auf <http://www.kokes.ch/de/04-dokumentation/06-umsetzung-in-den-kantonen.php?navid=17> (8.1.2012)

KOLLER THOMAS, Das Bundesgericht und die Sieben-Tage-Regel zum Zweiten ..., in: Jusletter 17. Mai 2010

LANGENEGGER ERNST, Aspekte des Systems der amtsgebundenen behördlichen Massnahmen des neuen Erwachsenenschutzrechtes, in: ZVW 2003, 317 ff.

LANGENEGGER ERNST, Amtsvormunde, ihre Vorgesetzten und ihre unterstellten Mitarbeiterinnen und Mitarbeiter, in: ZVW 2004, 51 ff.

LEUBA AUDREY, Le mandat pour cause d'inaptitude dans le projet de révision du code civil, in: Journée de droit civil 2006 – Mélanges Martin Stettler, Genf/Zürich 2007, 27 ff.

LEUBA AUDREY/TRITTEN CÉLINE, La protection de la personne incapable de discernement séjournant en institution, in: ZVW 2003, 284 ff.

LEUENBERGER CHRISTOPH, Die Rechtsprechung des Bundesgerichts zum Zivilprozessrecht im Jahre 2006, ZBJV 2008, 185 ff.

MÄCHLER AUGUST, Vertrag und Verwaltungsrechtspflege, Zürich/Basel/Genf 2005

MAIER THOMAS, Die Praxis der fürsorgerischen Freiheitsentziehung, in: Praxis, Schweizerische Rundschau für Medizin 2001, 1575 ff.

MARTIN JÜRG, Leitfaden für den Erlass von Verfügungen, Zürich 1996

MATHYS KURT, Die Betreuung von Privatvormunden in der Gemeinde Kriens, in: ZVW 1997, 1 ff.

MEIER PHILIPPE, Revision des Vormundschaftsrechts – Versuch einer statistischen Untersuchung, in: ZVW 1992, 183 ff.

MEIER PHILIPPE, Le consentement des autorités de tutelle aux actes du tuteur (art. 421/422 CC), Fribourg 1994

MEIER PHILIPPE, La confidentialité des informations médicales dans le cadre des activités tutélaires, in: ZVW 1996, 205 ff.

MEIER PHILIPPE, L'Avant-projet de révision du droit de la tutelle, in: ZVW 2003, 207 ff.

MEIER PHILIPPE, La curatelle protéiforme dans le projet de révision du droit de protection de l'adulte: une proposition de simplification, in: Baddeley (Hrsg.), La protection de la personne par le droit, Zürich 2007, 47 ff.

MEIER PHILIPPE, Compétences matérielles du juge matrimonial et des autorités de tutelle – Considérations théoriques et quelques cas pratiques, in: ZVW 2007, 109 ff.

MEIER PHILIPPE, La position des personnes concernées dans les procédures de protection des mineurs et des adultes. Quelques enseignements de la jurisprudence fédérale récente, in: ZVW 2008, 399 ff.

MEIER PHILIPPE, Le nouveau droit de protection de l'adulte – présentation générale, in: Jusletter 17. November 2008

MEIER PHILIPPE, Perte du discernement et planification du patrimoine – Droit actuel et droit futur, in: Journée de droit civil 2008 – Mélanges Andreas Bucher, Genf/Zürich 2009, 39 ff.

MEIER PHILIPPE, Protection des donnés, Bern 2011

MERKLI THOMAS/AESCHLIMANN ARTHUR/HERZOG RUTH, Kommentar zum Gesetz über die Verwaltungsrechtspflege im Kanton Bern, Bern 1997

MINGER CHRISTIAN, Die Haftung der Erwachsenenschutzorgane nach dem neuen Erwachsenenschutzrecht, in: ZKE 2010, 21 ff.

MOOR PIERRE/POLTIER ETIENNE, Droit administratif, Vol. II: Les actes administratifs et leur contrôle, 3. Aufl., Bern 2011

MÖSCH PAYOT PETER, Rechtliche Rahmenbedingungen für freiheitsbeschränkende Massnahmen im Heimbereich im Kanton Bern, Gutachten im Auftrag des Alters- und Behindertenamtes des Kantons Bern, Bern 2010

MOTTIEZ PAUL, Die Rechtspflichten von vormundschaftlichen Mandatsträger(inne)n nach dem Tod der betreuten Person, in: ZVW 2006, 267 ff.

NAEF JUDITH/BAUMANN-HÖLZLE RUTH/RITZENTHALER-SPIELMANN DANIELA, Patientenverfügungen in der Schweiz, Zürich 2012

PALLY URSINA, Die gesetzliche Regelung von medizinischen Eingriffen zugunsten des Nasciturus, in: AJP 2008, 855 ff.

PAVILLON E., Die Struktur des Vormundschaftsamtes des Kantons Neuchâtel, Bewertungssystem der Arbeitsbelastung der Mitarbeiter, in: Zentralblatt für Jugendrecht ZfJ 84/1997, 76 ff.

PIOTET DENIS, L'harmonisation du projet de révision de la protection de l'adulte avec le système de la codification et son intégration dans l'ordre juridique, spécialement ses effet sur le droit cantonal, in: ZVW 2003, 248 ff.

REGIERUNGSRAT KT. SCHWYZ, Beschluss vom 17. Januar 2012, Verfahrensvertretung des Kindes in Kindesschutzmassnahmeverfahren, in: ZKE 2012, 157 ff.

RHINOW RENÉ/KOLLER HEINRICH/KISS CHRISTINA/THURNHERR DANIELA/BRÜHL-MOSER DENISE, öffentliches Prozessrecht, 2. Aufl., Basel 2010

ROBERTO VITO, Schweizerisches Haftpflichtrecht, Zürich 2002

Rosch Daniel, Schweigen und Sprechen im System, Bern 2005

Rosch Daniel, Die Begleitbeistandschaft – Per aspera ad astra?, in: FamPra 2010, 268 ff.

Rosch Daniel, Die Sorgfaltspflichten des Beirates und dessen Haftung. Kommentar zum Entscheid BGer 5A_342/2009, in: ZKE 2010, 115 ff.

Rosch Daniel, Die Bestimmung der Aufgabenbereiche des Beistandes nach Art. 391 nZGB, in: ZKE 2010, 184 ff.

Rosch Daniel, Die fürsorgerische Unterbringung im revidierten Kindes- und Erwachsenenschutzrecht, in: AJP 4/2011, 505 ff.

Rosch Daniel, Menschenrechte und Datenschutz in der Sozialen Arbeit, in: Menschenrechte und Digitalisierung des Alltags, Internationales Menschenrechtsforum Luzern, Band VII, Bern 2011, 211 ff.

Rosch Daniel, Neue Aufgaben, Rollen, Disziplinen, Schnitt- und Nahtstellen: Herausforderungen des neuen Kindes- und Erwachsenenschutzrechts, in: ZKE, 2011, 31 ff.

Rosenthal David/Jöhri Yvonne, Handkommentar zum Datenschutzgesetz sowie weiteren, ausgewählten Bestimmungen, Zürich 2008

Rumo Jungo Alexandra/Bodenmann Guy, Die Anhörung des Kindes aus rechtlicher und psychologischer Sicht, in: FamPra.ch 2003, 22 ff.

Schmid Hermann, Einführung in die Beistandschaften, in: ZSR 2003 I, 311 ff.

Schmid Hermann, Ende der Beistandschaft und Ende des Amts des Beistands, in: ZSR 2003 I, 331 ff.

Schneider Bernard, Escroquerie: astuce exclue par la Légèreté de la victime. Dissimulation d'interdiction: quand le pupille se fait-il faussement passer pour capable selon le droit civil ? in: SJZ 1978, 9 ff.

Schnyder Bernhard, Zur Vormundschaftsbeschwerde nach Art. 420 ZGB, in: ZVW 2002, 75 ff.

Schwander Ivo, Das Haager Kindesschutzübereinkommen von 1996 (HKsÜ), in: ZVW 2009, 1 ff.

Schwarz Andreas, Die Vormundschaftsbeschwerde Art. 420 ZGB, Zürich 1968

Schweighauser Jonas, Das Kind und sein Anwalt: Grundlagen aus rechtlicher und entwicklungspsychologischer Sicht, in: Schriftenreihe Anwalt des Kindes No. 2, 2011, 12 ff.

Schweizerische Akademie der Medizinischen Wissenschaften SAMW, Behandlung und Betreuung von älteren, pflegebedürftigen Menschen: Medizinisch-ethische Richtlinien, 2004: <http://www.samw.ch/de/Ethik/Richtlinien/Aktuell-gueltige-Richtlinien.html> (25.02.2012)

Schweizerische Akademie der Medizinischen Wissenschaften SAMW, Zwangsmassnahmen in der Medizin. Medizinisch-ethische Richtlinien, 2005a: <http://www.samw.ch/de/Ethik/Richtlinien/Aktuell-gueltige-Richtlinien.html> (25.02.2012)

Schweizerische Akademie der Medizinischen Wissenschaften SAMW, Recht der Patientinnen und Patienten auf Selbstbestimmung. Medizinisch-ethische Richtlinien, 2005b: <http://www.samw.ch/de/Ethik/Richtlinien/Aktuell-gueltige-Richtlinien.html> (25.02.2012)

SCHWEIZERISCHE AKADEMIE DER MEDIZINISCHEN WISSENSCHAFTEN SAMW, Patientenverfügungen, Medizinisch-ethische Richtlinien, 2009: <http://www.samw.ch/de/Ethik/Richtlinien/Aktuell-gueltige-Richtlinien.html> (31.01.2012)

SCHWEIZERISCHE GESELLSCHAFT FÜR GERONTOLOGIE SGG, Richtlinien zum Umgang mit freiheitsbeschränkenden Massnahmen, 2011; <http://www.sgg-ssg.ch/cms/pages/de/publikationenmedien/weitere-sgg-publikationen.php> (31.01.2012)

SCHWENZER INGEBORG, Obligationenrecht, Allgemeiner Teil, 5. Aufl., Bern 2009

SEILER HANSJÖRG/VON WERDT NICOLAS/GÜNGERICH ANDREAS, Handkommentar zum Bundesgerichtsgesetz, Bern 2007

SENN HANS JÖRG, Mündelsichere Kapitalanlagen, Zürich 1972

SIMON JÜRG WALTER, Amtshilfe. Allgemeine Verpflichtungen, Schranken und Grundsätze, Chur/Zürich 1991

SIMONI HEIDI, Kinder anhören und hören, in: ZVW 2009, 333 ff.

STAUB LISELOTTE, Interventionsorientierte Gutachten als Handlungsalternative bei hochkonfliktigen Trennungs-/Scheidungsfamilien, in: ZKE 2010, 34 ff.

STECK DANIEL, Die Vertretung des Kindes, in: ZVW 2001, 102 ff.

STECK DANIEL, Der Vorentwurf für ein Bundesgesetz über das Verfahren vor den Kindes- und Erwachsenenschutzbehörden, in: ZVW 2003, 236 ff.

STETTLER MARTIN, La sauvegarde des intérêts des personnes incapable de discernement dans le nouveau droit de la protection de l'adulte, in: ZVW 2003, 258 ff.

STETTLER MARTIN, La protection des adultes incapables de discernement: les mesures appliquées de plein droit, ZSR 2003 I, 369 ff.

STETTLER MARTIN, La mesure de protection doit être «ciblée»: évidence ou utopie?, in: Baddeley (Hrsg.), La protection de la personne par le droit, Zürich 2007, 15 ff.

STRATENWERTH GÜNTER/BOMMER FELIX, Schweizerisches Strafrecht, Besonderer Teil II, Straftaten gegen Gemeininteressen, 6. Aufl., Bern 2008

STREMLOW JÜRGEN, Grosse statistische Unterschiede in der Vormundschaftspraxis der Kantone, in: ZVW 2001, 267 ff.

STREMLOW JÜRGEN/AFFOLTER KURT/HÄFELI CHRISTOPH/MÜLLER STEPHAN/VOLL PETER, Weiterentwicklung der schweizerischen Vormundschaftsstatistik, Schlussbericht der Hochschule für Soziale Arbeit Luzern, Luzern 2002 (unveröffentlicht)

SÜNDERHAUF HILDEGUND, Fallzahlenbingo: 30, 40 oder 50? Für wie viele Mündel kann eine Amtsvormundin in persönlicher Verantwortung die Pflege und Erziehung fördern und gewährleisten?, in: JAmt – Das Jugendamt – Zeitschrift für Jugendhilfe und Familienrecht 2011, 293 ff.

TANQUEREL THIERRY, Manuel de droit administratif, Genf/Zürich 2011

URSPRUNG RUDOLF, Die interdisziplinäre Zusammenarbeit, in: ZVW 2003, 369 ff.

KONFERENZ DER KANTONALEN VORMUNDSCHAFTSBEHÖRDEN VBK (heute: KOKES), Mustersammlung zum Adoptions- und Kindesrecht, 4. Aufl., Zürich/Basel/Genf 2005

KONFERENZ DER KANTONALEN VORMUNDSCHAFTSBEHÖRDEN VBK (heute: KOKES), Übertragung vormundschaftlicher Massnahmen, Empfehlungen von September 2002, in: ZVW 2002, 205 ff.

Literaturverzeichnis

KONFERENZ DER KANTONALEN VORMUNDSCHAFTSBEHÖRDEN VBK (heute: KOKES), Ende des vormundschaftlichen Amtes bei Auflösung des privat- oder öffentlichrechtlichen Anstellungsverhältnisses von professionellen Mandatsträgerinnen und Mandatsträgern, Empfehlungen von August 2006, in: ZVW 2006, 224 ff.

KONFERENZ DER KANTONALEN VORMUNDSCHAFTSBEHÖRDEN VBK (heute: KOKES), Kindes- und Erwachsenenschutzbehörde als Fachbehörde (Analyse und Modellvorschläge), Empfehlungen von Februar 2008, in: ZVW 2008, 63 ff.

KONFERENZ DER KANTONALEN VORMUNDSCHAFTSBEHÖRDEN VBK (heute: KOKES), Vermögensanlage im Rahmen von vormundschaftlichen Mandaten, Empfehlungen von 2001, in: ZVW 2001, 332 ff., sowie Ergänzungen von 2009, in: ZVW 2009, 199 ff.

VERBINDUNG DER SCHWEIZER ÄRZTINNEN UND ÄRZTE FMH, Vorlagen Patientenverfügung, 2011 <http://www.fmh.ch/service/patientenverfuegung.html> (31.01.2012)

VOGEL URS, Die Belastungsgrenzen vormundschaftlicher Mandatsträger und Mandatsträgerinnen, in: ZVW 2000, 45 ff.

VOGEL URS, Die Person des Beistands, in: ZVW 2003, 331 ff.

VOGEL URS, Einführung Instrument zur Erfassung und Steuerung des Aufwandes und zur Bemessung der Mandatsträgerentschädigung in der Mandatsführung des Erwachsenen- und Jugendschutzes Biel, Evaluationsbericht SVBB, Bern 2011

VOGEL URS, Modelle und Kennzahlen KESB, Kulmerau 2011 (unveröffentlicht)

VOGEL URS/WIDER DIANA, Kindes- und Erwachsenenschutzbehörde als Fachbehörde – Personelle Ressourcen, Ausstattung und Trägerschaftsformen, in: ZKE 2010, 5 ff.

WERRO FRANZ, La responsabilité civile, 2. Aufl., Bern 2011

WIDER DIANA, Interdisziplinäre Zusammenarbeit in der Kindes- und Erwachsenenschutzbehörde, Rahmenbedingungen und Folgerungen für die Sozialarbeit, Luzern 2011

WIDMER BLUM CARMEN LADINA, Urteilsunfähigkeit, Vertretung und Selbstbestimmung – insbesondere: Patientenverfügung und Vorsorgeauftrag, Zürich 2010

WOLF STEPHAN, Erwachsenenschutz und Notariat, in: ZBGR 2010, 73 ff.

WOLF STEPHAN/EGGEL MARTIN, zum Beurkundungsverfahren beim Vorsorgeauftrag – aus Sicht der Urkundsperson, in: Jusletter 6. Dezember 2010

ZERMATTEN JEAN, Schutz versus Mitsprache des Kindes, in: ZVW 2009, 315 ff.

ZOBRIST PATRICK, Die psychosoziale Dimension der vormundschaftlichen Arbeit im Zwangskontext, in: ZVW 2008, 465 ff.

ZOBRIST PATRICK, Fachpersonen der Sozialen Arbeit als Mitglieder der interdisziplinären Kindes- und Erwachsenenschutzbehörde, in: ZVW 2009, 223 ff.

ZOBRIST PATRICK, Zehn Basisstrategien zur Förderung der Veränderungsmotivation und zum Umgang mit Widerstand im Kindes- und Erwachsenenschutz, in: ZVW 2010, 431 ff.

Stichwortverzeichnis

Die Angaben verweisen auf die Randziffer(n).

A
Abklärung
- allgemein 1.131 ff.
- Abklärungsbericht 1.138, 1.144
- Beweismittel 1.137
- Dritte 1.132 f.
- erforderliche Kompetenzen 1.134
- geeignete Stellen 1.133
- Grenzen 1.132
- Inhalt und Umfang 1.136 ff.
- Phasen des Abklärungsverfahrens 1.142 ff.
- Untersuchungsmaxime 1.132 f.
- und Komplementaritätsprinzip 1.132
- und Subsidiaritätsprinzip 1.132
- und Verhältnismässigkeitsprinzip 1.132

Abklärungsbericht (vgl. Abklärung)

Abwesenheit
- als Voraussetzung für eine Beistandschaft 5.9

Administrative Aufsicht (vgl. Aufsichtsbehörde)

Alternativen zur Beistandschaft
- allgemein 4.1 ff.
- Auftrag an Dritte 4.14 ff. (vgl. Auftrag der KESB an Dritte)
- Begründung 4.5
- Bezeichnung einer Person oder Stelle 4.19 ff.
- eigenes Handeln der KESB 4.6 ff.
- Eröffnung (des Beschlusses der KESB) 4.5
- Ersatzbeistand 4.7
- komplexe Angelegenheiten 4.6
- Verhältnis von Aufwand und (Mehr-)Nutzen 4.3, 4.16
- Vertretung der betroffenen Person durch die KESB 4.8
- Voraussetzungen 4.3
- und vorsorgliche Massnahmen (Art. 445 ZGB) 4.4

ambulante (Zwangs-)Massnahmen
- allgemein 10.51, 10.53 f.
- Medikamenteneinnahme (vgl. Behandlung ohne Zustimmung [Voraussetzungen])
- Zuständigkeit 10.54

Amtshilfe
- allgemein 1.227 ff.
- automatisierte Abfragen 1.229
- Begriff 1.227
- gesetzliche Grundlage 1.228
- Rechtshilfe 1.227
- Spontanauskunft 1.230
- Voraussetzungen 1.229

Anhörung (vgl. Verfahren vor der KESB)
- Verzicht 10.18
- und fürsorgerische Unterbringung 10.18

Anforderungsprofil
- Berufsbeistand/Berufsbeiständin 6.36
- Fachbeistand 6.30
- Privater Beistand 6.37
- KESB-Mitglied 1.61 ff.

Angehörige
- Begriff nach Art. 420 ZGB 6.25

Angehörige als Beistand/Beiständin
- allgemein 6.23 ff.
- altrechtliche Regelung 6.23
- Angehörige (vgl. Angehörige)
- Interessenskonflikt 6.24
- Entbindung von gewissen Pflichten 6.25 ff.

Annahme einer Erbschaft (vgl. Zustimmung der KESB zu Handlungen des Beistands oder der Beiständin, zustimmungsbedürftige Geschäfte [Art. 416 ZGB])

Arzt
- und fürsorgerische Unterbringung 1.115, 10.17
- qualifizierte («geeignete») 10.17

Aufenthalt
- Anknüpfungskriterium im internationalen Privatrecht (vgl. internationales Privatrecht)
- als objektives Element des freiwilligen Wohnsitzes 1.92 f.

Aufgabenbereich(e)
- allgemein 5.68 ff.
- Begriff 5.66
- beiläufige Personensorge 5.68
- Bestimmung im Rahmen der Anordnung einer Massnahme: 5.68 ff.
- Bestimmung im Rahmen der Überführung einer Massnahme 13.29
- Inhalt 5.72
- Umschreibung 5.71
- und Begleitbeistandschaft 5.70
- und umfassende Beistandschaft 5.70
- und Verhältnismässigkeitsprinzip 5.69

Aufsicht der KESB über die Mandatsführung
- allgemein 7.1 ff.
- Instrumente der Aufsicht 7.1 f.

Aufsichtsbehörde
- Aufsichtsbeschwerde 1.81
- interne Weisungen 1.75
- Oberaufsicht des Bundes 1.76
- Rolle 1.73
- staatsrechtliche Einbettung 1.77
- Zusammensetzung 1.78
- und Staatshaftung 1.75

Auftrag der KESB an Dritte
- allgemein 4.14 ff.
- Anrufung der KESB (Art. 419 ZGB) 4.17
- Aufsicht durch die KESB 4.17
- Auftragnehmer/in 4.16

Auskunftsrecht
- allgemein 5.103 ff.
- Inhalt 5.105 f.
- tatsächliches Interesse 5.104
- glaubhaftes Interesse 5.104
- und fürsorgerische Unterbringung 10.15

Ausschlagung (vgl. Zustimmung der KESB zu Handlungen des Beistands/der Beiständin, zustimmungsbedürftige Geschäfte [Art. 416 ZGB])

Autonomie der betroffenen Person
- allgemein 1.6 ff.
- als Grundprinzip (des neuen Rechts) 1.2, 1.5
- informationelle Selbstbestimmung 1.217
- Interessenabwägung 1.10
- Vermögensinventar 7.9
- Vermutung zu Gunsten der Förderung der Selbstbestimmung 1.9
- und Ernennung des Beistands 6.21
- und Vermögensverwaltung 7.32
- und Wahl der Schutzmassnahme 5.11

B

Bedürfnisprinzip (vgl. Massschneiderung)

Begleitbeistandschaft
- allgemein 5.22 ff.
- Kompetenzen des Beistands/der Beiständin 5.24 f., 5.28, 5.70
- Kritik 5.33
- Verzicht 4.20, 5.33
- Wirkungen für die verbeiständete Person 5.23
- Ziel 5.23
- Zustimmung der KESB 5.25
- Zustimmung der zu verbeiständenden Person 5.26 f.

Behandlung bei psychischer Störungen
- allgemein 10.31 ff.
- ambulante Massnahmen (vgl. ambulante Massnahmen)
- Anwendungsbereich 10.33
- Austrittsgespräch 10.50
- Behandlung ohne Zustimmung, 10.39, 10.41 ff.
- Behandlungsplan 10.34 ff. (vgl. Behandlungsplan)
- Nachbetreuung 10.51 f.
- Notfall(behandlung) 10.48
- Vorbehalt kantonales Recht 10.51 ff.
- und Patientenverfügung 10.8

Behandlung ohne Zustimmung
- allgemein 10.41 ff.
- fehlende Urteilsfähigkeit 10.45
- materielle Zuständigkeit 10.42
- Verfahren 10.47
- Voraussetzungen 10.41
- und Subsidiaritätsprinzip 10.46

- und Verhältnismässigkeitsprinzip 10.46

Behandlungsplan (im Rahmen der Behandlung von psychischen Störungen)
- Beschwerde 10.40
- Checkliste 10.34
- Inhalt 10.34
- Zustimmung der betroffenen Person 10.36 f.
- und Patientenverfügung 10.38

Behandlungsplan (im Rahmen der fürsorgerischen Unterbringung)
- Akteneinsichtsrecht 10.15

Beistand/Beiständin
- allgemein 6 ff.
- Anforderungsprofil 6.4 ff.
- Beratung und Unterstützung 6.35 ff.
- Berufsbeistand/Berufsbeiständin (vgl. Berufsbeistand/Berufsbeiständin)
- Fachbeistand/Fachbeiständin (vgl. Fachbeistand/Fachbeiständin)
- Privatperson als Beistand (vgl. private/r Mandatsträger/in)
- Ende des Amtes (vgl. Ende des Amtes des Beistands/der Beiständin)
- Entschädigung (vgl. Entschädigung)
- Erläuterung der Rechnung 7.23
- Ernennung 6.21 ff.
- Haftung 1.237, 1.239 ff.
- Hierarchie 6.3
- Instruktion 6.35
- Leistungsbereiche 6.6
- mehrere Personen als Beistände/Beiständinnen 6.29
- Schweigepflicht (vgl. Schweigepflicht)
- Verfügbarkeit (vgl. zeitliche Ressourcen)
- Vermögensverwaltung (vgl. Vermögensverwaltung)
- Voraussetzungen 6.2 ff.
- Wünsche der Angehörigen/nahestehenden Personen 6.22
- Weiterführungspflicht (vgl. Ende des Amtes des Beistands/der Beiständin)
- und fürsorgerische Unterbringung 10.5
- und medizinische Massnahmen im Falle von psychischen Störungen 10.35
- und Tod der betroffenen Person 9.2 f.

Beistandschaft
- allgemein 5.1 ff.
- Arten 5.18 ff.
- Alternativen (vgl. Alternativen zur Beistandschaft)
- Begleitbeistandschaft 5.22 ff. (vgl. Begleitbeistandschaft)
- Ende (vgl. Ende der Beistandschaft)
- Ersatzbeistand/Ersatzbeiständin 4.2., 4.7 f., 5.17, 5.57 ff., 6.1, 7.46, 8.12, 13.65
- mehrere Personen als Beistände/Beiständinnen 6.29
- neues Massnahmensystem 5.1 ff.
- Mitwirkungsbeistandschaft 5.44 (vgl. Mitwirkungsbeistandschaft)
- Schutzbedürfnis 5.10
- Schwächezustand 5.6 ff.
- umfassende Beistandschaft 5.49 (vgl. umfassende Beistandschaft)
- Verhältnis von Aufwand und (Mehr-)Nutzen 4.3, 4.16
- Verzicht (vgl. Alternativen zu Beistandschaften)
- Voraussetzungen 5.6 ff.
- Verfahrensvertretung 5.4
- Vertretungsbeistandschaft 5.34 (vgl. Vertretungsbeistandschaft)
- und Subsidiaritätsprinzip 5.11
- und Verhältnismässigkeitsprinzip 5.11

Belastung von Angehörigen und Dritten (Berücksichtigung der)
- im Rahmen der fürsorgerischen Unterbringung 10.8
- im Rahmen der Wahl der Schutzmassnahme 5.12

Bericht und Rechnung
- allgemein 7.20 ff., 8.16 ff.
- Adressat 8.18
- Aushändigung einer Kopie (Informationspflicht Beistand/Beiständin) 7.23
- Inhalt des Rechenschaftsberichts 7.25 f.

- Kontrolle/Steuerung der Mandatsführung 7.1 f., 7.28 f.
- periodische Berichterstattung 7.24 ff.
- periodische Rechnungsablage 7.20 ff.
- Rechnungsperiode 7.21
- Verantwortlichkeit 8.18
- Ziel des Berichts 7.25
- und Angehörige als Beistand/Beiständin 6.25 ff.
- und Übertragung der Massnahmen 1.130

Beschwerde (vgl. Rechtsmittelinstanz)
- allgemein 12.1 ff.
- gegen bewegungseinschränkende Massnahmen 2.40 ff., 11.26 ff.
- gegen Beistandsperson und behördlich beauftragte Dritte 12.1 ff.
- gegen Entscheide der KESB 2.30 ff.
- im Rahmen der fürsorgerischen Unterbringung 12.10 ff.
- und Behandlungsplan (bei Behandlung von psychischen Störungen) 10.40

Beschwerde gegen die Beistandsperson und behördlich beauftragte Dritte
- allgemein 12.1 ff.
- Anrufung 12.2
- Begriff 12.2
- Beschwerdelegitimation 12.6 f.
- Beschwerdeobjekt 12.3 ff.
- Frist 12.8
- Handlungen (und Unterlassungen) von Dritten und Stellen 12.5
- Verfahren 12.9
- und Aufsicht über die Beistandspersonen 12.1

Beschwerden gegen Entscheide der KESB
- allgemein 12.30 ff.
- aufschiebende Wirkung 12.33 f.
- Beschwerdelegitimation 12.36 f.
- Beschwerdeobjekt 12.35
- Beschwerde beim Bundesgericht 12.39
- devolutive Wirkung 12.34
- Formvorschriften 12.38
- Frist 12.32

- kassatorische Wirkung 12.39
- Offizialmaxime 12.34
- reformatorische Wirkung 12.39
- Untersuchungsmaxime 12.34
- und vorsorgliche Massnahmen 12.34

Beschwerden gegen bewegungseinschränkende Massnahmen
- allgemein 11.26 ff., 12.40 ff.
- Beschwerdelegitimation 12.41
- Bescherdeobjekt 12.40
- Formvorschriften 11. 26, 12.41
- Frist 11. 27, 12.41
- örtliche Zuständigkeit 1.114, 12.41
- Prüfung durch die KESB 12.42

Beschwerden gegen fürsorgerische Unterbringung
- allgemein 12.10 ff.
- Anhörung 12.22
- aufschiebende Wirkung 12.20
- bei Abweisung eines Entlassungsgesuchs (durch die Einrichtung) 12.14
- bei ärztlich angeordneter Unterbringung 12.12
- bei Behandlung einer psychischen Störung ohne Zustimmung 12.15
- bei bewegungseinschränkenden Massnahmen 12.16
- bei Zurückbehaltung durch die Einrichtung 12.13
- Beschwerdefrist 12.27
- Beschwerdelegitimation 12.25 s.
- Beschwerdegründe 12.19
- Beschleunigungsgebot 12.24
- Formvorschriften 12.18 f.
- Gutachten 12.21
- Merkmale der Beschwerdeinstanz 12.17
- örtliche Zuständigkeit 12.29
- Verfahrensregeln 12.19 ff.
- Vertretung 12.23
- Weiterleitungspflicht 12.28

Berufsbeistand/Berufsbeiständin
- allgemein 6.30 ff.
- Anforderungsprofil 6.36
- Begriff 6.3, 6.30
- Beratung und Unterstützung 6.36
- Entschädigung 6.42

– und Schlussbericht 6.30
– und (zeitliche) Ressourcen 6.15

betagte Personen
– und Beistandschaft 5.40, 5.75

Betreuungsvertrag
– allgemein 11.3 ff.
– Anwendungsbereich 11.6
– Inhalt 11.3 ff.
– und Einschränkung der Bewegungsfreiheit 11.5
– Vertretung der urteilsunfähigen Person 11.8 ff.
– Wünsche der urteilsunfähigen Person 11.4

bewegungseinschränkende Massnahmen
– allgemein 11.11 ff.
– Begriff 11.13 ff.
– Beschwerde (vgl. Beschwerde gegen bewegungseinschränkende Massnahmen)
– Bewegungsfreiheit 11.11
– örtliche Zuständigkeit 1.114
– Protokoll und Information 11.21 ff.
– regelmässige Überprüfung 11.19
– Urteilsunfähigkeit 11.12
– Voraussetzungen 11.11 ff.
– und Unterbringung zum Zweck der Begutachtung 10.13
– und Verhältnismässigkeitsprinzip 11.16

Beweis (vgl. Verfahren vor der KESB, Beweismittel)

Briefe (Öffnen durch Dritte)
– und Beistandschaft 5.77 ff.
– und Zustimmung der KESB 7.65

C

Culpa in contrahendo 5.101
– Voraussetzungen 5.102 f.

D

Darlehen (vgl. Zustimmung der KESB zu Handlungen des Beistands/der Beiständin, zustimmungsbedürftige Geschäfte [Art. 416 ZGB])

datenschutzrechtliche Grundsätze
– und Verschwiegenheitspflicht 1.219

Dauervertrag über die Unterbringung (vgl. Zustimmung der KESB zu Handlungen des Beistand/der Beiständin, zustimmungsbedürftige Geschäfte [Art. 416 ZGB])

Delikthaftung (vgl. eingeschränkte Handlungsunfähigkeit [Ausnahmen])

Dokumentationspflicht
– im Rahmen der VBVV 7.39

Drei-Sphären-Theorie 1.131

E

Eigene Vorsorge 1.3, 2.1 ff.

Einblick und Auskunft (durch eine von der KESB bezeichnete Person/Stelle) (vgl. Alternativen zur Beistandschaft. Bezeichnung einer Person oder Stelle)

eingeschränkte Handlungsunfähigkeit
– allgemein 1.40 ff.
– Ausnahmen 1.42 [unentgeltliche Vorteile, geringfügige Angelegenheit, höchstpersönliche Rechte]
– und umfassende Beistandschaft 5.49

Einschränkung der Handlungsfähigkeit (punktuelle) (vgl. Vertretungsbeistandschaft)
– allgemein 5.87 ff.
– Begründung und Anordnung im Dispositiv 5.93
– Kompetenz des Beistands/der Beiständin 5.88
– Publikation 5.87
– Umfang 5.90

Einrichtung (vgl. urteilsunfähige Personen in Einrichtungen)
– Wohnsitz 1.96
– und fürsorgerische Unterbringung 10.10 ff.

Ende des Amtes (des Beistands/der Beiständin)
– allgemein 8.1 ff.
– Amtsdauer 8.2
– Bericht und Rechnung (vgl. Bericht und Rechnung)

- Ende der Beistandschaft (vgl. Ende der Beistandschaft)
- Entlassung (vgl. Entlassung)
- im Fall des Berufsbeistands/der Berufsbeiständin 8.3, 8.14
- infolge Tod des Beistandes/der Beiständin 8.4
- infolge Urteilsunfähigkeit des Beistandes/der Beiständin 8.4
- infolge Verbeiständung des Beistandes/der Beiständin 8.4
- von Gesetzes wegen 8.1 ff., 5.60
- Weiterführungspflicht 8.13 ff.

Ende der Beistandschaft
- allgemein 9.1 ff.
- Anpassung 9.5
- Aufgaben des Beistandes/der Beiständin 9.2 f.
- Tod der betroffenen Person 9.1
- Verfahren 9.6 f.
- Verschollenenerklärung 9.1
- von Gesetzes wegen 9.1 ff.
- wegfallende Eignung 9.4 ff.
- und Erbschaftsverwaltung 9.2
- und psychiatrisches Gutachten 9.7

Entbindung von der Rechenschaftspflicht (vgl. Angehörige als Beistand/Beiständin)

Entlassung (des Beistands/der Beiständin)
- allgemein 8.6 ff.
- anderer wichtiger Grund 8.10
- fehlende Eignung 8.9
- Unvereinbarkeit der Funktionen 8.10
- auf Begehren des Beistandes/der Beiständin 8.6 ff.

Entmündigung (vgl. Beistandschaft, neues System) (vgl. umfassende Beistandschaft [Begriff])

Entschädigung (des Beistands/der Beiständin)
- allgemein 6.42 ff.
- Entschädigung nach Aufwand 6.44
- Pauschalentschädigung 6.44

Entzug des Zugriffs auf einzelne Vermögenswerte (vgl. Vertretungsbeistandschaft mit Vermögensverwaltung [Kontosperre])

Entzug der Verfügungsmacht über Grundstücke (vgl. Vertretungsbeistandschaft mit Vermögensverwaltung [Kanzleisperre])

erforderliche Zeit (des Beistands/der Beiständin) (vgl. zeitliche Ressourcen)

Ersatzbeistand/Ersatzbeiständin
- allgemein 5.57 ff.
- Begriff 5.17, 5.57
- Vertretungsmacht 5.58 ff.
- Schwächezustand bei der gesetzlichen Vertretung 5.17
- und Alternativen zur Beistandschaft 4.8

erstreckte elterliche Sorge (vgl. Angehörige als Beistand/Beiständin)
- und Übergangsrecht 13.4, 13.27

Erwachsenenschutzbehörde (vgl. Kindes- und Erwachsenenschutzbehörde KESB)

Erwachsenenschutzrecht
- als Sozialrecht 1.10
- im engeren Sinn 1.1
- im weiteren Sinn 1.1.
- und Eingriffssozialrecht 1.8
- neue Instrumente 1.3 f.
- allgemeine Grundsätze 1.1 ff.

F

Fachbeistand/Fachbeiständin
- allgemein 6.30 ff.
- Entschädigung 6.42
- Begriff 6.30

Fachkompetenz
- Begriff 6.8
- Beistand/Beiständin (vgl. Anforderungsprofil)
- KESB-Mitglied 1.61

funktionelle Zuständigkeit 1.169

fürsorgerische Unterbringung
- allgemein 10.1 ff.
- Akteneinsichts- und Auskunftsrecht 10.15
- Anhörung 10.18
- Bestimmung der geeigneten Einrichtung 10.11
- Entlassung 10.16 f., 10.19
- geeignete Einrichtung 10.10 ff.
- Gründe 10.6

- hypothetischer Wille 10.5
- mutmasslicher Wille 10.5
- im engeren Sinne 10.2 ff.
- im weiten Sinne 10.2
- medizinische Massnahmen bei einer psychischen Störung (vgl. medizinische Massnahmen bei einer psychischen Störung)
- periodische Überprüfung 10.27 ff.
- sachliche Zuständigkeit der KESB 10.16 f.
- sachliche Zuständigkeit des Arztes oder der Ärztin 1.115, 10.17
- stationäre vs. ambulante Einrichtung 10.9
- verfahrensrechtliche Aspekte 10.17
- Vertrauensperson 10.15
- vollstreckbarer Unterbringungsentscheid 10.14, 10.17
- vorübergehende Urteilsunfähigkeit 10.5
- Zurückbehaltung 10.14
- und Verhältnismässigkeitsprinzip 10.7

freie Arztwahl (im Rahmen des Aufenthalts in einer Einrichtung)
- allgemein 11. 33 f.
- Einschränkung 11.34

G

Gefährdungsmeldung
(vgl. Melderecht/-pflicht)

geistige Behinderung
- als Voraussetzung für eine Beistandschaft 5.9
- als Voraussetzung für eine fürsorgerische Unterbringung 10.6
- als Voraussetzung für eine Einschränkung der Handlungsfähigkeit 1.30
- als Voraussetzung für eine umfassende Beistandschaft 5.51

Gerichtsferien (vgl. Zustellung)

geringfügige Angelegenheit 1.42 (vgl. eingeschränkte Handlungsunfähigkeit [Ausnahmen])

Gleichheitsgrundsatz (vgl. Verfahren vor der KESB)

Grundrechtseingriff 1.10 f.

Grundstück (Erwerb/Veräusserung)
(vgl. Zustimmung der KESB zu Handlungen des Beistands/der Beiständin, zustimmungsbedürftige Geschäfte [Art. 416 ZGB])

H

Handlungsfähigkeit
- allgemein 1.22 ff.
- Begriff 1.22
- eigenes Handeln KESB 4.7, 4.11
- eingeschränkte Handlungsfähigkeit 1.33 ff.
- eingeschränkte Handlungsunfähigkeit 1.40 ff.
- Einschränkung (vgl. Einschränkung der Handlungsfähigkeit)
- Merkmale 1.23 f.
- volle Handlungsfähigkeit 1.26 ff. (vgl. volle Handlungsfähigkeit)
- zur irrtümlichen Annahme der Handlungsfähigkeit verleitet 5.101 f. (vgl. culpa in contrahendo)
- und Begleitbeistandschaft 5.23
- und Beistandschaft allgemein 5.2
- und politische Rechte 1.48 ff.
- und Vorsorgeauftrag 2.3

Haftung
- aus Billigkeit 1.45
- bei Patientenverfügung 1.237
- bei Vertretung durch Ehegatte oder eingetragene/r Partner/in 3.7
- bei Vertretung bei medizinischen Massnahmen 3.20 [KESB] und 3.16, 1.237 [vertretungsberechtigte Person]
- bei Vertretung in Einrichtungen 1.237
- und Aufsichtsbehörde 1.75
- und Beistand/Beiständin 1.237, 1.239 ff

Haushaltsauflösung (vgl. Zustimmung der KESB zu Handlungen des Beistands/der Beiständin, zustimmungsbedürftige Geschäfte [Art. 416 ZGB])

Heimatort
- und örtliche Zuständigkeit 1.104 f.

höchstpersönliche Rechte
- Arten 1.42, 1.47

- und Begleitbeistandschaft 5.26
- und eingeschränkte Handlungsunfähigkeit 1.42
- und umfassende Beistandschaft 5.49
- und Vertretungsbeistandschaft 5.34

Hospitalisation
- und fürsorgerische Unterbringung 10.9

I

informationelle Selbstbestimmung 1.217

Insolvenzerklärung (vgl. Zustimmung der KESB zu Handlungen des Beistands/der Beiständin, zustimmungsbedürftige Geschäfte [Art. 416 ZGB])

Interessenabwägung
- zwischen Schutz und Selbstbestimmung 1.10

Interessenkonflikte
- und Angehörige als Mandatsträger/innen 6.24
- und Ersatzbeistand (vgl. Ersatzbeistand)

internationales Privatrecht 1.87 f., 1.116 ff.

Inventar
- allgemein 7.4 ff.
- Kindesvermögensinventar 7.7
- Nachlassinventar (Sicherungsinventar) 7.6
- öffentliches Inventar 7.8
- Steuerinventare 7.6
- Vermögensinventare (vgl. Vermögensinventar)

J

juristische Person
- und Schutzmassnahmen (vgl. Beistandschaft [allgemein], neues System)

K

Kausalhaftung (vgl. Staatshaftung)

Kindesschutz
- analoge Anwendung im Kindesschutz 5.4, 5.16

- fürsorgerische Unterbringung 10.4
- Interessenkollision 5.62 (vgl. Ersatzbeistand)
- Kindesschutzbehörde 1.59
- Kindesvemögensinventar 7.7
- örtliche Zuständigkeit 1.88, 1.101
- sachliche Zuständigkeiten 1.166
- Verfahrensvertretung 5.4 (vgl. Verfahren vor der KESB, Verfahrensvertretung)
- Vormundschaft 5.3

Kindesschutzbehörde 1.59

Kindes- und Erwachsenenschutzbehörde KESB
- allgemein 1.54 ff.
- als Auftraggeberin (Art. 392 Ziff. 2 ZGB) 4.14 ff.
- als gesetzliche Vertretung (Art. 392 Ziff. 1 ZGB) 4.8
- Aufgaben 1.56 ff.
- Auskunftspflicht 5.103
- Bericht und Rechnung (vgl. Prüfung von Bericht und Rechnung)
- Interdisziplinarität 1.64, 1.67, 1.69 f., 1.146
- Kompetenzprofil der Mitglieder 1.64
- Mitwirkung (vgl. Mitwirkung der KESB)
- Organisation 1.65, 1.71 f.
- organisatorische Rahmenbedingungen 1.62 ff., 1.71 f.
- Professionalisierung 1.54 f., 1.63 f., 1.67
- Ressourcen 1.8
- Spezialbehörde 1.64
- Zuständigkeit (vgl. örtliche Zuständigkeit der KESB)
- und fürsorgerische Unterbringung 10.16 ff.
- und hauptamtliche Tätigkeit 1.66

Kombination von Beistandschaften
- allgemein 5.81 ff.
- Ausnahme [umfassende Beistandschaft] 5.81
- mögliche Kombinationen 5.83 ff.
- Zuständigkeit am Ort des Vermögens 1.102 f.

Kompetenzkonflikt (örtliche Zuständigkeit) 1.89

Komplementaritätsprinzip
- als Grundprinzip 1.9
- und Abklärung der KESB 1.132

Kündigung eines Mitvertrags
(vgl. Zustimmung der KESB zu Handlungen des Beistands/der Beiständin, zustimmungsbedürftige Geschäfte [Art. 416 ZGB])

M

Massnahmen von Gesetzes wegen 3.1 ff., 3.12 ff., 11.1 ff.

Massnahme nach Mass (vgl. Massschneiderung)

Massschneiderung der Massnahmen
- allgemein 5.65 ff.
- Anpassung einer Massnahme 5.95
- Aufsicht über die Mandatsführung 7.1 f.
- Aufgabenbereiche (vgl. Aufgabenbereiche)
- Bedarfsprinzip 5.66
- bisheriges System 5.65
- Kombination von Beistandschaften (vgl. Kombination von Beistandschaften)
- punktuelle Einschränkung der Handlungsfähigkeit (vgl. punktuelle Einschränkung der Handlungsfähigkeit)
- Standardisierung 5.66
- Überführung altrechtlicher in neurechtliche Massnahmen 13.29
- Zustimmung der KESB (Art. 417 ZGB) 5.97
- und umfassende Beistandschaft 5.50
- und Stufenfolge der Beistandschaftsarten 5.19
- und Vertretungsbeistandschaft 5.40
- und Verfahren vor der KESB 1.145
- und Zustimmung der KESB 7.50

mehrere Personen als Beistände/Beiständinnen 6.29

Melderecht/Meldepflicht
- allgemein 1.221 f., 5.13
- allgemeines Melderecht 1.223 f.
- Antragsrecht 1.223, 5.13
- Interessenabwägung 1.223
- «in amtlicher Tätigkeit» 1.225
- Meldepflicht 1.225 f.
- Pflichtenkollision 1.225
- Strafrecht 2.221

Methodenkompetenz
- Begriff 6.9
- Beistand/Beiständin (vgl. Anforderungsprofil)
- KESB-Mitglied 1.61

Mitglieder der KESB
- Anforderungsprofil 1.61, 1.64
- hauptberufliche Tätigkeit 1.66
- individuelle Kompetenzen 1.69

Mittellosigkeit (vgl. unentgeltliche Rechtspflege)

Mitwirkung der KESB
- allgemein 7.1 ff.
- Aufsicht über Mandatsführung 6.25 (vgl. Aufsicht der KESB über die Mandatsführung)
- im Rahmen der Inventaraufnahme (vgl. Inventar) (vgl. Vermögensinventar)
- Prüfung von Bericht und Rechnung (vgl. Prüfung von Bericht und Rechnung)
- Vermögensverwaltung (vgl. Vermögensverwaltung)
- Zustimmung (vgl. Zustimmung der KESB zu Handlungen des Beistands)

Mitwirkungsbeiratschaft (vgl. Mitwirkungsbeistandschaft)

Mitwirkungsbeistandschaft
- allgemein 5.44 ff.
- Einschränkung der Handlungsfähigkeit 5.47
- Fehlen der Zustimmung 5.47
- verbotene Geschäfte 5.46
- Verzicht 4.7, 4.20
- Wirkungen 5.44
- zustimmungsbedürftige Geschäfte 5.46

N

Nachlassvertrag (vgl. Zustimmung der KESB zu Handlungen des Beistands/der Beiständin, zustimmungsbedürftige Geschäfte [Art. 416 ZGB])

neue Instrumente (im Erwachsenenschutz) 1.2 f.
Notwendigkeit
- als Voraussetzung der Verhältnismässigkeit 1.19

O
örtliche Zuständigkeit (der KESB)
- allgemein 1.85 ff.
- Heimatort 1.104 f.
- im Fall eines Wechsels des Wohnsitzes 1.99, 1.106 ff.
- im Fall von bewegungseinschränkenden Massnahmen 1.114
- im Fall von Gefahr in Verzug 1.100 f., 1.141
- international 1.87, 1.116 ff.
- Kompetenzkonflikt (negativer) 1.89
- ordentlich 1.85, 1.90 ff.
- und Kindesschutz 1.88
- und Übertragung von Massnahmen (vgl. Übertragung von Massnahmen)

P
Patientenverfügung
- allgemein 2.20 ff.
- als Instrument der eigenen Vorsorge 2.20
- Adressat/in 2.28
- Aufgaben der KESB 2.27
- Begriff 2.20
- Haftung/Verantwortlichkeit 1.237
- Hinterlegung 2.25
- Inhalt 2.22 ff.
- medizinische Massnahmen 2.22
- Übergangsrecht 13.2 f.
- Verbindlichkeit 2.26
- Versichertenkarte 2.25
- vertretungsberechtigte Person 2.23 f.
- Voraussetzungen: Formvorschriften 2.24
- Voraussetzungen: materielle Voraussetzungen 2.21
- Weisungen 2.23
- Wirkung 2.26
- und Behandlung bei psychischer Störung 10.38

politische Rechte 1.48 ff.

periodische Überprüfung
- im Rahmen der Beistandschaft 7.25
- im Rahmen der fürsorgerischen Unterbringung 10.27 ff.
- im Rahmen einer Massnahme nach Art. 392 Ziff. 3 ZGB 4.21

Perpetuatio fori 1.99, 1.141
persönliche Betreuung 6.13
private/r Mandatsträger/in
- allgemein 6.33 f.
- Anforderungsprofil 6.37
- Begriff 6.30
- Beratung und Unterstützung 6.37
- Schulung 6.37
- und freiberuflich tätige Fachpersonen 6.32

Professionelle Handlungskompetenz
- Fachkompetenz (vgl. Fachkompetenz)
- Methodenkompetenz (vgl. Methodenkompetenz)
- Selbstkompetenz (vgl. Selbstkompetenz)
- Sozialkompetenz (vgl. Sozialkompetenz)

Prognose
- im Rahmen der Verhältnismässigkeitsprüfung 1.16

Prozessführung (vgl. Zustimmung der KESB zu Handlungen des Beistands/der Beiständin, zustimmungsbedürftige Geschäfte [Art. 416 ZGB])

Publikation von Schutzmassnahmen (vgl. Wirkungen gegenüber Dritten)
- allgemein 5.98 f.
- und punktuelle Einschränkung der Handlungsfähigkeit 5.87

psychische Störung
- als Voraussetzung für eine Beistandschaft 5.9
- als Voraussetzung für eine fürsorgerische Unterbringung 10.6
- als Voraussetzung für einen Entzug der Handlungsfähigkeit 1.30

R
Rechtsfähigkeit 1.22, 1.23 f.
Rechtshängigkeit 1.140 f.
Rechtshilfe 1.227
Rechtskraft
– und Schutzmassnahme 5.95
– und fürsorgerische Unterbringung 10.19
Rechtsmittelinstanz (vgl. Beschwerde)
– allgemein 1.82 ff.
– Begriff «Gericht» 1.83
– Zuständigkeit 11.84
reformatio in peius 1.163

S
sachliche Zuständigkeit 1.166
Schutzbedürfnis (der betroffenen Person)
– und Abklärung der KESB 1.131
Schuldner/innen (der betroffenen Person) (vgl. Wirkungen gegenüber Dritten)
Schuldneraufstellung 5.100
Schutz des Individuum
– allgemein 1.6 ff.
– als Grundprinzip 1.2, 1.5
Schwächezustand (der betroffenen Person)
– als Grundvoraussetzung im Erwachsenenschutz 1.2, 1.7 ff.
– als Voraussetzung für eine Beistandschaft 5.6 ff.
– und Abklärung 1.131
– und fürsorgerische Unterbringung 10.6 f.
Schwächezustand (der gesetzlichen Vertretung) 5.17 (vgl. Ersatzbeistand)
Schweigepflicht
– allgemein 1.215 ff.
– Durchbrechung 1.219
– Geheimhaltungsobjekt 1.217
– Geheimnisherr 1.217
– Intimitätszusicherung 2.216
– schützenswerte Personendaten 1.216
– Ziel 2.217
– und Amtsgeheimnis 1.218

– und Datenschutzgesetze 1.218
– und Informationsbeschaffung 1.132
– und überwiegende Interessen 1.219
Selbstbestimmung (vgl. Autonomie der betroffenen Person)
Selbstkompetenz
– Begriff 6.11
– Beistand/Beiständin (vgl. Anforderungsprofil)
– KESB-Mitglied 1.61
Sozialkompetenz
– Begriff 6.10
– Beistand/Beiständin (vgl. Anforderungsprofil)
– KESB-Mitglied 1.61
Subsidiaritätsprinzip
– allgemein 1.9, 1.12 ff.
– und Abklärung der KESB 1.132
– und Wahl der Schutzmassnahme 5.11
– «Subsidiarité de mesure» 1.15
– «Subsidiarité de principe» 1.15
Staatshaftung
– allgemein 1.236 ff.
– Anwendungsbereich 1.239
– Beschwerdelegitimation 1.240
– Genugtuung 1.242
– privatrechtliche Haftung 1.236
– Verfahren 1.239
– Regressrecht 1.243
– Schadenersatz 1.242
– Voraussetzungen 1.241
– Verjährung (vgl. Verjährung)
– und Aufsicht 1.75., 3.20
– und fürsorgerische Unterbringung 10.17
Statistik
– allgemein 13.50 ff.
– erhobene Daten 13.66
– Fallführungssystem 13.56 ff.
Sterilisation 7.58 ff.
Stigmatisierung 5.7, 5.50
Strafantrag
– und Zustimmung der KESB 7.64
Strafanzeige 1.221
Stufenfolge der Beistandschaftsarten 5.19 f.
superprovisorische Massnahme 1.185

U

Übergangsrecht
- allgemein 13.1 ff.
- am 1. Januar 2013 rechtskräftige Massnahmen 13.4 ff.
- am 1. Januar 2013 hängige Verfahren 13.18 ff
- (altrechtliche) Entmündigung 13.4
- Anwendungsbereich 13.2
- Archive 13.27
- bewegungseinschränkende Massnahmen 13.27
- erstreckte elterliche Sorge 13.4, 13.27
- Fristen für Überführung 12.12
- fürsorgerische Freiheitsentziehung 13.27
- hängige Verfahren 13.18 ff.
- hängige Beschwerden 13.22
- Mandatsführung 13.10
- Überführung altrechtlicher Massnahmen 13.14
- «vorgezogene» Überführung 13.23 ff.
- vorsorgliche Massnahmen 13.27
- Zwangsbehandlung/Behandlung ohne Zustimmung 13.27

Überführung der altrechtlichen in neurechtliche Massnahmen
- allgemein 13.28 ff.
- Abklärung und Beweisführung 13.30 f.
- Anhörung der betroffenen Person 13.31
- Bericht des/der Mandatsträgers/-trägerin 13.31
- ergänzende Auskünfte 13.31
- einer (altrechtlichen) Beistandschaft 13.36 ff.
- einer (altrechtlichen) Beiratschaft 13.36 ff.
- Vorgehensweise 13.29
- und Errichtung einer neuen Massnahme 13.30
- und Verhältnismässigkeitsprinzip 13.32

Übertragung einer Massnahme
- allgemein 1.123 ff.
- Antragsrecht 1.127
- gesetzliche Regelung 1.123

- Interessen der betroffenen Person 1.128
- Verfahrensschritte 1.125
- Verzicht auf eine Übertragung 1.129

umfassende Beistandschaft
- allgemein 5.49 ff.
- Aufgabenbereiche 5.70
- Begriff 5.49 f.
- höchstpersönliche Rechte 5.49
- Kompetenzen des Beistands/der Beiständin 5.49, 5.53
- Voraussetzungen 5.52 f.
- Wirkungen 5.49, 5.55 f.
- Wohnsitz 1.98
- und Strafantrag 7.64

Umsetzung in den Kantonen
- Gestaltungsspielraum 1.65, 1.71 f.

unentgeltlicher Auftrag
- zwischen der betroffenen Person und dem Beistand/der Beiständin 7.57

unentgeltliche Rechtspflege (vgl. Verfahren vor der KESB)
- allgemein 1.174 ff.
- Inhalt 1.174
- Voraussetzungen 1.176
- und Offizialmaxime 1.177
- und Untersuchungsmaxime 1.177, 1.180

unentgeltliche Vorteile
1.42 (vgl. eingeschränkte Handlungsunfähigkeit [Ausnahmen])

Unterbringung zum Zweck der Begutachtung 10.13
- und bewegungseinschränkende Massnahmen 10.13
- und medizinische Behandlung 10.13
- und Zwangsvollstreckung 1.212

Urteilsunfähige Personen in Einrichtungen
- allgemein 11.1 ff.
- Anwendungsbereich 11.1
- Aufsicht über Wohn- und Pflegeeinrichtungen 11.35 ff.
- Betreuungsvertrag 11.3 ff. (vgl. Betreuungsvertrag)
- Bewegungsfreiheit 11.11 ff. (vgl. bewegungseinschränkende Massnahmen)

Stichwortverzeichnis

- freie Arztwahl 11.33 f.
- Haftung/Verantwortlichkeit 1.237
- Kontakte ausserhalb der Einrichtung 11.31 f.
- Schutz von Gesetzes wegen 11.1
- Wohn- und Pflegeeinrichtung 11.2

Urteilsfähigkeit
- allgemein 1.28 ff.
- Beweislast 1.31
- Gründe fehlender Urteilsfähigkeit 1.30
- Merkmale 1.29
- Relativität der Urteilsfähigkeit 1.32
- und fürsorgerische Unterbringung 10.5

Urteilsunfähigkeit
- als Voraussetzung für eine Beistandschaft 5.9
- als Voraussetzung für die Vertretung durch den Ehegatten oder den/die eingetragene/n Partner/in 3.2
- dauernd 10.5
- vorübergehend 5.9, 10.5
- Wirkungen (vgl. volle Handlungsunfähigkeit)

V

verbotene Geschäfte
- und Mitwirkungsbeistandschaft 5.46
- und Vertretungsbeistandschaft 5.34
- und Zustimmung der KESB 7.53

Verfahren
- und KESB (vgl. Verfahren vor der KESB)
- und fürsorgerische Unterbringung 10.17

Verfahren vor der KESB
- allgemein 1.131 ff.
- Abklärung (vgl. Abklärung)
- Anhörung 1.144
- Auskunftspflicht 1.144
- Ausstand 1.172 f.
- beförderliche Erledigung 1.141
- Beweismittel 1.189 ff.
- Dispositionsmaxime 1.163
- Entscheidfällung 1.201
- fürsorgerische Unterbringung 1.144
- Gleichheitsgrundsatz 1.162
- Instruktion 1.144

- Melderecht 1.140
- Mitwirkungspflicht 1.164
- Offizialmaxime 1.142, 1.162 f., 1.170, 5.13
- Phasen des Abklärungsverfahrens 1.142 ff.
- Prüfung der örtlichen Zuständigkeit 1.89, 1.143
- rechtliches Gehör 1.145, 1.162, 1.195 ff.
- Rechtshängigkeit 1.140 f.
- reformatio in peius 1.163
- Situationsanalyse 1.145
- superprovisorische Massnahme 1.185
- unentgeltliche Rechtspflege 1.143, 1.162 (vgl. unentgeltliche Rechtspflege)
- Untersuchungsmaxime 1.142, 1.162, 1.164
- Verfahrensbeteiligte 1.170
- Verfahrensleitung 1.181 ff.
- Verfahrensvertretung 1.143, 1.162, 1.171, 5.57
- Verhandlungsmaxime 1.164
- Vollstreckung (vgl. Vollstreckung)
- vorsorgliche Massnahmen 1.143 ff., 1.184 ff.
- Zuständigkeiten 1.166 ff.
- Zustellung (vgl. Zustellung)

Verfahrensvertretung (vgl. Verfahren vor der KESB, Verfahrensvertretung)

Verfügung
- allgemein 1.151 ff.
- Arten 1.155
- Begriff 1.151
- deklaratorische Verfügung 1.156
- Durchsetzung 1.152
- Einstellungsentscheid 1.145
- materielle Verfügung 1.157
- rechtsgestaltende (konstitutive) Verfügung 1.156
- Struktur 1.153 f.
- Teilverfügung 1.159 f.
- verfahrensleitende Verfügung/Verfahrensverfügung 1.144, 1.157, 1.168, 1.182
- Vollstreckungsverfügung 1.161

- Vollstreckungsverfügung (und fürsorgerische Unterbringung) 10.14, 10.17
- Zwischenverfügung/Vorentscheid 1.158
- und Handlungen 1.152

Vergleich (vgl. Zustimmung der KESB zu Handlungen des Beistands/der Beiständin, zustimmungsbedürftige Geschäfte [Art. 416 ZGB])

Verhältnismässigkeitsprinzip 1.9
- allgemein 1.16 ff.
- erforderlich 1.19
- formale Struktur (der Überprüfung) 1.21
- geeignet 1.18
- Merkmale 1.17 ff.
- Publikation von Massnahmen 5.87, 5.99
- zumutbar 1.20
- Zustimmung des KESB 7.50
- und Abklärung der KESB 1.132
- und Aufgabenbereiche 5.69
- und Behandlung ohne Zustimmung (im Rahmen von medizinischen Massnahmen bei psychischen Störungen) 10.43
- und Bewegungseinschränkung 11.16
- und fürsorgerische Unterbringung 10.7
- und Prognose 1.16
- und Überführung in eine Massnahme des neuen Rechts 13.32
- und Vermögensverwaltung 7.32
- und Wahl der Schutzmassnahme 5.11

Verjährung (im Rahmen der Staatshaftung)
- absolute Frist 1.244
- Dauermassnahme 1.246
- Fristberechnung 1.245
- relative Frist 1.244
- Stillstand 1.245
- Unterbrechung 1.245

Vermögensinventar
- allgemein 7.9 ff.
- Begriff 7.5
- ehelichen Vermögens 7.13
- Ergänzung des Inventars 7.15
- Stichtag 7.15
- und Straftatbestände 7.11
- und Zwangsvollstreckung 1.212

Vermögensverwaltung
- allgemein 7.30 ff.
- gemäss den Bestimmungen des ZGB 7.30 ff.
- gemäss den Bestimmungen der VBVV 7.34 ff. (vgl. Verordnung über die Vermögensverwaltung im Rahmen einer Beistandschaft oder Vormundschaft)

Vermutung (gesetzliche)
- und Selbstbestimmung 1.9
- und Urteilsfähigkeit 1.32
- und Wohnsitz 1.96, 1.113

Verordnung über die Vermögensverwaltung im Rahmen einer Beistandschaft oder Vormundschaft VBVV
- allgemein 7.34 ff.
- altrechtliche Regelung 7.34
- Anwendungsbereich 7.35
- Dokumentationspflicht 7.39
- Grundsätze der Vermögensanlage 7.35
- Wahl der Anlage 7.37

Vertrag zwischen der betroffenen Person und dem Beistand/der Beiständin
- unentgeltlicher Auftrag 7.57
- und Zustimmung der KESB 7.56

Vertrauensperson 10.15
- Aufgabe 10.15
- im Rahmen der Beistandschaft 6.21 f.
- Ende das Amtes 10.15
- und medizinische Massnahmen bei einer psychischen Störung 10.35

Vertraulichkeit (vgl. Verschwiegenheitspflicht)

Vertretungsbeistandschaft
- allgemein 5.34 ff.
- betagte Personen 5.40, 5.75
- Einschränkung der Handlungsfähigkeit 5.36 f. (vgl. punktuelle Einschränkung der Handlungsfähigkeit)
- Parallelzuständigkeit 5.37
- Verzicht 4.20

- Wirkungen 5.34 ff.

Vertretungsbeistandschaft mit Vermögensverwaltung
- allgemein 5.38 ff.
- Begriff 5.38
- Kanzleisperre 5.39
- Kontosperre 5.39, 5.92
- Verzicht 4.20
- Wohnsitz 1.102 f., 1.108

Vertretung bei medizinischen Massnahmen
- allgemein 3.12 ff.
- Ausnahmen 3.12
- Begriff 3.12
- Behandlungsplan 3.15
- Behandlung psychischer Störungen 3.12
- Ehegatte oder eingetragene/r Partner/in 3.13
- Einschreiten KESB 3.17 ff.
- gemeinsamer Haushalt 3.13
- Haftung/Verantwortlichkeit der KESB 3.20
- Haftung/Verantwortlichkeit der vertretungsberechtigten Person 1.237, 3.16
- hierarchische Ordnung 3.13 f.
- Interessen der urteilsunfähigen Person 3.18 f.
- Konkubinatspartner/in 3.13
- mehrere Vertreter/innen 3.14
- Notfall 3.12
- regelmässiger und persönlicher Beistand 3.13
- vertretungsberechtigte Person 3.13 f.
- Vertretungsrecht von Gesetzes wegen 3.12
- Verweigerung 3.14
- Voraussetzungen 3.13
- Wirkungen 3.14
- und höchstpersönliche Rechte 3.14
- und Patientenverfügung 3.14

Vertretungsrecht der Ehegatten, des/der eingetragenen Partner/in
- allgemein 3.1 ff.
- Ausübung 3.6
- ausserordentliche Verwaltung 3.8
- Begriff 3.1
- Einschreiten der KESB 3.8 ff.
- Entzug des Vertretungsrechts 3.9
- Ernennung eines Beistands/einer Beiständin 3.9
- gefährdete Interessenwahrung 3.8
- Haftung/Verantwortlichkeit 3.7
- Umfang 3.5
- Urteilsunfähigkeit 3.2
- Ziel 3.1
- Zweifel bezüglich Voraussetzungen 3.8
- und Beistandschaft 3.4
- und Konkubinatspartner/in 3.3
- und Vorsorgeauftrag 3.4

Vertretung einer urteilsunfähigen Person in einer Einrichtung (vgl. urteilsunfähige Personen in einer Einrichtung)

Verwahrlosung (schwere)
- als Voraussetzung für eine fürsorgerische Unterbringung 10.6

Verzicht (der KESB auf Anordnung einer Beistandschaft) (vgl. Alternativen zur Beistandschaft)

volle Handlungsfähigkeit
- allgemein 1.26 ff.
- Voraussetzungen 1.27 s.

volle Handlungsunfähigkeit
- allgemein 1.43 ff.
- Ausnahmen 1.44 ff.
- Wirkungen 1.43

Vollstreckung (der Verfügung)
- allgemein 1.212 ff.

Vorrecht der Verwandten und Ehegatten 6.23 (Angehörige als Beistand/Beiständin)

Vorsorgeauftrag
- allgemein 2.1 ff.
- als Instrument der eigenen Vorsorge 2.1
- Aufgaben der KESB 2.11 ff.
- Auslegung 2.12
- Begriff 2.1 f.
- Berichtigung 2.11
- Einschreiten der KESB 2.16
- Ergänzung 2.13
- Erlöschen von Gesetzes wegen 2.10
- Ersatzperson 2.5
- Hinterlegung 2.9
- Inhalt 2.8

- Interessenkollision 2.10, 5.62
- Substitutionsermächtigung 2.5
- Übergangsrecht 13.2
- Validierung 2.14 f.
- Validierungsentscheid 2.14, 2.17 ff.
- Verantwortlichkeit 1.237
- Voraussetzung: Formvorschriften 2.8 f.
- Voraussetzung: materielle Voraussetzung 2.3
- vorsorgebeauftragte Person 2.4 f.
- Weisungen 2.7
- Wirkung 2.10

vorsorgliche Massnahmen (vgl. Verfahren vor der KESB)
- und Alternativen zur Beistandschaft (Art. 392 ZGB) 4.4

W

Wahl (der Beistandschaft) (vgl. Beistandschaft [allgemein], Arten)

Wechsel des Wohnsitzes (vgl. Übertragung einer Massnahme)

Weiterführungspflicht (vgl. Ende des Amtes als Beistand/Beiständin)

Wirkung (der Beistandschaft) gegenüber Dritten (vgl. Publikation der Schutzmassnahme) (vgl. Auskunftsrecht)
- bekannte Schuldner/innen 5.100
- Verleitung zur irrtümlichen Annahme der Handlungsfähigkeit 5.101

Wohnräume (Betretung durch Dritte)
- und Beistandschaft 5.77 ff.
- und Zustimmung der KESB 7.65

Wohnsitz
- allgemein 1.90 ff.
- Arten 1.90
- Einheit (des Wohnsitzes) 1.91
- freiwilliger Wohnsitz 1.92
- gesetzlicher Wohnsitz 1.91
- im Fall einer umfassenden Beistandschaft 1.98, 1.108
- Notwendigkeit (des Wohnsitzes) 1.91, 1.97
- objektives Element 1.92 f.
- subjektives Element 1.92, 1.94 f.
- Unterstützungswohnsitz 1.109 ff.
- und Aufenthalt zu einem Sonderzweck 1.96 f.
- und ordentliche örtliche Zuständigkeit 1.85, 1.90 ff.
- und Sozialversicherungen 1.112 f.
- und Vermögensverwaltung 1.102 f.

Z

zeitliche Ressourcen
- allgemein 6.12 ff.
- Kennziffern zur Berechnung von Ressourcen 6.18
- und professionelle/r Mandatsträger/in 6.15
- und persönliche Ausübung 6.13

Zusammenarbeitspflicht
- allgemein 1.231 ff.
- Begriff 1.231
- Gefahrensituation 1.232
- Mitwirkungspflicht (vgl. Verfahren vor der KESB)
- Ziel 1.231
- und Schweigepflicht 1.219

Zuständigkeit
- funktionelle 1.169
- örtliche (vgl. örtliche Zuständigkeit)
- sachliche 1.166
- Übertragung einer Massnahme (vgl. Übertragung einer Massnahme)

Zustellung
- Adressaten 1.203, 1.211
- allgemein 1.202 ff.
- Begriff 1.202
- Gerichtsferien 1.207
- letzter Tag einer Frist 1.208
- Wirkung 1.204
- Zustellfiktion 1.204, 1.209

Zustimmung der KESB zu Handlungen des Beistands/der Beiständin
- allgemein 7.41 ff.
- Begriff 7.41
- (Betreten von) Wohnräumen (durch Dritte) 7.65
- Briefe (Öffnen durch Dritte) 7.65
- Form 7.44
- Grundvoraussetzung 7.2 f.
- ohne Zustimmung 7.44
- Prüfung der KESB 7.45

- Sterilisation 7.58 ff.
- Strafantrag 7.64
- unentgeltlicher Auftrag 7.57
- Verantwortlichkeit 7.48
- Vertrag zwischen der betroffenen Person und dem Beistand/der Beiständin 7.56
- zustimmungsbedürftige Geschäfte (Art. 416 ZGB) 7.47 ff.
- zustimmungsbedürftige Geschäfte (Art. 417 ZGB) 7.50 ff.
- und Begleitbeistandschaft 5.25
- und Mitwirkungsbeistandschaft 5.46

Zwecktauglichkeit
- und Verhältnismässigkeitsprinzip 1.18

Konkordanztabelle
«altes Vormundschaftsrecht – neues Erwachsenenschutzrecht»

Im Folgenden werden den Gesetzesbestimmungen des alten Rechts (linke Spalte) entsprechende Bestimmungen des neuen Rechts (rechte Spalte) gegenübergestellt. Praktiker/innen, die mit den alten Gesetzesbestimmungen gut vertraut sind, können sich damit leichter mit den Neuerungen vertraut machen. Wo nichts anderes angegeben ist, beziehen sich die Artikel auf das ZGB (aArt. = Version bis 31.12.2012; Art. = Version ab 1.1.2013 resp. unveränderte Bestimmungen). Eine Übersicht in der umgekehrten Reihenfolge «neues Erwachsenenschutzrecht – altes Vormundschaftsrecht» findet sich in KUKO ZGB-Rosch, N 11 zu Vor Art. 360–456.

altes Vormundschaftsrecht (aArt. ZGB) (gültig bis 31.12.2012 + ggf. Übergangszeit)	neues Erwachsenenschutzrecht (Art. ZGB) (gültig ab 1.1.2013)
aArt. 360–367 Vormundschaftliche Organe	
aArt. 360 – Im Allgemeinen Vormundschaftliche Organe sind die vormundschaftlichen Behörden, der Vormund und der Beistand.	**Art. 440 Abs. 1 und 3 – Erwachsenenschutzbehörde** ¹ Die Erwachsenenschutzbehörde ist eine Fachbehörde. Sie wird von den Kantonen bestimmt. ³ Sie [die Erwachsenenschutzbehörde] hat auch die Aufgaben der Kindesschutzbehörde.
aArt. 361 – Vormundschaftliche Behörden ¹ Vormundschaftliche Behörden sind: die Vormundschaftsbehörde und die Aufsichtsbehörde. ² Die Kantone bestimmen diese Behörden und ordnen, wo zwei Instanzen der Aufsichtsbehörde vorgesehen sind, die Zuständigkeit dieser Instanzen.	**Art. 441 Abs. 1 – Aufsichtsbehörde** ¹ Die Kantone bestimmen die Aufsichtsbehörden. **Art. 450 Abs. 1 – Beschwerdeinstanz** ¹ Gegen Entscheide der Erwachsenenschutzbehörde kann Beschwerde beim zuständigen Gericht erhoben werden. *Anmerkungen:* Im Unterschied zum alten Recht widmet das neue Recht der Aufzählung der Organe des Erwachsenenschutzes keine eigene Bestimmung mehr. Die Behörden sind im Gesetzestitel mit der Überschrift «Organisation» benannt. Die Organstellung des Beistandes bzw. der Beiständin als Träger bzw. Trägerin eines erwachsenenschutzrechtlichen Amtes des neuen Rechts ist abzuleiten aus Art. 400 Abs. 1 und 2. Die im alten Recht programmatisch aufgeführten Aufgaben und Pflichten der Amtsträgerinnen und Amtsträger werden ersetzt durch den Hinweis auf die (massgeschneiderte) Aufgabenumschreibung durch die Erwachsenenschutzbehörde. Im Unterschied zum alten Recht, welches den Kantonen betreffend Ausgestaltung der Behörden keine Vorgaben machte, verlangt das neue Recht, dass die KESB als Fachbehörde aufgestellt wird. Die sachliche Zuständigkeit für die Anordnung von Massnahmen wird neu bei der KESB vereinheitlicht (im alten Recht war – je nach kantonalem Recht und/oder Massnahme – die Vormundschaftsbehörde, die Aufsichtsbehörde oder das Gericht zuständig). Die Beschwerdeinstanz, die im alten Recht eine Verwaltungsbehörde oder ein (Zivil-)Gericht sein konnte, ist im neuen Recht zwingend ein Gericht.
aArt. 362–Art. 366 Familienvormundschaft [...]	**kein entsprechendes Rechtsinstitut im neuen Recht.** *Anmerkungen:* Die Idee, Verantwortung bei der Familie der betroffenen Person anzusiedeln, kommt im neuen Recht in Bereich der Massnahmen von Gesetzes wegen für urteilsunfähige Personen

Fortsetzung auf nächster Seite ...

Konkordanztabelle

altes Vormundschaftsrecht (aArt. ZGB) (gültig bis 31.12.2012 + ggf. Übergangszeit)	neues Erwachsenenschutzrecht (Art. ZGB) (gültig ab 1.1.2013)
	(Art. 374–381) zum Ausdruck. Mit Vorsorgeauftrag (Art. 360 ff.), allenfalls kombiniert mit Patientenverfügung (Art. 370 ff.), kann die betroffene Person durch Ernennung von Familienangehörigen als Vorsorgebeauftragte die Verantwortung in der Familie selbstbestimmt festlegen. Werden Angehörige als Beistand/Beiständin eingesetzt, so können sie von der Erwachsenenschutzbehörde – wenn die Umstände es rechtfertigen – ganz oder teilweise von gewissen Pflichten befreit werden (Art. 420).
aArt. 367 – Vormund und Beistand ¹ Der Vormund hat die gesamten persönlichen und vermögensrechtlichen Interessen des unmündigen oder entmündigten Bevormundeten zu wahren und ist dessen Vertreter. ² Der Beistand ist für einzelne Geschäfte eingesetzt oder mit Vermögensverwaltung betraut. ³ Für den Beistand gelten, soweit keine besonderen Vorschriften aufgestellt sind, die Bestimmungen dieses Gesetzes über den Vormund.	*zur Stellung als Organ: s.o. zu aArt. 360 und 361* **Art. 391 Abs. 1 und 2 – Aufgabenbereiche** ¹ Die Erwachsenenschutzbehörde umschreibt die Aufgabenbereiche der Beistandschaft entsprechend den Bedürfnissen der betroffenen Person. ² Die Aufgabenbereiche betreffen die Personensorge, die Vermögenssorge oder den Rechtsverkehr. **Art. 400 Abs. 1 und 2:** *s.u. zu aArt. 379 ff.*
aArt. 368–372 Bevormundungsfälle	
aArt. 368 – Bevormundung bei Unmündigkeit ¹ Unter Vormundschaft gehört jede unmündige Person, die sich nicht unter der elterlichen Sorge befindet. ² Die Zivilstandsbeamten, Verwaltungsbehörden und Gerichte haben der zuständigen Behörde Anzeige zu machen, sobald sie in ihrer Amtstätigkeit von dem Eintritt eines solchen Bevormundungsfalles Kenntnis erhalten.	*zu aArt. 368 Abs. 1:* **Art. 327a – Minderjährige unter Vormundschaft** Steht ein Kind nicht unter elterlicher Sorge, so ernennt ihm die Kindesschutzbehörde einen Vormund. ***Anmerkung:*** *Die Vormundschaft für Unmündige ist neu im Kindesrecht (Art. 327a ff.) geregelt. Die Rechtsstellung Minderjähriger unter Vormundschaft wird derjenigen von Minderjährigen unter elterlicher Sorge angeglichen.* *zu aArt. 368 Abs. 2:* ***Anmerkung:*** *Gemäss Verweis in Art. 314 ist* **Art. 443 Abs. 2** *(s.u. zu aArt. 369 Abs. 2) anwendbar.*
aArt. 369 – Bevormundung bei Geisteskrankheit und Geistesschwäche ¹ Unter Vormundschaft gehört jede mündige Person, die infolge von Geisteskrankheit oder Geistesschwäche ihre Angelegenheiten nicht zu besorgen vermag, zu ihrem Schutze dauernd des Beistandes und der Fürsorge bedarf oder die Sicherheit anderer gefährdet.	*zu aArt. 369 Abs. 1:* **Art. 390 Abs. 1 Ziff. 1 und Abs. 2 – Voraussetzungen einer Beistandschaft** ¹ Die Erwachsenenschutzbehörde errichtet eine Beistandschaft, wenn eine volljährige Person: 1. wegen einer geistigen Behinderung, einer psychischen Störung oder eines ähnlichen in der Person liegenden Schwächezustands ihre Angelegenheiten nur teilweise oder gar nicht besorgen kann; 2. (...) ² Die Belastung und der Schutz von Angehörigen und Dritten sind zu berücksichtigen.

Fortsetzung auf nächster Seite ...

Konkordanztabelle

altes Vormundschaftsrecht (aArt. ZGB) (gültig bis 31.12.2012 + ggf. Übergangszeit)	neues Erwachsenenschutzrecht (Art. ZGB) (gültig ab 1.1.2013)
	Art. 398 – Umfassende Beistandschaft ¹ Eine umfassende Beistandschaft wird errichtet, wenn eine Person, namentlich wegen dauernder Urteilsunfähigkeit, besonders hilfsbedürftig ist. ² Sie bezieht sich auf alle Angelegenheiten der Personensorge, der Vermögenssorge und des Rechtsverkehrs. ³ Die Handlungsfähigkeit der betroffenen Person entfällt von Gesetzes wegen.
² Die Verwaltungsbehörden und Gerichte haben der zuständigen Behörde Anzeige zu machen, sobald sie in ihrer Amtstätigkeit von dem Eintritt eines solchen Bevormundungsfalles Kenntnis erhalten.	zu aArt. 369 Abs. 2: **Art. 443 Abs. 2 – Melderechte und -pflichten** ² Wer in amtlicher Tätigkeit von einer solchen [hilfsbedürftigen] Person erfährt, ist meldepflichtig. Die Kantone können weitere Meldepflichten vorsehen.
aArt. 370 – Bevormundung infolge Verschwendung, Trunksucht, lasterhafter Lebenswandel, Misswirtschaft Unter Vormundschaft gehört jede mündige Person, die durch Verschwendung, Trunksucht, lasterhaften Lebenswandel oder durch die Art und Weise ihrer Vermögensverwaltung sich oder ihre Familie der Gefahr eines Notstandes oder der Verarmung aussetzt, zu ihrem Schutze dauernd des Beistandes und der Fürsorge bedarf oder die Sicherheit anderer gefährdet.	**Art. 390 Abs. 1 Ziff. 1 und Abs. 2:** s.o. zu aArt. 369 Abs. 1 **Art. 398 Abs. 1:** s.o. zu aArt. 369 Abs. 1
aArt. 371 – Bevormundung infolge Freiheitsstrafe ¹ Unter Vormundschaft gehört jede mündige Person, die zu einer Freiheitsstrafe von einem Jahr oder darüber verurteilt worden ist. ² Die Strafvollzugsbehörde hat, sobald ein solcher Verurteilter seine Strafe antritt, der zuständigen Behörde Mitteilung zu machen.	**kein entsprechendes Rechtsinstitut**
aArt. 372 – Bevormundung infolge eigenes Begehren Einer mündigen Person kann auf ihr Begehren ein Vormund gegeben werden, wenn sie dartut, dass sie infolge von Altersschwäche oder andern Gebrechen oder von Unerfahrenheit ihre Angelegenheiten nicht gehörig zu besorgen vermag.	**Art. 390 Abs. 1 Ziff. 1 und Abs. 2:** s.o. zu aArt. 369 Abs. 1 **Art. 390 Abs. 3** ³ Die Beistandschaft wird auf Antrag der betroffenen oder einer nahe stehenden Person oder von Amtes wegen errichtet.

Konkordanztabelle

altes Vormundschaftsrecht (aArt. ZGB) (gültig bis 31.12.2012 + ggf. Übergangszeit)	neues Erwachsenenschutzrecht (Art. ZGB) (gültig ab 1.1.2013)
aArt. 373–375 Verfahren	
aArt. 373 – Verfahren im Allgemeinen [1] Die Kantone bestimmen die für die Entmündigung zuständigen Behörden und das Verfahren. [2] Die Weiterziehung an das Bundesgericht bleibt vorbehalten.	**Art. 443–449c: Verfahren vor der Erwachsenenschutzbehörde** Art. 443 – Melderechte und -pflichten Art. 444 – Prüfung der Zuständigkeit Art. 445 – Vorsorgliche Massnamen Art. 446 – Verfahrensgrundsätze Art. 447 – Anhörung Art. 448 – Mitwirkungspflichten und Amtshilfe Art. 449 – Begutachtung in einer Einrichtung Art. 449a – Anordnung einer Vertretung Art. 449b – Akteneinsicht Art. 449c – Mitteilungspflicht **Art. 450–450e: Verfahren vor der gerichtlichen Beschwerdeinstanz** Art. 450 – Beschwerdeobjekt und Beschwerdebefugnis Art. 450a – Beschwerdegründe Art. 450b – Beschwerdefrist Art. 450c – Aufschiebende Wirkung Art. 450d – Vernehmlassung der Vorinstanz und Wiedererwägung Art. 450e – Besondere Bestimmung bei der fürsorgerischen Unterbringung **Art. 450f: Gemeinsame Bestimmung** Im Übrigen sind die Bestimmungen der Zivilprozessordnung sinngemäss anwendbar, soweit die Kantone nichts anderes bestimmen. **Art. 72 Abs. 2 lit. b Ziff. 6 BGG** [2] Der Beschwerde in Zivilsachen unterliegen (…) Entscheide (…) auf dem Gebiet des Kindes- und Erwachsenenschutzes. **Anmerkungen:** Auch das neue Recht regelt das Verfahren nicht umfassend, sondern beschränkt sich auf einige wesentliche Verfahrensregeln. Neben diesen «Minimalvorschriften» können die Kantone das Verfahren bestimmen. Subsidiär gilt die ZPO. Die Weiterziehungsmöglichkeit an das Bundesgericht wird durch das BGG geregelt.
aArt. 374 – Anhörung und Begutachtung [1] Wegen Verschwendung, Trunksucht, lasterhaften Lebenswandels oder der Art und Weise ihrer Vermögensverwaltung darf eine Person nicht entmündigt werden, ohne dass sie vorher angehört worden ist. [2] Die Entmündigung wegen Geisteskrankheit oder Geistesschwäche darf nur nach Einholung des Gutachtens von Sachverständigen erfolgen, das sich auch über die Zulässigkeit einer vorgängigen Anhörung des zu Entmündigenden auszusprechen hat.	**Art. 447 Abs. 1 – Anhörung** [1] Die betroffene Person wird persönlich angehört, soweit dies nicht als unverhältnismässig erscheint. **Art. 446 Abs. 2 – Verfahrensgrundsätze** [2] Sie [die Erwachsenenschutzbehörde] zieht die erforderlichen Erkundigungen ein und erhebt die notwendigen Beweise. Sie kann eine geeignete Person oder Stelle mit Abklärungen beauftragen. Nötigenfalls ordnet sie das Gutachten einer sachverständigen Person an. **Art. 449 – Begutachtung in einer Einrichtung** [1] Ist eine psychiatrische Begutachtung unerlässlich und kann diese nicht ambulant durchgeführt werden, so weist die Erwachsenenschutzbehörde die betroffene Person zur Begutachtung in eine geeignete Einrichtung ein. [2] Die Bestimmungen über das Verfahren bei fürsorgerischer Unterbringung sind sinngemäss anwendbar.

Konkordanztabelle

altes Vormundschaftsrecht (aArt. ZGB) (gültig bis 31.12.2012 + ggf. Übergangszeit)	neues Erwachsenenschutzrecht (Art. ZGB) (gültig ab 1.1.2013)
aArt. 375 – Veröffentlichung ¹ Ist ein Mündiger bevormundet, so muss die Bevormundung, sobald sie rechtskräftig geworden ist, wenigstens einmal in einem amtlichen Blatte seines Wohnsitzes und seiner Heimat veröffentlicht werden. ² Mit Zustimmung der Aufsichtsbehörde kann auf eine Veröffentlichung verzichtet werden, wenn die Handlungsunfähigkeit für Dritte offenkundig ist oder der Geisteskranke, Geistesschwache oder Trunksüchtige in einer Anstalt untergebracht ist; die Bevormundung ist aber dem Betreibungsamt mitzuteilen. ³ Vor der Veröffentlichung kann die Bevormundung gutgläubigen Dritten nicht entgegengehalten werden.	keine Publikation vorgesehen, *vgl. aber stattdessen:* **Art. 451 Abs. 2 – Verschwiegenheitspflicht und Auskunft** ² Wer ein Interesse glaubhaft macht, kann von der Erwachsenenschutzbehörde Auskunft über das Vorliegen und die Wirkungen einer Massnahme des Erwachsenenschutzes verlangen. **Art. 452 Abs. 1 und 2 – Wirkung der Massnahmen gegenüber Dritten** ¹ Eine Massnahme des Erwachsenenschutzes kann Dritten, auch wenn sie gutgläubig sind, entgegengehalten werden. ² Schränkt die Beistandschaft die Handlungsfähigkeit der betroffenen Person ein, so ist den Schuldnern mitzuteilen, dass ihre Leistung nur befreiende Wirkung hat, wenn sie diese dem Beistand oder der Beiständin erbringen. Vorher kann die Beistandschaft gutgläubigen Schuldnern nicht entgegengehalten werden. **Art. 413 Abs. 3 – Sorgfalts- und Verschwiegenheitspflicht** ³ Dritte sind über die Beistandschaft zu orientieren, soweit dies zur gehörigen Erfüllung der Aufgaben des Beistands oder der Beiständin erforderlich ist. **Art. 449c – Mitteilungspflicht [an Zivilstandsamt]** Die Erwachsenenschutzbehörde macht dem Zivilstandsamt Mitteilung, wenn: 1. sie eine Person wegen dauernder Urteilsunfähigkeit unter umfassende Beistandschaft stellt; 2. für eine dauernd urteilsunfähige Person ein Vorsorgeauftrag wirksam wird.
aArt. 376–378 Zuständigkeit	
aArt. 376 ¹ Die Bevormundung erfolgt am Wohnsitze der zu bevormundenden Person. ² Die Kantone sind berechtigt, für ihre im Kanton wohnenden Bürger die vormundschaftlichen Behörden der Heimat als zuständig zu erklären, insofern auch die Armenunterstützung ganz oder teilweise der Heimatgemeinde obliegt.	**Art. 442 Abs. 1, 2 und 4 – Örtliche Zuständigkeit** ¹ Zuständig ist die Erwachsenenschutzbehörde am Wohnsitz der betroffenen Person. Ist ein Verfahren rechtshängig, so bleibt die Zuständigkeit bis zu dessen Abschluss auf jeden Fall erhalten. ² Ist Gefahr im Verzug, so ist auch die Behörde am Ort zuständig, wo sich die betroffene Person aufhält. Trifft diese Behörde eine Massnahme, so benachrichtigt sie die Wohnsitzbehörde. ⁴ Die Kantone sind berechtigt, für ihre Bürgerinnen und Bürger, die Wohnsitz im Kanton haben, statt der Wohnsitzbehörde die Behörde des Heimatortes zuständig zu erklären, sofern auch die Unterstützung bedürftiger Personen ganz oder teilweise der Heimatgemeinde obliegt.
aArt. 377 – Wechsel des Wohnsitzes ¹ Ein Wechsel des Wohnsitzes kann nur mit Zustimmung der Vormundschaftsbehörde stattfinden. ² Ist er erfolgt, so geht die Vormundschaft auf die Behörde des neuen Wohnsitzes über. ³ Die Bevormundung ist in diesem Falle am neuen Wohnsitze zu veröffentlichen.	**Art. 442 Abs. 5 – Örtliche Zuständigkeit** ⁵ Wechselt eine Person, für die eine Massnahme besteht, ihren Wohnsitz, so übernimmt die Behörde am neuen Ort die Massnahme ohne Verzug, sofern keine wichtigen Gründe dagegen sprechen. **Art. 444 Abs. 2–4 – Prüfung der Zuständigkeit** ² Hält sie sich nicht für zuständig, so überweist sie die Sache unverzüglich der Behörde, die sie als zuständig erachtet. ³ Zweifelt sie an ihrer Zuständigkeit, so pflegt sie einen Meinungsaustausch mit der Behörde, deren Zuständigkeit in Frage kommt. ⁴ Kann im Meinungsaustausch keine Einigung erzielt werden, so unterbreitet die zuerst befasste Behörde die Frage ihrer Zuständigkeit der gerichtlichen Beschwerdeinstanz.

Konkordanztabelle

altes Vormundschaftsrecht (aArt. ZGB) (gültig bis 31.12.2012 + ggf. Übergangszeit)	neues Erwachsenenschutzrecht (Art. ZGB) (gültig ab 1.1.2013)
aArt. 378 – Rechte des Heimatkantons [1] Die Vormundschaftsbehörde der Heimat ist befugt, die Bevormundung von Angehörigen, die in einem andern Kanton ihren Wohnsitz haben, bei der Wohnsitzbehörde zu beantragen. [2] Sie kann zur Wahrung der Interessen eines Angehörigen, der in einem andern Kanton bevormundet werden sollte oder bevormundet ist, bei der zuständigen Behörde Beschwerde führen. [3] Wenn über die religiöse Erziehung eines bevormundeten Unmündigen eine Verfügung zu treffen ist, so hat die Behörde des Wohnsitzes die Weisung der heimatlichen Vormundschaftsbehörde einzuholen und zu befolgen.	**Art. 442 Abs. 4 – Örtliche Zuständigkeit** [4] Die Kantone sind berechtigt, für ihre Bürgerinnen und Bürger, die Wohnsitz im Kanton haben, statt der Wohnsitzbehörde die Behörde des Heimatortes zuständig zu erklären, sofern auch die Unterstützung bedürftiger Personen ganz oder teilweise der Heimatgemeinde obliegt.
aArt. 379–391 Bestellung des Vormundes	
aArt. 379 – Voraussetzungen [1] Als Vormund hat die Vormundschaftsbehörde eine mündige Person zu wählen, die zu diesem Amte geeignet erscheint.	*zu aArt. 379 Abs. 1:* **Art. 400 – Ernennung Beistand/Beiständin: Allgemeine Voraussetzungen** [1] Die Erwachsenenschutzbehörde ernennt als Beistand oder Beiständin eine natürliche Person, die für die vorgesehenen Aufgaben persönlich und fachlich geeignet ist, die dafür erforderliche Zeit einsetzen kann und die Aufgaben selber wahrnimmt. Bei besonderen Umständen können mehrere Personen ernannt werden. [2] Die ernannte Person ist verpflichtet, die Beistandschaft zu übernehmen, wenn nicht wichtige Gründe dagegen sprechen. [3] Die Erwachsenenschutzbehörde sorgt dafür, dass der Beistand oder die Beiständin die erforderliche Instruktion, Beratung und Unterstützung erhält.
[2] Bei besonderen Umständen können mehrere Personen gewählt werden, die das Amt gemeinsam oder auf Grund einer amtlichen Ausscheidung der Befugnisse führen. [3] Die gemeinsame Führung einer Vormundschaft kann jedoch mehreren Personen nur mit ihrem Einverständnis übertragen werden.	*zu aArt. 379 Abs. 2 und 3:* **Art. 402 – Übertragung des Amtes auf mehrere Personen** [1] Überträgt die Erwachsenenschutzbehörde eine Beistandschaft mehreren Personen, so legt sie fest, ob das Amt gemeinsam ausgeübt wird oder wer für welche Aufgaben zuständig ist. [2] Die gemeinsame Führung einer Beistandschaft wird mehreren Personen nur mit ihrem Einverständnis übertragen.
aArt. 380 – Vorrecht der Verwandten/ Ehegatten Sprechen keine wichtigen Gründe dagegen, so hat die Behörde einem tauglichen nahen Verwandten oder dem Ehegatten des zu Bevormundenden bei der Wahl den Vorzug zu geben, unter Berücksichtigung der persönlichen Verhältnisse und der Nähe des Wohnsitzes.	**keine entsprechende Bestimmung im neuen Recht** *Anmerkung:* vgl. o. Anmerkung zu aArt. 362–366

altes Vormundschaftsrecht (aArt. ZGB) (gültig bis 31.12.2012 + ggf. Übergangszeit)	neues Erwachsenenschutzrecht (Art. ZGB) (gültig ab 1.1.2013)
aArt. 381 – Wünsche des Bevormundeten/Eltern Hat die zu bevormundende Person oder deren Vater oder Mutter jemand als den Vormund ihres Vertrauens bezeichnet, so soll dieser Bezeichnung, wenn nicht wichtige Gründe dagegen sprechen, Folge geleistet werden.	**Art. 401 – Wünsche der betroffenen Person oder ihr nahe stehender Personen** [1] Schlägt die betroffene Person eine Vertrauensperson als Beistand oder Beiständin vor, so entspricht die Erwachsenenschutzbehörde ihrem Wunsch, wenn die vorgeschlagene Person für die Beistandschaft geeignet und zu deren Übernahme bereit ist. [2] Sie berücksichtigt, soweit tunlich, Wünsche der Angehörigen oder anderer nahestehender Personen. [3] Lehnt die betroffene Person eine bestimmte Person als Beistand oder Beiständin ab, so entspricht die Erwachsenenschutzbehörde, soweit tunlich, diesem Wunsch.
aArt. 382 – Allgemeine Pflicht zur Übernahme [1] Zur Übernahme des Amtes sind verpflichtet die Verwandten und der Ehegatte der zu bevormundenden Person sowie alle Personen, die im Vormundschaftskreis wohnen. [2] Die Pflicht zur Übernahme des Amtes besteht nicht, wenn der Vormund durch den Familienrat ernannt wird.	**Art. 400 Abs. 2 – Ernennung: Allgemeine Voraussetzungen** [2] Die ernannte Person ist verpflichtet, die Beistandschaft zu übernehmen, wenn nicht wichtige Gründe dagegen sprechen.
aArt. 383 – Ablehnungsgründe Die Übernahme des Amtes können ablehnen: 1. wer das 60. Altersjahr zurückgelegt hat; 2. wer wegen körperlicher Gebrechen das Amt nur mit Mühe führen könnte; 3. wer über mehr als vier Kinder die elterliche Sorge ausübt; 4. wer bereits eine besonders zeitraubende oder zwei andere Vormundschaften besorgt; 5. die Mitglieder des Bundesrates, der Kanzler der Eidgenossenschaft und die Mitglieder des Bundesgerichtes; 6. die von den Kantonen bezeichneten Beamten und Mitglieder kantonaler Behörden.	**keine entsprechende ausdrückliche Bestimmung** *Anmerkung: Die Liste der Ablehnungsgründe im alten Recht wird im neuen Recht durch die Generalklausel der wichtigen Gründe ersetzt. Die in aArt. 383 aufgezählten Ablehnungsgründe dürften aber als wichtige Gründe im Sinne von Art. 400 Abs. 2 (s. oben) gelten.*
aArt. 384 – Ausschliessungsgründe Zu dem Amte sind nicht wählbar: 1. wer selbst bevormundet ist; 2. wer nicht im Besitz der bürgerlichen Ehren und Rechte steht, oder einen unehrenhaften Lebenswandel führt; 3. wer Interessen hat, die in erheblicher Weise denjenigen der zu bevormundenden Person widerstreiten, oder wer mit ihr verfeindet ist; 4. die Mitglieder der beteiligten vormundschaftlichen Behörden, solange andere taugliche Personen vorhanden sind.	**keine entsprechende ausdrückliche Bestimmung** *Anmerkung: Die in aArt. 384 aufgezählten Ausschliessungsgründe führen auch im neuen Recht zum Ausschluss infolge fehlender persönlicher Eignung.* zu aArt. 384 Ziff. 3: **Art. 403 Abs. 2**: Bei Interessenkollision entfallen von Gesetzes wegen die Befugnisse des Beistands oder der Beiständin in der entsprechenden Angelegenheit *(neu explizit im ZGB geregelt; Bestätigung der bisherigen Rechtsprechung).*

Konkordanztabelle

altes Vormundschaftsrecht (aArt. ZGB) (gültig bis 31.12.2012 + ggf. Übergangszeit)	neues Erwachsenenschutzrecht (Art. ZGB) (gültig ab 1.1.2013)
aArt. 385 – Ernennung des Vormundes ¹ Die Vormundschaftsbehörde hat mit aller Beförderung den Vormund zu bestellen. ² Das Entmündigungsverfahren kann nötigenfalls schon eingeleitet werden, bevor der zu Bevormundende das Mündigkeitsalter erreicht hat. ³ Wenn mündige Kinder entmündigt werden, so tritt an Stelle der Vormundschaft in der Regel die elterliche Sorge.	zu aArt. 385 Abs. 1 und 2: **keine entsprechende ausdrückliche Regelung** *Anmerkung:* Da nach neuem Recht die für die Anordnung der Massnahme zuständige Behörde stets auch für die Bestellung des Beistandes zuständig ist, fallen diese behördlichen Akte zeitlich nicht mehr auseinander. zu aArt. 385 Abs. 3: **kein entsprechendes Rechtsinstitut** *(die erstreckte elterliche Sorge entfällt)* im Kontext jedoch zu beachten: **Art. 420 – Besondere Bestimmungen für Angehörige** Werden der Ehegatte, die eingetragene Partnerin oder der eingetragene Partner, die Eltern, ein Nachkomme, ein Geschwister, die faktische Lebenspartnerin oder der faktische Lebenspartner der betroffenen Person als Beistand oder Beiständin eingesetzt, so kann die Erwachsenenschutzbehörde sie von der Inventarpflicht, der Pflicht zur periodischen Berichterstattung und Rechnungsablage und der Pflicht, für bestimmte Geschäfte die Zustimmung einzuholen, ganz oder teilweise entbinden, wenn die Umstände es rechtfertigen. *Anmerkung:* Diese besonderen Bestimmungen für Angehörige erlauben es, dort, wo die Umstände es rechtfertigen, ein Rechtsinstitut zu etablieren, das der Verlängerung der elterlichen Sorge nahe kommt.
aArt. 386 – Vorläufige Fürsorge ¹ Wird es vor der Wahl notwendig, vormundschaftliche Geschäfte zu besorgen, so trifft die Vormundschaftsbehörde von sich aus die erforderlichen Massregeln. ² Sie kann insbesondere die vorläufige Entziehung der Handlungsfähigkeit aussprechen und eine Vertretung anordnen. ³ Eine solche Massregel ist zu veröffentlichen.	**Art. 445 – Vorsorgliche Massnahmen** ¹ Die Erwachsenenschutzbehörde trifft auf Antrag einer am Verfahren beteiligten Person oder von Amtes wegen alle für die Dauer des Verfahrens notwendigen vorsorglichen Massnahmen. Sie kann insbesondere eine Massnahme des Erwachsenenschutzes vorsorglich anordnen. ² Bei besonderer Dringlichkeit kann sie vorsorgliche Massnahmen sofort ohne Anhörung der am Verfahren beteiligten Personen treffen. Gleichzeitig gibt sie diesen Gelegenheit zur Stellungnahme; anschliessend entscheidet sie neu. ³ Gegen Entscheide über vorsorgliche Massnahmen kann innert zehn Tagen nach deren Mitteilung Beschwerde erhoben werden. *Anmerkung:* Wie für die definitive Massnahme entfällt die Publikation auch für die vorsorgliche Massnahme. Art. 451 Abs. 2 und Art. 452 Abs. 1 und 2 gelten auch für eine entsprechende vorsorgliche Massnahme (s.o. zu aArt. 375).
aArt. 387 – Mitteilung und Veröffentlichung ¹ Dem Gewählten wird unverzüglich seine Ernennung schriftlich mitgeteilt. ² Zugleich wird die Wahl im Falle der Auskündung der Bevormundung in einem amtlichen Blatte des Wohnsitzes und der Heimat veröffentlicht.	**keine entsprechende ausdrückliche Regelung** *Anmerkung:* Da nach neuem Recht die für die Anordnung der Massnahme zuständige Behörde stets auch für die Bestellung des Beistandes zuständig ist, fallen diese behördlichen Akte zeitlich nicht mehr auseinander. keine Publikation (s.o. zu aArt. 375)

Konkordanztabelle

altes Vormundschaftsrecht (aArt. ZGB) (gültig bis 31.12.2012 + ggf. Übergangszeit)	neues Erwachsenenschutzrecht (Art. ZGB) (gültig ab 1.1.2013)
Ablehnung und Anfechtung: aArt. 388 Geltendmachung ¹ Der Gewählte kann binnen zehn Tagen nach Mitteilung der Wahl einen Ablehnungsgrund geltend machen. ² Ausserdem kann jedermann, der ein Interesse hat, die Wahl binnen zehn Tagen, nachdem er von ihr Kenntnis erhalten hat, als gesetzwidrig anfechten. ³ Wird von der Vormundschaftsbehörde die Ablehnung oder Anfechtung als begründet anerkannt, so trifft sie eine neue Wahl, andernfalls unterbreitet sie die Angelegenheit mit ihrem Berichte der Aufsichtsbehörde zur Entscheidung.	*zu aArt. 388 Abs. 1 und 2:* **keine entsprechende ausdrückliche Regelung** *Anmerkung: Der/die ernannte Beistand/Beiständin kann gegen die Ernennung Beschwerde nach Art. 450 führen. Desgleichen die betroffene Person, eine ihr nahestehende Person sowie Dritte, die ein rechtlich geschütztes Interesse haben (Art. 450).* *zu aArt. 388 Abs. 3:* **Art. 450d – Vernehmlassung der Vorinstanz und Wiedererwägung** ¹ Die gerichtliche Beschwerdeinstanz gibt der Erwachsenenschutzbehörde Gelegenheit zur Vernehmlassung. ² Statt eine Vernehmlassung einzureichen, kann die Erwachsenenschutzbehörde den Entscheid in Wiedererwägung ziehen.
Ablehnung und Anfechtung: aArt. 389 – Vorläufige Pflicht des Gewählten Der Gewählte ist trotz der Ablehnung oder Anfechtung bei seiner Verantwortlichkeit verpflichtet, die Vormundschaft zu führen, bis er des Amtes enthoben wird.	**keine entsprechende ausdrückliche Regelung** *Anmerkung: Art. 424 ist nicht direkt anwendbar. Ob die ernannte Person eine Pflicht zur vorläufigen Führung der erforderlichen Geschäfte trifft, hängt davon ab, ob in diesem Punkt (Ernennung Beistand) einer allfälligen Beschwerde die aufschiebende Wirkung belassen oder entzogen ist (Art. 450 c).*
Ablehnung und Anfechtung: aArt. 390 – Entscheidung der Aufsichtsbehörde ¹ Von der Entscheidung macht die Aufsichtsbehörde sowohl dem Gewählten als auch der Vormundschaftsbehörde Anzeige. ² Wird der Gewählte entlassen, so trifft die Vormundschaftsbehörde unverweilt eine neue Wahl.	**keine entsprechende ausdrückliche Regelung** *Anmerkung: Die entsprechenden Vorkehrungen sind durch ein geordnetes Verfahren geboten.*
Ablehnung und Anfechtung: aArt. 391 – Übergabe des Amtes Ist die Wahl endgültig getroffen, so erfolgt die Übergabe des Amtes an den Vormund durch die Vormundschaftsbehörde.	**keine entsprechende ausdrückliche Regelung**
aArt. 392–397 Beistandschaft	
aArt. 392 – Vertretungsbeistandschaft Auf Ansuchen eines Beteiligten oder von Amtes wegen ernennt die Vormundschaftsbehörde einen Beistand da, wo das Gesetz es besonders vorsieht, sowie in folgenden Fällen: 1. wenn eine mündige Person in einer dringenden Angelegenheit infolge von Krankheit, Abwesenheit od. dgl. weder selbst zu handeln, noch einen Vertreter zu bezeichnen vermag;	*zu aArt. 392 Ziff. 1:* **Art. 390 Abs. 1 – Voraussetzungen für eine Beistandschaft** ¹ Die Erwachsenenschutzbehörde errichtet eine Beistandschaft, wenn eine volljährige Person: 1. wegen einer geistigen Behinderung, einer psychischen Störung oder eines ähnlichen in der Person liegenden Schwächezustands ihre Angelegenheiten nur teilweise oder gar nicht besorgen kann; 2. wegen vorübergehender Urteilsunfähigkeit oder Abwesenheit in Angelegenheiten, die erledigt werden müssen, weder selber handeln kann noch eine zur Stellvertretung berechtigte Person bezeichnet hat.

Fortsetzung auf nächster Seite …

Konkordanztabelle

altes Vormundschaftsrecht (aArt. ZGB) (gültig bis 31.12.2012 + ggf. Übergangszeit)	neues Erwachsenenschutzrecht (Art. ZGB) (gültig ab 1.1.2013)
	Art. 394 – Vertretungsbeistandschaft – Im Allgemeinen ¹ Eine Vertretungsbeistandschaft wird errichtet, wenn die hilfsbedürftige Person bestimmte Angelegenheiten nicht erledigen kann und deshalb vertreten werden muss. ² Die Erwachsenenschutzbehörde kann die Handlungsfähigkeit der betroffenen Person entsprechend einschränken. ³ Auch wenn die Handlungsfähigkeit nicht eingeschränkt ist, muss die betroffene Person sich die Handlungen des Beistands oder der Beiständin anrechnen oder gefallen lassen. *Anmerkung: Die Möglichkeit, die Handlungsfähigkeit der verbeiständeten Person in bestimmten einzelnen Bereichen einzuschränken, kannte das alte Recht nicht.*
2. wenn der gesetzliche Vertreter einer unmündigen oder entmündigten Person in einer Angelegenheit Interessen hat, die denen des Vertretenen widersprechen; 3. wenn der gesetzliche Vertreter an der Vertretung verhindert ist.	*zu aArt. 392 Ziff. 2 und 3:* **Art. 403 – Verhinderung und Interessenkollision** ¹ Ist der Beistand oder die Beiständin am Handeln verhindert oder widersprechen die Interessen des Beistands oder der Beiständin in einer Angelegenheit denjenigen der betroffenen Person, so ernennt die Erwachsenenschutzbehörde einen Ersatzbeistand oder eine Ersatzbeiständin oder regelt diese Angelegenheit selber. ² Bei Interessenkollision entfallen von Gesetzes wegen die Befugnisse des Beistands oder der Beiständin in der entsprechenden Angelegenheit. *Anmerkung: Bei Interessenkollision der Inhaber elterlicher Sorge sind die analogen Bestimmungen von Art. 306 Abs. 2 und 3 anwendbar.*
aArt. 393 – Vermögensverwaltungsbeistandschaft Fehlt einem Vermögen die nötige Verwaltung, so hat die Vormundschaftsbehörde das Erforderliche anzuordnen und namentlich in folgenden Fällen einen Beistand zu ernennen: 1. bei längerer Abwesenheit einer Person mit unbekanntem Aufenthalt; 2. bei Unfähigkeit einer Person, die Verwaltung ihres Vermögens selbst zu besorgen oder einen Vertreter zu bestellen, falls nicht die Vormundschaft anzuordnen ist; 3. bei Ungewissheit der Erbfolge und zur Wahrung der Interessen des Kindes vor der Geburt; 4. (aufgehoben)	*zu aArt. 393 Ingress (Anordnung des Erforderlichen):* **Art. 392 – Verzicht auf eine Beistandschaft** Erscheint die Errichtung einer Beistandschaft wegen des Umfangs der Aufgaben als offensichtlich unverhältnismässig, so kann die Erwachsenenschutzbehörde: 1. von sich aus das Erforderliche vorkehren, namentlich die Zustimmung zu einem Rechtsgeschäft erteilen; 2. einer Drittperson für einzelne Aufgaben einen Auftrag erteilen; oder 3. eine geeignete Person oder Stelle bezeichnen, der für bestimmte Bereiche Einblick und Auskunft zu geben sind. *zu aArt. 393 Ziff. 1, 2 und 3 (erster Satzteil):* **Art. 390 Abs. 1 und Art. 394** *(s.o. zu aArt. 392)* und **Art. 395 – Vermögensverwaltung** ¹ Errichtet die Erwachsenenschutzbehörde eine Vertretungsbeistandschaft für die Vermögensverwaltung, so bestimmt sie die Vermögenswerte, die vom Beistand oder von der Beiständin verwaltet werden sollen. Sie kann Teile des Einkommens oder das gesamte Einkommen, Teile des Vermögens oder das gesamte Vermögen oder das gesamte Einkommen und Vermögen unter die Verwaltung stellen. ² Die Verwaltungsbefugnisse umfassen auch die Ersparnisse aus dem verwalteten Einkommen oder die Erträge des verwalteten Vermögens, wenn die Erwachsenenschutzbehörde nichts anderes verfügt. ³ Ohne die Handlungsfähigkeit der betroffenen Person einzuschränken, kann ihr die Erwachsenenschutzbehörde den Zugriff auf einzelne Vermögenswerte entziehen. ⁴ Untersagt die Erwachsenenschutzbehörde der betroffenen Person, über ein Grundstück zu verfügen, so lässt sie dies im Grundbuch anmerken.

Fortsetzung auf nächster Seite …

Konkordanztabelle

altes Vormundschaftsrecht (aArt. ZGB) (gültig bis 31.12.2012 + ggf. Übergangszeit)	neues Erwachsenenschutzrecht (Art. ZGB) (gültig ab 1.1.2013)
5. bei öffentlicher Sammlung von Geldern für wohltätige und andere dem öffentlichen Wohle dienende Zwecke, solange für die Verwaltung oder Verwendung nicht gesorgt ist.	*Anmerkung* zu Abs. 3: s.u. zu aArt. 395 Abs. 2. zu aArt. 393 Ziff. 3 (zweiter Satzteil): **Art. 544 Abs. 1bis – Beistandschaft für das ungeborene Kind** ¹ᵇⁱˢ Erfordert es die Wahrung seiner Interessen, so errichtet die Kindesschutzbehörde eine Beistandschaft. zu aArt. 393 Ziff. 5: **Art. 89b – Sammelvermögen: Fehlende Verwaltung** ¹ Ist bei öffentlicher Sammlung für gemeinnützige Zwecke nicht für die Verwaltung oder Verwendung des Sammelvermögens gesorgt, so ordnet die zuständige Behörde das Erforderliche an. ² Sie kann für das Sammelvermögen einen Sachwalter oder eine Sachwalterin ernennen oder es einem Verein oder einer Stiftung mit möglichst gleichartigem Zweck zuwenden. ³ Auf die Sachwalterschaft sind die Vorschriften über die Beistandschaften im Erwachsenenschutz sinngemäss anwendbar. **Art. 89c – Sammelvermögen: Zuständigkeit** ¹ Zuständig ist der Kanton, in dem das Sammelvermögen in seinem Hauptbestandteil verwaltet worden ist. ² Sofern der Kanton nichts anderes bestimmt, ist die Behörde zuständig, die die Stiftungen beaufsichtigt.
aArt. 394 – Beistandschaft auf eigenes Begehren Einer mündigen Person kann auf ihr Begehren ein Beistand gegeben werden, wenn die Voraussetzungen der Bevormundung auf eigenes Begehren vorliegen.	**Art. 390 Abs. 1, Art. 394 und Art. 395** (s.o. zu aArt. 392 und 393) und **Art. 390 Abs. 3 – Voraussetzungen einer Beistandschaft** ³ Die Beistandschaft wird auf Antrag der betroffenen oder einer nahe stehenden Person oder von Amtes wegen errichtet.
aArt. 395 – Beiratschaft ¹ Wenn für die Entmündigung einer Person kein genügender Grund vorliegt, gleichwohl aber zu ihrem Schutze eine Beschränkung der Handlungsfähigkeit als notwendig erscheint, so kann ihr ein Beirat gegeben werden, dessen Mitwirkung für folgende Fälle erforderlich ist: 1. Prozessführung und Abschluss von Vergleichen; 2. Kauf, Verkauf, Verpfändung und andere dingliche Belastung von Grundstücken; 3. Kauf, Verkauf und Verpfändung von Wertpapieren; 4. Bauten, die über die gewöhnlichen Verwaltungshandlungen hinausgehen; 5. Gewährung und Aufnahme von Darlehen; 6. Entgegennahme von Kapitalzahlungen; 7. Schenkungen;	zu aArt. 395 Abs. 1: **Art. 390 Abs. 1** (s.o. zu aArt. 392) und **Art. 396 – Mitwirkungsbeistandschaft** ¹ Eine Mitwirkungsbeistandschaft wird errichtet, wenn bestimmte Handlungen der hilfsbedürftigen Person zu deren Schutz der Zustimmung des Beistands oder der Beiständin bedürfen. ² Die Handlungsfähigkeit der betroffenen Person wird von Gesetzes wegen entsprechend eingeschränkt.

Fortsetzung auf nächster Seite …

Konkordanztabelle

altes Vormundschaftsrecht (aArt. ZGB) (gültig bis 31.12.2012 + ggf. Übergangszeit)	neues Erwachsenenschutzrecht (Art. ZGB) (gültig ab 1.1.2013)
8. Eingehung wechselrechtlicher Verbindlichkeiten; 9. Eingehung von Bürgschaften. ² Unter den gleichen Voraussetzungen kann die Verwaltung des Vermögens dem Schutzbedürftigen entzogen werden, während er über die Erträgnisse die freie Verfügung behält.	zu aArt. 395 Abs. 2: **Art. 390 Abs. 1, Art. 394 und Art. 395** (s.o. zu aArt. 392) *Anmerkung*: Im Unterschied zur Wirkung von aArt. 395 Abs. 2 macht die Entziehung des Zugriffs auf Vermögenswerte gemäss Art. 395 Abs. 3 aus den entsprechenden Vermögenswerten kein dem Zugriff von Gläubigern entzogenes Sondervermögen.
Keine entsprechende Gesetzbestimmung im alten Recht, aber Praxis: In der Praxis haben sich **Kombinationen** von Beistandschaften (**aArt. 392 und aArt. 393**) und von Vertretungsbeistandschaft mit Vermögensverwaltungsbeiratschaft (**aArt. 392 und aArt. 395 Abs. 2**) herausgebildet.	**Art. 397 – Kombination von Beistandschaften** Die Begleit-, die Vertretungs- und die Mitwirkungsbeistandschaft können miteinander kombiniert werden.
aArt. 396 – Zuständigkeit (für Beistand-/Beiratschaften) ¹ Die Vertretung durch einen Beistand wird für die der Beistandschaft bedürftige Person von der Vormundschaftsbehörde ihres Wohnsitzes angeordnet. ² Die Anordnung einer Vermögensverwaltung erfolgt durch die Vormundschaftsbehörde des Ortes, wo das Vermögen in seinem Hauptbestandteil verwaltet worden oder der zu vertretenden Person zugefallen ist. ³ Der Heimatgemeinde stehen zur Wahrung der Interessen ihrer Angehörigen die gleichen Befugnisse zu wie bei der Vormundschaft.	zu aArt. 396 Abs. 1 und 3: **Art. 442 Abs. 1, 2, 4 u. 5:** s.o. zu aArt. 376 zu aArt. 396 Abs. 2: **Art. 442 Abs. 3 – Örtliche Zuständigkeit** ³ Für eine Beistandschaft wegen Abwesenheit ist auch die Behörde des Ortes zuständig, wo das Vermögen in seinem Hauptbestandteil verwaltet worden oder der betroffenen Person zugefallen ist. **Art. 89c – Sammelvermögen**: s.o. zu aArt. 393 Ziff. 5
aArt. 397 – Bestellung des Beistandes ¹ Für das Verfahren gelten die gleichen Vorschriften wie bei der Bevormundung. ² Die Ernennung wird nur veröffentlicht, wenn es der Vormundschaftsbehörde als zweckmässig erscheint. ³ Wird die Ernennung nicht veröffentlicht, so wird sie dem Betreibungsamt am jeweiligen Wohnsitz der betroffenen Person mitgeteilt, sofern dies nicht als unzweckmässig erscheint.	zu aArt. 397 Abs. 1: **Art. 400, Art. 401 und Art. 402:** (s.o. zu aArt. 379–385) zu aArt. 397 Abs. 2: **Art. 451 f., Art. 413, Art. 449c:** (s.o. zu aArt. 375) zu aArt. 397 Abs. 3: **Art. 68 d SchKG – volljähriger Schuldner unter einer Erwachsenenschutzmassnahme** ¹ Ist ein Beistand oder eine vorsorgebeauftragte Person für die Vermögensverwaltung des volljährigen Schuldners zuständig und hat die Erwachsenenschutzbehörde dies dem Betreibungsamt mitgeteilt, so werden die Betreibungsurkunden dem Beistand oder der vorsorgebeauftragten Person zugestellt. ² Ist die Handlungsfähigkeit des Schuldners nicht eingeschränkt, so werden die Betreibungsurkunden auch diesem zugestellt.

Konkordanztabelle

altes Vormundschaftsrecht (aArt. ZGB) (gültig bis 31.12.2012 + ggf. Übergangszeit)	neues Erwachsenenschutzrecht (Art. ZGB) (gültig ab 1.1.2013)
aArt. 397a–397f: Fürsorgerische Freiheitsentziehung	**Art. 426–439: Fürsorgerische Unterbringung**
aArt. 397a – FFE: Voraussetzungen ¹ Eine mündige oder entmündigte Person darf wegen Geisteskrankheit, Geistesschwäche, Trunksucht, anderen Suchterkrankungen oder schwerer Verwahrlosung in einer geeigneten Anstalt untergebracht oder zurückbehalten werden, wenn ihr die nötige persönliche Fürsorge nicht anders erwiesen werden kann. ² Dabei ist auch die Belastung zu berücksichtigen, welche die Person für ihre Umgebung bedeutet. ³ Die betroffene Person muss entlassen werden, sobald ihr Zustand es erlaubt.	**Art. 426 – Unterbringung zur Behandlung oder Betreuung** ¹ Eine Person, die an einer psychischen Störung oder an geistiger Behinderung leidet oder schwer verwahrlost ist, darf in einer geeigneten Einrichtung untergebracht werden, wenn die nötige Behandlung oder Betreuung nicht anders erfolgen kann. ² Die Belastung und der Schutz von Angehörigen und Dritten sind zu berücksichtigen. ³ Die betroffene Person wird entlassen, sobald die Voraussetzungen für die Unterbringung nicht mehr erfüllt sind. ⁴ Die betroffene oder eine ihr nahestehende Person kann jederzeit um Entlassung ersuchen. Über dieses Gesuch ist ohne Verzug zu entscheiden. **Anmerkung:** *Das neue Recht regelt die Behandlung einer psychischen Störung im Rahmen einer fürsorgerischen Unterbringung ohne Zustimmung der betroffenen Person. Unter altem Recht sahen einzelne kantonale Erlasse eine solche Möglichkeit vor (s.u. «Weitere Anpassungen (Auswahl wichtiger weiterer Neuerungen»).* **Art. 427 – Zurückbehaltung freiwillig Eingetretener** ¹ Will eine Person, die an einer psychischen Störung leidet und freiwillig in eine Einrichtung eingetreten ist, diese wieder verlassen, so kann sie von der ärztlichen Leitung der Einrichtung für höchstens drei Tage zurückbehalten werden, wenn sie: 1. sich selbst an Leib und Leben gefährdet; oder 2. das Leben oder die körperliche Integrität Dritter ernsthaft gefährdet. ² Nach Ablauf der Frist kann die betroffene Person die Einrichtung verlassen, wenn nicht ein vollstreckbarer Unterbringungsentscheid vorliegt. ³ Die betroffene Person wird schriftlich darauf aufmerksam gemacht, dass sie das Gericht anrufen kann.
aArt. 397b – FFE: Zuständigkeit ¹ Zuständig für den Entscheid ist eine vormundschaftliche Behörde am Wohnsitz oder, wenn Gefahr im Verzuge liegt, eine vormundschaftliche Behörde am Aufenthaltsort der betroffenen Person. ² Für die Fälle, in denen Gefahr im Verzuge liegt oder die Person psychisch krank ist, können die Kantone diese Zuständigkeit ausserdem andern geeigneten Stellen einräumen. ³ Hat eine vormundschaftliche Behörde die Unterbringung oder Zurückbehaltung angeordnet, so befindet sie auch über die Entlassung; in den andern Fällen entscheidet darüber die Anstalt.	**Art. 442 Abs. 1, 2 u. 4** *(s.o. zu aArt. 376)* **Art. 428 – Zuständigkeit der Erwachsenenschutzbehörde** ¹ Für die Anordnung der Unterbringung und die Entlassung ist die Erwachsenenschutzbehörde zuständig. ² Sie kann im Einzelfall die Zuständigkeit für die Entlassung der Einrichtung übertragen. **Art. 429 – Zuständigkeit der Ärztinnen und Ärzte** ¹ Die Kantone können Ärzte und Ärztinnen bezeichnen, die neben der Erwachsenenschutzbehörde eine Unterbringung während einer vom kantonalen Recht festgelegten Dauer anordnen dürfen. Die Dauer darf höchstens sechs Wochen betragen. ² Die ärztliche Unterbringung fällt spätestens nach Ablauf der festgelegten Dauer dahin, sofern nicht ein vollstreckbarer Unterbringungsentscheid der Erwachsenenschutzbehörde vorliegt. ³ Über die Entlassung entscheidet die Einrichtung.

Konkordanztabelle

altes Vormundschaftsrecht (aArt. ZGB) (gültig bis 31.12.2012 + ggf. Übergangszeit)	neues Erwachsenenschutzrecht (Art. ZGB) (gültig ab 1.1.2013)
aArt. 397c – FFE: Mitteilungspflicht Die vormundschaftliche Behörde am Aufenthaltsort und die andern vom kantonalen Recht bezeichneten Stellen benachrichtigen die vormundschaftliche Behörde am Wohnsitz, wenn sie eine entmündigte Person in einer Anstalt unterbringen oder zurückbehalten oder wenn sie für eine mündige Person weitere vormundschaftliche Massnahmen als notwendig erachten.	**Art. 442 Abs. 2** *(s.o. zu aArt. 376)* **Art. 443 Abs. 2 – Melderechte und -pflichten** *(s.o. zu aArt. 369 Abs. 2)*
aArt. 397d – FFE: Gerichtliche Beurteilung [1] Die betroffene oder eine ihr nahe stehende Person kann gegen den Entscheid innert zehn Tagen nach der Mitteilung schriftlich das Gericht anrufen. [2] Dieses Recht besteht auch bei Abweisung eines Entlassungsgesuches.	**Art. 450 – Beschwerde (bei der gerichtlichen Beschwerdeinstanz)** *betr. gerichtliche Beurteilung der durch die KESB angeordneten fürsorgerischen Unterbringung* **Art. 439 – Anrufung des Gerichts** [1] Die betroffene oder eine ihr nahestehende Person kann in folgenden Fällen schriftlich das zuständige Gericht anrufen: 1. bei ärztlich angeordneter Unterbringung; 2. bei Zurückbehaltung durch die Einrichtung; 3. bei Abweisung eines Entlassungsgesuchs durch die Einrichtung; 4. bei Behandlung einer psychischen Störung ohne Zustimmung; 5. bei Massnahmen zur Einschränkung der Bewegungsfreiheit. [2] Die Frist zur Anrufung des Gerichts beträgt zehn Tage seit Mitteilung des Entscheids. Bei Massnahmen zur Einschränkung der Bewegungsfreiheit kann das Gericht jederzeit angerufen werden. [3] Das Verfahren richtet sich sinngemäss nach den Bestimmungen über das Verfahren vor der gerichtlichen Beschwerdeinstanz. [4] Jedes Begehren um gerichtliche Beurteilung ist unverzüglich an das zuständige Gericht weiterzuleiten.
aArt. 397e – FFE: Verfahren allgemein Das Verfahren wird durch das kantonale Recht geordnet mit folgenden Vorbehalten: 1. Bei jedem Entscheid muss die betroffene Person über die Gründe der Anordnung unterrichtet und schriftlich darauf aufmerksam gemacht werden, dass sie das Gericht anrufen kann. 2. Jeder, der in eine Anstalt eintritt, muss sofort schriftlich darüber unterrichtet werden, dass er bei Zurückbehaltung oder bei Abweisung eines Entlassungsgesuches das Gericht anrufen kann. 3. Ein Begehren um gerichtliche Beurteilung ist unverzüglich an das zuständige Gericht weiterzuleiten. 4. Die Stelle, welche die Einweisung angeordnet hat, oder das Gericht kann dem Begehren um gerichtliche Beurteilung aufschiebende Wirkung erteilen.	**Art. 443 ff. – Verfahren vor der Erwachsenenschutzbehörde,** *speziell zu erwähnen sind:* **Art. 447 Abs. 2 – Anhörung** [2] Im Fall einer fürsorgerischen Unterbringung hört die Erwachsenenschutzbehörde die betroffene Person in der Regel als Kollegium an. **Art. 449 – Begutachtung in einer Einrichtung** *(s.o. zu aArt. 374)* **Art. 430: Verfahren bei FU durch Ärztinnen und Ärzte** [1] Die Ärztin oder der Arzt untersucht persönlich die betroffene Person und hört sie an. [2] Der Unterbringungsentscheid enthält mindestens folgende Angaben: 1. Ort und Datum der Untersuchung; 2. Name der Ärztin oder des Arztes; 3. Befund, Gründe und Zweck der Unterbringung; 4. die Rechtsmittelbelehrung. [3] Das Rechtsmittel hat keine aufschiebende Wirkung, sofern die Ärztin oder der Arzt oder das zuständige Gericht nichts anderes verfügt. [4] Ein Exemplar des Unterbringungsentscheids wird der betroffenen Person ausgehändigt; ein weiteres Exemplar wird der Einrichtung bei der Aufnahme der betroffenen Person vorgelegt.

Fortsetzung auf nächster Seite ...

Konkordanztabelle

altes Vormundschaftsrecht (aArt. ZGB) (gültig bis 31.12.2012 + ggf. Übergangszeit)	neues Erwachsenenschutzrecht (Art. ZGB) (gültig ab 1.1.2013)
5. Bei psychisch Kranken darf nur unter Beizug von Sachverständigen entschieden werden; ist dies in einem gerichtlichen Verfahren bereits einmal erfolgt, so können obere Gerichte darauf verzichten.	[5] Die Ärztin oder der Arzt informiert, sofern möglich, eine der betroffenen Person nahestehende Person schriftlich über die Unterbringung und die Befugnis, das Gericht anzurufen.
aArt. 397f – FFE: Verfahren vor Gericht [1] Das Gericht entscheidet in einem einfachen und raschen Verfahren. [2] Es bestellt der betroffenen Person wenn nötig einen Rechtsbeistand. [3] Das Gericht erster Instanz muss diese Person mündlich einvernehmen.	**Art. 450–450e: Verfahren vor der gerichtlichen Beschwerdeinstanz,** *speziell zu erwähnen sind:* **Art. 450b Abs. 2 – Beschwerdefrist** [2] Bei einem Entscheid auf dem Gebiet der fürsorgerischen Unterbringung beträgt die Beschwerdefrist zehn Tage seit Mitteilung des Entscheids. **Art. 450e – Besondere Bestimmungen bei fürsorgerischer Unterbringung** [1] Die Beschwerde gegen einen Entscheid auf dem Gebiet der fürsorgerischen Unterbringung muss nicht begründet werden. [2] Die Beschwerde hat keine aufschiebende Wirkung, sofern die Erwachsenenschutzbehörde oder die gerichtliche Beschwerdeinstanz nichts anderes verfügt. [3] Bei psychischen Störungen muss gestützt auf das Gutachten einer sachverständigen Person entschieden werden. [4] Die gerichtliche Beschwerdeinstanz hört die betroffene Person in der Regel als Kollegium an. Sie ordnet wenn nötig deren Vertretung an und bezeichnet als Beistand oder Beiständin eine in fürsorgerischen und rechtlichen Fragen erfahrene Person. [5] Sie entscheidet in der Regel innert fünf Arbeitstagen seit Eingang der Beschwerde.
aArt. 398–416 Amt des Vormundes	
aArt. 398 – Inventaraufnahme [1] Bei Übernahme der Vormundschaft ist über das zu verwaltende Vermögen durch den Vormund und einen Vertreter der Vormundschaftsbehörde ein Inventar aufzunehmen. [2] Ist der Bevormundete urteilsfähig, so wird er, soweit tunlich, zur Inventaraufnahme zugezogen. [3] Wo die Umstände es rechtfertigen, kann die Aufsichtsbehörde auf Antrag des Vormundes und der Vormundschaftsbehörde die Aufnahme eines öffentlichen Inventars anordnen, das für die Gläubiger die gleiche Wirkung hat wie das öffentliche Inventar des Erbrechts.	**Art. 405 – Übernahme des Amtes** [1] Der Beistand oder die Beiständin verschafft sich die zur Erfüllung der Aufgaben nötigen Kenntnisse und nimmt persönlich mit der betroffenen Person Kontakt auf. [2] Umfasst die Beistandschaft die Vermögensverwaltung, so nimmt der Beistand oder die Beiständin in Zusammenarbeit mit der Erwachsenenschutzbehörde unverzüglich ein Inventar der zu verwaltenden Vermögenswerte auf. [3] Wenn die Umstände es rechtfertigen, kann die Erwachsenenschutzbehörde die Aufnahme eines öffentlichen Inventars anordnen. Dieses hat für die Gläubiger die gleiche Wirkung wie das öffentliche Inventar des Erbrechts. [4] Dritte sind verpflichtet, alle für die Aufnahme des Inventars erforderlichen Auskünfte zu erteilen.

Konkordanztabelle

altes Vormundschaftsrecht (aArt. ZGB) (gültig bis 31.12.2012 + ggf. Übergangszeit)	neues Erwachsenenschutzrecht (Art. ZGB) (gültig ab 1.1.2013)
aArt. 399 – Verwahrung von Wertsachen Wertschriften, Kostbarkeiten, wichtige Dokumente u. dgl. sind, soweit es die Verwaltung des Mündelvermögens gestattet, unter Aufsicht der Vormundschaftsbehörde an sicherem Orte aufzubewahren.	**Art. 408 Abs. 3 – Vermögensverwaltung** [3] Der Bundesrat erlässt Bestimmungen über die Anlage und die Aufbewahrung des Vermögens. **Art. 416 Abs. 1 Ziff. 1 und Abs. 2 – Zustimmungsbedürftige Geschäfte: Von Gesetzes wegen** [1] Für folgende Geschäfte, die der Beistand oder die Beiständin in Vertretung der betroffenen Person vornimmt, ist die Zustimmung der Erwachsenenschutzbehörde erforderlich: 1. Liquidation des Haushalts, Kündigung des Vertrags über Räumlichkeiten, in denen die betroffene Person wohnt; … [2] Die Zustimmung der Erwachsenenschutzbehörde ist nicht erforderlich, wenn die urteilsfähige betroffene Person ihr Einverständnis erteilt und ihre Handlungsfähigkeit durch die Beistandschaft nicht eingeschränkt ist.
aArt. 400 – Veräusserung von beweglichen Sachen [1] Andere bewegliche Gegenstände sind, soweit es die Interessen des Bevormundeten erheischen, nach Weisung der Vormundschaftsbehörde öffentlich zu versteigern oder aus freier Hand zu veräussern. [2] Gegenstände, die für die Familie oder den Bevormundeten persönlich einen besonderen Wert haben, sollen wenn immer möglich nicht veräussert werden.	**Art. 408:** s.u. zu aArt. 413 **Art. 412 Abs. 2 – Besondere Geschäfte** [2] Vermögenswerte, die für die betroffene Person oder für ihre Familie einen besonderen Wert haben, werden wenn immer möglich nicht veräussert.
aArt. 401 – Pflicht zur Anlage [1] Bares Geld hat der Vormund, soweit er dessen nicht für den Bevormundeten bedarf, beförderlich in einer von der Vormundschaftsbehörde oder durch kantonale Verordnung hiefür bezeichneten Kasse oder in Werttiteln, die von der Vormundschaftsbehörde nach Prüfung ihrer Sicherheit genehmigt werden, zinstragend anzulegen. [2] Unterlässt der Vormund diese Anlage länger als einen Monat, so wird er selbst zinspflichtig.	zu aArt. 401 Abs. 1: **Art. 408:** s.u. zu aArt. 413 **Art. 416 und 417 ZGB:** s.u. zu aArt. 421 zu aArt. 401 Abs. 2: **keine entsprechende Bestimmung** *(Anmerkung: was eine Schadenersatzpflicht nach Art. 454 Abs. 1 nicht wegbedingt)*
aArt. 402 – Umwandlung von Kapitalanlagen [1] Kapitalanlagen, die nicht genügende Sicherheit bieten, sind durch sichere Anlagen zu ersetzen. [2] Die Umwandlung soll aber nicht zur Unzeit, sondern unter Wahrung der Interessen des Bevormundeten vorgenommen werden.	**Art. 408:** s.u. zu aArt. 413 **Art. 416 und 417 ZGB:** s.u. zu aArt. 421

Konkordanztabelle

altes Vormundschaftsrecht (aArt. ZGB) (gültig bis 31.12.2012 + ggf. Übergangszeit)	neues Erwachsenenschutzrecht (Art. ZGB) (gültig ab 1.1.2013)
aArt. 403 – Geschäft und Gewerbe Findet sich in dem Vermögen ein Geschäft, ein Gewerbe od. dgl., so hat die Vormundschaftsbehörde die nötigen Weisungen zur Liquidation oder zur Weiterführung zu erteilen.	**Art. 408 Abs. 1** *(s.o. zu aArt. 399 u. 400)* **Art. 416 Abs. 1 Ziff. 8 – Zustimmungsbedürftige Geschäfte** 8. Übernahme oder Liquidation eines Geschäfts, Eintritt in eine Gesellschaft mit persönlicher Haftung oder erheblicher Kapitalbeteiligung.
aArt. 404 – Grundstücke ¹ Die Veräusserung von Grundstücken erfolgt nach Weisung der Vormundschaftsbehörde und ist nur in den Fällen zu gestatten, wo die Interessen des Bevormundeten es erfordern. ² Die Veräusserung erfolgt durch öffentliche Versteigerung, unter Vorbehalt der Genehmigung des Zuschlags durch die Vormundschaftsbehörde, die beförderlich darüber zu entscheiden hat. ³ Ausnahmsweise kann mit Genehmigung der Aufsichtsbehörde der Verkauf aus freier Hand stattfinden.	**Art. 408 Abs. 1** *(s.o. zu aArt. 399 u. 400)* **Art. 416 Abs. 1 Ziff. 4 – Zustimmungsbedürftige Geschäfte** 4. Erwerb, Veräusserung, Verpfändung und andere dingliche Belastung von Grundstücken sowie Erstellen von Bauten, das über ordentliche Verwaltungshandlungen hinausgeht; … *Anmerkung: Im Unterschied zum alten Recht definiert das neue Recht die Veräusserung durch öffentliche Versteigerung nicht mehr als gesetzlichen Regelfall.*
Fürsorge für die Person: **aArt. 405 – Bei Unmündigkeit allgemein** ¹ Ist der Bevormundete unmündig, so hat der Vormund die Pflicht, für dessen Unterhalt und Erziehung das Angemessene anzuordnen. ² Zu diesem Zwecke stehen ihm die gleichen Rechte zu wie den Eltern, unter Vorbehalt der Mitwirkung der vormundschaftlichen Behörden.	**Art. 327b** Das Kind unter Vormundschaft hat die gleiche Rechtsstellung wie das Kind unter elterlicher Sorge. **Art. 327c Abs. 1 und 2** ¹ Dem Vormund stehen die gleichen Rechte zu wie den Eltern. ² Die Bestimmungen des Erwachsenenschutzes, namentlich über die Ernennung des Beistands, die Führung der Beistandschaft und die Mitwirkung der Erwachsenenschutzbehörde, sind sinngemäss anwendbar.
Fürsorge für die Person: **aArt. 405a – Bei Unmündigkeit und FFE** ¹ Über die Unterbringung des Unmündigen in einer Anstalt entscheidet auf Antrag des Vormundes die Vormundschaftsbehörde oder, wenn Gefahr im Verzuge liegt, auch der Vormund. ² Im übrigen gelten die Vorschriften über die Zuständigkeit, die gerichtliche Beurteilung und das Verfahren bei fürsorgerischer Freiheitsentziehung gegenüber mündigen oder entmündigten Personen sinngemäss. ³ Hat das Kind das 16. Altersjahr noch nicht zurückgelegt, so kann es nicht selber gerichtliche Beurteilung verlangen.	**Art. 327c Abs. 1 u. 3 (Minderjährige unter Vormundschaft)** ¹ …(s.o. zu aArt. 405) ³ Muss das Kind in einer geschlossenen Einrichtung oder in einer psychiatrischen Klinik untergebracht werden, so sind die Bestimmungen des Erwachsenenschutzes über die fürsorgerische Unterbringung sinngemäss anwendbar. *Anmerkung: Die Einweisungskompetenz des Vormundes oder der Vormundin bei Gefahr in Verzug entfällt.* **Art. 314b** ¹ Muss das Kind in einer geschlossenen Einrichtung oder in einer psychiatrischen Klinik untergebracht werden, so sind die Bestimmungen des Erwachsenenschutzes über die fürsorgerische Unterbringung sinngemäss anwendbar. ² Ist das Kind urteilsfähig, so kann es selber das Gericht anrufen. *Anmerkung: Die Bestimmung von Art. 314 b Abs. 2 gilt auch für Kinder unter Vormundschaft.*

Konkordanztabelle

altes Vormundschaftsrecht (aArt. ZGB) (gültig bis 31.12.2012 + ggf. Übergangszeit)	neues Erwachsenenschutzrecht (Art. ZGB) (gültig ab 1.1.2013)
Fürsorge für die Person: aArt. 406 – Bei Entmündigung [1] Steht der Bevormundete im Mündigkeitsalter, so erstreckt sich die Fürsorge auf den Schutz und Beistand in allen persönlichen Angelegenheiten. [2] Liegt Gefahr im Verzuge, so kann der Vormund nach den Bestimmungen über die fürsorgerische Freiheitsentziehung die Unterbringung oder Zurückbehaltung in einer Anstalt anordnen.	*zu aArt. 406 Abs. 1* **Art. 398 Abs. 2 – Umfassende Beistandschaft** [2] Sie bezieht sich auf alle Angelegenheiten der Personensorge, der Vermögenssorge und des Rechtsverkehrs. **Art. 391 – Aufgabenbereiche** [1] Die Erwachsenenschutzbehörde umschreibt die Aufgabenbereiche der Beistandschaft entsprechend den Bedürfnissen der betroffenen Person. [2] Die Aufgabenbereiche betreffen die Personensorge, die Vermögenssorge oder den Rechtsverkehr. [3] Ohne Zustimmung der betroffenen Person darf der Beistand oder die Beiständin nur dann deren Post öffnen oder deren Wohnräume betreten, wenn die Erwachsenenschutzbehörde die Befugnis dazu ausdrücklich erteilt hat. ***Anmerkung:*** *Das neue Recht führt gewisse bei der Führung der Massnahme zu beachtende Regeln, welche teilweise von der Praxis bereits unter altem Recht als gültig erkannt worden sind, im Gesetz ausdrücklich an (z.B. Art. 406 Abs. 2, Art. 409, Art. 413, Art. 414, Art. 19c Abs. 2).* *zu aArt. 406 Abs. 2:* **keine entsprechende Befugnis des Beistandes oder der Beiständin im neuen Recht** *(**Anmerkung:** Eine solche kann von der KESB auch im Einzelfall dem Beistand/der Beiständin nicht im Rahmen einer Aufgabe zur persönlichen Betreuung verliehen werden).*
aArt. 407 – Vertretung – Allgemein Der Vormund vertritt den Bevormundeten in allen rechtlichen Angelegenheiten, unter Vorbehalt der Mitwirkung der vormundschaftlichen Behörden.	**Art. 398 Abs. 2 und Art. 391** *(s.o. zu aArt. 406)*
aArt. 408 – Verbotene Geschäfte Zu Lasten des Bevormundeten dürfen keine Bürgschaften eingegangen, keine erheblichen Schenkungen vorgenommen und keine Stiftungen errichtet werden.	**Art. 412 Abs. 1 – Besondere Geschäfte** [1] Der Beistand oder die Beiständin darf in Vertretung der betroffenen Person keine Bürgschaften eingehen, keine Stiftungen errichten und keine Schenkungen vornehmen, mit Ausnahme der üblichen Gelegenheitsgeschenke. **Art. 304 Abs. 3 – Vertretung sorgeberechtigter Eltern** [3] Die Eltern dürfen in Vertretung des Kindes keine Bürgschaften eingehen, keine Stiftungen errichten und keine Schenkungen vornehmen, mit Ausnahme der üblichen Gelegenheitsgeschenke.
aArt. 409 – Mitwirkung des Bevormundeten [1] Ist der Bevormundete urteilsfähig und wenigstens 16 Jahre alt, so hat ihn der Vormund bei wichtigen Angelegenheiten, soweit tunlich, vor der Entscheidung um seine Ansicht zu befragen.	*zu aArt. 409 Abs. 1:* **Art. 406 Abs. 1 – Verhältnis zur betroffenen Person** [1] Der Beistand oder die Beiständin erfüllt die Aufgaben im Interesse der betroffenen Person, nimmt, soweit tunlich, auf deren Meinung Rücksicht und achtet deren Willen, das Leben entsprechend ihren Fähigkeiten nach eigenen Wünschen und Vorstellungen zu gestalten.

Fortsetzung auf nächster Seite …

Konkordanztabelle

altes Vormundschaftsrecht (aArt. ZGB) (gültig bis 31.12.2012 + ggf. Übergangszeit)	neues Erwachsenenschutzrecht (Art. ZGB) (gültig ab 1.1.2013)
[2] Die Zustimmung des Bevormundeten befreit den Vormund nicht von seiner Verantwortlichkeit.	zu aArt. 409 Abs. 2: **keine entsprechende ausdrückliche Regel im neuen Recht** *(Anmerkung: Zumindest in Bereichen, in denen die Handlungsfähigkeit der betroffenen Person eingeschränkt ist, gilt die Regel auch unter neuem Recht ohne Vorbehalt).*
aArt. 410 – Eigenes Handeln: Zustimmung Vormund [1] Ist der Bevormundete urteilsfähig, so kann er Verpflichtungen eingehen oder Rechte aufgeben, sobald der Vormund ausdrücklich oder stillschweigend zum voraus seine Zustimmung gegeben hat oder nachträglich das Geschäft genehmigt. [2] Der andere Teil wird frei, wenn die Genehmigung nicht innerhalb einer angemessenen Frist erfolgt, die er selber ansetzt oder durch das Gericht ansetzen lässt.	**Art. 407 – Eigenes Handeln der betroffenen Person** Die urteilsfähige betroffene Person kann, auch wenn ihr die Handlungsfähigkeit entzogen worden ist, im Rahmen des Personenrechts durch eigenes Handeln Rechte und Pflichten begründen und höchstpersönliche Rechte ausüben. **Art. 19 – Urteilsfähige handlungsunfähige Personen: Grundsatz** [1] Urteilsfähige handlungsunfähige Personen können nur mit Zustimmung ihres gesetzlichen Vertreters Verpflichtungen eingehen oder Rechte aufgeben. [2] Ohne diese Zustimmung vermögen sie Vorteile zu erlangen, die unentgeltlich sind, sowie geringfügige Angelegenheiten des täglichen Lebens zu besorgen. **Art. 19a – Zustimmung des gesetzlichen Vertreters** [1] Sofern das Gesetz nichts anderes bestimmt, kann der gesetzliche Vertreter die Zustimmung ausdrücklich oder stillschweigend im Voraus geben oder das Geschäft nachträglich genehmigen. [2] Der andere Teil wird frei, wenn die Genehmigung nicht innerhalb einer angemessenen Frist erfolgt, die er selber ansetzt oder durch das Gericht ansetzen lässt.
aArt. 411 – Eigenes Handeln: Mangel der Zustimmung [1] Erfolgt die Genehmigung des Vormundes nicht, so kann jeder Teil die vollzogenen Leistungen zurückfordern, der Bevormundete haftet jedoch nur insoweit, als die Leistung in seinem Nutzen verwendet wurde, oder als er zur Zeit der Rückforderung noch bereichert ist oder sich böswillig der Bereicherung entäussert hat. [2] Hat der Bevormundete den andern Teil zu der irrtümlichen Annahme seiner Handlungsfähigkeit verleitet, so ist er ihm für den verursachten Schaden verantwortlich.	**Art. 19b – Fehlen der Zustimmung** [1] Erfolgt die Genehmigung des gesetzlichen Vertreters nicht, so kann jeder Teil die vollzogenen Leistungen zurückfordern. Die handlungsunfähige Person haftet jedoch nur insoweit, als die Leistung in ihrem Nutzen verwendet worden ist oder als sie zur Zeit der Rückforderung noch bereichert ist oder sich böswillig der Bereicherung entäussert hat. [2] Hat die handlungsunfähige Person den andern Teil zur irrtümlichen Annahme ihrer Handlungsfähigkeit verleitet, so ist sie ihm für den verursachten Schaden verantwortlich. **Art. 452 Abs. 3 – Wirkung der Massnahmen gegenüber Dritten** [3] Hat eine Person, für die eine Massnahme des Erwachsenenschutzes besteht, andere zur irrtümlichen Annahme ihrer Handlungsfähigkeit verleitet, so ist sie ihnen für den dadurch verursachten Schaden verantwortlich.
aArt. 412 – Beruf oder Gewerbe Der Bevormundete, dem die Vormundschaftsbehörde den selbständigen Betrieb eines Berufes oder Gewerbes ausdrücklich oder stillschweigend gestattet, kann alle Geschäfte vornehmen, die zu dem regelmässigen Betriebe gehören, und haftet hieraus mit seinem ganzen Vermögen.	**keine entsprechende Bestimmung** *Anmerkung: Im Rahmen des Systems der massgeschneiderten Einschränkung der Handlungsfähigkeit besteht kein entsprechender Regelungsbedarf – im Falle der umfassenden Beistandschaft (Art. 398) wird selbständiger Betrieb eines Berufs oder Gewerbes durch die betroffene Person nicht in Betracht kommen.*

Konkordanztabelle

altes Vormundschaftsrecht (aArt. ZGB) (gültig bis 31.12.2012 + ggf. Übergangszeit)	neues Erwachsenenschutzrecht (Art. ZGB) (gültig ab 1.1.2013)
Vermögensverwaltung: aArt. 413 – Pflicht zur Verwaltung und Rechnungsführung [1] Der Vormund hat das Vermögen des Bevormundeten sorgfältig zu verwalten. [2] Er hat über die Verwaltung Rechnung zu führen und diese der Vormundschaftsbehörde in den von ihr angesetzten Perioden, mindestens aber alle zwei Jahre, zur Prüfung vorzulegen. [3] Ist der Bevormundete urteilsfähig und wenigstens 16 Jahre alt, so soll er, soweit tunlich, zur Rechnungsablegung zugezogen werden.	*zu aArt. 413 Abs. 1:* **Art. 408 – Vermögensverwaltung: Aufgaben** [1] Der Beistand oder die Beiständin verwaltet die Vermögenswerte sorgfältig und nimmt alle Rechtsgeschäfte vor, die mit der Verwaltung zusammenhängen. [2] Insbesondere kann der Beistand oder die Beiständin: 1. mit befreiender Wirkung die von Dritten geschuldete Leistung für die betroffene Person entgegennehmen; 2. soweit angezeigt Schulden bezahlen; 3. die betroffene Person nötigenfalls für die laufenden Bedürfnisse vertreten. [3] Der Bundesrat erlässt Bestimmungen über die Anlage und die Aufbewahrung des Vermögens. *zu aArt. 413 Abs. 2 und 3:* **Art. 410 – Rechnung** [1] Der Beistand oder die Beiständin führt Rechnung und legt sie der Erwachsenenschutzbehörde in den von ihr angesetzten Zeitabständen, mindestens aber alle zwei Jahre, zur Genehmigung vor. [2] Der Beistand oder die Beiständin erläutert der betroffenen Person die Rechnung und gibt ihr auf Verlangen eine Kopie.
Vermögensverwaltung: aArt. 414 – Freies Vermögen Was einem Bevormundeten zur freien Verwendung zugewiesen wird, oder was er mit Einwilligung des Vormundes durch eigene Arbeit erwirbt, kann er frei verwalten.	**Art. 395 Abs. 1 u. 2** *(s.o. zu aArt. 393)* ***Anmerkung:*** *Die KESB hat die Vermögenswerte zu bestimmen, die von der Beistandschaft erfasst werden – die restlichen Vermögenswerte verbleiben in der freien Verwaltung der betroffenen Person.* *Im Unterschied zum alten Gesetzeswortlaut sieht das neue Recht die Lohnverwaltung explizit als Möglichkeit vor.* **Art. 409 – Beträge zur freien Verfügung** Der Beistand oder die Beiständin stellt der betroffenen Person aus deren Vermögen angemessene Beträge zur freien Verfügung.
aArt. 415 – Amtsdauer [1] Die Vormundschaft wird in der Regel auf zwei Jahre übertragen. [2] Nach Ablauf der Amtsdauer kann der Vormund je auf weitere zwei Jahre mit einfacher Bestätigung im Amte bleiben. [3] Nach Ablauf von vier Jahren ist er befugt, die Weiterführung der Vormundschaft abzulehnen.	**Art. 421 Abs. 1 Ziff. 1 – Ende des Amtes des Beistands oder der Beiständin von Gesetzes wegen** [1] Das Amt des Beistands oder der Beiständin endet von Gesetzes wegen: 1. mit Ablauf einer von der Erwachsenenschutzbehörde festgelegten Amtsdauer, sofern keine Bestätigung im Amt erfolgt; **Art. 422 – Ende des Amtes durch Entlassung auf Begehren des Beistands oder der Beiständin** [1] Der Beistand oder die Beiständin hat frühestens nach vier Jahren Amtsdauer Anspruch auf Entlassung. [2] Vorher kann der Beistand oder die Beiständin die Entlassung aus wichtigen Gründen verlangen.
aArt. 416 – Entschädigung des Vormundes Der Vormund hat Anspruch auf eine Entschädigung, die aus dem Vermögen des Bevormundeten entrichtet und von der Vormundschaftsbehörde für	**Art. 404 – Entschädigung und Spesen** [1] Der Beistand oder die Beiständin hat Anspruch auf eine angemessene Entschädigung und auf Ersatz der notwendigen Spesen aus dem Vermögen der betroffenen Person. Bei einem Berufsbeistand oder einer Berufsbeiständin fallen die Entschädigung und der Spesenersatz an den Arbeitgeber.

Fortsetzung auf nächster Seite …

altes Vormundschaftsrecht (aArt. ZGB) (gültig bis 31.12.2012 + ggf. Übergangszeit)	neues Erwachsenenschutzrecht (Art. ZGB) (gültig ab 1.1.2013)
jede Rechnungsperiode nach der Mühe, die die Verwaltung verursacht, und nach dem Ertrage des Vermögens festgesetzt wird.	[2] Die Erwachsenenschutzbehörde legt die Höhe der Entschädigung fest. Sie berücksichtigt dabei insbesondere den Umfang und die Komplexität der dem Beistand oder der Beiständin übertragenen Aufgaben. [3] Die Kantone erlassen Ausführungsbestimmungen und regeln die Entschädigung und den Spesenersatz, wenn diese nicht aus dem Vermögen der betroffenen Person bezahlt werden können.
aArt. 417–419 Amt des Beistandes	
aArt. 417 – Stellung des Beistandes [1] Die Beistandschaft hat unter Vorbehalt der Bestimmungen über die Mitwirkung eines Beirates auf die Handlungsfähigkeit der verbeiständeten Person keinen Einfluss. [2] Die Amtsdauer und die Entschädigung werden von der Vormundschaftsbehörde festgestellt.	zu aArt. 417 Abs. 1: **keine entsprechende Bestimmung** (im System der massgeschneiderten Beistandschaften nicht erforderlich; hingegen ausdrückliche Erwähnung der Auswirkung auf die Handlungsfreiheit: **Art. 394 Abs. 3** [s.o. zu aArt. 392]) zu aArt. 417 Abs. 2: **Art. 421 Abs. 1 Ziff. 1, Art. 422, Art. 404** (s.o. zu aArt. 415 und 416)
aArt. 418 – Inhalt Beistandschaft für einzelnes Geschäft Wird dem Beistand die Besorgung einer einzelnen Angelegenheit übertragen, so hat er die Anweisungen der Vormundschaftsbehörde genau zu beobachten.	**Art. 394** (s.o. zu aArt. 392)
aArt. 419 – Inhalt Beistandschaft für Vermögensverwaltung [1] Wird dem Beistand die Verwaltung oder Überwachung eines Vermögens übertragen, so hat er sich auf die Verwaltung und die Fürsorge für die Erhaltung des Vermögens zu beschränken. [2] Verfügungen, die darüber hinausgehen, darf er nur auf Grund besonderer Ermächtigung vornehmen, die ihm der Vertretene selbst oder, wenn dieser hiezu nicht fähig ist, die Vormundschaftsbehörde erteilt.	zu aArt. 419 Abs. 1: **Art. 394 und Art. 395** (s.o. zu aArt. 393) zu aArt. 419 Abs. 2: **Art. 416 Abs. 2 und 3 – Zustimmungsbedürftige Geschäfte** [2] Die Zustimmung der Erwachsenenschutzbehörde ist nicht erforderlich, wenn die urteilsfähige betroffene Person ihr Einverständnis erteilt und ihre Handlungsfähigkeit durch die Beistandschaft nicht eingeschränkt ist. [3] Immer der Zustimmung der Erwachsenenschutzbehörde bedürfen Verträge zwischen dem Beistand oder der Beiständin und der betroffenen Person, ausser diese erteilt einen unentgeltlichen Auftrag.
aArt. 420–425 Mitwirkung der vormundschaftlichen Behörden	
aArt. 420 – Beschwerden [1] Gegen die Handlungen des Vormundes kann der Bevormundete, der urteilsfähig ist, sowie jedermann, der ein Interesse hat, bei der Vormundschaftsbehörde Beschwerde führen.	zu aArt. 420 Abs. 1: **Art. 419 – Einschreiten der Erwachsenenschutzbehörde** Gegen Handlungen oder Unterlassungen des Beistands oder der Beiständin sowie einer Drittperson oder Stelle, der die Erwachsenenschutzbehörde einen Auftrag erteilt hat, kann die betroffene oder eine ihr nahestehende Person und jede Person, die ein rechtlich geschütztes Interesse hat, die Erwachsenenschutzbehörde anrufen.

Fortsetzung auf nächster Seite ...

Konkordanztabelle

altes Vormundschaftsrecht (aArt. ZGB) (gültig bis 31.12.2012 + ggf. Übergangszeit)	neues Erwachsenenschutzrecht (Art. ZGB) (gültig ab 1.1.2013)
² Gegen die Beschlüsse der Vormundschaftsbehörde kann binnen zehn Tagen nach deren Mitteilung bei der Aufsichtsbehörde Beschwerde geführt werden.	*zu aArt. 420 Abs. 2:* **Art. 450 – Beschwerdeobjekt und Beschwerdebefugnis** ¹ Gegen Entscheide der Erwachsenenschutzbehörde kann Beschwerde beim zuständigen Gericht erhoben werden. ² Zur Beschwerde befugt sind: 1. die am Verfahren beteiligten Personen; 2. die der betroffenen Person nahestehenden Personen; 3. Personen, die ein rechtlich geschütztes Interesse an der Aufhebung oder Änderung des angefochtenen Entscheids haben. ³ Die Beschwerde ist beim Gericht schriftlich und begründet einzureichen. **Art. 450b – Beschwerdefrist** ¹ Die Beschwerdefrist beträgt dreissig Tage seit Mitteilung des Entscheids. Diese Frist gilt auch für beschwerdeberechtigte Personen, denen der Entscheid nicht mitgeteilt werden muss. ² Bei einem Entscheid auf dem Gebiet der fürsorgerischen Unterbringung beträgt die Beschwerdefrist zehn Tage seit Mitteilung des Entscheids. ³ Wegen Rechtsverweigerung und Rechtsverzögerung kann jederzeit Beschwerde geführt werden.
aArt. 421 – Zustimmung der Vormundschaftsbehörde Die Zustimmung der Vormundschaftsbehörde wird für folgende Fälle gefordert: 1. Kauf, Verkauf, Verpfändung und andere dingliche Belastung von Grundstücken; 2. Kauf, Verkauf und Verpfändung anderer Vermögenswerte, sobald diese Geschäfte nicht unter die Führung der gewöhnlichen Verwaltung und Bewirtschaftung fallen; 3. Bauten, die über die gewöhnlichen Verwaltungshandlungen hinausgehen; 4. Gewährung und Aufnahme von Darlehen; 5. Eingehung wechselrechtlicher Verbindlichkeiten; 6. Pachtverträge, sobald sie auf ein Jahr oder länger, und Mietverträge über Räumlichkeiten, sobald sie auf wenigstens drei Jahre abgeschlossen werden; 7. Ermächtigung des Bevormundeten zum selbständigen Betrieb eines Berufes oder Gewerbes; 8. Prozessführung, Abschluss eines Vergleichs, eines Schiedsvertrages oder eines Nachlassvertrages, unter Vorbehalt der vorläufigen Verfügungen des Vormundes in dringenden Fällen; 9. Eheverträge und Erbteilungsverträge;	**Art. 416 Abs. 1 und 3 – Zustimmungsbedürftige Geschäfte: Von Gesetzes wegen** ¹ Für folgende Geschäfte, die der Beistand oder die Beiständin in Vertretung der betroffenen Person vornimmt, ist die Zustimmung der Erwachsenenschutzbehörde erforderlich: 1. Liquidation des Haushalts, Kündigung des Vertrags über Räumlichkeiten, in denen die betroffene Person wohnt; 2. Dauerverträge über die Unterbringung der betroffenen Person; 3. Annahme oder Ausschlagung einer Erbschaft, wenn dafür eine ausdrückliche Erklärung erforderlich ist, sowie Erbverträge und Erbteilungsverträge; 4. Erwerb, Veräusserung, Verpfändung und andere dingliche Belastung von Grundstücken sowie Erstellen von Bauten, das über ordentliche Verwaltungshandlungen hinausgeht; 5. Erwerb, Veräusserung und Verpfändung anderer Vermögenswerte sowie Errichtung einer Nutzniessung daran, wenn diese Geschäfte nicht unter die Führung der ordentlichen Verwaltung und Bewirtschaftung fallen; 6. Aufnahme und Gewährung von erheblichen Darlehen, Eingehung von wechselrechtlichen Verbindlichkeiten; 7. Leibrenten- und Verpfründungsverträge sowie Lebensversicherungen, soweit diese nicht im Rahmen der beruflichen Vorsorge mit einem Arbeitsvertrag zusammenhängen; 8. Übernahme oder Liquidation eines Geschäfts, Eintritt in eine Gesellschaft mit persönlicher Haftung oder erheblicher Kapitalbeteiligung; 9. Erklärung der Zahlungsunfähigkeit, Prozessführung, Abschluss eines Vergleichs, eines Schiedsvertrags oder eines Nachlassvertrags, unter Vorbehalt vorläufiger Massnahmen des Beistands oder der Beiständin in dringenden Fällen. ³ Immer der Zustimmung der Erwachsenenschutzbehörde bedürfen Verträge zwischen dem Beistand oder der Beiständin und der betroffenen Person, ausser diese erteilt einen unentgeltlichen Auftrag.

Fortsetzung auf nächster Seite …

altes Vormundschaftsrecht (aArt. ZGB) (gültig bis 31.12.2012 + ggf. Übergangszeit)	neues Erwachsenenschutzrecht (Art. ZGB) (gültig ab 1.1.2013)
10. Erklärung der Zahlungsunfähigkeit; 11. Versicherungsverträge auf das Leben des Bevormundeten; 12. Verträge über die berufliche Ausbildung des Bevormundeten; 13. (aufgehoben) 14. Verlegung des Wohnsitzes des Bevormundeten.	**Art. 417 – Zustimmungsbedürftige Geschäfte: Auf Anordnung** Die Erwachsenenschutzbehörde kann aus wichtigen Gründen anordnen, dass ihr weitere Geschäfte zur Zustimmung unterbreitet werden. *Anmerkung: Damit sind im Gegensatz zum alten Recht massgeschneiderte Lösungen möglich.*
aArt. 422 – Zustimmung der Aufsichtsbehörde Die Zustimmung der Aufsichtsbehörde wird, nachdem die Beschlussfassung der Vormundschaftsbehörde vorausgegangen ist, für folgende Fälle gefordert: 1. Adoption eines Bevormundeten oder durch einen Bevormundeten; 2. Erwerb eines Bürgerrechts oder Verzicht auf ein solches; 3. Übernahme oder Liquidation eines Geschäftes, Eintritt in eine Gesellschaft mit persönlicher Haftung oder erheblicher Kapitalbeteiligung; 4. Leibgedings-, Leibrenten- und Verpfründungsverträge; 5. Annahme oder Ausschlagung einer Erbschaft und Abschluss eines Erbvertrages; 6. (aufgehoben) 7. Verträge zwischen Mündel und Vormund.	**keine entsprechende Bestimmung** *Anmerkung: Einige Geschäfte aus dem Katalog von aArt. 422 sind in den Katalog von Art. 416 [s.o. zu aArt. 421] übernommen worden. Neu muss nur noch die KESB zustimmen (im alten Recht musste neben der Vormundschaftsbehörde auch die Aufsichtsbehörde zustimmen).*
aArt. 423 – Prüfung von Berichten und Rechnungen ¹ Die Vormundschaftsbehörde prüft die periodischen Berichte und Rechnungen des Vormundes und verlangt, wo es ihr notwendig erscheint, deren Ergänzung und Berichtigung. ² Sie erteilt oder verweigert die Genehmigung der Berichte und Rechnungen und trifft nötigenfalls die für die Wahrung der Interessen des Mündels angezeigten Massregeln. ³ Die Kantone können der Aufsichtsbehörde eine Nachprüfung und die Genehmigung übertragen.	**Art. 411 – Berichterstattung** ¹ Der Beistand oder die Beiständin erstattet der Erwachsenenschutzbehörde so oft wie nötig, mindestens aber alle zwei Jahre, einen Bericht über die Lage der betroffenen Person und die Ausübung der Beistandschaft. ² Der Beistand oder die Beiständin zieht bei der Erstellung des Berichts die betroffene Person, soweit tunlich, bei und gibt ihr auf Verlangen eine Kopie. **Art. 410** *(s.o. zu aArt. 413)* **Art. 415 – Prüfung der Rechnung und des Berichts** ¹ Die Erwachsenenschutzbehörde prüft die Rechnung und erteilt oder verweigert die Genehmigung; wenn nötig, verlangt sie eine Berichtigung. ² Sie prüft den Bericht und verlangt, wenn nötig, dessen Ergänzung. ³ Sie trifft nötigenfalls Massnahmen, die zur Wahrung der Interessen der betroffenen Person angezeigt sind.
aArt. 424 – Bedeutung der Zustimmung Ist ein Geschäft ohne die vom Gesetze verlangte Zustimmung der zuständigen vormundschaftlichen Behörde für den Bevormundeten abgeschlossen wor-	**Art. 418 – Fehlen der Zustimmung** Ist ein Geschäft ohne die erforderliche Zustimmung der Erwachsenenschutzbehörde abgeschlossen worden, so hat es für die betroffene Person nur die Wirkung, die nach der Bestimmung des Personenrechts über das Fehlen der Zustimmung des gesetzlichen Vertreters vorgesehen ist.

Fortsetzung auf nächster Seite ...

Konkordanztabelle

altes Vormundschaftsrecht (aArt. ZGB) (gültig bis 31.12.2012 + ggf. Übergangszeit)	neues Erwachsenenschutzrecht (Art. ZGB) (gültig ab 1.1.2013)
den, so hat es für ihn nur die Wirkung eines ohne Zustimmung seines Vertreters von ihm selbst abgeschlossenen Geschäftes.	
aArt. 425 – Kantonale Verordnungen [1] Die Kantone haben die Mitwirkung der Behörden auf dem Wege der Verordnung näher zu regeln.	**Art. 440 Abs. 1 und 3 und Art. 441 Abs. 1** *(s.o. zu aArt. 360)* **und Art. 450 Abs. 1** *Anmerkung: Die Kantone haben zwecks Etablierung der Behörden (Fachbehörde, Aufsichtsbehörde und Rechtsmittelinstanz) die erforderlichen Ausführungsbestimmungen zu erlassen; zum Verfahren: s. auch o. zu aArt. 373.* **Art. 404 Abs. 3 – Entschädigung und Spesen** [3] Die Kantone erlassen Ausführungsbestimmungen und regeln die Entschädigung und den Spesenersatz, wenn diese nicht aus dem Vermögen der betroffenen Person bezahlt werden können.
[2] Sie haben namentlich Bestimmungen aufzustellen über die Anlage und Verwahrung des Mündelvermögens sowie die Art der Rechnungsführung und Rechnungsstellung und der Berichterstattung.	*Zu aArt. 425 Abs. 2:* *Im Bereich der Vermögensverwaltung gilt die* **Verordnung des Bundesrates** *(Art. 408 Abs. 3; s.o. zu aArt. 413).* *Weitere kantonale Ausführungsbestimmungen:* – *Aufsicht über Wohn- und Pflegeheime, in denen urteilsunfähige Personen betreut werden (Art. 387)* – *Zuständigkeit der Ärzte/Ärztinnen für fürsorgerische Unterbringung (Art. 429 Abs. 1)* – *Bestimmungen über die Nachbetreuung bei einer Entlassung aus einer fürsorgerischen Unterbringung (Art. 437)* – *Zuständigkeit der Behörde des Heimatortes (Art. 442 Abs. 4)* – *Bestimmungen über weitergehende Meldepflichten (Art. 443 Abs. 2)* – *Bestimmungen betreffend Rückgriff des Kantons auf schadenverursachende Person (Art. 454 Abs. 4)*
[3] Diese Erlasse bedürfen zu ihrer Gültigkeit der Genehmigung des Bundes.	*Zu aArt. 425 Abs. 3:* **Art. 52 Abs. 4 SchlT ZGB:** [4] Die kantonalen Anordnungen sind dem Bundesamt für Justiz zur Kenntnis zu bringen.
aArt. 426–430 Verantwortlichkeit	
aArt. 426 – Vormund und Behörden Der Vormund und die Mitglieder der vormundschaftlichen Behörden haben bei der Ausübung ihres Amtes die Regeln einer sorgfältigen Verwaltung zu beobachten und haften für den Schaden, den sie absichtlich oder fahrlässig verschulden.	**Art. 454 – Verantwortlichkeit: Grundsatz** [1] Wer im Rahmen der behördlichen Massnahmen des Erwachsenenschutzes durch widerrechtliches Handeln oder Unterlassen verletzt wird, hat Anspruch auf Schadenersatz und, sofern die Schwere der Verletzung es rechtfertigt, auf Genugtuung. [2] Der gleiche Anspruch besteht, wenn sich die Erwachsenenschutzbehörde oder die Aufsichtsbehörde in den anderen Bereichen des Erwachsenenschutzes widerrechtlich verhalten hat.
aArt. 427 – Gemeinden/Kreise/Kanton [1] Wird der Schaden durch den Vormund oder die Mitglieder der vormundschaftlichen Behörden nicht gedeckt, so haftet für den Ausfall der Kanton.	[3] Haftbar ist der Kanton; gegen die Person, die den Schaden verursacht hat, steht der geschädigten Person kein Ersatzanspruch zu. [4] Für den Rückgriff des Kantons auf die Person, die den Schaden verursacht hat, ist das kantonale Recht massgebend.

Fortsetzung auf nächster Seite …

Konkordanztabelle

altes Vormundschaftsrecht (aArt. ZGB) (gültig bis 31.12.2012 + ggf. Übergangszeit)	neues Erwachsenenschutzrecht (Art. ZGB) (gültig ab 1.1.2013)
² Es bleibt jedoch den Kantonen vorbehalten, hinter dem Vormund und der Vormundschaftsbehörde vorerst die beteiligten Gemeinden oder Kreise haften zu lassen.	**Anmerkung**: Die bisherige Kaskadenhaftung (Beistand Beiständin – Vormundschaftsbehörde – Aufsichtsbehörde – Kanton) wird durch eine direkte Staatshaftung (Kanton) abgelöst.
aArt. 428 – Verhältnis der Mitglieder einer Behörde ¹ Wird die vormundschaftliche Behörde aus der Führung der Vormundschaft verantwortlich, so ist ein jedes Mitglied haftbar soweit es nicht nachweisen kann, dass ihm kein Verschulden zur Last fällt. ² Jedes der haftbaren Mitglieder trägt den Schaden für seinen Anteil.	
aArt. 429 – Verhältnis der Organe untereinander ¹ Sind der Vormund und die Mitglieder der Vormundschaftsbehörde zugleich haftbar, so haften letztere nur für das, was vom Vormund nicht erhältlich ist. ² Sind die Mitglieder der Aufsichtsbehörde und diejenigen der Vormundschaftsbehörde zugleich haftbar, so haften die erstern nur für das, was von den letztern nicht erhältlich ist. ³ Aus Arglist haften alle verantwortlichen Personen unmittelbar und solidarisch.	
aArt. 429a – FFE ¹ Wer durch eine widerrechtliche Freiheitsentziehung verletzt wird, hat Anspruch auf Schadenersatz und, wo die Schwere der Verletzung es rechtfertigt, auf Genugtuung. ² Haftbar ist der Kanton unter Vorbehalt des Rückgriffs gegen die Personen, welche die Verletzung absichtlich oder grobfahrlässig verursacht haben.	**keine entsprechende Sonderbestimmung im neuen Recht** **Anmerkung**: Im Wesentlichen ist die Bestimmung von aArt. 429a in das System der direkten Staatshaftung in Art. 454 [s.o. zu aArt. 426–430] eingeflossen.
aArt. 430 – Geltendmachung ¹ Über die Verantwortlichkeitsklage gegen den Vormund und die Mitglieder der vormundschaftlichen Behörden sowie gegen die Gemeinden oder Kreise und den Kanton entscheidet das Gericht. ² Die Klage aus der Verantwortlichkeit darf nicht von der vorgängigen Prüfung durch eine Verwaltungsbehörde abhängig gemacht werden.	**keine entsprechende Regelung** **Anmerkung**: Das Verfahren richtet sich nach kantonalem öffentlichem Recht [Haftungsgesetz].
aArt. 431–440 Ende der Massnahme	
aArt. 431 – Vormundschaft bei Unmündigen ¹ Die Vormundschaft über eine unmündige Person hört mit dem Zeitpunkt auf, da die Mündigkeit eintritt.	**keine entsprechende Bestimmung** **Anmerkung**: Das Ende der Vormundschaft im Zeitpunkt der Mündigkeit ist zwingend aus dem Gebot der Rechtsgleichheit [Art. 8 BV] und den Persönlichkeitsrechten [Art. 12 ff. ZGB] abzuleiten.

Konkordanztabelle

altes Vormundschaftsrecht (aArt. ZGB) (gültig bis 31.12.2012 + ggf. Übergangszeit)	neues Erwachsenenschutzrecht (Art. ZGB) (gültig ab 1.1.2013)
aArt. 432 – Vormundschaft bei Verurteilten [1] Die Vormundschaft über eine zu Freiheitsstrafe verurteilte Person hört auf mit der Beendigung der Haft. [2] Die zeitweilige oder bedingte Entlassung hebt die Vormundschaft nicht auf.	**Art. 399 – Ende der Beistandschaft** [1] Die Beistandschaft endet von Gesetzes wegen mit dem Tod der betroffenen Person. [2] Die Erwachsenenschutzbehörde hebt eine Beistandschaft auf Antrag der betroffenen oder einer nahestehenden Person oder von Amtes wegen auf, sobald für die Fortdauer kein Grund mehr besteht.
aArt. 433 – bei anderen Vormundschaften [1] Die Vormundschaft über andere Personen endigt mit der Aufhebung durch die zuständige Behörde. [2] Die Behörde ist zu dieser Aufhebung verpflichtet, sobald ein Grund zur Bevormundung nicht mehr besteht. [3] Der Bevormundete sowie jedermann, der ein Interesse hat, kann die Aufhebung der Vormundschaft beantragen.	
aArt. 434 – Verfahren allgemein [1] Die Ordnung des Verfahrens erfolgt durch die Kantone. [2] Die Weiterziehung an das Bundesgericht bleibt vorbehalten.	**Art. 443–449c, Art. 450–450e, Art. 450f und Art. 72 BGG** *(s.o. zu aArt. 373)*
aArt. 435 – Veröffentlichung [1] Wurde die Entmündigung veröffentlicht, so ist auch die Aufhebung zu veröffentlichen. [2] Die Wiedererlangung der Handlungsfähigkeit hängt von der Veröffentlichung nicht ab. [3] Wurde die Entmündigung dem Betreibungsamt mitgeteilt, so ist auch die Aufhebung oder die Übertragung an einen neuen Wohnort mitzuteilen.	**keine Publikation** *s. auch o. zu aArt. 375 und zu aArt. 397 Abs. 2 und 3* **Anmerkung:** *Wenn behördliche Anordnungen gestützt auf Art. 452 Abs. 2, Art. 413 Abs. 3, Art. 449c oder Art. 68d SchKG Dritten mitgeteilt worden sind, ist die Aufhebung diesen wiederum mitzuteilen, sofern eine solche Mitteilung den Interessen der betroffenen Person nicht widerspricht. Auf Verlangen der betroffenen Person ist die Mitteilung der Aufhebung jedenfalls vorzunehmen.*
aArt. 436 – Verfahren bei Geisteskrankheit Die Aufhebung einer wegen Geisteskrankheit oder Geistesschwäche angeordneten Vormundschaft darf nur erfolgen, nachdem das Gutachten von Sachverständigen eingeholt und festgestellt ist, dass der Bevormundungsgrund nicht mehr besteht.	**Art. 399 – Ende der Beistandschaft** *(s.o. zu aArt. 432 u. 433)* **Art. 446 Abs. 2 – Verfahrensgrundsätze** [2] Sie [die Erwachsenenschutzbehörde] zieht die erforderlichen Erkundigungen ein und erhebt die notwendigen Beweise. Sie kann eine geeignete Person oder Stelle mit Abklärungen beauftragen. Nötigenfalls ordnet sie das Gutachten einer sachverständigen Person an. **Anmerkung:** *Die Erwachsenenschutzbehörde hat neu im Einzelfall zu entscheiden, ob zur Feststellung der Voraussetzungen der Aufhebung ein Sachverständigengutachten erforderlich ist (Art. 446 Abs. 2).*
aArt. 437 – Verfahren bei Verschwendung, Trunksucht, lasterhaftem Lebenswandel, Misswirtschaft Die Aufhebung einer wegen Verschwendung, Trunksucht, lasterhaften Lebenswandels oder wegen der Art und Weise der Vermögensverwaltung angeordneten Vormundschaft darf der Bevormundete nur dann beantragen,	

Fortsetzung auf nächster Seite …

altes Vormundschaftsrecht (aArt. ZGB) (gültig bis 31.12.2012 + ggf. Übergangszeit)	neues Erwachsenenschutzrecht (Art. ZGB) (gültig ab 1.1.2013)
wenn er seit mindestens einem Jahre mit Hinsicht auf den Bevormundungsgrund nicht mehr Anlass zu Beschwerden gegeben hat.	
aArt. 438 – Verfahren bei eigenem Begehren Die Aufhebung einer auf eigenes Begehren des Bevormundeten angeordneten Vormundschaft darf nur erfolgen, wenn der Grund des Begehrens dahingefallen ist.	
aArt. 439 – Ende der Beistandschaft – allgemein [1] Die Vertretung durch den Beistand hört auf mit der Erledigung der Angelegenheit, für die er bestellt worden ist. [2] Die Vermögensverwaltung hört auf, sobald der Grund, aus dem sie angeordnet wurde, weggefallen und der Beistand entlassen ist. [3] Die Beistandschaft des Beirates endigt mit der Aufhebung durch die zuständige Behörde nach den Vorschriften über die Aufhebung der Vormundschaft.	
aArt. 440 – Ende der Beistandschaft – Veröffentlichung und Mitteilung [1] Das Aufhören der Beistandschaft ist in einem amtlichen Blatt zu veröffentlichen, wenn deren Anordnung veröffentlicht wurde oder die Vormundschaftsbehörde es sonst für angezeigt erachtet. [2] Das Aufhören der Beistandschaft oder der Wechsel des Wohnsitzes der verbeiständeten Person ist dem Betreibungsamt mitzuteilen, wenn die Ernennung des Beistandes mitgeteilt wurde.	s.o. zu aArt. 435
aArt. 441–450: Ende des vormundschaftlichen Amtes	
aArt. 441 – Handlungsunfähigkeit, Tod Das Amt des Vormundes hört mit dem Zeitpunkt auf, da er handlungsunfähig wird oder stirbt. **aArt. 442 – Ablauf der Amtsdauer** Das Amt des Vormundes hört auf mit Ablauf der Zeit, für die er bestellt worden ist, sofern er nicht bestätigt wird.	**Art. 421 – Ende des Amtes von Gesetzes wegen** Das Amt des Beistands oder der Beiständin endet von Gesetzes wegen: 1. mit Ablauf einer von der Erwachsenenschutzbehörde festgelegten Amtsdauer, sofern keine Bestätigung im Amt erfolgt; 2. mit dem Ende der Beistandschaft; 3. mit dem Ende des Arbeitsverhältnisses als Berufsbeistand oder Berufsbeiständin; 4. im Zeitpunkt, in dem der Beistand oder die Beiständin verbeiständet oder urteilsunfähig wird oder stirbt.

Konkordanztabelle

altes Vormundschaftsrecht (aArt. ZGB) (gültig bis 31.12.2012 + ggf. Übergangszeit)	neues Erwachsenenschutzrecht (Art. ZGB) (gültig ab 1.1.2013)
aArt. 443 – Eintritt Ausschliessungs-/Ablehnungsgrund [1] Tritt während der Vormundschaft ein Ausschliessungsgrund ein, so hat der Vormund das Amt niederzulegen. [2] Tritt ein Ablehnungsgrund ein, so kann der Vormund in der Regel die Entlassung vor Ablauf der Amtsdauer nicht verlangen.	**Art. 422 – Ende des Amtes durch Entlassung auf Begehren des Beistands** [1] Der Beistand oder die Beiständin hat frühestens nach vier Jahren Amtsdauer Anspruch auf Entlassung. [2] Vorher kann der Beistand oder die Beiständin die Entlassung aus wichtigen Gründen verlangen. **Art. 423 Abs. 1** *(s.u. zu aArt. 445)*
aArt. 444 – Pflicht zur Weiterführung Der Vormund ist verpflichtet, die notwendigen Geschäfte der Vormundschaft weiter zu führen, bis sein Nachfolger das Amt übernommen hat.	**Art. 424 – Weiterführung der Geschäfte** Der Beistand oder die Beiständin ist verpflichtet, nicht aufschiebbare Geschäfte weiterzuführen, bis der Nachfolger oder die Nachfolgerin das Amt übernimmt, sofern die Erwachsenenschutzbehörde nichts anderes anordnet. Diese Bestimmung gilt nicht für den Berufsbeistand oder die Berufsbeiständin.
aArt. 445 – Amtsenthebung: Gründe [1] Macht sich der Vormund einer groben Nachlässigkeit oder eines Missbrauchs seiner amtlichen Befugnisse schuldig, begeht er eine Handlung, die ihn der Vertrauensstellung unwürdig erscheinen lässt, oder wird er zahlungsunfähig, so ist er von der Vormundschaftsbehörde seines Amtes zu entheben. [2] Genügt er seinen vormundschaftlichen Pflichten nicht, so kann ihn die Vormundschaftsbehörde, auch wenn ihn kein Verschulden trifft, aus dem Amte entlassen, sobald die Interessen des Bevormundeten gefährdet sind.	**Art. 423 Abs. 1 – Ende des Amtes: Übrige Fälle** [1] Die Erwachsenenschutzbehörde entlässt den Beistand oder die Beiständin, wenn: 1. die Eignung für die Aufgaben nicht mehr besteht; 2. ein anderer wichtiger Grund für die Entlassung vorliegt.
aArt. 446 – Amtsenthebung: auf Antrag/von Amtes wegen [1] Die Amtsenthebung kann sowohl von dem Bevormundeten, der urteilsfähig ist, als auch von jedermann, der ein Interesse hat, beantragt werden. [2] Wird der Vormundschaftsbehörde auf anderem Wege ein Enthebungsgrund bekannt, so hat sie von Amtes wegen zur Enthebung zu schreiten.	**Art. 423 Abs. 2 – Ende des Amtes: Übrige Fälle** [2] Die Entlassung kann von der betroffenen oder einer ihr nahe stehenden Person beantragt werden. **Art. 446 Abs. 4 – Verfahrensgrundsätze** [4] Sie [die Erwachsenenschutzbehörde] wendet das Recht von Amtes wegen an.
aArt. 447 – Amtsenthebung: Untersuchung/Bestrafung [1] Vor der Enthebung hat die Vormundschaftsbehörde die Umstände des Falles zu untersuchen und den Vormund anzuhören. [2] Bei geringen Unregelmässigkeiten kann die Enthebung bloss angedroht und dem Vormund eine Busse bis auf 100 Franken auferlegt werden.	zu aArt. 447 Abs. 1: **keine spezifische auf die Entlassung zugeschnittene Verfahrensregeln** *(Es gelten die generellen Verfahrensregeln, s.o. zu aArt. 373.)* zu aArt. 447 Abs. 2: **keine Bussenandrohung**

altes Vormundschaftsrecht (aArt. ZGB) (gültig bis 31.12.2012 + ggf. Übergangszeit)	neues Erwachsenenschutzrecht (Art. ZGB) (gültig ab 1.1.2013)
aArt. 448 – Amtsenthebung: vorläufige Massregeln Ist Gefahr im Verzuge, so kann die Vormundschaftsbehörde den Vormund vorläufig im Amte einstellen und nötigenfalls seine Verhaftung und die Beschlagnahme seines Vermögens veranlassen.	**keine spezifische auf die Entlassung zugeschnittenen vorläufigen Massregeln; keine Verhaftungskompetenz, keine Kompetenz zur Beschlagnahmung des Vermögens** *(Die KESB kann gegebenenfalls mit einer strafrechtlichen Anzeige eine Verhaftung und mit einer gerichtlichen Arrestbewilligung eine Vermögensbeschlagnahmung erwirken.)*
aArt. 449 – Amtsenthebung: weitere Massregeln Neben der Amtsenthebung und der Verhängung von Strafen hat die Vormundschaftsbehörde die zur Sicherung des Bevormundeten nötigen Massregeln zu treffen.	**keine spezifische auf die Entlassung zugeschnittenen vorläufigen Massregeln** *(Es gelten die generellen Verfahrensregeln, s.o. zu aArt. 373.)*
aArt. 450 – Amtsenthebung: Beschwerde Gegen die Verfügungen der Vormundschaftsbehörde kann die Entscheidung der Aufsichtsbehörde angerufen werden.	**keine spezifische auf die Entlassung zugeschnittene Rechtsmittelregelung** *(Es gelten die generellen Verfahrensregeln, s.o. zu aArt. 373.)*
aArt. 451–Art. 456: Folgen der Beendigung	
aArt. 451 – Schlussrechnung/Vermögensübergabe Geht das vormundschaftliche Amt zu Ende, so hat der Vormund der Vormundschaftsbehörde einen Schlussbericht zu erstatten und eine Schlussrechnung einzureichen sowie das Vermögen zur Übergabe an den Bevormundeten, an dessen Erben oder an den Amtsnachfolger bereit zu halten.	**Art. 425 – Schlussbericht und Schlussrechnung** [1] Endet das Amt, so erstattet der Beistand oder die Beiständin der Erwachsenenschutzbehörde den Schlussbericht und reicht gegebenenfalls die Schlussrechnung ein. Die Erwachsenenschutzbehörde kann den Berufsbeistand oder die Berufsbeiständin von dieser Pflicht entbinden, wenn das Arbeitsverhältnis endet. [2] Die Erwachsenenschutzbehörde prüft und genehmigt den Schlussbericht und die Schlussrechnung auf die gleiche Weise wie die periodischen Berichte und Rechnungen. [3] Sie stellt den Schlussbericht und die Schlussrechnung der betroffenen Person oder deren Erben und gegebenenfalls der neuen Beiständin oder dem neuen Beistand zu und weist diese Personen gleichzeitig auf die Bestimmungen über die Verantwortlichkeit hin. [4] Sie teilt ihnen zudem mit, ob sie den Beistand oder die Beiständin entlastet oder die Genehmigung des Schlussberichts oder der Schlussrechnung verweigert hat.
aArt. 452 – Prüfung des Schlussberichtes/-rechnung Der Schlussbericht und die Schlussrechnung werden durch die vormundschaftlichen Behörden in gleicher Weise geprüft und genehmigt wie die periodische Berichterstattung und Rechnungsstellung.	
aArt. 453 – Entlassung des Vormundes [1] Sind der Schlussbericht und die Schlussrechnung genehmigt und das Mündelvermögen dem Bevormundeten, dessen Erben oder dem Amtsnachfolger zur Verfügung gestellt, so spricht die Vormundschaftsbehörde die Entlassung des Vormundes aus.	

Fortsetzung auf nächster Seite …

Konkordanztabelle

altes Vormundschaftsrecht (aArt. ZGB) (gültig bis 31.12.2012 + ggf. Übergangszeit)	neues Erwachsenenschutzrecht (Art. ZGB) (gültig ab 1.1.2013)
² Die Schlussrechnung ist dem Bevormundeten, dessen Erben oder dem neuen Vormunde zuzustellen unter Hinweis auf die Bestimmungen über die Geltendmachung der Verantwortlichkeit. ³ Gleichzeitig ist ihnen von der Entlassung des Vormundes oder von der Verweigerung der Genehmigung der Schlussrechnung Mitteilung zu machen.	
aArt. 454 – Verantwortlichkeit – ordentliche Verjährung ¹ Die Verantwortlichkeitsklage gegenüber dem Vormund und den unmittelbar haftbaren Mitgliedern der vormundschaftlichen Behörden verjährt mit Ablauf eines Jahres nach Zustellung der Schlussrechnung. ² Gegenüber den Mitgliedern der vormundschaftlichen Behörden, die nicht unmittelbar haftbar sind, sowie gegenüber den Gemeinden oder Kreisen und dem Kanton verjährt die Klage mit Ablauf eines Jahres, nachdem sie erhoben werden konnte. ³ Die Verjährung der Klage gegen die Mitglieder der vormundschaftlichen Behörden, gegen die Gemeinden oder Kreise oder den Kanton beginnt in keinem Falle vor dem Aufhören der Vormundschaft.	**Art. 455 – Verantwortlichkeit: Verjährung** ¹ Der Anspruch auf Schadenersatz oder Genugtuung verjährt ein Jahr nach dem Tag, an dem die geschädigte Person Kenntnis vom Schaden erhalten hat, jedenfalls aber zehn Jahre nach dem Tag der schädigenden Handlung. ² Wird der Anspruch aus einer strafbaren Handlung hergeleitet, für die das Strafrecht eine längere Verjährungsfrist vorschreibt, so gilt diese Frist. ³ Beruht die Verletzung auf der Anordnung oder Durchführung einer Dauermassnahme, so beginnt die Verjährung des Anspruchs gegenüber dem Kanton nicht vor dem Wegfall der Dauermassnahme oder ihrer Weiterführung durch einen anderen Kanton.
aArt. 455 – Verantwortlichkeit – a.o. Verjährung ¹ Liegt ein Rechnungsfehler vor oder konnte ein Verantwortlichkeitsgrund und erst nach Beginn der ordentlichen Verjährungsfrist entdeckt werden, so verjährt die Verantwortlichkeitsklage mit Ablauf eines Jahres, nachdem der Fehler oder der Verantwortlichkeitsgrund entdeckt worden ist, in jedem Falle aber mit Ablauf von zehn Jahren seit Beginn der ordentlichen Verjährungsfrist. ² Wird die Verantwortlichkeitsklage aus einer strafbaren Handlung hergeleitet, so kann sie auch nach Ablauf dieser Fristen noch so lange geltend gemacht werden, als die Strafklage nicht verjährt ist.	
aArt. 456 (aufgehoben)	

Im Folgenden wird Bezug genommen auf weitere Gesetzesbestimmungen ausserhalb des alten Vormundschaftsrechts i.e.S.

Konkordanztabelle

weitere Anpassungen (Auswahl wichtiger weiterer Neuerungen)	
altes Recht (aArt. ZGB) (gültig bis 31.12.2012)	**neues Recht** (Art. ZGB) (gültig ab 1.1.2013)
Begriffsanpassungen	
mündig	volljährig
unmündig	minderjährig
entmündigt	unter umfassender Beistandschaft
Vormundschaftsbehörde	Kindes- und Erwachsenenschutzbehörde (KESB)
Geisteskrankheit	psychische Störung
Geistesschwäche	geistige Behinderung
fürsorgerische Freiheitsentziehung	fürsorgerische Unterbringung
Mündel	betroffene Person, verbeiständete Person o.ä.
Personenrecht	
höchstpersönliche Rechte (Unterscheidung absolute und relative) / Definition durch **Lehre und Praxis**	**Art. 19c – höchstpersönliche Rechte** [1] Urteilsfähige handlungsunfähige Personen üben die Rechte, die ihnen um ihrer Persönlichkeit willen zustehen, selbstständig aus; vorbehalten bleiben Fälle, in welchen das Gesetz die Zustimmung des gesetzlichen Vertreters vorsieht. [2] Für urteilsunfähige Personen handelt der gesetzliche Vertreter, sofern nicht ein Recht so eng mit der Persönlichkeit verbunden ist, dass jede Vertretung ausgeschlossen ist. *Anmerkung: Bisherige Praxis und Lehre wird im Gesetz bestätigt.*
Grundsatz im Personenrecht (mögliche Wirkung einer Massnahme des Erwachsenenschutzes)	**Art. 19d – Einschränkung der Handlungsfähigkeit** Die Handlungsfähigkeit kann durch eine Massnahme des Erwachsenenschutzes eingeschränkt werden.
Zivilrechtlicher Wohnsitz: aArt. 23, 25, 26	**Art. 23** (Zusammenfassung von aArt. 23 und 26: redaktionelle Anpassung) **Art. 25 Abs. 2** (Wohnsitz bevormundeter Kinder), **Art. 26** (Wohnsitz von Personen unter umfassender Beistandschaft)
Eherecht	
aArt. 90 Abs. 2 und aArt. 94 Abs. 2 (Entmündigte Personen bedürften für Verlobung und Ehe die Zustimmung des gesetzlichen Vertreters)	aufgehoben (Für urteilsfähige Personen unter umfassender Beistandschaft ist neu keine Zustimmung zur Verlobung bzw. Eingehung der Ehe erforderlich / keine gesetzliche Beschränkung der Handlungsfähigkeit im Bereich dieser höchstpersönlichen Rechte.)
PartG aArt. 3 Abs. 2 (analog Art. 94 Abs. 2)	aufgehoben
aArt. 183 Abs. 2 (Unmündige oder Entmündigte bedürfen zum Abschluss eines Ehevertrags die Zustimmung des gesetzlichen Vertreters)	**Art. 183 Abs. 2** [2] Minderjährige sowie volljährige Personen unter einer Beistandschaft, die den Abschluss eines Ehevertrags umfasst, bedürfen der Zustimmung ihres gesetzlichen Vertreters.
Kindesrecht/Kindesschutz	
im alten Recht keine analoge Bestimmung	**elterliche Sorge bei unverheirateten Eltern** **Art. 298 Abs. 3 (neu):** [3]Auf gemeinsamen Antrag der Eltern kann die Kindesschutzbehörde die elterliche Sorge von einem Elternteil auf den anderen übertragen. **Art. 298a Abs. 3 (neu):** [3]Stirbt ein Elternteil und ist die elterliche Sorge gemeinsam ausgeübt worden, so steht sie dem überlebenden Elternteil zu.

Konkordanztabelle

altes Recht (aArt. ZGB) (gültig bis 31.12.2012)	neues Recht (Art. ZGB) (gültig ab 1.1.2013)
aArt. 311/312	**Art. 311/312: Anmerkung:** *Die Kompetenz zur Entziehung der elterlichen Sorge wird neu einheitlich der KESB zugewiesen (im alten Recht waren je nach Konstellation die Vormundschaftsbehörde oder die Aufsichtsbehörde zuständig). Neue Unterscheidung zwischen der Entziehung der elterlichen Sorge von Amtes wegen und der Entziehung der elterlichen Sorge mit Einverständnis der Eltern.*
aArt. 314 Das Verfahren wird durch das kantonale Recht geordnet unter Vorbehalt folgender Vorschriften:	**Art. 314 – Verfahren vor der Kindesschutzbehörde** [1] Die Bestimmungen über das Verfahren vor der Erwachsenenschutzbehörde [Art. 443 ff.] sind sinngemäss anwendbar. [2] Die Kindesschutzbehörde kann in geeigneten Fällen die Eltern zu einem Mediationsversuch auffordern. [3] Errichtet die Kindesschutzbehörde eine Beistandschaft, so hält sie im Entscheiddispositiv die Aufgaben des Beistandes und allfällige Beschränkungen der elterlichen Sorge fest.
aArt. 314 Ziff. 1 Verfahren 1. Vor dem Erlass von Kindesschutzmassnahmen ist das Kind in geeigneter Weise durch die vormundschaftliche Behörde oder durch eine beauftragte Drittperson persönlich anzuhören, soweit nicht sein Alter oder andere wichtige Gründe dagegen sprechen.	**Art. 314a – Anhörung des Kindes** [1] Das Kind wird durch die Kindesschutzbehörde oder durch eine beauftragte Drittperson in geeigneter Weise persönlich angehört, soweit nicht sein Alter oder andere wichtige Gründe dagegen sprechen. [2] Im Protokoll der Anhörung werden nur die für den Entscheid wesentlichen Ergebnisse festgehalten. Die Eltern werden über diese Ergebnisse informiert. [3] Das urteilsfähige Kind kann die Verweigerung der Anhörung mit Beschwerde anfechten.
im alten Recht **keine explizite Norm**, möglich war eine Vertretungsbeistandschaft für das Verfahren gemäss aArt. 306 Abs. 2 i.V.m. aArt. 392 Ziff. 2	**Art. 314a[bis] – Vertretung des Kindes** [1] Die Kindesschutzbehörde ordnet wenn nötig die Vertretung des Kindes an und bezeichnet als Beistand eine in fürsorgerischen und rechtlichen Fragen erfahrene Person. [2] Die Kindesschutzbehörde prüft die Anordnung der Vertretung insbesondere, wenn: 1. die Unterbringung des Kindes Gegenstand des Verfahrens ist; 2. die Beteiligten bezüglich der Regelung der elterlichen Sorge oder bezüglich wichtiger Fragen des persönlichen Verkehrs unterschiedliche Anträge stellen. [3] Der Beistand des Kindes kann Anträge stellen und Rechtsmittel einlegen.
aArt. 314a Abs. 1 u. 2 – Verfahren bei FFE [1] Wird das Kind von einer Behörde in einer Anstalt untergebracht, so gelten die Vorschriften über die gerichtliche Beurteilung und das Verfahren bei fürsorgerischer Freiheitsentziehung gegenüber mündigen und entmündigten Personen sinngemäss. [2] Hat das Kind das 16. Altersjahr noch nicht zurückgelegt, so kann es nicht selber gerichtliche Beurteilung verlangen.	**Art. 314b – Unterbringung des Kindes in einer geschlossenen Einrichtung oder psychiatrischen Klinik** [1] Muss das Kind in einer geschlossenen Einrichtung oder in einer psychiatrischen Klinik untergebracht werden, so sind die Bestimmungen des Erwachsenenschutzes über die fürsorgerische Unterbringung sinngemäss anwendbar. [2] Ist das Kind urteilsfähig, so kann es selber das Gericht anrufen.

Konkordanztabelle

altes Recht (aArt. ZGB) (gültig bis 31.12.2012)	neues Recht (Art. ZGB) (gültig ab 1.1.2013)
aArt. 318 Abs. 2 – Kindesvermögensinventar ² Steht die elterliche Sorge nur einem Elternteil zu, so hat dieser der Vormundschaftsbehörde ein Inventar über das Kindesvermögen einzureichen. ³ Erachtet es die Vormundschaftsbehörde nach Art und Grösse des Kindesvermögens und nach den persönlichen Verhältnissen der Eltern für angezeigt, so ordnet sie die periodische Rechnungsstellung und Berichterstattung an.	**Art. 318 Abs. 2 und 3 – Kindesvermögensinventar** ² Stirbt ein Elternteil, so hat der überlebende Elternteil der Kindesschutzbehörde ein Inventar über das Kindesvermögen einzureichen. *(Anmerkung: Wegfall Kindesvermögensinventar nach Scheidung)* ³ Erachtet es die Kindesschutzbehörde nach Art und Grösse des Kindesvermögens und nach den persönlichen Verhältnissen der Eltern für angezeigt, so ordnet sie die Inventaraufnahme oder die periodische Rechnungsstellung und Berichterstattung an. *(Anmerkung: neu auch Anordnung der Inventaraufnahme möglich)*
Eigene Vorsorge	
Auftrag (Art. 394 ff. OR) mit Weitergeltungsklausel für den Fall des Verlustes der Handlungsfähigkeit (Art. 405 Abs. 1 OR) / **Stellvertretung** (Art. 32 ff. OR) mit Weitergeltungsklausel für den Fall des Verlustes der Handlungsfähigkeit (Art. 35 Abs. 1 OR) – ausgerichtet auf den Fall der Unfähigkeit des Auftrag- bzw. Vollmachtgebers zur Wahrung seiner eigenen Interessen / evtl. ergänzt durch das Rechtsinstitut der **Geschäftsführung ohne Auftrag** (Art. 419 ff. OR)	**Art. 360–369 – Vorsorgeauftrag** neu explizite Normen im ZGB; strengere Formvorschriften als gewöhnlicher Auftrag und Stellvertretung, Validierung und gewisse Überwachungsfunktion durch die KESB; Haftung des/der Vorsorgebeauftragten nach Art. 456
Patientenverfügung (z.B. auf Grundlagen von Richtlinien der Schweizerische Akademie der Medizinischen Wissenschaften **[SAMW]** od. **kantonalem Recht** (Patientengesetz)/ allenfalls kombiniert mit **Auftrag** (Art. 394 ff. OR) und Vertretung (Art. 32 OR)	**Art. 370–373 – Patientenverfügung** neu explizite Normen im ZGB; Haftung nach Art. 456
Massnahmen von Gesetzes wegen für urteilsunfähige Personen	
(i.d.R. rechtlich unzureichend abgestützte) Vertretung (des Urteilsunfähigen) durch Ehegatten bzw. eingetr. Partner od. Partnerin gestützt auf **Eherecht bzw. PartG** (Art. 159 ZGB bzw. Art. 15 PartG / Art. 166 ZGB) ergänzt durch **Geschäftsführung ohne Auftrag** (Art. 419 ff.), evtl. in Verbindung mit (Bank-)**Vollmacht** (Art. 32 ff. OR)	**Art. 374–376 – Vertretung** (des Urteilsunfähigen) **durch Ehegatten bzw. eingetr. Partner od. Partnerin** Neu explizite Normen im Erwachsenenschutzrecht (Kompetenzerweiterung von Art. 166 ZGB und Art. 15 PartG); gewisse Überwachungsfunktion durch die KESB; Haftung des Vertreters oder der Vertreterin nach Art. 456
Vertretung (des Urteilsunfähigen) bei medizinischen Massnahmen nach **kantonalem Recht**, oft rechtlich unzureichend abgestützt bzw. unter Annahme von (hypothetischem) mutmasslichem Willen der betroffenen Person	**Art. 377–381 – Vertretung** (des Urteilsunfähigen) **bei medizinischen Massnahmen** neu explizite Normen im ZGB; gewisse Überwachungsfunktion durch die KESB; Haftung des Vertreters oder der Vertreterin nach Art. 456

Konkordanztabelle

altes Recht (aArt. ZGB) (gültig bis 31.12.2012)	neues Recht (Art. ZGB) (gültig ab 1.1.2013)
(z.T. fehlende) **kantonale Regelungen** für und Aufsicht über **Einrichtungen zur stationären Unterbringung,** in denen (auch) urteilsunfähige Personen betreut werden / (z.T. fehlende) Regeln zu freiheitsbeschränkenden Massnahmen in solchen Einrichtungen	**Art. 382–387 – Schutz von urteilsunfähigen Personen in Wohn- und Pflegeeinrichtungen** neu bundesrechtliche Minimalvorschriften im ZGB, insb. Betreuungsvertrag (Art. 382), Regeln zur Einschränkung der Bewegungsfreiheit (Art. 383–385), Aufsicht (Art. 387)
Patientenrecht/medizinische Massnahmen	
(z.T. vorhandene) **kantonale Regelungen** betreffend die medizinische Behandlung ohne Zustimmung des Patienten oder der Patientin	**Art. 433–436 – Medizinische Massnahmen bei einer psychischen Störung (im Rahmen einer FU):** – Behandlungsplan – Behandlung ohne Zustimmung – Notfälle – Austrittsgespräch **Art. 437 – Kantonales Recht** – Organisation und Regelung von Nachbetreuung (nach FU) und ambulanten Massnahmen (anstelle oder nach FU) verbleiben in der Kompetenz der Kantone
Prinzipien und Leitideen	
Anwendung **Subsidiaritäts- und Verhältnismässigkeitsprinzip** im Vormundschaftsrecht durch Praxis nach Lehre und gefestigter Rechtsprechung	**Art. 389** – Festschreibung von **Subsidiaritäts- und Verhältnismässigkeitsprinzip** im ZGB
Anwendung **weiterer Prinzipien und Leitideen** im Vormundschaftsrecht durch Praxis nach Lehre und gefestigter Rechtsprechung	**Art. 388 Abs. 1:** «Wohl und Schutz» der hilfsbedürftigen Person als Maxime; **Art. 388 Abs. 2:** weitmöglichste Wahrung des **Selbstbestimmungsanspruchs**
Freiwillige Beratung vs. Beistandschaft	
Freiwillige Inanspruchnahme von **Beratung (persönliche Hilfe)** durch die betroffene Person gestützt auf kantonales Sozialhilferecht oder andere kantonale Rechtsgrundlagen	**Art. 393 – Begleitbeistandschaft** [1] Eine Begleitbeistandschaft wird mit Zustimmung der hilfsbedürftigen Person errichtet, wenn diese für die Erledigung bestimmter Angelegenheiten begleitende Unterstützung braucht. [2] Die Begleitbeistandschaft schränkt die Handlungsfähigkeit der betroffenen Person nicht ein. *Anmerkung: Die Unterschiede zwischen den beiden Instrumenten der persönlichen Hilfe nach Sozialhilfegesetzen einerseits und der Begleitbeistandschaft andererseits sind gering. Beide sind nur im Einverständnis mit der betroffenen Person möglich und in beiden Fällen bedarf es zur Vertretung der betroffenen Person einer Ermächtigung (Vollmacht) durch diese. Die Beaufsichtigung durch die Sozialbehörde ist u.U. weniger einzelfallbezogen als diejenige durch die KESB.*
Private Mandatsträger/innen vs. Berufsbeistände/Berufsbeiständin	
In der Praxis: Einsetzung von sog. **privaten Beiständinnen** bzw. Beiständen **und Berufsbeiständinnen** bzw. -beiständen ohne expliziten Instruktionsauftrag	**Art. 400 Abs. 3 – Ernennung des Beistands oder der Beiständin** [3] Die Erwachsenenschutzbehörde sorgt dafür, dass der Beistand oder die Beiständin die erforderliche Instruktion, Beratung und Unterstützung erhält. *(Diese Bestimmung zielt in erste Linie auf die privaten Beiständinnen und Beistände ab.)* Erwähnung der Berufsbeiständin und des Berufsbeistandes in verschiedenen Bestimmungen (z.B. Art. 421, 424 u. 425).

Konkordanztabelle

altes Recht (aArt. ZGB) (gültig bis 31.12.2012)	**neues Recht** (Art. ZGB) (gültig ab 1.1.2013)
Verfahren	
Verfahrensbeistand – Bestellung des Verfahrensbeistandes zur Wahrung des Anspruchs auf rechtliches Gehör (Art. 29 BV); im Übrigen jedoch nach kantonalen Verfahrensrechten	**Art. 449a – Anordnung einer Vertretung** Die Erwachsenenschutzbehörde ordnet wenn nötig die Vertretung der betroffenen Person an und bezeichnet als Beistand oder Beiständin eine in fürsorgerischen und rechtlichen Fragen erfahrene Person. **Anmerkung:** *Der Anspruch besteht neu bei Vorliegen der materiellen Voraussetzungen direkt gestützt auf das Erwachsenenschutzrecht.*
Im alten Recht ist die **Vollstreckung** – abgesehen von Zwangsmassnahmen gegenüber säumigen Organen – nicht explizit geregelt	**Art. 450g – Vollstreckung** ¹ Die Erwachsenenschutzbehörde vollstreckt die Entscheide auf Antrag oder von Amtes wegen. ² Hat die Erwachsenenschutzbehörde oder die gerichtliche Beschwerdeinstanz im Entscheid bereits Vollstreckungsmassnahmen angeordnet, so kann dieser direkt vollstreckt werden. ³ Die mit der Vollstreckung betraute Person kann nötigenfalls polizeiliche Hilfe beanspruchen. Unmittelbare Zwangsmassnahmen sind in der Regel vorgängig anzudrohen.
Im alten Recht ist die **Verschwiegenheitspflicht** nicht explizit geregelt	**Art. 413 Abs. 2 – […] Verschwiegenheitspflicht des Beistandes oder der Beiständin** ² Der Beistand oder die Beiständin ist zur Verschwiegenheit verpflichtet, soweit nicht überwiegende Interessen entgegenstehen. **Art. 451 Abs. 1 – Verschwiegenheitspflicht […] der Erwachsenenschutzbehörde** ¹ Die Erwachsenenschutzbehörde ist zur Verschwiegenheit verpflichtet, soweit nicht überwiegende Interessen entgegenstehen.
Zusammenarbeit mit andern Stellen (situative Praxis gemäss Interessenabwägung im Einzelfall)	situative Praxis gemäss Interessenabwägung im Einzelfall gestützt auf: **Art. 453 – Zusammenarbeitspflicht** ¹ Besteht die ernsthafte Gefahr, dass eine hilfsbedürftige Person sich selbst gefährdet oder ein Verbrechen oder Vergehen begeht, mit dem sie jemanden körperlich, seelisch oder materiell schwer schädigt, so arbeiten die Erwachsenenschutzbehörde, die betroffenen Stellen und die Polizei zusammen. ² Personen, die dem Amts- oder Berufsgeheimnis unterstehen, sind in einem solchen Fall berechtigt, der Erwachsenenschutzbehörde Mitteilung zu machen.
Erbrecht	
aArt. 468 – Erbvertrag Zur Abschliessung eines Erbvertrages bedarf der Erblasser der Mündigkeit.	**Art. 468 – Erbvertrag** ¹ Wer urteilsfähig ist und das 18. Altersjahr zurückgelegt hat, kann als Erblasser einen Erbvertrag abschliessen. ² Personen unter einer Beistandschaft, die den Abschluss eines Erbvertrags umfasst, bedürfen der Zustimmung ihres gesetzlichen Vertreters.
aArt. 553 Abs. 1 – Erbschaftsinventar ¹ Die Aufnahme eines Inventars wird angeordnet: 1. wenn ein Erbe zu bevormunden ist oder unter Vormundschaft steht; 2. wenn ein Erbe dauernd und ohne Vertretung abwesend ist; 3. wenn einer der Erben sie verlangt.	**Art. 553 Abs. 1 – Erbschaftsinventar** ¹ Die Aufnahme eines Inventars wird angeordnet, wenn: 1. ein minderjähriger Erbe unter Vormundschaft steht oder zu stellen ist; 2. ein Erbe dauernd und ohne Vertretung abwesend ist; 3. einer der Erben oder die Erwachsenenschutzbehörde es verlangt; 4. ein volljähriger Erbe unter umfassender Beistandschaft steht oder unter sie zu stellen ist. *(Neu ist die Aufnahme eines Inventars auf einfaches Verlangen der KESB möglich [Ziff. 3]).*

Konkordanztabelle

altes Recht (aArt. ZGB) (gültig bis 31.12.2012)	**neues Recht** (Art. ZGB) (gültig ab 1.1.2013)
aArt. 554 Abs. 3 – Erbschaftsverwaltung ³ Stirbt eine bevormundete Person, so liegt, wenn keine andere Anordnung getroffen wird, die Erbschaftsverwaltung dem Vormund ob.	**Art. 554 Abs. 3 – Erbschaftsverwaltung** ³ Stand die verstorbene Person unter Beistandschaft, welche die Vermögensverwaltung umfasst, so obliegt dem Beistand auch die Erbschaftsverwaltung, sofern nichts anderes angeordnet wird. *(Ausweitung auf sämtliche Beistandschaften mit Vermögensverwaltung)*
Übergangsrecht	
aArt. 14 SchlT – Vormundschaft ¹ Die Vormundschaft steht, sobald dieses Gesetz in Kraft getreten ist, unter den Bestimmungen des neuen Rechtes. ² Eine vor diesem Zeitpunkt eingetretene Bevormundung bleibt bestehen, ist aber durch die vormundschaftlichen Behörden mit dem neuen Recht in Einklang zu bringen. ³ Bevormundungen, die nach bisherigem Recht eingetreten sind, nach dem neuen Recht aber nicht zulässig sein würden, sind aufzuheben, bleiben aber bis zum Zeitpunkte der Aufhebung in Kraft.	**Art. 14 SchlT – Erwachsenenschutz: Bestehende Massnahmen** ¹ Für den Erwachsenenschutz gilt das neue Recht, sobald die Änderung vom 19. Dezember 2008 in Kraft getreten ist. ² Personen, die nach bisherigem Recht entmündigt worden sind, stehen mit dem Inkrafttreten des neuen Rechts unter umfassender Beistandschaft. Die Erwachsenenschutzbehörde nimmt von Amtes wegen so bald wie möglich die erforderlichen Anpassungen an das neue Recht vor. Solange die Behörde im Fall erstreckter elterlicher Sorge nicht anders entschieden hat, sind die Eltern von der Inventarpflicht, der Pflicht zur periodischen Berichterstattung und Rechnungsablage und der Pflicht, für bestimmte Geschäfte die Zustimmung einzuholen, befreit. ³ Die übrigen nach bisherigem Recht angeordneten Massnahmen fallen spätestens drei Jahre nach dem Inkrafttreten der Änderung vom 19. Dezember 2008 dahin, sofern die Erwachsenenschutzbehörde sie nicht in eine Massnahme des neuen Rechts überführt hat. ⁴ Hat ein Arzt gestützt auf Artikel 397b Absatz 2 in der Fassung vom 1. Januar 1981 für eine psychisch kranke Person eine unbefristete fürsorgerische Freiheitsentziehung angeordnet, so bleibt diese Massnahme bestehen. Die Einrichtung teilt der Erwachsenenschutzbehörde spätestens sechs Monate nach dem Inkrafttreten des neuen Rechts mit, ob sie die Voraussetzungen der Unterbringung weiterhin für erfüllt erachtet. Die Erwachsenenschutzbehörde nimmt nach den Bestimmungen über die periodische Überprüfung die erforderlichen Abklärungen vor und bestätigt gegebenenfalls den Unterbringungsentscheid. **Art. 14a – Erwachsenenschutz: Hängige Verfahren** ¹ Hängige Verfahren werden mit dem Inkrafttreten der Änderung vom 19. Dezember 2008 von der neu zuständigen Behörde weitergeführt. ² Das neue Verfahrensrecht findet Anwendung. ³ Die Behörde entscheidet darüber, ob und wieweit das bisherige Verfahren ergänzt werden muss.
Stimmrecht	
Art. 136 Abs. 1 BV – Politische Rechte ¹ Die politischen Rechte in Bundessachen stehen allen Schweizerinnen und Schweizern zu, die das 18. Altersjahr zurückgelegt haben und die nicht wegen Geisteskrankheit oder Geistesschwäche entmündigt sind. Alle haben die gleichen politischen Rechte und Pflichten.	**Bundesgesetz vom 17. Dezember 1976 über die politischen Rechte** **Art. 2 – Ausschluss vom Stimmrecht** Als vom Stimmrecht ausgeschlossene Entmündigte im Sinne von Artikel 136 Absatz 1 der Bundesverfassung gelten Personen, die wegen dauernder Urteilsunfähigkeit unter umfassender Beistandschaft stehen oder durch eine vorsorgebeauftragte Person vertreten werden. **Bundesgesetz vom 19. Dezember 1975 über die politischen Rechte der Auslandschweizer** **Art. 4 – Ausschluss vom Stimmrecht** Als vom Stimmrecht ausgeschlossene Entmündigte im Sinne von Artikel 136 Absatz 1 der Bundesverfassung gelten Personen:

Fortsetzung auf nächster Seite …

Konkordanztabelle

altes Recht (aArt. ZGB) (gültig bis 31.12.2012)	neues Recht (Art. ZGB) (gültig ab 1.1.2013)
	a. die nach schweizerischem Recht wegen dauernder Urteilsunfähigkeit unter umfassender Beistandschaft stehen oder durch eine vorsorgebeauftragte Person vertreten werden; b. für die nach ausländischem Recht wegen dauernder Urteilsunfähigkeit eine Massnahme des Erwachsenenschutzes besteht, welche die Handlungsfähigkeit entfallen lässt.
OR: Schenkungsrecht, Auftragsrecht	
aArt. 240 Abs. 2 und 3 OR:	**Art. 240 Abs. 2 und 3 OR – Schenkungsfähigkeit des Schenkers**
² Aus dem Vermögen eines Handlungsunfähigen kann eine Schenkung nur unter Vorbehalt der Verantwortlichkeit der gesetzlichen Vertreter, sowie unter Beobachtung der Vorschriften des Vormundschaftsrechtes gemacht werden. ³ Eine Schenkung kann auf Klage der Vormundschaftsbehörde für ungültig erklärt werden, wenn der Schenker wegen Verschwendung entmündigt wird und das Entmündigungsverfahren gegen ihn innerhalb eines Jahres seit der Schenkung eröffnet worden ist.	² Aus dem Vermögen eines Handlungsunfähigen dürfen nur übliche Gelegenheitsgeschenke ausgerichtet werden. Die Verantwortlichkeit des gesetzlichen Vertreters bleibt vorbehalten. ³ Aufgehoben
(kaum beachtete) Mitteilungspflicht aufgrund der Treuepflichten des Beauftragten gemäss einem Teil der **Lehre**	**Art. 397a Abs. 1bis OR – Meldepflicht des Beauftragten** 1bis Wird der Auftraggeber voraussichtlich dauernd urteilsunfähig, so muss der Beauftragte die Erwachsenenschutzbehörde am Wohnsitz des Auftraggebers benachrichtigen, wenn eine solche Meldung zur Interessenwahrung angezeigt erscheint.

Schweizerisches Zivilgesetzbuch
(Erwachsenenschutz, Personenrecht und Kindesrecht)

Änderung vom 19. Dezember 2008

Die Bundesversammlung der Schweizerischen Eidgenossenschaft,
nach Einsicht in die Botschaft des Bundesrates vom 28. Juni 2006[1],
beschliesst:

I

1. Die dritte Abteilung des zweiten Teils des Zivilgesetzbuches[2] erhält die folgende neue Fassung:

Dritte Abteilung: Der Erwachsenenschutz
Zehnter Titel: Die eigene Vorsorge und Massnahmen von Gesetzes wegen
Erster Abschnitt: Die eigene Vorsorge
Erster Unterabschnitt: Der Vorsorgeauftrag

Art. 360

A. Grundsatz

¹ Eine handlungsfähige Person kann eine natürliche oder juristische Person beauftragen, im Fall ihrer Urteilsunfähigkeit die Personensorge oder die Vermögenssorge zu übernehmen oder sie im Rechtsverkehr zu vertreten.

² Sie muss die Aufgaben, die sie der beauftragten Person übertragen will, umschreiben und kann Weisungen für die Erfüllung der Aufgaben erteilen.

³ Sie kann für den Fall, dass die beauftragte Person für die Aufgaben nicht geeignet ist, den Auftrag nicht annimmt oder ihn kündigt, Ersatzverfügungen treffen.

Art. 361

B. Errichtung und Widerruf
I. Errichtung

¹ Der Vorsorgeauftrag ist eigenhändig zu errichten oder öffentlich zu beurkunden.

---

[1] BBl **2006** 7001
[2] SR **210**

² Der eigenhändige Vorsorgeauftrag ist von der auftraggebenden Person von Anfang bis Ende von Hand niederzuschreiben, zu datieren und zu unterzeichnen.

³ Das Zivilstandsamt trägt auf Antrag die Tatsache, dass eine Person einen Vorsorgeauftrag errichtet hat, und den Hinterlegungsort in die zentrale Datenbank ein. Der Bundesrat erlässt die nötigen Bestimmungen, namentlich über den Zugang zu den Daten.

Art. 362

II. Widerruf

¹ Die auftraggebende Person kann ihren Vorsorgeauftrag jederzeit in einer der Formen widerrufen, die für die Errichtung vorgeschrieben sind.

² Sie kann den Vorsorgeauftrag auch dadurch widerrufen, dass sie die Urkunde vernichtet.

³ Errichtet sie einen neuen Vorsorgeauftrag, ohne einen früheren ausdrücklich aufzuheben, so tritt der neue Vorsorgeauftrag an die Stelle des früheren, sofern er nicht zweifellos eine blosse Ergänzung darstellt.

Art. 363

C. Feststellung der Wirksamkeit und Annahme

¹ Erfährt die Erwachsenenschutzbehörde, dass eine Person urteilsunfähig geworden ist, und ist ihr nicht bekannt, ob ein Vorsorgeauftrag vorliegt, so erkundigt sie sich beim Zivilstandsamt.

² Liegt ein Vorsorgeauftrag vor, so prüft die Erwachsenenschutzbehörde, ob:

1. dieser gültig errichtet worden ist;
2. die Voraussetzungen für seine Wirksamkeit eingetreten sind;
3. die beauftragte Person für ihre Aufgaben geeignet ist; und
4. weitere Massnahmen des Erwachsenenschutzes erforderlich sind.

³ Nimmt die beauftragte Person den Vorsorgeauftrag an, so weist die Behörde sie auf ihre Pflichten nach den Bestimmungen des Obligationenrechts[3] über den Auftrag hin und händigt ihr eine Urkunde aus, die ihre Befugnisse wiedergibt.

Art. 364

D. Auslegung und Ergänzung

Die beauftragte Person kann die Erwachsenenschutzbehörde um Auslegung des Vorsorgeauftrags und dessen Ergänzung in Nebenpunkten ersuchen.

---

[3] SR 220

Art. 365

E. Erfüllung

¹ Die beauftragte Person vertritt im Rahmen des Vorsorgeauftrags die auftraggebende Person und nimmt ihre Aufgaben nach den Bestimmungen des Obligationenrechts[4] über den Auftrag sorgfältig wahr.

² Müssen Geschäfte besorgt werden, die vom Vorsorgeauftrag nicht erfasst sind, oder hat die beauftragte Person in einer Angelegenheit Interessen, die denen der betroffenen Person widersprechen, so benachrichtigt die beauftragte Person unverzüglich die Erwachsenenschutzbehörde.

³ Bei Interessenkollision entfallen von Gesetzes wegen die Befugnisse der beauftragten Person.

Art. 366

F. Entschädigung und Spesen

¹ Enthält der Vorsorgeauftrag keine Anordnung über die Entschädigung der beauftragten Person, so legt die Erwachsenenschutzbehörde eine angemessene Entschädigung fest, wenn dies mit Rücksicht auf den Umfang der Aufgaben als gerechtfertigt erscheint oder wenn die Leistungen der beauftragten Person üblicherweise entgeltlich sind.

² Die Entschädigung und die notwendigen Spesen werden der auftraggebenden Person belastet.

Art. 367

G. Kündigung

¹ Die beauftragte Person kann den Vorsorgeauftrag jederzeit mit einer zweimonatigen Kündigungsfrist durch schriftliche Mitteilung an die Erwachsenenschutzbehörde kündigen.

² Aus wichtigen Gründen kann sie den Auftrag fristlos kündigen.

Art. 368

H. Einschreiten der Erwachsenenschutzbehörde

¹ Sind die Interessen der auftraggebenden Person gefährdet oder nicht mehr gewahrt, so trifft die Erwachsenenschutzbehörde von Amtes wegen oder auf Antrag einer nahestehenden Person die erforderlichen Massnahmen.

² Sie kann insbesondere der beauftragten Person Weisungen erteilen, diese zur Einreichung eines Inventars, zur periodischen Rechnungsablage und zur Berichterstattung verpflichten oder ihr die Befugnisse teilweise oder ganz entziehen.

Art. 369

I. Wiedererlangen der Urteilsfähigkeit

¹ Wird die auftraggebende Person wieder urteilsfähig, so verliert der Vorsorgeauftrag seine Wirksamkeit von Gesetzes wegen.

[4] SR **220**

² Werden dadurch die Interessen der auftraggebenden Person gefährdet, so ist die beauftragte Person verpflichtet, so lange für die Fortführung der ihr übertragenen Aufgaben zu sorgen, bis die auftraggebende Person ihre Interessen selber wahren kann.

³ Aus Geschäften, welche die beauftragte Person vornimmt, bevor sie vom Erlöschen ihres Auftrags erfährt, wird die auftraggebende Person verpflichtet, wie wenn der Auftrag noch bestehen würde.

Zweiter Unterabschnitt: Die Patientenverfügung

Art. 370

A. Grundsatz

¹ Eine urteilsfähige Person kann in einer Patientenverfügung festlegen, welchen medizinischen Massnahmen sie im Fall ihrer Urteilsunfähigkeit zustimmt oder nicht zustimmt.

² Sie kann auch eine natürliche Person bezeichnen, die im Fall ihrer Urteilsunfähigkeit mit der behandelnden Ärztin oder dem behandelnden Arzt die medizinischen Massnahmen besprechen und in ihrem Namen entscheiden soll. Sie kann dieser Person Weisungen erteilen.

³ Sie kann für den Fall, dass die bezeichnete Person für die Aufgaben nicht geeignet ist, den Auftrag nicht annimmt oder ihn kündigt, Ersatzverfügungen treffen.

Art. 371

B. Errichtung und Widerruf

¹ Die Patientenverfügung ist schriftlich zu errichten, zu datieren und zu unterzeichnen.

² Wer eine Patientenverfügung errichtet hat, kann diese Tatsache und den Hinterlegungsort auf der Versichertenkarte eintragen lassen. Der Bundesrat erlässt die nötigen Bestimmungen, namentlich über den Zugang zu den Daten.

³ Die Bestimmung über den Widerruf des Vorsorgeauftrags ist sinngemäss anwendbar.

Art. 372

C. Eintritt der Urteilsunfähigkeit

¹ Ist die Patientin oder der Patient urteilsunfähig und ist nicht bekannt, ob eine Patientenverfügung vorliegt, so klärt die behandelnde Ärztin oder der behandelnde Arzt dies anhand der Versichertenkarte ab. Vorbehalten bleiben dringliche Fälle.

² Die Ärztin oder der Arzt entspricht der Patientenverfügung, ausser wenn diese gegen gesetzliche Vorschriften verstösst oder wenn begründete Zweifel bestehen, dass sie auf freiem Willen beruht oder

noch dem mutmasslichen Willen der Patientin oder des Patienten entspricht.

³ Die Ärztin oder der Arzt hält im Patientendossier fest, aus welchen Gründen der Patientenverfügung nicht entsprochen wird.

Art. 373

D. Einschreiten der Erwachsenenschutzbehörde

¹ Jede der Patientin oder dem Patienten nahestehende Person kann schriftlich die Erwachsenenschutzbehörde anrufen und geltend machen, dass:

1. der Patientenverfügung nicht entsprochen wird;
2. die Interessen der urteilsunfähigen Person gefährdet oder nicht mehr gewahrt sind;
3. die Patientenverfügung nicht auf freiem Willen beruht.

² Die Bestimmung über das Einschreiten der Erwachsenenschutzbehörde beim Vorsorgeauftrag ist sinngemäss anwendbar.

**Zweiter Abschnitt:
Massnahmen von Gesetzes wegen für urteilsunfähige Personen**

**Erster Unterabschnitt:
Vertretung durch den Ehegatten, die eingetragene Partnerin oder den eingetragenen Partner**

Art. 374

A. Voraussetzungen und Umfang des Vertretungsrechts

¹ Wer als Ehegatte, eingetragene Partnerin oder eingetragener Partner mit einer Person, die urteilsunfähig wird, einen gemeinsamen Haushalt führt oder ihr regelmässig und persönlich Beistand leistet, hat von Gesetzes wegen ein Vertretungsrecht, wenn weder ein Vorsorgeauftrag noch eine entsprechende Beistandschaft besteht.

² Das Vertretungsrecht umfasst:

1. alle Rechtshandlungen, die zur Deckung des Unterhaltsbedarfs üblicherweise erforderlich sind;
2. die ordentliche Verwaltung des Einkommens und der übrigen Vermögenswerte; und
3. nötigenfalls die Befugnis, die Post zu öffnen und zu erledigen.

³ Für Rechtshandlungen im Rahmen der ausserordentlichen Vermögensverwaltung muss der Ehegatte, die eingetragene Partnerin oder der eingetragene Partner die Zustimmung der Erwachsenenschutzbehörde einholen.

Art. 375

B. Ausübung des Vertretungsrechts

Auf die Ausübung des Vertretungsrechts sind die Bestimmungen des Obligationenrechts[5] über den Auftrag sinngemäss anwendbar.

Art. 376

C. Einschreiten der Erwachsenenschutzbehörde

¹ Bestehen Zweifel, ob die Voraussetzungen für eine Vertretung erfüllt sind, so entscheidet die Erwachsenenschutzbehörde über das Vertretungsrecht und händigt gegebenenfalls dem Ehegatten, der eingetragenen Partnerin oder dem eingetragenen Partner eine Urkunde aus, welche die Befugnisse wiedergibt.

² Sind die Interessen der urteilsunfähigen Person gefährdet oder nicht mehr gewahrt, so entzieht die Erwachsenenschutzbehörde dem Ehegatten, der eingetragenen Partnerin oder dem eingetragenen Partner auf Antrag einer nahestehenden Person oder von Amtes wegen die Vertretungsbefugnisse teilweise oder ganz oder errichtet eine Beistandschaft.

Zweiter Unterabschnitt: Vertretung bei medizinischen Massnahmen

Art. 377

A. Behandlungsplan

¹ Hat sich eine urteilsunfähige Person zur Behandlung nicht in einer Patientenverfügung geäussert, so plant die behandelnde Ärztin oder der behandelnde Arzt unter Beizug der zur Vertretung bei medizinischen Massnahmen berechtigten Person die erforderliche Behandlung.

² Die Ärztin oder der Arzt informiert die vertretungsberechtigte Person über alle Umstände, die im Hinblick auf die vorgesehenen medizinischen Massnahmen wesentlich sind, insbesondere über deren Gründe, Zweck, Art, Modalitäten, Risiken, Nebenwirkungen und Kosten, über Folgen eines Unterlassens der Behandlung sowie über allfällige alternative Behandlungsmöglichkeiten.

³ Soweit möglich wird auch die urteilsunfähige Person in die Entscheidfindung einbezogen.

⁴ Der Behandlungsplan wird der laufenden Entwicklung angepasst.

Art. 378

B. Vertretungsberechtigte Person

¹ Die folgenden Personen sind der Reihe nach berechtigt, die urteilsunfähige Person zu vertreten und den vorgesehenen ambulanten oder stationären Massnahmen die Zustimmung zu erteilen oder zu verweigern:

---

[5] SR **220**

1. die in einer Patientenverfügung oder in einem Vorsorgeauftrag bezeichnete Person;
2. der Beistand oder die Beiständin mit einem Vertretungsrecht bei medizinischen Massnahmen;
3. wer als Ehegatte, eingetragene Partnerin oder eingetragener Partner einen gemeinsamen Haushalt mit der urteilsunfähigen Person führt oder ihr regelmässig und persönlich Beistand leistet;
4. die Person, die mit der urteilsunfähigen Person einen gemeinsamen Haushalt führt und ihr regelmässig und persönlich Beistand leistet;
5. die Nachkommen, wenn sie der urteilsunfähigen Person regelmässig und persönlich Beistand leisten;
6. die Eltern, wenn sie der urteilsunfähigen Person regelmässig und persönlich Beistand leisten;
7. die Geschwister, wenn sie der urteilsunfähigen Person regelmässig und persönlich Beistand leisten.

² Sind mehrere Personen vertretungsberechtigt, so dürfen die gutgläubige Ärztin oder der gutgläubige Arzt voraussetzen, dass jede im Einverständnis mit den anderen handelt.

³ Fehlen in einer Patientenverfügung Weisungen, so entscheidet die vertretungsberechtigte Person nach dem mutmasslichen Willen und den Interessen der urteilsunfähigen Person.

Art. 379

C. Dringliche Fälle

In dringlichen Fällen ergreift die Ärztin oder der Arzt medizinische Massnahmen nach dem mutmasslichen Willen und den Interessen der urteilsunfähigen Person.

Art. 380

D. Behandlung einer psychischen Störung

Die Behandlung einer psychischen Störung einer urteilsunfähigen Person in einer psychiatrischen Klinik richtet sich nach den Bestimmungen über die fürsorgerische Unterbringung.

Art. 381

E. Einschreiten der Erwachsenenschutzbehörde

¹ Die Erwachsenenschutzbehörde errichtet eine Vertretungsbeistandschaft, wenn keine vertretungsberechtigte Person vorhanden ist oder das Vertretungsrecht ausüben will.

² Sie bestimmt die vertretungsberechtigte Person oder errichtet eine Vertretungsbeistandschaft, wenn:

1. unklar ist, wer vertretungsberechtigt ist;
2. die vertretungsberechtigten Personen unterschiedliche Auffassungen haben; oder
3. die Interessen der urteilsunfähigen Person gefährdet oder nicht mehr gewahrt sind.

³ Sie handelt auf Antrag der Ärztin oder des Arztes oder einer anderen nahestehenden Person oder von Amtes wegen.

Dritter Unterabschnitt: Aufenthalt in Wohn- oder Pflegeeinrichtungen

Art. 382

A. Betreuungsvertrag

¹ Wird eine urteilsunfähige Person für längere Dauer in einer Wohn- oder Pflegeeinrichtung betreut, so muss schriftlich in einem Betreuungsvertrag festgelegt werden, welche Leistungen die Einrichtung erbringt und welches Entgelt dafür geschuldet ist.

² Bei der Festlegung der von der Einrichtung zu erbringenden Leistungen werden die Wünsche der betroffenen Person so weit wie möglich berücksichtigt.

³ Die Zuständigkeit für die Vertretung der urteilsunfähigen Person beim Abschluss, bei der Änderung oder bei der Aufhebung des Betreuungsvertrags richtet sich sinngemäss nach den Bestimmungen über die Vertretung bei medizinischen Massnahmen.

Art. 383

B. Einschränkung der Bewegungsfreiheit
I. Voraussetzungen

¹ Die Wohn- oder Pflegeeinrichtung darf die Bewegungsfreiheit der urteilsunfähigen Person nur einschränken, wenn weniger einschneidende Massnahmen nicht ausreichen oder von vornherein als ungenügend erscheinen und die Massnahme dazu dient:

1. eine ernsthafte Gefahr für das Leben oder die körperliche Integrität der betroffenen Person oder Dritter abzuwenden; oder
2. eine schwerwiegende Störung des Gemeinschaftslebens zu beseitigen.

² Vor der Einschränkung der Bewegungsfreiheit wird der betroffenen Person erklärt, was geschieht, warum die Massnahme angeordnet wurde, wie lange diese voraussichtlich dauert und wer sich während dieser Zeit um sie kümmert. Vorbehalten bleiben Notfallsituationen.

³ Die Einschränkung der Bewegungsfreiheit wird so bald wie möglich wieder aufgehoben und auf jeden Fall regelmässig auf ihre Berechtigung hin überprüft.

Art. 384

II. Protokollierung und Information

¹ Über jede Massnahme zur Einschränkung der Bewegungsfreiheit wird Protokoll geführt. Dieses enthält insbesondere den Namen der anordnenden Person, den Zweck, die Art und die Dauer der Massnahme.

² Die zur Vertretung bei medizinischen Massnahmen berechtigte Person wird über die Massnahme zur Einschränkung der Bewegungsfreiheit informiert und kann das Protokoll jederzeit einsehen.

³ Ein Einsichtsrecht steht auch den Personen zu, welche die Wohn- oder Pflegeeinrichtung beaufsichtigen.

Art. 385

III. Einschreiten der Erwachsenenschutzbehörde

¹ Die betroffene oder eine ihr nahestehende Person kann gegen eine Massnahme zur Einschränkung der Bewegungsfreiheit jederzeit schriftlich die Erwachsenenschutzbehörde am Sitz der Einrichtung anrufen.

² Stellt die Erwachsenenschutzbehörde fest, dass die Massnahme nicht den gesetzlichen Vorgaben entspricht, so ändert sie die Massnahme, hebt sie auf oder ordnet eine behördliche Massnahme des Erwachsenenschutzes an. Nötigenfalls benachrichtigt sie die Aufsichtsbehörde der Einrichtung.

³ Jedes Begehren um Beurteilung durch die Erwachsenenschutzbehörde wird dieser unverzüglich weitergeleitet.

Art. 386

C. Schutz der Persönlichkeit

¹ Die Wohn- oder Pflegeeinrichtung schützt die Persönlichkeit der urteilsunfähigen Person und fördert so weit wie möglich Kontakte zu Personen ausserhalb der Einrichtung.

² Kümmert sich niemand von ausserhalb der Einrichtung um die betroffene Person, so benachrichtigt die Wohn- oder Pflegeeinrichtung die Erwachsenenschutzbehörde.

³ Die freie Arztwahl ist gewährleistet, soweit nicht wichtige Gründe dagegen sprechen.

Art. 387

D. Aufsicht über Wohn- und Pflegeeinrichtungen

Die Kantone unterstellen Wohn- und Pflegeeinrichtungen, in denen urteilsunfähige Personen betreut werden, einer Aufsicht, soweit nicht durch bundesrechtliche Vorschriften bereits eine Aufsicht gewährleistet ist.

Elfter Titel: Die behördlichen Massnahmen
Erster Abschnitt: Allgemeine Grundsätze

Art. 388

A. Zweck

¹ Die behördlichen Massnahmen des Erwachsenenschutzes stellen das Wohl und den Schutz hilfsbedürftiger Personen sicher.

² Sie sollen die Selbstbestimmung der betroffenen Person so weit wie möglich erhalten und fördern.

Art. 389

B. Subsidiarität und Verhältnismässigkeit

¹ Die Erwachsenenschutzbehörde ordnet eine Massnahme an, wenn:
1. die Unterstützung der hilfsbedürftigen Person durch die Familie, andere nahestehende Personen oder private oder öffentliche Dienste nicht ausreicht oder von vornherein als ungenügend erscheint;
2. bei Urteilsunfähigkeit der hilfsbedürftigen Person keine oder keine ausreichende eigene Vorsorge getroffen worden ist und die Massnahmen von Gesetzes wegen nicht genügen.

² Jede behördliche Massnahme muss erforderlich und geeignet sein.

Zweiter Abschnitt: Die Beistandschaften
Erster Unterabschnitt: Allgemeine Bestimmungen

Art. 390

A. Voraussetzungen

¹ Die Erwachsenenschutzbehörde errichtet eine Beistandschaft, wenn eine volljährige Person:
1. wegen einer geistigen Behinderung, einer psychischen Störung oder eines ähnlichen in der Person liegenden Schwächezustands ihre Angelegenheiten nur teilweise oder gar nicht besorgen kann;
2. wegen vorübergehender Urteilsunfähigkeit oder Abwesenheit in Angelegenheiten, die erledigt werden müssen, weder selber handeln kann noch eine zur Stellvertretung berechtigte Person bezeichnet hat.

² Die Belastung und der Schutz von Angehörigen und Dritten sind zu berücksichtigen.

³ Die Beistandschaft wird auf Antrag der betroffenen oder einer nahestehenden Person oder von Amtes wegen errichtet.

Art. 391

B. Aufgabenbereiche

¹ Die Erwachsenenschutzbehörde umschreibt die Aufgabenbereiche der Beistandschaft entsprechend den Bedürfnissen der betroffenen Person.

² Die Aufgabenbereiche betreffen die Personensorge, die Vermögenssorge oder den Rechtsverkehr.

³ Ohne Zustimmung der betroffenen Person darf der Beistand oder die Beiständin nur dann deren Post öffnen oder deren Wohnräume betreten, wenn die Erwachsenenschutzbehörde die Befugnis dazu ausdrücklich erteilt hat.

Art. 392

C. Verzicht auf eine Beistandschaft

Erscheint die Errichtung einer Beistandschaft wegen des Umfangs der Aufgaben als offensichtlich unverhältnismässig, so kann die Erwachsenenschutzbehörde:

1. von sich aus das Erforderliche vorkehren, namentlich die Zustimmung zu einem Rechtsgeschäft erteilen;
2. einer Drittperson für einzelne Aufgaben einen Auftrag erteilen; oder
3. eine geeignete Person oder Stelle bezeichnen, der für bestimmte Bereiche Einblick und Auskunft zu geben sind.

Zweiter Unterabschnitt: Die Arten von Beistandschaften

Art. 393

A. Begleitbeistandschaft

¹ Eine Begleitbeistandschaft wird mit Zustimmung der hilfsbedürftigen Person errichtet, wenn diese für die Erledigung bestimmter Angelegenheiten begleitende Unterstützung braucht.

² Die Begleitbeistandschaft schränkt die Handlungsfähigkeit der betroffenen Person nicht ein.

Art. 394

B. Vertretungsbeistandschaft
I. Im Allgemeinen

¹ Eine Vertretungsbeistandschaft wird errichtet, wenn die hilfsbedürftige Person bestimmte Angelegenheiten nicht erledigen kann und deshalb vertreten werden muss.

² Die Erwachsenenschutzbehörde kann die Handlungsfähigkeit der betroffenen Person entsprechend einschränken.

³ Auch wenn die Handlungsfähigkeit nicht eingeschränkt ist, muss die betroffene Person sich die Handlungen des Beistands oder der Beiständin anrechnen oder gefallen lassen.

Art. 395

II. Vermögensverwaltung

¹ Errichtet die Erwachsenenschutzbehörde eine Vertretungsbeistandschaft für die Vermögensverwaltung, so bestimmt sie die Vermögenswerte, die vom Beistand oder von der Beiständin verwaltet werden sollen. Sie kann Teile des Einkommens oder das gesamte Einkommen, Teile des Vermögens oder das gesamte Vermögen oder das gesamte Einkommen und Vermögen unter die Verwaltung stellen.

² Die Verwaltungsbefugnisse umfassen auch die Ersparnisse aus dem verwalteten Einkommen oder die Erträge des verwalteten Vermögens, wenn die Erwachsenenschutzbehörde nichts anderes verfügt.

³ Ohne die Handlungsfähigkeit der betroffenen Person einzuschränken, kann ihr die Erwachsenenschutzbehörde den Zugriff auf einzelne Vermögenswerte entziehen.

⁴ Untersagt die Erwachsenenschutzbehörde der betroffenen Person, über ein Grundstück zu verfügen, so lässt sie dies im Grundbuch anmerken.

Art. 396

C. Mitwirkungsbeistandschaft

¹ Eine Mitwirkungsbeistandschaft wird errichtet, wenn bestimmte Handlungen der hilfsbedürftigen Person zu deren Schutz der Zustimmung des Beistands oder der Beiständin bedürfen.

² Die Handlungsfähigkeit der betroffenen Person wird von Gesetzes wegen entsprechend eingeschränkt.

Art. 397

D. Kombination von Beistandschaften

Die Begleit-, die Vertretungs- und die Mitwirkungsbeistandschaft können miteinander kombiniert werden.

Art. 398

E. Umfassende Beistandschaft

¹ Eine umfassende Beistandschaft wird errichtet, wenn eine Person, namentlich wegen dauernder Urteilsunfähigkeit, besonders hilfsbedürftig ist.

² Sie bezieht sich auf alle Angelegenheiten der Personensorge, der Vermögenssorge und des Rechtsverkehrs.

³ Die Handlungsfähigkeit der betroffenen Person entfällt von Gesetzes wegen.

Dritter Unterabschnitt: Ende der Beistandschaft

Art. 399

¹ Die Beistandschaft endet von Gesetzes wegen mit dem Tod der betroffenen Person.

² Die Erwachsenenschutzbehörde hebt eine Beistandschaft auf Antrag der betroffenen oder einer nahestehenden Person oder von Amtes wegen auf, sobald für die Fortdauer kein Grund mehr besteht.

Vierter Unterabschnitt: Der Beistand oder die Beiständin

Art. 400

A. Ernennung
I. Allgemeine Voraussetzungen

¹ Die Erwachsenenschutzbehörde ernennt als Beistand oder Beiständin eine natürliche Person, die für die vorgesehenen Aufgaben persönlich und fachlich geeignet ist, die dafür erforderliche Zeit einsetzen kann und die Aufgaben selber wahrnimmt. Bei besonderen Umständen können mehrere Personen ernannt werden.

² Die ernannte Person ist verpflichtet, die Beistandschaft zu übernehmen, wenn nicht wichtige Gründe dagegen sprechen.

³ Die Erwachsenenschutzbehörde sorgt dafür, dass der Beistand oder die Beiständin die erforderliche Instruktion, Beratung und Unterstützung erhält.

Art. 401

II. Wünsche der betroffenen Person oder ihr nahestehender Personen

¹ Schlägt die betroffene Person eine Vertrauensperson als Beistand oder Beiständin vor, so entspricht die Erwachsenenschutzbehörde ihrem Wunsch, wenn die vorgeschlagene Person für die Beistandschaft geeignet und zu deren Übernahme bereit ist.

² Sie berücksichtigt, soweit tunlich, Wünsche der Angehörigen oder anderer nahestehender Personen.

³ Lehnt die betroffene Person eine bestimmte Person als Beistand oder Beiständin ab, so entspricht die Erwachsenenschutzbehörde, soweit tunlich, diesem Wunsch.

Art. 402

III. Übertragung des Amtes auf mehrere Personen

¹ Überträgt die Erwachsenenschutzbehörde eine Beistandschaft mehreren Personen, so legt sie fest, ob das Amt gemeinsam ausgeübt wird oder wer für welche Aufgaben zuständig ist.

² Die gemeinsame Führung einer Beistandschaft wird mehreren Personen nur mit ihrem Einverständnis übertragen.

Art. 403

B. Verhinderung und Interessenkollision

¹ Ist der Beistand oder die Beiständin am Handeln verhindert oder widersprechen die Interessen des Beistands oder der Beiständin in einer Angelegenheit denjenigen der betroffenen Person, so ernennt die Erwachsenenschutzbehörde einen Ersatzbeistand oder eine Ersatzbeiständin oder regelt diese Angelegenheit selber.

² Bei Interessenkollision entfallen von Gesetzes wegen die Befugnisse des Beistands oder der Beiständin in der entsprechenden Angelegenheit.

Art. 404

C. Entschädigung und Spesen

¹ Der Beistand oder die Beiständin hat Anspruch auf eine angemessene Entschädigung und auf Ersatz der notwendigen Spesen aus dem Vermögen der betroffenen Person. Bei einem Berufsbeistand oder einer Berufsbeiständin fallen die Entschädigung und der Spesenersatz an den Arbeitgeber.

² Die Erwachsenenschutzbehörde legt die Höhe der Entschädigung fest. Sie berücksichtigt dabei insbesondere den Umfang und die Komplexität der dem Beistand oder der Beiständin übertragenen Aufgaben.

³ Die Kantone erlassen Ausführungsbestimmungen und regeln die Entschädigung und den Spesenersatz, wenn diese nicht aus dem Vermögen der betroffenen Person bezahlt werden können.

Fünfter Unterabschnitt: Die Führung der Beistandschaft

Art. 405

A. Übernahme des Amtes

¹ Der Beistand oder die Beiständin verschafft sich die zur Erfüllung der Aufgaben nötigen Kenntnisse und nimmt persönlich mit der betroffenen Person Kontakt auf.

² Umfasst die Beistandschaft die Vermögensverwaltung, so nimmt der Beistand oder die Beiständin in Zusammenarbeit mit der Erwachsenenschutzbehörde unverzüglich ein Inventar der zu verwaltenden Vermögenswerte auf.

³ Wenn die Umstände es rechtfertigen, kann die Erwachsenenschutzbehörde die Aufnahme eines öffentlichen Inventars anordnen. Dieses hat für die Gläubiger die gleiche Wirkung wie das öffentliche Inventar des Erbrechts.

⁴ Dritte sind verpflichtet, alle für die Aufnahme des Inventars erforderlichen Auskünfte zu erteilen.

Art. 406

B. Verhältnis zur betroffenen Person

¹ Der Beistand oder die Beiständin erfüllt die Aufgaben im Interesse der betroffenen Person, nimmt, soweit tunlich, auf deren Meinung Rücksicht und achtet deren Willen, das Leben entsprechend ihren Fähigkeiten nach eigenen Wünschen und Vorstellungen zu gestalten.

² Der Beistand oder die Beiständin strebt danach, ein Vertrauensverhältnis mit der betroffenen Person aufzubauen und den Schwächezustand zu lindern oder eine Verschlimmerung zu verhüten.

Art. 407

C. Eigenes Handeln der betroffenen Person

Die urteilsfähige betroffene Person kann, auch wenn ihr die Handlungsfähigkeit entzogen worden ist, im Rahmen des Personenrechts durch eigenes Handeln Rechte und Pflichten begründen und höchstpersönliche Rechte ausüben.

Art. 408

D. Vermögensverwaltung
I. Aufgaben

¹ Der Beistand oder die Beiständin verwaltet die Vermögenswerte sorgfältig und nimmt alle Rechtsgeschäfte vor, die mit der Verwaltung zusammenhängen.

² Insbesondere kann der Beistand oder die Beiständin:

1. mit befreiender Wirkung die von Dritten geschuldete Leistung für die betroffene Person entgegennehmen;
2. soweit angezeigt Schulden bezahlen;
3. die betroffene Person nötigenfalls für die laufenden Bedürfnisse vertreten.

³ Der Bundesrat erlässt Bestimmungen über die Anlage und die Aufbewahrung des Vermögens.

Art. 409

II. Beträge zur freien Verfügung

Der Beistand oder die Beiständin stellt der betroffenen Person aus deren Vermögen angemessene Beträge zur freien Verfügung.

Art. 410

III. Rechnung

¹ Der Beistand oder die Beiständin führt Rechnung und legt sie der Erwachsenenschutzbehörde in den von ihr angesetzten Zeitabständen, mindestens aber alle zwei Jahre, zur Genehmigung vor.

² Der Beistand oder die Beiständin erläutert der betroffenen Person die Rechnung und gibt ihr auf Verlangen eine Kopie.

Art. 411

E. Berichterstattung

¹ Der Beistand oder die Beiständin erstattet der Erwachsenenschutzbehörde so oft wie nötig, mindestens aber alle zwei Jahre, einen Bericht über die Lage der betroffenen Person und die Ausübung der Beistandschaft.

² Der Beistand oder die Beiständin zieht bei der Erstellung des Berichts die betroffene Person, soweit tunlich, bei und gibt ihr auf Verlangen eine Kopie.

Art. 412

F. Besondere Geschäfte

¹ Der Beistand oder die Beiständin darf in Vertretung der betroffenen Person keine Bürgschaften eingehen, keine Stiftungen errichten und keine Schenkungen vornehmen, mit Ausnahme der üblichen Gelegenheitsgeschenke.

² Vermögenswerte, die für die betroffene Person oder für ihre Familie einen besonderen Wert haben, werden wenn immer möglich nicht veräussert.

Art. 413

G. Sorgfalts- und Verschwiegenheitspflicht

¹ Der Beistand oder die Beiständin hat bei der Erfüllung der Aufgaben die gleiche Sorgfaltspflicht wie eine beauftragte Person nach den Bestimmungen des Obligationenrechts[6].

² Der Beistand oder die Beiständin ist zur Verschwiegenheit verpflichtet, soweit nicht überwiegende Interessen entgegenstehen.

³ Dritte sind über die Beistandschaft zu orientieren, soweit dies zur gehörigen Erfüllung der Aufgaben des Beistands oder der Beiständin erforderlich ist.

Art. 414

H. Änderung der Verhältnisse

Der Beistand oder die Beiständin informiert die Erwachsenenschutzbehörde unverzüglich über Umstände, die eine Änderung der Massnahme erfordern oder eine Aufhebung der Beistandschaft ermöglichen.

[6] SR **220**

Sechster Unterabschnitt:
Die Mitwirkung der Erwachsenenschutzbehörde

Art. 415

A. Prüfung der Rechnung und des Berichts

¹ Die Erwachsenenschutzbehörde prüft die Rechnung und erteilt oder verweigert die Genehmigung; wenn nötig, verlangt sie eine Berichtigung.

² Sie prüft den Bericht und verlangt, wenn nötig, dessen Ergänzung.

³ Sie trifft nötigenfalls Massnahmen, die zur Wahrung der Interessen der betroffenen Person angezeigt sind.

Art. 416

B. Zustimmungsbedürftige Geschäfte
I. Von Gesetzes wegen

¹ Für folgende Geschäfte, die der Beistand oder die Beiständin in Vertretung der betroffenen Person vornimmt, ist die Zustimmung der Erwachsenenschutzbehörde erforderlich:

1. Liquidation des Haushalts, Kündigung des Vertrags über Räumlichkeiten, in denen die betroffene Person wohnt;
2. Dauerverträge über die Unterbringung der betroffenen Person;
3. Annahme oder Ausschlagung einer Erbschaft, wenn dafür eine ausdrückliche Erklärung erforderlich ist, sowie Erbverträge und Erbteilungsverträge;
4. Erwerb, Veräusserung, Verpfändung und andere dingliche Belastung von Grundstücken sowie Erstellen von Bauten, das über ordentliche Verwaltungshandlungen hinausgeht;
5. Erwerb, Veräusserung und Verpfändung anderer Vermögenswerte sowie Errichtung einer Nutzniessung daran, wenn diese Geschäfte nicht unter die Führung der ordentlichen Verwaltung und Bewirtschaftung fallen;
6. Aufnahme und Gewährung von erheblichen Darlehen, Eingehung von wechselrechtlichen Verbindlichkeiten;
7. Leibrenten- und Verpfründungsverträge sowie Lebensversicherungen, soweit diese nicht im Rahmen der beruflichen Vorsorge mit einem Arbeitsvertrag zusammenhängen;
8. Übernahme oder Liquidation eines Geschäfts, Eintritt in eine Gesellschaft mit persönlicher Haftung oder erheblicher Kapitalbeteiligung;
9. Erklärung der Zahlungsunfähigkeit, Prozessführung, Abschluss eines Vergleichs, eines Schiedsvertrags oder eines Nachlassvertrags, unter Vorbehalt vorläufiger Massnahmen des Beistands oder der Beiständin in dringenden Fällen.

² Die Zustimmung der Erwachsenenschutzbehörde ist nicht erforderlich, wenn die urteilsfähige betroffene Person ihr Einverständnis erteilt und ihre Handlungsfähigkeit durch die Beistandschaft nicht eingeschränkt ist.

³ Immer der Zustimmung der Erwachsenenschutzbehörde bedürfen Verträge zwischen dem Beistand oder der Beiständin und der betroffenen Person, ausser diese erteilt einen unentgeltlichen Auftrag.

Art. 417

II. Auf Anordnung

Die Erwachsenenschutzbehörde kann aus wichtigen Gründen anordnen, dass ihr weitere Geschäfte zur Zustimmung unterbreitet werden.

Art. 418

III. Fehlen der Zustimmung

Ist ein Geschäft ohne die erforderliche Zustimmung der Erwachsenenschutzbehörde abgeschlossen worden, so hat es für die betroffene Person nur die Wirkung, die nach der Bestimmung des Personenrechts über das Fehlen der Zustimmung des gesetzlichen Vertreters vorgesehen ist.

Siebter Unterabschnitt: Einschreiten der Erwachsenenschutzbehörde

Art. 419

Gegen Handlungen oder Unterlassungen des Beistands oder der Beiständin sowie einer Drittperson oder Stelle, der die Erwachsenenschutzbehörde einen Auftrag erteilt hat, kann die betroffene oder eine ihr nahestehende Person und jede Person, die ein rechtlich geschütztes Interesse hat, die Erwachsenenschutzbehörde anrufen.

Achter Unterabschnitt: Besondere Bestimmungen für Angehörige

Art. 420

Werden der Ehegatte, die eingetragene Partnerin oder der eingetragene Partner, die Eltern, ein Nachkomme, ein Geschwister, die faktische Lebenspartnerin oder der faktische Lebenspartner der betroffenen Person als Beistand oder Beiständin eingesetzt, so kann die Erwachsenenschutzbehörde sie von der Inventarpflicht, der Pflicht zur periodischen Berichterstattung und Rechnungsablage und der Pflicht, für bestimmte Geschäfte die Zustimmung einzuholen, ganz oder teilweise entbinden, wenn die Umstände es rechtfertigen.

Neunter Unterabschnitt:
Das Ende des Amtes des Beistands oder der Beiständin

Art. 421

A. Von Gesetzes wegen

Das Amt des Beistands oder der Beiständin endet von Gesetzes wegen:

1. mit Ablauf einer von der Erwachsenenschutzbehörde festgelegten Amtsdauer, sofern keine Bestätigung im Amt erfolgt;
2. mit dem Ende der Beistandschaft;
3. mit dem Ende des Arbeitsverhältnisses als Berufsbeistand oder Berufsbeiständin;
4. im Zeitpunkt, in dem der Beistand oder die Beiständin verbeiständet oder urteilsunfähig wird oder stirbt.

Art. 422

B. Entlassung
I. Auf Begehren des Beistands oder der Beiständin

¹ Der Beistand oder die Beiständin hat frühestens nach vier Jahren Amtsdauer Anspruch auf Entlassung.

² Vorher kann der Beistand oder die Beiständin die Entlassung aus wichtigen Gründen verlangen.

Art. 423

II. Übrige Fälle

¹ Die Erwachsenenschutzbehörde entlässt den Beistand oder die Beiständin, wenn:

1. die Eignung für die Aufgaben nicht mehr besteht;
2. ein anderer wichtiger Grund für die Entlassung vorliegt.

² Die Entlassung kann von der betroffenen oder einer ihr nahestehenden Person beantragt werden.

Art. 424

C. Weiterführung der Geschäfte

Der Beistand oder die Beiständin ist verpflichtet, nicht aufschiebbare Geschäfte weiterzuführen, bis der Nachfolger oder die Nachfolgerin das Amt übernimmt, sofern die Erwachsenenschutzbehörde nichts anderes anordnet. Diese Bestimmung gilt nicht für den Berufsbeistand oder die Berufsbeiständin.

Art. 425

D. Schlussbericht und Schlussrechnung

¹ Endet das Amt, so erstattet der Beistand oder die Beiständin der Erwachsenenschutzbehörde den Schlussbericht und reicht gegebenenfalls die Schlussrechnung ein. Die Erwachsenenschutzbehörde kann

den Berufsbeistand oder die Berufsbeiständin von dieser Pflicht entbinden, wenn das Arbeitsverhältnis endet.

² Die Erwachsenenschutzbehörde prüft und genehmigt den Schlussbericht und die Schlussrechnung auf die gleiche Weise wie die periodischen Berichte und Rechnungen.

³ Sie stellt den Schlussbericht und die Schlussrechnung der betroffenen Person oder deren Erben und gegebenenfalls der neuen Beiständin oder dem neuen Beistand zu und weist diese Personen gleichzeitig auf die Bestimmungen über die Verantwortlichkeit hin.

⁴ Sie teilt ihnen zudem mit, ob sie den Beistand oder die Beiständin entlastet oder die Genehmigung des Schlussberichts oder der Schlussrechnung verweigert hat.

Dritter Abschnitt: Die fürsorgerische Unterbringung

Art. 426

A. Die Massnahmen
I. Unterbringung zur Behandlung oder Betreuung

¹ Eine Person, die an einer psychischen Störung oder an geistiger Behinderung leidet oder schwer verwahrlost ist, darf in einer geeigneten Einrichtung untergebracht werden, wenn die nötige Behandlung oder Betreuung nicht anders erfolgen kann.

² Die Belastung und der Schutz von Angehörigen und Dritten sind zu berücksichtigen.

³ Die betroffene Person wird entlassen, sobald die Voraussetzungen für die Unterbringung nicht mehr erfüllt sind.

⁴ Die betroffene oder eine ihr nahestehende Person kann jederzeit um Entlassung ersuchen. Über dieses Gesuch ist ohne Verzug zu entscheiden.

Art. 427

II. Zurückbehaltung freiwillig Eingetretener

¹ Will eine Person, die an einer psychischen Störung leidet und freiwillig in eine Einrichtung eingetreten ist, diese wieder verlassen, so kann sie von der ärztlichen Leitung der Einrichtung für höchstens drei Tage zurückbehalten werden, wenn sie:

1. sich selbst an Leib und Leben gefährdet; oder
2. das Leben oder die körperliche Integrität Dritter ernsthaft gefährdet.

² Nach Ablauf der Frist kann die betroffene Person die Einrichtung verlassen, wenn nicht ein vollstreckbarer Unterbringungsentscheid vorliegt.

³ Die betroffene Person wird schriftlich darauf aufmerksam gemacht, dass sie das Gericht anrufen kann.

Art. 428

B. Zuständigkeit für die Unterbringung und die Entlassung
I. Erwachsenenschutzbehörde

¹ Für die Anordnung der Unterbringung und die Entlassung ist die Erwachsenenschutzbehörde zuständig.

² Sie kann im Einzelfall die Zuständigkeit für die Entlassung der Einrichtung übertragen.

Art. 429

II. Ärztinnen und Ärzte
1. Zuständigkeit

¹ Die Kantone können Ärzte und Ärztinnen bezeichnen, die neben der Erwachsenenschutzbehörde eine Unterbringung während einer vom kantonalen Recht festgelegten Dauer anordnen dürfen. Die Dauer darf höchstens sechs Wochen betragen.

² Die ärztliche Unterbringung fällt spätestens nach Ablauf der festgelegten Dauer dahin, sofern nicht ein vollstreckbarer Unterbringungsentscheid der Erwachsenenschutzbehörde vorliegt.

³ Über die Entlassung entscheidet die Einrichtung.

Art. 430

2. Verfahren

¹ Die Ärztin oder der Arzt untersucht persönlich die betroffene Person und hört sie an.

² Der Unterbringungsentscheid enthält mindestens folgende Angaben:
   1. Ort und Datum der Untersuchung;
   2. Name der Ärztin oder des Arztes;
   3. Befund, Gründe und Zweck der Unterbringung;
   4. die Rechtsmittelbelehrung.

³ Das Rechtsmittel hat keine aufschiebende Wirkung, sofern die Ärztin oder der Arzt oder das zuständige Gericht nichts anderes verfügt.

⁴ Ein Exemplar des Unterbringungsentscheids wird der betroffenen Person ausgehändigt; ein weiteres Exemplar wird der Einrichtung bei der Aufnahme der betroffenen Person vorgelegt.

⁵ Die Ärztin oder der Arzt informiert, sofern möglich, eine der betroffenen Person nahestehende Person schriftlich über die Unterbringung und die Befugnis, das Gericht anzurufen.

Art. 431

C. Periodische Überprüfung

¹ Die Erwachsenenschutzbehörde überprüft spätestens sechs Monate nach Beginn der Unterbringung, ob die Voraussetzungen noch erfüllt sind und ob die Einrichtung weiterhin geeignet ist.

² Sie führt innerhalb von weiteren sechs Monaten eine zweite Überprüfung durch. Anschliessend führt sie die Überprüfung so oft wie nötig, mindestens aber jährlich durch.

Art. 432

D. Vertrauensperson

Jede Person, die in einer Einrichtung untergebracht wird, kann eine Person ihres Vertrauens beiziehen, die sie während des Aufenthalts und bis zum Abschluss aller damit zusammenhängenden Verfahren unterstützt.

Art. 433

E. Medizinische Massnahmen bei einer psychischen Störung
I. Behandlungsplan

¹ Wird eine Person zur Behandlung einer psychischen Störung in einer Einrichtung untergebracht, so erstellt die behandelnde Ärztin oder der behandelnde Arzt unter Beizug der betroffen Person und gegebenenfalls ihrer Vertrauensperson einen schriftlichen Behandlungsplan.

² Die Ärztin oder der Arzt informiert die betroffene Person und deren Vertrauensperson über alle Umstände, die im Hinblick auf die in Aussicht genommenen medizinischen Massnahmen wesentlich sind, insbesondere über deren Gründe, Zweck, Art, Modalitäten, Risiken und Nebenwirkungen, über Folgen eines Unterlassens der Behandlung sowie über allfällige alternative Behandlungsmöglichkeiten.

³ Der Behandlungsplan wird der betroffenen Person zur Zustimmung unterbreitet. Bei einer urteilsunfähigen Person ist eine allfällige Patientenverfügung zu berücksichtigen.

⁴ Der Behandlungsplan wird der laufenden Entwicklung angepasst.

Art. 434

II. Behandlung ohne Zustimmung

¹ Fehlt die Zustimmung der betroffenen Person, so kann die Chefärztin oder der Chefarzt der Abteilung die im Behandlungsplan vorgesehenen medizinischen Massnahmen schriftlich anordnen, wenn:

1. ohne Behandlung der betroffenen Person ein ernsthafter gesundheitlicher Schaden droht oder das Leben oder die körperliche Integrität Dritter ernsthaft gefährdet ist;
2. die betroffene Person bezüglich ihrer Behandlungsbedürftigkeit urteilsunfähig ist; und
3. keine angemessene Massnahme zur Verfügung steht, die weniger einschneidend ist.

² Die Anordnung wird der betroffenen Person und ihrer Vertrauensperson verbunden mit einer Rechtsmittelbelehrung schriftlich mitgeteilt.

Art. 435

III. Notfälle

¹ In einer Notfallsituation können die zum Schutz der betroffenen Person oder Dritter unerlässlichen medizinischen Massnahmen sofort ergriffen werden.

² Ist der Einrichtung bekannt, wie die Person behandelt werden will, so wird deren Wille berücksichtigt.

Art. 436

IV. Austrittsgespräch

¹ Besteht eine Rückfallgefahr, so versucht die behandelnde Ärztin oder der behandelnde Arzt mit der betroffenen Person vor deren Entlassung Behandlungsgrundsätze für den Fall einer erneuten Unterbringung in der Einrichtung zu vereinbaren.

² Das Austrittsgespräch ist zu dokumentieren.

Art. 437

V. Kantonales Recht

¹ Die Kantone regeln die Nachbetreuung.

² Sie können ambulante Massnahmen vorsehen.

Art. 438

F. Massnahmen zur Einschränkung der Bewegungsfreiheit

Auf Massnahmen, die die Bewegungsfreiheit der betroffenen Personen in der Einrichtung einschränken, sind die Bestimmungen über die Einschränkung der Bewegungsfreiheit in Wohn- oder Pflegeeinrichtungen sinngemäss anwendbar. Vorbehalten bleibt die Anrufung des Gerichts.

Art. 439

G. Anrufung des Gerichts

¹ Die betroffene oder eine ihr nahestehende Person kann in folgenden Fällen schriftlich das zuständige Gericht anrufen:

1. bei ärztlich angeordneter Unterbringung;
2. bei Zurückbehaltung durch die Einrichtung;
3. bei Abweisung eines Entlassungsgesuchs durch die Einrichtung;
4. bei Behandlung einer psychischen Störung ohne Zustimmung;
5. bei Massnahmen zur Einschränkung der Bewegungsfreiheit.

² Die Frist zur Anrufung des Gerichts beträgt zehn Tage seit Mitteilung des Entscheids. Bei Massnahmen zur Einschränkung der Bewegungsfreiheit kann das Gericht jederzeit angerufen werden.

³ Das Verfahren richtet sich sinngemäss nach den Bestimmungen über das Verfahren vor der gerichtlichen Beschwerdeinstanz.

⁴ Jedes Begehren um gerichtliche Beurteilung ist unverzüglich an das zuständige Gericht weiterzuleiten.

Zwölfter Titel: Organisation
Erster Abschnitt: Behörden und örtliche Zuständigkeit

Art. 440

A. Erwachsenenschutzbehörde

¹ Die Erwachsenenschutzbehörde ist eine Fachbehörde. Sie wird von den Kantonen bestimmt.

² Sie fällt ihre Entscheide mit mindestens drei Mitgliedern. Die Kantone können für bestimmte Geschäfte Ausnahmen vorsehen.

³ Sie hat auch die Aufgaben der Kindesschutzbehörde.

Art. 441

B. Aufsichtsbehörde

¹ Die Kantone bestimmen die Aufsichtsbehörden.

² Der Bundesrat kann Bestimmungen über die Aufsicht erlassen.

Art. 442

C. Örtliche Zuständigkeit

¹ Zuständig ist die Erwachsenenschutzbehörde am Wohnsitz der betroffenen Person. Ist ein Verfahren rechtshängig, so bleibt die Zuständigkeit bis zu dessen Abschluss auf jeden Fall erhalten.

² Ist Gefahr im Verzug, so ist auch die Behörde am Ort zuständig, wo sich die betroffene Person aufhält. Trifft diese Behörde eine Massnahme, so benachrichtigt sie die Wohnsitzbehörde.

³ Für eine Beistandschaft wegen Abwesenheit ist auch die Behörde des Ortes zuständig, wo das Vermögen in seinem Hauptbestandteil verwaltet worden oder der betroffenen Person zugefallen ist.

⁴ Die Kantone sind berechtigt, für ihre Bürgerinnen und Bürger, die Wohnsitz im Kanton haben, statt der Wohnsitzbehörde die Behörde des Heimatortes zuständig zu erklären, sofern auch die Unterstützung bedürftiger Personen ganz oder teilweise der Heimatgemeinde obliegt.

⁵ Wechselt eine Person, für die eine Massnahme besteht, ihren Wohnsitz, so übernimmt die Behörde am neuen Ort die Massnahme ohne Verzug, sofern keine wichtigen Gründe dagegen sprechen.

Zweiter Abschnitt: Verfahren
Erster Unterabschnitt: Vor der Erwachsenenschutzbehörde

Art. 443

A. Melderechte und -pflichten

¹ Jede Person kann der Erwachsenenschutzbehörde Meldung erstatten, wenn eine Person hilfsbedürftig erscheint. Vorbehalten bleiben die Bestimmungen über das Berufsgeheimnis.

² Wer in amtlicher Tätigkeit von einer solchen Person erfährt, ist meldepflichtig. Die Kantone können weitere Meldepflichten vorsehen.

Art. 444

B. Prüfung der Zuständigkeit

¹ Die Erwachsenenschutzbehörde prüft ihre Zuständigkeit von Amtes wegen.

² Hält sie sich nicht für zuständig, so überweist sie die Sache unverzüglich der Behörde, die sie als zuständig erachtet.

³ Zweifelt sie an ihrer Zuständigkeit, so pflegt sie einen Meinungsaustausch mit der Behörde, deren Zuständigkeit in Frage kommt.

⁴ Kann im Meinungsaustausch keine Einigung erzielt werden, so unterbreitet die zuerst befasste Behörde die Frage ihrer Zuständigkeit der gerichtlichen Beschwerdeinstanz.

Art. 445

C. Vorsorgliche Massnahmen

¹ Die Erwachsenenschutzbehörde trifft auf Antrag einer am Verfahren beteiligten Person oder von Amtes wegen alle für die Dauer des Verfahrens notwendigen vorsorglichen Massnahmen. Sie kann insbesondere eine Massnahme des Erwachsenenschutzes vorsorglich anordnen.

² Bei besonderer Dringlichkeit kann sie vorsorgliche Massnahmen sofort ohne Anhörung der am Verfahren beteiligten Personen treffen. Gleichzeitig gibt sie diesen Gelegenheit zur Stellungnahme; anschliessend entscheidet sie neu.

³ Gegen Entscheide über vorsorgliche Massnahmen kann innert zehn Tagen nach deren Mitteilung Beschwerde erhoben werden.

Art. 446

D. Verfahrensgrundsätze

¹ Die Erwachsenenschutzbehörde erforscht den Sachverhalt von Amtes wegen.

² Sie zieht die erforderlichen Erkundigungen ein und erhebt die notwendigen Beweise. Sie kann eine geeignete Person oder Stelle mit Abklärungen beauftragen. Nötigenfalls ordnet sie das Gutachten einer sachverständigen Person an.

³ Sie ist nicht an die Anträge der am Verfahren beteiligten Personen gebunden.

⁴ Sie wendet das Recht von Amtes wegen an.

Art. 447

E. Anhörung

¹ Die betroffene Person wird persönlich angehört, soweit dies nicht als unverhältnismässig erscheint.

² Im Fall einer fürsorgerischen Unterbringung hört die Erwachsenenschutzbehörde die betroffene Person in der Regel als Kollegium an.

Art. 448

F. Mitwirkungspflichten und Amtshilfe

¹ Die am Verfahren beteiligten Personen und Dritte sind zur Mitwirkung bei der Abklärung des Sachverhalts verpflichtet. Die Erwachsenenschutzbehörde trifft die zur Wahrung schutzwürdiger Interessen erforderlichen Anordnungen. Nötigenfalls ordnet sie die zwangsweise Durchsetzung der Mitwirkungspflicht an.

² Ärztinnen und Ärzte, Zahnärztinnen und Zahnärzte, Apothekerinnen und Apotheker und Hebammen sowie ihre Hilfspersonen sind nur dann zur Mitwirkung verpflichtet, wenn die geheimnisberechtigte Person sie dazu ermächtigt hat oder die vorgesetzte Stelle sie auf Gesuch der Erwachsenenschutzbehörde vom Berufsgeheimnis entbunden hat.

³ Nicht zur Mitwirkung verpflichtet sind Geistliche, Rechtsanwältinnen und Rechtsanwälte, Verteidigerinnen und Verteidiger, Mediatorinnen und Mediatoren sowie ehemalige Beiständinnen und Beistände, die für das Verfahren ernannt wurden.

⁴ Verwaltungsbehörden und Gerichte geben die notwendigen Akten heraus, erstatten Bericht und erteilen Auskünfte, soweit nicht schutzwürdige Interessen entgegenstehen.

Art. 449

G. Begutachtung in einer Einrichtung

¹ Ist eine psychiatrische Begutachtung unerlässlich und kann diese nicht ambulant durchgeführt werden, so weist die Erwachsenenschutzbehörde die betroffene Person zur Begutachtung in eine geeignete Einrichtung ein.

² Die Bestimmungen über das Verfahren bei fürsorgerischer Unterbringung sind sinngemäss anwendbar.

Art. 449a

H. Anordnung einer Vertretung

Die Erwachsenenschutzbehörde ordnet wenn nötig die Vertretung der betroffenen Person an und bezeichnet als Beistand oder Beiständin eine in fürsorgerischen und rechtlichen Fragen erfahrene Person.

Art. 449b

I. Akteneinsicht

¹ Die am Verfahren beteiligten Personen haben Anspruch auf Akteneinsicht, soweit nicht überwiegende Interessen entgegenstehen.

² Wird einer am Verfahren beteiligten Person die Einsichtnahme in ein Aktenstück verweigert, so wird auf dieses nur abgestellt, wenn ihr die Behörde von seinem für die Sache wesentlichen Inhalt mündlich oder schriftlich Kenntnis gegeben hat.

Art. 449c

J. Mitteilungspflicht

Die Erwachsenenschutzbehörde macht dem Zivilstandsamt Mitteilung, wenn:

1. sie eine Person wegen dauernder Urteilsunfähigkeit unter umfassende Beistandschaft stellt;
2. für eine dauernd urteilsunfähige Person ein Vorsorgeauftrag wirksam wird.

Zweiter Unterabschnitt: Vor der gerichtlichen Beschwerdeinstanz

Art. 450

A. Beschwerdeobjekt und Beschwerdebefugnis

¹ Gegen Entscheide der Erwachsenenschutzbehörde kann Beschwerde beim zuständigen Gericht erhoben werden.

² Zur Beschwerde befugt sind:

1. die am Verfahren beteiligten Personen;
2. die der betroffenen Person nahestehenden Personen;
3. Personen, die ein rechtlich geschütztes Interesse an der Aufhebung oder Änderung des angefochtenen Entscheids haben.

³ Die Beschwerde ist beim Gericht schriftlich und begründet einzureichen.

Art. 450a

B. Beschwerdegründe

¹ Mit der Beschwerde kann gerügt werden:

1. Rechtsverletzung;
2. unrichtige oder unvollständige Feststellung des rechtserheblichen Sachverhalts;
3. Unangemessenheit.

² Ferner kann wegen Rechtsverweigerung und Rechtsverzögerung Beschwerde geführt werden.

Art. 450b

C. Beschwerdefrist

¹ Die Beschwerdefrist beträgt dreissig Tage seit Mitteilung des Entscheids. Diese Frist gilt auch für beschwerdeberechtigte Personen, denen der Entscheid nicht mitgeteilt werden muss.

² Bei einem Entscheid auf dem Gebiet der fürsorgerischen Unterbringung beträgt die Beschwerdefrist zehn Tage seit Mitteilung des Entscheids.

³ Wegen Rechtsverweigerung und Rechtsverzögerung kann jederzeit Beschwerde geführt werden.

Art. 450c

D. Aufschiebende Wirkung

Die Beschwerde hat aufschiebende Wirkung, sofern die Erwachsenenschutzbehörde oder die gerichtliche Beschwerdeinstanz nichts anderes verfügt.

Art. 450d

E. Vernehmlassung der Vorinstanz und Wiedererwägung

¹ Die gerichtliche Beschwerdeinstanz gibt der Erwachsenenschutzbehörde Gelegenheit zur Vernehmlassung.

² Statt eine Vernehmlassung einzureichen, kann die Erwachsenenschutzbehörde den Entscheid in Wiedererwägung ziehen.

Art. 450e

F. Besondere Bestimmungen bei fürsorgerischer Unterbringung

¹ Die Beschwerde gegen einen Entscheid auf dem Gebiet der fürsorgerischen Unterbringung muss nicht begründet werden.

² Die Beschwerde hat keine aufschiebende Wirkung, sofern die Erwachsenenschutzbehörde oder die gerichtliche Beschwerdeinstanz nichts anderes verfügt.

³ Bei psychischen Störungen muss gestützt auf das Gutachten einer sachverständigen Person entschieden werden.

⁴ Die gerichtliche Beschwerdeinstanz hört die betroffene Person in der Regel als Kollegium an. Sie ordnet wenn nötig deren Vertretung an und bezeichnet als Beistand oder Beiständin eine in fürsorgerischen und rechtlichen Fragen erfahrene Person.

⁵ Sie entscheidet in der Regel innert fünf Arbeitstagen seit Eingang der Beschwerde.

Dritter Unterabschnitt: Gemeinsame Bestimmung

Art. 450f

Im Übrigen sind die Bestimmungen der Zivilprozessordnung sinngemäss anwendbar, soweit die Kantone nichts anderes bestimmen.

Vierter Unterabschnitt: Vollstreckung

Art. 450g

¹ Die Erwachsenenschutzbehörde vollstreckt die Entscheide auf Antrag oder von Amtes wegen.

² Hat die Erwachsenenschutzbehörde oder die gerichtliche Beschwerdeinstanz im Entscheid bereits Vollstreckungsmassnahmen angeordnet, so kann dieser direkt vollstreckt werden.

³ Die mit der Vollstreckung betraute Person kann nötigenfalls polizeiliche Hilfe beanspruchen. Unmittelbare Zwangsmassnahmen sind in der Regel vorgängig anzudrohen.

Dritter Abschnitt: Verhältnis zu Dritten und Zusammenarbeitspflicht

Art. 451

A. Verschwiegenheitspflicht und Auskunft

¹ Die Erwachsenenschutzbehörde ist zur Verschwiegenheit verpflichtet, soweit nicht überwiegende Interessen entgegenstehen.

² Wer ein Interesse glaubhaft macht, kann von der Erwachsenenschutzbehörde Auskunft über das Vorliegen und die Wirkungen einer Massnahme des Erwachsenenschutzes verlangen.

Art. 452

B. Wirkung der Massnahmen gegenüber Dritten

¹ Eine Massnahme des Erwachsenenschutzes kann Dritten, auch wenn sie gutgläubig sind, entgegengehalten werden.

² Schränkt die Beistandschaft die Handlungsfähigkeit der betroffenen Person ein, so ist den Schuldnern mitzuteilen, dass ihre Leistung nur befreiende Wirkung hat, wenn sie diese dem Beistand oder der Beiständin erbringen. Vorher kann die Beistandschaft gutgläubigen Schuldnern nicht entgegengehalten werden.

³ Hat eine Person, für die eine Massnahme des Erwachsenenschutzes besteht, andere zur irrtümlichen Annahme ihrer Handlungsfähigkeit verleitet, so ist sie ihnen für den dadurch verursachten Schaden verantwortlich.

Art. 453

C. Zusammenarbeitspflicht

¹ Besteht die ernsthafte Gefahr, dass eine hilfsbedürftige Person sich selbst gefährdet oder ein Verbrechen oder Vergehen begeht, mit dem sie jemanden körperlich, seelisch oder materiell schwer schädigt, so arbeiten die Erwachsenenschutzbehörde, die betroffenen Stellen und die Polizei zusammen.

² Personen, die dem Amts- oder Berufsgeheimnis unterstehen, sind in einem solchen Fall berechtigt, der Erwachsenenschutzbehörde Mitteilung zu machen.

Vierter Abschnitt: Verantwortlichkeit

Art. 454

A. Grundsatz

¹ Wer im Rahmen der behördlichen Massnahmen des Erwachsenenschutzes durch widerrechtliches Handeln oder Unterlassen verletzt wird, hat Anspruch auf Schadenersatz und, sofern die Schwere der Verletzung es rechtfertigt, auf Genugtuung.

² Der gleiche Anspruch besteht, wenn sich die Erwachsenenschutzbehörde oder die Aufsichtsbehörde in den anderen Bereichen des Erwachsenenschutzes widerrechtlich verhalten hat.

³ Haftbar ist der Kanton; gegen die Person, die den Schaden verursacht hat, steht der geschädigten Person kein Ersatzanspruch zu.

⁴ Für den Rückgriff des Kantons auf die Person, die den Schaden verursacht hat, ist das kantonale Recht massgebend.

Art. 455

B. Verjährung

¹ Der Anspruch auf Schadenersatz oder Genugtuung verjährt ein Jahr nach dem Tag, an dem die geschädigte Person Kenntnis vom Schaden erhalten hat, jedenfalls aber zehn Jahre nach dem Tag der schädigenden Handlung.

² Wird der Anspruch aus einer strafbaren Handlung hergeleitet, für die das Strafrecht eine längere Verjährungsfrist vorschreibt, so gilt diese Frist.

³ Beruht die Verletzung auf der Anordnung oder Durchführung einer Dauermassnahme, so beginnt die Verjährung des Anspruchs gegenüber dem Kanton nicht vor dem Wegfall der Dauermassnahme oder ihrer Weiterführung durch einen anderen Kanton.

Art. 456

C. Haftung nach Auftragsrecht

Die Haftung der vorsorgebeauftragten Person sowie diejenige des Ehegatten, der eingetragenen Partnerin oder des eingetragenen Partners einer urteilsunfähigen Person oder des Vertreters oder der Vertreterin bei medizinischen Massnahmen, soweit es sich nicht um den Beistand oder die Beiständin handelt, richtet sich nach den Bestimmungen des Obligationenrechts[7] über den Auftrag.

2. Weitere Bestimmungen des Zivilgesetzbuches werden wie folgt geändert:

Ersatz von Ausdrücken

In folgenden Bestimmungen des Zivilgesetzbuches wird der Ausdruck «Vormundschaftsbehörde» oder *«vormundschaftliche Aufsichtsbehörde» durch «Kindesschutzbehörde» ersetzt und werden die entsprechenden grammatikalischen Änderungen vorgenommen:*

Art. 131 Abs. 1, 134 Abs. 1 und 3, 145 Abs. 2, 146 Abs. 2 Ziff. 2, 147 Abs. 1, 179 Abs. 1 zweiter Teilsatz, 265 Abs. 3, 265*a* Abs. 2, 265*d* Abs. 1, 273 Abs. 2, 275 Abs. 1, 287 Abs. 1 und 2, 288 Abs. 2 Ziff. 1, 290, 298*a* Abs. 1, 307 Abs. 1 und 2, 308 Abs. 1, 309, 310, 316, 320 Abs. 2, 322 Abs. 2, 324 Abs. 1, 325.

Art. 13

2. Voraussetzungen
a. Im Allgemeinen

Die Handlungsfähigkeit besitzt, wer volljährig und urteilsfähig ist.

Art. 14

b. Volljährigkeit

Volljährig ist, wer das 18. Lebensjahr zurückgelegt hat.

Art. 16

d. Urteilsfähigkeit

Urteilsfähig im Sinne dieses Gesetzes ist jede Person, der nicht wegen ihres Kindesalters, infolge geistiger Behinderung, psychischer Störung, Rausch oder ähnlicher Zustände die Fähigkeit mangelt, vernunftgemäss zu handeln.

Art. 17

III. Handlungsunfähigkeit
1. Im Allgemeinen

Handlungsunfähig sind urteilsunfähige Personen, Minderjährige sowie Personen unter umfassender Beistandschaft.

---

[7] SR **220**

Art. 19 Randtitel sowie Abs. 1 und 2

3. Urteilsfähige handlungsunfähige Personen
a. Grundsatz

¹ Urteilsfähige handlungsunfähige Personen können nur mit Zustimmung ihres gesetzlichen Vertreters Verpflichtungen eingehen oder Rechte aufgeben.

² Ohne diese Zustimmung vermögen sie Vorteile zu erlangen, die unentgeltlich sind, sowie geringfügige Angelegenheiten des täglichen Lebens zu besorgen.

Art. 19a

b. Zustimmung des gesetzlichen Vertreters

¹ Sofern das Gesetz nichts anderes bestimmt, kann der gesetzliche Vertreter die Zustimmung ausdrücklich oder stillschweigend im Voraus geben oder das Geschäft nachträglich genehmigen.

² Der andere Teil wird frei, wenn die Genehmigung nicht innerhalb einer angemessenen Frist erfolgt, die er selber ansetzt oder durch das Gericht ansetzen lässt.

Art. 19b

c. Fehlen der Zustimmung

¹ Erfolgt die Genehmigung des gesetzlichen Vertreters nicht, so kann jeder Teil die vollzogenen Leistungen zurückfordern. Die handlungsunfähige Person haftet jedoch nur insoweit, als die Leistung in ihrem Nutzen verwendet worden ist oder als sie zur Zeit der Rückforderung noch bereichert ist oder sich böswillig der Bereicherung entäussert hat.

² Hat die handlungsunfähige Person den andern Teil zur irrtümlichen Annahme ihrer Handlungsfähigkeit verleitet, so ist sie ihm für den verursachten Schaden verantwortlich.

Art. 19c

4. Höchstpersönliche Rechte

¹ Urteilsfähige handlungsunfähige Personen üben die Rechte, die ihnen um ihrer Persönlichkeit willen zustehen, selbstständig aus; vorbehalten bleiben Fälle, in welchen das Gesetz die Zustimmung des gesetzlichen Vertreters vorsieht.

² Für urteilsunfähige Personen handelt der gesetzliche Vertreter, sofern nicht ein Recht so eng mit der Persönlichkeit verbunden ist, dass jede Vertretung ausgeschlossen ist.

Art. 19d

IIIbis. Einschränkung der Handlungsfähigkeit

Die Handlungsfähigkeit kann durch eine Massnahme des Erwachsenenschutzes eingeschränkt werden.

Art. 23 Abs. 1

¹ Der Wohnsitz einer Person befindet sich an dem Orte, wo sie sich mit der Absicht dauernden Verbleibens aufhält; der Aufenthalt zum Zweck der Ausbildung oder die Unterbringung einer Person in einer Erziehungs- oder Pflegeeinrichtung, einem Spital oder einer Strafanstalt begründet für sich allein keinen Wohnsitz.

Art. 25 Randtitel und Abs. 2

c. Wohnsitz Minderjähriger

² Bevormundete Kinder haben ihren Wohnsitz am Sitz der Kindesschutzbehörde.

Art. 26

d. Wohnsitz Volljähriger unter umfassender Beistandschaft

Volljährige unter umfassender Beistandschaft haben ihren Wohnsitz am Sitz der Erwachsenenschutzbehörde.

Art. 39 Abs. 2 Ziff. 2

² Zum Personenstand gehören insbesondere:
    2. die personen- und familienrechtliche Stellung einer Person wie die Volljährigkeit, die Abstammung, die Ehe;

Art. 89a

Bisheriger Art. 89bis

Zweiter Titelbis:8 Die Sammelvermögen

Art. 89b

A. Fehlende Verwaltung

¹ Ist bei öffentlicher Sammlung für gemeinnützige Zwecke nicht für die Verwaltung oder Verwendung des Sammelvermögens gesorgt, so ordnet die zuständige Behörde das Erforderliche an.

² Sie kann für das Sammelvermögen einen Sachwalter oder eine Sachwalterin ernennen oder es einem Verein oder einer Stiftung mit möglichst gleichartigem Zweck zuwenden.

³ Auf die Sachwalterschaft sind die Vorschriften über die Beistandschaften im Erwachsenenschutz sinngemäss anwendbar.

---

8   Berichtigt von der Redaktionskommission der BVers (Art. 58 Abs. 1 ParlG - SR **171.10**).

Art. 89c

B. Zuständigkeit ¹ Zuständig ist der Kanton, in dem das Sammelvermögen in seinem Hauptbestandteil verwaltet worden ist.

² Sofern der Kanton nichts anderes bestimmt, ist die Behörde zuständig, die die Stiftungen beaufsichtigt.

Art. 90 Abs. 2

² Minderjährige werden ohne Zustimmung des gesetzlichen Vertreters durch ihre Verlobung nicht verpflichtet.

Art. 94 Abs. 2
Aufgehoben

Art. 102 Abs. 1

¹ Die Trauung ist öffentlich und findet in Anwesenheit von zwei volljährigen und urteilsfähigen Zeuginnen oder Zeugen statt.

Art. 133 Abs. 1 zweiter Satz

¹ ... Der Unterhaltsbeitrag kann über den Eintritt der Volljährigkeit hinaus festgelegt werden.

Art. 134 Abs. 4

⁴ Hat das Gericht über die Änderung der elterlichen Sorge oder des Unterhaltsbeitrages für das minderjährige Kind zu befinden, so regelt es nötigenfalls auch den persönlichen Verkehr neu; in den andern Fällen entscheidet die Kindesschutzbehörde über die Änderung des persönlichen Verkehrs.

Art. 135 Abs. 2[9]

Art. 176 Abs. 3

³ Haben die Ehegatten minderjährige Kinder, so trifft das Gericht nach den Bestimmungen über die Wirkungen des Kindesverhältnisses die nötigen Massnahmen.

---

[9] Mit Inkrafttreten der Zivilprozessordnung vom 19. Dez. 2008 (SR **272**) am 1. Jan. 2011 wurde Art. 135 Abs. 2 aufgehoben.

Art. 183 Abs. 2

² Minderjährige sowie volljährige Personen unter einer Beistandschaft, die den Abschluss eines Ehevertrags umfasst, bedürfen der Zustimmung ihres gesetzlichen Vertreters.

Art. 256 Abs. 1 Ziff. 2

¹ Die Vermutung der Vaterschaft kann beim Gericht angefochten werden:
   2. vom Kind, wenn während seiner Minderjährigkeit der gemeinsame Haushalt der Ehegatten aufgehört hat.

Art. 256c Abs. 2

² Die Klage des Kindes ist spätestens ein Jahr nach Erreichen der Volljährigkeit zu erheben.

Art. 259 Abs. 2 Ziff. 2

² Die Anerkennung kann angefochten werden:
   2. vom Kind, oder nach seinem Tode von den Nachkommen, wenn während seiner Minderjährigkeit der gemeinsame Haushalt der Ehegatten aufgehört hat oder die Anerkennung erst nach Vollendung seines zwölften Altersjahres ausgesprochen worden ist;

Art. 260 Abs. 2

² Ist der Anerkennende minderjährig, steht er unter umfassender Beistandschaft oder hat die Erwachsenenschutzbehörde eine entsprechende Anordnung getroffen, so ist die Zustimmung seines gesetzlichen Vertreters notwendig.

Art. 260c Abs. 2

² Die Klage des Kindes kann in jedem Fall bis zum Ablauf eines Jahres nach Erreichen der Volljährigkeit erhoben werden.

Art. 263 Abs. 1 Ziff. 2

¹ Die Klage kann vor oder nach der Niederkunft angebracht werden, ist aber einzureichen:
   2. vom Kind vor Ablauf eines Jahres nach Erreichen der Volljährigkeit.

A. Adoption Minderjähriger
I. Allgemeine Voraussetzungen

Art. 264 Randtitel

Art. 266 Randtitel, Abs. 1 Einleitungssatz und Ziff. 2 sowie Abs. 3

B. Adoption einer volljährigen Person

¹ Fehlen Nachkommen, so darf eine volljährige Person adoptiert werden:

2. wenn ihr während ihrer Minderjährigkeit die Adoptiveltern wenigstens fünf Jahre lang Pflege und Erziehung erwiesen haben,

³ Im Übrigen sind die Bestimmungen über die Adoption Minderjähriger sinngemäss anwendbar.

Art. 267a

II. Heimat

Das minderjährige Kind erhält anstelle seines bisherigen Kantons- und Gemeindebürgerrechts dasjenige seiner Adoptiveltern.

Art. 268 Abs. 3

³ Wird das Kind nach Einreichung des Gesuches volljährig, so bleiben die Bestimmungen über die Adoption Minderjähriger anwendbar, wenn deren Voraussetzungen vorher erfüllt waren.

Art. 269c Abs. 2

² Wer diese Vermittlung berufsmässig oder im Zusammenhang mit seinem Beruf betreibt, bedarf einer Bewilligung; die Vermittlung durch die Kindesschutzbehörde bleibt vorbehalten.

Art. 273 Abs. 1

¹ Eltern, denen die elterliche Sorge oder Obhut nicht zusteht, und das minderjährige Kind haben gegenseitig Anspruch auf angemessenen persönlichen Verkehr.

Art. 277 Abs. 1

¹ Die Unterhaltspflicht der Eltern dauert bis zur Volljährigkeit des Kindes.

Art. 289 Abs. 1

¹ Der Anspruch auf Unterhaltsbeiträge steht dem Kind zu und wird, solange das Kind minderjährig ist, durch Leistung an dessen gesetzlichen Vertreter oder den Inhaber der Obhut erfüllt.

Art. 296

A. Voraussetzungen
I. Im Allgemeinen

¹ Die Kinder stehen, solange sie minderjährig sind, unter elterlicher Sorge.

² Eltern, die minderjährig sind oder unter umfassender Beistandschaft stehen, haben keine elterliche Sorge.

Art. 298 Abs. 2 und 3

² Ist die Mutter minderjährig oder gestorben, ist ihr die elterliche Sorge entzogen oder steht sie unter umfassender Beistandschaft, so überträgt die Kindesschutzbehörde die elterliche Sorge dem Vater oder bestellt dem Kind einen Vormund, je nachdem, was das Wohl des Kindes erfordert.

³ Auf gemeinsamen Antrag der Eltern kann die Kindesschutzbehörde die elterliche Sorge von einem Elternteil auf den anderen übertragen.

Art. 298a Abs. 2 und 3

² Auf Begehren eines Elternteils oder des Kindes oder von Amtes wegen regelt die Kindesschutzbehörde die Zuteilung neu, wenn dies wegen wesentlicher Veränderung der Verhältnisse zum Wohl des Kindes geboten ist.

³ Stirbt ein Elternteil und ist die elterliche Sorge gemeinsam ausgeübt worden, so steht sie dem überlebenden Elternteil zu.

Art. 304 Abs. 3

³ Die Eltern dürfen in Vertretung des Kindes keine Bürgschaften eingehen, keine Stiftungen errichten und keine Schenkungen vornehmen, mit Ausnahme der üblichen Gelegenheitsgeschenke.

Art. 305 Randtitel und Abs. 1

b. Rechtsstellung des Kindes

¹ Das urteilsfähige Kind unter elterlicher Sorge kann im Rahmen des Personenrechts durch eigenes Handeln Rechte und Pflichten begründen und höchstpersönliche Rechte ausüben.

Art. 306 Abs. 2 und 3

² Sind die Eltern am Handeln verhindert oder haben sie in einer Angelegenheit Interessen, die denen des Kindes widersprechen, so ernennt die Kindesschutzbehörde einen Beistand oder regelt diese Angelegenheit selber.

³ Bei Interessenkollision entfallen von Gesetzes wegen die Befugnisse der Eltern in der entsprechenden Angelegenheit.

Art. 311 Randtitel und Abs. 1 Einleitungssatz

IV. Entziehung der elterlichen Sorge
1. Von Amtes wegen

¹ Sind andere Kindesschutzmassnahmen erfolglos geblieben oder erscheinen sie von vornherein als ungenügend, so entzieht die Kindesschutzbehörde die elterliche Sorge:

Art. 312 Randtitel und Einleitungssatz

2. Mit Einverständnis der Eltern

Die Kindesschutzbehörde entzieht die elterliche Sorge:

Art. 314

VI. Verfahren
1. Im Allgemeinen

¹ Die Bestimmungen über das Verfahren vor der Erwachsenenschutzbehörde sind sinngemäss anwendbar.

² Die Kindesschutzbehörde kann in geeigneten Fällen die Eltern zu einem Mediationsversuch auffordern.

³ Errichtet die Kindesschutzbehörde eine Beistandschaft, so hält sie im Entscheiddispositiv die Aufgaben des Beistandes und allfällige Beschränkungen der elterlichen Sorge fest.

Art. 314a

2. Anhörung des Kindes

¹ Das Kind wird durch die Kindesschutzbehörde oder durch eine beauftragte Drittperson in geeigneter Weise persönlich angehört, soweit nicht sein Alter oder andere wichtige Gründe dagegen sprechen.

² Im Protokoll der Anhörung werden nur die für den Entscheid wesentlichen Ergebnisse festgehalten. Die Eltern werden über diese Ergebnisse informiert.

³ Das urteilsfähige Kind kann die Verweigerung der Anhörung mit Beschwerde anfechten.

Art. 314a^{bis}

3. Vertretung des Kindes

¹ Die Kindesschutzbehörde ordnet wenn nötig die Vertretung des Kindes an und bezeichnet als Beistand eine in fürsorgerischen und rechtlichen Fragen erfahrene Person.

² Die Kindesschutzbehörde prüft die Anordnung der Vertretung insbesondere, wenn:
  1. die Unterbringung des Kindes Gegenstand des Verfahrens ist;
  2. die Beteiligten bezüglich der Regelung der elterlichen Sorge oder bezüglich wichtiger Fragen des persönlichen Verkehrs unterschiedliche Anträge stellen.

³ Der Beistand des Kindes kann Anträge stellen und Rechtsmittel einlegen.

Art. 314b

4. Unterbringung in einer geschlossenen Einrichtung oder psychiatrischen Klinik

¹ Muss das Kind in einer geschlossenen Einrichtung oder in einer psychiatrischen Klinik untergebracht werden, so sind die Bestimmungen des Erwachsenenschutzes über die fürsorgerische Unterbringung sinngemäss anwendbar.

² Ist das Kind urteilsfähig, so kann es selber das Gericht anrufen.

Art. 315 Abs. 1

¹ Die Kindesschutzmassnahmen werden von der Kindesschutzbehörde am Wohnsitz des Kindes angeordnet.

Art. 315a Abs. 1 und 3 Einleitungssatz

¹ Hat das Gericht, das für die Ehescheidung oder den Schutz der ehelichen Gemeinschaft zuständig ist, die Beziehungen der Eltern zu den Kindern zu gestalten, so trifft es auch die nötigen Kindesschutzmassnahmen und betraut die Kindesschutzbehörde mit dem Vollzug.

³ Die Kindesschutzbehörde bleibt jedoch befugt:

Art. 315b Abs. 2

² In den übrigen Fällen ist die Kindesschutzbehörde zuständig.

Art. 318 Abs. 2 und 3

² Stirbt ein Elternteil, so hat der überlebende Elternteil der Kindesschutzbehörde ein Inventar über das Kindesvermögen einzureichen.

³ Erachtet es die Kindesschutzbehörde nach Art und Grösse des Kindesvermögens und nach den persönlichen Verhältnissen der Eltern für angezeigt, so ordnet sie die Inventaraufnahme oder die periodische Rechnungsstellung und Berichterstattung an.

Art. 326

F. Ende der Verwaltung
I. Rückerstattung

Endet die elterliche Sorge oder Verwaltung, so haben die Eltern das Kindesvermögen aufgrund einer Abrechnung dem volljährigen Kind oder seinem gesetzlichen Vertreter herauszugeben.

Fünfter Abschnitt: Minderjährige unter Vormundschaft

Art. 327a

A. Grundsatz

Steht ein Kind nicht unter elterlicher Sorge, so ernennt ihm die Kindesschutzbehörde einen Vormund.

Art. 327b

B. Rechtsstellung
I. Des Kindes

Das Kind unter Vormundschaft hat die gleiche Rechtsstellung wie das Kind unter elterlicher Sorge.

Art. 327c

II. Des Vormunds

¹ Dem Vormund stehen die gleichen Rechte zu wie den Eltern.

² Die Bestimmungen des Erwachsenenschutzes, namentlich über die Ernennung des Beistands, die Führung der Beistandschaft und die Mitwirkung der Erwachsenenschutzbehörde, sind sinngemäss anwendbar.

³ Muss das Kind in einer geschlossenen Einrichtung oder in einer psychiatrischen Klinik untergebracht werden, so sind die Bestimmungen des Erwachsenenschutzes über die fürsorgerische Unterbringung sinngemäss anwendbar.

Art. 333 Abs. 1 und 2

¹ Verursacht ein Hausgenosse, der minderjährig oder geistig behindert ist, unter umfassender Beistandschaft steht oder an einer psychischen Störung leidet, einen Schaden, so ist das Familienhaupt dafür haftbar, insofern es nicht darzutun vermag, dass es das übliche und durch die Umstände gebotene Mass von Sorgfalt in der Beaufsichtigung beobachtet hat.

² Das Familienhaupt ist verpflichtet, dafür zu sorgen, dass aus dem Zustand eines Hausgenossen mit einer geistigen Behinderung oder einer psychischen Störung weder für diesen selbst noch für andere Gefahr oder Schaden erwächst.

Art. 334 Abs. 1

¹ Volljährige Kinder oder Grosskinder, die ihren Eltern oder Grosseltern in gemeinsamem Haushalt ihre Arbeit oder ihre Einkünfte zugewendet haben, können hierfür eine angemessene Entschädigung verlangen.

Art. 468

B. Erbvertrag

¹ Wer urteilsfähig ist und das 18. Altersjahr zurückgelegt hat, kann als Erblasser einen Erbvertrag abschliessen.

² Personen unter einer Beistandschaft, die den Abschluss eines Erbvertrags umfasst, bedürfen der Zustimmung ihres gesetzlichen Vertreters.

Art. 492a

V. Urteilsunfähige Nachkommen

¹ Ist ein Nachkomme dauernd urteilsunfähig und hinterlässt er weder Nachkommen noch einen Ehegatten, so kann der Erblasser eine Nacherbeneinsetzung auf den Überrest anordnen.

² Die Nacherbeneinsetzung fällt von Gesetzes wegen dahin, wenn der Nachkomme wider Erwarten urteilsfähig wird.

Art. 531

6. Bei Nacherbeneinsetzung

Eine Nacherbeneinsetzung ist gegenüber einem pflichtteilsberechtigten Erben im Umfang des Pflichtteils ungültig; vorbehalten bleibt die Bestimmung über urteilsunfähige Nachkommen.

Art. 544 Abs. 1bis und 2

^{1bis} Erfordert es die Wahrung seiner Interessen, so errichtet die Kindesschutzbehörde eine Beistandschaft.

² Wird das Kind tot geboren, so fällt es für den Erbgang ausser Betracht.

Art. 553 Abs. 1

¹ Die Aufnahme eines Inventars wird angeordnet, wenn:
 1. ein minderjähriger Erbe unter Vormundschaft steht oder zu stellen ist;
 2. ein Erbe dauernd und ohne Vertretung abwesend ist;
 3. einer der Erben oder die Erwachsenenschutzbehörde es verlangt;
 4. ein volljähriger Erbe unter umfassender Beistandschaft steht oder unter sie zu stellen ist.

Art. 554 Abs. 3

³ Stand die verstorbene Person unter einer Beistandschaft, welche die Vermögensverwaltung umfasst, so obliegt dem Beistand auch die Erbschaftsverwaltung, sofern nichts anderes angeordnet wird.

Schlusstitel:
Anwendungs- und Einführungsbestimmungen

Art. 14

V. Erwachsenenschutz
1. Bestehende Massnahmen

¹ Für den Erwachsenenschutz gilt das neue Recht, sobald die Änderung vom 19. Dezember 2008[10] in Kraft getreten ist.

² Personen, die nach bisherigem Recht entmündigt worden sind, stehen mit dem Inkrafttreten des neuen Rechts unter umfassender Beistandschaft. Die Erwachsenenschutzbehörde nimmt von Amtes wegen so bald wie möglich die erforderlichen Anpassungen an das neue Recht vor. So lange die Behörde im Fall erstreckter elterlicher Sorge nicht anders entschieden hat, sind die Eltern von der Inventarpflicht, der Pflicht zur periodischen Berichterstattung und Rechnungsablage und der Pflicht, für bestimmte Geschäfte die Zustimmung einzuholen, befreit.

³ Die übrigen nach bisherigem Recht angeordneten Massnahmen fallen spätestens drei Jahre nach dem Inkrafttreten der Änderung vom 19. Dezember 2008 dahin, sofern die Erwachsenenschutzbehörde sie nicht in eine Massnahme des neuen Rechts überführt hat.

⁴ Hat ein Arzt gestützt auf Artikel 397*b* Absatz 2 in der Fassung vom 1. Januar 1981[11] für eine psychisch kranke Person eine unbefristete fürsorgerische Freiheitsentziehung angeordnet, so bleibt diese Massnahme bestehen. Die Einrichtung teilt der Erwachsenenschutzbehörde spätestens sechs Monate nach dem Inkrafttreten des neuen Rechts mit, ob sie die Voraussetzungen der Unterbringung weiterhin für erfüllt erachtet. Die Erwachsenenschutzbehörde nimmt nach den Bestimmungen über die periodische Überprüfung die erforderlichen Abklärungen vor und bestätigt gegebenenfalls den Unterbringungsentscheid.

Art. 14a

2. Hängige Verfahren

¹ Hängige Verfahren werden mit dem Inkrafttreten der Änderung vom 19. Dezember 2008[12] von der neu zuständigen Behörde weitergeführt.

² Das neue Verfahrensrecht findet Anwendung.

³ Die Behörde entscheidet darüber, ob und wieweit das bisherige Verfahren ergänzt werden muss.

[10] AS **2011** 725
[11] AS **1980** 31
[12] AS **2011** 725

Art. 52 Abs. 3 und 4

³ Die kantonalen Anordnungen zum Registerrecht bedürfen der Genehmigung des Bundes.

⁴ Die übrigen kantonalen Anordnungen sind dem Bundesamt für Justiz zur Kenntnis zu bringen.

II

Die Änderung bisherigen Rechts wird im Anhang geregelt.

III

¹ Dieses Gesetz untersteht dem fakultativen Referendum.

² Der Bundesrat bestimmt das Inkrafttreten.

Ständerat, 19. Dezember 2008   Nationalrat, 19. Dezember 2008

Der Präsident: Alain Berset   Die Präsidentin: Chiara Simoneschi-Cortesi
Der Sekretär: Philippe Schwab   Der Sekretär: Pierre-Hervé Freléchoz

Ablauf der Referendumsfrist und Inkraftsetzung

¹ Die Referendumsfrist für dieses Gesetz ist am 16. April 2009 unbenützt abgelaufen.[13]

² Es wird auf den 1. Januar 2013 in Kraft gesetzt.

12. Januar 2011   Im Namen des Schweizerischen Bundesrates

                             Die Bundespräsidentin: Micheline Calmy-Rey
                             Die Bundeskanzlerin: Corina Casanova

---

[13] BBl **2009** 141

Anhang
(Ziff. II)

Änderung anderer Erlasse

Die nachstehenden Bundesgesetze werden wie folgt geändert:

1. Bürgerrechtsgesetz vom 29. September 1952[14]

Ersatz eines Ausdrucks

In den folgenden Bestimmungen wird der Ausdruck «unmündig» durch «minderjährig» ersetzt und werden die entsprechenden grammatikalischen Änderungen vorgenommen: Artikel 1 Absätze 2 und 3, 4 Absatz 3 erster Satz, 6 Absatz 3, 7, 8a Absatz 1, 30 Absatz 1 und 33.

Art. 34 Randtitel und Abs. 1

Minderjährige

¹ Minderjährige können das Gesuch um Einbürgerung nur durch ihren gesetzlichen Vertreter einreichen.

Art. 35

Volljährigkeit

Volljährigkeit und Minderjährigkeit im Sinne dieses Gesetzes richten sich nach schweizerischem Recht (Art. 14 des Zivilgesetzbuches[15]).

Art. 42 Abs. 1 zweiter Satz

¹ … Für Minderjährige gilt Artikel 34 sinngemäss.

Art. 44 Abs. 1 erster Halbsatz

¹ In die Entlassung werden die minderjährigen, unter der elterlichen Sorge des Entlassenen stehenden Kinder einbezogen; …

2. Ausweisgesetz vom 22. Juni 2001[16]

Ersatz von Ausdrücken:

¹ *In den folgenden Bestimmungen wird der Ausdruck «unmündige» durch «minderjährige» ersetzt: Artikel 2 Absatz 5 und 11 Absatz 1 Buchstabe h.*

---

[14] SR **141.0**
[15] SR **210**
[16] SR **143.1**

² *In den folgenden Bestimmungen wird der Ausdruck* «unmündige und entmündigte Personen» *durch* «Minderjährige und Personen unter umfassender Beistandschaft» *ersetzt: Artikel 5 Absatz 1 zweiter Satz, 11 Absatz 1 Buchstabe g und 13 Absatz 1 Buchstabe c.*

³ *In den folgenden Bestimmungen wird der Ausdruck* «gesetzliche Vertretung» *durch* «gesetzlicher Vertreter» *ersetzt: Artikel 2 Absatz 5, 5 Absatz 1 zweiter Satz, 11 Absatz 1 Buchstabe h.*

3. Bundesgesetz vom 17. Dezember 1976[17] über die politischen Rechte

Art. 2 Ausschluss vom Stimmrecht

Als vom Stimmrecht ausgeschlossene Entmündigte im Sinne von Artikel 136 Absatz 1 der Bundesverfassung gelten Personen, die wegen dauernder Urteilsunfähigkeit unter umfassender Beistandschaft stehen oder durch eine vorsorgebeauftragte Person vertreten werden.

4. Bundesgesetz vom 19. Dezember 1975[18] über die politischen Rechte der Auslandschweizer

Art. 4 Ausschluss vom Stimmrecht

Als vom Stimmrecht ausgeschlossene Entmündigte im Sinne von Artikel 136 Absatz 1 der Bundesverfassung gelten Personen:

a. die nach schweizerischem Recht wegen dauernder Urteilsunfähigkeit unter umfassender Beistandschaft stehen oder durch eine vorsorgebeauftragte Person vertreten werden;

b. für die nach ausländischem Recht wegen dauernder Urteilsunfähigkeit eine Massnahme des Erwachsenenschutzes besteht, welche die Handlungsfähigkeit entfallen lässt.

5. Bundesgerichtsgesetz vom 17. Juni 2005[19]

Art. 72 Abs. 2 Bst. b Ziff. 5–7

² Der Beschwerde in Zivilsachen unterliegen auch:

b. öffentlich-rechtliche Entscheide, die in unmittelbarem Zusammenhang mit Zivilrecht stehen, insbesondere Entscheide:

---

[17] SR **161.1**
[18] SR **161.5**
[19] SR **173.110**

5. auf dem Gebiet der Aufsicht über die Willensvollstrecker und -vollstreckerinnen und andere erbrechtliche Vertreter und Vertreterinnen,
6. auf dem Gebiet des Kindes- und Erwachsenenschutzes.
7. *Aufgehoben*

6. Sterilisationsgesetz vom 17. Dezember 2004[20]

Ersatz von Ausdrücken:

In den folgenden Bestimmungen wird der Ausdruck «vormundschaftliche Aufsichtsbehörde» durch «Erwachsenenschutzbehörde» ersetzt und werden die entsprechenden grammatikalischen Änderungen vorgenommen: Artikel 6 Absatz 2 Buchstabe b und Absatz 3, 7 Absatz 2 Buchstabe g, und 10 Absatz 1.

Art. 6 Sachüberschrift und Abs. 1 erster Satz

Sterilisation von Personen unter umfassender Beistandschaft

[1] Die Sterilisation einer über 18-jährigen, urteilsfähigen Person unter umfassender Beistandschaft darf nur vorgenommen werden, wenn diese über den Eingriff umfassend informiert worden ist und diesem frei und schriftlich zugestimmt hat. ...

Art. 8 Sachüberschrift und Abs. 1

Zustimmung der Erwachsenenschutzbehörde

[1] Die Erwachsenenschutzbehörde prüft auf Antrag der betroffenen oder einer ihr nahestehenden Person, ob die Voraussetzungen der Sterilisation erfüllt sind.

Art. 9 Gerichtliche Beurteilung des Entscheids
der Erwachsenenschutzbehörde

Die betroffene oder eine ihr nahestehende Person kann den Entscheid der Erwachsenenschutzbehörde innerhalb von 30 Tagen nach seiner Eröffnung bei der gerichtlichen Beschwerdeinstanz anfechten.

Art. 10 Abs. 2

[2] Wer eine Person, die unter umfassender Beistandschaft steht oder dauernd urteilsunfähig ist, sterilisiert hat, meldet den Eingriff innerhalb von 30 Tagen dem für das Gesundheitswesen zuständigen Departement des Kantons oder der von diesem bezeichneten Stelle.

---

[20] SR **211.111.1**

7. Bundesgesetz vom 22. Juni 2001[21] zum Haager Adoptionsübereinkommen und über Massnahmen zum Schutz des Kindes bei internationalen Adoptionen

Ersatz von Ausdrücken:

¹ *In den folgenden Bestimmungen wird der Ausdruck «Vormundschaftsbehörde» durch «Kindesschutzbehörde» ersetzt: Artikel 7 Absatz 3, 11 Absatz 2, 17 Absatz 1 und 3 sowie 18.*

² *In Artikel 19 Absatz 3 wird der Ausdruck «vormundschaftliche Behörde» durch «Kindesschutzbehörde» ersetzt.*

8. Partnerschaftsgesetz vom 18. Juni 2004[22]

Art. 3 Abs. 2

Aufgehoben

9. Bundesgesetz vom 4. Oktober 1991[23] über das bäuerliche Bodenrecht

Ersatz von Ausdrücken:

In den folgenden Bestimmungen wird der Ausdruck «unmündige» durch «minderjährige» ersetzt: Artikel 12 Absatz 1, 24 Absatz 5, 26 Absatz 3 und 55 Absatz 6.

10. Obligationenrecht[24]

Art. 35 Abs. 1

¹ Die durch Rechtsgeschäft erteilte Ermächtigung erlischt, sofern nicht das Gegenteil bestimmt ist oder aus der Natur des Geschäfts hervorgeht, mit dem Verlust der entsprechenden Handlungsfähigkeit, dem Konkurs, dem Tod oder der Verschollenerklärung des Vollmachtgebers oder des Bevollmächtigten.

Art. 134 Abs. 1 Ziff. 2

¹ Die Verjährung beginnt nicht und steht still, falls sie begonnen hat:

    2. für Forderungen der urteilsunfähigen Person gegen die vorsorgebeauftragte Person, solange der Vorsorgeauftrag wirksam ist;

[21] SR **211.221.31**
[22] SR **211.231**
[23] SR **211.412.11**
[24] SR **220**

Art. 240 Abs. 2 und 3

² Aus dem Vermögen eines Handlungsunfähigen dürfen nur übliche Gelegenheitsgeschenke ausgerichtet werden. Die Verantwortlichkeit des gesetzlichen Vertreters bleibt vorbehalten.

³ *Aufgehoben*

Art. 397a

1bis. Meldepflicht

Wird der Auftraggeber voraussichtlich dauernd urteilsunfähig, so muss der Beauftragte die Erwachsenenschutzbehörde am Wohnsitz des Auftraggebers benachrichtigen, wenn eine solche Meldung zur Interessenwahrung angezeigt erscheint.

Art. 405 Abs. 1

¹ Der Auftrag erlischt, sofern nicht das Gegenteil vereinbart ist oder aus der Natur des Geschäfts hervorgeht, mit dem Verlust der entsprechenden Handlungsfähigkeit, dem Konkurs, dem Tod oder der Verschollenerklärung des Auftraggebers oder des Beauftragten.

Art. 545 Abs. 1 Ziff. 3

¹ Die Gesellschaft wird aufgelöst:

    3. wenn der Liquidationsanteil eines Gesellschafters zur Zwangsverwertung gelangt oder ein Gesellschafter in Konkurs fällt oder unter umfassende Beistandschaft gestellt wird;

Art. 619 Abs. 2 zweiter Satz

² ... Dagegen haben der Tod und die Errichtung einer umfassenden Beistandschaft für den Kommanditär nicht die Auflösung der Gesellschaft zur Folge.

Art. 928 Abs. 2

Aufgehoben

11. Gerichtsstandsgesetz vom 24. März 2000[25]

Art. 1 Abs. 2 Bst. a

...

---

[25] [AS **2000** 2355, **2004** 2617 Anhang Ziff. 3, **2005** 5685 Anhang Ziff. 14, **2006** 5379 Anhang Ziff. II 2. AS **2010** 1739 Anhang 1 Ziff. 1]. Mit Inkrafttreten der Zivilprozessordnung vom 19. Dez. 2008 (SR 272) wird Ziff. 11 gegenstandslos.

12. Bundesgesetz vom 11. April 1889[26] über Schuldbetreibung und Konkurs

Art. 60 erster Satz

Wird ein Verhafteter betrieben, welcher keinen Vertreter hat, so setzt ihm der Betreibungsbeamte eine Frist zur Bestellung eines solchen. ...

Art. 68c

1. Minderjähriger Schuldner

¹ Ist der Schuldner minderjährig, so werden die Betreibungsurkunden dem gesetzlichen Vertreter zugestellt. Im Fall einer Beistandschaft nach Artikel 325 ZGB[27] erhalten der Beistand und die Inhaber der elterlichen Sorge die Betreibungsurkunden, sofern die Ernennung des Beistands dem Betreibungsamt mitgeteilt worden ist.

² Stammt die Forderung jedoch aus einem bewilligten Geschäftsbetrieb oder steht sie im Zusammenhang mit der Verwaltung des Arbeitsverdienstes oder des freien Vermögens durch eine minderjährige Person (Art. 321 Abs. 2, 323 Abs. 1 und 327*b* ZGB), so werden die Betreibungsurkunden dem Schuldner und dem gesetzlichen Vertreter zugestellt.

Art. 68d

2. Volljähriger Schuldner unter einer Massnahme des Erwachsenenschutzes

¹ Ist ein Beistand oder eine vorsorgebeauftragte Person für die Vermögensverwaltung des volljährigen Schuldners zuständig und hat die Erwachsenenschutzbehörde dies dem Betreibungsamt mitgeteilt, so werden die Betreibungsurkunden dem Beistand oder der vorsorgebeauftragten Person zugestellt.

² Ist die Handlungsfähigkeit des Schuldners nicht eingeschränkt, so werden die Betreibungsurkunden auch diesem zugestellt.

Art. 111 Abs. 1 Ziff. 2 und 3 sowie Abs. 2

¹ An der Pfändung können ohne vorgängige Betreibung innert 40 Tagen nach ihrem Vollzug teilnehmen:

    2. die Kinder des Schuldners für Forderungen aus dem elterlichen Verhältnis und volljährige Personen für Forderungen aus einem Vorsorgeauftrag (Art. 360–369 ZGB[28]);

    3. die volljährigen Kinder und die Grosskinder des Schuldners für die Forderungen aus den Artikeln 334 und 334bis ZGB;

---

[26] SR **281.1**
[27] SR **210**
[28] SR **210**

² Die Personen nach Absatz 1 Ziffern 1 und 2 können ihr Recht nur geltend machen, wenn die Pfändung während der Ehe, der eingetragenen Partnerschaft, des elterlichen Verhältnisses oder der Wirksamkeit des Vorsorgeauftrags oder innert eines Jahres nach deren Ende erfolgt ist; die Dauer eines Prozess- oder Betreibungsverfahrens wird dabei nicht mitgerechnet. Anstelle der Kinder oder einer Person unter einer Massnahme des Erwachsenenschutzes kann auch die Kindes- und Erwachsenenschutzbehörde die Anschlusserklärung abgeben.

13. Bundesgesetz vom 18. Dezember 1987[29] über das Internationale Privatrecht

Art. 45a

IV. Volljährigkeit

Minderjährige mit Wohnsitz in der Schweiz werden mit der Eheschliessung in der Schweiz oder mit der Anerkennung der im Ausland geschlossenen Ehe volljährig.

Gliederungstitel vor Art. 85

**5. Kapitel:
Vormundschaft, Erwachsenenschutz und andere Schutzmassnahmen**

14. Strafgesetzbuch[30]

Ersatz von Ausdrücken:

¹ *In den folgenden Bestimmungen wird der Ausdruck «unmündig» durch «minderjährig» ersetzt und werden die entsprechenden grammatikalischen Änderungen vorgenommen: Artikel 97 Absatz 2 und 4, 188 Ziffer 1, 195 und 219 Absatz 1.*

² *In den folgenden Bestimmungen wird der Ausdruck «Unmündige» durch «Minderjährige» ersetzt und werden die entsprechenden grammatikalischen Änderungen vorgenommen: Artikel 5 Randtitel, 187 Randtitel, 213 Absatz 2 und Gliederungstitel vor Artikel 363.*

Art. 30 Abs. 2 zweiter Satz und Abs. 3

² … Steht sie unter Vormundschaft oder unter umfassender Beistandschaft, so steht das Antragsrecht auch der Erwachsenenschutzbehörde zu.

---

[29] SR **291**
[30] SR **311.0**

³ Ist die verletzte Person minderjährig oder steht sie unter umfassender Beistandschaft, so ist auch sie zum Antrag berechtigt, wenn sie urteilsfähig ist.

Art. 62c Abs. 5

⁵ Hält die zuständige Behörde bei Aufhebung der Massnahme eine Massnahme des Erwachsenenschutzes für angezeigt, so teilt sie dies der Erwachsenenschutzbehörde mit.

Art. 220

Entziehen von Minderjährigen

Wer eine minderjährige Person dem Inhaber des Obhutsrechts entzieht oder sich weigert, sie ihm zurückzugeben, wird, auf Antrag, mit Freiheitsstrafe bis zu drei Jahren oder Geldstrafe bestraft.

Art. 349 Abs. 1 Bst. b

¹ Der Bund führt zusammen mit den Kantonen ein automatisiertes Personen- und Sachfahndungssystem (RIPOL) zur Unterstützung von Behörden des Bundes und der Kantone bei der Erfüllung folgender gesetzlicher Aufgaben:

    b.   Anhaltung bei Massnahmen des Kindes- oder Erwachsenenschutzes;

Art. 363

Mitteilungspflicht

Stellt die zuständige Behörde bei der Verfolgung von strafbaren Handlungen gegenüber Minderjährigen fest, dass weitere Massnahmen erforderlich sind, so informiert sie sofort die Kindesschutzbehörde.

Art. 364

Mitteilungsrecht

Ist an einem Minderjährigen eine strafbare Handlung begangen worden, so sind die an das Amts- oder das Berufsgeheimnis (Art. 320 und 321) gebundenen Personen berechtigt, dies in seinem Interesse der Kindesschutzbehörde zu melden.

Art. 365 Abs. 2 Bst. k

² Das Register dient der Unterstützung von Behörden des Bundes und der Kantone bei der Erfüllung folgender Aufgaben:

    k.   Anordnung oder Aufhebung von Massnahmen des Kindes- oder Erwachsenenschutzes.

15. Bundesgesetz vom 22. März 1974[31] über das Verwaltungsstrafrecht

Art. 23 Abs. 3

³ Der urteilsfähige Minderjährige kann neben dem Inhaber der elterlichen Sorge, dem Vormund oder dem Beistand selbständig die Rechtsmittel ergreifen.

16. Rechtshilfegesetz vom 20. März 1981[32]

Art. 64 Abs. 2 Bst. b

² Ist die im Ausland verfolgte Tat in der Schweiz straflos, sind Massnahmen nach Artikel 63, welche die Anwendung prozessualen Zwanges erfordern, zulässig:

    b. zur Verfolgung von Taten, die sexuelle Handlungen mit Minderjährigen darstellen.

17. Waffengesetz vom 20. Juni 1997[33]

Art. 8 Abs. 2 Bst. b

² Keinen Waffenerwerbsschein erhalten Personen, die:

    b. unter umfassender Beistandschaft stehen oder durch eine vorsorgebeauftragte Person vertreten werden;

18. Bundesgesetz vom 14. Dezember 1990[34] über die direkte Bundessteuer

Ersatz von Ausdrücken:

In den folgenden Bestimmungen wird der Ausdruck «Gewalt» durch «Sorge» ersetzt und werden die entsprechenden grammatikalischen Änderungen vorgenommen: Artikel 9 Sachüberschrift und Absatz 2 erster Halbsatz, 13 Absatz 3 Buchstabe a, 23 Buchstabe f, 33 Absatz 1 Buchstabe c, 105 Absatz 2, 155 Absatz 1 und 216 Absatz 2.

Art. 157 Abs. 4

⁴ Der Inventaraufnahme müssen mindestens ein handlungsfähiger Erbe und der gesetzliche Vertreter minderjähriger oder unter umfassender Beistandschaft stehender Erben oder die vorsorgebeauftragte Person beiwohnen.

[31] SR **313.0**
[32] SR **351.1**
[33] SR **514.54**
[34] SR **642.11**

Art. 159 Abs. 2 erster Satz

² Ordnet die Erwachsenenschutzbehörde oder das Gericht eine Inventaraufnahme an, so wird eine Ausfertigung des Inventars der Inventarbehörde zugestellt. ...

19. Bundesgesetz vom 14. Dezember 1990[35] über die Harmonisierung der direkten Steuern der Kantone und Gemeinden

Ersatz von Ausdrücken:

In den folgenden Bestimmungen wird der Ausdruck «Gewalt» durch «Sorge» ersetzt und werden die entsprechenden grammatikalischen Änderungen vorgenommen: Artikel 3 Absatz 3 zweiter Satz, 7 Absatz 4 Buchstabe g, 9 Absatz 2 Buchstabe c und 54 Absatz 2.

20. Fortpflanzungsmedizingesetz vom 18. Dezember 1998[36]

Art. 3 Abs. 2 Bst. b

² Sie dürfen nur bei Paaren angewendet werden:

    b. die auf Grund ihres Alters und ihrer persönlichen Verhältnisse voraussichtlich bis zur Volljährigkeit des Kindes für dessen Pflege und Erziehung sorgen können.

21. Transplantationsgesetz vom 8. Oktober 2004[37]

Ersatz von Ausdrücken:

¹ *In den folgenden Bestimmungen wird der Ausdruck «mündig» durch «volljährig» ersetzt und werden die entsprechenden grammatikalischen Änderungen vorgenommen: Artikel 12 Buchstabe a, 13 Absatz 2 Buchstabe c.*

² *In den folgenden Bestimmungen wird der Ausdruck «unmündig» durch «minderjährig» ersetzt und werden die entsprechenden grammatikalischen Änderungen vorgenommen: Artikel 13 Sachüberschrift, Absatz 1, Absatz 2 Buchstaben a und g, 69 Absatz 1 Buchstabe f.*

---

[35] SR **642.14**
[36] SR **810.11**
[37] SR **810.21**

22. Betäubungsmittelgesetz vom 3. Oktober 1951[38]

Art. 15b Abs. 1[39]

¹ Betäubungsmittelabhängige Personen können nach den Bestimmungen des Zivilgesetzbuches[40] über die fürsorgerische Unterbringung in einer geeigneten Einrichtung untergebracht, behandelt oder zurückbehalten werden.

23. Heilmittelgesetz vom 15. Dezember 2000[41]

Art. 55 Sachüberschrift, Abs. 1 Einleitungssatz, Bst. a und c sowie Abs. 2 Einleitungssatz

Klinische Versuche an minderjährigen, unter umfassender Beistandschaft stehenden oder urteilsunfähigen Personen

¹ Klinische Versuche mit Heilmitteln an minderjährigen Personen und an volljährigen Personen, die unter umfassender Beistandschaft stehen oder urteilsunfähig sind, dürfen nur durchgeführt werden, wenn:

    a. mit dem Versuch an volljährigen und urteilsfähigen Personen keine vergleichbaren Erkenntnisse erzielt werden können;

    c. die urteilsfähigen, aber minderjährigen oder unter umfassender Beistandschaft stehenden Personen eingewilligt haben;

² Klinische Versuche, die den Versuchspersonen keinen unmittelbaren Nutzen bringen, dürfen ausnahmsweise an minderjährigen Personen und an volljährigen Personen, die unter umfassender Beistandschaft stehen oder urteilsunfähig sind, durchgeführt werden, wenn zudem:

Art. 56 Bst. a Ziff. 1

In medizinischen Notfallsituationen dürfen ausnahmsweise klinische Versuche durchgeführt werden, wenn:

    a. ein Verfahren vorgesehen ist, das von der zuständigen Ethikkommission genehmigt worden ist und innert nützlicher Frist erlaubt:

        1. die Zustimmung der gesetzlichen Vertreterin oder des gesetzlichen Vertreters minderjähriger, unter umfassender Beistandschaft stehender oder urteilsunfähiger Personen einzuholen,

---

[38] SR **812.121**
[39] Bei Inkrafttreten der Änderung vom 20. März 2008 (AS **2009** 2623) wird Art. 15*b* Abs. 1 aufgehoben oder gegenstandlos.
[40] SR **210**
[41] SR **812.21**

24. Arbeitsgesetz vom 13. März 1964[42]

Art. 32 Abs. 1 erster Satz

1 Erkrankt der Jugendliche, erleidet er einen Unfall oder erweist er sich als gesundheitlich oder sittlich gefährdet, so ist der Inhaber der elterlichen Sorge oder der Vormund zu benachrichtigen. ...

25. Arbeitsvermittlungsgesetz vom 6. Oktober 1989[43]

Art. 34a Abs. 1 Bst. e

1 Sofern kein überwiegendes Privatinteresse entgegensteht, dürfen Daten im Einzelfall und auf schriftliches und begründetes Gesuch hin bekannt gegeben werden an:

    e. die Kindes- und Erwachsenenschutzbehörden nach Artikel 448 Absatz 4 ZGB[44].

26. Bundesgesetz vom 20. Dezember 1946[45] über die Alters- und Hinterlassenenversicherung

Art. 50a Abs. 1 Bst. e Ziff. 6

1 Sofern kein überwiegendes Privatinteresse entgegensteht, dürfen Organe, die mit der Durchführung, der Kontrolle oder der Beaufsichtigung der Durchführung dieses Gesetzes betraut sind, Daten in Abweichung von Artikel 33 ATSG[46] bekannt geben:

    e. im Einzelfall und auf schriftlich begründetes Gesuch hin:

        6. den Kindes- und Erwachsenenschutzbehörden nach Artikel 448 Absatz 4 ZGB[47].

27. Bundesgesetz vom 25. Juni 1982[48] über die berufliche Alters-, Hinterlassenen- und Invalidenvorsorge

Art. 86a Abs. 1 Bst. f

1 Sofern kein überwiegendes Privatinteresse entgegensteht, dürfen Daten im Einzelfall und auf schriftliches und begründetes Gesuch hin bekannt gegeben werden an:

---

[42] SR 822.11
[43] SR 823.11
[44] SR 210
[45] SR 831.10
[46] SR 830.1
[47] SR 210
[48] SR 831.40

f. die Kindes- und Erwachsenenschutzbehörden nach Artikel 448 Absatz 4 ZGB[49].

28. Bundesgesetz vom 18. März 1994[50] über die Krankenversicherung

Art. 84a Abs. 1 Bst. h Ziff. 5

[1] Sofern kein überwiegendes Privatinteresse entgegensteht, dürfen Organe, die mit der Durchführung, der Kontrolle oder der Beaufsichtigung der Durchführung dieses Gesetzes betraut sind, Daten in Abweichung von Artikel 33 ATSG[51] bekannt geben:

    h. im Einzelfall und auf schriftlich begründetes Gesuch hin:
        5. den Kindes- und Erwachsenenschutzbehörden nach Artikel 448 Absatz 4 ZGB[52].

29. Bundesgesetz vom 20. März 1981[53] über die Unfallversicherung

Art. 97 Abs. 1 Bst. i Ziff. 5

[1] Sofern kein überwiegendes Privatinteresse entgegensteht, dürfen Organe, die mit der Durchführung, der Kontrolle oder der Beaufsichtigung der Durchführung dieses Gesetzes betraut sind, Daten in Abweichung von Artikel 33 ATSG[54] bekannt geben:

    i. im Einzelfall und auf schriftlich begründetes Gesuch hin:
        5. den Kindes- und Erwachsenenschutzbehörden nach Artikel 448 Absatz 4 ZGB[55].

30. Bundesgesetz vom 19. Juni 1992[56] über die Militärversicherung

Art. 95a Abs. 1 Bst. i Ziff. 7

[1] Sofern kein überwiegendes Privatinteresse entgegensteht, dürfen Organe, die mit der Durchführung, der Kontrolle oder der Beaufsichtigung der Durchführung dieses Gesetzes betraut sind, Daten in Abweichung von Artikel 33 ATSG[57] bekannt geben:

    i. im Einzelfall und auf schriftlich begründetes Gesuch hin:

---

[49] SR 210
[50] SR 832.10
[51] SR 830.1
[52] SR 210
[53] SR 832.20
[54] SR 830.1
[55] SR 210
[56] SR 833.1
[57] SR 830.1

7. den Kindes- und Erwachsenenschutzbehörden nach Artikel 448 Absatz 4 ZGB[58].

31. Bundesgesetz vom 20. Juni 1952[59] über die Familienzulagen in der Landwirtschaft

Art. 9 Abs. 4 Bst. b

[4] Haben mehrere Personen nach diesem Gesetz oder anderen Bestimmungen einen Anspruch für das gleiche Kind, so steht er der Reihe nach zu:

b. dem Inhaber oder der Inhaberin der elterlichen Sorge;

32. Arbeitslosenversicherungsgesetz vom 25. Juni 1982[60]

Art. 97a Abs. 1 Bst. f Ziff. 6

[1] Sofern kein überwiegendes Privatinteresse entgegensteht, dürfen Organe, die mit der Durchführung, der Kontrolle oder der Beaufsichtigung der Durchführung dieses Gesetzes betraut sind, Daten in Abweichung von Artikel 33 ATSG[61] bekannt geben:

f. im Einzelfall und auf schriftlich begründetes Gesuch hin:
   6. den Kindes- und Erwachsenenschutzbehörden nach Artikel 448 Absatz 4 ZGB[62].

33. Zuständigkeitsgesetz vom 24. Juni 1977[63]

Art. 5

Der Aufenthalt in einem Heim, einem Spital oder einer anderen Einrichtung und die behördliche Unterbringung einer volljährigen Person in Familienpflege begründen keinen Unterstützungswohnsitz.

Art. 7 Sachüberschrift sowie Abs. 1 und 3 Bst. a

Minderjährige Kinder

[1] Das minderjährige Kind teilt, unabhängig von seinem Aufenthaltsort, den Unterstützungswohnsitz der Eltern oder jenes Elternteils, unter dessen elterlicher Sorge es steht.

---

[58] SR **210**
[59] SR **836.1**
[60] SR **837.0**
[61] SR **830.1**
[62] SR **210**
[63] SR **851.1**

³ Es hat eigenen Unterstützungswohnsitz:

    a. am Sitz der Kindesschutzbehörde, unter deren Vormundschaft es steht;

Art. 9 Abs. 3

³ Der Eintritt in ein Heim, ein Spital oder in eine andere Einrichtung sowie die behördliche Unterbringung einer volljährigen Person in Familienpflege beendigen einen bestehenden Unterstützungswohnsitz nicht.

Art. 32 Abs. 3

³ In Hausgemeinschaft lebende Ehegatten, eingetragene Partnerinnen oder Partner und minderjährige Kinder mit gleichem Unterstützungswohnsitz sind rechnerisch als ein Unterstützungsfall zu behandeln.

34. Bundesgesetz vom 21. März 1973[64] über Fürsorgeleistungen an Auslandschweizer

Art. 19 Abs. 2

² Unterstützungen, die jemand vor seiner Volljährigkeit oder für seine Ausbildung über diesen Zeitpunkt hinaus bezogen hat, werden nicht zurückgefordert.

35. Bundesgesetz vom 23. März 2001[65] über das Gewerbe der Reisenden

Art. 1 Abs. 3 zweiter Satz

³ ... Vorbehalten sind die Bestimmungen des Zivilgesetzbuches[66] über die Sammelvermögen.

Art. 4 Abs. 2 Bst. d

² Zusammen mit dem Bewilligungsgesuch sind folgende Dokumente einzureichen:

    d. die Zustimmung des gesetzlichen Vertreters oder der gesetzlichen Vertreterin, sofern die gesuchstellende Person minderjährig ist oder unter umfassender Beistandschaft steht.

---

[64] SR **852.1**
[65] SR **943.1**
[66] SR **210**